LA MÉDI...

E

MONDE MÉ...

À L'ÉPOQUE DE PHILIPPE II

Dans Le Livre de Poche

La Méditerranée et le monde méditerranéen
à l'époque de Philippe II, 3 tomes.

Première édition : Paris, Armand Colin, 1949.
Deuxième édition revue et corrigée : 1966.
Troisième édition : 1976.
Quatrième édition revue et corrigée : 1979.
Cinquième édition : 1982.
Sixième édition : 1985.
Septième édition : 1986.
Huitième édition : 1987.
Neuvième édition : 1990.

FERNAND BRAUDEL

de l'Académie française

LA MÉDITERRANÉE

ET LE

MONDE MÉDITERRANÉEN
À L'ÉPOQUE DE PHILIPPE II

————

*Destins collectifs
et mouvements d'ensemble*

ARMAND COLIN

DESTINS COLLECTIFS ET MOUVEMENTS D'ENSEMBLE

Dans la première partie de cet ouvrage, notre propos a été de dégager, à partir de l'espace, ce qui est répétition, lenteur, permanence.

Recherchant l'immobile, ou le quasi-immobile, nous n'avions pas hésité à dépasser les bornes chronologiques d'une enquête restreinte, en principe, à la seconde moitié du XVIᵉ siècle, et à utiliser les témoignages d'autres époques, voire du temps présent. Victor Bérard a retrouvé les paysages de l'Odyssée à travers le monde méditerranéen qu'il avait sous les yeux. Or souvent c'est l'homme que l'on retrouve, à des siècles et des siècles de distance, Ulysse lui-même, et pas seulement Corfou, l'île des Phéaciens ; ou Djerba, l'île des Lotophages [1]...

Au delà de cette longue durée, notre second livre se propose de saisir une histoire au rythme mieux individualisé : celle de groupes, de destins collectifs, de mouvements d'ensemble. *Une histoire sociale* : ici tout part de l'homme, des hommes, non plus « des choses », pour parler le langage de Maurice Halbwachs, ou si l'on veut, de ce que l'homme a construit à partir des choses.

En fait, ce second livre répond à des propos contradictoires. Il s'intéresse à des structures sociales, donc à des mécanismes lents à s'user. Il s'intéresse aussi à leur mouvement. Et il mêle, finalement, ce que notre jargon nomme *structure* et *conjoncture*, l'immobile et le mouvant, la lenteur et l'excès de vitesse. Ces deux réalités, comme le savent les économistes [2] à qui nous devons leur vraie distinction, sont associées dans la vie de tous les jours, partagée sans fin entre ce qui change et ce qui persiste.

Mais il n'est pas facile d'aborder ce spectacle unique en un seul effort. Nos chapitres ont morcelé la difficulté et aborderont successivement les problèmes relatifs aux économies, aux États, aux sociétés, aux civilisations, aux indispensables intermédiaires, enfin aux formes diverses de la guerre. Toutefois le lecteur ne s'y trompera pas. Ce sont des efforts orientés, l'un après l'autre, vers une compréhension unique, faute de pouvoir y parvenir d'un seul bond.

En vérité, ce découpage commode s'imposait. Il n'est pas satisfaisant pour l'esprit, mais n'importe quel « plan » a sa valeur, pourvu qu'il permette d'expliquer, le mieux possible, en répétant le moins possible.

I

Les économies :
la mesure du siècle

D'entrée de jeu, il faut retrouver la mesure, les proportions économiques du XVIᵉ siècle. Notre but est celui de Lucien Febvre essayant, dans le dernier volet de son *Rabelais*[1], d'inventorier l'outillage mental du XVIᵉ siècle, d'en prendre la mesure pour débarrasser les habituels problèmes des fausses solutions qui les déforment, puisqu'elles sont en contradiction flagrante avec les possibilités et le niveau intellectuel de l'époque. De même, il y a intérêt à marquer, à larges traits, ce que peuvent être l'outillage économique et les limites de la puissance de l'homme du XVIᵉ siècle, avant d'étudier ce qu'à partir de là il a effectivement construit, ou essayé de construire en Méditerranée.

1. L'espace, ennemi numéro 1

Aujourd'hui, l'espace nous manque, il se rétrécit autour de nous. Au XVIᵉ siècle, il surabonde et cette richesse est à la fois avantage et obstacle. De tous les thèmes que la littérature ressasse sur la Méditerranée, celui de « la mer à la mesure de l'homme » est l'un des plus décevants. Comme si la mesure de l'homme était donnée une fois pour toutes ! La Méditerranée n'est sûrement pas à la mesure de l'homme du XVIᵉ siècle : il n'en domine que péniblement l'espace trop large, comme hier l'homme du XXᵉ siècle maîtrisait mal l'étendue du Pacifique.

Pour ceux qui écrivent : ce qui se perd en allées et venues

Il suffit, pour s'en rendre compte, d'écouter les plaintes d'hommes aux prises avec leur propre vie. Ceux qui écrivent ne pensent pas sans amertume à la longueur des délais de la poste, *lo que se pierde en ir y venir*, comme le confiait l'impératrice à son frère Philippe II [2]. Calvin confessait, s'adressant à del Vico auquel il avait tardé à répondre [3] : « ... en pensant combien longtemps mes lettres demeureroient par chemin, je ne say comment j'ay esté lasche à m'acquitter de mon debvoir plusieurs fois »... Qu'une lettre arrive vite, le bénéficiaire s'en étonne. « Pour venir de si loin comme de Valence à Grenade, écrit à un ami l'humaniste Antonio de Guevara, votre lettre s'est donnée bonne diligence, puisque partant le samedi et arrivant icy le lundi ». A Valladolid, une lettre du Connétable de Castille lui parvient aussi en temps record : « elle eust esté truite si fust-elle arrivée icy bien fresche ». L'image le poursuit puisque, des années plus tard, « votre lettre, écrit-il au marquis de los Velez, m'arriva en plus grande diligence, plus fraîche que les saumons qu'on nous apporta icy de Bayonne » [4]. Ces exceptions, comme toujours, confirment la règle.

Les hommes politiques et les ambassadeurs auxquels on prête volontiers de grandes pensées, c'est souvent l'arrivée ou le retard d'un courrier qui les préoccupe. A Anvers, le 24 février 1575, D. Luis de Requesens écrit à D. Diego de Çuñiga, ambassadeur de Philippe II à Paris : « je ne sais pas comment il en va pour Votre Seigneurie avec les lettres d'Espagne ; quant à moi, je n'ai rien su du Roi, en ce qui concerne les affaires de ces Pays-Bas, depuis le 20 novembre dernier... Le service de Sa Majesté en souffre terriblement » [5].

C'est une sujétion, une hantise que celle des courriers qui passent, ou vont passer. Même les courriers ordinaires n'ont pas d'heure, parfois pas de jour fixe. « J'attends d'une heure à l'autre le passage de l'ordinaire des Flandres », note Chantonnay, en décembre 1561 [6]. Bien entendu, cette hantise n'est pas le privilège des seuls ambassadeurs du Roi Catholique. C'est peine perdue, écrivait le cardinal de Rambouillet à Charles IX[7], que de hâter l'expédition des lettres qu'on nous destine « pour la poltronnerie et peu de soins qu'ont les maîtres des postes de faire courir les pacquets de Votre Majesté... qui est telle et si grande... que bien souvent les dits pacquets demeurent un mois ou six semaines depuis la Court jusqu'à Lyon. De sorte que quand je les receoiz, la saison de m'en prévaloir et occasion d'exécuter les commandements portés par iceux sont bien souvent, à mon très grand regret, passées... ». Mêmes plaintes chez Fourquevaux. « Cinq ou six courriers portant l'escusson du Roy, écrit-il de Madrid, en janvier 1567[8], habitants dudit Lion qui courent parfois pour l'ordinaire de Rome, s'advouent estre à M. de Nemours quand ils courent. C'est afin d'avoir meilleur traictement des maistres de poste ». Mais ils se chargent de l'argent et des dépêches de banquiers de toute nationalité. C'est ainsi que l'un d'eux est « venu en diligence ces jours passez vers les gennevois[9], suivantz ceste Court (d'Espagne) leur porter des lettres d'autres banquiers gennevois, résidantz audit Lion ». Cependant, les lettres du Très Chrétien restent en chemin. Telle autre fois, la correspondance souffre du fait des « mestres des Landes »[10] ; et toujours des retards invraisemblables en résultent. Longlée, agent de Henri III en Espagne, signale, en février 1584, qu'il est depuis deux semaines sans nouvelles de son gouvernement[11], mais « qu'il... est demeuré beaucoup (de lettres) à Burgos qui viennent par le cousté de Valladolid ». Donc mille accidents et incidents : ou la correspondance ne se sera pas faite entre deux courriers ordinaires[12] ; ou les routes normales auront été coupées ; ou à l'annonce de brigandages, les courriers auront décidé de ne plus voyager de nuit... Chaque fois, ce sont, au loin, des pannes inattendues : le vice-roi de Naples demeure sans instructions, le gouvernement du Roi Prudent ne sait plus où en sont les événements des Pays-Bas, l'ambassadeur vénitien, à Madrid, reste soixante jours sans nouvelles d'Italie[13].

Sans doute, s'agit-il là de cas anormaux, découlant

de la faute des hommes, du jeu des circonstances, ou
du mauvais temps, mais c'est un « anormal » qui se
répète et aggrave une situation toujours tendue. La lutte
contre la distance reste affaire de vigilance, mais aussi
de hasard, de chance. En mer, un coup de vent
favorable, une suite de beaux jours et l'on fait, en une
ou deux semaines, ce que d'autres ne feront pas en six
mois. Belon du Mans va en treize jours de la Propontide
à Venise, alors qu'il y faut souvent une demi-année [14].
De même, sur terre, où les écarts sont moins grands,
une guerre, une alerte, une pluie qui détrempe les
routes, une chute de neige qui obstrue les cols, et les
délais les plus raisonnables ne suffisent plus. L'espace
n'a pas telle grandeur donnée, une fois pour toutes.
Mais dix, cent grandeurs diverses, et nul n'est jamais
sûr à l'avance, se déplaçant, voulant agir, des délais
qui s'imposeront à lui.

En fait, les hommes du XVIᵉ siècle sont résignés à
toutes les lenteurs. Une lettre, d'Espagne en Italie,
cherche aussi bien son chemin par Bordeaux et Lyon
que par Montpellier ou Nice. En avril 1601, une lettre
à Henri IV de M. de Villiers, son ambassadeur à Venise,
gagne Fontainebleau par la voie de Bruxelles [15]... Durant
les années 1550-1560, de Rome, les ambassadeurs du
roi de Portugal achemineront souvent leurs lettres par
Anvers [16]. C'est que la durée des trajets n'est pas
fonction de leur longueur mais de la qualité, de la
fréquence des courriers. Et puis, l'habitude est là : on
n'en est jamais à trois ou quatre jours près... A la fin
de 1587, les Protestants du « Prince de Béarn » occupant
le Limousin, le chemin des relations régulières était
coupé entre Bernardino de Mendoza, à Paris, et le
gouvernement de Philippe II. Les dépêches doivent
être acheminées par de nouveaux itinéraires, au long
desquels, malheureusement, il n'y a pas de postes
organisées, *por donde no hay postas*. En marge de la
dépêche qui l'informe, Philippe II écrit : « il importerait
plus encore que les lettres voyagent par voie sûre que
de gagner quatre ou cinq jours, sinon en quelque
occasion où la brièveté serait d'importance » [17].

Les dimensions de la mer : quelques vitesses records

Les chiffres sur lesquels nous pouvons travailler diffèrent beaucoup les uns des autres. De plus, ils ne forment que rarement des séries homogènes. On aura à la rigueur une idée des distances à l'état pur, en retenant les vitesses exceptionnelles qui donnent, en somme, les dimensions minima de la mer [18].

Les très grandes vitesses, 200 ou plus de 200 km par jour, ne sont guère réalisables que sur mer [19], par beau temps, et de préférence avec des galères renforcées. Telle celle que Don Juan d'Autriche dépêcha de Messine, en juin 1572, et qui gagna la côte catalane (Palamos) en six jours [20]. Le moment était dramatique : il s'agissait, pour Don Juan, de faire rapporter coûte que coûte l'ordre que lui avait donné Philippe II de rester inactif, avec une grosse partie de sa flotte, à Messine. La galère fit le voyage, seule, bien armée ; au dire d'une correspondance toscane, elle navigua *sempre per golfo senza toccar terra* [21], (toujours s'engouffrant et sans jamais toucher terre), donc en droiture. L'exploit n'était pas unique. Deux ans plus tôt et en hiver (en décembre 1570), Jean André Doria était venu en cinq jours de Gênes à Palamos ; la distance et la vitesse sont moindres, mais la difficulté vaincue comparable [22]. De même, soixante ans plus tôt, les deux cents kilomètres d'Oran à Carthagène étaient franchis en un jour par le cardinal Cisneros, le mercredi 23 mai 1509. Voyage miraculeux, *como si tuviera el viento en la manga* [23], comme s'il avait eu le vent à ses ordres, « dans sa manche ». C'est à peu près la vitesse des voyages « prospères » entre Rhodes et Alexandrie qui, selon Belon du Mans [24], demandent moins de trois jours et trois nuits. Ceci, remarquons-le, avec de simples vaisseaux marchands.

Sur terre, les exceptions mises à part, les grandes vitesses sont moindres, mais plus régulières que sur mer, à tel point que pour les liaisons postales, le chemin de terre, plus coûteux, est préféré au chemin d'eau. Les plus grandes vitesses, en Europe, sont probablement réalisées par les courriers de l'organisation postale de Gabriel de Tassis, sur le parcours Italie-Bruxelles, *via* le Tyrol, parcours étudié avec soin, où les délais de stationnement sont réduits au minimum et où, dans l'Eifel notamment, des raccourcis bien reconnus sont utilisés régulièrement. Le tracé de cette route est déjà, en soi, un record. Et ses 764 km sont franchis en cinq jours et demi, soit à environ 139 km par jour [25]. Nous sommes loin des grandes vitesses exceptionnelles de la mer, mais aussi très au-dessus de l'allure ordinaire de la route continentale. A titre d'exemple, de Paris à Madrid, la nouvelle sensationnelle de la Saint-Barthélemy (24 août 1572) ne voyagera même pas à 100 km par jour : si elle touchait Barcelone le 3 septembre, elle parvenait dans la capitale espagnole seulement le 7 au soir [26].

C'est une autre bonne façon de prendre la mesure des vitesses exceptionnelles que de suivre la propagation de grandes nouvelles. Elles ont des ailes.

La prise de Nicosie du 9 septembre 1570, est connue à Constantinople le 24 septembre ; à Venise, *via* Raguse, le 26 octobre ; à Madrid, le 19 décembre [27].

La nouvelle de Lépante, du 7 octobre 1571, parvenait à Venise le 18 octobre, à Naples le 24, à Lyon le 25, à Paris et à Madrid le 31 [28].

La paix turco-vénitienne, conclue secrètement le 7 mars 1573, divulguée à Venise le 4 avril [29], était connue à Rome le 6, à Naples le 8, à Palerme et à Madrid le 17 [30].

La prise de La Goulette et de Tunis, du 25 août 1574, atteignait Vienne le 1er octobre, au moment où y arrivait Pierre Lescalopier qui, chargé d'une mission diplomatique, avait quitté Istanbul, traversé la Bulgarie, la Valachie et la Transylvanie pour atteindre, fourbu, la capitale des Habsbourgs. La nouvelle le laissa rêveur : cette armada victorieuse du Turc, il l'avait vue partir de Constantinople, le 15 mai précédent, deux semaines avant son propre départ seulement [31]. Que de choses elle avait eu le temps d'accomplir pendant qu'il cheminait sur les routes !

Ces délais, qui dessinent des ondes de propagation autour de Nicosie, de Lépante, de Venise, de Tunis, ne permettent au mieux que des mesures grossières. Ainsi, d'après le premier exemple, dira-t-on que la Méditerranée mesure quatre-vingt-dix-neuf jours de longueur ? Le chiffre est excessif. En fait la nouvelle, partie de Nicosie, s'est mal échappée de l'île assiégée et il est certain que Venise n'a mis aucun empressement à la retransmettre vers l'Ouest. Toute mesure, d'ailleurs, reste sujette à caution, inexacte dès qu'on l'enferme dans un seul chiffre. Et surtout que mesure-t-on ? Le vent des nouvelles, la course des lettres, ce n'est là qu'un chapitre de la lutte contre l'espace.

Les vitesses moyennes

La difficulté est bien plus grande si, laissant de côté les vitesses records, on recherche des moyennes. Même avec les documents pour les établir, auraient-elles beaucoup de sens, alors que la durée d'un même voyage peut varier de un à deux, trois, quatre et même sept ou dix ? L'important, c'est cet éventail ouvert, cet écart considérable des durées, les unes par rapport aux autres : il a valeur de *structure*. La révolution moderne des transports n'a pas augmenté seulement les vitesses (de façon extraordinaire) ; elle a supprimé (c'est aussi important) l'incertitude que les éléments imposaient jadis. Le mauvais temps ne signifie aujourd'hui qu'un peu plus ou moins d'inconfort. Sauf accident, il n'influe plus sur les horaires. Au XVIᵉ siècle, tous les horaires en dépendent. L'irrégularité est la règle sans surprise. Cet ambassadeur vénitien, qui gagne l'Angleterre, en janvier 1610, attendra quatorze jours à Calais devant une mer démontée qu'aucun navire n'ose affronter [32]. De même, minuscule exemple, cet ambassadeur Francesco Contarini que Venise dépêche auprès du sultan, en 1618 [33], franchissait la large et peu profonde Maritza, en six heures, et non sans peine. En juin 1609, une nave vénitienne qui gagne Constantinople, doit rester dix-huit jours à l'abri de l'île de Chio, sur la plage ouverte de Santa Anastasia, en attendant que le mauvais temps s'apaise [34].

Donc ne demandons pas trop à ces étranges moyennes

et à leur fausse simplicité. Leurs seuls avantages ? Simplifier, parler à l'imagination, permettre de revenir vers le passé, par delà la révolution moderne des transports, dont nous ne sentons pas à chaque instant combien elle a tout bouleversé. Les considérer, c'est retrouver ce que la perspective d'un voyage représentait pour un contemporain de Philippe II.

La traversée de la mer, de Constantinople à Alexandrie, se faisait en une quinzaine de jours, escales comprises ; en huit jours, sans compter les arrêts[35]. De la sortie des châteaux de l'Hellespont à l'île de Chio, deux jours de navigation suffisent[36]. En octobre ou novembre 1560, une nave ragusaine, partie de Messine, atteint Alexandrie « *fra novi giorni* » et ce délai n'est pas présenté comme un record[37].

La traversée de la mer, dans sa zone centrale, variait selon les saisons, les navires, les itinéraires. La même barque, qui va en neuf jours de Malte à Tripoli de Barbarie, passe en dix-sept jours de Tripoli à Messine[38]. Une nave, en avril 1562, relie en six jours Tripoli à Sciacca sur la côte méridionale de la Sicile[39]. De Tunis à Livourne, une série de voyages (un de 1600, deux en 1608, huit en 1609, deux en 1610) donnent les durées de trajet suivantes : six, sept, huit, neuf, neuf, neuf, dix, onze, douze, treize, quatorze, quatorze, vingt, soit une durée moyenne de onze jours environ. Les deux voyages les plus rapides — six jours et sept jours — comme pour déjouer les prévisions, sont accomplis : le premier, en janvier 1600, par une nave ; le second, en juillet 1609, par une « barque »[40].

Les renseignements manquent sur la durée des traversées entre Marseille et l'Espagne d'un côté, et, de l'autre, l'Afrique du Nord. C'étaient souvent voyages à la dérobée. Avec les galères du roi, l'ambassadeur du Très Chrétien, d'Aramon, par beau temps (du moins à partir du second jour), mit une semaine pour aller des Baléares à Alger[41]. Deux voyages de 1609 et un voyage de 1610, sur la distance Alger-Livourne, durèrent respectivement treize, quinze et cinq jours[42] — cinq et quinze jours, soit une variation du simple au triple.

Sur les longues distances, les écarts restent importants. Une nave vénitienne, en octobre-novembre 1570 [43], va de Candie à Otrante, en douze jours ; une autre, en mai-juin 1561 [44], traverse à peu près toute la mer Intérieure, de Candie à Cadix, en un mois. Cependant, en juillet 1569, deux galères algéroises atteignent Constantinople après soixante-douze jours de navigation ; le 7 janvier 1564, une nave, partie d'Alexandrie, arrive à Messine, le 5 avril : son voyage a duré quatre-vingt-huit jours. Les chiffres « normaux » au XVᵉ siècle, de Venise à Jaffa, seraient de l'ordre de quarante à cinquante jours, assure un historien [45]. Nous avons publié [46] un relevé de voyages de Venise à la Terre Sainte, qui donne des moyennes bien plus élevées.

Les *portate* livournaises [47] offrent leur lot de précisions. Cinq voyages d'Alexandrie à Livourne (deux, en 1609 ; un, en 1610 ; deux, en 1611) donnent les chiffres suivants : vingt-trois, vingt-six, vingt-neuf, trente-deux, cinquante-six, soit une moyenne de trente-trois jours. Huit voyages (cinq, en 1609, trois, en 1610) de Carthagène ou d'Alicante à Livourne donnent les durées suivantes : sept, neuf, neuf, dix, quinze, vingt-cinq, trente, quarante-neuf, soit une moyenne de dix-neuf jours. *A la rigueur*, cela donnerait, pour la durée du voyage Espagne-Livourne-Alexandrie, un total de cinquante-deux jours [48], nous ne dirons pas que ce chiffre soit une moyenne.

En langage de moyenne, on pourrait conclure, en gros, que lorsqu'il s'agit de traverser la Méditerranée dans le sens des méridiens, il faut compter une ou deux semaines ; et qu'il doit être question de deux à trois mois quand on entreprend de la traverser dans sa longueur. Ajoutons que ces dimensions resteront les mêmes au XVIIᵉ siècle, et plus tard encore.

Le cas privilégié des lettres

A ces approximations peu satisfaisantes, on préférerait, évidemment, une série homogène de mesures. C'est ce qu'offrent, à profusion, les lettres (elles encore) des gouvernements, des ambassadeurs, des marchands, des particuliers. De 1497 à 1532, Marin Sanudo, toujours au courant des faits et gestes de la Seigneurie de Venise, a enregistré avec fidélité l'arrivée des lettres et des nouvelles, soit près de 10 000 données utilisables. Cette masse énorme, soumise aux règles de la statistique par Pierre Sardella [49], permet de dresser le tableau donné p. 19, puis la carte que nous en avons dégagée (p. 22). Encore faut-il interpréter, avec exactitude, le témoignage de ces nouvelles qui courent *vers* Venise, et ne pas trop leur demander.

De toute évidence, l'espace qu'elles mesurent est hétérogène, dépourvu d'*isotropie*. Si l'on prend la distance Paris-Venise comme rayon et que l'on décrive un cercle ayant Venise pour centre, on dessine un espace *isotrope*, circulaire, où la nouvelle (telle une lumière lente) se propagerait uniformément de tous les points de la circonférence vers son centre. Mais il n'en est rien, bien entendu : la nouvelle marque le pas devant les obstacles naturels, les Alpes, le Pas-de-Calais, la mer. Et les grandes rapidités dépendent du bon vouloir des hommes, de leurs calculs, de leurs nécessités. De 1497 à 1532, Venise est suspendue aux décisions du Roi Très Chrétien, aux rumeurs et nouvelles de France. De Paris, ces précieuses marchandises courent vers elle.

Ces nouvelles en mouvement, assagies par les moyennes, fixées sur la carte, ne le sont que par artifice. Leurs voyages, en réalité, sont terriblement variables ; l'éventail des durées très ouvert (voir la colonne VIII : rapport du minimum au normal) le serait davantage encore si l'on comparait le minimum au maximum. Petite surprise : le coefficient d'irrégularité semble en raison inverse de la distance parcourue. En outre, il s'aggrave, mais ceci est normal, dès que la mer entre en jeu. Ainsi s'explique que Zara établisse un record (de 1 à 6), elle réunit, en effet, ces deux conditions : être proche de Venise ; en être séparée par l'Adriatique à l'accueil incertain.

Bref, nous avons, à partir de ces calculs, un canevas d'ensemble, une base pour des vérifications et des comparaisons. Son seul défaut, ou sa qualité dira tel

L'ÉLASTICITÉ DES NOUVELLES
(d'après Pierre Sardella)

I	II	III	IV	V	VI	VII	VIII
Alexandrie ...	266	19	89	65	55	17	323
Anvers	83	13	36	20	16	8	200
Augsbourg ...	110	19	21	11	12	5	240
Barcelone	171	16	77	22	19	8	237
Blois	345	53	27	14	10	4 1/2	222
Bruxelles	138	24	35	16	10	9	111
Budapest ...	317	39	35	18	19	7	271
Burgos	79	13	42	27	27	11	245
Calais	62	15	32	18	14	12	116
Candie	56	16	81	38	33	19	163
Caire	41	13	10	7	8	3	266
Constantinople	365	46	81	37	34	15	226
Corfou	316	39	45	19	15	7	214
Damas	56	17	102	80	76	28	271
Florence	387	103	13	4	3	1	390
Gênes	215	58	15	6	6	2	300
Innsbruck	163	41	16	7	6	4	150
Lisbonne	35	9	69	46	43	27	159
Londres	672	78	52	27	24	9	266
Lyon	812	225	25	12	13	4	325
Marseille	26	7	21	14	12	8	150
Milan	871	329	8	3	3	1	300
Naples	682	180	20	9	8	4	200
Nauplie	295	56	60	36	34	18	188
Nuremberg ...	39	11	32	20	21	8	262
Palerme	118	23	48	22	25	8	312
Paris	473	62	34	12	12	7	171
Raguse	95	18	26	13	14	5	280
Rome	1 053	406	9	4	4	1 1/2	266
Trani	94	14	30	12	12	4	300
Trento	205	82	7	3	3	1	300
Udine	552	214	6	2	2	1 1/2	400
Valladolid ...	124	15	63	29	23	12	191
Vienne	145	32	32	14	13	8	162
Zara	153	28	25	8	6	1	600

I indique les localités en relation avec Venise, II le nombre des cas observés, III le nombre des cas normaux, IV les temps maxima (en jours), V la moyenne arithmétique pondérée (en jours), VI la normale en jours, VII les temps minima (en jours), VIII les temps normaux calculés sur la base des temps minima = 100, ou, en d'autres termes, les rapports entre les temps minima et les temps normaux.

autre observateur, c'est que les délais ainsi fixés sont relativement rapides. Ils traduisent la vigilance, les moyens mêmes de la riche Venise. Ils correspondent à un système d'alerte. Savoir ce qui se passe à Paris, à Valladolid, à Constantinople, pour Venise, ce n'est pas curiosité, mais sagesse.

Que l'on change d'enregistrement, la vivacité n'est plus jamais la même. Ainsi, dans les bureaux de Philippe II, s'entassent des lettres venues de toutes les villes d'Europe. La règle veut qu'au dos de la dernière page (*la carpeta*)[50] soient inscrites les dates d'envoi et d'arrivée et, non moins précieuses mais plus rares, celles de la réponse. Des centaines de milliers de données s'offrent ainsi à la patience d'un calculateur. Philippe II, sauf quelques voyages bien connus à Cordoue, Lisbonne, Saragosse, Barcelone ou Valence, n'a guère bougé du centre de la Castille, après son retour des Pays-Bas, en 1559. S'il y a parfois des incertitudes sur la position de ses correspondants ou le trajet des lettres, ces doutes peuvent être levés.

Il était tentant parmi ces données, de retrouver des mesures analogues à celles de Pierre Sardella, en reprenant Venise comme centre des coordonnées. Pour le parcours Madrid-Venise (admettons qu'il soit équivalent au trajet Valladolid-Venise des mesures de Sanudo), pour ce parcours sur 40 indications retenues à la fin du XVIᵉ siècle, d'après les missives des représentants de l'Espagne à Venise, le temps le plus bref est de 22 jours (contre 12, chez Sanudo) ; le plus long, de 85 (j'ai laissé de côté un cas aberrant de 145 jours). La moyenne arithmétique non pondérée s'établit à 40 (contre 29, moyenne pondérée de P. Sardella). Pour la distance Constantinople-Venise, 16 observations, pour ces mêmes années, donnent une durée minima de 29 jours, maxima de 73 ; la moyenne s'établit au voisinage de 41,5[51]. Cette fois nous sommes plus près des chiffres de P. Sardella (établis, il est vrai, sur une base autrement large), mais toujours au-dessus d'eux. Conclusion : à la fin du siècle, les relations, sur le grand axe de la Méditerranée, ne sont-elles plus, pour Venise et l'Espagne, aussi exigeantes et inquiètes qu'au début de ce même siècle ? L'affirmer serait se risquer sans preuve suffisante.

En tout cas, dans nos calculs comme dans ceux de P. Sardella, Venise se situe à mi-chemin, très en gros, de Madrid (ou Valladolid) et de Constantinople : 40 ou 41,5 dans nos moyennes, 29 contre 37 dans celle de Sanudo, soit un univers, dans toute sa longueur, ou de 80 ou de 66 jours, supérieur, de toute façon, à la dimension de 52 jours que nous avions arbitrairement obtenue en additionnant une durée Alexandrie-Livourne à une autre durée Livourne-Carthagène[52]. Que la distance Alexandrie-Carthagène ne soit pas la distance, reconstituée elle aussi, Constantinople-Venise-Madrid, ne simplifie pas le raisonnement. Mais il faut se résigner à ne pas mesurer très exactement la mer, même avec l'aide des précieuses lettres des politiques ou des marchands.

La nouvelle, marchandise de luxe

La nouvelle, marchandise de luxe, vaut plus que son pesant d'or. « Pas un courrier, écrit au duc de Ferrare son agent à Venise, qui n'exige moins d'un ducat par pli »[53], entre deux villes pourtant proches, Ferrare et Venise. Au début du XVIe siècle, les tarifs entre Venise et Nuremberg[54] varient selon la plus ou moins grande brièveté du parcours : quatre jours, 58 florins ; quatre jours et six heures, 50 ; cinq jours, 48 ; six jours, 25 (notons que la vitesse record enregistrée par P. Sardella est de deux jours plus longue que cette dernière). De toute évidence, il s'agit de liaisons ultra-rapides, à la disposition de marchands riches, en ce début du XVIe siècle où, si nous ne nous trompons pas trop, les écarts des prix sur les marchés sont plus forts que jamais. Il y a intérêt à intervenir, le cas échéant, en brûlant les étapes, quelle que soit la dépense pour cet ordre lancé à toute vitesse. Plus tard, les affaires se régulariseront. D'une lecture des lettres de Simón Ruiz, durant la seconde moitié du XVIe siècle, on ne retire pas l'impression que compte alors autant que jadis la recherche de

1. — Nouvelles en route vers Venise

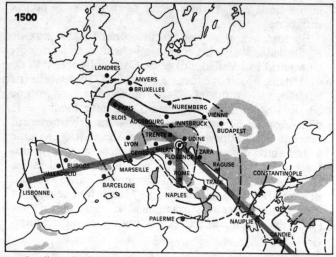

Les lignes isochrones, *de semaine en semaine*, indiquent en gros les temps nécessaires au voyage des lettres qui, sur les trois croquis, vont toutes vers Venise.

La première carte a été dressée d'après les travaux de P. Sardella (cf. p. 18, note 49), 1500, plus exactement 1496-1534. La deuxième et la troisième (pp. 23 et 24), d'après les gazettes vénitiennes manuscrites conservées au Record Office de Londres. Le dépouillement en a été fait pour moi par F. C. Spooner.

Les rayons en grisé sont d'autant plus épais que la vitesse moyenne est plus grande.

l'ordre ou de l'information ultra-rapides[55]. Seuls, les grands banquiers ou les gouvernements peuvent s'offrir de tels luxes, dont le prix n'a cessé de grandir avec la hausse du siècle. Le 14 juillet 1560[56], Chantonnay, alors ambassadeur de Philippe II à la cour de France, dépêche un courrier de Chartres à Tolède et retour ; celui-ci court, au total, 179 postes et dépense 358 ducats (soit deux ducats par poste). Somme énorme, bien plus que le salaire annuel d'un professeur à l'Université de Padoue ou de Salamanque ! Ces postes doivent être d'une dizaine ou d'une douzaine de km chacune et si le courrier les a courues à 18 lieues[57] par jour, on voit que nous sommes, un instant, très au-dessus des records

2. — Nouvelles en route vers Venise

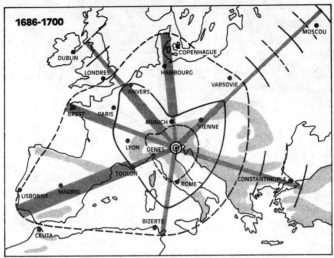

Les différences d'une carte à l'autre peuvent paraître, selon tel ou tel axe, très importantes. Elles sont dues à la multiplicité des courriers, selon les urgences de l'actualité. En gros, les lenteurs de la dernière carte (p. 24) rejoignent celles de la première, alors que les délais sont parfois nettement moindres pour la seconde carte. La démonstration n'est pas péremptoire. En principe, la comparaison des vitesses devrait se faire à partir des surfaces que limitent les courbes isochrones de même numéro d'ordre. Mais ces surfaces ne sont pas cernées avec une précision suffisante. Cependant, si l'on essaie de les superposer, elles semblent très en gros, de même étendue, telle extension étant contrebalancée par tel ou tel retrait. Inutile de dire que le passage des surfaces en km², aux vitesses journalières, ne se fait pas sans précautions préalables.

habituels... Les riches peuvent acheter ces prouesses inhumaines.

En conclusion, mesurer les lenteurs inhérentes à l'espace à partir des lettres s'avère paradoxal. Même lorsqu'elles vont lentement, ces précieuses marchandises courent plus vite que les autres voyageurs.

Ce serait une raison, déjà, pour nous détourner d'une étude systématique des enregistrements postaux de la bureaucratie de Philippe II, ou encore de l'enquête que l'on pourrait faire à propos cette fois des lettres du marchand Simón Ruiz (100 000 environ)[58]. Au vrai, ces

3. — Nouvelles en route vers Venise

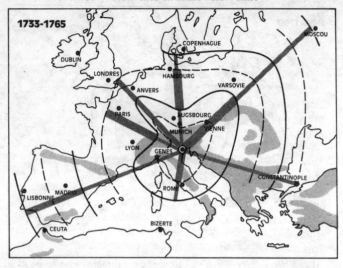

opérations risquent de ne rien nous apprendre que nous ne sachions déjà. Les lettres dépendent, en effet, de courriers réguliers ou irréguliers, ceux-ci moins importants que ceux-là au regard de la statistique. Étudier les lettres c'est retrouver, un peu plus tôt, un peu plus tard, ces courriers réguliers dont nous connaissons à l'avance les délais officiels. De Rome à Madrid, l'entreprise des Tassis s'est engagée à transporter les lettres en 24 jours, du 1er avril à la fin de septembre ; en 26 jours pendant l'autre semestre, celui d'hiver : c'est autour de ces chiffres que se situent non les délais moyens des lettres des marchands et ambassadeurs[59] (car les promesses des fermiers des postes ne sont que rarement respectées) mais la limite haute des vitesses normales. A partir de ces vitesses, quelques sondages comme ceux de Valentin Vázquez de Prada[60] (pour le trajet de Madrid-Anvers) permettent à l'avance de calculer (de prévoir) l'éventail des vitesses réelles.

Seconde raison, et d'un grand poids, pour ne pas se

jeter dans cet océan de calculs : toujours à partir de Venise, d'après ces *avvisi* que la ville ne cesse de produire et de répandre et dont de longues séries manuscrites sont conservées à l'*Archivio di Stato* ainsi qu'à la *Marciana* et même au *Record Office* de Londres — on peut dresser, pour le XVIIe et le XVIIIe siècle, des cartes analogues à celle dont Sanudo nous a fourni les éléments. Deux de ces cartes, établies par Frank Spooner pour les périodes 1680-1706 et 1733-1765, fixent les zones d'écoute de la curiosité vénitienne [61]. Les vitesses de déplacements y sont, *grosso modo*, celles de 1497-1532, plus vives au XVIIe siècle, moins vives au XVIIIe.

La conclusion est ainsi sans ambiguïté. Nous cherchions, dans ces enregistrements, une mesure « conjoncturelle » de l'espace, particulière au XVIe siècle, et nous devinons, avant que l'analyse même ne soit achevée, que celui-ci a des dimensions quasi permanentes ; une fois de plus, nous sommes en présence de structures longues. L'homme peut attaquer l'espace à sa guise, faire sauter en éclats les rames des galères renforcées, ou crever les chevaux de relais, ou se donner l'illusion par bon vent de voler sur la mer, l'espace, en fait, lui résiste par son inertie et, au delà de ces exploits fugitifs, reprend chaque jour ses revanches. Bien sûr, des records éveilleront toujours nos curiosités, comme celles des contemporains : de Paris à Cracovie la nouvelle de la mort de Charles IX est transmise en treize jours, c'est Sully [62] qui nous le rapporte et le « roi de Pologne » fausse compagnie le lendemain à ses sujets... ; la nouvelle de la naissance d'un petit-fils de François Ier, en janvier 1544, vole en deux jours de Fontainebleau à Lyon (420 km) [63], et telle estafette turque ira d'Istanbul à Erzeroum en dix-huit jours en crevant beaucoup de ses chevaux [64], *con far creppar molti cavalli*. Tous ces records ont leur valeur, et d'autres encore que l'on pourrait citer, et il est utile de les mesurer en les rapportant aux moyennes ordinaires [65]... Mais ce n'est pas l'essentiel : l'important c'est que moyennes et records sont sensiblement les mêmes avant et après notre siècle. Marchandises, barques, voyageurs vont aussi vite, ou aussi lentement au temps des Papes d'Avignon [66], ou à Venise pendant la première moitié du XVe siècle [67] que durant le Siècle de Louis XIV. Il n'y aura novation, rupture qu'avec le XVIIIe siècle finissant.

Des comparaisons actuelles

« Si l'on fait état de tous les facteurs, on aboutit à constater, écrit un économiste [68], que l'espace de l'économie ''mondiale'' pendant l'Antiquité romaine pouvait être parcourue en quarante ou soixante jours environ, en utilisant les meilleurs moyens de transport ; cet espace s'étendait des Colonnes d'Hercule aux frontières du royaume des Parthes, de l'embouchure du Rhin à la frange du désert africain. Or, de nos jours (en 1939) il faut également à peu près de quarante à soixante jours pour couvrir tout l'espace de l'économie mondiale moderne, si l'on utilise seulement les procédés normaux de transport des marchandises et si l'on néglige les territoires sans importance économique et dépourvus de moyens de transport. »

Je ne prends pas à mon compte ces mesures, ni les chiffres donnés par le même auteur, sur les vitesses routières à l'époque romaine, au voisinage de 50 km par jour [69]. Mais ce n'est point de mesures précises, au plus d'un ordre de grandeur qu'il peut être question. Sur ce plan, la Méditerranée du XVIe siècle, en gros, a toujours des dimensions « romaines », alors que plus d'un millénaire s'est écoulé. Ou, si l'on veut, la seule Méditerranée du XVIe siècle correspond, *mutatis mutandis*, au monde entier de 1939. Elle est donc immense, démesurée, et ne mérite sa réputation d'être « humaine » que par comparaison, parce que l'homme, au XVIe siècle, commence déjà à se battre avec d'autres monstres, l'océan Atlantique, pour ne pas parler du Pacifique. Des monstres, auprès desquels la Méditerranée paraît un animal domestique, certes pas le « lac » du XXe siècle, patrie souriante des touristes et des yachts, où l'on peut toujours toucher terre en quelques heures et que l'Orient-Express contournait hier d'une seule traite. Pour comprendre ce qu'elle est, il faut, en esprit, agrandir son espace autant qu'il est permis, recourir aux images anachroniques de voyages où il faut aventurer des mois, des années de sa vie, sa vie même.

Les bonnes comparaisons ne manquent pas. Les voyages, par exemple, de ces marchands tartares, nos contemporains, qu'Aldous Huxley décrit, dans son *Tour du Monde*, poussant par delà l'Himalaya jusqu'au Cachemire et aux Indes, après avoir rempli leurs bourses de pièces d'or, pièces de dix roubles d'avant la Révolution russe, précise Huxley[70]. Romantiques personnages ! Ils peuvent évoquer les voyages de Syrie au XVIᵉ siècle, en cette extrémité de Méditerranée où des mondes différents, qui ne peuvent avoir confiance l'un dans l'autre, s'affrontent et se raccordent. La lettre de change n'y a pas cours. Tout se fait par troc ou contre argent comptant. Il faut y arriver bardé de métal jaune ou de métal blanc, comme ces Tartares d'aujourd'hui.

Croira-t-on à une recherche facile du paradoxe, si je prétends avoir rêvé de la France des Guerres de Religion, à propos de la Chine d'hier, avec ses monstrueuses guerres civiles, ses invasions étrangères, ses tueries, ses famines et, au milieu de vastes espaces, ses villes serrées sur elles-mêmes, entourées de murailles dont les portes se ferment à la nuit ? Se glissant entre les villes, une troupe de partisans peut se frayer impunément un chemin, du haut Setchouen jusqu'au Chantoung. Ainsi s'épuise la France des derniers Valois, où viennent se perdre des bandes d'aventuriers, étrangers ou autochtones. Toute richesse s'y consume à la longue et Dieu sait pourtant que la France est riche, en ce XVIᵉ siècle : un vrai grenier d'abondance ! Giovanni Botero[71] calcule, avec émerveillement, tout ce qui peut y vivre de soldats, officiellement recrutés ou non, voraçant l'immense pays. L'immense France du XVIᵉ siècle. Un document vénitien de la même époque (1587) parle « de l'inondation d'étrangers en armes qui entrent alors en France »[72].

Étrange digression ! Mais elle rend sensible l'impression d'espace démesuré, difficilement imaginable pour

nous quand il s'agit de la Méditerranée. Il ne suffit
point de répéter ces justes expressions des historiens
économistes allemands, *Welttheater* ou *Weltwirtschaft*,
qu'ils emploient volontiers à propos de l'ensemble
historique et vivant de la Méditerranée, pour marquer
que, univers en soi, « économie-monde », il vécut
longtemps sur lui-même, sur son circuit de soixante
jours, n'entrant en contact avec le reste du monde et
spécialement l'Extrême-Orient, que pour le superflu. Ce
qui importe, c'est de marquer la taille de cet univers,
en quoi cette taille commande sa structure, aussi bien
politique qu'économique. Il y faudra, chaque fois, un
effort d'imagination.

Empires et espace

Comprendre l'importance des distances, c'est apercevoir sous un jour nouveau les problèmes que pose la
gestion des Empires, au XVIe siècle.

Et d'abord, l'immense Empire espagnol, pour l'époque une entreprise colossale de transports par mer et
par terre. Il exige, outre d'incessants déplacements
de troupes, la transmission quotidienne de centaines
d'ordres et de nouvelles. La politique de Philippe II
exige ces liaisons, réclame ces armées en mouvement,
ces transferts de métaux précieux, ces lettres de change.
Toutes choses essentielles qui expliquent à leur tour
une bonne partie des gestes de Philippe II, et aussi
l'importance qu'a pour lui la France. De cette dernière,
on a toujours dit qu'elle était encerclée par les possessions des Habsbourgs. Mais si leur Empire la menace
du dehors, elle le menace, elle, du dedans, et des deux
périls qui dira le plus grand ? La France de François Ier,
celle de Henri II avaient été hostiles et fermées ; sauf
pour la rapide traversée de 1540, Charles Quint, sa vie
durant, a circulé autour du pays assiégé et à bonne
distance. Au contraire, de 1559 à 1589, pendant trente
années, le chemin de la France a été plus qu'à demi
ouvert aux services de l'état-major politique et de la
trésorerie de Philippe II. Et si le Roi Prudent ne bouge
pas d'Espagne, s'il demeure au centre de sa toile, c'est

en raison de mille nécessités, de la primauté financière et économique de la Castille et de la liaison vitale avec l'Amérique, mais aussi parce que les frontières ne lui sont plus complètement fermées.

En conséquence, s'asseoir aux côtés de Philippe II et reprendre ses papiers, c'est jauger sans fin cet espace intermédiaire de la France, connaître son équipement postal, les routes où il y a et celles où il n'y a pas de relais ; enregistrer, dans le mouvement des courriers, les interruptions qu'imposent, de-ci de-là, nos Guerres de Religion ; en mesurer l'étendue, la durée, la gravité relative ; apprendre par surcroît les détours des routes de l'argent, spécialement des lettres de change vers les relais des places boursières...

Pour un État, au vrai, il n'y a pas une, mais dix luttes contre l'espace. L'Empire espagnol, mal placé vu sa dispersion européenne et mondiale, y a usé le meilleur de ses forces. Pourtant, mieux qu'un autre il se sera adapté à ces tâches obligatoires et organisé pour elles ; quoi qu'on ait dit, pour les transports, transferts et transmissions, il a égalé, voire dépassé les meilleurs. Il est curieux, pour le moins, qu'il ait eu, à partir des années 1560, une sorte de spécialiste des transports de troupes et de matériel, dans la personne de Francisco de Ibarra qu'il serait intéressant de mieux connaître, lui et ses émules.

La littérature historique néglige trop cet énorme labeur de la machinerie espagnole. Elle n'a su parler que de la « lenteur » du *rey papelero*, de ce Roi bureaucrate « aux pieds de plomb », « étant lui-même et le maître et le secrétaire, qui est grande vertu... » disait déjà de lui, en 1560, l'évêque de Limoges [73], et « fort entier en ses affères et qui n'en pert pas une heure estant tout le long du jour sur des papiers » [74]. Un roi surmené de travail et qui, un quart de siècle plus tard, ne voudra pas s'arrêter dans sa tâche surhumaine, malgré les objurgations du cardinal Granvelle [75], en vain désireux, quant à lui, de nouveautés [76].

Dans les « lenteurs » de l'Espagne, il faut donc distinguer. Il y a la lenteur des courriers : les informa-

tions arrivent lentement, les réponses et les ordres
cheminent lentement. Tous les gouvernements du monde
sont logés à la même enseigne. Et l'Espagnol plus qu'un
autre. Cependant, à égalité d'espace, de distance à
vaincre, celui-ci, en gros, vaut les autres. Ses faiblesses
sont les leurs. L'Empire turc, lui aussi, est une association de lenteurs, mises bout à bout. De Constantinople
à l'Adriatique, à Cattaro ou à Spalato, il faut compter
de 16 à 17 jours de voyage en se hâtant [77]. La mer
Noire, le *Mar Maggiore*, réserve des itinéraires variables,
très peu prévisibles. Dans la mer Égée, la mer Blanche
des Turcs, les vitesses les plus rapides sont dérisoires...
En 1686 encore, c'est une nouvelle digne de mention (il
est vrai en décembre) qu'une galère turque ait navigué
d'Istanbul à Négrepont, en huit jours [78]. Pour la traversée de la mer Rouge, en 1538, la flotte de Soliman
Pacha [79] a besoin de deux mois. Il s'agit là de distances
irréductibles, sur lesquelles il serait vain de vouloir
mordre, elles n'ont pour ainsi dire pas bougé, des siècles
durant. Pegolotti, dans la *Pratica della Mercatura*
(1348), signale que de Trébizonde à Tauris, il faut 12 à
13 jours si le marchand va à cheval, 30 à 32 jours par
les caravanes. En 1850, Gœdel, consul d'Autriche à
Trébizonde, prétend qu'il faut, sur ce même parcours,
27 à 30 jours par caravane « quand la route est en bon
état » [80].

Seconde forme de lenteur : celle des délibérations,
des délais avant l'expédition des ordres. Or les témoignages des contemporains sont concordants : Français,
Italiens se sentent d'un autre tempérament au pays des
hommes flegmatiques; aussi longs à se décider qu'habiles
à dissimuler. On ne garantit pas, d'ailleurs, que ce
portrait, dessiné tant de fois, soit exact. L'image que
l'étranger conçoit et colporte d'une nation est souvent
aussi irréductible que fausse. Il semble cependant que
la lenteur gouvernementale ou, comme le dit l'évêque
de Limoges, « la longueur de ce païs » [81], soit hors de
discussion. Quand, en 1587, on apprend à Rome les
exploits de Drake en face de Cadix, le Pape s'exclame
« que sa Majesté était une personnalité sans envergure,

qui jamais n'en finissait de se résoudre, sinon quand l'occasion en était passée ». A Paris, « non seulement la réflexion a été montée en épingle, mais elle a été publiée, en ajoutant que le rouet de la reine d'Angleterre valait mieux que l'épée du Roi d'Espagne »[82].

Médisances, sans doute. Cependant si, une fois de plus, on se reporte aux correspondances diplomatiques, il semble que le gouvernement français, par exemple, soit plus prompt dans l'expédition de ses affaires. Mais est-ce toujours la faute, à Madrid, du roi qui veut tout lire ? L'Espagne étant prise dans une vie impériale à bien plus large rayon que la vie française (ou anglaise), Philippe II doit attendre, pour se décider, des voix qui lui viennent de beaucoup plus loin. Ainsi arrivons-nous à rejoindre les deux lenteurs mises en cause. A ses lenteurs propres, la machinerie espagnole associe les lenteurs de la navigation à travers l'Atlantique, l'Indien et même le Pacifique ; en fait, elle doit répondre à la première économie, à la première politique qui soient aux dimensions du monde connu. C'est une raison pour que le cœur de l'Espagne batte à un rythme plus lent que les autres. A partir de 1580, après la conquête du Portugal, ce rythme se ralentit encore. Rêvons aux côtés de Sassetti, ce Florentin qui gagne les Indes Orientales, en 1585, et dont nous avons conservé la précieuse correspondance. Si l'on réfléchissait, écrit-il de Cochin, le 27 janvier 1585, à son ami Piero Vettori resté à Florence, si l'on réfléchissait aux sept mois de navigation qu'il faudra passer, « au régime du biscuit et de l'eau saumâtre, coincé dans un étroit espace au milieu de 800 à 900 personnes, tourmentées par la faim, la soif, le mal de mer, l'inconfort »[83], il y aurait peu d'amateurs pour gagner les Indes. Seulement, voilà, quand on voit un bateau, on a envie d'y monter... Or les ordres du roi d'Espagne sont obligés de subir ces sept mois de voyage et d'autres...

Ainsi aucun doute : le combat de l'Espagne contre les distances est un dur combat, et mieux qu'un autre il met en évidence la « mesure du XVIᵉ siècle ».

Les trois missions de Claude du Bourg (1576 et 1577)

Un petit exemple le montrera. Il nous replace aux côtés d'un aventurier français, Claude du Bourg, famélique personnage, assez indéchiffrable. Génial ou simplement extravagant ? Qui ferait une enquête avec les multiples inédits de la Bibliothèque Nationale en déciderait peut-être...

C'est moins sa personnalité qui nous intéresse, ici, que les trois courses assez curieuses qui l'ont amené en Espagne : la première en mai 1576, la seconde en septembre-octobre de la même année, la troisième en juillet-août 1577. Les deux premières fois, chargé des intérêts du duc d'Alençon et ajoutant, sans doute, beaucoup de son cru à sa commission, il a négocié au nom du prince son mariage éventuel avec l'une des infantes, filles de Philippe II, laquelle aurait apporté en dot les Pays-Bas à son époux ; la troisième fois, on lit et relit les textes pour y croire, Claude du Bourg agit au nom de Henri de Béarn, lequel sollicite un emprunt du Roi Catholique et son aide pour le mariage de sa sœur avec le prince de Savoie. Chacune de ces missions extravagantes pose les problèmes les plus compliqués et, parachevant la comédie, elles déchaînent les fureurs de l'ambassadeur de France, Saint-Gouard.

La première fois, notre personnage est reparti avec une lettre plus ou moins vague pour son maître et, pour lui-même, une chaîne d'or de 400 ducats. Au second voyage, le roi a tenté de l'éviter : « je ne croyais pas que Claude du Bourg allait revenir, surtout après vos lettres des 30 juillet et 13 août », écrit-il à son ambassadeur à Paris, le 4 octobre 1576. L'indésirable était cependant à Barcelone, le 2 septembre. L'arrêter, éviter au moins de gros incidents avec l'ambassadeur du roi de France en traitant tout par écrit — c'était question de prestesse dans l'expédition des ordres. Çayas écrivit bien deux ou trois fois, mais Claude du Bourg n'écouta pas, glissa entre les mailles, et « alors que je me rendais de l'Escorial au Prado, conte Philippe II, il se planta sur ma route à Galapagar, le 22 septembre au

matin, et me remit une lettre manuscrite du duc
d'Alençon, en date du 19 août et, plus ouvertement que
la première fois, il me proposa la négociation du mariage
du duc avec une des infantes, mes filles. Je lui fis
répondre par le duc d'Albe... ». Le fait divers cesse dès
lors de nous intéresser.

Qu'un isolé et, qui plus est, un indésirable, ait pu se
glisser à travers toute l'Espagne et, signalé par les
services de surveillance, échapper aux contrôles et aux
barrages, pour surgir devant le Roi Prudent lui-même,
voilà un exploit que les vitesses, les lenteurs du temps
ont seules rendu possible [84].

Espace et économie

Toute activité bute contre la résistance de l'espace, y
trouve ses contraintes et ses accommodements. Condamnée à la lenteur, aux préparations laborieuses, à des
pannes inévitables, l'économie méditerranéenne est à
voir, d'entrée de jeu, sous cet angle des distances.

Même les lettres de change, marchandises privilégiées,
n'échappent pas à cette loi générale d'inertie. Pour
toutes les places les délais de route s'ajoutent régulièrement aux délais de paiement prévus par la lettre elle-
même. Au début du siècle, ces délais, à partir de
Gênes [85] sont de 5 jours pour Pise ; 6, pour Milan ; 10,
pour Gaète, Avignon, Rome ; 15, pour Ancône ; 20,
pour Barcelone ; 30, pour Valence, Montpellier ; deux
mois pour Bruges ; trois pour Londres... L'argent
comptant va moins vite encore. Quand les arrivées des
flottes à Séville, avec la seconde moitié du XVIe siècle,
deviennent l'élément dominant de l'économie européenne, méditerranéenne et mondiale, il est possible de
suivre, chaque année, les cheminements de chaque
nouvelle masse de métal blanc, qui s'ajoute au stock
monétaire et qui, d'une place à l'autre d'Occident,
circule selon un calendrier aux étapes espacées, comme
le suggèrent les croquis dressés par José Gentil da
Silva [86]. Mêmes difficultés pour les marchandises : elles
s'élaborent avec lenteur, s'attardent dans les magasins,
changent de mains plus ou moins vite. Les laines

d'Espagne importées à Florence, entre l'achat des toisons et le finissage des draps, demandent des mois et des mois [87] et des années parfois, sous cette forme nouvelle, pour atteindre leurs clients en Égypte, à Nuremberg ou ailleurs. Nous avons cité le cas caractéristique du blé et du seigle de Pologne, vendus un an après avoir été récoltés et consommés de six à douze mois plus tard, parfois davantage quand ils prennent le chemin de la Méditerranée [88].

Plus encore, les marchandises s'attendent les unes les autres, au terme de longs parcours préalables. Dans les Abruzzes, à Aquila, le commerce actif du safran provoque, chaque année, un grand concours de marchands. Mais le safran n'est jamais seul au rendez-vous : il doit être empaqueté dans des sacs de lin (huit de ces sacs pour une charge), et ces sacs, quatre par quatre, doivent être à leur tour enveloppés dans des gaines de cuir. En outre, les paiements se font en barres de cuivre qu'utilise l'Hôtel des Monnaies d'Aquila, qui frappe de petites pièces *cavali* et *cavaluzzi*. Si bien que le safran ne se véhicule (et réciproquement) que grâce à l'arrivée des toiles de lin et des plaques de cuivre qui viennent d'Allemagne, et des balles de cuirs, en provenance de Hongrie [89]. Il y a rencontre de ces processions. De même, dans le Levant, les épices, le poivre, les drogues, la soie, le coton vont à la rencontre des pièces d'argent et des tissus de laine d'Occident... Sur la route tendue de Raguse à Venise, puis de Venise à Anvers et à Londres, nous connaissons de temps à autre les échanges de marchandises qui font vivre la famille marchande des Gondola, Ragusains installés à Raguse même, à Ancône, à Venise (plus tard semble-t-il à Messine), enfin à Londres nœud de ces échanges : il s'agit d'y troquer des raisins secs, les *uve passe*, les *curanti*, comme l'écrit l'italien contaminé par l'anglais, importés du Levant et des *paternoster* de difficile écoulement, contre les *carisee* fabriquées dans les campagnes anglaises. Le transport se fait par terre et par mer, par Ancône ou Venise, mais les marchés sont si lents à conclure, en 1545, qu'il faut pour régler les comptes en souffrance recourir aux changes de Lyon, par le relais des Salviati[90]...

Cette lenteur des circuits est un mal général. Marchandises, argent comptant, lettres de change voyagent dans un sens ou dans l'autre, se croisent, se rencontrent ou s'attendent. Chaque place marchande vit sans fin de cette conjoncture multiple et changeante des marchandises, du numéraire, des lettres de change, exactement de leurs compensations réciproques. Ces circulations au ralenti retiennent longtemps en chemin marchandises, monnaies, lettres de change. Un marchand aura naturellement le désir de récupérer au plus vite son capital, atout décisif d'un jeu en perpétuel recommencement. Aucun doute : le drame des banques privées, au XVIe siècle, vient de ce qu'elles jettent inconsidérément l'argent déposé par leurs clients dans des circuits marchands trop lents. Survienne une crise, ou une panique : les remboursements ne peuvent se faire en quelques jours, car l'argent est en voyage, pris dans les lenteurs mortelles de l'espace.

Que le temps soit de l'argent, chaque marchand « les doigts tachés d'encre » par les interminables lettres qu'il écrit, le sait. La formule est déjà dans l'air : en mars 1590, Baltasar Suárez, cet Espagnol établi à Florence, s'exaspère du retard d'un galion qui coûtera très cher *por el tiempo que pierde la mercaderia*[91]. La sagesse, ce sera donc souvent de diviser ses mises (argent ou marchandises) entre plusieurs circuits aux calendriers différents, ou entre plusieurs navires sur un même trajet et, plus encore, de choisir le circuit le plus bref, celui qui restitue au plus vite l'argent et son profit. Au début du XVIIe siècle, les marchands préfèrent ainsi les routes de terre vénitiennes à la commode route du Pô. Oui, dit un discoureur vénitien[92], la route d'eau « est toujours plus commode, plus avantageuse que le chemin de terre périlleux, incommode et dispendieux ». Mais le long du fleuve, il y a trop de juridictions, occasion de s'arrêter, de subir des vérifications et des extorsions, mais surtout de perdre du temps, autrement les frais s'équilibreraient, en fin de compte, d'un côté et de l'autre.

Or le temps, nul n'entend le gaspiller. Si tel marchand, à Venise, dès le xvᵉ siècle, préfère jouer sur les cotons de Syrie [93], c'est qu'il s'agit là d'affaires qui peuvent se conclure en six ou sept mois, bien plus promptes à se résoudre que les longs voyages en direction de l'Angleterre ou des Flandres. Seuls les plus gros capitalistes du temps, les plus habiles, les plus chanceux, les Génois, ont pu organiser les paiements à travers l'Atlantique à partir de Séville [94]. Immense opération ! Mais pour la mise en place, autrement grandiose, de liaisons marchandes régulières entre Lisbonne et l'océan Indien, il a fallu que l'État portugais intervienne avec tout son crédit, que le roi se fasse marchand de poivre ; et d'ailleurs il ne suffira bientôt plus à la tâche. Forcément, plus le commerce se fait au loin, plus la masse d'argent à investir est considérable, plus longtemps elle restera prisonnière du voyage. Le commerce par voie maritime, de Séville en Amérique, ou de Lisbonne en Asie, n'aurait pas été possible sans, au xvᵉ siècle, les préalables concentrations capitalistes de la Haute-Allemagne et de l'Italie [95].

Et toujours ces liaisons à grande distance impliquent des prouesses. Prouesses des exécutants, en juillet 1602 une grosse nave des Indes aborde à quelques milles de Lisbonne, avec plus de deux « millions d'or » à bord, mais de son équipage ne sont vivants que trente hommes. C'est cette nave exténuée que les corsaires anglais saisissent sans peine à la barbe des galères de défense [96]. En septembre 1614, même événement (qui ne tourne pas mal *in extremis*) : arrive des « Indes » près de Lisbonne une nave, riche « d'un million », à son bord 16 survivants sur 300 hommes embarqués [97]. Le cas extrême c'est, dans le Pacifique, le retour à Acapulco en mai 1657, d'un galion de Manille sans un seul survivant [98], mais toutes les richesses sont à bord et le bateau fantôme arrive de lui-même au port.

Prouesses de l'argent : il faut y revenir. D'immenses ressources doivent être mobilisées, ce que révèlent depuis toujours les rythmes saccadés des places marchandes. Ainsi, Venise, en mars 1464 [99], s'est vidée de son numéraire avec le départ des galères de Syrie. Ses stocks d'argent, tous ses *arzenti* dès lors flottent sur la mer, *sono navegati per questi navi di Siria*, ils laissent une ville provisoirement exsangue et, du coup, paralysée. C'est aussi le spectacle qu'offre, cent ans plus tard, Séville, cependant dans toute sa jeune force. La flotte des « Indes » n'est même pas encore partie (elle ne franchira la barre de San Lucar que les 24-29 mars 1563 [100]) que déjà le correspondant de Simón Ruiz peut lui écrire de Séville, le 15 février [101] : « ici sur la place depuis des jours il n'y a plus un seul réal à emprunter à quelque prix que ce soit ». La place s'est vidée pour les derniers achats de marchandises à expédier, il lui faudra attendre les retours des flottes pour connaître à nouveau la « largesse » de l'argent comptant. L'année précédente, en 1562, comme la flotte tardait, les marchands déjà endettés avaient dû emprunter à n'importe quel prix : « depuis un mois, note une correspondance officielle [102], on a pris à change avec plus de 4 1/2 p. 100 de perte, tout cela au bénéfice des étrangers… ». Et voici qu'arrive l'heure des paiements en foire, à Medina del Campo ; puisse Sa Majesté proroger les paiements et sauver les marchands !

Les foires, réseau supplétif de la vie économique

Les places marchandes sont les moteurs décisifs de la vie économique : elles rompent l'hostilité de l'espace, lancent les grandes circulations qui, à la vitesse que permet l'époque, triomphent vaille que vaille des distances. D'autres activités s'ajoutent aux leurs, au premier rang celle des foires, dont il convient de parler comme s'il s'agissait encore de villes, de places marchandes temporaires, fort différentes entre elles à l'image des villes elles-mêmes, médiocres les unes, moyennes les autres, quelques-unes exceptionnelles, évoluant alors des foires de marchandises aux foires de change [103]. Mais rien n'est définitif en ces domaines. Les foires de Champagne s'éteignent au XIVe siècle, elles resurgissent à Chalon-sur-Saône, à Genève, plus tard à Lyon… Dans l'Italie du Nord et aux Pays-Bas, pays d'intense activité

urbaine, les foires brillantes encore au XVIᵉ siècle
déclinent. Et là où elles subsistent, comme à Venise,
elles sont tout au plus un décor. Lors de l'Ascension se
tient sur la place Saint-Marc la brillante foire dite
précisément de la *Sensa* [104], du nom de la fête religieuse,
occasion de grandes réjouissances et des célèbres épou-
sailles du doge avec la mer. Mais là n'est plus le cœur
de Venise ; celui-ci bat sur la place et le pont même de
Rialto.

Dans ce dialogue des villes (ou si l'on préfère, des
places marchandes) et des foires, celles-là au travail
sans interruption (à Florence les changes sont ainsi cotés
chaque semaine, le samedi), doivent l'emporter à la
longue sur celles-ci, réunions exceptionnelles... Doivent,
mais aucune évolution n'est à sens unique. Des surprises,
des renversements restent possibles. Dans l'Italie du
Nord, en 1579, l'établissement à Plaisance des foires
(de changes) dites de Besançon est, du point de vue de
l'histoire du capitalisme, le plus gros événement du
siècle. C'est à Plaisance, et pour de longues années,
que se situe le « cœur » exigeant de l'économie de la
Méditerranée et de l'Occident tout entier. Mais nous
reviendrons sur cet immense événement. En fait, ce
n'est pas Gênes, une ville, mais chaque année la
quadruple et discrète réunion d'une centaine d'hommes
d'affaires à Plaisance, qui rythme la vie matérielle de
l'Occident. Des papiers y sont échangés et pas un liard,
dit un Vénitien qui exagère à peine [105]. Et cependant
tout — arrivées et retours, sang des artères et sang des
veines — aboutit à ce « pôle » décisif. Il distribue
traites et remises, dettes et créances, règlements et
retours, or et argent, symétries et asymétries, sans quoi
les échanges perdraient sens et vigueur.

Cependant, au ras du sol, les foires locales jouent
leur rôle : au vrai de même nature que les foires
marchandes les plus glorieuses, Lyon, Medina del
Campo, Francfort-sur-le-Main, bientôt Leipzig. Et l'histoire de ces foires régionales, innombrables, se précise
aujourd'hui, à la suite de recherches récentes : foires
de Lanciano [106], de Salerne [107], d'Aversa, de Lucera, de

Reggio de Calabre dans le royaume de Naples ; foires de Recanati et de Sinigaglia dans les États de l'Église, foires liées les unes aux autres de Lombardie [108], sans compter celles que Venise autorise à Bergame ou à Brescia, ou dans le Tyrol, celles de Bolzano, si prospères au XVIIᵉ siècle [109], ou en Syrie, la foire maritime de Djeblé et, à l'intérieur des terres à 100 km au Sud de Damas, en plein désert, la foire caravanière de Mzêrib [110]... Sans compter ces foires minuscules, marchés hebdomadaires à peine grossis et qui criblent de leurs points explosifs l'espace d'Occident ou des Balkans [111]. Dans la seule Nouvelle-Castille, vers 1575-1580, on en compte 22 [112] en activité et il y en a des dizaines au Portugal [113]. Toutes, même les plus humbles, sont des villes construites à la hâte, là où il n'y avait la veille encore, comme à Medina del Campo, qu'une rue — *La Rua* — et une grande place ; ou un vaste terre-plein, hors de la ville elle-même, comme à Lanciano [114]. Quinze jours d'activité fiévreuse, trois semaines, un mois au plus. A Darroca, en Aragon, la foire principale commence le jour du *Corpus Domini* ; c'est l'occasion pour les Frères de la Trinité de sortir de leur église de miraculeuses hosties jadis transformées en chair et en sang (*et ciò si vede chiarissimamente*, disent avec conviction de jeunes voyageurs vénitiens, en mai 1581). Cette foire qui dure huit jours, rassemble une foule de vendeurs de mules, bêtes de labour, de selle ou de trait, ces dernières capables de traîner « ces voitures qui en Espagne, sont toujours à deux roues seulement » [115]. (Relevons au passage ce détail).

Passé la fête, tout rentre dans l'ordre. Les décors démontés sont transportés plus loin, vrais villages à la Potemkine et qui bougent tout seuls. Marchands, marchandises, bêtes de somme passent d'une ville à la ville voisine. Une foire s'achève, une autre commence. Ces sept ou huit marchands flamands qui quittent Lanciano en septembre 1567 à la foire « d'août », peuvent encore arriver à temps, comme ils le demandent, à la seconde foire de Sorrente, qui débute le 21 de ce même mois [116]. Ce Speranza della Marca qu'un document

napolitain signale en avril 1567[117], « associé à ses
commis », *in giro per il Regno*, fait sans doute toutes
les foires, vendant de la mercerie, des draps de soie,
des *zagarelle*[118], du fil d'or et d'argent, des peignes,
des bérets... Vendrait-il ces chapeaux espagnols qu'introduit, à Naples, une mode imitatrice — il pourrait
satisfaire toutes les clientèles.

A ces rendez-vous, il y a toujours de gros marchands
qui connaissent le jeu des lettres de change et du crédit
(à Lanciano ont été retrouvées des lettres de change par
paquets entiers)[119] et qui importent des épices, des
drogues, des tissus... Mais, même à Lyon, en mars
1578[120], selon les taverniers, « pour un marchand qui
vient aux foires à cheval et qui a de quoi dépenser et
loger en un bon logis, il y en vient dix autres à
pied qui sont très bien aises de trouver quelque petit
cabaret ». Les foires accueillent aussi les colporteurs les
plus humbles, témoins authentiques d'une vie campa-
gnarde qui livre ses produits, son bétail, le lard, les
tonneaux de viande salée, les cuirs, les peaux, les
fromages, la futaille neuve, des amandes, des figues
sèches, des pommes, des vins courants et des crus aussi
célèbres que le *mangiaguerra*, des barils d'anchois ou
de sardines, de la soie grège. L'important, en cet épais
royaume de Naples dont nous retiennent ici les images
colorées, c'est d'organiser la rencontre entre les grandes
routes marchandes et ces chemins campagnards, ces
pistes muletières, ces « artérioles » glissant de la montagne en arrière de Lanciano, « selon les dépressions
creusées par les eaux du ruissellement ». De toute
évidence, voilà un sérieux coup de pouce donné aux
échanges et à la circulation et finalement à tout un
cortège mêlé d'achats en numéraire et de trocs, vaste
mouvement que favorisent les exemptions péagères, car
l'espace, ce sont aussi des douanes, des octrois, des
barrages[121]...

Chaque fois, où que se situe l'observation, le spectacle
est le même. Tendilla[122], en Nouvelle-Castille, dans la
Province de Guadalajara, n'est tout de même pas, vers
1580, très connue. Quel géographe la situerait de

mémoire, au pied de la Sierra de la Calderina, qu'elle regarde vers le Nord sur les rives du Guadiana qui court ensuite vers Ciudad Real, Badajoz, puis le Portugal ? A cette époque, avec ses 700 feux, c'est un gros bourg seigneurial d'environ 3 000 habitants. Or l'une de ses deux foires, à la Saint-Mathieu, juste au sortir de l'hiver, jouit d'une extraordinaire affluence, un mois durant. Foire d'heureuse conjoncture : tout l'hiver, les artisans auront tissé leurs draps et elle est la première foire de l'année (*feria de coyuntura que todo el imbierno se han labrado los paños, y ser la primera del año*). Des marchands y viennent de toutes les villes voisines, et même des *mercaderes gruesos* de Madrid, de Tolède, de Ségovie, de Cuenca, plus des Biscayens marchands de toile et de fil, des Portugais « plus nombreux ici que dans aucune foire de Castille ». Ce concours de peuple, ce déluge de boutiques évoquent l'Alcayceria [123] de Grenade — et que de marchandises : draps de toutes sortes et de toutes provenances, soieries, épices, drogues, bois du Brésil, ivoire, orfèvreries et biens ordinaires... Pour sa part, le comte de Tendilla tire, chaque année, 1 200 000 maravédis de l'*alcabala* pourtant légère, 3 p. 100 seulement, ce qui chiffre le volume d'affaires à 40 millions (40 *cuentos*) de maravédis, plus de 100 000 ducats. Ainsi, de force, sont brisées des économies locales, d'ordinaire fermées, repliées sur elles-mêmes et rendues possibles les formations, ou mieux les ébauches de « marchés nationaux ».

Les zones d'économie à court rayon

La Méditerranée, en fait, est semée de zones d'économies semi-fermées, mondes étroits ou vastes organisés pour eux-mêmes — avec leurs innombrables mesures locales, leurs costumes, leurs dialectes. Leur nombre est impressionnant. La Sardaigne, la Corse sont, dans leur ensemble, en marge de la grande vie de relations. En Sardaigne [124], le paysan n'est jamais sollicité de produire davantage, de risquer de nouvelles cultures, de rompre avec ses méthodes ; il affectionne les brûlis (*narboni*) et n'emploie pas la jachère. Certaines régions, encore en

1860, Orosée et Posada sur la côte orientale et plus
encore, au Nord, la Gallura, ignorent le voiturage, et
le commerce s'y « fait toujours à dos de cheval »[125].
Très souvent l'île plus pastorale encore qu'agricole
ignore, au XVIe siècle, la monnaie. Les Pères Jésuites,
installés à Cagliari dès 1557, sont accablés de dons en
nature : volailles, pain, chevreaux, quelque chapon ou
cochon de lait, des pigeons, des moutons, de bons vins,
des veaux. « Cependant, dit une de leurs lettres[126], les
aumônes en argent qu'ils nous envoient, n'arrivent
jamais à dix écus ».

En Corse, chaque *pieve* est une île dans la grande,
sans rapports avec la vallée qui fait suite au delà des
Monts. En arrière d'Ajaccio, les gens de Cruzzini, de
Bocognano, de Bastelica sont étrangers les uns aux
autres[127], force leur est de tout produire, de couvrir
l'ensemble de leurs besoins (est-ce pour cela que le
saindoux est utilisé concurremment avec l'huile
d'olive ?). L'habit est fait de drap paysan, fabriqué à
la maison et l'île proteste quand les marchands génois
essaient de tenir ce drap dans leurs boutiques. Elle se
plaint aussi de ce que la *Dominante* (mais est-elle
responsable ?) ne favorise pas le commerce intérieur *di
luogo a luogo*[128]. Au vrai, la géographie, le relief, la
difficulté des chemins portent la responsabilité d'empê-
chements permanents. L'île reste à peu près en son
entier hors des mailles de l'économie monétaire : les
impôts peuvent s'y payer en blé, en châtaignes, en
cocons de soie, en huile, en légumes secs ; le maître qui
enseigne à lire et à écrire touche d'ordinaire deux *bacini*
de grain par an (entre 20 et 40 litres). Dans ces
conditions, un historien corse du XVIe siècle explique, à
propos de la disette de 1582 : « avec une telle cherté, le
grain ne dépassa pas quatre *scudi* la *mera*, car l'île se
trouvait pauvre de monnaie ; celle-ci eût-elle abondé
que le prix serait monté à plus de huit *scudi*... »[129].

La Sicile, île riche, n'est pas mieux desservie, dans sa
région intérieure, que la Corse. Elle paie des impôts pour
la construction de ponts routiers, mais le gouvernement
dépense l'argent à d'autres fins, si bien que l'intérieur

sicilien n'aura pas de routes entretenues avant le XVIIIe siècle. En 1726 encore, on garantira des privilèges à tous les marchands s'engageant à ouvrir boutique à l'intérieur du pays [130]. Ne nous étonnons pas, au XVIe siècle, si les draps de consommation populaire sont, comme en Corse, des draps paysans fabriqués sur place [131].

Le Haut-Aragon de Jaca apparaît, lui aussi, comme une région d'économie confinée. L'idéal, la nécessité y sont de tout produire : le blé (celui des régions irriguées ou celui des *montes*), la vigne (que l'exposition, le sol et surtout l'altitude conviennent, ou non, à la plante), l'olivier, malgré les terribles coups de froid et les gelées de la montagne, les indispensables légumes dont l'économiste, Ignacio de Asso, deux siècles plus tard, vantera la qualité et la saveur. Pour s'habiller, les draps paysans ne manquent pas, ce sont les *cordelates* aragonais qui ont bonne réputation. Au XVIIIe siècle encore, en certains de ces districts montagneux, il y a troc de blé contre de l'huile. Dans le *Partido* d'Huesca, les fonds de cuisine sont à la fois l'huile et le beurre de brebis [132]. Le pays castillan lui-même, tel qu'il apparaît dans les *Relaciones topográficas* [133], ces précieuses enquêtes menées en 1575 et en 1577 sur l'ordre de Philippe II, offre des exemples d'économie à court rayon : vivre, pour les villages, c'est manger ce qu'ils produisent, faire assez peu appel à l'huile, au vin, au blé du village voisin... Les recherches sur les régimes agraires en Vieille-Castille laissent entrevoir au XVIe siècle une pluralité des cultures et, chaque fois que le sol ou les abris le permettent, la présence d'oliviers malgré les rigueurs du climat [134] : l'autosuffisance est l'idéal, l'argent se montre rarement et disparaît aussitôt.

Plus la fermeture sur soi de ces économies archaïques est la règle, plus l'or ou l'argent, à leur apparition intempestive, y sont surestimés. La vie en Sardaigne, note un Vénitien, en 1558, est quatre ou cinq fois moins chère qu'en Italie [135], évidemment pour qui a la bourse bien garnie. De même, qu'un hasard peu habituel oblige une nave vénitienne à relâcher, le jour de l'Ascension

1609, dans un petit port près de Pola en Istrie, Fasana, voyageurs et marins descendent à terre et y trouvent tout en abondance : le veau à trois *soldi* la livre, un chevreau pour 40 *soldi*, l'huile à trois *soldi*, le pain et le vin à très bas prix « *insomma*, dit un voyageur, *buonissimo vivere* »[136]. En fait, les pays méditerranéens (comme ceux d'Europe) sont criblés de ces régions à bon marché, qui, chaque fois, sont autant d'univers en marge de la vie générale.

Dans l'Europe occidentale, ces régions de bas prix sont généralement étroites. Vers l'Est, il en est de vastes, ainsi dans les Balkans qui vivent surtout d'eux-mêmes, de leurs récoltes, de leurs salaisons, de leur viande sèche[137]. A Belgrade, durant l'été 1555, Busbec note[138] : « ... Tout dans ce pays est à très bas prix, ce que l'on nous servit de poisson auroit suffi pour donner à dîner à quarante personnes et je ne le payois que la moitié d'un taloire... ». D'où l'intérêt des Ragusains, des Vénitiens et d'autres à s'approvisionner en cet énorme et profitable marché des Balkans... Et leur colère quand quelqu'un vient brouiller le jeu. En janvier 1582, un Vénitien, Fabio Canal, se plaint vivement au Conseil des Dix de la forte hausse sur les chevaux, dans la région en arrière de Spalato. Les achats massifs des Français (en raison de nos guerres civiles) étaient responsables de ce nouvel et déplorable état de choses[139].

La multiplicité de ces régions, étroites ou vastes, les unes et les autres mal engagées dans l'économie monétaire, n'est pas une caractéristique de la seule Méditerranée. En Allemagne, sur les bords de la Baltique, à Reval, en Esthonie, en Finlande, la réalité est la même, souvent plus accusée encore. Gagnant la Pologne, en décembre 1590, ce Vénitien fait, à Vienne, provision de tout et achète même sa chandelle[140], et il a raison[141]. En France, au gré des récits des voyageurs, cent exemples sont significatifs. Peut-on imaginer province plus arriérée, plus incommode que la Bretagne ? En février 1532, François Iᵉʳ projette de s'y rendre (et il s'y rendra) « contre l'opinion de toute sa Cour qui déteste ce voyage à l'égal de l'Enfer »[142]. En Angleterre, le spectacle est identique : à l'époque de Cromwell encore [143], il suffit de s'écarter des *main highways* pour retrouver une Angleterre archaïque, forestière ou couverte de bruyères, dans laquelle se poursuit le vagabondage des hommes. Et que dire de l'Écosse ou de l'Irlande [144] ! Ce n'est donc pas la Méditerranée que nous jugeons, mais le XVIe siècle, son insuffisante économie monétaire, l'impuissance de ses hommes à tout coordonner. Et plus que le XVIe siècle, un ancien régime de l'économie qui ne commence, ni ne finit avec lui.

Cependant, les économies les plus fermées laissent échapper de petits ruisseaux. Méfions-nous, selon le conseil de Marc Bloch, d'affirmations rapides au sujet des économies fermées. Même les *pievi* corses entretiennent des échanges avec l'extérieur, par l'intermédiaire des bergers, et, selon les circonstances, troquent cochons ou châtaignes contre l'huile, les tissus ou l'argent... Parlant des îles, nous avons montré, à d'autres fins, que la massive Sardaigne n'était pas entièrement fermée au monde méditerranéen [145]. Inutile de le dire longuement à propos de la Sicile, grenier à blé, ou de la Castille, marché international de la laine.

Il est utile, au contraire, de le souligner pour des régions si perdues qu'elles paraissent closes sur elles-mêmes, comme le district de Huesca et d'ailleurs tout le Haut-Aragon. Or peut-on oublier que, dans ce *Partido* de Huesca, passe la grande voie de Canfranc qui, dès le Moyen Age, a été la route des vins de Guyenne et des draps anglais [146], route que les marchands allemands, au XVe et au XVIe siècle, fréquentaient encore, se rendant à Saragosse pour le commerce du safran ? Que c'est du Béarn probablement, donc d'au delà des Pyrénées, que sont venues jusqu'aux vergers de Jaca la poire doyennée et la pomme d'api que l'on appelle en Béarn, la pomme Dieu [147] ; que le blé aragonais descendait jadis par l'Èbre en direction de Tortosa et que la Catalogne, au XVIe siècle encore, faisait appel à ce ravitaillement ; qu'il y eut longtemps une monnaie de Jaca (le *sueldo jaqués* [148]), que les *cordelates* [149] s'exportaient loin de l'Aragon et enfin, ceci non moins important, que l'Aragon s'est castillanisé, au XVIᵉ siècle, que tel de ses seigneurs, contemporain de Philippe II, écrivait en castillan son livre de raison [150]... ? Ainsi, par des chemins dont nous ne connaissons que quelques-uns, le très pauvre, le désertissime Aragon lui-même s'entrouvrait à l'air du large.

D'ailleurs le dialogue ne saurait s'éviter entre pays avancés et régions sous-développées. Hier comme aujourd'hui, il n'y a pas de vie économique sans différence de niveau ou, si l'on veut, de voltage. Le marchand génois est dans les villes corses en raison d'une loi qui le contraint, lui tout le premier, et, au fond, l'excuse, comme le Vénitien est à Alep ou à Ormuz, le Ragusain à Uskub, à Sofia, à Temesvar ou à Novi Bazar, le marchand de Nuremberg en Bohême ou en Saxe, y profitant d'une main-d'œuvre et d'une vie à bon marché [151]. Les villes ne peuvent se passer des pays pauvres situés à leurs portes (et qu'elles maintiennent, sans le vouloir ou le voulant, dans leur pauvreté). Chaque ville, si brillante soit-elle — et Florence est brillante — doit, pour l'essentiel, se ravitailler dans un cercle d'une trentaine de kilomètres de rayon tracé autour d'elle [152]. De ce cercle qui l'entoure, Florence tirera son bois, son huile, ses légumes, ses produits de basse-cour, d'inimaginables quantités de tonneaux de vins, du gibier, des oiseaux que les paysans vendent par grappes à ses portes [153]. Il y a donc mélange des économies, la plus vive côtoyant la moins pressée. Si Valladolid [154] vit à l'aise, c'est que la riche Tierra de Campos est à ses portes. Ségovie fait venir le vin rouge et le vin blanc qui lui manquent des pays voisins, de Medina del Campo, de Coca, de Zebreros, au marché de chaque jeudi où les citadins s'approvisionnent. Et ainsi de suite... Si Venise vit si bien, c'est que le réseau de ses routes fluviales lui permet de se ravitailler en menus vivres et en fromages de brebis jusqu'à Casalmaggiore, en Lombardie [155] ; que les routes de mer sont plus commodes encore pour le blé, l'huile, le vin, le poisson, le bétail sur pied et, en raison des froids de

l'hiver, pour le bois nécessaire. Celui-ci vient par
barques entières de l'Istrie et du Quarnero [156].

Le quadrilatère : Gênes, Milan, Venise, Florence

Nous avons montré ainsi le pour et le contre, ce
qui favorise et, au même instant, gêne l'organisation
économique d'un espace rétif. Soit (en termes simples)
une division géographique du travail. Or cette division
existe, assez visible, aux dimensions entières de la mer.

Ce monde d'une soixantaine de jours est bien, *grosso
modo*, une *Weltwirtschaft*, une économie-monde, un
univers en soi. Tout n'y est pas ordonné de façon stricte
et autoritaire, mais les grandes lignes d'un ordre s'y
dessinent. Ainsi toute économie-monde accepte un centre, une région décisive qui donne l'impulsion aux autres
et établit, à elle seule, l'unité qui est en cause. De toute
évidence, ce centre méditerranéen, au XVIe comme au
XVe siècle, c'est un étroit quadrilatère urbain, Venise,
Milan, Gênes, Florence, avec ses discordances, ses
rivalités de ville à ville, chacune y pesant d'un poids
variable : une évolution visible déplace le centre de
gravité, de Venise où il est encore quand le siècle
commence, à Gênes où il s'établit de façon brillante
entre 1550 et 1575.

Au XVe siècle, aucun doute, Venise est le centre
robuste de la mer Intérieure [157], et même de ce monde
double ou triple né de l'accrochage d'une certaine
Europe à la Méditerranée. Centre évident, mais nullement exclusif. Venise au loin doit être relayée par
Bruges, autre « pôle » plus ou moins à la hauteur de
sa tâche — on en discute [158] — à l'extrémité des routes
liquides poussées vers le Nord, jusqu'à la Baltique, à la
mer du Nord, à l'*hinterland* de l'Allemagne du Nord-
Ouest, et plus encore face à l'Angleterre. De même pour
régner, Venise s'appuie aussi sur les villes puissantes de
son grand voisinage, Milan, Gênes, Florence. Et s'il
fallait pour l'établir un seul document, le célèbre
discours du doge Mocenigo [159], en 1423, y suffirait :
vers le Levant où courent les grandes liaisons de la
richesse marchande, Venise retransmet les velours de

Gênes, les draps d'or de Milan, les draps de haute laine de Florence, elle vit de leur travail industriel et de leur commerce qui court vers elle.

Cette collaboration multiple ne va pas sans heurt. Jalousies, rivalités, guerres divisent ce cœur étroit du monde. Et l'histoire a étudié, pas à pas, ces comédies, ces feintes, ces tragédies (elles ne manquèrent pas). Jusqu'en avril 1454[160], jusqu'au virage décisif de la paix de Lodi, l'Italie aventurière, urbaine et princière a vécu à sa façon ces conflits économiques et sociaux autant que politiques, que nous groupons sous le titre fallacieux de Guerre de Cent Ans, ces temps que la récession générale des activités a rendu moroses, parfois sauvages. Les villes se heurtent aux villes, aux États... Voir ces querelles sous l'aspect d'une unité italienne entrevue et qui se déroberait devant l'ambition des plus clairvoyants politiques, c'est faire trop d'honneur à une chronique sans grandeur. Le mérite, en tout cas, de la Paix de Lodi, c'est de marquer un retour au calme, et déjà aux bonnes affaires. Il durera jusqu'à l'inopportune descente de Charles VIII, en septembre 1494.

Pendant cette accalmie, l'hégémonie des quatre « grands » reste visible. Et Venise règne. Chez elle il n'est guère question de grande politique, mais d'argent, de lettres de change, de tissus, d'épices, de navigation — et cela de façon naturelle, c'est-à-dire, à peine croyable. En mai 1472[161], le Conseil des Dix, à Venise, délibère, chaque jour, sans désemparer « avec la *zonta* des 35 », comme il ne l'avait fait *gran tempo fa*. Il s'agit non de la guerre turque, reprise en 1470, mais de déprécier, puis d'interdire la circulation des pièces d'argent, *grossetti* et *grossoni*, et d'abord de ceux qui n'avaient pas été frappés par la *Zecca* de Venise. Il faut colmater une invasion de mauvaise monnaie, comme Venise en connut tant et contre lesquelles elle fut toujours impitoyable. On sait déjà, à cette époque, bien avant Thomas Gresham, que « la mauvaise monnaie chassera la bonne », *che la cativa cazarà via la bona*, comme l'écrit l'agent des Gonzague, en juin 1472[162]. « Ici, ajoute ce même informateur, rien de nouveau,

sinon que l'on paraît ne plus se soucier du Turc. Rien
ne se fait contre lui ». Ainsi Venise qui a perdu
Salonique, en 1430, et vient d'abandonner au Turc, en
1470, l'île à blé de Négrepont, est préoccupée d'elle
seule, car sûre d'elle-même, de sa richesse, de ses
supériorités. La flotte turque est une copie de la sienne ;
ses places fortes munies d'artillerie, régulièrement entretenues et ravitaillées par l'Arsenal, sont sans égales. Et
elle fait de bonnes affaires. A travers l'espace entier de
la Méditerranée et au delà jusqu'en Flandre, le système
distributif des *galere da mercato* fonctionne pour le
plus grand profit des patriciens loueurs de bateaux de
l'État.

La Seigneurie a perdu, il est vrai, des points essentiels :
Salonique (1430), Constantinople (1453) « vraiment
notre ville » dit un texte sénatorial ; Négrepont (1470),
ajoutons La Tana sur la mer d'Azof (1475) d'où
partaient vers Venise, galées et naves, l'une d'elles, dit
un texte tardif, *carga de schiave et salumi*, chargée de
femmes esclaves et de salaisons [163]... Tous ces coups
portent, mais les flexibles trafics peuvent s'appuyer sur
d'autres bases, sur Candie, sur Chypre où Venise
est seule maîtresse, à partir de 1479. Certes, toute
comparaison est artifice, pourtant l'occupation de
Chypre contre les Génois, c'est, à l'horloge du siècle,
ce que sera l'occupation, ou le début de l'occupation
de l'Inde par les Anglais contre les Français, au delà de
la victoire de Plassey (1757). En outre, marchands et
navires de Venise restent présents, quand le siècle
s'achève, et même au delà, à Istanbul comme dans la
mer Noire. Ils sont en Syrie, en Égypte, les deux
portes du commerce du Levant, celle-ci décisive, celle-là
importante. En 1489, Alexandrie représente peut-être
pour Venise, au retour, 3 millions de ducats [164]. En
1497, vers la Syrie et l'Égypte, la Seigneurie envoie avec
ses précieuses marchandises, plus de 360 000 ducats en
comptant. Du coup, le marc d'argent (car c'est de métal
blanc qu'il s'agit déjà) a augmenté de plus de 5 *grossi* [165]
le marc. Venise se vide ainsi de son métal blanc pour
ramener chez elle, selon le schéma habituel — le poivre,

les épices, les drogues, les cotons, les lins, les soies. Tout cela régulier, bien en place (qui soupçonnerait la possibilité du périple de Vasco de Gama ?) et comme politiquement garanti : la Syrie et l'Égypte sont unies dans l'État des Mameluks, avec ses traditions marchandes anciennes. Or qui prévoirait les succès des Turcs contre les soudans du Caire, de 1516 à 1517 ? Venise vit ainsi dans la quiétude, celle des riches. Elle proteste bien contre le luxe excessif des toilettes féminines, contre les dépenses scandaleuses des festins, contre les costumes brodés des hommes. Mais qui n'admire, comme Sanudo, dans le secret de son cœur, ces dots somptueuses qui deviennent la règle des mariages patriciens, jamais au-dessous de 3 000 ducats, souvent au-dessus de 10 000 [166] ? Quelques cris devant le Palais des Doges de galériens réclamant leurs soldes [167], quelques lamentations de pauvres de l'*Arte della Seta* ou *della Lana*, un décret sénatorial pessimiste sur la crise des gros tonnages [168], ces petites taches se remarquent à peine au milieu d'un tableau brillant.

Cependant, le siècle nouveau va s'acharner contre les villes trop riches. Venise se sauve miraculeusement de la tempête d'Agnadel (1509). Tour à tour, Gênes, Milan, Florence connaissent d'irrémédiables malheurs. Si le sac de Rome (1527) ne dépassait pas toutes les horreurs antérieures, le sac de Gênes en 1522 [169] aurait l'affreuse réputation qu'il mérite. Rien ne fut épargné dans la ville prise, sauf — le détail a son poids — les lettres de change des marchands qui furent respectées par les soldats, sur ordre supérieur. Finalement, en 1528, Gênes se ralliait à Charles Quint scellant ainsi son destin. De leur côté, les Milanais surent crier, il le fallait bien, *Vive la France* [170], ou *Vive l'Empereur*, selon les cas, puis s'accommodèrent des Espagnols comme, plus tôt, des Sforza et, avant eux, des Visconti. D'ailleurs, sous l'ombre de l'autorité espagnole, une aristocratie locale de hauts fonctionnaires resta maîtresse de Milan et de la Lombardie [171]. Tout change, ils restent en place.

Bref, les villes ne pouvaient être supprimées du monde des vivants et des forts. La conjoncture resta bonne, au moins jusqu'en 1530. Dans le nouvel univers où Séville et Lisbonne prennent des positions neuves, c'est une chaîne de villes qui, d'Anvers à Venise, domine le monde, celle-ci maintenant ses positions dans la Méditerranée orientale. Non sans difficulté, car il n'y aura de paix turque de longue durée qu'après 1574. Elle maintient aussi ses positions en Europe Centrale. Par contre, tout est perdu pour elle en Afrique Mineure, dès les entreprises espagnoles de 1509-1511 [172] ou peu s'en faut [173]. Vers l'Atlantique, Venise trop enfoncée dans la mer Intérieure n'arrive pas à acquérir une grosse importance.

Le bilan serait négatif, si Venise ne connaissait l'essor de ses industries — soie et draps de haute laine, verreries, presses des imprimeurs — essor qui durera au delà du siècle, surtout si elle ne participait, et à plein, à la progression générale du « second » XVIe siècle, ainsi que le montrent la courbe de ses budgets et les chiffres de ses douanes, jusque vers 1620 [174]. Chaque année, la Zecca aura frappé pour un « million » de monnaies d'or et pour un « million » de monnaies d'argent [175]. Ses marchands sont dispersés à travers le monde de Nuremberg à Ormuz, soit sur d'assez belles distances. Ils conservent à leur ville une sorte d'« empire capitaliste » dont on mesurera difficilement le poids, mais à ce propos bien des surprises nous attendent. En 1555, à l'occasion d'un remaniement de société, on découvre l'activité de marchands vénitiens, à Séville : Antonio Cornovi, Andrea Cornaro, Giovanni Correr, Lorenzo Aliprandi, Donato Rullo, Bald. Gabiano [176]. En 1569, un document napolitain [177] nous donne les noms de *cinq cents* marchands vénitiens acheteurs d'huile et de blé dans les Pouilles et principalement à Bari ; au milieu des documents inédits du Consulat français d'Alger, dès l'année 1579 [178], apparaît un gros prêteur d'argent, Bartholomeo Soma « merchant véni-tien »... Vers 1600 enfin, le trésor public vénitien regorge d'argent [179] ; dans le port de la ville, si nos calculs ne sont pas erronés, sept à huit cents navires entrent et sortent, chaque année [180]. Et surtout Venise reste une place d'argent comptant abondant [181], la mieux fournie peut-être de Chrétienté : « *forse*, dit un texte vénitien qui n'exagère pas, *in Europa, non si trova altra piazza più commoda* » [182]. Bien sûr, grincheux et donneurs de conseils ne sont pas satisfaits. Il faudrait, dit l'un d'eux, mettre un impôt sur les changes qui représentent « les quatre cinquièmes du trafic de la place » *quali sono li quattro quinti del traffego della piazza* [183]. On ne s'étonnera pas dès lors qu'un bilan d'une banque de change, celle de Bernardo Navagero, un Vénitien, donne pour trois mois, du 24 mai au 9 août 1603, un mouvement évidemment en partie factice, mais de presque trois millions de ducats [184]. Des coups frappent Venise, mais elle est opulente et avec les dernières années du XVIe et les premières du XVIIe siècle, elle s'abandonne, une fois de plus, au bonheur de vivre et de penser. Sa Renaissance tardive en apporte la preuve.

Toutes ces brillantes couleurs, cependant, ne peuvent nous tromper. Venise, plus riche peut-être qu'au XVe siècle, a perdu de son importance *relative*. Elle n'est plus le centre de la mer Intérieure. En basculant de l'Est vers l'Ouest, les activités majeures de celle-ci ont inexorablement favorisé le bassin occidental au détriment de l'oriental, longtemps distributeur essentiel des richesses. Ce mouvement de bascule n'a guère favorisé Milan, mais mis au premier plan Florence et Gênes. Gênes a saisi, pour sa part, l'Espagne et l'Amérique, morceau royal s'il en fut ; Florence a créé Lyon et s'est saisie de la France, sans perdre pour autant sa place en Allemagne ; elle s'est installée largement en Espagne. Les deux villes prennent alors l'avantage dans le quadrilatère, d'autant qu'elles n'ont pas réduit leur rôle à la seule marchandise, au sens humble, mais pratiquent en grand le commerce de l'argent. Gênes, avec la seconde moitié du siècle, prend le commandement. Les géographes parlent de captures fluviales ; il y a eu, alors, capture de mille trafics, par les fleuves vifs de l'argent, au bénéfice de la finance de Gênes et de Florence. Captures internes tout d'abord :

à Florence où, historiens, nous commençons à voir un peu plus clair, le crédit descend jusqu'au plan le plus humble de la vie quotidienne [185]. Captures externes, aussi, les plus importantes, elles mettent en coupe réglée les régions économiquement attardées, aussi bien l'Europe de l'Est que l'Italie méridionale, les Balkans que la France [186] ou la péninsule Ibérique. A ce jeu, même une ville qui ne presse pas le pas, et de la taille de Venise, se trouve prise bientôt dans les liens subtils de l'exploitation étrangère, nous l'avons dit [187].

Évidemment ces jeux ne sont pas inédits, seule leur ampleur s'avère sans précédent. Jamais n'avait circulé en Europe pareil fleuve de monnaies et de titres de crédit. Cette circulation domine la seconde moitié du XVIe siècle qui se gonfle et mûrit rapidement, et se flétrira vite, dès avant la crise de 1619-1622 [188] et son retournement séculaire, par une sorte d'explosion *structurelle*, ou qui nous paraît telle. En tout cas, avec la fondation, en 1579, des grandes foires de change de Plaisance, les banquiers génois deviennent les maîtres des paiements internationaux, de la fortune à la fois de l'Europe et du monde, les maîtres contestés mais indéracinables de l'argent politique de l'Espagne, depuis 1579, peut-être depuis 1557. Ils peuvent tout atteindre, tout prendre. Un instant, on pense qu'ils vont se saisir, en 1590, du contrat du poivre portugais qui reste à l'encan. « Certes, dit à ce propos [189] un marchand espagnol établi à Florence et qui ne les aime pas, certes, c'est une sorte de gens à qui le monde entier paraît peu de chose à prendre en charge ». Le *Siècle des Fugger*, si bref, est bien terminé, celui des Génois commence tard et ne finira pas avant les années 1620-1630, quand s'affirmera, avec la fortune des nouveaux chrétiens portugais, l'avènement du capitalisme métissé d'Amsterdam.

Aujourd'hui, ces vastes horizons d'histoire apparaissent avec une clarté accrue [190]. C'est au cours des années décisives 1575-1579 [191], au sortir d'une dramatique épreuve de force contre Philippe II et ses conseillers, que le capitalisme génois l'a emporté de haute lutte. La

4. — A Venise : les voyages

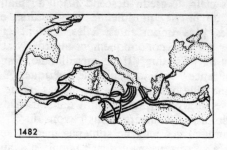

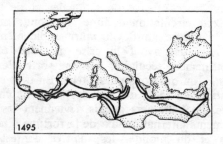

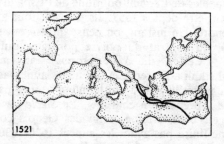

Les quatre croquis ci-dessus et ci-contre, extraits du long film publié par Alberto Tenenti et Corrado Vivanti, in *Annales E.S.C.*, 1961, résument les étapes de la détérioration du vieux système des *galere da mercato* et de leurs convois (Flandre, Aiguesmortes, Barbarie, « Trafego », Alexandrie, Beyrouth, Constantinople). Toutes ces lignes fonctionnent en 1482. En 1521 comme en 1534 survivent seulement les liaisons fructueuses avec le Levant. Pour simplifier les croquis, les trajets ont été marqués à partir de la sortie de l'Adriatique, et non à partir de Venise.

des « galere da mercato »

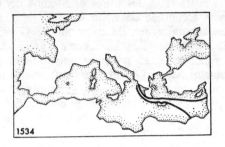

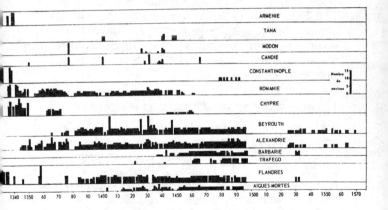

Le tableau ci-dessus résume l'histoire quantitative de ces convois (une lacune de la documentation interrompt les séries à la fin du XVe siècle et au début du XVIe). La détérioration du système ancien des convois est cependant compensée par une navigation libre qui avait toujours existé, mais qui se développe avec le temps.

chute d'Anvers, pillé par les soldats en 1576, les difficultés et les ratés des foires de Medina del Campo, la faiblesse accentuée de Lyon au delà de 1583, tous ces signes accompagnent le triomphe de Gênes et des foires de Plaisance. Dès lors, entre Venise et Gênes, entre Florence et Gênes, *a fortiori* entre Milan et Gênes, il n'est plus question d'égalité, de contre-poids possible. Gênes s'ouvre toutes les portes [192], subjugue ses voisines. Elles ne prendront leur revanche, et encore, qu'au siècle suivant.

2. Le nombre des hommes

Évidemment la question essentielle, au-dessus de toutes les autres, et qui donne le sens et la mesure du siècle, c'est celle du nombre des hommes. Combien sont-ils ? Première et difficile interrogation. Augmentent-ils, comme tout le laisse à penser ? Seconde et non moins difficile question, surtout si l'on se propose de distinguer étapes et pourcentages et de soupeser les masses en présence.

Un monde de 60 ou 70 millions d'hommes

On ne peut fournir de chiffres sûrs. Seules, des approximations restent possibles, acceptables en ce qui concerne l'Italie et le Portugal, pas trop aventurées en ce qui touche à la France, à l'Espagne, à l'Empire ottoman [193]. Pour le reste des pays méditerranéens l'absence de renseignements est complète.

Du côté occidental, les chiffres vraisemblables, *à la fin du siècle* [194], sont les suivants : Espagne 8 millions, Portugal 1, France 16, Italie 13 ; soit un total de 38 millions. Restent les pays d'Islam. Pour la Turquie d'Europe, Konrad Olbricht [195] croit pouvoir accepter, vers 1600, une estimation de 8 millions. Étant donné l'habituelle équivalence, dans l'Empire turc, des deux tableaux d'Asie et d'Europe (avec plutôt un avantage de celui-ci sur celui-là [196]), on pourrait attribuer 8 millions à la partie asiatique de la Turquie. Resterait l'Afrique du

5. — La population de la « Terre Ferme » vénitienne, en 1548

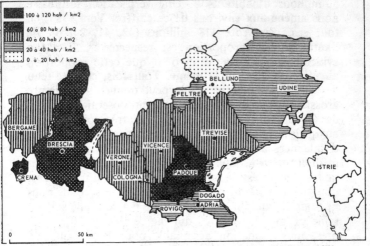

D'après D. BELTRAMI, *Forze di Lavoro e proprietà fondiaria*, 1961,
p. 3. La densité est calculée par régions assez vastes. Le *dogado* est le
territoire immédiatement autour de Venise qu'elle possédait avant la
conquête de la Terre Ferme.

Nord, *lato sensu*. Peut-on attribuer 2 ou 3 millions à
l'Égypte et autant à l'Afrique du Nord [197] ? On attein-
drait alors un maximum de 22 millions pour l'Islam et les
peuples qui en dépendent en bordure de la Méditerranée.
Soit, pour cette dernière, une population globale d'une
soixantaine de millions.

Dans ces calculs, le premier chiffre de 38 millions est
relativement sûr ; le second beaucoup moins. Mais
l'évaluation d'ensemble reste vraisemblable. J'aurais
tendance à diminuer le chiffre du premier groupe et à
relever celui du second. De comparaisons démographiques à travers le temps se dégage, en effet, une
correspondance, valable en gros, à savoir que l'Islam
méditerranéen (et les peuples qui en dépendent au XVIe
siècle) représentent à peu près le double de la population
italienne. Si la proportion est juste vers 1850 [198], alors
que notre bloc « A » compte 78,5 millions (France 35,
Italie 25, Espagne 15, Portugal 3,5), l'Islam, ou plutôt

l'Islam plus les peuples des Balkans devrait représenter 50 millions d'habitants [199]. Une vérification sommaire nous amène aux environs de ce chiffre. Vers 1930, en tout cas, d'un côté 113 millions (42, 41, 24, 6), de l'autre 83 : la proportion est respectée [200]. Il n'y a évidemment aucune raison pour que cette proportion ait été éternellement la même. Toutefois, compte tenu des variations possibles, elle peut donner une mesure grossière. Pour le XVIᵉ siècle, elle proposerait le chiffre de 26 millions, ce qui n'est pas très loin des 22 auxquels nous aboutissions tout à l'heure. Il reste loisible d'imaginer, avec Ömer Lutfi Barkan [201], que l'Islam méditerranéen groupe 30, peut-être 35 millions d'habitants, mais c'est là une vue optimiste. En tout cas, diminuant le premier chiffre, haussant le second, nous ne nous éloignerions guère de cette masse d'une soixantaine de millions d'êtres qui me semble, à 10 p. 100 près, une estimation acceptable pour la fin du XVIᵉ siècle. Quelques conséquences en résultent.

Dans ce monde de 60 millions d'habitants, la densité kilométrique s'établit à 17, si l'on n'incorpore pas le désert à l'espace méditerranéen. Ce chiffre est d'une étonnante faiblesse. Bien entendu, de fortes différences se marquent selon les régions. En 1595, la densité du royaume de Naples est de 57 [202] ; elle atteint même en Campanie 160 autour du Vésuve [203] ; vers 1600 entre le Tessin et le Mincio, là où se trouve le centre de gravité de la population italienne, la densité au kilomètre carré est de 100 et même dépasse ce chiffre (117, pour Crémone et sa région ; 110, pour Milan et ses campagnes et pour Lodi ; 108 pour la plaine de Bergame ; 103, pour celle de Brescia) ; cette densité diminue vers l'Est, comme vers l'Ouest (49, dans le Piémont ; 80 dans le pays riche encore de Padoue...). En moyenne, la densité, pour toute l'Italie, s'établit à 44 [204], chiffre énorme ; en France elle n'est que de 34 [205] ; en Espagne et au Portugal de 17 [206] seulement.

Tels sont les chiffres retenus par la première édition de ce livre. Depuis lors des recherches de détail ont vu le jour, de nouvelles estimations ont été avancées. Le calcul qui précède n'est cependant pas à modifier vraiment. Le seul débat ouvert concerne, évidemment, les pays d'Islam : une estimation de la population marocaine à 5 ou 6 millions, en 1500 il est vrai, me semble à rejeter malgré la compétence de l'auteur [207]. Un relèvement du chiffre d'ensemble que propose Ömer Lütfi Barkan [208], s'avère raisonnable, mais je ne crois pas pour autant que les deux masses, Chrétienté et Islam, s'équilibrent... Petite preuve supplémentaire, pour la Chrétienté, les chiffres auxquels nous aboutissons sont déjà ceux des contemporains attentifs, non seulement un Giovanni Botero [209], mais aussi ce curieux Rodrigo Vivero dont les papiers seront prochainement publiés [210].

Les vides méditerranéens [211]

En fait, la densité de population est plus faible encore que ne le disent nos chiffres, l'espace étant alors, humainement, plus vaste qu'aujourd'hui. Il faut imaginer une population trois ou quatre fois moins nombreuse que l'actuelle et diluée dans un espace beaucoup plus difficile à maîtriser.

Des déserts s'y creusent. L'anormale concentration urbaine et l'aridité naturelle aidant, ils achèvent de donner au peuplement ce caractère oasique qui est encore l'un des traits de la Méditerranée d'aujourd'hui [212]. Inhospitaliers et hostiles, des déserts parfois *grandissimi* coupent les pays méditerranéens. Leurs rives, comme les côtes marines, sont des lieux privilégiés de sites urbains où le voyageur, avant de franchir l'obstacle proche, se repose dans le confort ou, pour le moins, l'inaction des fondouks. Le catalogue de ces Arabies désolées et de toutes dimensions serait interminable. Seules quelques images peuvent nous retenir. Voici, non loin de l'Èbre, de ses cultures irriguées, de ses lignes d'arbres, de ses fellahs laborieux, la steppe misérable de l'Aragon, développant jusqu'à l'horizon ses étendues monotones de bruyères et de romarins. Francesco Guicciardini, que Florence dépêche vers Ferdinand le Catholique, chemine au printemps de 1512, à travers ce

« ... *paese desertissimo nel quale non si trova allogia-*
mento alcuno, nè si vede pur un arbore : ma tutto è
pieno di rosmarini e salvie, per esser terra aridis-
sima »²¹³. Mêmes indications chez d'autres voyageurs,
comme le Vénitien Navagero²¹⁴ (1525). « En Aragon,
près des Monts Pyrénées, note un écrit français de
1617²¹⁵, on marche des journées entières sans trouver
aucun habitant », et la plus pauvre des régions aragonai-
ses — car il y a des degrés — est encore le partido
d'Albarracin²¹⁶. Vérité d'Aragon, vérité ibérique. G.
Botero²¹⁷ note : si l'Espagne est peu cultivée, c'est
qu'elle n'est pas assez peuplée. Cervantès n'a rien à
imaginer, Don Quichotte et Sancho Pança voyagent
d'ordinaire à travers des solitudes. De même au Portugal, la population s'éclaircit vers le Sud, dans les régions
de l'Algarve, de l'Alemtejo et de la Beira²¹⁸. Il y a des
déserts même au voisinage de Lisbonne, parfumés par
l'odeur entêtante des herbes sauvages²¹⁹. Mais toutes
les régions de Méditerranée, coupées de vides, sonnent
creux. En Provence, l'homme a « le quart de la contrée,
les fonds de cuvette, oasis à moissons, à olivettes, à
vignes et à cyprès ornementaux. A la nature, les trois
quarts du paysage, rochers en bancs, rouge-brun ou
gris argent »²²⁰. A quoi il faut retrancher, ici ou là,
pour les rendre à une agriculture agile, itinérante, la
fine bande des « belts », des pieds de pente, les flancs
de coteaux aménagés en terrasses²²¹ ; peu de chose,
mais le paysan vit d'étroits terroirs, là comme ailleurs.

Ces vides humains s'élargissent comme d'irrémédiables blessures, à mesure que l'on se rapproche du Sud
ou de l'Est. C'est au milieu de vrais déserts que Busbec
chemine en Asie Mineure²²². Léon l'Africain venant du
Maroc, avant d'atteindre Tlemcen, traverse le désert de
la Moulouya²²³, où devant les voyageurs s'enfuient des
troupeaux de gazelles.

La vie animale, sur ces territoires sans villages et sans
maisons, trouve ses paradis. Ce n'est pas sans raison
que les montagnes regorgent littéralement de bêtes
sauvages : dans le Dauphiné natal de Bayard pullulent
les ours²²⁴. En Corse, au XVIᵉ siècle, pour protéger les

troupeaux, il faut d'immenses battues aux sangliers, aux loups, aux cerfs ; aussi bien l'île exporte-t-elle des bêtes fauves pour les ménageries princières du continent [225]. En Espagne, lièvres, lapins, perdrix sont abondants, et ce gibier surveillé avec soin par les serviteurs royaux autour des bois d'Aranjuez [226]. Mais les renards, les loups et les ours s'adjugent la première place, même autour de Tolède [227], et dans la Sierra de Guadarrama, Philippe II, durant les derniers moments de sa vie, va chasser le loup [228]. Pas de ruse plus naturelle que celle de ces paysans d'Andalousie qui, pour s'attaquer à des seigneurs, s'avisent de crier au loup [229] ; pas d'accident plus banal que celui qui advient à Diego Suárez [230], enfant, gardant des troupeaux dans les marines du Sud espagnol dépeuplées par la course barbaresque et la crainte de cette course : des loups dévorent un beau jour le bourricot de l'infortuné berger qui déguerpit, séance tenante, sans rendre compte à son maître. A Grenade, la guerre de 1568-1570 a tout aggravé, créant en ce pays riche la veille, des déserts où le gibier a brusquement pullulé de façon incroyable [231], lapins, lièvres, sangliers, cerfs, chevreuils (ces derniers par « grosses troupes »), plus les loups et les renards.

Même spectacle, et plus coloré encore, si l'on gagne l'Afrique du Nord. En octobre 1573, Don Juan d'Autriche chassera sur l'emplacement même de Carthage des lions et des taureaux sauvages [232]. Un transfuge espagnol, essayant de revenir dans le préside de la Goulette, raconte que son compagnon de route a été dévoré par des lions [233]. D'ailleurs, communément, les douars d'Afrique du Nord, au XVIᵉ siècle, sont défendus par des barrages d'épines contre les hyènes et les chacals [234]... Autour d'Alger, Haedo signale de grandes chasses au sanglier [235]...

L'Italie elle-même, vision de richesse au XVIᵉ siècle, est encore creusée de ces déserts-là : forêts, brigands, bêtes fauves surabondent à l'époque de Boccace [236] ; et le cadavre d'un personnage de Bandello est abandonné sans sépulture, près de Mantoue, à la dent des chiens et des loups [237]. En Provence, foisonnent aussi les lièvres, les lapins, les cerfs, les sangliers, les chevreuils et l'on y chasse renards et loups [238]. Ceux-ci n'ont disparu des étendues semi-désertiques de la Crau qu'avec le milieu du XIXᵉ siècle [239].

Un gros livre pourrait s'écrire sur les bêtes sauvages, où les pays du monde entier se disputeraient la première place, qui ne revient certes pas à la Méditerranée. Les milliers et milliers d'images qu'elle nous propose ne sont ni l'une de ses originalités, ni l'un de ses monopoles. Chez elle, comme ailleurs, l'homme est le plus fort déjà, non pas encore le maître absolu qu'il est presque devenu aujourd'hui.

Et que l'Occident plus peuplé soit mieux tenu que les pays d'Islam, c'est évident. L'Islam est, par excellence, l'univers animalier, avec de vastes déserts naturels ou créés par l'homme. Sur les confins de Serbie « le pays est désert, note Lescalopier en 1574, ce qui empêche les esclaves chrétiens et autres de s'enfuir... » [240]. Dans ces vides les animaux sauvages se multiplient à l'envi. Busbec se délectera, durant son séjour à Constantinople, à transformer sa maison en ménagerie [241].

Le vide humain des pays d'Islam explique aussi l'importance de ses élevages, par suite sa force militaire, car ce qui défend les Balkans ou l'Afrique du Nord contre l'Europe chrétienne, c'est leur immensité, tout d'abord, et aussi la profusion des chevaux et des chameaux. Derrière les Turcs, le chameau a achevé la conquête des grands espaces plans de la Péninsule des Balkans, jusqu'aux rebords des reliefs dinariques à l'Ouest et, au Nord, jusqu'à la Hongrie. Devant Vienne, les chameaux ravitaillent, en 1529, l'armée de Soliman le Magnifique. Des naves « huissières » (avec des « huis » pour l'embarquement des bêtes) font passer, sans arrêt, chameaux et chevaux d'Asie en Europe : leur va-et-vient fait partie du spectacle quotidien du port, à Constantinople [242]. On sait aussi que les caravanes chamelières accomplissent d'immenses parcours en Afrique du Nord... Les chevaux, les ânes et les mulets l'emportent dans les montagnes des Balkans, de Syrie, de Palestine ou sur les routes du Caire à Jérusalem [243].

Face à l'Europe, au long de la frontière de Hongrie, une des grandes forces de l'Islam et de ses voisins immédiats a été longtemps une merveilleuse cavalerie, objet d'envie et d'éloges de la part des Chrétiens. Quelle cavalerie ne paraîtrait lourde et malhabile en face de ces Turcs dont Giovanni Botero disait : « s'ils t'ont rompu, tu ne peux leur échapper en fuyant, s'ils se sont débandés sous ton attaque, tu ne pourras pas les poursuivre, car pareils aux faucons, une fois ils te courent dessus, une autre fois ils s'éloignent de toi à toute allure... »[244].

Qualité et quantité. Cette double richesse est bien connue. Lorsqu'il est question, dans l'entourage de Don Juan d'Autriche, en décembre 1571, de débarquer en Morée et en Albanie, le prince est d'avis qu'on ne se préoccupe pas des chevaux : il suffira d'emmener à bord de la flotte les selles et freins nécessaires et assez d'argent pour acheter des bêtes[245]. Au contraire, en Chrétienté, même dans les régions d'élevage réputées, à Naples ou en Andalousie, les chevaux sont raretés jalousement surveillées et marchandises de contrebande par excellence. Philippe II ne laissait à personne le soin d'accorder ou de refuser les exportations de chevaux andalous et examinait de ses propres yeux les dossiers de demande.

Alors résumons-nous : trop d'hommes d'un côté et pas assez de chevaux ; de l'autre trop de chevaux et pas assez d'hommes ! La tolérance de l'Islam viendrait peut-être de ce déséquilibre : il serait trop heureux d'accepter les hommes, quels qu'ils soient, pourvu qu'il les trouve à sa portée.

Une montée démographique de 100 p. 100 ?

Partout, au XVIᵉ siècle, l'homme aura poussé dru. Une fois de plus, Ernst Wagemann[246] a raison dans ses affirmations obstinées. Toute grande poussée démographique, affirmait-il, s'étend d'ordinaire aux dimensions de l'humanité entière. Le XVIᵉ siècle a eu, sans doute, ce privilège d'universalité. En tout cas, la règle vaut sûrement pour l'humanité entière des bords de la Méditerranée. A partir de 1450, au plus tard de 1500, le nombre des hommes commence à croître aussi bien en France qu'en Espagne, en Italie que dans les Balkans ou en Asie Mineure. Le reflux ne se marquera pas avant 1600 et ne sera général et décisif qu'au delà de 1650, date limite. Bien entendu, ce large mouvement, vu dans son détail, présente des décalages, ou des avances ou des retards, il n'est pas d'un seul jet : il ressemble à ces processions de pénitents qui font deux pas en avant puis un en arrière et ainsi de suite, progressant cependant selon leur parcours habituel.

Au delà des hésitations et des prudences qui ne sont pas, ici, bonnes conseillères, disons, en gros, que la population méditerranéenne de 1500 à 1600 a *peut-être* doublé. Elle passe de 30 ou de 35 à 60 ou 70 millions, soit un taux de progression *moyenne* voisin de 7 p. 1000 par an. La poussée très vive, révolutionnaire durant le premier XVIe siècle (1450-1550), s'atténue en général durant le second, de 1550 à 1650, dates larges. Telle est l'image d'ensemble que nous proposons, sans la garantir, au seuil de ce débat, pour que le lecteur ne s'égare pas au milieu des preuves et discussions imparfaites qui vont suivre. Il saura, d'entrée de jeu, que le mouvement a été général, qu'il a soulevé à la fois les régions riches et les régions pauvres, les humanités des plaines comme celles des montagnes et des steppes, toutes les villes à la fois — quelle que soit leur grosseur — et toutes les campagnes. Il acceptera sans peine que cette révolution biologique ait été le fait majeur des destins qui nous préoccupent, plus importante que la conquête turque, ou que la découverte et la colonisation de l'Amérique, ou que la vocation impériale de l'Espagne. D'ailleurs, sans cette multiplication des hommes, toutes ces pages brillantes auraient-elles été écrites ? Cette révolution est plus importante aussi que la « révolution » des prix, qu'elle explique avant même les arrivées massives du métal blanc d'Amérique[247]. Cette montée organise à la fois les triomphes et les catastrophes d'un siècle où l'homme a été tour à tour un ouvrier efficace, puis peu à peu une charge grandissante.

Dès 1550, la roue a tourné : les hommes sont dès lors trop nombreux à se bousculer. Vers 1600, cette surcharge stoppe les essors et prépare, avec le banditisme[248], crise sociale latente par quoi tout ou presque tout se détériore, les lendemains amers du XVIIᵉ siècle. Ceci dit très vite, venons-en aux preuves, aux signes de cette marée montante.

Niveaux et indices

L'idéal serait de s'appuyer sur de longues séries de chiffres. Mais celles-ci nous manquent. Il faut donc utiliser le matériel imparfait que nous possédons et nous contenter de six ou sept réponses, assez nettes toutefois et qui concordent.

1° *La Provence, du XIVᵉ au XVIᵉ siècle*, offre l'un de nos meilleurs témoignages, bien qu'incomplet. Au sens large, y compris le Comté de Nice qui passera plus tard sous la domination savoyarde, elle compte au début du XIVᵉ siècle 80 000 feux, soit 350 à 400 000 habitants. Comme le Midi languedocien, dont le destin est analogue, elle connaît avec la Peste Noire (1348) une catastrophe brutale : elle perd le tiers ou la moitié de ses habitants. La reprise, qui tardera plus d'un siècle, se décèle à partir de 1470. « Le nombre des feux s'accroît si rapidement [alors] qu'il atteint, vers 1540, le triple de son niveau de 1470 »[249]. La population de la Provence devient égale sensiblement à ce qu'elle était avant la grande peste. Resterait à savoir comment cette population a traversé le second XVIᵉ siècle et le XVIIᵉ. Il y a eu sans doute montée, puis reflux, comme ailleurs, mais nous ne le savons pas avec certitude : les médiévistes et les modernistes ont oublié, ici, comme souvent, de se donner la main. Ce problème, important, n'est cependant pas l'essentiel. L'essentiel c'est que, pour sa meilleure part, la progression démographique du XVIᵉ siècle ait été ici une récupération, une compensation ; que sa vitesse, grande avant 1540, se ralentisse probablement avec la seconde moitié du XVIᵉ siècle.

2° *En Languedoc*, l'évolution est la même : le XVᵉ siècle offre le spectacle d'un pays vidé d'hommes, repris par la vie sauvage et la prolifération des arbres ; le XVIᵉ siècle voit une première expansion rapide, révolutionnaire, qui se ralentit au delà de 1550 ; vers 1600, la stagnation est évidente ; le recul dramatique et catastrophique se situe au delà de 1650. Telle est la chronologie que suggère le travail récent et sûr d'Emmanuel Le Roy Ladurie [250].

3° *En Catalogne*, le même mouvement se dessine : flux, puis reflux, le passage de l'un à l'autre se produisant vers 1620 [251].

4° *A Valence*, la progression est lente, peu perceptible de 1527 à 1563 ; très vive par contre de 1563 à 1609 (plus de 50 p. 100 pour l'ensemble et presque 70 p. 100 pour le peuple prolifique des Morisques) [252].

5° *En Castille*, la preuve est faite d'une puissante montée démographique au cours du XVIᵉ siècle. Elle apparaîtra plus nette encore si l'on ne s'arrête pas, avec Konrad Häbler, Albert Girard et quelques autres, aux chiffres exagérés mis en avant pour la population de l'Espagne au temps des Rois Catholiques. Au XVIᵉ siècle, la montée démographique semble continue. En tout cas, de 1530 à 1591, les chiffres fournis par le vieux travail de Tomás González [253] l'établissent avec netteté, malgré les critiques parfois sérieuses que l'on peut lui adresser [254].

Les erreurs de ce vaste calcul — et il y a eu des erreurs — n'infirment pas les résultats d'ensemble. En 61 ans, la population castillane aurait tout simplement doublé (taux annuel, plus de 11 p. 1000) malgré le fardeau des guerres et de l'émigration vers le Nouveau Monde dont on ne doit pas exagérer l'incidence [255]. En tout cas, deux évaluations globales peu connues ne contredisent pas cette évolution d'ensemble : l'une, en 1541, qui brode sur le recensement de cette année-là, fixe le nombre des *vecinos* castillans à 1 179 303 [256], donc, au-dessus du chiffre de Tomás González ; l'autre, en date du 13 janvier 1589 et issue du *Consejo de Guerra*, parle de 1 500 000 *vecinos* [257]. Ces chiffres dont la valeur reste discutable ne jettent pas à terre le calcul d'ensemble de Tomás González.

POPULATION DES PAYS DE LA COURONNE DE CASTILLE

	1530	1541	1591
Burgos	83 440	63 684	96 166
Soria	29 126	32 763	38 234
Valladolid	43 749	43 787	55 605
León	28 788	59 360	97 110
Zamora	31 398	86 278	146 021
Toro	37 117	41 230	51 352
Salamanca	122 980	133 120	176 708
Avila	28 321	31 153	37 756
Segovia	31 878	33 795	41 413
Guadalajara	24 034	26 257	37 901
Madrid	12 399	13 312	31 932
Toledo	53 943	80 957	147 549
Murcia		19 260	28 470
Cuenca	29 740	33 341	65 368
Sevilla	73 522	80 357	114 738
Cordoba	31 735	34 379	46 209
Jaen	24 469	35 167	55 684
Granada		41 800	48 021
Vecinos	686 639	880 000	1 316 237
Habitants	3 089 875	3 960 000	5 923 066

Le nombre des habitants est calculé à l'indice 4,5. Les dénombrements par *vecinos* correspondent à nos dénombrements par feux.

Évidemment nos curiosités ne sont pas satisfaites, ni épuisées les énormes possibilités documentaires, à Simancas et ailleurs. Ainsi nous retrouvons au hasard de nos recherches, à Simancas, cent indications pour une d'un vaste recensement fait en 1561, et qui donne probablement le *padrón* de toutes les villes[258] et de leurs *partidos*. Ces chiffres connus, il serait possible de mieux jalonner l'évolution démographique entre 1530 et 1591. Rien ne nous dit, et Ramón Carande[259] a raison *a priori*, que le sommet de la marée montante se soit situé exactement en 1591, là où nous le plaçons faute d'être mieux renseignés. Il est évident aussi que le tournant exact, et qu'il faudrait déterminer, est le moment capital du destin de l'Espagne. Enfin, nous voudrions mieux connaître la répartition de la population de la Péninsule selon les diverses régions. On a dit que tout glissait vers le Sud[260], la richesse oui (et

6. — Population de Castille en 1541

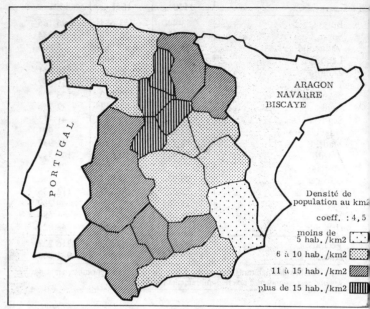

ARAGON
NAVARRE
BISCAYE

PORTUGAL

Densité de
population au km2

coeff. : 4,5

moins de
5 hab./km2

6 à 10 hab./km2

11 à 15 hab./km2

plus de 15 hab./km2

Le coefficient adopté est de 4,5 habitants par *vecino*. Cette carte et les trois suivantes (pp. 69, 70 et 71) sont tirées d'un article d'Alvaro CASTILLO PINTADO, à paraître dans les *Annales, E.S.C.* [paru en 1965, pp. 719-733] Les divisions indiquées correspondent aux différentes provinces.

encore), les mauvais garçons oui aussi, mais non cette population fortement enracinée du Nord, toujours en place quand le siècle s'achève [261].

6° *L'Italie* offre, elle aussi, un témoignage significatif et de consultation facile : tous les chiffres ont été collationnés et critiqués par Karl Julius Beloch dans un ouvrage considérable, achevé en 1961, trente-deux ans après la mort de l'auteur [262]. Or tous ces chiffres — particuliers ou d'ensemble — concordent.

Voici tout d'abord les recensements par régions. La Sicile [263], en 1501, a une population d'un peu plus de 600 000 habitants ; en 1548, de 850 000 ; en 1570, elle dépasse 1 000 000 ; en 1583, 1 010 000 ; en 1607, 1 100 000. Cette population restera stationnaire au XVIIᵉ

6 bis. — Population de Castille en 1591

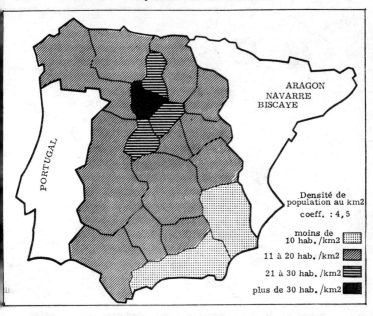

siècle, et, en 1713, s'élèvera encore à 1 143 000. Courbe
analogue en ce qui concerne Naples [264] ; en s'en tenant
au relevé par feux des recensements espagnols, on voit
la population passer de 254 823 feux (c'est-à-dire de
plus de 1 000 000 d'habitants) en 1505, à 315 990 en
1532, 422 030 en 1545, 481 345 en 1561, 540 090 en
1595 (qui est le plus valable des recensements), 500 202,
par contre, en 1648 [265] et 394 721 en 1669.

En prenant le chiffre de 1505 = 100, la population
du Royaume passe successivement à 124, en 1532 ; à
164,9 en 1545 ; 187, en 1561 ; 212, en 1595, pour
retomber, en 1648, à 190 et, en 1669, à 155. Il y a
donc eu, pour le demi-siècle qui nous intéresse (1545-
1595) passage de l'indice 164,9 à l'indice 212, soit une
augmentation de plus de 28 p. 100, et il n'y aura recul
démographique qu'avec le XVIIᵉ siècle. En Sicile, le XVIIᵉ
siècle apportait la stagnation, il aura signifié à Naples

7. — Accroissement de population — 1541-1591

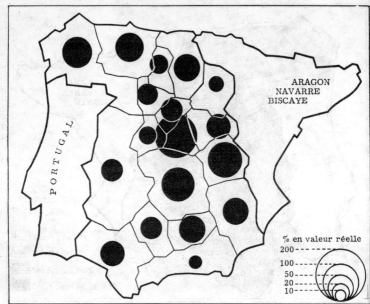

Sur cette carte, le plus gros accroissement démographique correspond
à la poussée de la nouvelle capitale, Madrid.

une décrue sensible : 190 en 1648, 156 en 1669, ce qui
ramenait alors le Royaume à une situation inférieure à
celle de 1545 (165 contre 156). L'État Pontifical pro-
gresse, lui aussi, de 1 700 000 en 1550, à 2 000 000 en
1600 [266]. A Florence, pour la ville et son territoire, la
population passe de 586 296, en 1551, à 646 890 en
1622 [267]. A Milan et dans le Milanais la progression va
de 800 000, en 1542, à 1 240 000 en 1600. Le Piémont
compte 800 000 habitants en 1571 et 900 000 en 1612 [268].
Pour Venise et son domaine italien, la progression
serait : en 1548, 1 588 741 [269] ; en 1622, 1 850 000 [270].
     Dernier cas particulier, celui de la Sardaigne : des
recensements à buts fiscaux, tronqués, laissant une large
marge aux erreurs et à la fraude, offrent cependant une
image de la poussée démographique... En 1485, le

7 bis. — Deuxième distribution des « millones », 1593

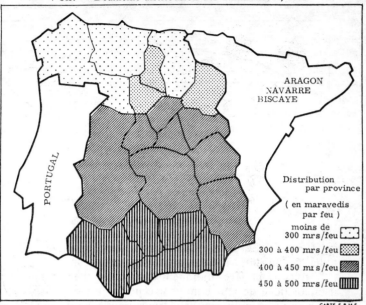

Sur cette carte, le réajustement des « millones », nouvel impôt de consommation, montre, en gros, que les régions les plus peuplées sont les moins riches. Plus que de « distribution », comme l'indique le titre, il s'agit de la répartition de cet impôt, de son assiette.

recensement donnait 26 163 feux [271] ; les terres d'Église représentent 742 feux, celles des féodaux 17 431, celles du Roi 7 990. Entre ces trois catégories, le *donativo* de 15 000 *lire* est réparti comme suit : 2 500 pour les terres ecclésiastiques, 7 500 pour les terres seigneuriales, 5 000 pour les terres royales ; nul doute que la population totale ne soit au-dessus des cent et quelque mille habitants qui correspond au nombre des feux. Un historien parle de 150 000 habitants ; le recensement de 1603 [272] avec ses 66 769 feux aura signifié, de façon indéniable, une très grosse augmentation, même si l'on acceptait, pour passer des feux au nombre d'habitants, le très faible coefficient 4... Entre 1485 et 1603, l'augmentation de population, à supposer que ces

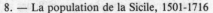

8. — La population de la Sicile, 1501-1716

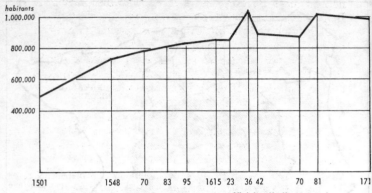

D'après Julius Beloch. Ces recensements officiels n'indiquent qu'une courte régression de 1636 à 1670.

chiffres soient exacts, est de l'ordre d'une centaine de mille, ce qui, pour l'île, a signifié une grosse surcharge.

Si tous les chiffres indiquent une hausse d'ensemble, il est difficile de voir comment celle-ci s'est organisée. Il y a eu montée différentielle, mais nous n'en devinons ni le dessin, ni les raisons. Pour l'ensemble, des doutes surgissent, ceux mêmes que rencontrait K. Julius Beloch [273] et que l'on aurait seulement envie de trancher dans un autre sens que lui. Il est certain que les données, vers 1500, sont déficientes et qu'elles conduisent pour l'Italie à un total assez bas et qui inquiétait (à tort peut-être) K. Julius Beloch : 9 millions et demi d'habitants, est-ce trop, ou pas assez pour la Péninsule que vient de surprendre la descente de Charles VIII ? Pas assez, conclut notre guide, 10 au moins avance-t-il ; vers 1550, le total serait de 11 591 000 (en progrès malgré les Guerres dites d'Italie) et 13 272 000 vers 1600, 11 545 000 vers 1658. Donc progression, puis fléchissement. Mais nous ne sommes pas dans la règle du simple au double que nous avions affirmée dès le début de nos explications. Rien n'empêche d'imaginer une montée plus lente en Italie qu'ailleurs, n'est-ce pas un pays au départ plus riche que les autres, et la richesse

est de ce point de vue mauvaise conseillère. Mais rien
ne nous autorise non plus à accepter la majoration de
Beloch. Nous ne saurons pas davantage, avec exactitude,
quand s'amorce le reflux. Acceptons *jusqu'à plus ample
informé* que ce grand virage ait été pris en deux fois :
en 1630, avec les pestes qui désolent le Nord de la
Péninsule ; en 1656, avec celles qui frappent durement
Gênes, Rome et Naples. Mais ce sont des dates tardives
et retenues faute de meilleurs repères.

7° *Les recensements de l'Empire Ottoman* sont l'une
des plus précieuses conquêtes de la recherche historique
de ces dernières années [274]. A l'époque de Souleyman
(vers 1520-1530) la population de 12 à 13 millions
passerait à 17 ou 18 millions vers 1580 et même 30 ou
35 vers 1600. Ces chiffres sont discutables, mais possibles. Ce qui est *hors de discussion*, c'est une évidente
progression, même si elle n'a pas eu l'ampleur révolutionnaire que lui prête notre collègue d'Istanbul.

Évidemment ce sont là des évaluations, mais sur la
base de recensements en cours de dépouillement et dont
nous avons, avec l'autorisation des auteurs, utilisé les
résultats provisoires. L'essentiel, une fois de plus, c'est
une concordance entre Occident et Orient. Si nous
additionnons la population de cinq grosses villes, vers
1501-1509 — Venise, Palerme, Messine, Catane, Naples
— nous obtenons 349 000 habitants. La même addition
en 1570-1574 donne 641 000 habitants, soit une augmentation de 83,6 p. 100. Douze villes turques totalisent,
avant 1520, 142 562 habitants et 271 494, vers 1571-
1580, soit une progression voisine de 90 p. 100 [275]. Les
deux mouvements sont comparables.

Réserves et conclusions

Tous nos chiffres concordent. *Cependant ces chiffres
peuvent nous tromper.* Dans un article publié en 1900,
Julius Beloch le disait déjà : ces chiffres grandissants
sont un peu ceux d'une fiscalité qui établit ses listes de
contribuables mieux que par le passé et exige davantage
de ceux-ci. Ce sont aussi, avec le XVIIᵉ siècle, les
conséquences d'un perfectionnement indéniable des

recensements [276]. Toutefois ces réserves faites et en acceptant à la rigueur que ces erreurs aient augmenté la montée du XVIᵉ siècle, freiné, par contre, la descente démographique du XVIIᵉ, la période 1500-1600 reste sous le signe de la multiplication des hommes. Nous en avons mille preuves. Naïves les unes, plutôt féroces les autres. Naïves : la population de notre village, disent ces paysans tolédans [277], en 1576, a certainement augmenté ; l'église est devenue trop étroite pour les fidèles ; dans des villages voisins : « s'ils se sont multipliés, disent les témoins, parlant des habitants de Puerto de San Vicente, c'est qu'ils sont venus au monde et qu'ils se sont mariés » [278]. Ou féroces, (comme tel mot prêté à Napoléon Iᵉʳ au soir d'Eylau) : « il y a eu beaucoup de Candiotes tués pendant la dernière guerre (1570-1573) au service de la Seigneurie de Venise, dit un Provéditeur retour de l'île, mais dans quelques années les vides seront comblés (*sera riffatto il numero*) car il y a beaucoup d'enfants de dix à quinze ans, sans compter ceux qui sont plus jeunes... » [279].

Ce sont là des preuves directes, elles surabondent. Les preuves indirectes ne sont pas moins importantes. D'après ce que nous connaissons des pays de Méditerranée, de 1450 à 1550, il semble que nous passions, avec les années, à des situations de plus en plus tendues. Partout se multiplient, en Castille comme en Provence, et sans doute ailleurs, les fondations de villages et petites villes. La Castille paraît vide encore vers 1600, mais à ce compte-là elle est déserte si on l'aperçoit, entre 1465 et 1467, avec les yeux d'un voyageur attentif, ce seigneur de Bohême, Léon de Rosmithal [280]. De même, si l'on parle de blé, production céréalière, ravitaillement urbain, ce que nous connaissons de 1550 à 1600, cette gêne continuelle, ne se retrouve pas pour les années antérieures. Je sais bien que l'on ne peut pas faire absolue confiance à un livre d'agronome, même celui de G. Alonso de Herrera, paru en 1513 [281] et dont une édition était encore imprimée en 1620 [282]. Que n'a-t-il pas repris aux vieux agronomes romains ! En outre, il plaide trop volontiers pour le bon vieux temps. Mais ce bon vieux temps n'est pas un leurre puisque la Castille alors exportait son blé vers les régions périphériques au lieu d'en importer. Que la vie y ait été à bon marché, c'est également vrai, au moins les prix sont là qui datent d'avant l'inflation. Une situation analogue, pour le blé et les nourritures, se devine en Italie avant 1550, ou mieux 1500, comme si sa population était encore à l'aise dans un vêtement large. Les villes ont bien des ennuis déjà pour leur ravitaillement, mais aux yeux de l'historien habitué aux spectacles dramatiques du second XVIᵉ siècle, ce sont encore soucis légers [283]...

Confirmations et suggestions

D'importantes études sur Valladolid [284], Palencia [285], Pavie [286], Bologne [287], Udine [288] et Venise [289] apportent confirmations et suggestions. Confirmations : les plus importantes concernent évidemment le *trend* à la hausse : les mouvements des baptêmes, des mariages et des décès sont en accord avec nos estimations. Un historien, B. Bennassar, l'établit sans conteste pour Valladolid et les villages, parfois plantureux et vivaces, de sa campagne. Il précise toutefois que les mouvements de hausse marquent un temps d'arrêt entre 1540 et 1570, qu'il y a eu une pause avec le milieu du siècle et que le revirement de la tendance majeure se situe sans doute vers 1580-1590, en avance sur le premier jalon planté par l'étude déjà ancienne d'Earl J. Hamilton [290]. Ainsi cette décennie marquerait le tournant biologique de la grandeur de l'Espagne avant l'*Invincible Armada*, et bien avant le repli des trafics sévillans (ceux-ci pas avant 1610-1620). Ces années 1580 de plus en plus apparaissent comme la charnière du destin de l'Espagne, à l'heure où le Portugal se livre à son puissant voisin, où se ralentit la prospérité de Cordoue, de Tolède, de Ségovie, où les *alcabalas*, impôts de consommation, interrompent leur *vraie* montée, où se multiplient les épidémies [291]. Tout serait réglé si l'heure de Valladolid était, sans plus, celle de l'Espagne entière, ce qui est possible, mais reste à démontrer.

Le schéma est analogue, en gros, à ce que l'on

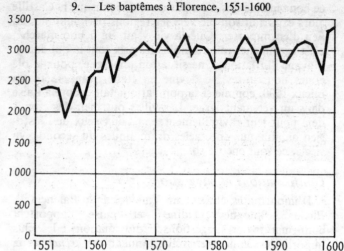

9. — Les baptêmes à Florence, 1551-1600

La courbe marque une montée jusqu'en 1570, puis une certaine stabilité
jusqu'en 1600, aux alentours du chiffre annuel de 3 000.

observe ou à Pavie, ou à Bologne, ou même à Udine [292].
Le XVIe siècle voit une montée spectaculaire : à Pavie,
de 1550 à 1600, la population passe de 12 000 habitants
à 26 000, elle retombe vers 1650 à 19 000. A Bologne,
la courbe des baptêmes est au voisinage de 1 000 vers
1515, de 3 500 en 1585. Mais à quoi bon multiplier ces
exemples concordants ? D'autres problèmes d'ensemble
plus importants doivent nous retenir.

Quelques certitudes

Toutes les populations que nous avons à mettre en
cause sont, comme l'on dit, *d'ancien régime*, entendez
d'avant les équilibres nouveaux du XVIIIe siècle. Elles se
caractérisent par des oscillations saccadées, la mort
l'emportant brutalement sur la vie qui prend patiemment
ses revanches. La longue courbe des baptêmes de
Florence [293] montre, à elle seule, dans une ville bien
nantie au demeurant, les fluctuations de la conjoncture
biologique « naturelle », sous la dépendance probable
de fluctuations purement économiques. *Ancien régime* :

les coefficients de natalité, de mortalité, chaque fois qu'ils sont connus, correspondent *grosso modo* à ceux de populations sous-développées d'hier, voire d'aujourd'hui, au voisinage de 40 pour mille.

Près de Valladolid [294], à Tudela de Duero, gros village vigneron, le taux de natalité, entre 1531 et 1579, oscille (selon les périodes 1531-42, 1543-59, 1561-70, 1572-78, 1578-91) de 42,7 p. 1 000 à 49,4 ; 44,5 ; 54,2 ; 44,7. Le taux record, 54,2 (pour les années 1572-78) est « factice », mais ces chiffres sont largement au-dessus de la natalité « naturelle », 40 pour mille, norme, par contre, que nous n'atteignons pas à Palencia [295], en Castille, de 1561 à 1595, où le taux de natalité oscille de 34,81 à 37,48 pour mille, mais il est vrai que Palencia est une ville. On trouve des chiffres analogues aux siens à Bologne (1581, 37,6 ; 1587, 37,8 ; 1595, 35,8 ; 1600, 34,7 ; 1608, 36,4 pour mille), légèrement inférieurs à Venise (1581, 34,1 ; 1586, 31,8). Mais ne soyons pas tentés de dire que la natalité serait déjà en raison inverse de la richesse, car les chiffres presque paysans de Florence seraient là pour nous contredire (1551, 41,1 ; 1559, 35,6 ; 1561, 46,7 ; 1562, 41,9) [296].

Mais revenons aux villages des environs de Valladolid. Taux des mariages à Villabáñez (1570-1589), 8 pour mille, intervalles intergénésiques de 33 mois, rapport naissances/mariages de 4,2 « un peu plus bas ». A Simancas (1565-1590) taux de mortalité, 38,3 pour mille. La raison en est connue à l'avance : la mortalité infantile y fait ses ravages comme partout ailleurs. Pour la période 1555-1590, en face des 2 234 baptêmes, se comptent 916 sépultures de *criaturas*, c'est-à-dire de très jeunes enfants, lesquels représentent 41 p. 100 des décès. L'âge au mariage, « indicateur » de tout premier ordre, se calcule pour le village de Villabáñez sur un lot un peu restreint, mais valable : pour les femmes un peu avant 20 ans, pour les hommes entre 23 et 25. Puis-je indiquer que ce sont là des mariages en avance sur les chiffres que l'on connaît ou que l'on devine ailleurs, bien qu'il soit impossible de rien bâtir sur un sondage qui se limite ici à une cinquantaine de cas [297].

Donc un monde d'existences fragiles, avec à la naissance de courtes espérances de vie. Nous le savions avant de connaître ces chiffres. Nous savions aussi que la longévité féminine l'emportait d'ordinaire sur celle des hommes, les nombreuses veuves des enquêtes des villages castillans de 1575-1577 l'annoncent à elles seules[298]. A Venise, en juillet 1552[299], pour 48 332 hommes, il y a 55 422 femmes (la masse des enfants, filles et garçons est donnée en bloc, 49 923). Le démographe préférera sans doute les quadruples chiffres de Zara[300] en 1593 (Zara ville ; Zara, îles voisines ; Zara, terre ferme ; Zara, immigrants morlaques venus *da labrar in quel contado*) : 5 648, 5 419, 2 374, 2 000, soit 15 441 « anime ». Seuls les trois premiers chiffres sont décomposés en *vecchi, homini da fatti donne, putti* et *putte*. Peu de personnes âgées : 181, 190, 94, soit 365 sur 13 441. Les enfants se partagent ainsi entre garçons — 1 048, 559, 1170 — et filles — 893, 553 et 1 215 : au total 2 777 garçons contre 2 661 filles, soit comme de juste avantage à ceux-ci contre celles-là. Pour les *homini da fatti* (de 18 à 50 ans), 1 156, 1023, 505, ils sont au total 2 684 contre 4 854 femmes (2 370, 1 821 et 663), l'avantage restant à celles-ci de façon décisive. Même situation selon un dernier exemple, à Candie[301], dont la courbe démographique générale est à peu près celle-ci : 1525, 100 000 habitants, estimation de Sanudo (mais un peu faible) ; 1538, 198 844 ; 1606, 212 000 ; 1608, 220 000 ; 1636, 176 684. Mais ne prenons qu'une partie de l'île, le territoire propre de la ville de Candie. En 1636, il compte 98 114 habitants dont 23 169 hommes (de 18 à 50 ans), 21 362 garçons et vieux, contre 48 873 femmes. Il est évident qu'il faut additionner les deux premiers chiffres pour avoir le nombre des personnes du sexe masculin ; soit 44 531 contre 48 873. C'est la proportion que l'on retrouve à peu près dans la plus vieille « descrittione » de la population de Bologne, en 1581 : hommes 19 083, femmes 22 531... Même avantage à l'élément féminin quinze ans plus tard, en 1596[302].

Ces chiffres signalent la forte proportion de la

population active. Hommes, femmes et enfants travaillent tous, ou presque tous. C'est le seul avantage de ces populations jeunes où vieillards et inutiles, surtout les vieillards, ont peu de place. Chacun y gagne son pain quotidien.

Il s'en faut que nos remarques et les quelques chiffres qui les appuient règlent ce problème des proportions entre populations féminine et masculine. Si l'on admet que la prédominance en nombre de celle-là sur celle-ci est la règle, des exceptions surgissent. A Venise justement où nous constatons cette règle en 1548, les chiffres du livre classique de Danièle Beltrami [303] viennent aussitôt nous contredire : en 1563, en 1581, en 1586, les hommes l'emportent (51,6 ; 51,3 ; 51 p. 100 du total). Puis la situation se renverse en 1643, peut-être plus tôt (49,3). Venise, ville où l'immigrant jeune joue un grand rôle, témoigne-t-elle pour elle seule ou pour toutes les villes où l'essor reste net et qui seraient alors à prédominance masculine ? Il serait tentant de voir là des oscillations dans un sens puis dans l'autre.

Autre test : les migrations

Si la Méditerranée n'avait pas été ouverte de tous côtés et spécialement vers l'Ouest, sur l'Atlantique, elle aurait dû résoudre seule le gros problème de ses excédents de population, absorber ce surplus d'hommes, c'est-à-dire mieux en répartir la masse à travers son propre espace. Ce qu'elle a fait d'ailleurs en grande partie.

La preuve du surpeuplement de l'Europe méditerranéenne, ce sont, à partir de la fin du XVe siècle, les expulsions répétées des Juifs, chassés de Castille et du Portugal en 1492, de Sicile en 1493, de Naples en 1540 et 1541, de Toscane en 1571 et, pour finir, de Milan en 1597 [304]. Les plus nombreux de ces émigrants involontaires, les Juifs ibériques, iront jusqu'en Turquie, à Salonique, à Constantinople et en Afrique du Nord où ils feront souche. En des pays trop peuplés pour leurs ressources, et c'était peut-être le cas déjà de la péninsule Ibérique au temps des Rois Catholiques, la religion a été le prétexte, autant que la cause de ces persécutions. Plus tard, la loi du nombre jouera contre les Morisques dans l'Espagne de Philippe III. Plus tard encore, comme l'a remarqué il y a longtemps Georges Pariset [305], contre les Protestants de la France de Louis XIV.

Autre preuve, les descentes massives des régions montagneuses vers les plaines et les villes. Nous n'en avons que trop parlé... De même les multiples passages d'hommes de la Chrétienté à l'Islam ; ils ont des allures de mouvements compensateurs. Alger poussée à l'« américaine » est une ville d'immigrés. L'émigration italienne éparpille au loin, vers le Nord européen, les pays d'Islam et même les Indes, une main-d'œuvre qualifiée d'artisans, d'artistes, de marchands, d'artilleurs. Venise, à la fin du siècle, parle de ses 4 ou 5 000 familles qui vivent dans le Proche-Orient [306]... De-ci delà, ces émigrations peuvent être décelées, ainsi ces ouvriers de Côme qui, à la fin du XVIᵉ siècle, gagnent l'Allemagne et la Moravie [307] ; ou ces tâcherons agricoles qui de Ligurie, vers 1587 [308], rejoignent les plaines corses ; ou ces « techniciens » [309] qui vont un peu partout, spécialement en France, implanter les procédés de fabrication de la Péninsule, le tissage des soies brochées d'or, les secrets des verreries à la mode de Murano [310] ou des majoliques à la façon d'Albissola [311]... Inventeurs, artistes, maçons, marchands italiens courent les routes d'Europe [312]. Mais comment dresser la liste de ces aventures individuelles et jauger, en sens contraire, les immigrations insistantes, vers l'Italie, en provenance d'Allemagne ? On a trop pris l'habitude de croire qu'il ne s'agissait, dans l'un et l'autre cas, que de petits nombres d'individus. Les petits nombres, ajoutés les uns aux autres, finissent par constituer des additions importantes, du moins à l'échelle du XVIᵉ siècle. Cent mille Espagnols [313] auront quitté, à cette époque, la Péninsule pour l'Amérique ; cent mille, pour un siècle, c'est-à-dire mille par an ; selon nos normes actuelles, pas grand-chose. Or voyez comme Rodrigo Vivero, vers 1632, s'en inquiète : « Au train où vont les choses, écrit-il, l'Espagne va rester sans population », et les Indes risquent de se perdre avec ces nouveaux venus paresseux (Vivero est né en Nouvelle Espagne et il en a les préjugés). Dès qu'ils arrivent, « ceux qui étaient savetiers se veulent seigneurs, et les terrassiers entendent ne plus manier la pioche... »[314]. Assurément ce problème est gonflé par les contemporains et par tous ceux qui, ayant vu Séville, réfléchissent aux destins de l'Espagne de leur temps.

A l'inverse, le silence a été presque total sur ces flots réels d'immigrants français vers l'Espagne dont des études récentes[315] viennent de révéler l'ampleur au XVIe siècle. Pays typiquement surpeuplé, la France pousse sans arrêt des artisans, des marchands ambulants, des porteurs d'eau, des tâcherons agricoles vers la Péninsule proche. La France méridionale surtout est mise en cause, non pas elle seule. La Catalogne reçoit un gros contingent de ces travailleurs qui souvent se fixent définitivement chez elle ; en août 1536 déjà, un avis espagnol signale que plus de la moitié de la population de Perpignan est française[316]. Comme le sera la majorité de la population catalane, au début du XVIIe siècle, « ayant ouy assurer y avoir un tiers de plus de François que de naturelz » dit un voyageur[317], en 1602. Ce même Barthélémy Joly indique qu'arrivent « tous les jours » en Catalogne des gens de « Rouergue, Auvergne, Gévaudan, Gascogne »[318]. Est-ce à partir de ce nom du Gévaudan que se serait formé le sobriquet de *Gavaches*[319] que les Catalans appliquent aux pauvres immigrés français ? C'est peu vraisemblable[320]. En tout cas, il s'agit là d'une immigration importante, continue. Ces nouveaux venus vont de même en Aragon, artisans attirés par les hauts salaires « parce que les manufactures en Espagne y sont chères »[321], gens sans métier et qui se louent comme pages et alors aussitôt « vestus de livrées, ces Messieurs (leurs maîtres) se plaisans fort à telle vanité »[322] — ou bien paysans et mieux accueillis encore, « à cause de la paresse des naturels » — c'est évidemment un Français qui parle et qui ajoute : « se mariant s'ilz le peuvent aux veuves de leurs maistres »[323], fuyant en tout cas les « tailles » trop lourdes de France

— et tous séduits par les filles publiques d'Espagne, « ces belles dames musquées, fardées et accoustrées comme princesses de France »[324].

Catalogne et Aragon ne sont pas seuls en cause. A Valence[325], des Français, venus là Dieu sait comme, apparaissent parmi les bergers et les valets de grange des villages de Vieux Chrétiens. En Castille, l'Inquisition nous renseigne abondamment au sujet des artisans français aux propos imprudents, sur les psaumes qu'ils chantent, sur leurs cheminements, ou les cabarets qui leur servent d'habituels rendez-vous. Emprisonnés, ils se dénoncent les uns les autres... A cette occasion, tous les métiers sont signalés : tisserands, tondeurs de draps, chaudronniers, fabricants de pelles, forgerons, orfèvres, serruriers, cuisiniers, rôtisseurs, chirurgiens, jardiniers, paysans, matelots, capitaines de navires, marchands ou plutôt colporteurs de livres, mendiants professionnels... Souvent jeunes, moins de vingt ans ou vingt-cinq ans. On s'émerveille d'apprendre leurs voyages à travers la France entière, comme pour ces imprimeurs de cartes à jouer, partis de Rouen, et que le destin attend tragiquement à Tolède[326].

Si cette immigration s'est tarie vers les années 1620[327] comme on l'a avancé, elle reprend sûrement par la suite. A partir du Béarn, dit un écrit de 1640[328], « il passe chaque année une grande quantité de faucheurs de foins et de bleds, de chastreurs de bétail et autres travailleurs qui deschargent leurs maisons de la nourriture de leurs personnes et rapportent quelques gains à leurs familles... ». Ce n'est pas seulement d'Auvergne[329], comme on le croyait hier encore, que ces migrations, temporaires ou définitives, ont répondu à l'embauche et aux hauts salaires d'Espagne. Gageons que la Péninsule a pu, ainsi, largement combler les vides creusés par les départs vers l'Italie ou vers les Indes.

3. Peut-on construire le « modèle » de l'économie méditerranéenne ?

Avons-nous tous les éléments pour mesurer l'ensemble de la Méditerranée et construire un « modèle » général, où tout sera pris, calculé (si possible) en bloc ? L'ensemble pourrait être confronté ensuite aux autres « économies-mondes » qui côtoient ou relaient la Méditerranée dans l'espace.

A cette échelle seront recherchés, au mieux, des ordres de grandeur, des lignes d'ensemble. En vérité, c'est façon d'exposer. Une telle « modélisation » ne vise pas une année, ou une période particulière, mais le siècle en son entier, au delà de ses pannes ou de ses prospérités. Elle viserait, si la chose était possible, la moyenne, la ligne de flottaison de ces expériences successives. Évidemment, tout n'est pas possible. Mais l'entreprise vaut d'être tentée, malgré les difficultés qu'elle implique et tant d'obstacles préalables !

Ainsi la Méditerranée est-elle une zone cohérente en soi ? Oui sans doute, malgré des limites incertaines et surtout variables, du côté des épaisseurs continentales qui l'enserrent et du côté de ses confins maritimes : mer Noire, mer Rouge, golfe Persique, détroit de Gibraltar et océan Atlantique. Toutes questions que nous avons abordées sans pouvoir les résoudre [330].

J'avais pensé hier, dans la première édition de cet ouvrage, qu'il était possible de suggérer ces diverses dimensions de la Méditerranée du XVIᵉ siècle en multipliant les exemples, en présentant tels ou tels détails importants et suggestifs [331] : une ville de 700 000 habitants, Istanbul ; une flotte du blé qui bon an mal an véhicule un million de quintaux de blé ou autres céréales ; ou ces 3 000 tonnes de laine, ou peu s'en faut, en 1580 sur les quais de Livourne [332] ; ou ces 100 000 combattants probables réunis dans le golfe de Lépante, le 7 octobre 1571, entre Turcs et Chrétiens ; ou ces six cents navires de l'expédition de Charles Quint contre Tunis en 1535 (soit peut-être 45 000 tonnes) ; ou le trafic maximum de Livourne, à l'entrée 150 000

tonnes en 1592-3, chiffre probablement excessif ; ou ces
masses annuelles inégales, à Naples : 1 300 000 ducats
d'affaires sur les changes, contre 60 à 70 000 pour les
assurances [333]... Mais ce serait laisser d'immenses surfaces blanches entre quelques points minuscules de couleur ; au mieux suggérer la distance qu'il faut reconnaître
entre notre monde et le monde défunt du XVIe siècle.

Or le langage qui nous tente est celui que propose
la « comptabilité nationale » des économistes. Nous
voudrions faire les « comptes » de la Méditerranée du
XVIe siècle, non pour juger de sa médiocrité ou de sa
modernité relatives, mais pour déterminer les rapports
essentiels de ses masses d'activité les unes par rapport
aux autres, en somme pour saisir les structures majeures
de sa vie matérielle. Opération difficile, aléatoire. Les
économistes le savent bien qui ont, aujourd'hui, à
comptabiliser des économies de pays sous-développés,
alors que la monnaie ne les pénètre jamais dans leur
entier. Il en est de même au XVIe siècle. Et la diversité
des monnaies, les réelles et les fictives, rendrait tout
calcul compliqué même à partir de données précises [334],
qui naturellement nous manquent. Il faudra tenir compte
aussi de la désinvolture avec laquelle les écritures du
temps manient ducats ou écus en Espagne, ducats, écus
ou florins à Florence. Il arrive qu'on écrive, à Florence
même : *Ducati 1 000 d'oro di moneta di lire 7 per
ciascun scudo.* L'important ici, étant la référence à la
pièce de sept *lire* [335]...

L'agriculture, industrie majeure

On admet que la consommation annuelle de blé (et
autres céréales) s'établit autour de deux quintaux
(actuels) par personne [336]. Il est, évidemment, des consommations plus ou moins élevées. Cependant cette
moyenne peut être retenue *grosso modo* pour la Méditerranée entière du XVIe siècle. Si celle-ci compte 60 millions
d'habitants, elle consomme, à ce taux, environ 120 millions de quintaux de blé ou de *céréales panifiables*. Le
reste, viande, poisson, huile, vin, c'est le complément à
l'indispensable. Si nous acceptons, vers 1 600, comme

prix moyen du quintal, 5 ou 4 ducats vénitiens [337], la consommation de la Méditerranée (supposée égale à la production) atteint 480 ou 600 millions de ducats, chaque année, soit un niveau sans proportion avec les quelque « six millions d'or » qui arrivent, bon an mal an, à Séville [338]. Le blé, à lui seul, établit l'écrasante supériorité de la production agricole sur toutes les autres. L'agriculture est la première industrie de la mer Intérieure, d'autant que les céréales ne sont qu'une partie du revenu agricole.

Le calcul qui précède n'offre qu'une limite basse. Les chiffres que révèlent les hasards de la documentation sont d'ordinaire plus élevés. Ainsi Venise [339], vers 1 600, consomme, bon an mal an, environ 500 000 *staia* de blé (plus du riz, du millet, du seigle). La population de la ville est alors de 140 000 habitants ; avec ses annexes (le *Dogado*) il faut ajouter au moins 50 000 habitants ; soit, en gros, une population de 200 000 habitants et une consommation individuelle ou de 4 quintaux si Venise est seule en cause ou de 3,1 quintaux si toute l'agglomération est partie prenante. A deux quintaux par personne, le ravitaillement suffirait à 300 000 habitants. Peut-être y a-t-il derrière nos chiffres cette masse de consommateurs. Ou peut-être Venise, ville de hauts salaires, consomme-t-elle plus qu'une autre.

Autre calcul : une correspondance vénitienne de Madrid [340] (février 1621) se fait l'écho d'une nouvelle selon laquelle un impôt de deux réaux par fanègue de blé (*ch'è come un mezzo staio veneziano*) serait prélevé avant l'écrasement du grain dans les moulins *et fanno conto di cavar da questa impositione nove millioni d'oro l'anno*. Neuf millions d'or, soit neuf millions de ducats (un ducat = 350 maravédis, un réal, 35), soit 45 000 000 de fanègues pour une population globale de 6 000 000 d'habitants, et pour chacun de ceux-ci sept fanègues et demie, disons même sept fanègues, car le chiffre de la population est théorique ; à 55,50 litres par fanègue, nous arrivons au chiffre énorme de 388 litres, qui établit soit l'optimisme du calcul fiscal, soit une haute consommation castillane, en cette année 1621, où aucun grain pratiquement ne s'exporte de Castille.

Autre exemple, toujours castillan : en 1 576 [341], dix villages de la région de Tolède groupent, à eux tous, 2 975 *vecinos*, soit 12 à 13 000 habitants, pour l'énorme majorité des paysans ; la production céréalière déclarée est de 143 000 fanègues (soit à peu près 64 000 quintaux). Par tête d'habitant, la moyenne est d'environ 5 quintaux, il y a donc une marge pour l'exportation vers les villes et même le plus défavorisé de ces villages (parce que producteur de vin) dispose de deux quintaux par habitant.

Les vérifications qui suivent nous apportent des arguments plus convaincants, non pas décisifs. Elles mettent en cause : la première, les provinces céréalières du royaume de Naples sur l'Adriatique et le golfe de Tarente, Abruzzes, Province de Bari, Capitanata et Basilicata, en janvier 1580 ; la seconde, le célèbre *Censo de la riqueza territorial e industrial de España en el año 1799* [342] dont les proportions peuvent nous servir de référence et de contrôle rétrospectif pour le XVIe siècle.

L'ensemble napolitain (une portion importante du Royaume), mis à notre disposition par un précieux document de la *Sommaria*, compte, en cet hiver 1579-1580, 173 634 *feux* ou familles (sur un total pour le Royaume de 475 727) [343] et, selon le coefficient adopté (4 ou 4,5), de 700 000 à 760 000 habitants. La récolte a réuni, selon les recensements officiels, plus de 100 000 *carra* de blé. Comme il est question d'octroyer des *tratte* (des permis d'exporter) pour 8 500 *carra*, la population aurait à sa disposition 92 000 *carra*, soit environ 1 200 000 quintaux actuels et une quote-part pour chaque individu nettement en dessous des deux quintaux. D'autant qu'il faudrait encore déduire de ces quantités les grains de semence. Cependant la *Sommaria*, qui fournit ces chiffres, déclare compter pour chaque individu une consommation de 6 *tomoli* par an, soit 220 kg environ. Contradiction ? Non, c'est que *per ordinario, non si revela tutto il grano che effettivamente si raccoglie*, c'est sur ce surplus non déclaré que la *Sommaria* compte pour compléter le ravitaillement nécessaire [344].

Évidemment, le *Censo* de 1799 est largement postérieur à notre époque, mais les proportions qu'il révèle sont à peu de choses près identiques encore à celles du XVIᵉ siècle. Dans une Espagne de 10,5 millions d'habitants, la production de blé s'élève à 14 500 000 quintaux (chiffre arrondi). En égalisant production et consommation, la part de chaque individu est annuellement légèrement inférieure à 1,4 quintal. Mais si l'on y ajoute les autres céréales et les légumes secs, il faut adjoindre à cette masse première plus de 13 millions de quintaux [345]. La masse est ainsi doublée et si tout de ces céréales secondaires ne sert pas à la nourriture des hommes, notre niveau de 2 quintaux par personne est sûrement atteint ou dépassé. Les légumes secs sont certainement de grande importance (plus de 600 000 quintaux) [346] et déjà au XVIᵉ siècle. Les documents vénitiens disent et répètent quel drame c'est, pour certains villages, de perdre à la suite d'un ouragan d'été fèves ou lentilles que le vent d'orage disperse au loin.

Mais laissons ces vérifications qui n'en sont pas et puisque nous sommes à peu près sûrs du chiffre global, marquons au moins les conséquences.

1° Le blé des échanges par voie de mer se monte, au plus, à un million de quintaux, soit 0,8 p. 100 de la consommation — à la fois un énorme trafic à la mesure du siècle (un million d'êtres peuvent en dépendre) et un trafic dérisoire, si on le rapporte à l'ensemble de la consommation. Gino Luzzatto [347] a donc raison de le sous-estimer, et nous n'avons pas eu tort hier de le mettre en vedette [348]. La crise de 1591, si dramatique et sur laquelle nous reviendrons, a amené en Espagne et en Italie jusqu'à Venise, entre 100 et 200 000 quintaux de blé nordique, soit beaucoup sur le plan des trafics, peu sur celui des nourritures quotidiennes. De quoi, toutefois, sauver des villes entières.

Cependant, avant comme après cette crise, la Méditerranée a vécu essentiellement des produits de sa propre

agriculture. Rien de comparable à ce qui s'esquisse aux
Pays-Bas, dans le cas d'Amsterdam, ou à ce qui
s'accomplira pleinement, mais bien plus tard, dans
l'Angleterre du libre-échange. Les univers urbains ne
s'en remettent pas à autrui du soin de les approvisionner.
Le « blé de mer » reste un expédient, une nourriture
pour les pauvres, les riches préférant le bon blé des
campagnes proches : à Lisbonne, le blé réputé de
l'Alemtejo [349] à Marseille, celui des plaines provençales [350] ; à Venise le blé *nostrale*. « On nous donne
aujourd'hui, disent les boulangers de Venise, en 1601,
des blés venus du dehors qui ne rendent pas comme les
nôtres », entendez les blés *padoan, trivisan*, du *polesene*
et du *friul* [351]. Et encore ces blés *forestieri* viennent-ils,
le plus souvent, de Méditerranée.

2° L'agriculture assure à la mer Intérieure, non
seulement sa vie de tous les jours, mais une série
d'exportations de haut prix, parfois mesurées comme le
safran ou le cumin, mais aussi d'assez large débit
comme les raisins secs dits de Corinthe, les *uve passe*,
les vins de qualité, ainsi le malvoisie dont la vogue
durera tant que le porto, le malaga, le madère n'auront
pas pris leur essor ; ainsi les vins des îles ou ces vins de
consommation courante que la soif allemande va saisir,
après chaque vendange, au pied méridional des Alpes.
Bientôt les eaux-de-vie [352], sans compter l'huile, les fruits
méridionaux, les oranges, les citrons, les soies grèges...
Ces excédents s'ajoutent aux exportations industrielles
pour compenser les achats de blé ou de poissons séchés
ou de sucre atlantique (plus le plomb ou l'étain ou le
cuivre du Nord) et, en 1607 encore, la balance des
comptes entre Venise et la Hollande est en faveur de
celle-là, aux dires des *Cinque Savii* [353].

3° La Méditerranée reste donc un univers de paysans,
de propriétaires fonciers, avec des structures sans souplesse. Les façons de cultiver, les répartitions entre
céréales, la place de leur ensemble face aux maigres
pâturages, à la vigne et à l'olivier tous deux envahissants
(ainsi en Andalousie, au Portugal, en Castille, et plus
encore dans les îles vénitiennes), ces façons et ces ordres

ne changent guère, ou il faut que les communications l'exigent à la longue. C'est l'Amérique coloniale avec ses demandes qui entraîne, en Andalousie, l'essor de l'huile et du vin. Et il n'y aura pas de révolution « interne » avant l'intrusion du maïs, précoce, semble-t-il, dans les provinces basques ou au Maroc [354] ; lente ailleurs, pas avant 1600, dans les campagnes vénitiennes [355], vers 1615, dans le Tyrol du Nord [356]... La révolution du mûrier, moins profonde, a été plus précoce.

4° La terre reste la grande convoitise. Toute campagne, en Méditerranée et hors de Méditerranée, est prise dans un échafaudage de rentes, de *censos*, de dettes, de fermages, de redevances, avec des substitutions sans nombre dans la propriété terrienne, un va-et-vient d'argent prêté et remboursé entre villes et campagnes. Partout, la même et monotone histoire. A Genève [357] où l'on a, à ce sujet, quelques lumières, dès le XVe siècle se décèle, dans les campagnes proches, un mouvement d'argent à très court terme, décisif « dans une économie en circuit fermé et en perpétuel essoufflement » où l'usure pratiquée par les gens des villes n'a pas besoin (en pays protestant) de prendre le détour des rentes ou des cens pour se dissimuler. En Espagne, un *arbitrista* du XVIe siècle, Miguel Caxa de Leruela [358], signale cette pente naturelle de l'argent à s'investir dans les terres ou vignes voisines de la ville. « Comme chacun voyait que 2 000 ducats en rapportaient 200 par an, puis que le capital était remboursé au bout de six ans, cela leur paraissait un placement intéressant ». Les hommes d'affaires, l'État offraient rarement aux prêteurs des loyers comparables. Ainsi la terre leur faisait concurrence, la terre, gage solide, visible (le paysan ne paie pas les intérêts ou ne rembourse pas, alors sa terre est saisie). Et le prêteur peut toujours voir, de ses propres yeux, son argent fructifier sur telle vigne ou telle maison. Cette sécurité a son prix. Enfin, comme ce revenu est majoritaire, il s'agit là, au total, d'une immense richesse. Alors ne mettons pas en doute ce mot de Valle de la Cerda, en 1618, affirmant qu'il y avait, en Espagne, plus de cent millions de ducats, prêtés en *ducados a censos* [359].

5° Cet énorme poids céréalier de 400 à 600 millions de ducats, jeté dans notre balance, peut à la fois paraître trop léger et trop lourd. Les céréales ne représentent que la moitié du « produit » agricole, si l'on accepte les proportions établies récemment à propos du produit agricole de la France, au XVIIIᵉ siècle il est vrai [360], et de l'Espagne de 1799 [361]. On pourrait donc, calculant très en gros les masses en présence, parler de 800 à 1 200 millions, au chapitre de la production agricole. C'est évidemment estimer cette masse *très au large*. Les prix du marché vénitien dont nous sommes partis sont élevés et ne valent que pour l'économie d'une ville riche. Ensuite et surtout, le blé consommé ne passe pas entièrement par l'économie de marché. Si bien que notre estimation reste très en l'air, et il est logique qu'il en soit ainsi. Pour revenir à l'exemple donné plus haut des villages castillans de 1576, ils doivent consommer 26 000 quintaux des 60 000 de leur production, soit à peu près 50 p. 100 ; mais l'autre moitié ne passe pas forcément par le marché, une partie gagne en droiture les greniers des décimateurs ou des propriétaires urbains. 60, 70 p. 100 peut-être de la production globale de la Méditerranée échappent ainsi aux échanges monétaires où notre « comptabilité » les introduit de force et à tort.

6° Cette large extension de l'agriculture hors des réseaux monétaires et des souplesses relatives qu'ils procurent, accroît le manque d'élasticité de cette activité majoritaire, en Méditerranée comme ailleurs. Techniques et rendements sont en outre médiocres. Au XVIIIᵉ siècle encore, en Provence [362], le grain semé rend du 5 pour 1 et ce taux risque d'être, en gros, valable pour notre siècle. Pour obtenir ses 120 millions de quintaux annuels, la Méditerranée doit disposer au moins de 24 millions d'hectares de labours ensemencés. Surface énorme, ces 24 millions annuels supposent au moins, en régime biennal, 48 millions d'hectares, une sole se reposant pendant que l'autre fructifie. Songez que, vers

1600, la surface labourable *globale* de la France est de 32 millions d'hectares [363].

Ces calculs sont très approximatifs, les chiffres avancés trop faibles, car le blé (et les autres céréales) ne connaissent pas partout ce régime à deux temps. Des terres sont cultivées une fois tous les trois, quatre, voire dix ans. Il est vrai aussi que des rendements supérieurs à cinq nous sont signalés.

A Chypre, où la 20e partie du sol est cultivée, le blé donne du 6 pour 1, l'orge du 8 pour 1 [364]. Dans les Pouilles, sur les terres neuves qu'abandonne de temps à autre la vie pastorale, le grain donne du 15 ou du 20 pour 1. Mais c'est l'exception [365]. Et il y a les mauvaises récoltes, les catastrophes... Ce sont les incidents climatiques qui commandent tout, le travail des hommes même acharné ne mettant pas toutes les chances du bon côté. Donc inélasticité. Les chiffres d'exportations agricoles que nous connaissons, et qui ont une certaine corrélation avec la production quand ils dessinent des séries assez longues, signalent le plus souvent des constantes, que ce soit la laine exportée d'Espagne vers l'Italie, ou le blé et la soie de Sicile livrés aux marchés extérieurs [366]. Schématiquement des droites parallèles (grossièrement bien sûr) à l'axe des abscisses.

Des progrès sont possibles. Techniquement la substitution des mules aux bœufs de trait en Castille [367] est une accélération des labours et du nombre de ceux-ci dépend le rendement du blé. Mais cette substitution a été très imparfaite. La charrue du Nord fait son apparition au XVIe siècle, en Languedoc [368] où son rôle reste modeste, et sans doute dans l'Italie septentrionale [369]. Mais l'araire demeure l'outil dominant qui ne retourne, ni n'aère suffisamment les sols.

Nous avons signalé les bonifications [370], elles ont représenté des conquêtes et des améliorations considérables. Nul doute que la Méditerranée peu chargée d'hommes au XVe siècle n'ait offert à ses paysans des terres nouvelles. Il y a eu essor, récupération plutôt d'une ancienne prospérité, celle du XIIIe siècle. Une révolution agricole précède, à coup sûr, tous les élans du XVIe siècle et les porte ensuite sur son propre mouvement. Ruggiero Romano a raison de le soutenir. Mais enfin cette progression s'arrête en raison de l'inélasticité même de l'agriculture et dans les mêmes conditions qu'au XIIIᵉ siècle finissant. Ces terres nouvelles ont souvent des rendements médiocres. Le nombre des bouches à nourrir augmente plus vite que les ressources et Malthus a raison, avant même d'avoir parlé.

Le siècle entier change de signe, peut-être vers 1550, plus sûrement vers 1580. Une crise latente s'installe au moment même où s'accélère la circulation, ne disons pas sans plus la révolution de l'argent. Des historiens attentifs à l'Espagne pensent qu'un peu plus tôt, un peu plus tard, les investissements agricoles connaissent des difficultés, les paysans n'obtiennent plus facilement crédit, les prêteurs impayés se saisissent des gages [371], enfin les gros propriétaires eux-mêmes seraient touchés par la crise financière des années 1575-1579 [372], les Génois ayant répercuté leurs pertes sur leurs propres prêteurs, ainsi que nous l'exposerons, le moment venu. Toutes ces explications et d'autres que suggère le cas du Languedoc [373], sont possibles et vraies. Mais, explication-clef, c'est l'inélasticité de la vie agricole qui est en jeu. Un plafond a été atteint... De cette situation insurmontable va naître la « reféodalisation » du XVIIᵉ siècle, cette révolution agricole à rebours.

Un bilan industriel

Parlant de l'Europe du début du XVIIᵉ siècle, John U. Nef [374] pense que, pour 70 millions d'habitants, elle peut compter deux à trois millions d'artisans. Cette même évaluation reste vraisemblable dans ce monde de 60 à 70 millions d'hommes qu'est notre Méditerranée. Si les villes représentent *en gros* 10 p. 100 de la population, soit de 6 à 7 millions d'êtres, il est invraisemblable que, sur ce total, il y ait de deux à trois millions d'artisans, entre un tiers et la moitié de cette masse. Sur un cas particulier, celui de Venise, il n'est pas difficile d'esquisser de pareils calculs : 3 000 ouvriers [375] à l'Arsenal, 5 000 *lanaioli* [376], 5 000 *setaioli* [377], soit

13 000 artisans, avec leurs familles 50 000 personnes
déjà sur les 140 000 que comporte la ville. Et, bien sûr,
il faudrait compter tous les artisans des multiples
arsenaux privés dont nous connaissons les noms et
l'activité [378], puis l'armée des maçons, des *muratori*,
la ville ne cessant de se construire et de se reconstruire,
de substituer la pierre ou la brique au bois, de curer
ses *rii*, sujets à l'envasement... Il faudrait près de
Venise, ainsi à Mestre, compter les fouleurs de draps [379].
Plus loin, les ouvriers des moulins qui, pour elle,
écrasent le grain, ou déchirent les chiffons nécessaires à
la pâte à papier, ou scient planches et madriers... Il
faudrait compter les chaudronniers, les forgerons, les
orfèvres, les spécialistes des raffineries de sucre, les
verriers de Murano, les équarrisseurs et les ouvriers du
cuir [380], ceux-ci à la Giudecca. Et beaucoup d'autres
encore. Plus les imprimeurs. Venise au XVIᵉ siècle, c'est
une part notable de toutes les impressions européennes [381].

Peut-être faut-il accepter le chiffre de John U. Nef
en précisant qu'il désigne de 2 à 3 millions de personnes
vivant de l'artisanat : maîtres, ouvriers, femmes et
enfants et pas seulement de personnes actives. C'est
façon de compter à Venise même : 20 000 personnes,
dit-on souvent vers la fin du siècle, vivent du travail
multiple de la laine [382].

A ce chiffre global, il convient d'ajouter la masse
des artisans ruraux. Il n'y a pas un village sans
ses artisans, si modestes soient-ils, sans ses activités
industrielles mineures. Mais tout ou presque tout
échappe en ce domaine à l'historien qui veut compter.
En outre, cet historien, s'il cède aux habitudes acquises,
aura tendance à sous-estimer ce travail obscur, et
cependant décisif, des campagnes pauvres dont c'est le
seul moyen souvent d'atteindre les précieuses circulations monétaires. L'historiographie jusqu'ici n'aura vu
que la noblesse des métiers urbains. Cependant les
métiers ruraux existent depuis toujours en Aragon, dans
les Pyrénées, autour de Ségovie [383], dans tel village
déshérité de Castille [384] ou de León [385], ou à travers le

pays valencien [386]. Autour de Gênes impossible de ne
pas les voir [387]. Autour d'Alep [388], les villages travaillent
la soie et le coton. En fait, il n'y a pas une seule ville
qui ne fasse surgir, près ou loin de chez elle, les
industries dont elle a besoin et qu'elle ne peut annexer
à ses propres quartiers, faute de place, de matière
première, ou de force motrice. Par là s'expliquent les
forges, les moulins, les papeteries dans la montagne en
arrière de Gênes ; ces mines diverses, ces forges, ces
moulins à poudre à travers le pays napolitain, et
notamment près de Stilo en Calabre [389] ; cette scierie
aux portes de Vérone [390], sur l'Adige où s'arrêtent
d'autant plus volontiers les bateaux de planches et de
madriers que c'est un endroit idéal pour la fraude — et
toujours les meules qui écrasent le blé dont se nourrit
la ville proche (plus de 80 au voisinage de Venise), ces
files de moulins en bordure du Tage et en contrebas de
Talavera de la Reyna [391], ou à l'autre bout de la
Méditerranée, ces trente moulins à vent que l'on aperçoit
de Candie même [392]. Le Languedoc a ses industries
urbaines, mais avec le Massif Central proche et les
Cévennes commencent les multiples villages industriels [393]. De même tout autour de Lyon [394], dans un
large rayon : la ville vit de ce travail à bon marché des
campagnes proches et lointaines.

Pourtant il est probable que les industries rurales
n'ont pas, en Méditerranée, la puissance qui est déjà la
leur en Angleterre (pour la fabrique des *carisee*, des
kersies) ou dans l'Europe du Nord ; elles ne s'y
présentent jamais en vastes archipels campagnards,
tenus de loin par les marchands des villes, comme ce
sera si souvent le cas dans la France du XVIIIe siècle [395].
Je crois même que la constellation d'industries rurales
autour de Lyon, au XVIe siècle, n'a pas d'équivalent en
Méditerranée, du moins jusqu'à plus ample informé.
Juste, l'observation prouverait deux choses : que les
campagnes de Méditerranée sont mieux équilibrées dans
leur vie propre que tant de campagnes du Nord (et c'est
possible, la vigne, l'olivier sont souvent l'équivalent
des industries rurales des pays septentrionaux [396] —

l'arboriculture rééquilibre les budgets paysans) ; que l'industrie urbaine, celle des grandes et moyennes villes, a la force de répondre, seule pour l'essentiel, aux besoins d'un immense marché. Mais à la fin du XVIᵉ et au début du XVIIᵉ siècle, le glissement des métiers se fera dix fois pour une des villes importantes aux villes médiocres et aux villages [397]. Ces transferts soulignent ainsi des réalités, des virtualités rurales et semi-rurales, présentes même au début du XIXᵉ siècle : à Naples quand Murat prend possession du Royaume, il habille son armée (pour éviter le recours au coûteux drap rouge des Anglais) de drap noir paysan, celui-même qui servait aux usages des campagnes [398].

Si l'on admet ces proportions entrevues, il faut envisager que l'industrie rurale puisse, au XVIᵉ siècle, *en nombre d'hommes*, sinon en qualité ou en masses de revenus, se placer à égalité avec le travail des villes. Rien ne le prouve, rien ne le contredit non plus. Au maximum trois millions de ruraux et trois millions de pauvres habitants des villes représenteraient le monde entier des métiers en liaison avec l'économie de marché. Sur cette masse, il y aurait 1 500 000 personnes actives. Supposons que leur salaire moyen soit équivalent à celui des aides mineurs dans les mines de cuivre que Venise possède à Agordo [399], soit 15 *soldi* par jour, ou 20 ducats par an (les fêtes sont chômées, mais payées) : la masse salariale s'établirait au voisinage de 30 millions d'or. C'est peu, car les salaires dans les villes sont bien plus hauts (c'est même de cette hauteur excessive que va souvent mourir l'industrie urbaine). A Venise, l'artisan de l'*Arte della Lana*, à la fin du siècle, touche 144 ducats par an et réclame encore des augmentations [400]. Il s'ensuit que notre chiffre devrait, ou du moins pourrait être rehaussé à 40 ou 50 millions d'or. Dernier saut, presque dans le vide, si nous chiffrons la valeur de la *production* industrielle au triple ou au quadruple de la masse salariale, nous arriverions à un chiffre global maximum de 200 millions [401]. Même si ce chiffre devait être encore gonflé, il resterait fort loin des 860 ou 1 200 millions attribués *théoriquement* à l'agriculture. (Faut-il s'en étonner quand, dans les discussions du Marché Commun, les experts ont pu dire, à une époque et dans des pays surindustrialisés comme les nôtres, que la commercialisation de la viande représentait aujourd'hui la plus grosse affaire du monde ?)

Pour l'industrie du XVIᵉ siècle, la masse de ses produits entre plus communément dans l'économie du marché que les céréales, l'huile ou le vin... Bien que là aussi il faille tenir compte d'une importante autosuffisance. Celle-ci cependant a tendance à diminuer. Thomas Platter [402] note à propos d'Uzès, en 1597 : « Chaque famille file sa laine chez elle et la donne ensuite à tisser et à teindre pour l'employer à divers usages. On se sert de rouets comme chez nous (à Bâle, Thomas Platter fait ses études de médecine à Montpellier), mais on n'y voit point de quenouilles, car il n'y a que les pauvres gens qui filent le chanvre. La toile est achetée chez les marchands et revient à meilleur marché que celle filée à la maison ». Gageons que l'essor de l'industrie textile et de la vente des tissus a été lié, tout à la fois, à la montée démographique, à la concentration des ateliers et à un recul probable de l'autosuffisance.

« *Verlagssystem* » *et essor des industries urbaines*

Il y a eu, à partir de 1520-1540, un essor décisif en Méditerranée des industries urbaines, un second souffle du capitalisme qui intéresse à la fois la Méditerranée et l'Europe. La première « révolution industrielle » dont John U. Nef a gratifié la seule Angleterre à partir de 1540 [403], ou cet essor du « grand capitalisme industriel » que J. Hartung [404] a signalé voilà longtemps dans la seule Allemagne à partir de 1550 [405] — ces essors et novations sont *grosso modo*, étant donné leur insuffisante différenciation, valables pour l'Europe et la Méditerranée entière. Les études à venir montreront peut-être qu'ils ont compensé le reflux assez brutal qui coupe en deux, un peu plus tôt, un peu plus tard, l'essor du XVIᵉ siècle. Il y aurait eu relève d'un capitalisme marchand dont les grands jours sont passés, par un capitalisme industriel qui ne s'épanouira vraiment qu'avec la seconde lancée « métallique » du siècle. L'industrie aurait valeur de compensation.

Presque partout (où l'observation est possible) cette industrie est de type capitaliste, conformément au schéma habituel du *Verlagssystem*[406] des historiens allemands, mot que je traduirai par *système sur avances* : le marchand, le commanditaire, le *Verleger*, avance à l'artisan la marchandise qu'il lui donne à travailler contre un salaire. Ce système ne date pas du XVIe siècle. Mais s'épanouit là où il n'était pas connu (comme, semble-t-il, en Castille), là où il était peu pratiqué encore (comme à Venise). Chaque fois, il bouscule les corps de métiers, *arti* italiens ou *gremios* espagnols. Chaque fois, il privilégie les marchands qui financent les lents processus de la production et s'en réservent les bénéfices, à la vente et à l'exportation. Le rôle de ces marchands *qui faciunt laborare* est plus décisif encore dans le travail de la soie (relativement récent) que dans la fabrication, plus ancienne, des tissus de laine. Naturellement, des concentrations de métiers sont visibles dans de vastes ateliers, ainsi à Gênes où rien ne semble bloquer cette concentration[407] ; ou même à Venise où elle suscite des protestations déjà et des interventions de l'État. La loi du 12 décembre 1497 avait interdit à tout tisseur de soie d'avoir plus de 6 *tellari* à son service[408]. La question se repose en 1559 où l'on signale « l'avidité de certaines personnes qui, faisant travailler 20 et 25 métiers, sont la cause de préjudices évidents »[409].

Avancer la matière première, avancer l'argent des salaires, se réserver la commercialisation des produits, le schéma se reconstitue à partir du premier détail significatif. Nous voici à Venise, durant l'hiver 1530, l'ambassadeur de Charles Quint, Rodrigo Nino[410], a été chargé par son maître d'acheter des soieries : damas verts, bleus, rouges et cramoisis, velours cramoisis. Il enverra des échantillons, dit-il, et discutera du prix, mais de toute façon il faudra, dès la commande, avancer 1 000 ducats, le complément de paiement s'effectuant à

la fin du travail. Le tisserand, en effet, doit acheter la
soie du marchand qui la fait venir de Turquie en
écheveau pour être ensuite travaillée à son compte.
L'acheteur se substituant ici au marchand, c'est à lui
d'avancer sous forme d'argent la matière première... A
Cattaro, en août 1559, un petit incident est plus clair
encore [411]. Dans ce coin perdu, des *filatogi* ont pris
l'habitude de travailler la soie grège qu'ils achètent
directement, à l'encontre d'une loi formelle de 1547 qui
oblige ces fileurs à ne pas travailler *per conto suo*. Que
tout rentre dans l'ordre, décide le Sénat : les *filatogi*
fileront les soies des marchands afin que ceux-ci ne
soient pas obligés d'acheter les filés aux prix qui
sembleraient bons à des *filatogi* trop indépendants.
Voilà qui est clair. Autres images : ce témoignage d'un
artisan à Gênes, sur un autre artisan [412], en 1582. « Oui,
il sait ce qu'il dit ayant été compagnon d'Agostino
Costa *filatore* et pour avoir vu, maintes fois dans la
boutique du dit Agostino, le dit Battista Montorio (le
marchand), lequel lui apportait de la soie grège et lui
prenait des soies travaillées ». Dix ans plus tôt en
Espagne, à Ségovie, à l'occasion de l'arrivée, en 1570,
de la reine Anne (la dernière épouse de Philippe II),
s'organise le défilé des métiers, d'abord les ouvriers de
la Monnaie, puis les *tratantes en lana* (les marchands
de laine), puis « les fabricants de draps que le populaire
appelle improprement marchands (*mercaderes*), dit un
historien du XVIIe siècle, alors que ce sont de véritables
pères de famille, qui dans leurs maisons ou hors de
celles-ci font vivre un grand nombre de gens (certains
deux cents, d'autres jusqu'à trois cents), fabriquant
ainsi par des mains étrangères une grande diversité de
draps très fins... » [413].

Le système a prospéré

Le problème n'est pas seulement cette primauté
du marchand, de l'entrepreneur, mais aussi le succès
économique du système, la résistance dont il sera capable
quand les circonstances cesseront d'être favorables. Il y
a concentration, élan des entreprises, meilleure division

du travail, hausse de la production. C'est ce que laissent entrevoir, à des distances respectables les unes des autres, Ségovie, Cordoue, Tolède, Venise, sans doute Gênes... Leur vivacité, à la fin du siècle, contraste avec tel vieux centre industriel comme Florence où l'art ancien des draps de luxe et de la soie ne va pas sans une certaine ankylose, voire une certaine « mesquinerie ». Est-ce la structure qui serait ici en cause — et du coup apporterait à nos explications un élément d'intérêt exceptionnel ? C'est ce que soutient un historien averti [414]. Ou bien, comme on peut le penser *a priori*, Florence est peut-être victime de sa vie chère. Plus qu'une autre ville (Gênes mise à part) elle est touchée par l'arrivée des métaux précieux et la montée vivace des prix qu'elle entraîne. La banque, la terre concurrencent aussi les *Arti* et ceux-ci, dans l'Europe vouée à la guerre, trouvent difficilement, sauf en Espagne, des débouchés à des produits de haute qualité. En tout cas, dès 1580 l'activité industrielle de Florence amorce son déclin.

Les autres villes, au contraire, et Venise particulièrement, continuent sur leur lancée jusqu'au siècle suivant. Tout y a contribué, l'abondance de la main-d'œuvre, la technique nouvelle : les draps de Venise sont de qualité moyenne, à partir de laines espagnoles de second choix, adaptés aux goûts de ses clients du Levant dont elle reste le fournisseur essentiel, comme les draps de Ségovie, les soies de Tolède et de Cordoue s'adaptent au marché espagnol ou américain. A quoi s'ajoute la qualité des « hommes nouveaux » qui conduisent ces entreprises. A Venise au moins, ces entrepreneurs sont souvent étrangers et un beau jour, après quinze ou vingt ans de loyaux services, sollicitent de la Seigneurie le droit de cité qu'ils ont, estiment-ils, amplement mérité ayant fait fabriquer des centaines ou des milliers de pièces de draps [415]. Bref, la nouveauté est multiple : nouveauté des implantations, des méthodes, des hommes, à l'étage des entrepreneurs comme à celui des artisans. Car rien n'est plus mobile que la main-d'œuvre industrielle.

Une main-d'œuvre itinérante

Le monde des artisans, au XVIᵉ siècle, est mêlé, rarement autochtone. Les métiers de Florence, au XIVᵉ siècle, ont utilisé les ouvriers des Flandres et du Brabant [416]. Au XVIᵉ siècle, les origines des apprentis de l'*Arte della Lana*, à Florence, s'inscrivent dans une large zone de recrutement qui dépasse les limites de la Toscane, nous l'avons déjà dit [417]. A Vérone, qui a obtenu de la Seigneurie de Venise le droit de fabriquer des *velluti neri*, il y a, en 1561 [418], 25 maîtres : aucun n'est Vénitien (ce que la Seigneurie n'aurait pas toléré) ; quatorze sont de Gênes, trois de Mantoue, deux de Vérone, deux de Brescia, un de Vicence, un de Ferrare. Quant aux marchands *che li fanno lavorare*, ils ne sont que quatre : deux de Vérone et deux de Gênes... Voilà une petite fenêtre ouverte sur les mouvances de la vie artisanale et marchande.

Même spectacle à Brescia : l'*Arte della Ferrarezza*, à la charge de qui se trouve la fabrication des armures, des armes blanches et des arquebuses, ne cesse de se gonfler puis de décroître, pour reprendre au gré des circonstances, perdant ses ouvriers au bénéfice des villes voisines, puis les récupérant, et ainsi de suite. A la fin du siècle, sous l'impulsion du nouveau Capitaine de la ville, Francesco Molino [419], elle récupère un des maîtres de Brescia qui avait gagné Saluces avec beaucoup de *lavoranti* ; de Pistoia et de Milan des ouvriers sont récupérés (31 aux dépens de Milan) et du coup les « boutiques » des maîtres remontent au chiffre de 23. Puis nouvelle crise à cause des difficultés d'approvisionnement en fer et du nombre trop faible des marchands : il en faudrait un ou deux de plus...

Car l'industrie suit les marchands, c'est-à-dire les capitaux : Tommaso Contarini qui, au printemps 1610 [420], gagne l'Angleterre où il va représenter Venise, s'arrête à Vérone, puis sur la route de Trente, traverse Rovereto. Quelle n'est pas sa surprise de trouver, dans cette petite localité, un actif *negocio delle sede*, avec un bon nombre de *filatogi* et quelque 300 et plus *telleri che lavorano ormesini* : ces ouvriers viennent d'abandonner

Vérone... Quatre ans plus tard, en mai 1614, la Seigneurie de Venise accepte [421] la singulière proposition suivante : à charge pour l'anonyme qui propose ses services de dénoncer à la justice ouvriers ou maîtres d'importantes branches d'activité de la ville et en particulier de l'Art de la Soie *che intendono partire*, il obtiendra en récompense la libération d'un *bandito*, proscrit ou brigand naturellement en prison. Dans le même ordre d'idées, à la même époque, Venise menace de frapper dans leurs personnes et dans leurs biens les ouvriers et maîtres de ses raffineries de sucre (*pratico o professore di raffinare zuccari*) qui, quittant la ville, iraient exercer leur art ailleurs [422].

Ces voyages ou ces fuites d'artisans obéissent à la conjoncture. Des compensations, des remplacements s'organisent sur des distances plus ou moins larges. Ainsi des grandes villes aux villes moyennes ou médiocres, et c'est monnaie courante à la fin du XVIᵉ siècle. Ou sur de plus vastes parcours, songeons au XVᵉ siècle et tout au long du XVIᵉ à la diffusion de l'industrie de la soie à travers l'Europe. Au XVIIᵉ siècle, en Italie, il y a essor des soieries dans le Mezzogiorno qui connaît une nouvelle jeunesse industrielle, puis, d'un seul coup, de part et d'autre des années 1630 [423], cette prospérité s'arrête et les petites villes du Nord connaissent les unes après les autres une fortune brusque : elles ont pris la succession, pour le travail de la soie, des villes méridionales. Cela impliquant évidemment des déplacements d'artisans.

Mouvements d'ensemble et mouvements particuliers

Nous ne savons pas *a priori* si toutes ces activités en rapide évolution admettent les mêmes rythmes d'ensemble. C'est possible, à condition d'imaginer des compensations et des exceptions. En réalité, l'ensemble de ces activités nous échappe. Pour les industries textiles — les plus importantes avec ou *après* celles du bâtiment, mais non les seules — une réponse est possible, qui intéresse leur masse entière. Nous connaissons, en effet,

les exportations d'alun à partir de l'Espagne et de l'État
Pontifical et donc les quantités totales utilisées de ce
décapant, indispensable à la teinture des tissus, du
moins à la préparation de cette teinture. « L'indicateur »
est décisif et sa réponse claire : les oscillations sont
celles de la conjoncture générale avec un plafond de
1590 à 1602 [424].

Resterait à savoir évidemment si toutes les industries,
comme c'est possible et vraisemblable, obéissent à ces
rythmes généraux. C'est ce que disent et répètent les
historiens soucieux de marquer les liens entre activités
industrielles et demandes des marchands [425]. Ceux-ci
sont les metteurs en scène. Acceptons cependant qu'il
puisse y avoir des exceptions, à plus ou moins long
terme, l'industrie étant aussi remplacement, compensation. Il semble que le « bâtiment » puisse aller *parfois*
à contre-courant de ces mouvements d'ensemble [426]. Et
qu'il y ait des conjonctures particulières, locales, nous
commençons à le savoir de première main. Quelques
courbes de production textile sont, en effet, connues.
L'intéressant, c'est que, quelle que soit la date à laquelle
elles se dessinent, elles se ressemblent étrangement. C'est
en flèche que se produit tout essor industriel et à la
verticale que s'accomplit la retombée. La double courbe,
à Hondschoote [427], de la production des sayettes décrit
une trajectoire de fusée ; celle de Leyde, une double
trajectoire aisément discernable ; celle de Venise (d'après
Pierre Sardella [428] et Domenico Sella [429]) revêt la forme
classique d'une parabole. A Florence, nos chiffres
insuffisants se placent déjà sur une courbe analogue [430].
A Mantoue [431], petit exemple, la règle se confirme. Elle
est probable dans le cas des activités lainières de Brescia
et du Val Camonica [432]. Elle est nette pour Ségovie,
Cordoue, Tolède [433], Cuenca... Est-ce une règle
générale ?

En tout cas, elle semble valoir même pour les
industries les plus modestes, Venise ainsi, sur la côte
Est de l'Adriatique, s'emploie à écarter toute concurrence, celle des bateaux comme celle des métiers ou des
marchands. Elle n'y réussit pas toujours. A l'escale de

Pola, en Istrie, les « galères de commerce » et autres
navires qui viennent de quitter Venise ont l'habitude de
compléter leurs équipages, leurs chiourmes et leurs
vivres. Pola est devenu, pour ces hommes embarqués
ou qui s'embarquent, le mieux approvisionné des marchés de tissus fabriqués à partir de la laine grossière
des îles, ces *rascie* et ces *grigie* dont nous avons déjà
parlé [434] et qui viennent de l'arrière-pays à la fois d'Istrie
et de Dalmatie. Vers 1512, ces tissus gagnent les foires
du *Sottovento*, Sinigaglia, Recanati, Lanciano et y
connaissent un tel débit que Pola voit disparaître de
chez elle cette habituelle marchandise. Cela durera une
dizaine ou une quinzaine d'années jusqu'au jour, vers
1525, où la Seigneurie rétablira l'ordre. Il y a eu
l'intervalle d'une montée, puis d'une chute.

On devine des mouvements analogues dans l'Empire
Ottoman. L'industrie y est souvent le fait d'immigrés,
captifs chrétiens qui, à Constantinople ou ailleurs,
deviennent souvent des maîtres [435] et fabriquent des
étoffes précieuses [436], plus encore artisans juifs. Ceux-ci
ont implanté l'industrie des draps à Constantinople et
à Salonique [437]. Nous connaissions, en ce qui concerne
Salonique, la branche descendante, à partir de 1564, de
la courbe drapière et les multiples mesures prises par
les rabbins, maîtres de la Communauté juive, pour
enrayer cette dégringolade (interdiction d'acheter librement de la laine, obligation de porter des vêtements
fabriqués dans la ville même). Ces renseignements
situent vers 1564 le sommet d'une courbe significative.
C'est ce que confirme la petite ville de Safed, capitale
de la Galilée au bord du lac de Tibériade : elle va
connaître, des années 1520 à 1560-1580, une prospérité
lainière rapide, grâce aux immigrants juifs et à leurs
métiers [438]. En 1535, un voyageur note : « L'industrie
des tissus prospère de jour en jour. On dit que plus de
15 000 *carisee* ont été fabriqués cette année-là à Safed,
sans préjudice des tissus plus épais. Certains sont d'aussi
bonne qualité que ceux de Venise. Quiconque, homme
ou femme, s'occupe d'un métier en rapport avec la
laine gagne très bien sa vie... J'ai acheté quelques

carisee et autres tissus pour les revendre et j'en ai tiré un bon profit... » La fiscalité turque confirme l'essor de la petite ville : en 1525/6, la taxe que paient les teinturiers est de 300 aspres ; vers 1533, de 1 000 ; en 1555/6 (pour quatre teintureries seulement) de 2 236 aspres... C'est au voisinage de ces années-là que la montée s'arrête, c'est-à-dire qu'il y a coïncidence, *en gros*, entre le déclin de Safed et la crise de Salonique. En 1584, les Juifs quittent Safed et la chute se précipite (fermeture, en 1587, d'une imprimerie fondée dix ans plus tôt). En 1602, aucun tissu ne s'y fabrique plus.

Ce témoignage est à inscrire au dossier d'une paupérisation probable des communautés juives du Proche-Orient et juge non moins la santé générale de l'Empire Ottoman au delà du milieu du siècle. Dans les circonstances imputables à cette panne entrent en jeu la difficulté de se ravitailler en laine, l'arrivée avec les années 1580, de tissus anglais apportés directement dans le Levant par les bateaux de l'île. Il faut tenir compte aussi de l'essor de l'industrie italienne, plus encore de cette crise monétaire et économique qui va plonger l'Empire Ottoman dans les bouleversements en chaîne de l'inflation [439].

En tout cas, ces « sommets » des courbes industrielles elles-mêmes ont leur intérêt.

1° Il est important de constater que vers 1520-1540 un élan général se dessine à peu près partout ;

2° que les sommets des courbes se situent vers 1564, 1580, 1600 ;

3° bien sûr l'industrie n'est pas encore cette puissance sans rivale qu'annonce le XVIIIᵉ siècle et qu'installera le XIXᵉ, mais elle est déjà d'une vivacité exceptionnelle. Les réussites y sont rapides.

4° les chutes sont non moins spectaculaires, et relativement plus faciles à situer dans le temps que les premiers élans. Ainsi à Venise il semble qu'il y ait eu dans l'industrie de la laine un début triomphant aux alentours de 1458 [440], un marasme évident vers 1506 [441], au moins pour la Terre Ferme, une reprise de longue durée à partir de 1520 [442]... C'est au voisinage des années

1600-1610 que l'essoufflement de cet énorme essor s'affirme[443]. Or c'est probablement au même instant que se note, vers 1604, un élan général des industries drapantes dans les Pays-Bas protestants[444].

Élans et retombées se répondent donc dans l'espace à des distances qui peuvent varier à l'extrême. L'industrie — ou mieux la pré-industrie — est le domaine d'un continuel va-et-vient, le lieu d'un continuel *new deal*, d'une incessante redistribution des cartes. Celles-ci passent et le jeu recommence. Le perdant peut retrouver sa chance : Venise semble le prouver. Mais le dernier arrivé des joueurs est toujours le favori. La victoire, au XVIe siècle, en Italie et en Espagne, de nouvelles villes le dit déjà. Et la victoire du Nord au XVIIe siècle, quelle que soit l'ancienneté des activités textiles dans le carrefour des Pays-Bas, est celle d'un jeune concurrent.

Présentes partout, même dans des villes médiocres où nul historien ne les détecte à l'avance, même dans ces villes que l'on voudrait oisives, se chauffant au soleil, comme Naples, les industries surgissent partout[445]. Elles ressemblent à mille feux allumés à la fois, fragiles[446], dans un très vaste champ d'herbes sèches. Ces feux peuvent s'étendre ou s'éteindre, mais pour reprendre un peu plus loin. Il suffit que le vent souffle d'un côté ou de l'autre et que la flamme atteigne des herbes jusque-là préservées. Aujourd'hui encore, en 1966, il en est souvent ainsi[447].

Le volume des transactions marchandes

Le commerce, activité multiple, échappe au contrôle et aux calculs. Il est aussi bien le fruit qu'une paysanne vend au marché, le verre de vin qu'un pauvre boit à la porte de la cave des riches (ceux-ci pratiquent souvent ce genre de négoce au détail), que les trafics des *galere da mercato* à Venise, ou de la *Casa de la Contratación* à Séville. L'éventail est largement ouvert. De plus, tout n'est pas commercialisé au XVIe siècle, il s'en faut. L'économie de marché est une fraction de la vie économique ; les formes élémentaires — troc, autoconsommation — la débordent de partout. Si l'on accepte cette formule [448] selon laquelle le commerce achève la production, entendez qu'il ajoute une valeur supplémentaire aux marchandises qu'il véhicule, on peut dire que cette plus-value, et surtout le profit, sont difficiles à calculer, même sur un exemple apparemment bien connu. De l'Inde et de l'Insulinde se transportent vers l'Europe, aux alentours des années 1560, à peu près 20 000 quintaux de poivre. A Calicut, il s'achète 5 *cruzados* le quintal léger, il se vend à Lisbonne plus de 64, soit largement douze fois plus. Évidemment ce n'est pas la même main qui achète et qui vend ; les frais de transport, les impôts, les risques sont énormes et variables et nous ne saurions dire sur cette masse de presque 1 300 000 *cruzados* à la vente ce que peut être le bénéfice marchand.

Par surcroît, la marchandise n'est que l'une des occupations du « marchand » du XVIᵉ siècle, comme le montrent ses livres ou, mieux encore, les interminables bilans de faillite. Toutes les opérations et spéculations s'y trouvent pêle-mêle : achats de terres ou de maisons, entreprises industrielles, banque, assurances maritimes, loteries [449], rentes urbaines, cens paysans, élevage, avances des Monts de Piété, jeux sur les changes... Jeux réels de la marchandise, jeux factices de l'argent se mêlent. La part du factice, prétexte à toutes les sophistications, ne cesse de grandir à mesure que l'on s'approche des grands marchands, à mesure aussi que passent les années, relativement faciles, du XVIᵉ siècle finissant. On sait de mieux en mieux que les opérations marchandes peuvent se résoudre en foire presque *miraculeusement*. En 1550, de Rubis parle de ces foires de Lyon où « se paye quelquefois... sans débourser un sol, un million de livres en une seule matinée » [450]. Cinquante ans plus tard, Giovan Battista Pereti, qui tient le journal des changes au Banco di Rialto, explique dans un rapport à la Seigneurie de Venise que 3 et 4 millions d'écus se négocient à chaque foire de Plaisance, et que la plupart du temps, *non vi è un quatrino di contanti* [451]. Le change et le rechange, le pacte de *ricorsa* [452] qui vont multiplier leurs bons et pas toujours loyaux services au

XVIIᵉ siècle, ont commencé leur carrière bien plus tôt, au XVᵉ siècle à Gênes [453], à la fin du XVIᵉ siècle un peu partout [454] et même à Lyon où, en janvier 1589 [455], nous en connaissons un exemple typique : deux marchands italiens consentent à l'évêque de Langres et à ses deux frères une avance d'argent, la somme étant « prise à change et rechange » par un troisième marchand, « un sieur Guicciardini ».

Essayons cependant de jauger. Les résultats seront sûrement faux mais la démarche se révélera instructive.

Première porte ouverte : celle des documents fiscaux de Castille. Leur imperfection, évidemment, n'a pas besoin d'être expliquée dans le détail. Cependant les *alcabalas*, sortes d'*aides*, flottent selon la conjoncture, ce ne sont donc pas des « indicateurs » tout à fait négligeables. Elles soulignent aussi, selon les villes et les régions, les différences d'activité, de richesse, de revenus. A Valladolid [456], en 1576, une rentrée de 22 millions de *maravédis* (l'*alcabala* étant en principe le dixième de toute vente) correspond, *en gros*, à un volume d'affaires de 220 millions de *maravédis* et, pour chacun des 40 000 habitants de la ville, la quote-part s'établit à 5 500 maravédis, soit un peu plus de 15 ducats, ce qui ne veut pas dire, au demeurant, que chaque habitant ait pu retirer ce profit des transactions effectuées. C'est le *flux* des affaires passées en principe entre ses mains. Le lecteur devine qu'il y a eu dans ces échanges souvent fermés sur eux-mêmes, compensation, jeu, illusion. Sans doute aussi ce chiffre de 220 millions est-il trop faible. Les villes, en effet, sont *abonnées* à l'impôt, elles paient un chiffre forfaitaire, puis se remboursent, non sans bénéfice. Mais, au delà des années 1580, les villes vont se désabonner et les *alcabalas* qui ne donnent plus les bénéfices anciens passeront, dirions-nous, en régie [457]... En tout cas, les chiffres de 220 millions et de 15 ducats par individu, en 1576, signalent un niveau relativement élevé. On trouvera mieux encore à Séville, en 1597 [458], la ville est bien plus riche que Valladolid et de 1576 à 1598 l'inflation a joué son rôle. Résultat, par Sévillan, 15 900 maravédis

(100 000 habitants, *alcabalas* 159 millions de maravédis), soit le triple du chiffre de Valladolid en 1576.

Mais laissons ces chiffres locaux qui dessinent une géographie révélatrice de la fortune castillane [459]. Ce qui importe, pour l'instant, c'est l'évaluation du volume général des affaires traitées. A l'échelle de la Castille, en 1598, le volume de l'*alcabala* (augmenté, hélas, de celui des *tercias*) s'élève à un milliard de *maravédis* (les *tercias* sont égales aux 2/3 de certaines dîmes payées aux églises et il est évident qu'il faudrait les extirper de notre calcul). Cependant à 10 milliards de *maravédis* nous avons un ordre de grandeur pour estimer le volume des échanges intérieurs. Si nous le ramenons à la portion correspondante à chaque habitant, nous obtenons 1 500 *maravédis*, c'est-à-dire juste 4 ducats. Que le calcul débouche au-dessous du niveau de Valladolid (en 1576) ou de Séville (en 1598), ne surprendra pas : les économies urbaines sont toujours survoltées.

Des calculs sont possibles (sinon sûrs) à partir des douanes pour le commerce extérieur. En calculant celui-ci arbitrairement sur la base de 1 à 10 entre taxe douanière et valeur des trafics, on arrive au chiffre de 3,63 milliards de *maravédis* (importations). Bien que la balance des comptes soit déséquilibrée au détriment de l'Espagne, il n'est pas tout à fait arbitraire de supposer 3,63 milliards d'exportations ; ajoutons 700 millions pour les entrées de métaux précieux et sans nous justifier outre mesure, additionnons les 10 milliards (correspondant aux *alcabalas*) et les 7 960 000 000 du commerce extérieur, soit à peu près 18 milliards, soit 9 ducats par habitant (Castille 5 millions d'habitants). On aura remarqué qu'entre commerce extérieur (importation) et commerce intérieur, le rapport est en gros de 1 à 3.

Seconde porte d'entrée, la France des années 1551-1556. A son sujet, nous connaissons un seul chiffre sûr, le montant de ses importations [460], 36 millions de livres tournois dont, dit le calculateur, 14 à 15 millions représentent des marchandises de luxe, d'inutiles « bifferies ». Ces 36 millions (à 2 livres 6 sols, l'écu) sont équivalents à 15,7 millions d'écus. Ce chiffre, nous le doublons pour avoir la somme des importations et des exportations, soit 31,4 millions, nous le multiplions par 3 pour avoir le chiffre des transactions intérieures, soit 47,1. Le total est alors de 78 millions et demi d'écus. Si la France a 16 millions d'habitants (chiffre accepté on le sait par tous les historiens, mais sans preuve), la quote-part pour chaque habitant serait de presque 5 écus. Ce chiffre exprimé approximativement en ducats espagnols serait de 5,6 environ. Évidemment ce chiffre valable pour 1551-1556 est au-dessous du chiffre espagnol qui est de la fin du siècle. Mais la Castille est plus riche que la France, en outre le chiffre espagnol de 1598 a été gonflé par l'inflation, enfin nous ne sommes pas sûrs du diviseur, 16 millions, dans le cas français. Toutes ces incertitudes jointes ne nous privent pas de la satisfaction de voir ces deux « indicateurs » accepter une confrontation.

Le plus faible des deux peut-il servir à l'échelle de la Méditerranée ? Oui et non. Alors arrondissons l'indice français à l'unité. Nous conclurons, *sans certitude*, que le volume des transactions marchandes pour les 60 millions de Méditerranéens se situe au voisinage de 300 « millions d'or ».

Ce chiffre n'est certes pas solide. Nul économiste ne l'accepterait. Cependant nous pouvons dire : 1° que ce volume est très supérieur au bénéfice, au revenu marchand — celui-ci s'élève peut-être à 10, 20, 30 p. 100 du volume des affaires ; 2° que la mise en jeu des transactions marchandes, à supposer que notre chiffre soit exact, ne s'élève qu'au tiers et encore de la production ; 3° qu'il est important dans ce contexte imparfait, sans doute, mais révélateur, de replacer le commerce au loin, le *Fernhandel*, cœur du capitalisme marchand. La question appelle bien entendu quelques commentaires.

Étroitesse et importance du commerce au loin

Le commerce au loin, c'est la mise en contact, plus ou moins aisée, de contrées où l'achat se fait à bas prix

et d'autres où les ventes sont à haut prix. Pour prendre
des exemples connus : acheter des *carisee* ou les faire
fabriquer dans les Cotswolds anglaises et les vendre à
Alep ou en Perse ; ou acheter des toiles en Bohême et
les revendre au Brésil ; ou encore acheter du poivre à
Calicut et le revendre à Lisbonne, Venise ou Lubeck.
Ces longues routes supposent de fortes différences de
voltage, énormes à vrai dire au début du XVIᵉ siècle,
particulièrement à Lisbonne où le profit marchand a
poussé en serre chaude. B. Porchnev [461] a raison de le
dire, à propos du commerce baltique au XVIIᵉ siècle : ce
qui compte ce n'est pas tant le volume des trafics, que
le taux final des profits. Le capitalisme très agile (alors
la force la plus moderne et la plus alerte) va vers ces
hauts profits et leurs « accumulations » rapides. Il est
évident, à la longue, que toute dénivellation entre prix
tend à se combler, surtout par beau temps économique.
Le commerce au loin doit alors changer ses choix. Il
connaîtra ainsi des périodes plus ou moins fastes : très
faste, la première moitié du XVIᵉ siècle [462] ; avec des
profits qui se tassent, la seconde moitié ; avec un
renouveau net, le XVIIᵉ siècle. C'est la panne relative
des affaires marchandes qui a sans doute rejeté tant
d'hommes d'affaires vers les prêts aux gouvernements
et les changes, vers une sorte de capitalisme financier,
durant la seconde moitié du XVIᵉ siècle. Entendons-
nous : il ne s'agit pas de diagnostiquer une chute des
échanges : car ils croissent. C'est le *profit* des grands
marchands qui est en cause et lui seul.

Un historien, Jacques Heers [463], proteste contre l'importance excessive accordée au commerce des épices et
des drogues, comme si, au XVIᵉ siècle, ils l'emportaient
de loin sur tous les autres. « Quand seront écrites, après
celle de l'alun [464], l'histoire du commerce des vins et des
blés, du sel, du coton, même du sucre et de la soie...
on aura, dit-il, une autre histoire économique du monde
méditerranéen où le poivre et les drogues ne tiendront
plus, à partir du XIVᵉ siècle surtout, qu'une petite
place... » Tout dépend du point de vue. S'il s'agit d'une
géographie économique, Jacques Heers a raison. S'il

s'agit d'une étude du premier grand capitalisme, d'une étude du profit, il a tort. La remarque de B. Porchnev doit nous revenir à l'esprit. Seuls importent en ce domaine le taux et la facilité du gain, l'accumulation du capital. Le volume d'affaires du blé est plus important que celui du poivre, oui sans doute. Cependant Simón Ruiz n'entre pas volontiers dans des achats de blé, occasion de mécomptes pour le marchand. Le blé n'est pas comme le poivre ou la cochenille, une « marchandise royale », relativement sûre à manier. Avec lui, on se heurte aux exigences des transporteurs, à la vigilance des villes et des États. Sauf pour de grands coups de bourse comme en 1521 [465], en 1583 [466], ou lors des achats massifs des années 1590-1591, le très grand capitalisme ne participe pas de façon suivie au commerce des céréales [467], du moins durant la seconde moitié du siècle. Pas toujours au commerce trop surveillé du sel...

Il y a ainsi une conjoncture très fine du grand commerce. Toute l'histoire économique de la Castille, sous l'emprise génoise, le signale clairement depuis que Felipe Ruiz Martín [468] en a démonté les mécanismes. C'est quand ils ne peuvent exporter d'Espagne à leur aise le métal blanc d'Amérique que les Génois achètent l'alun, la laine, l'huile, voire les vins d'Andalousie, pour obtenir contre ces marchandises l'argent comptant dont ils ont besoin soit aux Pays-Bas, soit en Italie. Le dernier *boom* de la laine à Venise semble lié à l'une de ces combinaisons-là [469]. Un même système, mené de haut, joue, j'en suis sûr, dans le royaume de Naples pour l'achat éventuel du safran, de la soie, de l'huile ou même du blé des Pouilles. Une armée de marchands milanais, florentins, génois et vénitiens (surtout bergamasques) est implantée dans les villes du royaume de Naples, petites gens souvent malgré l'importance qu'ils se donnent, les gros stocks d'huile ou de blé qu'ils possèdent ; ils ne sont là que pour faire bénéficier leurs patrons ou leurs correspondants de privilèges et de franchises acquises sur place à longueur d'années. Et ils ne jouent que sur ordre. Comme les Marseillais,

acheteurs à grands coups d'espèces sonnantes [470] à
Alep ou à Alexandrie, n'exécutent que les ordres des
marchands lyonnais qui tirent ces longues ficelles, selon
les oscillations du marché. De même les marchands
espagnols sont au service des grands négociants
étrangers [471].

Le haut capitalisme marchand est ainsi un choix
attentif. Ou si l'on veut un système de surveillance et
de contrôle qui ne joue que quand il y a espoir de
gagner largement, à coup sûr. Toute une « stratégie »
se devine et parfois se présente en pleine lumière,
jouant tantôt d'un côté, tantôt de l'autre au gré des
dénivellations et aussi des sécurités. Il y a plus à gagner
souvent, mais plus à risquer aussi sur la marchandise
pure que sur les changes. C'est Gio. Domenico Peri,
bon informateur, qui nous le dit, « maintes fois il y a
plus de chance de gagner avec 1 000 écus en marchandises qu'avec 10 000 dans les changes » [472]. Mais dans les
changes, nous savons que les hommes d'affaires engagent plus encore l'argent des autres que le leur et que
le mouvement de ces énormes sommes est entre quelques
mains seulement. De même, il est possible que la masse
des gains soit plus grande sur les cinq millions d'or que
peut signifier le trafic maritime des blés en Méditerranée
à la fin du siècle, que sur le million d'or que peut
représenter le poivre asiatique à son arrivée en Europe.
Mais dans un cas il y a des milliers et des milliers de
parties prenantes, dans l'autre quelques firmes puissantes dominent le jeu. C'est en leur faveur que joue
l'accumulation du capital. En 1627, les Marranes portugais qui écartent les banquiers génois sont tout de
même, à l'origine, des marchands de poivre et d'épices.

De même les très puissants banquiers et financiers
génois, au temps de leur splendeur, ne tiennent qu'un
secteur, nullement majoritaire, de la vie économique de
l'Espagne impériale. Mais ils y trouvent leurs profits
grossis en raison de leur petit nombre. Les contemporains ont souvent saisi cette importance relative. En
juin 1598, les « financiers » génois voudraient proroger
les foires de Medina del Campo, occasion pour eux de

conserver un peu plus longtemps dans leurs mains l'argent qui leur a été prêté. Mais les marchands de Burgos, jadis leurs hommes-liges, devenus leurs adversaires acharnés, ne l'entendent pas de cette oreille-là. Et ils expliquent que dans le volume des affaires traitées en foire, celles des *asentistas* qui prêtent au Roi sont inférieures aux tractations des marchands ordinaires et sans commune mesure avec celles-ci. « En vérité, expliquent les plaignants, on peut affirmer à Votre Majesté que les sommes à payer en foire par ceux qui ne sont pas compris dans le décret sont de loin supérieures aux paiements que doivent faire les marchands que touche ce même décret »[473]. Le décret est celui du 29 novembre 1596, si bien que notre texte peut dire en raccourci : « *es mucha más cantidad la que han de pagar en las ferias los que no son decretados que los que lo son* ». Ce témoignage est clair mais ne déplace pas le problème qui nous préoccupe. Il y a des secteurs où la concentration des affaires s'est installée de façon évidente et c'est le fait essentiel.

Les concentrations capitalistes

Cette concentration des entreprises a été un processus assez fréquent au XVIᵉ siècle. Mais elle a connu avec la conjoncture des retards ou des accélérations brusques. Durant le premier XVIᵉ siècle où tout va si vite, se développent les grandes entreprises familiales, les empires des Fugger, des Welser, des Hochstätter, des Affaitati[474]. Après la récession du milieu du siècle, une situation différente se dessine en faveur d'entreprises plus nombreuses, mais unitairement plus restreintes. Alors l'intelligence et les possibilités du jeu s'élargissent. Wilfrid Brulez[475] l'a signalé avec force dans les Flandres. Pour ouvrir ces trop petites entreprises sur le vaste monde, il faut que les transports acquièrent leur autonomie, que se généralise le travail à la commission, que se normalise et s'étende le rôle des courtiers, que le crédit devienne plus facile et forcément plus risqué. Des séries de faillites marquent d'ailleurs chaque remous de la conjoncture au delà de 1550.

En Méditerranée, nous ne voyons pas avec une clarté suffisante ces hautes sphères du capitalisme. Le silence des archives génoises nous condamne à des explications imparfaites. L'intéressant serait de voir comment ces hauts secteurs du commerce, de la finance et de la banque s'appuient sur les couches inférieures des marchands moyens et des nombreux clients naïfs. Sans les petites affaires, chiendent de la vie économique, les banques ne vivraient pas, à Naples ou ailleurs. Sans les chargements pour le compte des petites gens, les flottes du Nouveau Monde elles-mêmes auraient des difficultés. Enfin sans l'épargne espagnole et italienne qu'ils ont été les premiers à mobiliser, les *asentistas* de Philippe II n'auraient jamais réussi leurs énormes opérations financières.

La règle en Méditerranée, ce sont les affaires familiales à la base comme au sommet, et les associations à court terme rarement renouvelées. Le coude à coude, les divorces, puis les remariages ont leur efficacité, vus à une certaine échelle. Ainsi les Génois qui prêtent de l'argent au Roi Catholique sont une association permanente, sans qu'aucune forme juridique ne les lie formellement entre eux avant le *medio general* de 1597 : ils jouent deux par deux, trois par trois, souvent tous ensemble au moment des coups durs ou des bonnes opérations. Leur petit nombre, leur solidarité de classe les lient solidement. On dit couramment d'eux la *contratación*, preuve, s'il en était besoin, qu'ils sont un groupe. Pour les entreprises que la nécessité ne réunit pas d'elle-même, les ententes sont non moins utiles. Les études généalogiques poursuivies avec minutie par Hermann Kellenbenz jettent ainsi des lumières vives sur les mariages, cousinages, amitiés et complicités qui jouent depuis Amsterdam jusqu'à Lisbonne, Venise et les Indes portugaises. Ils préparent ou ils suivent le grand renversement géographique de la richesse mondiale à la jointure du XVIᵉ siècle et du XVIIᵉ [476].

Peut-être ces habitudes et ces solutions expliquent-elles que la Méditerranée n'ait pas ressenti comme le

Nord la nécessité des Grandes Compagnies, les *Joint Stock Companies* à qui l'avenir allait appartenir.

Le tonnage global des flottes méditerranéennes [477]

Pour jauger l'ensemble du tonnage des flottes méditerranéennes, nous avons des estimations qui valent peu de chose. L'Angleterre, la France, les Pays-Bas révoltés, l'Espagne ont, au voisinage des années 1580, chacune 200 000 tonnes de navires, les Pays-Bas [478] sûrement plus (estimation de 225 000, en 1570), les trois autres sûrement moins, l'Espagne au voisinage de 175 000 (estimation de 1588) [479], la France et l'Angleterre très au-dessous, mais on ne saurait dire à quel niveau. Si l'on accepte le total de 4 000 navires donné par Saint-Gouard [480] (il dit de 4 à 5 000 navires) pour l'effectif de la flotte française et que l'on accepte 40 ou 50 tonnes à l'unité, le résultat se situe, au plus bas, à 160 000 tonnes. En 1588 [481], si l'on accepte pour la flotte anglaise 2 000 navires, le chiffre le plus élevé serait de 100 000 tonnes. Il est vrai qu'en 1629 [482], il faudrait, selon le même barème, accepter le chiffre de 200 000 tonnes, étant donné l'essor maritime anglais. Il y a ainsi, dans l'Atlantique, de 600 à 700 000 tonneaux, compte non tenu des autres marines du Nord, et des navires qu'il faudrait déduire pour les ports méditerranéens de France ou d'Espagne. Peu importe, ces chiffres intéressant l'Atlantique sont à peu près hors de notre problème.

Si maintenant l'on essaie de calculer le tonnage méditerranéen durant les trente dernières années du siècle, on lui attribuera tout d'abord et au mieux le tiers de la flotte espagnole, soit 60 000 tonnes. Pour Venise, en 1605 [483], des chiffres assez sûrs donnent 19 100 tonnes de gros bateaux et un total, entre gros et petits, de 30 à 40 000 tonnes. Inscrivons ce même chiffre de 40 000 tonnes au crédit respectivement de Raguse, Gênes et Marseille, au crédit des marines de Naples et de la Sicile et le double pour l'Empire turc, soit au maximum 280 000 tonnes qui, ajoutées aux 60 000 d'Espagne, donnent une masse méditerranéenne plutôt inférieure à 350 000 tonnes. Mais enfin, 300 ou 350 000 tonnes d'un côté, 600 ou 700 000 de l'autre, la disproportion entre la mer et l'océan n'est pas fabuleuse, aux environs de 1 à 2. D'un côté c'est la vaste Méditerranée, de l'autre l'Atlantique et les sept mers du monde. Et les voyages en Méditerranée sont forcément plus nombreux que sur les longs itinéraires océaniques. Une nave ragusaine fait facilement deux ou trois voyages à l'année.

A l'actif de la Méditerranée, faudrait-il ajouter les navires nordiques qui y font irruption après les années 1570-1580, une centaine peut-être, soit à 100 ou 200 tonnes l'unité, de 10 à 20 000 tonnes ? De toute façon, ce tonnage est au tonnage méditerranéen comme 1 à 15, ou 1 à 35 ; au mieux peu de chose. Nous n'avons pas tenu compte non plus de la centaine de navires ronds des corsaires barbaresques, 10 000 tonnes peut-être, vers le début du XVIIᵉ siècle.

Notre calcul, malgré l'incertitude de nos 300 à 350 000 tonnes, établit cependant : 1° que la Méditerranée appartient par priorité aux coques et aux équipages méditerranéens ; 2° que les Nordiques sont un accident, que leur présence n'entame pas les structures méditerranéennes dont notre calcul montre l'épaisseur ; 3° d'ailleurs ces Nordiques sont, pour moitié au moins, au service des villes, des économies de la mer, ils y tournent en rond, ramassant le fret de ville en ville, pour s'échapper une fois ou deux par Gibraltar et s'en revenir ensuite par le même chemin. Alors ne grossissons pas, ne minimisons pas le rôle de ces navires, qui sont en fait au service de villes trop riches pour vouloir faire tout par elles-mêmes.

Les précisions que fournit avec sûreté un historien[484] sur le tonnage de la flotte de Raguse — 55 000 tonnes vers 1570, 32 000 vers 1600 et sur ses équipages de 3 000 à 5 000 hommes, sur sa valeur globale (200 000 ducats vers 1540, 700 000 vers 1570, 650 000 vers 1600) et enfin sur son revenu annuel de 180 à 270 000 ducats — tous ces chiffres qu'appuie une documentation solide, peuvent-ils s'étendre à toute la mer Intérieure ? Alors la valeur en monnaie de cet ensemble de corps flottants se situerait *grosso modo* aux environs de 6 millions de ducats, son revenu au voisinage de 2 millions et ses équipages à 30 000 hommes. Si, comme c'est le cas à Raguse, la moitié des *nolis* au moins revient aux équipages, le reste allant aux propriétaires de « parts », le revenu annuel par marin se situe au voisinage de 30 ducats annuels, à un niveau modeste. Cependant ces salaires mangent le bénéfice des propriétaires. Ceux-ci doivent entretenir un navire qui réclame soins, réparations : une fois un gouvernail, une autre fois un mât toujours difficile à se procurer, parfois de simples tonneaux ou un esquif... Il faut nourrir les tables des officiers et des marins. Enfin les assurances sur *corps* et *nolis* sont souvent de 5 p. 100 et davantage du capital. Que la quote-part des marins et des officiers soit à la hausse, que monte aussi le prix unitaire de la tonne à construire (ou à vendre), ainsi à Lisbonne [485], ainsi à Venise [486] et le marchand « capitaliste » risque de se détourner de cette branche d'activité peu rentable : deux ou trois millions de ducats de revenus, c'est beaucoup, mais éparpillé entre 10 000 navires, c'est peu à l'unité. A Venise, si nos normes de calculs sont exactes, les navires rapportent de 180 000 à 200 000 ducats, une grosse bouchée de pain, rien de plus.

Tous ces calculs hasardés. Mais nous ne connaissons que peu de comptes de naves, quelques feuilles insuffisantes, un carnet à l'*Archivio di Stato* de Venise [487], un relevé tardif (1638) à propos du gros galion vénitien *Santa Maria Torre di Mar* [488]. De tels documents doivent exister, encore faut-il avoir la chance de les rencontrer. Enfin il reste probable que nos calculs saisissent plus encore les grands trafics que le porte à porte du cabotage ; à soi seul c'est une erreur d'importance. Toutefois, la démonstration est faite : les liaisons maritimes, à la fin du XVIe siècle, sont un travail abandonné (quelques riches propriétaires mis à part) à des pauvres et à des très pauvres. Des galions s'arment-ils à Naples, il suffira d'envoyer quelques recruteurs dans les ports des Pouilles pour obtenir les équipages nécessaires [489]. Un navire termine-t-il sa carrière, après vingt ans au moins de bons services, sa place est souvent prise par plus pauvre et plus petit que lui.

Les transports terrestres

Nous avons déjà indiqué [490], à partir des proportions espagnoles, que le rapport des trafics entre voies terrestres et maritimes serait à peu près comme 1 à 3. Si trois millions représentent le volume du transport maritime, le transport terrestre, à lui seul, et à l'échelle de la Méditerranée, s'établirait à un million de ducats. Je ne crois pas un seul instant à la valeur générale de cette proportion. Mais, placerions-nous les deux circulations à égalité que le total, 6 millions de ducats, apparaîtrait encore très insuffisant, presque absurde. Il importe, en effet, de loger dans cette maigre épaisseur monétaire la multiple agitation des routes méditerranéennes où nous avons vu, après tant d'autres, l'un des traits majeurs de la mer Intérieure.

Des erreurs se glissent forcément dans notre comptage. Aucun doute, enfin, au sujet de la misère, de la modicité de vie des transporteurs, marins d'un côté et de l'autre paysans, à moitié arriéreurs, à moitié cultivateurs, éleveurs et artisans. Nous avons ainsi, vers la fin du XVIe siècle, des renseignements circonstanciés sur les *arrieros* de la Maragateria, près d'Astorga, dans le royaume de León [491]. Ces *Maragatos* sont misérables et le resteront même d'aspect lorsqu'ils auront fait fortune, plus tard, aux XVIIIe et XIXe siècles. A la fin du règne de Philippe II, leur occupation consiste à charger du poisson, surtout des sardines, dans les ports cantabriques, à les porter en Castille et à en ramener du blé et du vin. Ils font le métier des camionneurs d'aujourd'hui et la distribution du poisson est déjà remarquable, au XVIe siècle, à travers les villes de Castille [492]. Tout le problème s'éclaire quand, étudiant les recensements détaillés de 1561 et de 1597, on s'aperçoit que le transporteur *traginero* associe à ces activités les ressources de l'élevage, de l'agriculture, de l'artisanat, du commerce. Est pauvre celui qui se limite au seul transport, ainsi ce jeune Juan Nieto qui transporte du

poisson *e mas vezes traia alquilado que por sus dineros*
et « plus souvent loué que payé de son propre argent ».
Est à son aise le *traginero* qui achète et revend le
poisson qu'il transporte.

Toujours au bord de la misère, le transporteur n'est
pas seulement transporteur, mais aussi paysan, mais
aussi artisan. Ainsi dans toute la Méditerranée, dans
toute l'Europe et bien après notre XVIᵉ siècle. La
remontée des bateaux de sel par le Rhône, au XVIIᵉ
siècle, des marais de Peccais vers les Cantons Suisses,
s'arrête près de Seyssel. Des voitures le transportent
ensuite jusqu'à Genève. Mais ces transports dépendent
ou des semailles ou des moissons, les paysans n'assurent
les charrois que lors des haltes de leurs propres travaux [493]. L'industrie des transports se dégage donc mal
de la vie paysanne qui l'anime et souvent même de la
vie des petites villes qui en font largement leur profit.
Carthagène, au début du règne de Philippe II, nous est
donnée essentiellement comme une ville de voiturage,
de *acarateo* [494].

Bref, le mouvement est assuré par des activités
multiples, faiblement rétribuées sur terre comme sur
mer, stimulées pour les matelots comme pour les
muletiers par les petits avantages répétés des échanges,
car chacun est colporteur pour son compte. Par là, le
transporteur lié à une économie souvent primitive,
touche à l'économie monétaire ; sa position d'intermédiaire a forcément ses avantages quand il se retourne
vers les transactions de son propre village. Il n'en reste
pas moins vrai, à l'échelle générale de nos problèmes,
que les transports, au XVIᵉ siècle, sont à bon marché et
que ce bon marché relatif s'accuse avec les années, la
rétribution des transporteurs suivant mal le mouvement
des prix [495]. Les échanges en ont été sans doute favorisés.

Les États sont les plus gros entrepreneurs du siècle

Les États, au XVIᵉ siècle, s'affirment de plus en plus
comme de gros collecteurs et redistributeurs de revenus ;
ils saisissent par l'impôt, la vente des offices, les rentes,
les confiscations, une énorme part des divers « produits

nationaux ». Cette saisie multiple est efficace puisque
les budgets flottent en gros sur la conjoncture et suivent
la marée des prix [496]. La montée des États est ainsi dans
le droit fil de la vie économique, non pas un accident,
ou une force intempestive comme l'a pensé un peu vite
Joseph A. Schumpeter [497]. Le voulant, ou non, ils sont
les plus gros entrepreneurs du siècle. C'est d'eux que
dépendent les guerres modernes, aux effectifs et aux
dépenses sans cesse accrus ; de même les plus grosses
entreprises économiques : la *Carrera de Indias* à partir
de Séville, la liaison de Lisbonne avec les Indes Orientales, à la charge de la *Casa da India*, c'est-à-dire du roi
de Portugal.

La *Carrera de Indias*, c'est *mutatis mutandis* le
système vénitien des *galere da mercato*, preuve que ce
capitalisme d'État n'en est pas à ses premiers essais.
En Méditerranée, il reste d'ailleurs fort actif : l'Arsenal
de Venise [498] et sa copie, le double Arsenal de Galata,
sont les plus grosses manufactures du monde d'alors.
Relèvent des États aussi tous ces Hôtels des Monnaies [499]
à l'œuvre en Chrétienté comme en Islam, en Chrétienté
souvent en régie directe ; affermés mais sous contrôle
étroit dans l'Empire turc ou la Régence d'Alger. Relèvent encore des États, nous aurons l'occasion d'y
revenir, les banques publiques dont l'heure sonnera avec
la fin du siècle. Mais ici ce sont les États urbains, ou si
l'on préfère à caractère urbain dominant, qui ouvrent
la marche. Les États territoriaux attendront longtemps
encore, la première de leurs Banques devant être, au
vrai, celle d'Angleterre (1694) [500]. Philippe II ne prêtera
pas l'oreille, en 1583, aux avis du Flamand, Peter van
Oudegherste [501], qui lui conseilla en vain de créer une
Banque d'État.

Ces absences n'empêchent pas la liste des opérations
« publiques » d'être longue. Comme le dit un historien,
les grandes installations ménagées par le gouvernement
pontifical à Tolfa et à Alumiere pour l'exploitation des
mines d'alun représentent un vrai « complexe industriel » [502]. Le gouvernement turc lui-même, plus dirigiste
que tout autre, a de multiples créations à son actif, la

construction rapide de la Suleymanié [503] sur le vaste chantier de laquelle nous avons une étude récente et admirable, en est un bon exemple. Si l'on étendait notre capitalisme d'État, en Occident, à ces opérations mixtes, capitalistes et publiques, comme la construction de l'Escorial [504], si remarquable par les techniques mises en œuvre, on élargirait encore la liste de ces réalisations. Par toutes ces activités, l'État remet en circulation l'argent qui arrive dans ses coffres et quand la guerre impose ses exigences, il dépense au delà même de ses revenus. Guerres, constructions, entreprises sont ainsi, plus qu'on ne le pense, des incitations économiques. La catastrophe c'est quand l'argent s'entasse dans les coffres, dans le trésor que constitue Sixte Quint au Château Saint-Ange [505], dans les coffres de la Zecca à Venise, ou dans ceux de Sully à l'Arsenal...

Ces remarques faites, si l'on veut calculer la richesse des États, la difficulté ne sera pas trop grande. Nous connaissons beaucoup de choses en ce qui concerne leurs budgets, et nous pourrions sans peine en savoir davantage. Si l'on retient vers la fin du XVIᵉ siècle les chiffres suivants pour les budgets connus, 9 millions d'or pour la Castille [506], 5 millions pour la France de Henri IV [507], 3,9 millions pour Venise et son Empire [508], 6 millions pour l'Empire turc [509], soit 24 millions pour une trentaine de millions de sujets, si nous multiplions ce chiffre par deux pour atteindre le repère des 60 millions d'habitants de la mer Intérieure, nous arrivons à un niveau sans doute forcé de 48 millions d'or. A ce barème un homme ne fournit pas un *ducat* à son prince chaque année (plus un ducat sans doute à son seigneur...).

Je suis sûr que ce chiffre, après les grosses estimations qui précèdent, va paraître très bas. Les États, si encombrants, réclamant pour eux seuls toute la scène de l'histoire, ce n'était que cela ! Or ces chiffres sont probablement les plus exacts de tous nos calculs. Mais il faut remarquer que les États, même l'Empire turc, se sont tous dégagés de l'économie non monétaire. Leurs prélèvements tous les ans s'effectuent sur le « sang plus vite » de la circulation des monnaies « sonnantes et trébuchantes ». Tandis que les évaluations que nous avons données jusqu'ici sont la traduction en langage monétaire d'opérations qui échappent pour une grosse part à l'économie de marché. Ainsi les États possèdent l'agilité de l'économie moderne. L'État moderne vient de naître, armé et désarmé tout à la fois, car il ne suffit pas à sa tâche : pour faire la guerre, percevoir les impôts, administrer ses affaires, rendre la justice, il doit s'appuyer sur les hommes d'affaires et les bourgeois en quête de promotion sociale. Mais ceci même est un signe de sa force nouvelle. En Castille où l'on voit admirablement les choses, chacun s'embarque alors dans l'entreprise de l'État, les marchands, les grands seigneurs, les *letrados*... Toute une course s'organise aux honneurs et aux profits. Une course au labeur aussi. Des secrétaires les plus modestes du *Consejo de Hacienda y Junta de Hacienda*, nous avons les rapports, les lettres, les preuves de dévouement au roi et à la chose publique, en même temps que leurs demandes intéressées, ou leurs dénonciations.

Le débat reste ouvert pour savoir si cette poussée des États a été bénéfique ou non. En tout cas, elle était inévitable comme le capitalisme alerte des grands marchands. Une concentration de moyens sans égale s'opère au bénéfice du prince. 40 ou 50 millions (non pas supposés pour permettre nos calculs, mais *réels*), c'est un extraordinaire levier.

Métaux précieux et économie monétaire

Il en est du métier d'historien comme des autres métiers scientifiques, les explications classiques s'usent à force d'être répétées. Nous ne voyons plus le XVIe siècle tumultueux des métaux précieux et des prix comme hier au temps de François Simiand [510]. Frank Spooner et moi [511], nous avons essayé de calculer la masse monétaire en circulation en Europe et en Méditerranée *avant la découverte de l'Amérique*. Notre chiffre, obtenu à partir d'équations simples mais non pas sûres, se situe au voisinage de 5 000 tonnes d'or et 60 000 d'argent. Les arrivages d'Amérique calculés par Earl J. Hamilton [512] pendant le siècle et demi qui va de 1500 à 1650, sont de 16 000 tonnes de métal blanc et 180 de métal jaune. Supposons, sans en être sûrs, que tous ces chiffres soient grossièrement exacts. Ils transforment certains problèmes, en confirment quelques autres.

1° Nous valorisons ainsi, en bloc, la situation antérieure à 1500 et donc le XVᵉ siècle qui a d'ailleurs, parmi nous historiens, ses avocats[513]. Inscrivons ainsi à son actif l'énorme poussée *en Occident* de l'économie monétaire : celle-ci a gagné, avant 1500, toute la sphère des impôts dus au Prince, et une partie des redevances payées aux seigneurs et à l'Église.

2° Pour François Simiand, l'Amérique minière aurait tout déterminé. Le stock monétaire aurait doublé de 1500 à 1520, doublé à nouveau de 1520 à 1550, plus que doublé de 1550 à 1600. « Ce qui donne, pour l'ensemble du XVIᵉ siècle, écrivait-il, plus qu'un quindécuplement. Par contre dans le XVIIᵉ siècle, au XVIIIᵉ et encore dans la première moitié du XIXᵉ, sur l'ensemble même d'une centaine d'années, nous aurions à peine un doublement de stock »[514]. Cette image est peu acceptable. Le XVIᵉ siècle n'a pas été lancé avec cette violence unique dans l'histoire. La montée démographique, les dévaluations monétaires, l'élan certain d'une vie économique, sûrement l'accélération de la vitesse de circulation des espèces sonnantes et des moyens de paiement expliquent aussi ces hausses et ces révolutions ou *pseudo-révolutions* du XVIᵉ siècle[515]. Mais nous reprendrons le problème.

3° En tout cas, la Méditerranée, quel que soit le gonflement du crédit, n'a au XVIᵉ siècle ni le numéraire, ni les papiers qui permettraient, chaque année, de comptabiliser, même un instant, les échanges et salaires d'une masse de soixante millions d'êtres. Cette insuffisance est endémique. A Venise, en 1603 — et pourtant les trésors de la ville sont bien garnis — il arrive que l'on n'ait pas de pièces d'argent pour payer les salaires des ouvriers[516]. Que dire des économies arriérées, à peu près closes sur elles-mêmes, où le troc omniprésent achève les besognes qui, sans lui, ne s'accompliraient pas. Le troc d'ailleurs n'est pas sans une certaine agilité, il ouvre le chantier à l'économie de marché, mais les paiements en comptant seuls l'animent et la précipitent. Sur les bords de la Baltique le peu d'argent qu'investissent marchands hanséatiques et occidentaux accélère une économie encore rudimentaire. Bien sûr, les lettres de change avec la fin du siècle se font plus nombreuses, elles compensent peut-être le ralentissement (si ralentissement il y a) [517] des arrivées de métaux précieux d'Amérique avec la seconde ou troisième décennie du XVIIe siècle. En 1604 [518], un Vénitien nous parle d'un trafic de 12 à 16 millions d'écus aux foires de Plaisance chaque année, Domenico Peri fait état d'un trafic de trente millions vers 1630 [519]. Mais ces chiffres ne sont pas sûrs. Et ces échanges animent une circulation au sommet seulement de la vie économique.

4° Il y a eu sûrement progrès de l'économie monétaire. Ce progrès prend, dans l'Empire turc, avec une série de dépréciations monétaires en cascade, l'allure d'une révolution. Toutes réalités que découvrent chaque jour davantage les historiens. Tous les prix montent. Tous les liens sociaux anciens se rompent et les drames d'Occident se prolongent là comme d'eux-mêmes : mêmes causes, mêmes effets [520].

5° Mais la conclusion importante et sans surprise est la suivante. La circulation monétaire (et j'entends par là toutes les monnaies même la plus basse) traverse une partie seulement de la vie des hommes. Toute circulation vivante des rivières sous l'effet de la pesanteur s'enfonce vers les régions basses. La circulation monétaire irait plutôt vers les hauts étages de la vie économique. Elle crée ainsi d'incessantes disparités : entre régions de haut voltage — les villes — et les régions sans monnaie ou presque des campagnes ; entre zones modernes et zones archaïques ; entre pays développés et pays sous-développés (leur double famille existe déjà, ceux-là avançant, ceux-ci même en progrès, la Turquie par exemple, ne rejoignant pas le peloton de tête) ; entre branches d'activité, seuls les transports, l'industrie et surtout le commerce et la fiscalité des États se situant aux bords des fleuves d'argent ; entre le petit nombre des riches (5 p. 100 *peut-être*) et la masse des pauvres et des misérables, l'écart s'agrandissant entre cette minorité et cette écrasante majorité. Je pense que si les essais évidents de révolution sociale échouent, ne se formulent même pas clairement, c'est en raison d'une intense paupérisation relative.

Les misérables sont-ils le cinquième des vivants ?

A Málaga[521] que nous prendrons comme exemple (plutôt favorable d'ailleurs), une estimation, vérifiée avec l'aide des curés de paroisses, donne, en 1559, 3 096 feux (*vecinos*), soit, à quatre personnes par feu, un peu plus de 12 000 habitants. Trois classes se distinguent, selon les revenus : les uns *razonables*, les autres *pequeños*, les derniers *pobres*. Parmi ces derniers, plus de 700 veuves et 300 travailleurs (les veuves comptant pour un demi-*vecino*, les travailleurs pour un *vecino* entier), c'est-à-dire environ 2 600 misérables, plus de 20 p. 100 de l'ensemble. Les « raisonnables » (ce qui ne veut pas dire les riches) seraient 300 *vecinos*, par conséquent 1 200 personnes (10 p. 100). Les *pequeños* forment l'énorme majorité, 70 p. 100, 8 500 environ. L'exactitude de ces proportions est plus que probable. 20 p. 100 de misérables, cela représente une marge épaisse, mais vraisemblable, en Méditerranée comme hors de Méditerranée[522]. Les observateurs signalent d'ailleurs, au cœur des villes les plus riches, des misères affreuses : à Gênes, où chaque hiver les aggrave[523], à Raguse, si prospère et cependant, socialement, si mal équilibrée, où, en 1595, selon un témoignage : « il y a aussi beaucoup de misère »[524]... Rien ne nous dit, bien sûr, que le sondage de Málaga vaille pour les villes plus grosses ou moins avantagées qu'elle, et surtout que le barème joue en milieu paysan, où les revenus sont maigres, estimés en argent, mais où la vie est parfois plus équilibrée, si elle reste plus rude qu'en ville. La proportion acceptée donnerait, en Méditerranée, 12 à 14 millions de misérables : ce chiffre énorme n'est pas à écarter[525].

En effet, nous ne sommes jamais devant des économies à plein emploi. Sur les marchés d'embauche pèse une masse de travailleurs mal utilisés, de vagabonds ou demi-vagabonds qui sont une des constantes, une des *structures* de la vie européenne et méditerranéenne depuis le XIIe siècle au moins[526]. Quant au niveau de vie de la paysannerie, nous n'en connaissons à peu près rien. C'est pourquoi nous ferons un sort à quelques sondages qui n'ont évidemment aucune valeur générale.

Un village du pays de Brescia a été détruit, le 8 mai 1555, par un incendie violent[527]. Dépendance de la commune alpestre de Collio de Valnopia, la petite bourgade de Tizzo compte tout de même un demi-mille de circuit, 260 maisons, toutes consumées et dont l'enquêteur ne retrouve que les murs ; elle paie, dernier détail, 200 ducats d'impôts par an à la Seigneurie de Venise. Dans ces 260 maisons, 274 familles réunissent, à elles toutes, 2 000 personnes (ce qui donne par *feu*, si les chiffres sont exacts, comme tout le laisse à penser, plus de 7 personnes). Non compté le prix des maisons, le dégât est estimé à 60 000 ducats soit 30 ducats par personne. Un incendie, en juillet de cette même année 1555, détruit deux maisons paysannes du Trevisano, un pays de plaine ; l'une estimée à 250 ducats, l'autre à 150. Dans la première, meubles, foins et blé montent à 200 ducats ; pour la seconde, le foin, les grains en valent 90 environ, sans les meubles (ceux-ci ont-ils été sauvés ?). Les deux sinistrés, dans leur supplique, se qualifient de *poveri*, se disent *nudi*, formules naturelles sans doute pour des quémandeurs, mais qui, en tout cas, ne devaient pas être en contradiction avec les estimations retenues. Alors, supposons que ces chiffres particuliers aient valeur de mesure. Et revenant à Tizzo, complétons le bilan du désastre : chaque maison, l'une dans l'autre, sera estimée à 200 ducats, soit à l'actif, 52 000 ducats supplémentaires qui portent le total à 112 000 et donc, par tête d'habitant, le capital accumulé à 56 ducats au lieu de 30. En supposant une récolte par famille analogue à celle du moins favorisé de nos deux sinistrés, soit 100 ducats environ, le revenu global annuel du village s'établirait à 27 400 ducats, soit 13 ducats,

7/10 par tête. Cette suite de calculs nous place au voisinage de la limite des « pauvres », pour ne pas dire, ce qui serait plus juste, des misérables. Mais on n'est jamais sûr d'en relever la limite exacte.

J'ai découvert, trop tard pour en exploiter à plein l'étonnante richesse, les documents de la *Sommaria*, de la Chambre des Comptes de Naples, dirions-nous en français. Or ces documents fiscaux ne cessent, par dix chemins, de nous conduire aux portes de la misère et de la vie très difficile. Pescara[528] sur l'Adriatique, est une misérable villette de 200 à 250 *feux*, au voisinage donc de mille habitants, tous étrangers, *romagnuoli, ferraresi, comachiesi, mantovani, milanesi et slavoni*. Sur ce millier d'immigrés, « cinquante familles (200 personnes) possèdent leurs maisons, des vignes et pratiquent quelque industrie ; les autres n'ont rigoureusement rien sinon leurs cabanes, ou mieux leurs tas de paille ; elles vivent là au jour le jour, travaillant aux salines ou piochant la terre »... Si seulement, ajoute ce texte, les paysans lotis pouvaient acheter des bœufs pour labourer, preuve qu'ils ne les ont pas. Misère, pense-t-on. Et cependant la ville a son port, ses magasins, et même sa foire *della Annunziata*, au mois de mars.

La *Sommaria* donne aussi des détails sur les villages qu'elle vend et revend, au hasard des successions, à des acheteurs de rentes seigneuriales. D'ordinaire, un habitant paie un ducat à son seigneur sous des formes diverses et cette rente seigneuriale se vend « à cinq ou dix pour cent », c'est-à-dire à 20 ou à 10 ducats pour un de revenu. Cette règle du ducat par tête, que je déduis un peu vite, vaut ce qu'elle vaut. Autre règle, le revenu par tête de paysan est de l'ordre de 10 ducats. Mais voici un cas particulier : Supertino[529], dans la Terre d'Otrante, est un village de 395 feux, en mai 1549, donc un gros village, presque une villette. Il réunit plus d'habitants que Pescara. Sa richesse est constituée surtout par des oliviers. La règle du ducat de rente seigneuriale par tête s'y applique plutôt mal : d'un côté, en effet, 1 600 habitants à peu près, de l'autre 900 ducats pour le Seigneur. Or, cette fois, nous avons le relevé de la dîme seigneuriale en nature et la possibilité de calculer la production et le revenu en argent (3 000 barils de vin, 11 000 *tomola* de blé, 4 000 *tomola* d'orge, 1 000 *tomola* d'avoine, 1 250 *tomola* de fèves, 50 *tomola* de pois chiches et de lentilles, 550 *galatri* de lin, 2 500 *staia* d'huile — soit en argent, 8 400 ducats), le revenu, si la liste de nos revenus est complète et si la dîme est bien la dixième partie, s'établit à 5 ducats et quelque par tête d'habitant...

Cependant, les villages de Castille, d'après les *Relaciones Topográficas*[530] des enquêtes de 1576 et 1578, nous ramènent à des chiffres plus élevés. Le niveau de vie calculé sur un échantillonnage[531], s'établirait à 15 522 maravédis par famille, soit 44 ducats ; le revenu par tête à 11 ducats, en comptant la famille à quatre personnes.

D'autres calculs seraient sûrement possibles. Les copieuses archives des corps de métier ont été encore mal prospectées. Les comptabilités fiscales nous permettraient sûrement, à une échelle plus vaste, le calcul du « produit national » de chaque île vénitienne : Corfou, Candie, Chypre. Pour la Sicile, les séries documentaires, tant à Palerme qu'à Simancas, sont exceptionnelles. Je pense que l'on pourrait, avec difficulté, mais que l'on pourrait comptabiliser les produits bruts de l'État vénitien ou de l'État toscan...

J'avais cru, un instant, résoudre ces problèmes en dégageant, à la marge, le prix des esclaves ou des galériens, ou la solde des forçats volontaires, ou celle des soldats eux-mêmes, ou la rémunération des domestiques... Mais je ne suis pas sûr que ces valeurs de l'homme soient vraiment *marginales*. Un esclave en Sicile ou à Naples se vend, l'un dans l'autre, une trentaine de ducats[532] lors de la première moitié du siècle ; au delà de 1550, son prix double[533]. On ne peut rien en conclure, car le marché des esclaves reste très étroit ; s'il y a un instant surabondance, les prix s'effondrent : en juin 1587, retour d'une expédition de pillage avec ses galères, Pietro di Toledo (le fils du célèbre vice-roi de Naples) cède les esclaves qu'il a saisis à 30 ducats pièce[534]. Ajoutons qu'il est possible souvent de se procurer la main-d'œuvre servile presque sans bourse délier. A la fin du XVIe siècle, la libération de galériens *ponentini*, à la chaîne depuis douze ans, nous apprend qu'ils ont été mis à la rame par le Provéditeur de Céphalonie, sans autre forme de procès, et ensuite passés d'une galère dans une autre, *strabalzati di galera in galera*[535]. Même déception pour les rachats de captifs[536]. Il ne s'agit dans nos papiers que de riches, de privilégiés : le rachat ne dépend pas du prix courant de l'homme, mais des ressources que son maître lui suppose. Pour les forçats volontaires qui sont payés et nourris à bord des galères, un mot du commandeur Giron[537] nous éclairera à lui seul. Sont aussi dits « forçats volontaires » (ou pas tout à fait volontaires) les malheureux qui, au terme de leur peine, sont conservés à bord des galères ; on leur accorde alors un ducat par mois, dit notre informateur, tandis qu'en Italie on leur donne le double. A ce prix fort, explique-t-il, on en trouverait aisément en Espagne ! Les soldats auraient donc toujours été surpayés, attirés par une prime évidente, puisqu'un soldat reçoit déjà, en 1487, trois ducats par mois[538]. Bref, j'en arrive à penser que forçats volontaires, esclaves même, soldats assurément et aussi domestiques (ainsi à Raguse)[539], ne sont pas toujours du plus mauvais côté de ce partage essentiel des hommes : ceux qui, pris en charge par la société, sont assurés de leur pitance — et les autres. Cette ligne de partage se situe encore au-dessous de ces misérables et ne bouge guère que pour rétrograder encore.

Une grille provisoire

Quoi qu'il en soit de ces mesures et de ces calculs, faits ou à faire, on ne se trompera guère dans l'échelle des valeurs rétrospectives, à fixer pour l'homme *actif* les cotes suivantes : au-dessous de 20 ducats annuels il est misérable ; de 20 à 40 ducats « petit », de 40 à 150 « raisonnable ». Échelle qui ne tient compte ni des variations locales entre zones de prix différents, ni des variations avec les années, importantes en temps

d'inflation. Nous ne lui donnons que la valeur d'une
« grille » [540] très grossière.

Ainsi, nous savons aussitôt, apprenant qu'un professeur à l'Université de Padoue reçoit un salaire de 600
florins par an, qu'il est *ipso facto* du côté des riches,
sans même savoir qu'il s'agit de la première chaire de
droit civil *primus locus lectionis ordinarie juris civilis*
et d'un homme comme Corrado del Buscio, et sans
tenir compte, en cet été 1506, de la hauteur générale
des salaires [541]. Chaque fois, nous aurons avantage à
placer les innombrables salaires que citent nos documents sur cette grille élémentaire : voir qu'à la *Zecca* de
Venise leur éventail s'ouvre en bas sur la rémunération
misérable des garçons chargés de la surveillance (20
ducats annuels, en 1554) [542] et vers le haut jusqu'à 60
ducats pour le salaire d'un *partidor* (1557) [543] préposé à
la séparation de l'or et de l'argent, la rémunération ne
devenant décente que pour un comptable à 180 ducats [544]
(il est vrai en 1590, après la hausse [545] que l'on connaît) ;
qu'à l'Arsenal l'ouvrier est à un niveau modeste encore
en 1534 [546], gagnant 24 *soldi* par jour, du 1er mars au
31 août, et 20 *soldi* du 1er septembre au dernier jour de
février ; le calfat, ouvrier qualifié est, cette même année,
payé 40 *soldi* en été, et 30 en hiver. Ainsi Venise en ces
deux centres de sa puissance, l'Arsenal et la *Zecca* [547],
s'appuie sur une main-d'œuvre modestement rétribuée.
Même les secrétaires qu'appointe le Conseil des Dix ne
touchent en moyenne que 100 ducats par an [548]. Par
contraste, cet « inzegner », au service de la Seigneurie,
Zuan Hieronimo de San Michel, qui lui demande en
mars 1556 d'augmenter son salaire de 20 à 25 ducats
par mois, nous semblera enviable, il gagne en un mois
ce qu'un ouvrier gagne en un an [549]…

Bref, beaucoup de pauvres, beaucoup de misérables,
un vaste prolétariat auquel l'histoire fait peu à peu sa
place, au gré de recherches difficiles. Un prolétariat qui
pèse sur l'activité entière du siècle, et de plus en plus à
mesure qu'il s'écoule. Il alimentera un brigandage
insistant, vraie révolution sociale, longue, inutile. La
misère générale règlera le conflit, rejettera impitoyable-

ment pauvres et déshérités vers le plan zéro de la vie.
En Espagne, les richesses anciennes et persistantes, un
recul démographique accentué, fabriquent au XVIIᵉ siècle
un étrange secteur social, un prolétariat pareil à la plèbe
de la Rome impériale. Pauvres authentiques, mauvais
garçons des villes que le roman picaresque a rendus
célèbres, coupeurs de routes, mendiants faux et vrais,
toute cette *gente del hampa*, tous ces *hampones*, ces
gueux ont rompu avec le travail, mais le travail,
l'embauche ont d'abord rompu avec eux. Ils se sont
installés comme les pauvres de Moscou, hier, au temps
des tsars, dans leur oisiveté misérable. Vivraient-ils sans
les distributions de soupe aux portes des monastères,
ces *sopistas*, ces mangeurs de *sopa boba* ? Gens en
guenilles et qui jouent aux cartes ou aux dés, au
coin des rues, qui alimentent aussi cette surabondante
domesticité des maisons aisées. Le jeune comte Olivares,
à Salamanque, au temps de ses études, a un gouverneur,
vingt et un serviteurs et un mulet pour porter ses livres
de son logis à l'Université [550].

Vérité d'Espagne, vérité de la France des Guerres de
Religion, de l'Italie de Sixte Quint ou même de la
Turquie du siècle finissant : le poids des misérables
devient si lourd qu'il annonce à lui seul un changement
brutal de la conjoncture économique, à quoi les misérables ne gagneront rien, d'un bout à l'autre de la
Méditerranée.

Les nourritures, un mauvais critère : la soupe officiellement est toujours bonne

Tous ces calculs et sondages sont à reprendre : ils
peuvent être grandement améliorés. Par contre, n'ayons
pas trop d'illusions au sujet des enquêtes consacrées
à l'alimentation [551]. Les documents, à ce propos, ne
manquent pas : il suffit de les chercher pour les trouver.
Mais c'est leur témoignage qui semble contestable dans
notre recherche des niveaux inférieurs de vie. En effet,
à les en croire, tout serait pour le mieux. Que la table
soit variée et abondante chez les Spinola ne surprendra
pas. Que le menu des pauvres fasse une place considéra-

ble à la nourriture à bon marché du pain ou du biscuit, rien non plus que de naturel. Fromage, viande, poisson y ont leur part. La lente évolution qui, dans toute l'Europe et sans doute en Méditerranée, réduit la consommation de la viande est amorcée, non pas encore très avancée. Mais où ces enquêtes rétrospectives nous étonnent, c'est quand ces menus réservés aux soldats, aux marins, aux galériens, aux pauvres des hospices sont pesés sur la balance des calories. Ils révèlent des rations au voisinage de 4 000 calories quotidiennes.

Tout serait donc pour le mieux dans le meilleur des mondes, si nous ne savions que, sans exception, les menus officiels sont toujours bons, *officiellement*. Tout est bien, très bien sur ces menus affichés ou transmis aux autorités responsables. Et quelques disputes au sujet des distributions à bord des galères ne sont même pas nécessaires pour que le doute surgisse dans nos esprits. Pourtant les chiffres sont là, ou les commentaires de ce *veedor* des galères de Naples chargé depuis des années de leur ravitaillement et qui s'exprime librement devant les enquêteurs de la *Sommaria* [552]. Même à bord des galères turques, l'ordinaire comporte des distributions importantes de biscuit [553]. Alors résignons-nous à accepter l'essentiel, à savoir cette vie équilibrée que révèlent et confirment tant de documents et qui signifie peut-être simplement que galériens ou soldats sont serviteurs assez précieux pour que leur santé soit protégée. Et disons aussitôt, et avec force, car rien ne nous en avertissait à l'avance : ces menus signalent des privilégiés. Tout homme est sauvé qui dispose d'une intendance distributive de soupe, de *vaca salada*, de *bizcocho*, de vin et de vinaigre... Tout jeune, Diego Suárez a travaillé sur les chantiers de l'Escorial, où il a trouvé la gamelle bonne, *el plato bueno*. Les vrais pauvres ce sont ceux qui n'ont pas trouvé d'intendance ou belliqueuse ou charitable. Ils sont légion. Ils sont le dramatique arrière-décor du siècle, aperçu par instants, en images violentes : le 27 mai 1597, à Aix-en-Provence, selon une chronique, « les recteurs et procureurs de l'église Saint-Esprit, faisant une donne de pain aux pauvres, pour la précipitation d'iceux pauvres sont mortes six ou sept perzonnes, tant enfants, filles que une femme, ayant été mis par terre, mis les pieds dessus et étouffés, y ayant plus de douze cents pauvres »[554].

Fac-similé de la *carpeta* d'une lettre de l'ambassadeur de Philippe II à Lisbonne, avec dates d'envoi et de réception. Cf. p. 20, note 50.

Le calcul se vérifie-t-il ?

Si nous additionnions les diverses masses des revenus (bien qu'elles soient aléatoires et qu'elles se recouvrent en partie) le produit brut, en Méditerranée, se situerait entre 1 200 millions et 1 500 millions d'or. Cela donne une quote-part de 20 à 25 ducats *pro capite*. Ces chiffres sont incertains, sûrement trop élevés. Le niveau moyen ne peut guère se situer à cette hauteur-là. L'erreur, c'est que nous avons abusivement tout estimé en monnaie, et il était impossible de procéder autrement. Ce serait le niveau moyen *si* tout passait par l'économie de marché. Or ce n'est pas le cas. Toutefois ces chiffres théoriques ne sont pas absurdes, encore moins inutiles. Nous avons esquissé un croquis, il le fallait, comme pour situer les grandes masses inaccessibles du paysage les unes par rapport aux autres. Ceci dit, tournons la page et abandonnons cette façon décevante de compter alors que les chiffres valables se dérobent devant nous. D'ici dix ans, si les voies ouvertes ici sont reprises et prospectées avec fruit, il faudra récrire ce chapitre de fond en comble.

II

Les économies :
métaux précieux, monnaies
et prix

Le rôle des métaux précieux n'a jamais semblé plus considérable qu'au XVIᵉ siècle. Les contemporains, sans hésiter, leur assignent la première place et les experts du siècle suivant renchérissent encore. Pour l'un, ils sont « la substance du peuple »[1] ; pour l'autre, nous ne vivons pas tant « de commerce de marchandises que d'or et d'argent ». Et ce discoureur vénitien va jusqu'à dire que le métal, jaune ou blanc, est « le nerf de tout gouvernement, qu'il lui donne son pouls, son mouvement, son esprit, son âme, qu'il en est l'être et la vie même *(l'esser et la vita)*... Il surmonte toutes les impossibilités, car il est le maître, le patron de tout : il emporte avec lui la nécessité de toute chose ; sans lui, tout reste débile et sans mouvement »[2].

Patron del tutto, c'est justement ce qui s'avère discutable. La monnaie n'est pas ce moteur universel dont on parle volontiers. Le rôle des métaux précieux dépend des stocks des époques antérieures, et ainsi d'accidents anciens, non moins de la vitesse de circulation des monnaies, des liaisons de pays à pays, du heurt des économies, du jeu des États et des marchands, même de « l'opinion du vulgaire »[3]. Et souvent la monnaie n'est, comme le disent les économistes, qu'un écran qui dissimule les réalités, biens, services ou échanges... Enfin, l'or et l'argent (il faudrait même dire le cuivre) ne s'ajoutent pas simplement l'un à l'autre pour constituer un stock métallique homogène. Les métaux monétaires se heurtent entre eux et se concurrencent[4].

Ainsi, tout surhaussement (par rapport aux monnaies blanches) des monnaies d'or fait accourir celles-ci, qui jouent aussitôt le rôle d'une *mauvaise monnaie*, arbitrairement favorisée, chassant alors la bonne, en l'occurrence les pièces d'argent. Chaque fois, le jeu n'est pas entièrement fortuit... S'il se répète de façon obstinée à Venise, n'est-ce pas pour faciliter la large exportation du métal blanc qui anime le commerce de la Seigneurie en direction du Levant ? Il y a là un *forcing*[5], avec ses conséquences et ses limites ; le haussement de l'or, c'est le haussement automatique des changes et une poussée de vie chère. C'est aussi le retour tout à fait anormal, en 1603, de 250 000 sequins[6] en provenance de l'Empire turc. Ou, vers la même époque, telle spéculation du grand-duc de Toscane vendant, par l'intermédiaire d'un prête-nom, 200 000 écus d'or à la *Zecca* de Venise et gagnant sans risque 12 000 écus, « par suite de notre ignorance », dit un Vénitien qui voudrait que l'or fût, dans sa ville, une bonne fois mis en juste proportion avec l'argent, comme le prix de la farine l'est avec celui du blé[7]. La suite est aisée à prévoir : le manque relatif de monnaies d'argent ouvre les portes, plus encore qu'à l'ordinaire, aux pièces blanches rognées, légères, de mauvais aloi dont Venise devra ensuite, non sans peine, débarrasser la circulation[8]... Tous ces maux viennent-ils en partie de la nécessité d'exporter du métal blanc vers le Levant ?

Cette explication, qui n'est pas celle des contemporains, donnerait pourtant un sens à l'étrange situation de la Sicile : depuis 1531 au moins l'or y est systématiquement surestimé (à 1 contre 15) par rapport au métal blanc. En raison de cette « disporportion », la Sicile ne cesse de perdre ses monnaies blanches qu'il y a intérêt à acheter contre de l'or, puis à refondre, ce que fait souvent avec bénéfice l'Hôtel des Monnaies de Naples[9]. Resterait à comprendre ce scandale permanent, à voir à qui il profite et pourquoi il se maintient.

Ailleurs, le jeu or contre argent est plus varié[10], mais

n'échappe guère à l'observation depuis que les hommes sont attentifs à la nature et au mouvement réciproque des monnaies, bonnes contre mauvaises, fortes contre faibles, jaunes contre blanches, ou même contre noires (celles de billon et bientôt celles de cuivre pur), plus tard métal contre papier. « L'argent », au sens général de richesse ou de fortune, n'est jamais d'une seule et même nature.

1. La Méditerranée et l'or du Soudan

Les sorties de métaux précieux vers l'Est

Pourtant rien n'apparaît plus simple à première vue que la circulation des métaux précieux en Méditerranée. Les siècles passent sans y rien changer. D'où qu'ils viennent, des mines d'argent de Vieille Serbie ; des Alpes ; de Sardaigne ; de l'orpaillage soudanien ou d'Éthiopie, voire de Sofala par les relais de l'Afrique du Nord ou de l'Égypte ; des mines d'argent de Schwaz en bordure de la Vallée de l'Inn ; de Neusohl en Hongrie, de Mansfeld en Saxe, de Kuttenberg près de Prague, ou des mines de l'Erz-Gebirge [11] ; des mines du Nouveau Monde à partir des premières années du XVIᵉ siècle — d'où qu'ils viennent, les métaux précieux, une fois pris dans la vie méditerranéenne, alimentent une évasion pérenne en direction de l'Est. En mer Noire, en Syrie, en Égypte, le commerce méditerranéen a eu, depuis toujours, une balance déficitaire ; il n'a pu atteindre l'Extrême-Orient que grâce à des envois d'or et d'argent, au détriment de sa propre substance métallique. On a même pu prétendre que cette hémorragie de métaux précieux avait désorganisé l'Empire romain et la chose, discutable, reste possible. C'est un fait que l'on retrouve jusqu'à Ceylan des monnaies de l'époque julio-claudienne [12].

Toutefois et sans fin, la Méditerranée aura essayé de restreindre ces exportations ruineuses. Alexandrie, au temps de l'Empire romain, soldait en partie avec des verreries ses achats en Extrême-Orient [13]. Au Moyen

Age, l'Europe Occidentale expédiait des esclaves en place d'or et d'argent. Byzance réussissait, installant chez elle la sériciculture à l'époque de Justinien, à limiter les exportations de monnaie vers l'Orient [14]. Ces essais ne font que souligner la nécessité, épuisante à la longue, de paiements répétés à l'Extrême-Orient qui exporte beaucoup vers la Méditerranée et en importe assez peu.

Au XVIe siècle et au siècle suivant, circuleront donc, dans le vaste espace asiatique producteur d'épices, de drogues et de soie, les précieuses monnaies d'or et surtout d'argent frappées à Venise, Gênes ou Florence, et plus tard les très célèbres pièces espagnoles de huit en argent. Par l'Est, ces monnaies sortent du circuit méditerranéen où il a fallu, souvent, tant de patience pour les engager. Vue en gros, la Méditerranée apparaît comme une machine à collecter les métaux précieux qu'elle n'a jamais en suffisance d'ailleurs [15]. Elle les épargne pour finalement s'en dépouiller au bénéfice de l'Inde, de la Chine, de l'Insulinde... Les grandes découvertes ont pu bouleverser routes et prix, elles n'ont rien changé à cette réalité fondamentale. Sans doute, parce qu'il y a un avantage majeur, pour les Occidentaux, à se procurer les précieuses denrées de l'Orient et surtout le poivre qui, selon le mot d'un Vénitien, « entraîne avec lui toutes les autres épices... » ; sans doute aussi, parce que, dès le seuil de l'Orient, au XVIe siècle comme jadis, le pouvoir d'achat des métaux précieux est plus élevé qu'en pays chrétien. Vers 1613, selon Antonio Serra, Venise exporterait encore chaque année plus de 5 millions en espèces vers le Levant [16], bien que, pour épargner ses réserves métalliques, elle expédie draps, verroteries, miroirs, quincaillerie, cuivre... Le rôle des facteurs et agents à demeure que les marchands vénitiens entretiennent « sur les havres » du Levant [17] et de la Syrie jusqu'au golfe Persique est de s'informer, d'« admonester » [18], de guetter les bonnes affaires, mais aussi, au long des jours, de vendre marchandise contre marchandise, *dar a baratto* ou *barattare*, c'est-à-dire vendre et acheter sans bourse délier. La tentation n'en reste pas moins grande d'abréger ces détours et de recourir au comptant, l'opération restant profitable. Cet expert de la Banque de Rialto peut encore écrire [19], en 1603 : *di Levante è venuto sempre li capitali in mercancie*, les capitaux (l'argent comptant) sont toujours revenus du Levant en marchandises. « Ce n'est guère la coutume, note Tavernier vers 1650, de rapporter de l'argent du Levant, mais plutôt de l'employer en bonnes marchandises sur lesquelles il y a à profiter » [20]. Une relation vénitienne de 1668 précise encore qu'en introduisant en Égypte des *pezze da otto di Spagna* [21], on gagne jusqu'à 30 p. 100...

Ces pratiques commerciales, semblables en gros au XVIe et au XVIIe siècle, mesurent le poids d'une situation unilatérale, exclusive de toute confiance. La lettre de change qui court de place en place, à travers toute la Chrétienté, ne fait qu'exceptionnellement des voyages en Islam, si exceptionnellement qu'on peut conclure à son inexistence [22]. Toujours gêné pour ses paiements, le marchand chrétien ne trouve guère à emprunter dans le Levant qu'à des taux usuraires, allant jusqu'à 40 p. 100, et au delà. Des papiers ragusains, en 1573, signalent des prêts consentis à ce taux par des Juifs portugais d'Égypte... [23] En Syrie, les marchands vénitiens, en 1596, se précipitent pour acheter à n'importe quel prix et finalement empruntent aux « Turcs » à 30 et 40 p. 100. D'où plus d'une faillite, pour le déshonneur de la nation entière [24]. D'ailleurs le marché noir des espèces monnayées existait, dès le départ, dans les villes d'Occident. A Venise, de petites banques, *banchetti*, portes et fenêtres closes, faisaient le commerce clandestin des monnaies [25], malgré les rigueurs intermittentes du Conseil des Dix [26].

Avec le dernier quart du siècle, Français, Anglais et Flamands (c'est-à-dire Hollandais) prennent largement place dans l'ancien commerce du Levant, c'est qu'ils achètent tout au comptant. Ils bouleversent les habitudes traditionnelles, mettent en difficulté les vieilles maisons vénitiennes et font monter les prix sans mesure. Gestes inexperts de nouveaux venus ! Les Français, par la suite, restèrent fidèles à ce commerce au comptant[27], mais Anglais et Hollandais réussirent vite à imposer leurs marchandises, *carisee*, plomb, cuivre, étain ; en 1583, les Anglais ne faisaient plus que le quart de leurs achats contre monnaie[28].

Encore fallait-il se procurer cette monnaie-là. En Méditerranée, les grandes places de commerce, Gênes, Livourne, Venise, Ancône et parfois Naples, fournissaient contre marchandises ou services, quelques-unes des précieuses devises... En fait, toutes ces fontaines n'étaient que des résurgences. L'argent leur venait par des chemins assez directs d'Espagne, de Séville. Et si les Anglais préféraient à cette escale les ports italiens, c'est que de 1586 à 1604 l'Espagne leur fut d'un accès difficile.

C'est par Séville, par l'Espagne riche en or, puis en métal blanc, et qui se veut cadenassée mais laisse échapper les précieux métaux, que s'anime le commerce entier de la Méditerranée et du monde d'alors. Or, ce ravitaillement est un fait nouveau, révolutionnaire, et plus récent, en vérité, que ne le laisserait à penser la chronologie des grandes découvertes.

L'or soudanais : les précédents

Avant le XVIe siècle — avant l'or et l'argent d'Amérique — la Méditerranée a trouvé ici ou là, près ou loin de ses rivages (généralement assez loin), les métaux précieux indispensables à ses trafics. Longue histoire, en gros assez bien connue. Seul le dernier chapitre, achevé sûrement avec le milieu du XVIe siècle — et que nous appelons pour abréger, de l'or soudanais — est peut-être moins bien mis en lumière, ou du moins l'était hier encore[29].

Les intrépides fixent au Xe siècle le début des trafics sahariens. Mais tout laisse à penser qu'il remontent plus loin encore dans le passé, qu'ils ont même précédé l'arrivée du chameau dans le désert avec le IIe siècle de notre ère, car avant cette date, « les chevaux et les bœufs des Guaramantes tiraient les charrois du désert de Libye »[30]. Il est probable que de l'or en poudre,

venant du Soudan, a gagné l'Afrique Mineure avant le
Xᵉ siècle et entraîné, au delà de l'an 1000 [31], vers le Sud,
la constitution d'États cohérents et brillants dans la
boucle du Niger, tandis que, vers le Nord, dans le
Maghreb, le métal précieux aidait à la mise en place de
villes nouvelles, comme Oran et Alger. L'Espagne
islamique, dont les maîtres, au Xᵉ siècle, s'étaient
installés dans le poste important de Ceuta [32], trouvait,
en Afrique du Nord, la matière de ses *dirhems* d'or.

Mais l'or du Soudan, ce n'est pas seulement la base
de la prospérité de l'Afrique du Nord et de l'Espagne
musulmanes, de ce bloc de l'Islam occidental qui, coupé
des grandes routes de la mer avec le XIIᵉ siècle, fut
obligé de vivre sur lui-même. Cet or se relie à la grande
histoire de la Méditerranée : il entre dans la circulation
générale de la mer à partir du XIVᵉ siècle, peut-être à
partir du pèlerinage tapageur à La Mecque de Mansa
Moussa, roi du Mali, en 1324 [33]. Peu à peu, l'Afrique
du Nord, ravitailleur en métal jaune, devient le moteur
de toute la Méditerranée. Au XVᵉ siècle, les marchands
chrétiens l'envahissent [34]. Ils s'installent à leur aise à
Ceuta, à Tanger, à Fez, à Oran, à Tlemcen [35], à Bougie,
à Constantine [36], à Tunis. Les siècles précédents avaient
vu l'arrivée de soldats aventuriers, des raids de piraterie,
comme celui de Philippe Doria, en 1354, sur Tripoli,
« la ville riche en or » [37]. Ou de grands projets de
conquête, ceux des Aragonais et des Castillans [38]. Au
XVᵉ siècle, tout revient au marchand : l'histoire ne parle
plus que de traités commerciaux, de privilèges, d'achats,
d'échanges. Gênés en Orient par la poussée turque, les
marchands chrétiens trouvent là une compensation [39].
Le Maghreb a l'avantage d'être ouvert aux Catalans
comme aux Marseillais, aux Provençaux [40], aux Ragusains [41], aux Siciliens [42], aux Vénitiens dont les voyages
réguliers comportent des escales à Tripoli, à Tunis, à
Alger, à Bone, à Oran ; aux Génois dont, en 1573, les
Espagnols victorieux retrouvent à Tunis, non le fon-
douk, mais ses anciennes citernes. A Tlemcen, « la ville
des marchands honnêtes », toutes les « nations » de
Chrétienté sont représentées. Les agents des Gonzague,

acheteurs de chevaux de race, se retrouvent à leur gré à
Tunis comme à Oran, à Gênes ou à Venise, partant ou
revenant, avec des lettres de change sur la Barbarie
(elles y vont au crédit des marchands chrétiens qui
y sont installés), ou revenant avec leurs chevaux,
compagnons encombrants à bord des galées vénitiennes [43]. En 1438, Alphonse le Magnanime, qui a ravitaillé
en blé sicilien Tripoli et Tunis que désole la famine,
fait frapper avec l'or des paiements 24 000 ducats
vénitiens pour financer sa lutte contre Naples [44].

   L'or et les esclaves aidant, la pénétration marchande
s'accentue très loin, vers le Sud, jusqu'au Touat,
jusqu'au Niger [45]. Tout ce que la Chrétienté peut offrir
et qui figure dans les rues marchandes d'Afrique du
Nord, tissus, *carisee*, quincaillerie, pacotille, traverse le
Sahara, le Maghreb se prêtant d'autant mieux à cette
invasion et à ce transit qu'il est peu cohérent politiquement. En principe, il est divisé en trois zones (les trois
zones géographiques, culturelles et politiques de son
histoire) : le Maroc des Mérinides, la Tlemcénie des
Wahabites, l'Ifriqya (la Tunisie) des Hafsides. Mais,
dans chacun de ces espaces, que d'autonomies, de
dissidences, de montagnes sauvages, de villes indépen-
dantes ! Oran et Ceuta sont de vraies républiques
urbaines. L'erreur serait (les mieux informés la commet-
tent) de considérer l'Afrique Mineure comme un ensemble de pays rustiques. Aux XIVe et XVe siècles, les villes
s'y développent, sans aucune proportion parfois avec
les pays qui les entourent. Elles ne vivent pas seulement
tournées vers la mer Intérieure, mais aussi vers le Sud,
le Pays des Noirs, le *Bled es Soudan*. Des confins
sahariens aux rivages du golfe de Guinée, ces liaisons
forment un système ancien, *structuré*, « d'immuables
conditions géo-économiques », comme l'écrit Vitorino
Magalhães Godinho [46].

   Cinq marchandises demandent à être mises en présence : l'or en poudre (*tibar*) [47]), les esclaves noirs, le
cuivre, le sel, les étoffes. Les Noirs possèdent les deux
premières. Les échanges se font à la limite entre
caravanes chamelières du Nord, et files de porteurs ou

pirogues du Sud. Dans l'ensemble, le Nord l'emporte, c'est-à-dire l'Islam et, au delà, le marchand d'Occident. On raconte que le sel s'échange au Mali à égalité de poids avec l'or[48], en 1450. En tout cas, en 1515, d'après Léon l'Africain, les tissus vénitiens à Tombouctou se vendent à des prix exorbitants, et les nobles sont fortement endettés auprès des marchands levantins ou maugrébins[49]. Telle est la conjoncture générale. Mais une conjoncture locale joue aussi son rôle : en définitive, pour l'or, tout aura dépendu de l'élasticité de la production dans trois zones d'orpaillage, nullement mystérieuses et que l'actualité connaît encore[50] : le Haut-Sénégal, le Haut-Niger, la côte même de Guinée.

Les Portugais en Guinée : l'or arrive toujours en Méditerranée

C'est un événement important que la progression des Portugais au long de la côte atlantique d'Afrique. Dès la hauteur du cap Blanc le contact a été pris entre les découvreurs et les *Mouros brancos* de Barbarie, un peu de poudre d'or a déjà été déroutée vers l'Océan. Le golfe de Guinée est atteint vers 1440 et le *resgate* des esclaves, de l'or, de l'ivoire se fait aux embouchures des fleuves, dans les foires locales, contre des tissus aux couleurs voyantes, presque toujours de mauvaise qualité, contre des anneaux, bracelets ou bassins de cuivre, de gros tissus de laine, plus du blé et des chevaux. En 1444, le premier convoi d'esclaves noirs touchait le Portugal, à Lagos. En 1447, était créé le *cruzado*, la première monnaie d'or nationale du Portugal. En 1460, quand meurt Henri le Navigateur, tout est à peu près en place sur les rives guinéennes. La conquête s'achève, en janvier 1482, par la construction inopinée, en quelques semaines, du Château de São Jorge da Mina, édifié avec des matériaux amenés du Portugal et notamment des pierres taillées à l'avance.

La prospérité immédiate des échanges (or, esclaves, ivoire, faux poivres dont la malaguette) ne fait aucun doute. En ce qui concerne l'or, l'exploitation est conduite à la fois au nom du roi et des particuliers. Pour la période 1500-1520, il s'agit probablement[51] d'une exportation annuelle d'environ 700 kilos d'or. Au delà de 1520, le déclin est sensible et une longue crise s'ouvre vers 1550 qui ne s'achèvera guère avant les années 1580, ou mieux 1600, avec l'exploitation hollandaise à partir de 1605. Donc trois périodes : activité évidente de 1440 à 1520-1550, puis un long repli 1550-1600, enfin une reprise avec le nouveau siècle[52].

C'est le long repli de 1520 à 1600, dates larges, qui fait problème. Trois explications sont plausibles : il y a eu concurrence anglaise, française et espagnole pendant ces années de ralentissement (et ici les preuves sont nombreuses) ; il y a eu montée des frais d'exploitation pour les armadas et garnisons portugaises, l'or est devenu trop cher (et ces raisons sont plausibles) ; enfin, il y a eu la concurrence de l'or américain : le Nouveau Monde a tout d'abord fourni à l'Europe du métal jaune, 43 tonnes *officiellement* à Séville de 1551 à 1560, c'est-à-dire plus de 4 tonnes par an contre, au plus, 700 kilos à l'Afrique des côtes atlantiques.

Mais l'important est de constater que l'exploitation par l'Atlantique, de 1440 à 1520, n'a pas suspendu les arrivages sahariens d'or, en Afrique et au delà en Méditerranée. Les preuves nous en sont fournies par les frappes monétaires de Sicile et les réexpéditions de métal jaune en monnaies et en lingots à partir de l'île. En 1489[53], comme en 1455, des envois massifs de blé sicilien en Afrique (75 000 quintaux) déterminent en contrepartie l'arrivée d'environ une demi-tonne d'or. Autres preuves, l'activité des Vénitiens. Les *galere di Barberia* ont continué, en effet, à fréquenter les escales du Maghreb et à y charger de l'or. En décembre 1484, deux de ces galères sont saisies par la flotte des Rois Catholiques, *et una cum ingenti auri quantitate*, dit la plainte de Venise[54]. En 1505 et 1506, un marchand vénitien, Michiel Da Leze[55] donne ses instructions à son facteur à bord des galères de Barbarie. Pour chacun des deux voyages, il lui confie pièces d'argent et tissus (la première fois, 2 000 ducats en pièces d'argent, *di moneda di Zeccha* et des draps écarlates ; la seconde

3 000 ducats *in mocenigi di Zeccha*, plus des camelots d'Alep et des *carisee*). Les retours devront se faire en *tanti hori boni, orj che sieno boni*. Il s'agit d'or en poudre que le facteur fera fondre à la Monnaie de Valence, quand les galères toucheront l'Espagne, et utilisera si possible pour des achats de laine.

Une dizaine d'années plus tard, le trafic se maintient. Le 15 juillet 1519, ordre est donné à trois galères subtiles de quitter Corfou et de ramener de Tunis à Zara *li ori de li mercadanti de le galie nostre de Barberia et altro haver sottile*, à la fois l'or et les marchandises de prix [56]. Même indication en juin 1521 : les marchands demandent que l'on conduise à Venise *li ori che se trovarono haver de Tunis* [57]. Les archives conservent bien d'autres preuves de ces trafics [58]. Survivance, dira-t-on. Pourtant, il y a presque trois quarts de siècle que la brèche atlantique s'est ouverte au bénéfice du commerce portugais. Du côté français, la chronologie est à peu près la même. « Le traficq de la Barbarie est fort perdu » dit-on à l'Hôtel des Monnaies de Montpellier, mais en 1518 on ajoute : « les pailloles (l'or en poudre) de par dessa se transportent autre part qu'en ceste Monnoie ». « Du cartier de la Barbarie ne se apporte plus d'or, pour cause des guerres » dit-on encore, mais la remarque est du 10 octobre 1526 [59]. Le dernier voyage des *galere di Barbaria* aura lieu en 1525. C'est donc au voisinage de ces dates-là, vers 1524, si nous interprétons correctement une décision postérieure du Conseil des Dix [60], que Venise voit se raréfier les arrivages d'or, ou de monnaies d'or à refondre. Cependant, de 1524 à 1531 [61], il en sera frappé encore pour 29 617 marcs, soit 4 231 par an..., trois fois l'exploitation atlantique de l'or soudanais. A Venise l'or ne vient pas seulement des marchés d'Afrique du Nord.

Cependant, en l'absence de documents clairs, on peut se demander ce qu'il y a exactement derrière les avatars du ducat. En 1517, celui-ci cesse d'être une pièce d'or réelle, pour n'être plus, au taux dès lors invariable, de 6 *lire* 4 *soldi*, qu'une monnaie de compte. Ne disons pas — croyant que la monnaie de compte puisse se comparer à nos billets de banque (ce qui est d'ailleurs une bonne façon parfois de comprendre) et la situation de 1517 à l'une de ces multiples inflations de nos jours — ne disons pas que la monnaie vénitienne a été ainsi décrochée de l'or. Le ducat, pièce vivante, vient simplement de passer du côté des monnaies fictives, *soldo, lira*, et il va être leur chef de file. Le *sequin*, pièce réelle, vaut en 1517, 6 *lire*, 10 *soldi* (donc 6 soldi de plus que le ducat) ; il vaut dix ans plus tard, en 1526, 7 lire, 10 soldi[62]. Est-ce seulement un surpaiement pour attirer l'or ?

10. — Le cours du sequin vénitien

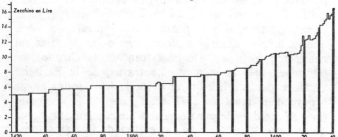

Les responsabilités de la conjoncture

Ces prospérités et ces crises de l'or sont liées. L'or guinéen, quand il arrive à Lisbonne, s'y insère dans les grands circuits marchands : à Anvers, il va à la rencontre du métal blanc des mines allemandes[63], en Méditerranée il rééquilibre les balances de compte. De même l'or des premiers arrivages américains à Séville s'engage dans ces circuits obligatoires et la Méditerranée en a sa part. A Séville, avant la découverte du Nouveau Monde, les marchands génois se ravitaillaient déjà en or africain ; ils s'y ravitaillent par la suite en or américain. Il est probable que la crise des années 1520 que l'on note sur les deux faces maritimes, atlantique et méditerranéenne, de l'or soudanais, est une conséquence des arrivages américains ; que l'or du Bambuk a perdu alors une

11. — L'or contre l'argent

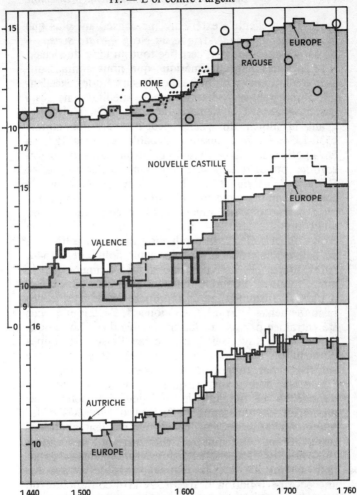

Graphique à paraître dans le tome IV de la *Cambridge Economic History* (contribution de F. BRAUDEL et F. C. SPOONER) [paru en 1967, texte français *in Écrits sur l'Histoire II*, 1990]. La *moyenne* européenne de la *ratio* métallique (rapport or-argent) ne cesse en gros de se détériorer jusqu'au début du XVIIIᵉ siècle, comme le précise le graphique qui limite la surface en grisé. C'est par rapport à cette ligne moyenne (Europe) que sont mis en lumière les écarts des cotations réelles, à Rome et à Raguse (quelques données éparses) sur le premier graphique ; à Valence et en Nouvelle-Castille sur le second ; en Autriche sur le troisième. Ces dénivellations, spontanées ou provoquées, entraînent des mouvements de monnaie, d'or ou d'argent selon les cas, avec les jeux de la spéculation. A remarquer la forte montée de l'or au XVIIᵉ siècle.

partie de sa clientèle extérieure, ne conservant plus que le ravitaillement de l'Afrique du Nord — *lato sensu* — où sa présence nous est certifiée tout au long du siècle.

Mais l'orpaillage d'Amérique que nous connaissons aujourd'hui mieux qu'hier grâce à deux études excellentes, l'une publiée [64], l'autre encore inédite [65], ne reste pas longtemps à la hauteur de sa tâche et s'effondre avant le milieu du siècle, peut-être dès les années 1530-1534. La répercussion probable, c'est en 1537 la dévaluation castillane avec la création de l'*escudo* (ou *corona*, ou *pistolete*) se substituant à l'*excellente* de Grenade [66]. Le *ducat* castillan devient une monnaie de compte, comme vingt ans plus tôt à Venise. Ainsi une crise perçue dès les années 1520 se confirme dix ou vingt ans plus tard. Or, au même moment, si l'on en croit John U. Nef [67], la production d'argent, cette fois, en Allemagne, touche son plus haut point, vers 1540. Alors toutes ces activités minières se tiennent par la main, montent ensemble, reculent ensemble. Que s'est-il passé ? Jusque-là, pour reprendre les images et les raisonnements de Frank C. Spooner [68], l'économie avait été entraînée par une inflation *relative* d'or. Son abondance même favorisait par ricochet l'essor des mines d'argent ou des mines de cuivre, argent et cuivre se valorisant par rapport à lui. Étrange inflation, dont l'historien doit à ses risques et périls imaginer le « modèle » et qui fait le seul jeu des riches, des privilégiés, des puissants, au sommet des sociétés et des économies. Mais ce jeu de l'or relativement abondant cesse, durant ces temps difficiles qui vont des années 1530 ou 1540 à 1560. D'où de longs flottements jusqu'au jour où s'installe, avec les remous prévisibles à l'avance, une énorme inflation d'argent. A la « conjoncture de l'or » [69] se substitue, si l'on accepte un certain langage, la « conjoncture de l'argent », appelée à durer jusqu'aux années 1680 [70] et aux premiers essors de l'or brésilien [71].

L'or soudanais en Afrique du Nord

Ouvrons une parenthèse. Nous ne savons pas ce qui s'est passé exactement en Afrique du Nord, pendant les années cruciales 1520-1540, ni quelles sont les causes exactes de la crise des trafics entre Occident et Barbarie. L'irruption espagnole [72] (prise d'Oran en 1509, de Tripoli en 1510, de Tlemcen en 1518 [73]) risque d'avoir joué son rôle, et plus encore cette « vague » de reconquête islamique venue de Turquie et d'Égypte et qui empêchera le Moghreb de se convertir, comme c'était alors possible, en une « marche européenne » [74]. En tout cas, si les exportations d'or en Méditerranée occidentale ont pratiquement cessé [75], l'or du Soudan continuera à alimenter les villes nord-africaines, surtout après qu'un certain ordre y sera rétabli, au bénéfice des Turcs et des Chérifs. C'est avec de l'or saharien que sont frappées les *rubias, zianas, doblas, soltaninas* (ou sequins) dont parle Haedo à la fin du XVIe siècle [76]. Ces dernières, à Alger, sont fabriquées avec du métal fin, les autres à Tlemcen avec de l'or d'assez faible titre, *of course gold*, note un observateur anglais [77], ce même *oro baxo con liga* [78] dont sont faits les bracelets des femmes algéroises. L'or de Tlemcen a cours à l'Est jusqu'à Tunis, au Sud jusqu'au pays des Nègres ; il pénètre aussi dans le massif des Kabylies ; il circule en « Oranie » : « la monnaie d'or de ces provinces, écrivait Diego Suárez à la fin du siècle [79], était autrefois plus fine de carat que depuis que les Turcs ont occupé ce Royaume ». C'est avec l'or soudanais que sont aussi frappés les *moticals* marocains qui, vers 1580, font prime sur les marchés monétaires bigarrés d'Alger [80]. En octobre 1573, Don Juan s'emparait de Tunis. Décidé à s'y maintenir, il fit porter à Madrid un long rapport où sont énumérés assez curieusement tous les revenus des souverains hafsides de Tunis. A côté des droits de douane, des impôts, des péages, il est fait mention de la poudre d'or de Tivar : le pléonasme de l'expression importe peu et, sans doute, ne faut-il pas prendre à la lettre cet argument du plaidoyer de Don Juan, désireux de présenter Tunis parée de tous ses avantages. Il est toutefois peu probable que le détail ait été inventé de toutes pièces [81]. En tout cas, à Tripoli où les esclaves noirs continuent à être apportés par le trafic saharien (nous en avons la preuve en 1568)[82], il est certain que l'or en poudre arrive en même temps[83]. Rien ne dit qu'à Tunis, au XVIIe siècle, cette ville des rencontres fructueuses, ce « Chang-Haï »[84] de la Méditerranée, l'or n'arrive pas également. Le contraire plutôt surprendrait.

Dernière preuve : les tentatives vers le Sahara comme celles des Chérifs en 1543, 1583 et 1591[85] (cette dernière se termine, on le sait, par la prise de Tombouctou), ou celle de Salah Reis, en 1552, contre Ouargla[86], seraient peu compréhensibles sans l'attrait de l'or et des esclaves en provenance du pays des Noirs. Les arguments de V. Magalhães Godinho, qui lient l'essor des « Chorfa » marocains à la reprise des trafics de l'or, ont leur poids. Avec le XVIe siècle finissant, l'or du Soudan fait sa réapparition vers l'Atlantique[87] comme vers le Moghreb. Celui-ci y trouve une raison supplémentaire peut-être pour multiplier ses relations avec les pays de Chrétienté, il connaît alors, si tous ces signes ne trompent pas, une sorte de renouveau[88].

2. L'argent d'Amérique

L'Amérique qui a relayé, en Méditerranée, les sources d'or africain s'est substituée beaucoup plus largement encore aux mines d'argent allemandes.

Les trésors d'Amérique et d'Espagne

Tout ce que les chiffres et documents officiels pouvaient nous apprendre sur l'entrée en Espagne des métaux précieux américains a été dégagé par les travaux d'Earl J. Hamilton. Les premiers arrivages, assez modestes, commencent avec le XVIe siècle. Jusqu'en 1550, les envois sont mixtes, or et argent. Ce n'est qu'avec la seconde moitié du siècle que le métal jaune perd toute importance relative. Les galions, dès lors, n'apportent plus à Séville que de l'argent, il est vrai par masses énormes. C'est qu'en Amérique on a commencé, selon les méthodes nouvelles, à traiter le minerai d'argent par le mercure. Cette technique révolutionnaire de

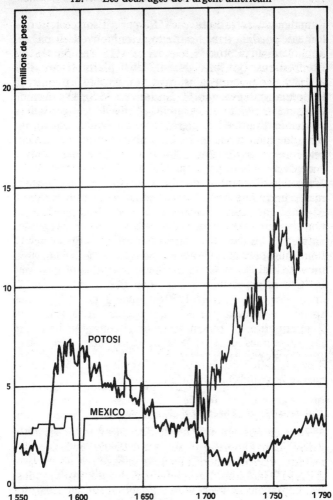

12. — Les deux âges de l'argent américain

millions de pesos

POTOSI

MEXICO

1 550   1 600   1 650   1 700   1 750   1 790

La courbe du Potosi, d'après M. Moreyra Paz-Soldan, « Calculo de los impuestos del Quinto y del Ensayamiento en la Mineria Colonial », *in : Historia*, IX, 1945.

Celle des frappes monétaires au Mexique, d'après W. Howe, *The Mining guild of New Spain, 1770-1821*, 1949, p. 453 et sq.

C'est le Potosi qui marque l'élan décisif du premier argent américain. L'essor des mines mexicaines à la fin du XVIIIe siècle atteindra des hauteurs jamais égalées jusque-là.

l'amalgame, introduite en 1557 par l'Espagnol Bartolomé de Medina dans les mines de la Nouvelle Espagne,
appliquée au Potosi[89] à partir de 1571, décupla les
exportations qui atteignirent leur plafond de 1580
à 1620, coïncidant ainsi avec la grande époque de
l'impérialisme espagnol[90]. En janvier 1580, D. Juan de
Idiáquez écrivait au cardinal Granvelle : « Le Roi a
raison de dire que l'Empereur... n'a jamais réuni autant
d'argent que lui pour ses entreprises... »[91]. Les Indes,
selon le mot de Montchrestien[92], commençaient à
« dégorger » leurs richesses.

Ce flot d'argent se déverse dans un pays protection-
niste, barricadé de douanes. D'Espagne rien ne sort,
en Espagne rien n'entre sans l'acquiescement d'un
gouvernement soupçonneux, acharné à surveiller les
entrées et les sorties de métaux précieux. En principe,
l'énorme fortune américaine vient donc se terminer en
un vase clos. Mais la clôture n'est pas parfaite... Sinon,
les Cortès ne se plaindraient pas si souvent, en 1527,
en 1548, en 1552, en 1559 et encore en 1563[93], des
sorties de métaux précieux qui ne cessent, à leur avis,
d'appauvrir le pays. Ou dirait-on si communément que
les Royaumes d'Espagne sont les « Indes des autres
Royaumes étrangers »[94] ?

En fait, les métaux précieux ne cessent de s'échapper
des coffres espagnols et de courir le monde, d'autant
que chaque sortie signifie leur valorisation immédiate[95].
Et certains vendeurs ont leurs exigences... Montchrestien
écrivait encore, au XVIIᵉ siècle, pensant à la nécessité où
les Espagnols se trouvaient d'avoir recours aux Français
pour les précieuses toiles à voiles : « s'ils ont les navires,
nous avons les ailes »[96]. Or, toile à voile ou blé, pour
ne citer rien d'autre, sont marchandises qu'on ne saurait
obtenir sans paiement comptant. Comme les marchands
méditerranéens et les autres ont un besoin urgent de se
procurer des monnaies, il n'est pas étonnant que les
fraudes, en matière de devises, soient innombrables.
C'est un jour le bateau français, *Le Croissant* de Saint-
Malo, qui est saisi en Andalousie[97] pour commerce
illégal de l'argent ; une autre fois, deux barques marseil-

13. — L'argent « politique » de l'Espagne en Europe, 1580-1626

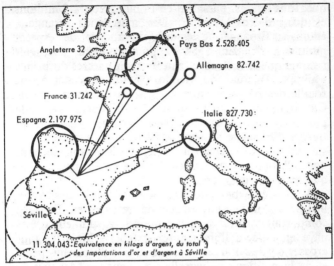

Il s'agit de l'argent dépensé par le Roi Catholique à travers les *asientos* conclus avec les marchands. Il ressort de ce croquis que les plus grosses dépenses ont été faites, on le savait, aux Pays-Bas. Ensuite, ce que l'on savait moins, se situent, par ordre, les dépenses faites pour la Cour et la défense de l'Espagne (1580 est le début de la guerre pour l'océan Atlantique : la Péninsule, sur ses côtes menacées, doit être défendue) ; puis, relativement modiques, les dépenses en Italie ; et quasiment inexistantes, celles concernant la France. Celle-ci ne s'est pas vendue à l'Espagne, elle s'est donnée à ses propres passions. Naturellement, ces paiements sont ceux du gouvernement espagnol et ne correspondent pas au mouvement global des métaux précieux en direction de l'Europe. Croquis de F. C. Spooner, d'après les chiffres et calculs d'Alvaro Castillo Pintado.

laises arrêtées dans le golfe du Lion et qu'on trouve chargées de monnaies espagnoles [98]. Francés de Alava signalait, en 1567, de larges évasions en direction de la France [99] : « On m'écrit de Lyon, expliquait-il, que d'après le livre de la douane de cette ville, une personne a pu voir qu'il était entré, d'Espagne à Lyon, plus de 900 000 ducats, dont 400 000 en pièces d'or... Ces pièces viennent d'Aragon, dissimulées dans des balles de cuir... Et tout passe par Canfranc. Des quantités de monnaie arrivent aussi à Paris et à Rouen sans licence de Votre

Majesté... ». En 1556, un Vénitien, Soranzo, prétendait que, tous les ans, passaient en France jusqu'à 5 millions et demi d'écus d'or [100]... Des marchands étrangers, établis en Espagne, ne cessaient de rapatrier des espèces monnayées [101]. En 1554 [102], l'ambassadeur portugais raconte que, sur l'ordre tenu un temps secret du prince Philippe, D. Juan de Mendoza a fait procéder à une fouille des passagers que ses galères transportaient de Catalogne en Italie. Résultat : 70 000 ducats saisis, la plus grande partie sur des marchands génois. Donc les trésors d'Espagne ne sont pas trop bien gardés. Et les surveillances officielles (historiens, nous n'avons souvent que celles-là à notre disposition) ne disent pas tout ce que nous devrions savoir.

A côté de l'exportation clandestine existent des sorties licites [103]. Ainsi toute entrée de céréales en Espagne comportait le droit explicite pour le ravitailleur d'être payé en espèces librement exportables. Mais les plus grosses sorties d'argent étaient le fait du roi lui-même et de la politique universelle de l'Espagne. Au lieu de dépenser leur argent sur place, de le faire fructifier en créations diverses, comme les Fugger firent fructifier, à Augsbourg, l'argent de leurs mines de Schwaz, les Habsbourgs d'Espagne se laissèrent entraîner dans des dépenses extérieures, considérables à l'époque de Charles Quint, fabuleuses à l'époque de Philippe II... Politique inconsidérée, a-t-on dit souvent. Resterait à savoir si l'Empire n'était pas à ce prix-là, si son existence, bien souvent sa simple défense, n'impliquaient pas ces sacrifices. L'historien Carlos Pereyra parle de folie espagnole à propos des Pays-Bas, qui ont englouti sinon tout, au moins une large part des trésors d'Amérique. Mais l'Espagne ne pouvait guère les abandonner. Autrement c'était rapprocher la guerre d'elle-même.

Quoi qu'il en soit, alourdie de trésors, la Péninsule a joué, le voulant ou non, un rôle de château d'eau pour les métaux précieux... Le problème pour l'histoire, maintenant que l'on sait comment les métaux précieux sont arrivés du Nouveau Monde en Espagne, est de voir comment ils en sont repartis...

Les trésors d'Amérique sur le chemin d'Anvers

Durant la première moitié du XVIᵉ siècle, les sorties d'Espagne s'organisent en direction d'Anvers, vraie capitale de l'Atlantique autant, si ce n'est plus, que Lisbonne ou Séville. Des documents anversois signalent les liens entre la ville de l'Escaut et de lointaines régions de l'Océan, Afrique Occidentale, Brésil naissant : près de São Vicente, les Schetz ne possèdent-ils pas un *engenho*, un moulin à sucre ? En 1531, la Bourse d'Anvers est créée. Dès cette époque, le numéraire d'Espagne atteint Anvers et Bruges, transporté par les grosses *zabras* de Biscaye. En 1544 [104], il utilise toujours les services des naves biscayennes qui, cette année-là, transportent par surcroît de l'infanterie espagnole [105] ; de même en 1546-1548 [106], en 1550-1552 [107]

C'est là un fait de notoriété publique : les ambassadeurs vénitiens informent la Seigneurie, au printemps 1551, que 800 000 ducats, venus du Pérou, vont être monnayés aux Pays-Bas avec 15 p. 100 de bénéfice. En échange, les Pays-Bas fourniront à l'Espagne des pièces d'artillerie et de la poudre [108]. En 1552, l'année de la surprise d'Innsbruck, la situation tragique de Charles Quint ouvre toutes grandes les vannes précautionneuses de l'Espagne [109]. Alors sont réduites les exportations de numéraire des particuliers, mais augmentées singulièrement celles du trésor public. Ce qui n'empêche pas les firmes étrangères, établies en Espagne, pour qui les sorties métalliques sont question de vie ou de mort, de continuer leurs envois, en profitant de ce qu'elles sont, souvent, les agents mêmes des exportations du gouvernement [110]. En 1553, de l'argent arrive officiellement à Anvers, pour les Fugger [111].

Dans une occasion fortuite, l'Angleterre elle-même eut sa part. Le voyage du futur Philippe II, en 1554, amena dans l'île des sommes importantes : elles permirent un rétablissement de la monnaie anglaise qui, en 1550, avait été au plus bas de sa course [112]. Entre cette année 1554 et son retour en Espagne en 1559, Philippe, en Angleterre, puis aux Pays-Bas, fut constamment ravitaillé en argent par la route océane [113]. Durant les dures années de guerre 1557-1558, les arrivées de navires chargés de métaux ont été les grands événements du port d'Anvers. Aujourd'hui, 20 mars 1558, note un avis, sont arrivés à Anvers, quatre bateaux d'Espagne après un voyage de dix jours : ils portent 200 000 écus en argent comptant et 300 000 en lettres de change [114]. « L'ultime argent venu d'Espagne aux Pays-Bas, écrivait Eraso à Charles Quint le 13 juin [115], à bord des zabres de Pero Méndez, est arrivé à point nommé pour permettre le paiement d'une solde à l'infanterie et à la cavalerie allemandes que nous sommes en train de lever... »

Des milliers de documents pourraient être cités au sujet de cette circulation. Les plus instructifs sont sans doute les *asientos*, les « partis » disait le Français du XVIᵉ siècle, que Charles Quint et Philippe II concluent avec leurs prêteurs. A partir de la crise d'Innsbruck, les Fugger, puis les banquiers génois obtiennent que leurs contrats s'accompagnent de *licencias de saca*, c'est-à-dire d'autorisations de sortie de numéraire correspondant aux avances qu'ils font. Par exemple, les deux *asientos* conclus en mai 1558 [116] avec les banquiers génois Nicolò Grimaldi et Gentile, prévoient entre autres stipulations des transferts d'argent de Laredo vers les Flandres.

Cette circulation des monnaies et des lingots par voie maritime, à bonne distance de la France hostile, n'est pas seulement d'un gros intérêt pour l'historien des dernières luttes du XVIᵉ siècle entre les Valois et la Maison d'Autriche. Elle souligne que les Pays-Bas ne sont pas seulement une place d'armes pour l'Empire de Charles-Quint, mais aussi une place d'argent, par laquelle le métal américain se redistribue en direction de l'Allemagne, du Nord européen, des Iles Britanniques. Le rôle de cette redistribution est décisif dans les activités européennes qui ne se sont tout de même pas engendrées d'elles-mêmes. Un système d'échanges, de circulation, de lancement bancaire, s'organise à partir du port de l'Escaut, vers la Haute-Allemagne, l'Angleterre, atteignant même Lyon qui a vécu, des années durant, en liaison avec la grande place du Nord.

Pour mieux marquer ce rôle du centre anversois, il faudrait suivre de près ce ravitaillement en métaux précieux, plus ou moins important et pas toujours à l'heure. Vers 1554 [117], il y a ainsi une panne sensible, la Péninsule étant elle-même à court. La guerre n'en porte pas toute la responsabilité. Thomas Gresham, l'éminence grise des finances anglaises, fait en 1554 un curieux voyage en Espagne, à la recherche de métaux précieux. Ses exigences, ou ses manœuvres, contribuèrent à détériorer un crédit déjà compromis. Les banques de Séville allèrent jusqu'à suspendre leurs paiements. « Je craignis, écrivit Gresham, d'avoir ma responsabilité dans leur banqueroute à tous » [118]. Plus que Thomas Gresham, la conjoncture est l'ouvrière de ces difficultés.

En tout cas, parfaite ou non, cette circulation, indispensable à l'économie anglaise et à celle des Pays-Bas, explique peut-être que longtemps les rapports de l'Espagne et des pays nordiques aient été anormalement pacifiques. Une politique d'entente entre Philippe II et Élisabeth a été possible, tant que la reine et les marchands d'Angleterre ont pu, par leurs emprunts sur la place d'Anvers [119], participer au pactole américain. Or tout cet ordre, tout cet équilibre sont compromis avec la crise de 1566 et l'arrivée menaçante du duc d'Albe aux Pays-Bas, en 1567. En 1568, Gresham, le « marchand de la Reine », quitte Anvers, sa résidence ordinaire. Tout change alors dans l'énorme secteur de l'Atlantique. Jusque-là, les pirates anglais avaient attaqué fréquemment les navires ou les possessions d'Espagne, mais, plus fréquemment encore, ils s'étaient contentés de pirateries à l'amiable, commerce interlope plutôt que piraterie véritable : Hawkins [120] avait été souvent d'accord avec les autorités espagnoles locales. A partir de 1568, s'inaugure une ère de pirateries sans rémission [121]. Les navires anglais s'en prennent aux zabres biscayennes, chargées d'argent pour le ravitaillement du duc d'Albe [122]. De ce jour, bien entendu, il a fallu qu'Élisabeth renonce à tout emprunt sur la place

d'Anvers où son crédit s'effondre, qu'elle adopte avec
l'aide de ses marchands nationaux[123] une nouvelle
organisation financière. Qui dira si cette politique
nationaliste[124] a été d'une part voulue, notamment par
Gresham, et d'autre part imposée par les circonstances[125] ?

La saisie des zabres biscayennes n'a pas conduit à la
guerre. L'Angleterre a conservé le métal saisi sur les
navires et s'en est servie pour la fabrication de nouvelles
monnaies[126]. Elle a même profité de la fraude des
marchands espagnols qui envoyaient illégalement de
l'argent sur des navires soi-disant chargés de laine...
Tout ce commerce « noir » fut une aubaine supplémentaire pour l'île[127]. L'affaire, retentissante, pourrait être
suivie dans le détail, mais ce qui nous intéresse, ce ne
sont ni les responsabilités de William Cecil, ni telles
récriminations ou palabres assez inutiles[128], ni les décisions de Philippe II, belliqueuses un instant en 1570, et
que seule arrêtera la prudence du duc d'Albe[129]. L'alerte
diplomatique ne doit pas cacher l'enjeu économique de
la querelle.

Troublé peut-être dès 1566[130], avec le début des
révoltes des Pays-Bas, le trafic des métaux précieux
entre l'Espagne et le Nord est pratiquement bloqué à
partir des années 1568-1569. Ce qui ne veut pas dire
que, par cette route ancienne, ne circulera plus la
moindre quantité de monnaie. Toutefois, les transports
ont perdu de leur facilité et de leur importance. Ils ne
s'effectuent plus guère qu'avec des flottes constituées,
comme celle qui, en 1572, conduira le duc de Medina
Celi : soit presque un forcement de blocus. La liaison
par mer est devenue risquée. Lazaro Spinola, consul
génois à Anvers, et ses conseillers Gregorio di Franchi
et Nicolò Lomellino, l'écrivent à la République de
Gênes, en juillet 1572[131] : la nation a des dettes et ne
sait comment les éteindre, *attento il cativo temporale
che corre alle mercantie per questi movimenti di guerra*
(il s'agit en particulier de la tension avec la France) *con
quali non si può tratar in Spagna restando chiusa la
navigazione, e per Italia dificilmente...*

La flotte de Medina Celi, en 1572, était relativement modeste. On voulut en réunir une plus importante en Biscaye, en 1573-1574. Ce serait à peine grossir son importance que de l'appeler la première Invincible Armada. Elle avait été placée sous le commandement d'un chef prestigieux, Pero Meléndez, mais ce dernier mourut en 1574 ; puis les crédits manquèrent, les épidémies s'en mêlèrent, et la flotte pourrit sans quitter les ports [132]. Cette année 1574 a ainsi achevé de porter un coup décisif à la vigueur de l'Espagne, du golfe de Gascogne aux lointains Pays-Bas. Il y eut bien par la suite quelques liaisons entre la Péninsule et les pays de l'Escaut. En 1575, une petite flotte, sous le commandement de Recalde, passait de Santander à Dunkerque où elle arrivait le 26 novembre. Elle avait, au passage, fait escale à l'île de Wight, ce qui indique qu'il y avait encore des moyens de s'accommoder avec l'Angleterre. Mais rien n'assure, au demeurant, que la flotte de Recalde ait transporté du numéraire [133].

De toute façon, elle n'eût point suffi à la tâche. Il est aisé de constater le caractère anormal des quelques envois d'argent effectués par la route atlantique. Au lendemain de la banqueroute de 1575, faite à son profit, Philippe II dispose, en argent liquide, de plusieurs millions d'écus. Rien de plus simple en apparence, puisque les Pays-Bas en ont besoin, que de prendre le numéraire à Laredo ou à Santander et de le porter vers le Nord. Or aucun marchand ne veut s'en charger. Il faut supplier les Fugger pour qu'ils consentent à faire passer 70 000 écus (qu'on leur a livrés dans des caisses scellées du sceau royal pour qu'elles ne soient pas arrêtées à la douane) jusqu'à Lisbonne, où ils obtiennent, en échange, par des négociants marranes de la place, de bonnes lettres de change sur Anvers, lesdits négociants ayant besoin de ce numéraire pour leur commerce en direction des Indes du Portugal. Même pour ces sommes peu importantes, Thomas Müller, le facteur des Fugger, a préféré utiliser le détour du Portugal et la semi-neutralité de ses marchands dans les querelles du Nord. Grâce à ce subterfuge, l'argent a été transporté sans l'être [134].

Il arrive, à l'occasion, qu'il le soit effectivement. A l'automne 1588, Baltazar Lomellini et Agustin Spinola risquent, pour assurer leurs paiements en Flandres au duc de Parme, *una suma de dinero que ambian en tres zabras que han armado* [135]. Un an plus tard en 1589, un crédit de 20 000 écus que les Malvenda, marchands espagnols de Burgos [136], envoient dans une galéasse, est signalé au Havre [137]. Cette même année, toujours par l'océan, Agustin Spinola recommence l'exploit de l'année précédente en dépêchant deux petites galéasses qu'il a lui-même armées et qui transportent, à son compte, de l'argent jusqu'aux Pays-Bas. [138] Mais ces exceptions confirment la règle : en fait, et comme l'indique, en 1586, une gazette vénitienne, la route océane est devenue extrêmement difficile [139], de médiocre débit. Or cette route était, pour l'Espagne, essentielle.

Le détour français

La voie de Laredo ou de Santander à Anvers devenue inutilisable, il fallait la remplacer. Philippe II eut recours aux routes de France. Courtes, mais sujettes à être interrompues par des troubles intérieurs, elles réclamaient pour les transports, de longs convois et de nombreuses escortes. A titre d'exemple, le transport de 100 000 écus seulement de Florence à Paris [140] réclama, à la fin du siècle, dix-sept charrettes, escortées de cinq compagnies de cavalerie et de 200 hommes de pied... Pour diminuer le poids, on pouvait n'emporter que de l'or. Ainsi firent, à plusieurs reprises, vers 1576, quelques personnes sûres, au service de l'Espagne, qui de Gênes aux Pays-Bas emportèrent, cousus dans leurs habits, jusqu'à 5 000 écus d'or chacune [141]. Mais ce n'était, ce ne pouvait être que des solutions exceptionnelles, désespérées et dangereuses [142].

C'est à la fin de 1572, après la Saint-Barthélemy, qu'eut lieu le premier gros passage de métaux précieux pour le compte de l'Espagne [143]. Le duc d'Albe, qui dès son arrivée aux Pays-Bas avait manqué d'argent, se trouvait dans une situation désespérée. Le bruit avait couru, au début de 1569, qu'il avait déjà dépensé 5 millions d'or [144]. Deux ans plus tard, en 1571, les documents parlent avec insistance de « l'étroitesse d'argent », de la *estrecheza del dinero*, dans laquelle il se trouvait. Les marchands ne voulaient plus négocier avec lui [145]. Sans argent liquide, son crédit diminué, le duc voyait se réduire la possibilité de recourir aux lettres de change, comme une banque qui n'a jamais autant besoin de réserves que lorsque ses clients la soupçonnent de n'en plus avoir. En 1572, la situation était si grave [146] que le duc s'était décidé à faire, en avril, appel au crédit du grand-duc de Toscane. La démarche fut couronnée de succès, mais le gouvernement espagnol, en difficulté avec le grand-duc et le soupçonnant d'intriguer, en France et hors de France, contre la cause espagnole, le duc fut désavoué et le crédit accordé non utilisé [147].

Entre temps, Philippe II avait acheminé par la France 500 000 ducats en argent comptant. « Nous voudrions, écrivait-il à son ambassadeur, Diego de Çuñiga [148], envoyer au duc d'Albe, de ces Royaumes-ci d'Espagne, jusqu'à 500 000 ducats, tant en or qu'en argent. Puisque, à l'heure actuelle, on ne peut les transporter par mer sans grands risques, le passage étant réellement resserré, il a semblé que la meilleure solution et la plus commode serait de les envoyer par ce Royaume de France, si le Roi Très Chrétien, mon frère, trouvait bon de le permettre et de donner des ordres pour qu'ils puissent passer avec la sécurité voulue... » L'autorisation fut accordée et l'argent transporté en plusieurs voyages. Le 25 décembre 1572, Çayas prévenait l'ambassadeur de France, Saint-Gouard [149], qu'en vertu de la licence accordée pour le passage des 500 000 écus, Nicolas Grimaldi en acheminait 70 000 en réaux (donc en argent) et Lorenzo Spinola 40 000 en écus castillans (c'est-à-dire en or)... Ces passages ne furent pas les seuls. En mars 1574, Mondoucet écrivait des Pays-Bas : « si je croyais ce qui se dit ici publiquement..., les ducats de Castille trottent par la France pour rompre tous bons desseings » [150]. L'argent *politique* n'étant pas le seul d'ailleurs à courir les chemins de France ; il y avait celui des marchands, sans compter celui de la fraude, souvent une seule et même chose.

En 1576, Philippe II et ses services examinèrent les avantages qu'offrirait la route de Nantes où le solide crédit du marchand espagnol André Ruiz pouvait servir de pivot à des transferts à travers « la Normandie et la France ». Bonne occasion pour Diego de Çuñiga qui fait cette proposition, d'indiquer les prétentions françaises, et notamment le projet de « geler », dirions-nous, le tiers de l'argent en transit. Occasion aussi pour l'ambassadeur espagnol, de déplorer la mauvaise organisation française du *crédito*, du *trato* et du *comercio* [151], ce qui est certainement exact.

A cette même époque — selon ce que dit Richard Ehrenberg — de l'argent passe de Saragosse, par Lyon, jusque dans les Flandres [152]. Thomas Müller, le facteur des Fugger, utilise les relais de Florence et de Lyon. En 1577, une lettre vénitienne [153] signale un envoi de 200 000 « couronnes » à Don Juan d'Autriche, *via* Paris. Cette même année, les Malvenda de Burgos font une remise de 130 000 écus, partie sur Milan, partie sur Paris, le tout pour le compte de Philippe II [154]. En cette même année 1577, on parle en France d'une véritable invasion de pièces espagnoles, d'or ou d'argent — *d'escudos de oro, doblones, y reales de plata d'Espagna*. Au point que le gouvernement français songe, pour en tirer profit, à valoriser cette monnaie étrangère [155], ce qui serait une façon de la retenir au passage.

Le transit se poursuit l'année suivante. En juillet 1578, Henri III accordait le passage à travers la France aux soldats et à l'argent espagnols (150 000 ducats [156]). Mais, signe des temps nouveaux, l'ambassadeur Vargas [157] se demandait si ces envois étaient prudents, alors que des voleurs à la solde du duc d'Alençon en guettaient le passage. Le mieux serait de recourir, ajoutait-il, à des « polices de marchands » [158].

Les monnaies d'Espagne ont continué à circuler en France, bien au delà de cette année 1578, ne serait-ce que celles destinées par le Roi Catholique aux Français eux-mêmes, l'argent distribué aux Guises [159] et aux autres. En 1582, un document [160] signale l'acheminement sur Lyon et Paris, par Philippe Adorno, de 100 000 écus, sur chacune de ces deux places, à la disposition d'Alexandre Farnèse. En 1585, remise de 200 000 écus sur Lyon par Bartolomeo Calvo et Battista Lomellini [161]. Rien ne permet d'affirmer toutefois que cet argent fût du comptant et qu'au-delà de Lyon, il ait cheminé jusqu'aux Flandres... Jusqu'à plus ample informé, considérons que le recours à la route française n'a guère dépassé les années 1578, que ce recours n'avait été qu'un pis aller. Peut-être même eût-il été abandonné plus tôt sans les difficultés qui surgirent, entre 1575 et 1577, entre Philippe II et ses prêteurs génois. L'accord qu'ils conclurent en 1577 — le *medio general* — allait donner la primauté à la route maritime de Barcelone à Gênes.

La grande route de Barcelone à Gênes et le second cycle des métaux précieux d'Amérique

On ne sait dire à quelle date précise cette route a pris de l'importance. Peut-être avec les années 1570 qui correspondirent, en Méditerranée, au début de la grande guerre contre les Turcs. Résultat : les capitaux espagnols se déroutent vers l'Italie. A coup sûr, il ne s'est pas agi d'une création *ex nihilo*. Bien avant 1570, or et argent d'Amérique avaient déjà atteint le centre de la Méditerranée ; toutefois jamais par masses comparables au large courant qui avait ravitaillé Anvers. En octobre 1532, des galères arrivaient d'Espagne à Monaco, avec 400 000 écus, destinés à Gênes [162]. En 1546, Charles-Quint empruntait 150 000 ducats aux Génois [163]. Il est probable que cette avance a entraîné une sortie compensatrice de métaux en direction de la *Dominante*. Une correspondance portugaise [164] indique, sans équivoque, une remise d'argent comptant à Gênes, au bénéfice du Pape, en 1551. R. Ehrenberg signale qu'en 1552 de grosses quantités d'argent arrivaient à Gênes en même temps qu'à Anvers [165]. En janvier 1564, une lettre de Baltazar

Lomellini à Erasso parle d'un paiement effectué sur ordre de Philippe II, en novembre de l'année précédente, se montant à 18 000 ducats sur la place de Milan et au compte du beau-père de Baltazar Lomellini, Nicolò Grimaldi [166]. En 1565, un prêt de 400 000 ducats, payable dans les Flandres, est consenti par des marchands florentins. Ont-ils, ou non, réclamé des remises de métaux précieux à Florence même [167] ? En 1566, Fourquevaux, ambassadeur de France en Espagne, signale deux prêts génois, l'un de 150 000, l'autre de 450 000 écus [168] et l'ambassadeur toscan Nobili parle, en mai, d'un envoi de 100 000 écus, cette fois à Gênes [169]. Le passage du duc d'Albe d'Espagne à Gênes, en 1567, s'est accompagné d'un transport de troupes et d'argent [170]. Enfin, il a fallu, de temps à autre, pourvoir la Sicile et Naples, souvent d'ailleurs par *cambios*, conclus sur les places de Gênes ou de Florence, où forcément ils attiraient en contrepartie un peu des trésors d'Amérique [171]. « On a porté, ces jours passés, dix-huit charges d'argent à Barcelone pour l'Italie », écrit Fourquevaux, en décembre 1566 [172]. Durant l'été 1567, Nobili a réussi à expédier une partie de l'argent destiné à la solde des galères toscanes au service du Roi Catholique. Non sans mal : l'assignation qui lui avait été consentie sur des revenus d'église étant dispersée à travers l'Espagne entière [173]. Sur ce qu'il avait perçu, Nobili se proposait, en mai [174], d'envoyer 25 000 « escudi » ; en juin, il annonçait l'expédition de huit malles contenant 280 000 « reali » [175] ; enfin en septembre, sans nouvelles précises, il espérait que tout s'était bien embarqué sur les galères [176]...

Ces exemples, mis bout à bout, ne donnent pas l'impression d'un courant régulier : tant que le *dinero de contado*, l'argent comptant, a suivi la route flamande (utilisée cent fois pour une par les prêteurs génois), la Méditerranée n'en a attiré qu'une modeste partie. Les preuves négatives abondent.

Ainsi il est possible de repérer les monnaies qui circulent à Raguse où les maisons de commerce font parfois transcrire sur les registres officiels des *Diversa di Cancellaria* le relevé des pièces confiées à tel ou tel de leurs agents pour des achats dans les Balkans ou dans le Levant, ou celles qu'elles versent pour tel règlement de dettes, voire pour la constitution du capital de telle ou telle société. Les pièces d'or jouent longtemps un rôle exclusif, qu'elles soient frappées à Venise, en Hongrie, à Rhodes, à Chio ou à Alep. Et ceci pose sous un jour spécial le problème monétaire des rapports de Raguse avec le Levant sous le signe de l'or[177]. Giugliano di Florio confiait, le 5 juin 1551, 650 écus *d'oro in oro* au patron d'une nave, Antonio Parapagno. Ces 650 écus se décomposent en 400 *sultanini*, sequins turcs, et 250 *veneciani* ou sequins de Venise[178]. Même remise de 100 écus *auri in auro* pour un voyage de Naples à Alexandrie et d'Alexandrie à Gênes, à Johannes de Stephano, Ragusain, en novembre 1558[179]. Hieronimus Johannes de Babalis, en juin 1559, en reçoit 500, en or, pour un voyage à Alexandrie[180]. Souvent ces pièces d'or sont des sequins turcs. Quand le métal blanc prend enfin sa place, il s'agit en août 1560 d'aspres turcs, de *mille quingentos aspros*, 1 500 petites pièces que reçoit, au départ d'un voyage dans le Levant, un associé d'Andrea di Sorgo, Giovanni di Milo[181]. Plus encore, et surtout après 1564, les monnaies courantes seront les *talleri*, les thalers turcs ou hongrois[182], les réaux espagnols, les *reali da otto*, n'arrivant que plus tard, entre 1565 et 1570, à Raguse[183].

En fait, le numéraire manque sur les places méditerranéennes. En 1561, à Barcelone, Philippe II demande par lettre du 26 mars, au vice-roi de Catalogne, Don Garcia de Toledo, qu'on lui procure 100 000 ducats, pour les foires d'octobre et de mai. Impossible, répond le vice-roi, le 5 mai[184]. « La place est si étroite de crédit et les marchands disposent de si peu d'avoirs !... Que Votre Majesté me croie : pour 8 à 10 000 ducats que j'ai trouvés ici, quelquefois, pour venir en aide aux soldats, j'ai dû donner l'aval de marchands du pays et, de plus, mettre mon argenterie en gage. Avec tout cela, ils me prenaient encore 9 à 10 p. 100 d'intérêt. »

Nous voici à Naples en 1566, avec sous les yeux le

partido des 100 000 ducats *de oro di Italia*, conclu à
Gênes en avril [185]. Il s'agit d'un *asiento* de type courant,
plus exactement du chapitre d'un de ces partis à clauses
multiples que la monarchie concluait avec les banquiers.
Philippe II, en échange des 100 000 ducats qu'on lui
paie sur la place de Gênes, a donné une assignation sur
le *donativo* de Naples, ou à son défaut sur un impôt du
Royaume, pour le remboursement dès l'année suivante.
Naples servant de caisse de remboursement, le *partido*
conclu à Gênes par les soins de l'ambassadeur espagnol,
Figueroa, est envoyé à la signature du vice-roi de
Naples. Ce dernier fait examiner par son trésorier et un
expert les clauses et modalités de remboursement ;
toutes vérifications faites, l'argent est prêté au taux
énorme de 21 3/5 p. 100. « Je n'ai pas manqué de
signer la capitulation, écrit le duc d'Alcala, bien que
l'intérêt me paraisse excessif. » N'est-ce pas une preuve
de « l'étroitesse » de la place de Gênes ? Un détail de
cette discussion indique, on s'en doutait à l'avance, que
l'argent comptant est plus cher à Gênes qu'en Espagne,
d'où une prime de 2 p. 100 à déduire des bénéfices des
marchands, ajoutent les commentateurs, puisque le
paiement se fait à Gênes. Cette valorisation représente
un peu plus que les frais de transport et d'assurance [186].

Étroitesse ainsi à Gênes, en 1566. A Naples, à la
même époque, la situation est encore moins brillante.
Il avait été question, au début de cette année 1566, de
conclure un *asiento* de 400 000 ou 500 000 ducats [187], à
assigner sur le *donativo* de Naples, et cette négociation,
si je ne me trompe, a abouti au *cambio* des 100 000
ducats que nous considérions, il y a un instant. Or, à
ce propos, le duc d'Alcala ne recommande qu'une
chose : qu'au moins, le « change » ne soit pas conclu à
Naples, la place n'étant pas apte à fournir des prêts
même de l'ordre de 100 000 ducats : les marchands
s'entendraient, élèveraient leurs exigences. Mieux valait
conclure l'opération en Espagne ou à Gênes.

Mais avec les années 1570, une situation nouvelle se
dessine ; la machinerie espagnole est obligée, pour les
gros armements de Méditerranée, d'orienter autrement

que par le passé ses envois d'argent en lettres de change
ou au comptant [188]. Jean André Doria, en avril 1572,
indiquait à la République de Gênes, qu'il allait prendre
à Carthagène l'argent que les marchands génois préféraient embarquer là plutôt que de les conduire par terre
jusqu'à Barcelone, car les chemins n'étaient pas sûrs [189].
Les envois ne furent même pas interrompus par la
seconde banqueroute de l'État espagnol en 1575, qui
secoua Gênes jusque dans ses assises, mais contribua
aussi à abattre ce qui restait debout du cycle anversois.
En avril 1576, Philippe II faisait envoyer 650 000 ducats
de contado à Gênes [190]. Cette même année, il offrait
aux Fugger de transporter, pour eux, 10 000 écus « d'or
en or » sur ses galères jusqu'en Italie [191]. Par cette même
route, entre 1575 et 1578, le facteur des Fugger passera
jusqu'à deux millions de *couronnes* à destination des
Pays-Bas [192]. Quand Philippe II, en juillet 1577, donne
l'ordre à Jean André Doria de gagner Barcelone, c'est
pour y embarquer l'argent destiné à l'Italie. Il faut que
le capitaine, son chargement fait, parte vite avec ou
sans l'Amiral de Castille qui devrait faire partie du
voyage, car le besoin d'argent est urgent en Italie et il
importe « que les corsaires ne viennent pas à savoir que
l'argent se transporte en une seule galère » [193]. Précisons
bien : la nouvelle route ne se termine pas en Italie :
Gênes est devenue la gare régulatrice des mouvements
d'argent et des lettres de change en direction du Nord.
Ce qui n'empêche pas, au contraire, l'Italie de recevoir
sa part, à commencer par le grand-duc de Toscane,
rentré après 1576 dans les bonnes grâces de l'Espagne
et à qui Philippe II demandera, en 1582, un crédit de
400 000 ducats pour les Flandres [194].

Avec la montée des arrivages d'argent à Séville, au
delà de 1580, toute cette circulation se gonfle. Rien
n'en donne mieux la mesure, durant les années 1584-
1586, pour ne pas se perdre dans une énorme masse de
documents reconnus [195], que les lettres averties du chargé
français d'affaires en Espagne, le secrétaire Longlée.

Année 1584, 18 janvier [196] : deux galères vont partir
de Barcelone porter de l'argent à Gênes ; 12 janvier :

on envoie un million d'or « à Milan pour Flandres » et, derrière lui, un autre million qui sera mis en réserve au château de Milan [197] ; 22 mars : on envoie une grande quantité d'argent en Italie pour les affaires de Flandres [198] ; 26 mai : Jean André Doria s'embarquera à Barcelone, vers le 18 ou le 20 juin, avec vingt galères et quelques autres vaisseaux, à bord de la flotte voyageront 2 millions pour le Roi Catholique, l'un en « escus pistollets », l'autre en « réalles » et environ un autre million en lettres de change des « Foucres » et des marchands génois ; 1er juin : les Génois font « encore ung parti de 4 cens mil escus pour les fournir en Italye » dans quatre ou cinq mois [199] ; Jean André Doria porte plus de 2 millions et demi sur ses galères pour le Roi Catholique « et environ d'ung million » appartenant à des particuliers, dont le grand-duc de Toscane ; plus 300 000 écus, propriété de J. A. Doria lui-même, 300 000 ou 400 000 écus pour le compte d'autres Génois, auxquels il faut ajouter « ce que trente ou quarante seigneurs et gentilshommes d'Italie ont retiré et emportent avec eux, se retirant en Italye avec le passaige des galerres. Outre cela, il y a cinq cens mils escus pour la maison des Foucres en Allemagne, baillez au compte du dict roy, ainsi que je l'ai veu sur le mémoire de l'argent qui sort d'Espaigne » [200]. En fait, nous apprenons, le 30 juin, que cet argent des Fugger leur appartient : « le roy Catholique leur a presté à son nom pour les fere sortir d'Espaigne » [201]. Le fonds de réserve à Milan a été porté à 1 200 000 écus ; 17 août : un crédit de 80 000 écus est consenti par des banquiers italiens, dont J. B. Corvati, pour le compte de l'ambassadeur J. B. de Tassis [202].

Année 1585, 4 avril : gros envoi d'argent à Milan et à Gênes pour le roi [203] ; 25 avril : 400 000 écus, embarqués à Barcelone pour l'Italie et sans doute davantage [204] ; 14 mai : dix-neuf galères de Gênes et de Savoie, huit de Naples, vingt-cinq d'Espagne, avec de mauvais équipages embarquent à Barcelone cinq mille hommes de troupe. Elles porteront en Italie 1 200 000 écus ; « outre cela », soixante-seize charges d'argent sont

passées à Saragosse en direction de Barcelone [205] ;
9 juin : sur la flotte des galères, 500 000 écus au duc
de Savoie [206] ; 15 juin : la flotte a enlevé 1 833 000 écus
pour l'Italie, dont plus de 1 000 000 non enregistré [207] ;
20 septembre : nouveau départ de galères avec 400 000
écus pour l'Italie. 300 000 écus viennent d'arriver à
Monçon où se trouve alors Philippe II [208] ; 18 septembre : on traite un parti avec les Fugger pour « rendre
500 000 escuz en Allemaigne ».

Année 1586, 25 mars : envoi de 1 200 000 écus en
Italie pour les affaires de Flandres [209] ; 31 mai : sept
galères portent 600 000 écus à Gênes, toujours pour les
affaires de Flandres [210] ; 29 septembre : « ung party » a
été conclu, il y a huit jours, avec les Foucres pour
1 500 000 payables à Francfort, 250 000 à Besançon,
250 000 à Milan [211] ; 11 octobre : on négocie encore un
« party » pour payer de 700 000 à 800 000 écus en
Italie [212]...

Dans les années qui suivent, le courant de métaux
précieux va encore grossir ; il suffit pour s'en persuader
de voir à quelle hauteur s'élèvent les *asientos*, durant
les douze dernières années du règne de Philippe II. En
1586, les Fugger lui prêtaient sans doute 1 500 000 écus
d'or, payables en Italie et en Allemagne [213] ; en 1587,
Agostino Spinola lui avançait 1 000 000 de *scudi* ; en
1589, les Florentins 600 000 écus [214] ; cette même année,
des marchands génois concluaient un *cambio* de
2 000 000 pour les Pays-Bas. L'année suivante, Ambrosio Spinola payait aux Pays-Bas 2 500 000 [215]. En 1602,
Ottavio Centurione avance 9 millions, et même davantage, ce que des historiens prudents mettent en doute [216]
— mais bien à tort [217]. Je trouve aussi l'indication d'un
parti conclu, en 1587, par Agostino Spinola, qui se
monte à 930 521 *escudos* ; contrairement à ce que disait
Ehrenberg, il est conclu non pas pour l'Italie, mais sous
forme de lettre de change sur les Pays-Bas, au duc de
Parme [218].

Peu importent les détails ; le fait à retenir est cet
énorme gonflement du trafic des espèces monnayées et
des crédits à travers la Méditerranée occidentale, promue

au rôle de route impériale de l'argent. Personne ne contestera l'importance historique des voyages incessants des galères chargées de caisses ou de tonneaux de monnaies. Il importe, quand on parle de l'or et de l'argent d'Amérique, d'associer aux célèbres galions des flottes des Indes, les non moins importantes zabres et naves biscayennes et ces galères qui, la paix revenue en Méditerranée, sont si étonnamment occupées à transporter, au lieu de combattants, des voyageurs et des montagnes de pièces d'argent [219]. Il y a évidemment des accidents : en avril 1582, une galère entre Barcelone et Gênes, surprise par le mauvais temps, devait se délester d'une partie de sa précieuse charge ; 56 caisses de réaux furent ainsi jetées à la mer, plus une caisse entière d'*escudos* et autres pièces d'or [220]. Cependant ces accidents ont été rares et la prime d'assurance à 1,5 p. 100 le dit à elle seule. Les accidents sur terre étaient aussi fréquents si ce n'est davantage. En janvier 1614 [221], 140 000 écus appartenant à des Génois étaient enlevés à six lieues de Barcelone par une centaine de voleurs.

La Méditerranée envahie par les monnaies espagnoles

Cette fortune méditerranéenne était l'exacte contrepartie d'un tarissement des trafics atlantiques, de la décadence d'Anvers et, au delà d'Anvers, de toutes les places et activités qui avaient dépendu du bon fonctionnement du centre anversois. Je croirais volontiers que la chute d'Anvers et des Pays-Bas se situe avant les grandes années tournantes 1584-1585 dont l'importance n'est pas niable, avant même le sac de la ville en 1576, avant la seconde banqueroute espagnole de 1575. Je crois qu'on peut se reporter à 1567, comme l'a fait A. Goris [222], ou mieux à 1569. Il y a même des arrêts nets en cette dernière année, ne serait-ce que celui du centre lainier d'Hondschoote, pourtant en pleine prospérité et d'importance mondiale [223]. A l'arrivée du duc d'Albe, l'industrie textile est si touchée que ce dernier ne trouvera pas, sur place, assez de tissu bleu pour les gens de son palais [224]. Certes, les pillages de novembre 1576 ne détruisirent pas, à Anvers, une ville en pleine sève[225]. Une affirmation portugaise, en 1573, indiquait que, depuis 1572 au moins, tout le commerce avec les Flandres était ruiné[226]. Dès 1571[227], un marchand espagnol de retour à Anvers avait l'impression d'être dans une autre ville. La Bourse elle-même *no es… lo que solia*, n'est plus ce qu'elle était…

La décadence de Lyon porte en gros la même date. Ce qui lui restait de ses grandes fonctions d'argent a été transféré à Paris entre les années 70 et 80[228]. En 1577, sur la Place aux Changes, vraie place de village, l'herbe s'est mise à pousser[229].

Vers la même époque se marquait la fin des grandes foires de change de Medina del Campo, rituellement fixée par les historiens au voisinage de la seconde banqueroute de l'État espagnol (1575). On voit moins bien d'ordinaire, au Nord de Medina, la double gêne à peu près concomitante de Burgos et de Bilbao. Pratiquement, les importants registres d'assurances maritimes[230] du Consulat de Burgos se sont alors fermés. Ce qui se brise, c'est le grand axe de Medina à Bilbao jusqu'aux Flandres, une des lignes de l'Empire espagnol au début du règne de Philippe II.

Ainsi la Méditerranée détournait à son profit une large partie de la circulation monétaire du monde. Signe des temps nouveaux, Barcelone, renaissant à une vie prospère, réorganisait ses foires de change en 1592 et à la fin du siècle, au delà de la Sardaigne, de Naples et de la Sicile, qui semblaient marquer les limites extrêmes de sa zone commerciale, elle réexpédiait des voiliers jusqu'à Raguse et Alexandrie d'Égypte[231]. Plus encore, l'Italie entière est alors envahie par les métaux précieux. L'ambassadeur du Ferrier, si longtemps représentant de la France à Venise, bien au courant des affaires d'Italie et du Levant, s'inquiétait, en 1575[232], des menaces de guerre qui pesaient sur la Péninsule : l'Espagnol allait-il profiter des querelles de Gênes pour se saisir de la ville et, avec elle, de toute l'Italie ? Cette Italie, qui « jamais n'a été aussi pécunieuse » précisait-il dans une lettre au roi de France. Que dire alors de l'Italie des

décennies qui vont suivre ? Un homme aussi averti que
le duc de Feria écrivait dans un long rapport, vers 1595,
que le mieux, pour l'Angleterre, serait encore de se
réduire à l'autorité de l'Espagne, « selon l'exemple de
Naples, de la Sicile et de Milan qui, sous leur actuel
gouvernement, florissent plus que jamais ils ne le
firent... »[233]. Dédions ce passage à ceux qui se hâtent
de parler d'une décadence de la Méditerranée, dès le
début du XVIᵉ siècle.

En fait, de proche en proche, il y a eu invasion de
monnaies espagnoles à travers l'espace entier de la mer.
Elles mettent bientôt en cause la vie de tous les jours.
Vers 1580, sur les marchés d'Alger, les monnaies
courantes sont l'écu espagnol, d'or en or, les réaux
d'argent, les pièces de 8, de 6, de 4, surtout les monnaies
de a ocho reales. Toutes ces monnaies font prime sur
le marché et sont l'une des grandes marchandises à
destination de la Turquie où les réaux sont expédiés par
caisses entières[234]. Les registres du Consulat français
d'Alger qui remontent à 1579[235], ceux du Consulat
français de Tunis[236] qui s'ouvrent en 1574, indiquent,
dix fois pour une, la primauté des pièces espagnoles.
C'est en cette monnaie que sont d'ordinaire stipulés les
prix des rachats. En février 1577, des captifs se révoltent
à Tétouan, à bord d'un navire algérois. Les Turcs se
jettent à l'eau en hâte, mal leur en prend : chargés de
réaux et d'or, beaucoup sont entraînés au fond de
l'eau[237]...

A Livourne, à côté de gros arrivages officiels, les
barques venant de Gênes ou d'Espagne en droiture
portent, au milieu des ballots de marchandises, des
caisses de « reali »[238]. A Raguse, à l'extrême fin du
siècle, en 1599, de deux enregistrements de monnaies
destinées à Rodosto et Alexandrie, le premier comporte
des *talleri* et des *reali*[239], le second uniquement des *reali
d'argento di Spagna a reali otto per pezza*[240]... L'année
précédente, une nave ragusaine a été abandonnée, à
Cérigo, par son équipage qui gagne la terre dans une
barque pour ne pas tomber aux mains de Cigala[241]. Le
patron et les fugitifs emportent avec eux 17 000 *reales*

de a ocho. Autre détail : en mai 1604 un Marseillais reconnaît, à Raguse, devoir à un Florentin « duo centum sexaginta tres pezzias regaliorum de 8 regaliis pro qualumque pezzia » [242]. Ainsi Raguse à cette époque, est largement touchée par l'invasion de monnaie espagnole. Mais quelle ville, quelle contrée lui échappe ? En Turquie des réaux arrivent, nous l'avons dit, même de Pologne par les grosses voitures qui relient Lwow à Istanbul [243]. Inutile, évidemment, d'aller au Levant où tant de lettres marchandes, italiennes, ragusaines, marseillaises, anglaises, nous proposent un spectacle connu à l'avance.

Ces détails faciles à multiplier, ne doivent pas faire perdre de vue l'essentiel. On y verra plus clair si l'on admet qu'à partir de 1580, le vrai centre de dispersion du métal blanc, autant et plus que l'Espagne elle-même, c'est l'Italie des grandes villes. Elle tire de ce rôle d'énormes bénéfices, à charge d'évacuer vers le Levant, ce qui est facile et profitable, une partie des surabondantes pièces blanches d'Espagne ; à charge aussi de ravitailler en pièces d'or plus difficiles à saisir, en monnaies blanches et en lettres de change, l'étroite place des Pays-Bas où l'Espagne défend son Empire et le sort de la Catholicité, et où le courant même des espèces sonnantes et trébuchantes nourrit autant les Pays-Bas révoltés que les troupes et les sujets fidèles. L'Italie est ainsi au cœur d'un système créateur de liaisons, de synchronismes et d'asymétries évidentes.

L'Italie en proie à la « *moneda larga* »

A partir de 1580, les quantités de métal précieux apportées à Gênes par les galères venues d'Espagne ne cessent de grandir, jusqu'au record sans doute de juin 1598 [244] : 2 200 000 écus (200 000 en or, 1 300 000 en lingots d'argent, 700 000 en réaux) débarqués d'un seul coup. A moins que le record n'ait été établi par l'arrivée à Gênes, le 20 juin 1584, de 20 galères, sous le commandement de J. André Doria, qui auraient transporté de 3 à 4 millions d'écus, mais nos renseignements ne sont pas suffisamment précis [245]. Retenons l'énormité de ces envois. D'après un calcul de la *Contaduria Mayor*, en 1594, il arrive chaque année en Espagne dix millions d'or, il s'en exporte six, trois pour le roi, trois pour les particuliers. Les quatre millions en surplus, ou restent en Espagne, ou sont le prix d'exportations clandestines par les courriers, les voyageurs ou les marins... Un historien [246] pense que, chaque année, à la fin du siècle, six millions d'or gagneraient l'Italie pour se disperser ensuite dans toutes les directions à travers la Péninsule et hors de celle-ci. Ces masses d'argent jouent leur rôle avant même de toucher Gênes (ou Villefranche, ou Portofino, ou Savone, ou Livourne). La simple nouvelle de leur prochaine arrivée crée la « largesse » sur les places italiennes, comme à Séville ou à Madrid et à Medina del Campo l'annonce que la flotte des Indes est là ; ces galères sont une seconde flotte des Indes. Bientôt en Italie les « largesses » se font insistantes, parfois meurtrières. Partout abonde le comptant à bon marché, la « *moneda larga* » qui déçoit bien des calculs. Le jeu du crédit s'accommode mal d'abondances continues. Il vit de flux et de reflux. Les lettres de change sont vendues par qui veut emprunter, mais qui emprunte quand l'argent est abondant ? Comprenons bien ce mécanisme simple : l'argent comptant abonde, ce qui veut dire que chacun en a plus ou moins sa part, si bien que disparaît, ou du moins se fait rare sur la place, l'emprunteur, c'est-à-dire le vendeur de lettres de change. Celles-ci sont rares, elles sont à très haut prix. Dans la situation inverse, le comptant manque, les lettres de change se proposent de partout et le prêteur est le maître de les acheter à bas prix. Simón Ruiz est perplexe, insatisfait en ces années en apparence si faciles. A son métier de courtier des grandes affaires, il a ajouté celui de prêteur, d'acheteur de lettres de change sur la place de Medina del Campo. D'ordinaire ses vendeurs sont des marchands de laines qui ne pouvaient mener leurs affaires sans recevoir des avances, la laine achetée en Espagne se soldant à Florence des mois et des mois plus tard. Simón Ruiz a acheté à bon compte le papier qui représente sa créance, il l'expédie à son ami et compatriote à Florence, Baltasar Suárez qui va devenir par alliance beau-frère du grand-duc de Toscane. La lettre de change, arrivée à son but, se transforme en argent avec bénéfice. Mais cet argent doit être réexpédié sur Medina del Campo par une nouvelle lettre de change, achetée à Florence. S'il y a largesse sur la place, la lettre s'achètera à haut prix et Simón Ruiz ne va pas gagner à cette seconde opération. Pour parler simplement, le banquier perd au jeu, ou plus exactement ne gagne pas dans les six mois les 5 p. 100 auxquels il est habitué. Ne pas gagner, c'est perdre, c'est engager à tort « l'argent de sa propre maison ». Rien de plus clair que ces plaintes du vieil homme de Medina del Campo ou que les explications et les justifications de l'ami de Florence [247]. « Au jour d'aujourd'hui, explique celui-ci, qui a l'argent en main doit le donner au prix que veut le preneur... » [248]. Rien ne serait plus dangereux, explique encore le vieil ami de Florence, que d'aller à contre-courant ; « ceux qui ont voulu faire violence à la place de Florence (*violentar la plaza*) n'y ont guère trouvé leur profit », note-t-il, le 9 septembre 1591 [249]. Que faire contre la marée des monnaies et des lingots d'argent ? Le jeu fondamental, le jeu propre des changes, en est altéré, il faut pour qu'il fonctionne que les taux montent et descendent et permettent les décalages fructueux.

De cette inondation de l'Italie par le « comptant », nous aurions une autre image par la simple étude des frappes dans les Hôtels des Monnaies de la Péninsule. Aucun ne chôme. Il serait sans doute possible, d'après les documents de la *Sommaria*, de reconstituer certains achats de la *Regia Zecca* de Naples [250]. Notons que de 1599 à 1628 [251] y seront frappées pour 13 millions de pièces. Même activité à Palerme et à Messine [252], ou à Gênes [253]. A peine émises, les monnaies circulent et surtout au XVIIᵉ siècle quittent avec rapidité leurs lieux d'origine. A Venise, la *Zecca* [254] frappe sans arrêt : il y va de la prospérité de la ville. En moyenne, il s'agit chaque année d'un million d'or et d'un million d'argent. Comme le ravitaillement ordinaire, par l'intermédiaire des marchands apportant monnaies ou *verghe* à ses guichets, ne suffit pas, la *Zecca* procède à des achats sur contrats. Ces contrats sont souvent fort élevés : en 1584, 500 000 ducats (2 juin, avec les Capponi), 140 000 marcs, avec les Ott, agents des Fugger à Venise ; un million de ducats avec les Ott encore, en 1585 ; un million en 1592 avec Agostino Senestraro, Marcantonio et Gio. Battista Giudici ; 1 200 000 ducats, en décembre 1595, avec Oliviero Marini et Vicenzo Centurione ; un million le 26 mars 1597, à la charge de Hieronimo et Christoforo Ott... Par la suite les contrats sont moindres, toutefois en mars 1605 un contrat de 1 200 000 ducats est conclu avec Gio. Paolo Maruffo et Michel Angelo et Gio Steffano Borlotti... Notre intention n'est pas d'établir le bilan des achats de la *Zecca* de Venise, mais de montrer ces gouffres, ces appétits des Hôtels des Monnaies que satisfait, pour l'essentiel, l'argent espagnol d'Amérique.

Il ne faudrait d'ailleurs pas additionner les chiffres de frappe pour espérer contrôler *a posteriori* le volume de la production lointaine du Nouveau Monde. Le jeu n'est pas si simple. Les pièces fondues ici sont refondues ailleurs ; quelques mois ou quelques années passent, elles sont aux guichets d'un autre Hôtel des Monnaies. De 1548 au début de 1587, la Zecca de Naples a frappé pour dix millions et demi de ducats et, au terme de cette activité, *in tutto il Regno non ne siano settecento millia ducati*, il n'en reste pas 700 000[255]. N'empêche que le métal, en Italie, est d'autant plus abondant qu'il circule avec plus de rapidité.

Bien entendu l'Italie ne doit pas ce privilège au simple fait qu'elle se trouve sur la route impériale de l'argent espagnol. Cette coïncidence l'aide, mais plus encore son activité, que les historiens s'obstinent à sous-estimer et qui est assez vigoureuse en ces dernières années du siècle pour lui valoir des balances positives dans ses échanges avec l'Allemagne, l'Est européen, les Pays-Bas, la France et l'Espagne[256] (compte non tenu d'une balance défavorable pour Florence en raison de ses achats de laine castillane). Ces soldes positifs lui permettent d'accumuler pour elle-même et de solder le déficit en direction du Levant et de la Turquie dont nous avons si longuement parlé et qui par ses retours fructueux relance toute l'activité marchande et industrielle de la Péninsule. Celle-ci se trouve ainsi au cœur du commerce des métaux précieux et des lettres de change, maîtresse en fait d'un circuit où tout se commande. En inflation d'argent, l'or est devenu la valeur sûre, celle de la thésaurisation, celle des règlements internationaux. Sauf engagements contraires, les lettres de change sont payables en or. C'est en or aussi que les soldats des Flandres exigent d'être payés, sinon en totalité, au moins en partie. Enfin seul l'or peut se déplacer par courrier, comme nous l'avons dit. Donc si l'Italie a besoin de l'Espagne, l'Espagne a besoin de l'Italie pour les paiements Sud-Nord qu'elle doit, à partir de Gênes, solder très souvent en or dans les Flandres. Ce sont les places de la Péninsule qui sont capables de fournir les pièces d'or et les lettres de change qui aboutissent à Anvers entre les mains des trésoriers payeurs des armées espagnoles.

Voilà l'Italie à une croisée des chemins, d'une part cet axe Sud-Nord qu'entretiennent la politique de l'Espagne et les *asientos* par le relais génois, d'autre part cet axe, selon les parallèles, qui gagne le Levant, puis l'Extrême-Orient ; un chemin de l'or de Gênes à Anvers, un chemin du métal blanc tracé jusqu'à la Chine lointaine.

Pour ce dernier, aucune surprise : le métal blanc y circule par priorité, il se valorise dès le Levant, l'Empire turc étant une zone de l'or à partir de l'Égypte et de son ravitaillement africain ; il se valorise plus encore vers l'Est en traversant la Perse, les Indes, pour aboutir parfois au carrefour des Philippines, à la Chine : l'or chinois s'échange à raison « de deux marcs d'or contre huit marcs d'argent », c'est-à-dire à 1 contre 4, alors qu'en Europe le rapport est au moins de 1 à 12. Cet axe Italie-Chine dont le tracé commence en Amérique et fait le tour de la terre, soit par la Méditerranée, soit par le cap de Bonne-Espérance, est une *structure*, une

permanence, un trait fort de l'économie mondiale qui
ne s'effacera qu'avec le début du XXe siècle. Au
contraire, l'axe Gênes-Anvers ne relève que d'une
conjoncture longue. Il durera tant que l'Espagne tiendra
les Pays-Bas, c'est-à-dire jusqu'en 1714, tant que se
poursuivra l'inflation d'argent qu'elle contrôle, c'est-à-
dire jusqu'en 1680[257]. Donc, pendant tout le XVIIe siècle,
l'Italie reste à la croisée des deux axes. De la rade de
Cadix, les voiliers anglais, hollandais, malouins et
parfois génois, « bateaux de guerre » ou non, transportent à Gênes ou à Livourne les pièces de huit, que l'on
appelle alors communément des piastres[258]. Tout ce
trafic gagne « Alexandrie, le Grand Caire, Smirne, Alep
et autres places du Levant ». Les piastres « y sont fort
recherchées dans toutes les susdites places et même dans
la Perse... » écrit Samuel Ricard[259], le grand-père du
célèbre Ricardo, dont le livre s'imprime encore en 1706.
De l'argent, non de l'or. Bien sûr, dit une relation
vénitienne fort antérieure (1668)[260] on peut dépenser en
Égypte des *ungari* ou des *zechini* « *senza perdervi cosa
veruna ; ma bisogna esser pratico* », sans vraiment y
rien perdre, mais il faut connaître son affaire... Pour
l'argent, avec les pièces de huit, on peut gagner jusqu'à
30 p. 100. Quant à l'axe Sud-Nord, il demeure en place.
Sans doute la prépondérance de Gênes diminue-t-elle
après 1627[261], mais en 1650 encore, ses banquiers font
des remises vers les Pays-Bas, pour le compte de
l'Espagne[262].

Le siècle des Génois[263]

Ces explications préalables aident à mieux situer le
siècle des banquiers génois qui s'intercale, à l'horloge
du grand capitalisme, de 1557 à 1627, après le siècle
bref des Fugger, avant le siècle du capitalisme mêlé
d'Amsterdam. J'avoue que j'aimerais mieux dire 1640
ou 1650 que 1627[264], mais peu importe ! Il est évident
que la fortune des Génois ne se crée pas d'un seul coup
de baguette magique en 1557, au lendemain de l'étrange
banqueroute de l'État espagnol, et ne s'achève pas du
tout au tout en 1627, à l'occasion de la cinquième ou

sixième banqueroute castillane, quand le comte duc Olivares pousse à la première place des prêteurs de la Couronne de Castille les marranes portugais. Gênes reste pour longtemps encore un des pivots de la finance internationale.

La richesse ancienne de Gênes, sa volte-face politique de 1528 ont préparé à l'avance sa fortune, ainsi que son implantation précoce en Andalousie et à Séville[265], sa participation non seulement au commerce entre l'Espagne et les Indes, ce qui est bien connu depuis les travaux d'André E. Sayous, mais aussi entre Séville et les Pays-Bas — ce commerce nourrissant l'autre. Je note, d'après Richard Ehrenberg[266], que les Génois l'emportent tard à Anvers, pas avant 1555, mais ils ont été actifs sur la place de l'Escaut dès le début du siècle et y sont de 1488 à 1514, les premiers de tous les marchands italiens[267]. Il semble bien qu'ils aient, par la suite, financé les liaisons Nord-Sud, et cela, au moins jusqu'en 1566.

En tout cas la grande occasion leur est fournie par la faiblesse et la fatigue des Fugger et de leurs acolytes, frappés de plein fouet par la dure récession du milieu du siècle et qui vont se retirer (sauf de courtes réapparitions en 1575 et 1595) du jeu dangereux des *asientos*.

Les *asientos* sont des contrats à clauses multiples conclus entre le gouvernement castillan et les *hombres de negocios*. Ce sont des avances à court terme, remboursables avant tout sur les arrivées de métaux précieux à Séville : ces arrivées sont intermittentes, il s'agit pour le Roi de leur substituer une trésorerie régulière et notamment, chaque mois, de payer *le plus souvent en or* les soldes et autres dépenses des troupes espagnoles aux Pays-Bas. L'habileté des Génois ce sera, dès 1557, de ne pas seulement faire appel aux ressources diverses du Roi Catholique en Castille ou hors de Castille, mais de se servir, pour rassembler et garantir leurs énormes avances, de l'épargne publique, espagnole ou même italienne. Le Roi en effet (de 1561 à 1575) leur concède des *juros de resguardo*[268], en principe titres de rente publique confiés en garantie de l'emprunt consenti, mais que les *asentistas* ont le droit d'utiliser à leur gré. Ils vendent ces titres à leurs amis et connaissances et aussi aux souscripteurs qui se pressent pour les acheter. Bien entendu, les Génois devront ensuite racheter des *juros* pour les rendre au Roi, mais seulement quand celui-ci les aura remboursés. Seconde habileté : les *sacas* de numéraire ont été interdites de 1559 à 1566[269], durant les années de restauration des finances castillanes, toutes les dettes antérieures étant reportées sur la *Casa de la Contratación* qui devient une sorte de *Casa di San Giorgio*[270], avec ses ressources pour assurer le paiement de *juros* « situés » sur la *Casa*. C'est le but du grand règlement de Tolède, en novembre 1560[271], que les historiens considèrent comme une banqueroute supplémentaire, faite comme la première de 1557, avec l'accord tacite des hommes d'affaires. Ceux-ci ont obtenu en *juros* le montant d'une grosse partie de leurs dettes anciennes, mais ont pu payer leurs propres créanciers en cette monnaie-là. Lors de ces règlements les Génois souffrent moins que les Fugger. S'ils ne peuvent plus exporter, sous forme de numéraire, leurs bénéfices, ceux-ci peuvent s'investir facilement en marchandises espagnoles, aluns, laine, huile, soie, etc. qui, exportées en Italie ou aux Pays-Bas, leur fourniront les liquidités dont ils ont besoin en ces pays lointains. Évidemment tout sera plus commode encore quand, après 1566[272], en raison des troubles des Flandres, ils seront autorisés à nouveau à exporter pièces et lingots d'argent, et pour ainsi dire à leur gré.

Le problème décisif n'en restait pas moins celui des transferts et paiements en or vers les Pays-Bas. Pour le résoudre, le Roi Catholique ne peut se dispenser d'un recours obligatoire aux capitalistes internationaux, les Allemands de Haute-Allemagne avant le milieu du siècle, les Génois après 1557. Philippe II est plus encore que Charles Quint condamné à ce recours. Il est le maître sur le marché international du métal blanc, mais non pas du cuivre, des lettres de change et de l'or. Le cuivre n'est qu'un comparse. Cependant l'humble métal monétaire est étranger à la péninsule Ibérique, allemand avant d'être au XVIIᵉ siècle suédois et japonais. L'Espagne l'obtiendra facilement contre paiement et la situation ne sera tendue qu'au Portugal où la hausse du cuivre sera fabuleuse jusqu'en 1550 [273], étant donné les demandes des Indes Orientales. On racontait en 1640 encore qu'au temps du roi Don Manuel, les pièces de cuivre faisaient prime au Portugal sur l'or [274]. Pour les lettres de change, il faut distinguer celles qui représentent le jeu du crédit, parfois poussé au delà du raisonnable, et ces lettres qui vont à la rencontre des surplus des balances commerciales. Or l'Espagne accablée par ses richesses américaines a de tous côtés une balance déficitaire, les pays à surplus sont (ou du moins étaient) les Pays-Bas, sont et restent les places d'Italie. C'est le papier de ces dernières qu'il faudra acheter. Car en principe payables en or, les lettres de change commandent les circuits compliqués des pièces jaunes. Or le ravitaillement en or de l'Europe se fait mal à partir du Nouveau Monde, c'est donc sur les stocks anciens qu'il faut souvent vivre.

Dans toutes ces directions, le capitalisme génois établira vite sa primauté, mais celle-ci, notons-le bien, n'aurait pas été possible sans l'aide de l'Italie entière. Cette aide assure le succès de l'opération. Vendeurs d'argent, les Génois trouvent chez eux et plus encore en Italie pièces d'or et lettres de change. En 1607 [275], les *Cinque Savii* l'expliquent d'un mot car la chose va de soi : les Génois fournisseurs de métal blanc (et aussi de crédits pour les achats de sucre et de poivre à Lisbonne) *hanno sicuro modo di estrazer da questa città quanto oro vogliono*, ont la certitude d'extraire de Venise autant d'or qu'ils le veulent. Et autant de lettres de change sur l'Allemagne et les Pays-Bas. Quand Ambrosio Spinola et Gio. Jacomo Grimaldi expliquent à la République de Gênes la situation au lendemain de la banqueroute de 1596, la difficulté, disent-ils, pour les provisions qu'ils promettent de faire aux Pays-Bas (à la demande de Philippe II et au nom des autres marchands génois de la *Contratación*, nous dirions du Syndicat), « c'est que les places de Florence et de Venise par l'intermédiaire desquelles se faisaient ordinairement de telles provisions sont bouleversées quasi du tout au tout »[276] par les conséquences violentes de la banqueroute. Sans elles, impossible de trouver des acquéreurs aussi réguliers, pour les réaux et les lingots d'argent, et des fournisseurs de crédits et d'or permettant à la fois de ne pas véhiculer vers le Nord de trop grosses quantités des encombrantes monnaies d'argent — et d'y expédier le métal jaune indispensable. Indispensable, répétons-le. Les soldats aux Pays-Bas exigent toujours une grosse partie de leurs soldes en monnaies d'or, ils y trouvent leur avantage et leurs commodités. Les pièces d'or font prime et elles permettent des transports faciles sous un faible volume. Ainsi s'imposent de perpétuels changements de monnaies d'argent en monnaies d'or. Les marchands essaieront, il est vrai, de se libérer de cette obligation onéreuse en imposant les monnaies blanches, mieux encore des pièces de tissu comme partie du paiement aux soldats... Il y a eu à ce propos une lente évolution. Le métal blanc ne s'imposera guère dans les paiements des soldes avant le règne de Philippe III, avec les inflations de billon qui en marquèrent les premières étapes, pas avant cette promotion lente au rang de monnaie internationale, acceptée par tous, des réaux espagnols. Plus encore pas avant ces retours à la paix de la fin du siècle et du début du siècle suivant qui dévalorisèrent les exigences du soldat et mirent un terme à ses menaces efficaces.

Mais jusque-là, la pièce d'or a été son exigence, et si forte qu'elle est devenue l'un des traits majeurs de la grande circulation monétaire du siècle, un de ses traits structurels comme l'a montré le premier, avec force, Felipe Ruiz Martín[277]. Des incidents le révèlent de temps à autre. Ainsi en février 1569, le duc d'Albe détachait en France le corps expéditionnaire de Mansfeldt au secours des Catholiques[278]. Il fallut, pour approvisionner en pièces d'or la voiture à trois chevaux du payeur détaché auprès des troupes, Diego de Gueines, recourir à des marchands de Rouen, Paris et Lyon, et changer, non sans frais, les *monedas de plata como se rescibieron de los mercaderes a escudos de oro en oro*, changer en écus d'or en or les monnaies d'argent reçues des marchands. Ce petit fait a l'avantage de nous faire toucher du doigt une réalité quotidienne et de dégager une large perspective. Le système général des Génois qui achève de s'organiser en 1579 avec les foires de Plaisance et durera au delà de la fin du siècle, c'est, vu des Pays-Bas, un vaste drainage de l'or qui suppose une série de circuits antérieurs portant sur les marchandises, l'argent, les lettres de change, d'un mot sur toute la fortune de l'Occident. Ce jeu gagnant comporte le respect de certaines règles impérieuses.

Les foires de Plaisance

La victoire des Génois n'est étalée au grand jour qu'à partir du 21 novembre 1579[279], quand les foires dites de Besançon sont déplacées par eux à Plaisance, où elles resteront, sauf de très rares interruptions, jusqu'en 1621[280], sous contrôle génois. L'origine des foires de Besançon remonte peut-être à 1534[281]. Les marchands génois avaient rencontré de telles difficultés à Lyon, du fait du roi de France qui ne leur pardonnait pas la trahison de 1528, puis, retirés à Chambéry, de telles difficultés avec le duc de Savoie qui les chassa de ses États à l'instigation du roi de France, qu'ils durent fixer un autre lieu de rendez-vous à leurs hommes d'affaires et aux correspondants de ceux-ci, tout d'abord à Lons-le-Saunier, au début de l'année 1535 à la Foire des Rois, puis à Besançon pour la foire suivante de Pâques, la première d'une longue série. Ce n'est pas Charles Quint qui a organisé ce déplacement, mais la République de Gênes elle-même, qui s'attacha d'autant plus au nouveau rendez-vous que les Français occupèrent la Savoie et le Piémont en 1536 et que Besançon pouvait être atteint en droiture par la Lombardie, les Cantons Suisses et la Franche-Comté ; que ce rendez-vous lointain, « nuisible et ennuyeux », avait cependant l'avantage d'être au voisinage de Lyon et des rassemblements d'argent et de marchandises que les foires y provoquaient et dont les rythmes seront longtemps exactement

suivis à Besançon [282]. Lyon restait encore la vraie capitale
de la richesse du monde, à mi-chemin de la Méditerranée
et d'Anvers, ce qui explique que lorsqu'ils rencontrent
à Besançon des difficultés que nous connaissons mal,
les Génois transfèrent leurs foires à Poligny, sans doute
en 1568 [283], puis à Chambéry, se rapprochant ainsi du
Sud, mais en restant toujours dans l'orbite lyonnaise.
Le voisinage s'imposait comme le prouvent tant de
paiements faits à Montluel, le premier village important
rencontré à partir de Lyon sur la route de Savoie [284].

Le passage des foires à Plaisance, sur le territoire du
duc de Parme, est donc décisif. C'est une rupture avec
Lyon que l'obstacle des Alpes sépare du nouveau rendez-
vous. Cette installation à Plaisance est aussi le dernier
acte d'une crise longue qui occupe les quatre années
précédentes et dont les historiens commencent aujour-
d'hui [285] à percer les raisons véritables. Il s'agit là de
l'épisode majeur de la fortune génoise.

Le système des *asientos* assortis de *juros de resguardo*
s'était, comme le montrent à elles seules les courbes de
notre graphique n° 31 (*infra*, p. 404), largement développé avec les troubles des Flandres depuis 1566 et la
multiplication des *licencias de saca* [286] et malgré la
rupture de la route océanique. Cette fortune insolente
des Génois, installés au grand jour dans la nouvelle
capitale, à Madrid où se signent les contrats importants,
où ils organisent, en liaison avec Alcalà de Henarès,
une place de change, ne va pas sans soulever de violentes
jalousies dans l'opinion publique espagnole et, ce qui
est plus grave, dans l'entourage même de Philippe II.
Les Cortès, de 1573 à 1575, se sont vivement dressées
contre ces étrangers [287]. Les frapper, encore fallait-il les
remplacer. Les conseillers de Philippe II et le Roi lui-
même ont cru trop vite qu'il serait possible de s'adresser
aux marchands d'Espagne et des autres places étrangères. C'est donc bien toute la fortune génoise qui est
remise en cause, d'un seul coup, par le décret du
1er septembre 1575. Tous les *asientos* conclus depuis le
14 novembre 1560 étaient annulés, considérés comme
« illégaux » et frauduleux. Tous les comptes devaient

être repris selon des normes fixées de façon unilatérale dans la Pragmatique qui sortit en décembre 1575 (bien que portant la date du 1er septembre). Cela signifiait pour les Génois d'énormes pertes. Ils discutèrent, introduisirent des recours devant la juridiction de la *Camara* de Castille, mais surtout ils bloquèrent efficacement le système des paiements d'or en direction des Flandres. Il est probable même qu'ils soutinrent alors les révoltés protestants des Pays-Bas. Cependant, en décembre de cette année dramatique, Gênes se soulevait, en proie à une révolution politique et sociale d'une extrême acuité (malheureusement mal connue dans ses ressorts profonds), opposant d'un côté les *Nobili Vecchi*, qui s'occupent exclusivement du commerce de l'argent, et les *Nobili Novi (di San Pietro)*, marchands ordinaires et qu'appuient les *arti*, les corps de métiers. Les révoltés l'emportent, prennent en main les leviers de commande, haussent les salaires. Les banquiers se sont retirés près de la ville, « certains sur les terres de Battista Spinola, autour de Serravalle, près de Novi, sur le chemin de Milan »[288] ou en Savoie. Mais le parti vainqueur ne peut diriger vraiment la ville, encore moins remettre en marche l'énorme machine financière, détraquée par le décret de septembre de Philippe II, au point que les Buonvisi, à Lyon, en octobre 1575, se demandaient avec inquiétude « si la foire de Pâques de Besançon se tiendrait et où elle se tiendrait »[289]. Rien de cette grande partie engagée ne semble donc tranché à l'avance en cette fin d'année 1575. La lutte à Gênes, la lutte en Espagne, la compétition entre marchands génois et non génois sur toutes les places de l'Europe forment un seul combat.

La victoire des banquiers génois tardera deux années encore, jusqu'au compromis que fut pour eux le *medio general* signé avec le roi d'Espagne, le 5 décembre 1577 et qui abrogea les mesures draconiennes de 1575. Cette victoire ne fut acquise qu'en raison de l'impuissance et de l'inexpérience des marchands castillans et de tous ceux, y compris les Fugger « serviteurs inconditionnels » des Habsbourgs, qui se jetèrent dans la bagarre. Les capitaux mis en course furent insuffisants, trop vite repris et cependant trop lents dans leurs cheminements. En outre, le blocage des Génois sur les lettres de change et sur l'or fut efficace. Ils tenaient entre leurs mains une trop grosse masse de manœuvre pour qu'il fût possible à leurs adversaires d'agir à leur aise. Par Lisbonne, Florence, Lyon, voire Paris et les routes françaises, rien ne se fit avec la rapidité voulue. Résultat : les troupes espagnoles qui n'ont pas touché leurs soldes se mutinent et à la suite d'une série d'avatars prennent et pillent affreusement Anvers en novembre 1576 [290]. Ces événements dramatiques, auxquels il serait imprudent de penser que les hommes d'affaires génois n'ont en rien prêté la main, comme il serait imprudent de penser que les Espagnols ne sont absolument pas responsables du soulèvement de décembre 1575 à Gênes — ces événements dramatiques obligent le Roi à la conciliation. Jusque-là il avait manifesté *poco voluntà di mitigare il rigore dil decreto*, comme le dit une correspondance génoise [291]. Mais comment s'en tenir à cette rigueur qui, dans le fond de son cœur, a ses préférences ? Dès mars 1577, des pourparlers sérieux s'engagent. Ils n'aboutiront que le 5 décembre 1577, les *hombres de negocios* mettant aussitôt à la disposition du Roi Catholique cinq millions d'écus d'or en or, payables à Gênes, Milan, éventuellement à Naples ou en Sicile.

A Gênes cependant, tout rentrait dans l'ordre et, avec l'appui des marchands banquiers du Milanais et de Toscane, une nouvelle solution prenait forme : celle des foires installées à Plaisance, sur les terres du duc de Parme. Sauf quelques accrocs (ainsi à Pâques 1580, elles se tiendront à Montluel près de Lyon, en Savoie), elles vont rester en place ainsi que le système qu'elles incarnent, sous contrôle génois, jusqu'en 1621. Par Gênes, la Méditerranée s'adjugeait, pour longtemps, le contrôle de la fortune du monde.

A Plaisance [292], le spectacle de cette réussite est apparemment modeste. Ce n'est ni le tumulte de Lyon, ni les foires populaires de Francfort ou de Leipzig. Le mot d'ordre : la discrétion.

Quatre fois par an, aux foires de l'Apparition (1er février) ; de Pâques (2 mai) ; d'août (1er août) ; de la Toussaint (2 novembre) — une soixantaine d'hommes d'affaires se réunissent. Ce sont les *banchieri di conto*, quelques Génois, Milanais, Florentins, tous membres d'une sorte de club où il faut, pour entrer, le vote des gens en place et une très forte caution (4 000 écus). Ce sont eux qui, le troisième jour des foires, fixent le *conto*, le cours des changes, dont il n'est pas besoin de dire l'importance. A côté de ces *banchieri di conto*, figurent des marchands-changeurs, ou *cambiatori* comme l'on dit souvent, autorisés sous caution (2 000 écus) à suivre les foires et à y présenter leurs paiements (on disait : leur *bilan*). Troisième catégorie : les *heroldi* (ou *trattanti*), les représentants des firmes, les courtiers. Au plus 200 personnes, dont un règlement étroit assure la discipline, la décision suprême, en cas de contestation, revenant en dernier ressort au tout puissant Sénat de Gênes.

Ces foires sont « de virement ou de rencontre », les mots sont dans Savary [293], l'Italien dit de *riscontro*. Chaque marchand y présente un livre relié — le *scartafaccio* où se trouve l'ensemble de ses lettres de change à payer, ou à encaisser, *traites* et *remises*. Le premier soin est de mettre en ordre les écritures, d'obtenir les acceptations, puis toutes les opérations de la foire confrontées, on aboutit à une série d'annulations, de compensations. Il reste finalement un passif ou un actif qui n'ont plus rien à voir avec les chiffres fantastiques des paiements à régler au départ. Tout a fondu comme neige au soleil. Pour les différences soldées en or, comme l'exige la pratique des foires, une petite quantité de comptant suffit. Et souvent le créancier accepte la remise, sur une place ou sur une autre foire, de sa créance. Il y a ainsi création de crédit, au bénéfice des débiteurs. Le détail des opérations est bien entendu plus compliqué, que l'on se reporte au livre classique du Génois Domenico Peri : *Il Negociante*, paru à Gênes en 1638[294], on s'apercevra que la pratique ne va pas sans difficultés sérieuses, malgré les tables de changes préparées à l'avance. Les cas litigieux abondent. Pour les participants qui manquaient d'habitude, les responsables des foires faisaient circuler au cinquième jour des modèles de lettres de change dont il suffisait de remplir les blancs.

D'énormes paiements se réglaient ainsi dans ces foires expéditives. Dès 1588, il s'y traitait, d'après Davanzati[295], pour plus de 37 000 000 d'« écus de marc » et quelques années plus tard, au dire de Domenico Peri[296], le chiffre atteignait 48 000 000. Les cotations des changes peuvent être reconstituées grâce aux lettres marchandes que nous possédons. Mais tant que nous ne disposerons pas au moins de la comptabilité et de la correspondance d'un des banquiers génois, nous serons condamnés à voir les choses du dehors. Toute la fortune des Génois repose, en effet, sur un mécanisme assez subtil et subtilement employé. Leur règne est celui du papier, comme le disait avec humeur ce facteur des Fugger en Espagne qui les accusait en 1577 « d'avoir plus de papier que d'argent comptant », *mehr Papier als Baargeld*[297].

Le siècle du papier

Le siècle du papier ne commence pas en 1579, avec les premières foires de Plaisance. Tout le siècle l'a préparé. Mais après 1566, ou mieux 1579, il prend une place si grande que tous ceux qui s'approchent plus ou moins du jeu des affaires vont s'en apercevoir. Les tâches se distinguant les unes des autres, un métier de banquier se dégage des activités marchandes, de banquier ou mieux de financier, car le jeu, au départ, porte sur l'argent des princes... C'est un métier dont il faut, historiens, que nous retrouvions l'étrangeté relative pour saisir du coup la surprise de tant de contemporains. L'argent suit la marchandise, pensent les sages ou les honnêtes ; par « change réel », ils entendent celui qui résulte de ce trafic loyal, mais que l'argent se détache des marchandises comme un commerce à part, ils l'acceptent malaisément ; ou à Plaisance, que tout se résolve souvent par un jeu d'écritures. Philippe II lui-même confessait ne rien comprendre [298] aux changes et c'est peut-être aussi en raison de cette incompréhension qu'il est tellement hostile aux Génois.

A Venise, qui reste à moitié immergée dans son passé, le papier sera longtemps un visiteur discret. Un document vénitien de 1575 [299] établit le bilan des gros emprunts de guerre consentis au temps de la lutte contre le Turc, au total plus de 5 500 000 ducats. Sur cette somme *tutte le lettere di cambio* que les souscripteurs ont remises pour s'acquitter s'élèvent à 216 821 ducats, soit un peu moins de 4 p. 100 de l'ensemble. Le test n'est évidemment pas concluant à lui seul : ces emprunts se font sur place, il est logique de les payer en lingots d'or (57 772) ou d'argent (1 872 342) ou en espèces (3 198 420). Cependant, nous aurons toujours un Vénitien, le cas échéant, pour protester contre la multiplication du papier et les jeux, licites ou non, qu'il permet. Nos juges sont volontiers sévères, comme cet ambassadeur vénitien qui, de Madrid, écrit à la Seigneurie, en 1573 [300], que les *asentistas* génois laissent de côté le véritable et honnête commerce qui est de marchandises, pour ne s'occuper que de la *negoziatione dei cambi*, estimant même que s'occuper de marchandise serait *cosa da bezarioto et da gente più bassa*, bon pour les va-nu-pieds et les gens de la plus basse condition. En 1573, une telle réflexion se comprend encore. Mais trente ans plus tard, à Venise où il y a comme un « siècle des lumières » qui s'esquisse un instant pour s'évanouir trop vite, où tant d'esprits s'intéressent au calcul économique, comme un Leonardo Donà, où se rencontrent d'excellents « discours » un peu fleuris, mais conduits avec clarté, sur le commerce, la politique et la monnaie — on comprend moins la surprise persistante de ces hommes-là devant la prolifération du papier, devant la nouveauté de ces paiements qui se font maintenant par change, au lieu *di farsi con denari*, au lieu de se faire en numéraire. Quant au *rechange*, avec ses bonds répétés, qui vient lui aussi de s'introduire à Venise sur l'initiative des banquiers étrangers, florentins ou génois, il leur apparaît comme un *pernicioso et perpetuo ziro tra mercante e mercante, godendo quali banchieri particolari le facultà di infiniti negocianti*[301]. C'est donc par force que marchands et riches de Venise vont être projetés dans ce monde aberrant des *fiere di Bizensone*.

Pourtant cet univers est « raisonnable » puisque l'avenir lui était promis et son jeu un jeu d'intelligence, quelles que soient les critiques de ceux qui n'y comprennent rien. Cet avènement du papier, son premier épanouissement sinon sa naissance, est en effet le début d'une structure nouvelle de la vie économique, d'une dimension supplémentaire qu'il faudra désormais lui ajouter. Les Génois y font figure de précurseurs et ils ont eu très tôt les avantages réservés aux techniques les plus avancées. Leur tort a été de se fier totalement à cette supériorité et, se perdant dans les prouesses de la finance, de se détacher de la marchandise atlantique où leur place était si grande encore, en 1566. Ce monde de l'Océan, à moitié abandonné à lui-même[302], va se développer, mûrir, pousser en avant ses marchands et, bientôt, ses propres financiers. La défaite des Génois, ce n'est pas, comme on le dit trop vite, la faillite de la finance ou du papier, le triomphe du marchand resté fidèle au commerce traditionnel, mais la poussée d'un autre capitalisme à la faveur d'une révolution géographique, indiquée dès la découverte de l'Amérique et qui met plus d'un siècle à s'accomplir. Finalement c'est le triomphe de nouveaux financiers, les prêteurs portugais qui vont intervenir à Madrid en 1627 et, derrière eux, les décisifs prêteurs du Nord. C'est en fait une des étapes du capitalisme hollandais qui, dès 1609 au moins, possède ses superstructures, y compris celle du crédit le plus moderne, et qui va se substituer au capitalisme de Méditerranée. Mais celui-ci patiemment construit lui a offert tous ses modèles.

De la dernière banqueroute de Philippe II à la première de Philippe III (1607)

La dernière banqueroute de Philippe II, en 1596, et la première de Philippe III, en 1607, nous introduisent à point nommé dans ces trop vastes problèmes. Il s'agit moins, pour nous, d'en exposer les péripéties que d'en saisir les ressorts et les jeux permanents, pour vérifier nos schémas explicatifs que de récentes recherches ont tellement améliorés.

Il suffit, pour y voir clair, de ne pas se laisser éblouir par une histoire dramatique et observée régulièrement de trop près, d'imaginer, puis de se répéter, que toute domination ou politique, ou économique, ou sociale, ou culturelle a ses débuts, son apogée et son déclin, que les étapes du capitalisme, autant dire ses ruptures et ses mutations, sont à l'image d'autres ruptures et d'autres mutations... Comme le Siècle des Fugger, le Siècle des Génois, plus tard celui d'Amsterdam, aura duré deux ou trois générations d'hommes à peine.

Ceci dit, pour entrer dans le vif de notre sujet, il est bon de remarquer aussitôt :

— 1° que les querelles entre l'État castillan et les hommes d'affaires présentent toujours deux temps successifs : on se dispute, puis l'on s'accorde ; on se dispute longuement en hiver (rien ne presse), ainsi en 1596-1597, puis chacun se hâte, les besoins urgents de l'État étant revenus avec l'été, de s'entendre, et le compromis se nomme alors *medio general*. Il y a un *medio general* en 1577, un en 1597, deux en 1607, un en 1627. La querelle, ou si l'on veut la banqueroute, se nomme toujours le *decreto*.

— 2° que si l'État castillan y perd à chaque fois, c'est qu'il ne fait pas le poids à l'égard des *hombres de negocios*, ils ont des siècles d'avance sur lui. Les colères de Philippe II contre les Génois disent son entêtement, sa volonté arrêtée, non pas sa lucidité : lucide, il aurait dû organiser une Banque d'État comme on le lui proposait en 1582, ou des *Monti* à la mode italienne, comme on le lui suggère en 1596 ; ou instaurer (eût-il été possible de la contrôler ?) une politique d'inflation...

Finalement, Philippe II me semble avoir été régulièrement dans la position d'un gouvernement sud-américain du XIXᵉ siècle, riche du produit ou de ses mines, ou de ses plantations, mais désarmé d'autant plus vis-à-vis de la finance internationale. Libre au dit gouvernement de se fâcher, de frapper même, ensuite il devra se soumettre, livrer ses ressources, ses postes de commande, être « compréhensif »...

— 3° que chaque fois qu'il y a banqueroute, en somme règlement violent de comptes, il y a des joueurs engagés dans le grand jeu qui perdent, disparaissent d'un coup dans une chausse-trape, ou qui s'éloignent discrètement vers les coulisses : en 1557, les marchands de Haute-Allemagne ; en 1575, les marchands italiens non génois ; en 1596 et 1607, les marchands espagnols ; en 1627, les marchands génois eux-mêmes, mais ceux-ci comme les Fugger, en 1557, n'ont pas tout à fait quitté la scène. La règle ne fait cependant aucun doute.

— 4° que les pertes, chaque fois, sont largement répercutées au détriment des contribuables castillans, écrasés vraiment sous les charges fiscales, et au détriment des épargnants et possédants d'Espagne et d'Italie. Tant qu'il y aura des banquiers, il y aura forcément des « porteurs de fonds russes ».

Tout laisse à prévoir, dès 1590, plus encore en 1593 et 1595, la prochaine banqueroute de l'État castillan. Ses dépenses sont sans limites, ses revenus en baisse avec les décrues visibles des impôts ; un temps économique maussade multiplie les faillites et les emprisonnements pour dettes. Au milieu de ces difficultés, seuls les arrivages d'argent d'Amérique sont en hausse, si bien que toute la circulation métallique à Séville, à Barcelone comme à Gênes, à Venise ou par la navigation du Rhin mise à contribution pour les transports vers les Pays-Bas, est en ordre et fonctionne bien. Ces facilités à la base peuvent créer et créent des illusions, de fausses tranquillités même chez les hommes d'affaires, malgré l'énormité des luttes que l'Espagne a engagées contre une grosse partie de l'Europe, malgré leurs habituelles prudences et la gêne qu'entraîne, une fois de plus, la

suspension des *sacas de plata* à partir de 1589. Le signe
le plus alarmant c'est sans doute la tension fiscale qui
devient excessive en Castille ; tous les contribuables sont
harcelés : les Grands, la haute noblesse, le Clergé,
les villes, même les marchands sinon les « hommes
d'affaires », et d'énormes sommes de *juros* sont jetées
sur un marché encore relativement avide. Soit une
situation qui paraît plus compromise aux yeux des
historiens instruits par la suite des événements qu'à ceux
des gros prêteurs d'argent. Ceux-ci sont littéralement
surpris [303] par le *decreto* royal de la mi-novembre par
lequel Philippe II suspend les paiements et du coup
récupère les revenus et les sommes d'argent engagés
entre les mains des hommes d'affaires [304]. Décision
imprévisible, pensera-t-on à Lyon [305], à la fin de novembre, alors que les flottes des Indes étaient arrivées,
ayant traversé l'Atlantique, disait-on, plus rapidement
que jamais [306]. Prévisible ou non, la mesure se répercuta
aussitôt sur toutes les places à commencer par celles
d'Espagne ; en Europe, craintes et erreurs de jugement
déformèrent aussitôt la situation comme à plaisir.
« Avec cette suspension, avançait l'ambassadeur de
Philippe II à Venise, Don Iñigo de Mendoza [307], Votre
Majesté, sans mettre la main à l'épée, va vaincre tous
ses ennemis dont le nerf et la force venaient de l'argent
que Votre Majesté doit jeter hors de sa maison... C'est
cet argent même, comme l'a montré l'expérience... que
manient les Turcs, les Français et toutes les autres
nations... ». Il s'en faut bien sûr, que la situation soit
aussi favorable au Roi Catholique, après son coup
d'éclat, ni aussi simple en elle-même. Par ses propres
moyens le roi a acheminé d'énormes masses d'argent
comptant (peut-être quatre ou cinq millions de ducats [308])
vers l'Italie, mais avec les énormes difficultés et les
surprises d'un tel transport. Surprises parfois saugre-
nues, mais réelles. Ainsi les autorités de Valence s'opposent, un instant, à l'embarquement d'un million appartenant au roi sur les galères à destination de l'Italie, car
le passeport royal ne leur est pas parvenu. Il faut
l'envoyer en toute hâte [309]. Car la hâte est de rigueur, si

l'on veut que le système des paiements ne se désamorce pas dans la région explosive des Pays-Bas. Difficultés du roi, dont celui-ci ne sort pas, ne peut pas sortir malgré une obstination très révélatrice de son caractère et qui le pousse à agir à nouveau contre les hommes d'affaires qu'il n'aime pas. Mais aussi difficultés pour ces derniers. Le décret remet en mémoire à chacun d'entre eux les dures conséquences qu'eurent, à Gênes, le décret de 1575 et ses suites ; alors les « vieux nobles » furent obligés de vendre « l'argenterie de leurs tables, les ors, les perles et tous les bijoux de leurs femmes... »[310]. En cette fin d'année 1596, chacun des *asentistas* peut craindre la mise en question de ses opérations sur les vingt dernières années, et la tragédie des paiements à honorer ou à obtenir d'autrui est continuelle : des délais de semaine en semaine, des « rallonges » aux foires de Medina del Campo ou d'ailleurs (on ne trouverait plus un réal à emprunter[311]) sont des solutions sans lendemain, toujours à reprendre.

Au début de l'épreuve de force, le gouvernement de Philippe II, s'il ne peut éviter les contacts, les pressions et les conversations, élude tout engagement. « Pas la moindre décision, note un Florentin, et tout reste en suspens et très confus », *molto confuso*[312]... « Jusqu'à présent, note à son tour l'ambassadeur de Gênes à Madrid [il y a eu des contacts] mais rien de bon ne peut encore être annoncé... »[313]. Il semble évident que le roi et ses conseillers ne souhaitent pas *metter per terra la contratatione*[314], jeter à terre le système des *asientos* et le groupement de ces puissants hommes d'affaires, la *contratación*, comme l'on dit couramment. Ce qu'ils veulent, et la chose était connue dès avant le décret, c'est limiter les exigences des hommes d'affaires, rogner les bénéfices des *asentistas*, obtenir de gros engagements et à long terme, au moins pour trois ans, valables même au cas où les « flottes des Indes n'arriveraient pas »[315], ce qui est évidemment trop demander, car la circulation des lettres de change et des caisses de comptant n'est possible qu'à partir de cette source nécessaire. L'homme d'affaires accélère, anticipe, précipite cette circulation, toutes opérations qui coûtent fort cher. Les vérificateurs, les *contadori* royaux qui ont révisé les comptes (en espagnol : *tanteos*) affirment que tel *asiento* de 400 000 écus sur les Flandres conclu avec Ambrogio Spinola a coûté au roi 35 p. 100 de frais[316]. La réponse des *asentistas* qui contestent le détail du *tanteo* n'en reconnaît pas moins la lourdeur de ces opérations, mais il s'en faut que le marchand gagne ce que perd le roi et sur ce point croyons l'homme d'affaires plus qu'à moitié...

Bref, les relations se rétabliraient vite, pas sincères sans doute (mais peuvent-elles l'être entre le roi et ses prêteurs ?) si les Fugger n'étaient entrés en jeu. Ils suivent alors, si nous établissons bien notre chronologie, ou, pour le moins, accompagnent les Portugais, entendez les nouveaux chrétiens, qui ont avancé aux Pays-Bas 250 000 écus[317] à Philippe II sur leurs avoirs en marchandises. Ils ont sans doute offert davantage, 4 millions d'écus, disait-on, mais l'accord ne s'est pas fait ou parce qu'ils ont manqué de vrais moyens (leur heure viendra plus tard) ou parce que leurs exigences ont semblé trop grandes[318]. La porte de secours fut ouverte par les Fugger, ou plus exactement, dès le début de décembre, par l'un de leurs trois agents en Espagne, Thomas Carg, qui, sans consulter les deux autres, concluait un accord avec le Roi Catholique, douze mensualités de 300 000 écus chacune payables « par factorerie » aux Pays-Bas, contre l'avance, au comptant, de la moitié du total, plus des assignations rapprochées[319], plus la promesse de régler un arriéré de dettes monumentales. Les Génois ne croient pas au début au succès de la manœuvre. On veut les tromper. C'est un « artifice », un asiento « *aereo* », en l'air[320]. D'ailleurs ils proposaient au roi des conditions meilleures et pour un laps de temps supérieur, du moins ils le soutenaient avec les apparences de la sincérité[321]. Vers février les Génois surent que l'artifice devenait sérieux, que tout, pour être réglé, ne dépendait plus que de l'acquiescement des Fugger d'Ausbourg[322]. La petite histoire, qui serait ici passionnante, consisterait à suivre les querelles et les agissements de cette grande famille de marchands divisée contre elle-même et le voyage mouvementé d'Anton Fugger à Madrid en avril 1597 [323]... Pour le problème qui nous intéresse l'intervention des Fugger a donné une année de répit au gouvernement de Philippe II, et explique une suite décourageante de pourparlers inutiles, de trahisons des *trattanti* les uns vis-à-vis des autres, certaines esquissées, d'autres accomplies comme dans le cas de Battista Serra [324]. Mais avec la fin de l'année 1597 l'entracte des Fugger s'achève, l'accord va alors se conclure relativement vite. Le gouvernement castillan ne peut plus s'offrir le luxe d'attendre davantage.

Entre deux « ministres » de Philippe II et quatre représentants des hommes d'affaires, l'accord, acquis dès le 13 novembre 1597, devenait le *medio general* du 29 de ce même mois. Les victimes du décret de 1596, les *decretados*, avançaient au roi, en 18 paies mensuelles, 4 500 000 écus en Flandre et 2 500 000 en Espagne, de la fin de janvier 1598 à la fin de juin 1599. De son côté, le roi leur accordait une série d'avantages substantiels et notamment leur allouait une énorme masse de *juros*, pour plus de 7 millions de ducats. La discussion avait été vive au sujet précisément de ces rentes, ou perpétuelles ou viagères, et plus encore de leur taux d'intérêt que les hommes d'affaires auraient voulu hausser pour mieux revendre ces titres et autres *libranzas* au public espagnol... Voilà qui les engageait plus encore, si possible, dans ces multiples spéculations sur les *juros* dont on connaît plutôt les règles d'ensemble que le détail : acheter à bas prix, revendre à haut prix, c'est plus simple à dire qu'à faire... La relative stabilité des cours (avec des pertes connues cependant, de l'ordre de 14 p. 100 sur certains titres aux taux revalorisés) facilite l'énorme opération [325]. Naturellement les Génois et leurs hommes d'affaires ont payé leurs créanciers avec ces papiers, malgré les cris de ces derniers qui, ayant donné de l'argent comptant, auraient voulu recevoir de l'argent comptant. Mais, d'entrée de jeu, les banquiers refusent de payer *di altra moneta che di quella che li darà S. Mta* [326]. Soit une crise banale, pensera le lecteur, et qui n'a rien de comparable aux violences de 1575. Mais il serait inexact de penser que cette pénible année (presque jour pour jour) de difficultés ait été sans conséquence. Elle se terminait, en effet, par un resserrement du groupe des hommes d'affaires, de ce « syndicat », dirions-nous, des *decretados* de 1596, vraie société constituée pour plusieurs années sous un directoire de quatre marchands, trois Génois (Hector Piccamiglio, Ambrogio Spinola, Juan Jacomo de Grimaldi) et un Espagnol Francisco de Malvenda. Il n'est pas douteux qu'il se soit agi là d'une concentration des affaires au bénéfice des *decretados* et des plus riches d'entre eux. Les crédits que signalait le décret lui-même en 1596 étaient répartis comme suit : pour les Génois, en millions de maravédis, 2 050 ; pour les Florentins, 94 ; pour les Allemands, 4,5 ; pour les Espagnols, 2 523 ; donc une grosse part aux Espagnols, la plus grosse même. Aussi ont-ils plus souffert que d'autres et n'ont-ils pas réussi, peut-être, à répercuter leurs pertes sur autrui, comme les Génois particulièrement au détriment des prêteurs vénitiens séduits par les gains faciles que procuraient les *cambii*. Les nouvelles répartitions après le *medio general* (en *escudos* ou *ducados*) sont : pour les Génois 5 581 000, les Florentins, 256 000 ; les Allemands, 13 000 ; les Espagnols, 2 200 000. Ce que reflète parfaitement la composition du directoire : trois pour les Génois, un pour les Espagnols... Aux premiers la part du lion [327].

Une dizaine d'années plus tard, tout recommençait, comme si le système impliquait structurellement la nécessité d'une banqueroute à intervalles plus ou moins longs. Il me semble bien inutile d'exposer ici en détail, le décret du 9 novembre 1607, et le *medio general* du 14 mai 1608, de montrer comment l'Espagne connaît une nouvelle crise dix années seulement après la dernière banqueroute de Philippe II, malgré la politique pacifique du duc de Lerme, mais en raison du luxe du nouveau règne, de la pillerie des deniers publics, de la régression générale de l'économie depuis 1595. Le règlement de 1608 créait, au seul bénéfice des Génois, un système

14. — Les prix du blé

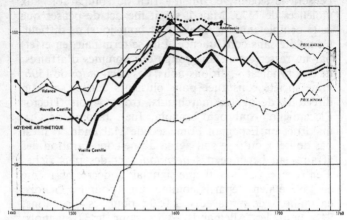

D'après F. BRAUDEL et F.C. SPOONER, tome IV de la *Cambridge Economic History*. Une cinquantaine de courbes de prix du blé, calculé en grammes d'argent et en hectolitres, ont permis de dresser, pour l'Europe entière, « l'enveloppe » des variations céréalières (ligne maxima et ligne minima, qui délimitent la zone en grisé), et de tracer la moyenne arithmétique (ligne pointillée) de tous ces prix. La montée est bien entendu générale au XVIe siècle. A cette grille de fond, nous avons superposé, en deux graphiques successifs pour faciliter la lecture, diverses courbes méditerranéennes. On verra la coïncidence de la moyenne arithmétique des prix européens avec la courbe de Vieille-Castille. Toutes les autres courbes méditerranéennes sont très au-dessus de la moyenne, au moins jusqu'en 1620, parfois plus tard encore.

compliqué mais robuste d'amortissement de la dette flottante dont les titres étaient entre les mains de leurs hommes d'affaires. Ceux-ci constituaient un nouveau syndicat, sous le nom de *Diputación del medio general de 1608*. L'important, c'est que, d'une banqueroute à l'autre, la concentration se soit accentuée. Les marchands espagnols ont disparu de la *contratación* après des faillites retentissantes : en 1601 [328], celles d'Aguilar et de Cosme Ruiz Embito, le neveu et successeur de Simón Ruiz [329] ; en 1607, celle de Pedro de Malvenda [330]. Les Génois sont donc seuls, d'autant plus détestés et honnis. Et c'est seuls qu'ils supporteront l'attaque, en 1627, de par la volonté du comte duc Olivares, des négociants portugais déjà pressentis en 1596, sollicités

Méditerranée-Europe

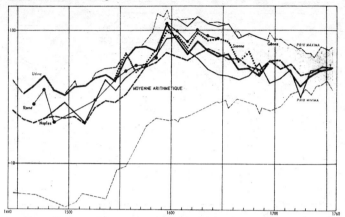

La Méditerranée, du moins la Méditerranée chrétienne (car nous n'avons pas de séries pour la partie orientale de la mer, où les prix étaient certainement plus bas) est une zone de pain cher, proche des niveaux supérieurs. Après le milieu du XVIIᵉ siècle, ils s'écartent beaucoup moins de la moyenne, mais il faut noter qu'alors, il y a tendance générale des prix européens à la convergence, comme l'indique nettement le rétrécissement considérable de la zone en grisé. La distance entre minima et maxima s'amenuisera de plus en plus avec le XVIIIᵉ siècle.

en 1607, puis jetés dans la bagarre en 1627, alors qu'ils ont déjà pris dans les diverses villes de Castille (et surtout à Séville) une série de positions marchandes importantes. Leur victoire sera le couronnement de succès antérieurs, un tournant aussi de l'histoire du capitalisme international et le prélude immédiat de leurs difficultés sans nombre avec la sourcilleuse et inébranlable Inquisition [331].

3. La montée des prix

La montée des prix, générale au XVIᵉ siècle, a puissamment travaillé les pays méditerranéens, surtout au delà des années 1570. Elle y a déchaîné ses multiples et habituelles conséquences. La violence, la durée de cette « révolution » — en fait, elle déborde sur le XVIIᵉ siècle — ont forcément attiré l'attention des contemporains.

15. — Des prix à Brousse, 1489-1633

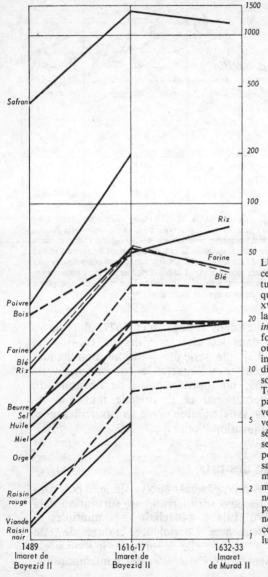

Je dois à Ömer LUTFI BARKAN ces quelques prix turcs qui prouvent que la hausse du XVIe siècle a touché la Turquie. Les *imaret-s* sont des fondations pieuses où sont nourris indigents et étudiants. Les prix sont en aspres. Tout espoir n'est pas perdu de trouver, dans les archives turques, les séries de prix qui seraient décisives pour la connaissance des mouvements généraux du monde méditerranéen. Noter que ces prix « nominaux » ne tiennent pas compte de la dévaluation de l'aspre.

Occasion pour eux de réfléchir au problème complexe de la monnaie, au pouvoir nouveau et révolutionnaire de l'argent, au destin général des hommes et des États... Les historiens, à leur tour, ont cherché *le* ou *les* coupables, croyant souvent avoir résolu le problème, mais celui-ci se complique dans la mesure où les faits connus deviennent chaque jour plus nombreux et que s'affermit, pourquoi ne pas le dire, une science économique rétrospective.

Malgré tant de mises en garde[332], je continuerai à parler à l'occasion de « révolution des prix ». On peut varier d'opinion sur ses causes, ses vrais moteurs, son ampleur, non sur sa nouveauté agressive. Un historien[333] a soutenu que *nous*, hommes du XXe siècle, avions vu mieux, en fait de révolution des prix. Le problème est mal posé. Ce qui compte, c'est l'étonnement de ces hommes au long d'un siècle qui commence bien avant 1500 et pendant lequel les prix ne cessent de bouger vers le haut. Ils ont eu l'impression de vivre une expérience sans précédent. Au bon vieux temps où tout se donnait pour rien, a succédé le temps inhumain des chertés qui ne rétrocèdent plus. Discuter le mot de révolution à propos de l'Italie, vieux pays d'argent à l'économie compliquée, passe encore ; mais dans les Balkans, en Anatolie, à travers l'Empire turc, comment ne pas parler, devant les bouleversements en chaîne, d'une *révolution* des prix ? Il faut dramatiser ce qui fut dramatique.

Les plaintes des contemporains

Les témoignages sur la montée des prix sont innombrables. Ce qui les rapproche, c'est la stupéfaction des témoins et leur impuissance à comprendre les raisons d'un phénomène qu'ils voient toujours dans ses réalités locales — qu'ils opposent d'autant plus facilement au bon vieux temps que la fin du XVe siècle a connu de hauts salaires et que le premier tiers du XVIe a été une période heureuse, de vie relativement à bon marché, même en Pologne[334]. En France, un contemporain de Charles IX écrit, en 1560 : « Du temps de mon père,

on avait tous les jours de la viande, les mets étaient
abondants, en engouffrait le vin comme si ç'eût été
de l'eau » [335]. Ce grincheux et discoureur, l'agronome
espagnol G. Alonso Herrera, en dit tout autant.
« Aujourd'hui (1513) une livre de mouton vaut autant
qu'un mouton entier, un pain comme une fanègue de
blé, une livre de cire ou d'huile autant qu'une arrobe
hier et ainsi de suite... » [336].

Les doléances des Cortès de Castille se répètent à
travers le siècle entier. Mais cette grande voix savoureuse
et bornée se sera rarement élevée jusqu'au général.
Elle peste continûment contre la cherté des grains,
l'exportation catastrophique de l'or, l'abattage inconsi-
déré des veaux et des agneaux, autant de causes de
renchérissement ; ou bien contre l'exportation des cuirs
vers l'étranger qui, certainement, a accru le prix des
souliers... Elle fulmine aussi contre les spéculateurs
étrangers : ils font augmenter la viande, les chevaux, la
laine, les tissus, les soies... [337] Les Cortès de 1548,
effrayées des demandes américaines, vont jusqu'à proposer à l'empereur [338] d'encourager le développement
d'industries coloniales et d'arrêter les exportations,
jugées désastreuses, de la Péninsule vers le Nouveau
Monde. Les Cortès de 1586 (à Valladolid) demandent
au roi « de ne plus tolérer désormais l'importation de
bougies, de verroteries, de bijouterie, de coutellerie et
d'objets analogues venant de l'étranger pour être,
quoique choses inutiles à la vie, échangées contre de
l'or, comme si les Espagnols étaient des Indiens... » [339].
Ainsi discourent des hommes raisonnables, et ils n'ont
pas toujours tort [340].

Un Vénitien, en 1580, note que les prix, à Naples,
ont monté de plus des deux tiers. La chose à peine dite,
il l'attribue aux exactions des fonctionnaires, aux achats
massifs, aux énormes provisions du Roi Catholique
pour la conquête du Portugal [341]... En Biscaye, les prix
montent, c'est que les gens du plat-pays (de la *tierra
llana*), dit un rapport officiel de 1588, boivent et
mangent sans retenue dans les tavernes, qu'ils y prennent
des habitudes vicieuses de paresse, ne cultivant plus

16. — Le mouvement des prix à Paris,
d'après les Archives hospitalières

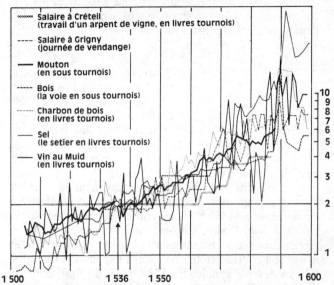

A remarquer le décalage des salaires sur le mouvement des prix ; les hausses à la verticale du sel ; le prix du mouton représente le *taux* moyen de l'ensemble. D'après les Archives hospitalières. Chiffres fournis par Micheline Baulant, non publiés.

leurs champs, ne cueillant plus les fruits de leurs vergers. Que l'on s'étonne ensuite, si le cidre est rare et s'il se vend à des prix excessifs ! Ici, la cherté serait la faute des pauvres [342]...

Dans son vieil ouvrage, Soetbeer [343] ne cite pas moins de trente-trois auteurs avant 1600 et de trente et un, entre 1600 et 1621, qui discutèrent, avec plus ou moins de bonheur, de cette montée générale des prix dont tous furent témoins et victimes. Il serait fastidieux de leur donner la parole... Augmenter leur nombre, comme il est facile, aurait l'avantage cependant d'établir qu'il s'est agi là d'une immense et pathétique prise de conscience.

Pour la responsabilité de l'Amérique

Il n'y a pas d'explication générale proposée, à notre connaissance, avant la seconde moitié du XVIᵉ siècle. Les deux premières expositions de la *théorie quantitative*, en 1556 et 1558, restèrent l'une et l'autre à peu près ignorées des contemporains : les œuvres de Martín de Azpilcueta, professeur à l'Université de Salamanque et élève de Vitoria, ne furent publiées qu'en 1590, quatre ans après sa mort, à Rome [344]. Même aventure, en 1558, pour l'historiographe de Charles Quint, Francisco López de Gómara, qui lui aussi a soupçonné une corrélation entre la montée des prix et l'arrivée des métaux précieux d'Amérique [345]. Mais son livre dut attendre, pour être publié, l'année 1912 !

Le problème n'a été posé publiquement que par la controverse qui opposa Jean Bodin à M. de Malestroit, entre 1566 et 1568 [346]. Les contemporains ont donné raison à Jean Bodin, sous-estimant un peu trop vite les dévaluations des monnaies de compte que mettait en avant son contradicteur. Aussitôt l'explication quantitative va devenir banale. En 1585, Noël du Fail, dans ses *Contes et Discours d'Eutrapel* [347], l'explique en bref : « ... ce qui est à cause des païs nouvellement trouvez et des minières d'or et d'argent, que les Espagnols et Portugais colportent, et qu'ils laissent finalement en ceste minière perpétuelle de France, des bleds et ouvrages de laquelle ils ne se peuvent aucunement passer... ». Marc Lescarbot, dans son *Histoire de la Nouvelle France* (1612) emploiera un langage plus concret encore [348] : « Avant les voyages du Pérou, on pouvait serrer beaucoup de richesses en peu de place, au lieu qu'aujourd'hui l'or et l'argent estans avilis par l'abondance, il faut de grands coffres pour retirer ce qui se pouvait mettre en une petite bauge. On pouvait faire un long trait de chemin avec une bourse dans la manche, au lieu qu'aujourd'hui il faut une valize et un cheval exprès. » Gérard Malynes (1586-1641), ce marchand anglais expert en question de commerce, dit de son côté, en 1601 [349] : la montée générale des prix est due « aux mers d'argent » en provenance des Indes ; « elles ont rapetissé la mesure, ce qui à son tour a fait grandir les chiffres pour rétablir l'équilibre ».

Finalement la théorie quantitative est venue jusqu'à nous sans trop d'avatars. Elle a été rajeunie par le travail monumental d'Earl J. Hamilton qui continue à en affirmer le bien fondé ; elle a été défendue dernièrement par Alexandre Chabert[350] qui la juge capable d'expliquer les phénomènes monétaires dans les pays sous-développés d'aujourd'hui, évocateurs des économies anciennes. Le gros argument reste, à ses yeux, la concordance entre les arrivées de métaux précieux à Séville et la montée des prix en Espagne et hors d'Espagne. Théoriquement, François Simiand[351] avait raison de réclamer une courbe cumulative, et non pas par moyennes quinquennales, des arrivées de métaux précieux — ce qui implique une vision particulière du phénomène. Mais que prix et moyennes quinquennales coïncident prouve que ces arrivées ont joué comme des poussées successives secouant la masse en circulation des monnaies, accélérant leur mouvement, jusqu'au jour où cette masse a été trop lourde et la poussée insuffisante pour en maintenir la hausse. Chaque arrivée de métal américain se diffuse vite, explose en quelque sorte...

Contre et pour la responsabilité de l'Amérique

Le Président Luigi Einaudi[352], dans le travail qu'il a consacré à M. de Malestroit, accorde à la poussée métallique 299,4 p. 100 de l'augmentation des prix, calculée en France de 1471 à 1598 au niveau de 627 p. 100. Nul ne saura dire si le calcul est exact. Mais la poussée métallique est évidente. Marquons cependant nos réserves.

1° La production minière américaine, outil d'inflation, n'est pas forcément un *primus movens*. Elle n'agit pas d'elle-même. C'est l'essor de l'Europe, ses exigences qui entraînent, téléguident le travail des orpailleurs et des Indiens des mines d'argent. De cette masse d'or et surtout de métal blanc, répétons ce que dit un document de la seconde moitié du XVIIIᵉ siècle à propos des richesses immenses du Nouveau Monde : « C'est un

fruit de l'Amérique qui resterait enfoui si le commerce
[européen] par la vente des marchandises ne mettoit les
Amériquains dans la nécessité de les tirer du sein de
la terre »[353]. Dans cette direction, à la limite, nous
soutiendrions que la conjoncture européenne a tout
déterminé de loin.

2° Il faut admettre l'existence avant 1500 d'un stock
monétaire plus considérable qu'on ne le disait hier. Au
xve siècle tout de même, l'émergence des États modernes,
des troupes soldées, des « officiers » salariés, des impôts
en espèces, l'achèvement d'une économie monétaire en
des points privilégiés (avant tout les régions maritimes,
Italie, Espagne, Portugal, Angleterre, Pays-Bas, qui
sont la frange active du continent) — tout cela suppose
une circulation monétaire importante. J'avance, sans
trop y croire, les chiffres de 5 000 tonnes d'or et 60 000
d'argent, ceci en me fondant sur l'éventuel équilibre
des masses d'or et d'argent en présence et sur le faible
glissement de 12 à 15 de la *ratio* métallique[354], de 1500
à 1650. Si l'on calculait vaille que vaille, à partir des
circulations connues ou du moins estimées vers 1600, la
masse métallique héritée des siècles précédents, on
trouverait des ordres de grandeur considérables[355] et
l'explication quantitative devrait s'en accommoder. Le
métal d'Amérique, « investissement gratuit », n'en a
pas moins accéléré la circulation monétaire, au rythme
même de la montée des prix. Ce métal a joué le rôle
d'un multiplicateur[356].

3° Mais la place reste ouverte aux autres explications.
Les dévaluations des monnaies de compte ont eu leur
part. Le lecteur se reportera à notre tableau de la page
213. Autre démonstration, celle de Jean Fourastié et de
ses élèves[357] : plus tôt que dans les pays privilégiés,
Italie, péninsule ibérique, Pays-Bas et Angleterre, la
hausse des prix commence en Allemagne dès 1470, dans
de nombreuses régions françaises dès avant la fin du
xve siècle. Si l'on s'en tient aux courbes des prix
nominaux, aucun doute à ce propos. Les pays pauvres
auraient eu, dans leur mouvement démographique, une
certaine avance sur les autres et notamment sur la

17. — Strasbourg précède Valence

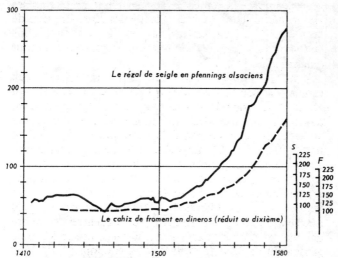

D'après René Grandamy, in : J. FOURASTIÉ, *Prix de vente et prix de revient*, 13ᵉ série, p. 26.

En trait continu, la courbe du seigle à Strasbourg, en pointillé celle du froment à Valence (moyennes mobiles de 30 ans, 1451-1500 = 100). A droite, l'échelle des pourcentages. On voit que la courbe de Strasbourg monte plus vite que celle de Valence. Or, de toute évidence, la poussée de l'argent américain, si elle avait été seule en cause, aurait dû établir un ordre inverse.

Méditerranée. Au cœur des pays européens, la révolution des prix commence avant Christophe Colomb. Elle ne gagne la Méditerranée que vers 1520 ; elle ne s'y affirme que vers 1550...

4° La courbe des arrivées d'argent à Séville a la forme typique des courbes de production industrielle, pareille à celle du Potosi, d'après les chiffres de Paz y Soldan. Elle monte vite, descend vite et culmine en 1601-1610 : à ce moment tourne le destin du monde et pas seulement celui de la Méditerranée.

18. — Prix et salaires réels à Valence

Exemple des procédés de E.H. PHELPS BROWN et Sheila HOPKINS :
montée du « panier de provisions » et baisse concomitante du salaire réel.

Les salaires

La hausse, présente partout, a développé ses conséquences habituelles.

Le rapide mouvement des prix a entraîné derrière lui
le chariot plus lent des salaires, lequel parfois n'avance
plus du tout. Que les pauvres vivent difficilement, j'en
ai déjà donné la preuve. Les salaires nominaux se
gonflent plus ou moins rapidement avec la montée des
prix, restent haut perchés un instant lors des régressions,
mais, traduits en salaires réels, tous les chiffres tiennent
le même langage et disent la misère des pauvres. En
Espagne, sur la base 1571-1580 = 100, les salaires réels
qui, en 1510, sont à l'indice 127,84, tombent en 1530 à
91,35 ; par des hauts et des bas, ils atteignent, en 1550,
97,61 ; 110,75 en 1560 ; 105,66 en 1570 ; 102,86 en
1580 ; 105,85 en 1590 ; 91,31 en 1600. Ce n'est qu'au
delà de la crise de 1600 et des grandes épidémies qui
réduisent la population de la Péninsule, que les salaires,
avec l'inflation de billon, se relèvent en flèche à 125,49
en 1610, 130,56 en 1611. La révolution des prix n'a
guère enrichi les salariés d'Espagne [358], bien qu'elle
leur ait été plus favorable qu'aux artisans de France,
d'Angleterre, d'Allemagne ou de Pologne [359]. Même
situation défavorable à Florence [360], où les salaires réels
s'écrasent pendant la montée des prix.

Les signes monétaires en sont visibles, car le salaire

19. — Prix réels des céréales à Strasbourg, Lwow et Valence

D'après René Grandamy, in : J. FOURASTIÉ, *Prix de vente et prix de revient*, 13e série, p. 31. Les prix sont calculés en heures de travail d'aides maçons. La baisse du niveau de vie est moins forte à Valence que dans les deux autres villes continentales.

des pauvres, leurs dépenses, leur vie quotidienne ne relèvent pour ainsi dire jamais des monnaies d'or, très peu des monnaies d'argent, le plus souvent du billon et

du cuivre ; de ce qu'on appelait à Florence, par
opposition à la monnaie blanche d'argent, la *moneta
nera*. C'est la monnaie de cuivre, explique Davanzati,
qui intéresse les pauvres, et Antonio Herrera, l'agronome, précisait à sa façon simpliste : « c'est par les
monnaies des métaux inférieurs que l'on peut le mieux
juger de la fertilité et de l'abondance d'un pays car par
elles s'achète, au détail et au jour le jour, ce qui est
nécessaire à la vie quotidienne... »[361]. Suit sa théorie
de la monnaie basse, qui nous entraînerait loin de notre
sujet.

En fait, c'est de trimétallisme, non de bimétallisme
qu'il faudrait parler. Constamment, pour rajuster les
monnaies de cuivre ou de billon, on les retire de la
circulation, on ordonne qu'elles soient reportées aux
Hôtels des Monnaies... Là, elles sont frappées et, de
plus en plus légères, remises en circulation. Cette
constante dévaluation du cuivre se révèle hors de
proportion avec la nécessaire harmonie des monnaies.
Chaque fois, l'État y gagne, non le public, particulièrement les pauvres. Ces manipulations ont été précoces
dans le cas de l'Espagne, et en Sicile où les *piccioli*
étaient refondus et refrappés dès 1563 et 1568[362]...

Les revenus fonciers

L'inflation frappe les riches comme les pauvres, mais
pas tous les riches. Elle frappe les « industriels », les
marchands, les financiers (excusons-nous d'employer
ces mots commodes, à demi anachroniques). Elle frappe
ceux qui sont pris, directement ou indirectement, dans
les dangereux courants de la monnaie. Elle frappe moins
les seigneurs terriens. C'est ce que montre la précise
étude de Carlo M. Cipolla sur les « Finanze dei Borghi
e Castelli sotto il dominio spagnuolo »[363], qui met en
cause, à la fin du XVIe et au début du XVIIe siècle, le
château de Tegiole, près d'Alexandrie, ancien fief de
l'évêque de Pavie. Sur ce cas particulier, on constate
que les droits en nature et les corvées ne sont pas tous
devenus des redevances en argent (et quand le paiement
en argent existe, il appartient toujours au seigneur ou à

son représentant d'en réestimer le montant) ; enfin à côté de revenus à caractère féodal d'assez peu de valeur, le *castello* en a d'autres, modernes pourrait-on dire, correspondant à des locations et qui lui valent, de la part des *contadini*, des livraisons de sacs de blé, d'avoine, de fèves, de barriques de vin, de charretées de foin... Or ces revenus sont l'essentiel du budget du *castello*.

Si, partant de ces détails, on songe à l'ambassadeur espagnol Bernardino de Mendoza[364], dont la sœur administre les domaines en son absence, faisant chaque été ses ventes de blé ; ou si l'on évoque ce duc d'Alcala, vice-roi de Naples, qui se portait acquéreur, en 1559, de 1500 vassaux de domaines royaux[365] ; si l'on se reporte en pensée à ces seigneurs d'Aragon, maîtres de petits États, ou à ces grands de Castille, possesseurs de terres, de troupeaux, de champs de blé, ou enfin à ces seigneurs de Sicile vendeurs de céréales, de vin ou de soie, l'impression reste la même : la terre apporte à ces seigneurs, si différents les uns des autres, un appui régulier ; à l'époque instable de la hausse des prix, elle les maintient au-dessus du gouffre de l'inflation. Si ce monde seigneurial domine l'Europe au début du XVIIᵉ siècle, c'est qu'il a moins lâché prise qu'on ne le dit d'ordinaire. Alors ce n'est pas folie, si tant de marchands, de riches des villes achètent terres ou seigneuries. L'acharnement des riches Toscans, des richissimes Génois, à acheter domaines et titres à Naples, vanité peut-être, mais aussi prudence, calcul, sagesse de pères de famille.

Même les moins fortunés sont attirés par ces valeurs sûres. Vers la fin de sa vie (il meurt en 1570), Benvenuto Cellini est devenu propriétaire d'un petit domaine près de Florence, qu'il a acheté en mars 1560, en viager, à des paysans plus ou moins honnêtes. Que ceux-ci aient voulu l'empoisonner ou non, on ne saura jamais ce qu'il faut en croire, Cellini ayant l'imagination prompte, quelque peu grossissante. Mais l'intéressant c'est qu'il ait voulu assurer, par la terre, la paix de ses vieux jours[366]...

Banques et inflation

Sauf la terre, tous les secteurs d'« affaires » ont été secoués, les banques particulièrement [367]. Toutes les opérations bancaires se faisant en monnaie de compte, non pas en monnaies réelles, sont exposées aux vicissitudes de l'inflation. Car ces monnaies fictives, *lire* de Venise ou de Gênes, *oncie* ou *tari* de Sicile, *maravedi* et ducats d'Espagne, *livres tournois* de France, perdent constamment de leur valeur intrinsèque. L'once sicilienne qui correspondait encore, en 1546, à 91,09 lires italiennes de 1866 n'en valait plus que 20,40, en 1572-1573. De même la livre tournois, exprimée en francs Germinal, passe de 4 en 1515, à 3,65 en 1521 (cette dévaluation est une façon d'attirer en France le numéraire étranger et spécialement l'or de Castille) ; à 3,19 en 1561 ; à 2,94 en 1573 ; à 2,64 en 1575 ; à 2,46 en 1602 [368]. Le dialogue est ainsi continu entre monnaies réelles et monnaies de compte et l'un des deux tableaux, le premier, est toujours gagnant. Reste à savoir au passif de qui s'inscrivent les pertes. Si, à plusieurs années de distance, un dépôt en banque enregistré en monnaie de compte est remboursé au tarif du dépôt ancien, son propriétaire y perd ; si c'est une avance du banquier qui lui revient dans ces conditions, la perte s'inscrit à son compte. Le temps travaille contre l'argent comptabilisé pour peu qu'il s'immobilise.

Mario Siri pense qu'il y a eu ainsi usure de toutes les banques et de tous les négoces au XVIe siècle. Théoriquement, il a raison : les pertes qui sont tantôt d'un côté, tantôt de l'autre, restent toutes inscrites dans un même secteur, celui des affaires marchandes et financières. Pour les individus, pertes et gains se com-

Le graphique ci-contre paraîtra dans la participation de F. BRAUDEL, F.C. SPOONER, au vol. IV de la *Cambridge Economic History* [cf. légende du graphique p. 147]. Les différentes monnaies ont été classées d'après leur valeur intrinsèque estimée en grammes d'argent, il y a des monnaies lourdes et des monnaies légères. Certaines sont relativement stables, comme la livre sterling ; d'autres très instables, comme le grosz polonais, l'aspre turc et même la livre tournois. Les chiffres pour le rouble et l'aspre sont approximatifs.

Pf. Pf. Rech = Pfund Pfennig Rechengulden ; Fl. Gu = florin, à partir de 1579, guilder ; Pf. HG. = Pfund Heller Gulden.

20. — Les dévaluations des monnaies de compte

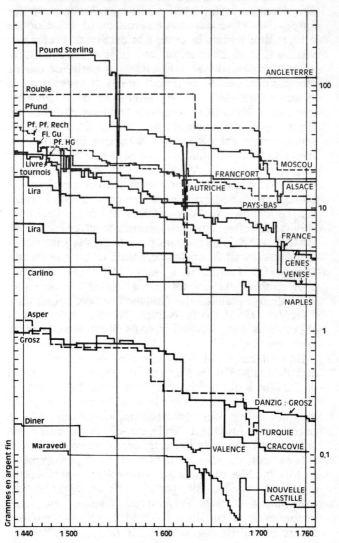

pensent-ils ? autre question. En tout cas, étant donné
le rythme des affaires (je pense aux changes sur les
foires allant et venant tous les trois mois), étant donné
le loyer de l'argent, la pente peu déclive de l'inflation,
rien ne doit se deviner au jour le jour de ces usures
internes ; aucun livre marchand n'en parle, ce qui ne
veut pas dire que ce lent travail ne se soit pas exercé à la
longue. D'ordinaire les faillites marchandes ou bancaires
sont plutôt liées aux secousses de la conjoncture courte.
Les banques sont nombreuses et parfois d'une santé
apparemment éblouissante — la banque Pisani-Tiepolo
en mars 1583 [369], l'année qui précède sa chute, fait venir,
d'un seul coup, à Venise 200 000 ducats en réaux
espagnols. Mais elles ont toutes le tort de faire des
avances et plus encore d'engager une partie de l'argent
mis en dépôt dans des affaires à lente conclusion.
Surgisse le reflux d'une conjoncture courte, comme en
1584, les avances ne rentrent pas, les dépôts sont retirés
et la crise surgit irrémédiable. Ainsi la banque Pisani-
Tiepolo fait faillite, le 17 mars 1584 [370]. Il faudrait,
pour avancer sur un sol ferme, étudier les énormes
livres de comptabilité des *banchieri antichi* conservés à
l'*Archivio di Stato* de Naples, étendre les études si
importantes d'A. Silvestri [371] et les interpréter, la tâche
serait énorme.

En tout cas, les faillites bancaires se multiplient au
delà de 1550-1570, et s'aggravent avec le « cycle royal
de l'argent » qui est aussi le cycle royal de l'inflation.
Le mal est si grand que le remède surgit avec les
Banques d'État qui font leur apparition en série, à
cette époque justement. Seule, parmi ces établissements
publics, la Banque de Palerme, organisée sous la tutelle
et la garantie du Sénat de la ville, sera née précocement,
en 1551 [372]. Elle s'installa au lieu dit *La Loggia* [373]. Sans
doute se rattachait-elle, par ses origines, à la *Tavola
Communale o della Prefetia* de Trapani, qui, elle,
remontait à la fin du XV⁰ siècle [374]. Ce qui explique
qu'exceptionnelle par sa date, la Banque de Palerme
l'ait été aussi par sa nature : comme les banques
publiques du Midi de l'Italie, à qui elle a souvent servi

de modèle, elle était spécialisée dans les perceptions, la gérance des deniers et paiements publics. Elle finit par être écrasée sous le poids de ces besognes politiques et administratives quand, avec le règne de Philippe III, on la chargera de la tâche, peu lucrative, d'assainir la monnaie sicilienne.

La grande période de création des banques publiques ne commence qu'une trentaine d'années après la fondation palermitaine. En 1586, la *Casa di San Giorgio* reprenait l'activité bancaire à laquelle elle avait renoncé, plus d'un siècle auparavant, en 1444, au temps de la crise de l'or. Le 23 septembre 1587, s'instaurait la *Tavola della città di Messina* dont les statuts furent sanctionnés par Philippe II, le 1er juillet 1596 seulement. Par elle, on espérait — non sans raison — mettre un terme aux faillites répétées et aux fraudes des *collettori* des deniers publics. La banque nouvelle avait naturellement le privilège de recevoir en dépôt l'argent des administrations publiques. Elle était placée sous la garantie et le contrôle de la ville de Messine[375]. En 1587[376], se fondait le célèbre *Banco della Piazza di Rialto* à Venise, qu'absorbera, en 1619, le non moins célèbre *Banco Giro*. En 1593, le *Banco di S. Ambrogio* se constituait à Milan, avec une administration autonome comme *banco giro*. Vers la même époque s'organisaient à Naples la banque annexée au Mont-de-Piété et à l'Hôpital de la *Santa Casa dell'Annunziata* ; à Rome la banque annexée à l'Hôpital du Saint-Esprit... Le mouvement, assez large et bien groupé dans le temps, a la valeur d'un témoignage.

Mais il s'en faut qu'il soit simple. Surtout dans le Nord, les fonctions des banques d'État vont vite déborder le strict domaine des finances publiques. Ainsi la *Banque de la Place du Rialto*, malgré les défenses faites, avait tout de suite prêté à découvert, utilisant les dépôts de ses clients ; elle avait largement diffusé une vraie monnaie de banque faisant prime sur la monnaie métallique. Ce faisant, les banques n'innovaient pas, se bornant à copier les méthodes des anciennes banques privées. Leur originalité fut de pratiquer les avances sur une échelle inconnue jusque-là. Mais c'est bien la faillite, l'imperfection, l'incertitude des banques privées qui ont amené cette génération brusque de banques publiques. Gino Luzzatto, à qui nous avons beaucoup emprunté dans les lignes qui précèdent, conclut : « Si ces banques publiques n'ont rien créé, elles ont au moins assuré aux clients qui venaient à elles si nombreux cette tranquillité et cette sécurité, que trop souvent leur avaient refusées les banques privées... »[377]. Que l'on songe, en effet, à la longue suite des faillites bancaires de Venise, de la banqueroute de Priuli, en 1552, à celle de la seconde banque Pisani en 1584[378], ou à la longue série des krachs financiers napolitains, depuis celui du Génois Ravasquez (demi-faillite en vérité) jusqu'à ces réductions (de 11 à 4 banques) longuement discutées, sinon réalisées en 1580[379].

Sans doute, à Naples comme à Venise, ces faillites ont été souvent dues à des interventions intempestives des autorités publiques. A Naples, en 1552[380], le vice-roi s'était saisi, par exemple, des réserves d'or de Ravasquez et les avait échangées contre des pièces nouvelles, de moindre valeur, que l'on venait de frapper... A Venise, la Seigneurie avait toujours obligé les banques à des complaisances patriotiques à l'égard de ses emprunts. N'empêche que d'un côté comme de l'autre, le mal secret a sans doute été l'inflation. Celle-ci a partout amené l'intervention nécessaire de l'État. Un détail de la nouvelle organisation bancaire de la *Casa di San Giorgio* laisse rêveur : occasion d'errer lourdement ou de saisir un point décisif ? En 1586, la banque ouvrait à ses déposants son *cartulario-oro*, son compte-or ; en 1606, son *cartulario-argento* ; enfin, en 1625, son compte le plus curieux peut-être, pour monnaies espagnoles de huit. Qu'est-ce à dire ? que le déposant était crédité dans la monnaie même de son dépôt, payé dans cette monnaie, le cas échéant, donc assuré d'une garantie or ou argent contre les dévaluations[381] ? La Banque elle-même, en même temps que ses déposants, se mettait à l'abri des dangers de la monnaie de compte, s'appuyait sur les fortes positions des monnaies métalliques.

Les « industriels »

Autres victimes de la montée des prix, les « industriels ». A leur sujet, un peu de notre ignorance s'est dissipée, grâce au livre de Giuseppe Parenti. Ce qu'il dit de Florence, et qu'il étend à l'Italie pour la fin du XVIᵉ et le début du XVIIᵉ siècle, n'est qu'un essai, mais d'une valeur évidente. La montée des prix à Florence et dans les villes industrielles d'Italie, a gonflé les salaires *nominaux* des artisans. A Florence, de l'indice 100 pour la période 1520-1529, on est passé à l'indice 99,43 en 1550-1559, pour atteindre 162,63 en 1590-1599 et 178,95 en 1610-1619. Cette montée est très inférieure à celle des salaires espagnols (de 100, en 1520-1529 à 309,45 en 1610-1619). Mais très au-dessus de la montée des salaires français (1550-1559, 100 ; 1610-1619, 107,4), ou même anglais (1520-1529, 100 ; 1610-1619, 144), et sans doute très au-dessus de la montée des salaires hollandais. A Florence, avec cette hausse qui cependant n'a pas signifié une vie heureuse des travailleurs, les bénéfices « industriels » se restreignent — ne restent-ils pas stationnaires au milieu de la montée générale [382] ? S'ils sont encore au-dessus des profits espagnols terriblement en baisse, ils ne peuvent se comparer aux bénéfices français de la même période, ou anglais. La montée des prix introduit ainsi un élément de faiblesse jusqu'au cœur de l'industrie italienne. Est-ce la raison pour laquelle elle n'est pas, au début du XVIIᵉ siècle, à la hauteur de la concurrence victorieuse des Pays-Bas, puis de celle non moins dangereuse de la France ?

Les États et la hausse des prix

Les États s'en tirent, eux, à moindre mal. Leur vie financière comporte trois postes : les recettes, les dépenses, les dettes. Automatiquement, ce troisième poste, pas le moins important, se trouve allégé par la marée montante des prix. Dépenses et recettes croissent

cependant d'un même rythme. Les États ont tous réussi
à multiplier leurs recettes et à rester dans le vif de la
poussée des prix. Certes, ils ont de grandes, d'impossibles dépenses, mais aussi, à l'échelle du siècle, d'énormes, de grandissantes ressources.

Il y a longtemps que Richard Ehrenberg a donné le
conseil aux historiens — qui ne l'ont pas suivi — de ne
pas se fier aux estimations budgétaires que donnent si
souvent les ambassadeurs, ni aux autres, ajouterions-
nous volontiers. Le mot de budget, chargé de précisions
dans l'actualité, ne cadre pas avec les réalités du
XVIe siècle. Cependant des chiffres inexacts peuvent
donner un ordre de grandeur. Ils montrent suffisamment
la montée générale des budgets. Voici, à un quart de
siècle, deux budgets de Sicile : en 1546, recettes : 340 000
scudi, dépenses : 166 000 *scudi*, ce qui laisserait un
solde, mais il y a l'amortissement des dettes anciennes ;
en 1573, recettes 750 194, dépenses 211 032. Sur le
solde positif de ce « bilan », une série de dépenses
extraordinaires viennent se greffer, si bien que les
ministres espagnols de Sicile seront obligés, pour équi-
librer dépenses et recettes, d'emprunter à 14 et 16
p. 100[383]. A Naples, progressions semblables[384]. En
Espagne, les revenus de Charles Quint ont triplé durant
son règne[385], ceux de Philippe II ont doublé de 1556 à
1573[386]. En 1566, ils sont de 10 943 000 ducats[387], en
1577, de 13 048 000 ducats[388] ; franchissons un demi-
siècle : vers 1619, les revenus de Philippe III seraient
de 26 000 000[389].

Dans les budgets de Philippe II, se devine et se mesure
l'énorme montée des dettes, consolidées ou non. Dans
un budget de 1562[390], auquel il ne faut pas aveuglément
se fier, on relève les postes suivants : pour les intérêts
des *juros* de Castille, 500 000 ducats ; pour les intérêts
des *juros* des Flandres, 300 000 ; d'Aragon, 50 000 ; de
Sicile, 150 000 ; de Milan, 200 000 ; des îles atlantiques,
30 000 ; soit un total de 1 230 000 ducats d'intérêts qui
correspond à un capital nominal entre 12 000 000 et
24 000 000 de ducats, suivant que l'on calcule l'intérêt
global à 10 ou à 5 p. 100[391]. Fixons ce capital à une

vingtaine de millions. Or en 1571-1573, les dettes se monteraient [392] à une cinquantaine de millions sans qu'on puisse distinguer entre les différentes composantes. En 1581 [393], un Vénitien parle de 80 000 000 de dettes ; en moins de vingt ans la dette de Philippe II aurait quadruplé.

Des chiffres plus nombreux, plus exacts, seraient à chercher dans les surabondantes richesses de Simancas. Ce matériel réuni, il resterait à calculer, avec les bilans du Roi Prudent, ses revenus, ses dépenses, ses dettes et les intérêts de ses dettes ; à établir, si possible, des courbes de budgets *réels*. Là encore, comme pour les salaires, le gonflement des chiffres reste trompeur. Mario Siri, pour les budgets de Sicile, a montré, en réduisant les chiffres en quantités de métal fin, qu'il y a eu non pas augmentation, mais diminution d'un budget à l'autre.

Les études descriptives du budget laissent de côté les vrais problèmes qui, tous, impliquent une mesure de la montée des prix. En gros, il y a eu désarmement progressif des États devant le coût grandissant de la vie. De là, leur âpreté à se créer des ressources, à remonter le courant des prix. Le plus clair de l'histoire des États, au XVIe siècle, reste leurs luttes fiscales ; la guerre des Pays-Bas n'a pas été seulement un drame pour la liberté de conscience, pour la défense de libertés aimées, mais aussi une tentative, qui échoua d'ailleurs, pour associer l'État espagnol, de façon fructueuse, à la fortune économique du grand carrefour marchand...

C'est un fait que l'Empire de Philippe II a vu, l'une après l'autre, ses possessions européennes cesser d'être pour lui des sources positives de revenus. Dans les Pays-Bas, à Milan, à Naples, en Sicile, les « revenants bons », comme on disait en France, ont été progressivement absorbés sur place. Restait l'Espagne, ou plutôt la Castille. La présence de Philippe II dans la Péninsule a permis, la paix intérieure aidant jusqu'en 1569, une mise au pas des contribuables, y compris les Grands : « le Roi Catholique, écrivait l'évêque de Limoges en 1561 [394], va de plus en plus économe, désirant pourvoir

à l'avenir, donnant ordre à ce qui regarde ses finances
et domaines, je dis tels soins de vigilance que davantage
ne peut sans grand danger d'encourir notte de trop bon
mesnage... ». C'est dire que le roi ne cesse de consulter
ses experts. Leurs conseils ne lui manqueront jamais au
cours de son long règne, si dramatique sur le plan
financier. J'ai signalé la grande assemblée de Tolède et
ses décisions du 14 novembre 1560[395]. De ce fait le
catalogue des impôts castillans s'augmente sans cesse et
se déforme par l'adjonction de nouveaux postes et
les modifications internes des impôts existants. Les
alcabalas, impôts de consommation avec abonnement
forfaitaire des villes, représentaient en principe le
dixième du prix de toutes les ventes. On lui adjoignit
quatre additions d'un centième, et le pourcentage passa
ainsi à 14 p. 100. Le montant des *alcabalas* qui, en
1561, s'élevait à 1 200 000 ducats, atteignit, en 1574,
3 700 000[396]. En 1577, il fallut même les diminuer d'un
million.

Bien entendu, les contribuables geignent : Cadix, en
1563[397], déclare qu'avec les taxes mises sur son commerce depuis 1560, son trafic est ruiné ; plaintes générales cent fois exprimées des Cortès, lesquelles ne songent
pas, devant l'inquiétante montée des prix, à mettre en
cause le numéraire d'Amérique, mais ce qu'elles ont
devant les yeux, à savoir cette fiscalité grandissante,
monstrueuse du gouvernement royal. « Il s'en est suivi,
disent les Cortès de 1571[398], de telles charges et une si
grande cherté de toutes les choses nécessaires à l'existence des hommes que bien peu nombreux étaient ceux
qui pouvaient vivre hors de difficultés... »

Mal répartis, ces énormes impôts sont perçus avec
les moyens du temps ; autant dire qu'une partie seulement en arrive aux caisses de l'État. La Castille est
certainement le meilleur contribuable de l'Empire, de
par sa générosité volontaire parfois — les gestes patriotiques des Cortès abondent ; en raison aussi de la volonté
du roi trop proche pour être désobéie. Que la vie
castillane en soit gênée, son industrie handicapée, le
taux réel de la vie encore augmenté[399], le contraire seul

surprendrait. Or quel est le résultat de ces efforts, de ces générosités et de ces tracasseries ? Des surplus souvent incertains se perdent dans le déficit général de l'Empire. Surplus qui, d'ailleurs, n'auront qu'un temps : en Castille, comme dans le reste de l'Europe soumise à l'autorité de Philippe II, le déficit deviendra la règle [400].

Ainsi se débattent toutes les trésoreries : à Florence, dans un pays que l'on prendrait volontiers comme un modèle d'administration, l'exploitation fiscale est telle, en 1582, qu'il s'ensuit, aux dires des contemporains, un exode de population [401]. Dans le Portugal, à la veille de la conquête philippine, on levait des taxes de 20 p. 100 sur les ventes et de 50 p. 100 sur les produits de pêche [402]. En France, le gouvernement royal, au début de 1587, songe bonnement à doubler les impôts de Paris, mesure qu'on étendrait ensuite à toutes les villes du royaume, malgré la terrible famine qui le désole alors [403]. Ce sont là procédés turcs ou persans.

Aux prises avec un siècle hostile, les États n'ont guère le choix des moyens. Pour revenir à l'Espagne, le gouvernement a modifié trois fois au moins à son avantage le taux des rentes : en 1563, en 1608, en 1621 [404]. Dix fois pour une, il a reculé les échéances de ses paiements ou, comme on dit aux Pays-Bas, mis des « rallonges aux foires » [405] ; il a valorisé l'or en 1566 : l'escudo d'or en or, qu'avait créé Charles Quint en 1537, était porté de 350 à 400 maravédis [406] ; en 1609, il passera de 400 à 440 [407]. Enfin l'État espagnol a procédé à une série de banqueroutes sur la dette à court terme, en 1557-1560, en 1575, en 1596, en 1607, en 1627, en 1647... Il a puisé sans fin dans la fortune des villes, des Grands, de l'Église, ne reculant devant aucune exaction.

Une étude complète des budgets du XVIᵉ siècle, comparable à ce que nous savons, pour cette époque, des dépenses et recettes anglaises, permettrait de répondre à une importante question : oui ou non, dans cet orage des prix, les États de Méditerranée, ou près de la Méditerranée, ont-ils été plus secoués que les autres ? L'affirmative nous semble probable, en ce qui concerne l'Espagne. Surtout si l'on songe à l'énorme dépense qu'est la guerre pour ce trop vaste empire. « La guerre, écrit un libelle français de 1597[408], luy (à Philippe II) est extrêmement coûteuse et beaucoup plus qu'à un autre prince, veu pour exemple d'une armée navale : il faut qu'il tire la plus grand par (des esquipages) de pays estrangers loings de luy, qui luy mange un monde de finances. Et pour ses guerres de terre, comme celle des païs bas qui est la principale, ne le peult faire que six fois plus chere que ses ennemis, car avant qu'il eut levé un soldat en Espagne, et mis à la frontière d'Artois, prest à combattre un François, il luy en couste 100 ducats, où le soldat françois ne coustera que dix à son Roy... »

De même, son équipement maritime qui doit répondre à la fois aux exigences des luttes océaniques et des guerres méditerranéennes, n'avantage pas l'Espagne. Ici encore les prix ne cessent de monter. Tomé Cano, dans son *Arte de Navegar*[409], explique qu'un navire de 500 t, qui au temps de Charles Quint valait 4 000 ducats, en vaut aujourd'hui, en 1612, 15 000 ; un quintal de voiles des Flandres, qui valait jadis 2 ducats et demi, s'achète 8 ducats. J'ai conduit, ajoute-t-il, des marchandises à Carthagène des Indes à 14 ducats la tonne ; on en demande 52 aujourd'hui « et avec tout cela, les navires ne gagnent pas encore ce qu'ils gagnaient autrefois ». Dans tous ces mouvements de prix, les salaires, mais aussi les bénéfices d'exploitation sont souvent écrasés. Et ceci explique, en partie du moins, les difficultés de la marine atlantique de l'Espagne à la fin du XVIe siècle. Ce qui est vrai pour les gros navires de l'Atlantique l'est tout autant pour les fines galères de la Méditerranée. En 1538[410], il en coûtait, en Espagne, 2 253 ducats pour en équiper une sans son artillerie (le corps de la galère se chiffrant à 1 000 ducats). Or, en 1582, il est question, pour J. André Doria, de vendre ses galères 15 000 écus chacune. Chiffre évidemment lancé en l'air. On ne sait s'il s'agit ou non de galères complètes avec leurs chiourmes et leur artillerie, mais la différence des prix est énorme.

La baisse des « trésors » d'Amérique

L'arrivée des « trésors » d'Amérique s'est ralentie au delà de la première et plus encore de la seconde décennie du XVIIᵉ siècle. Signe, conséquence, ou cause, cet arrêt marque une heure de l'histoire du monde. En gros, on a tort d'expliquer cet « événement » par des causes uniquement américaines, comme si l'Amérique était, en l'occurrence, le *primus movens*. Il y aurait eu augmentation des frais d'exploitation minière selon la règle des rendements décroissants. L'Amérique, elle-même, par la fraude et en raison de ses propres besoins monétaires, aurait retenu une quantité plus grande de sa production [411]. Une partie du métal aurait été détournée par la spéculation, de la Nouvelle Espagne en direction de l'Extrême-Orient et de la Chine, par le galion de Manille [412]. Toujours en Amérique, une diminution catastrophique de la population aurait gêné et ralenti le recrutement de la main-d'œuvre indienne, indispensable à l'extraction de l'argent [413].

Toutes ces explications ont leur part de vérité, mais peut-être anticipent-elles sur des recherches qui restent à faire, non seulement dans les archives de Séville, mais à Simancas et, plus encore, dans les dépôts d'Amérique. Il n'est pas démontré *a priori* qu'une population en reflux ne puisse alimenter un secteur particulier et privilégié comme celui des mines ; la fraude importante par le Rio de la Plata semble s'arrêter avec le reflux général des activités minières aux alentours de 1623 [414] ; la sortie des métaux précieux par le galion de Manille s'interrompt aussi au delà des années 1635 [415]. Mais le défaut essentiel de ces explications saute aux yeux : elles se situent, pour l'essentiel, en Amérique, comme si la fraude, par exemple, n'existait pas autant à l'arrivée qu'au départ. Surtout, elles ne tiennent pas compte de l'ensemble économique qui lie l'activité motrice de l'Europe, à travers l'Empire espagnol, au Nouveau Monde. En d'autres termes, pas d'allusion à la conjoncture, à cette baisse de régime que l'on note en Europe au delà de 1580, puis de 1595, enfin de 1619-1622, pour atteindre la grosse cassure des années 1640 et les malheurs de l'Espagne en Catalogne et au Portugal, plus tard à Naples en 1647, et la suppression cette même année de la flotte de Barlovento[416], protection des Antilles...

Parler conjoncture, c'est parler prix, prix de revient, salaires, profits. Rodrigo Vivero[417] qui connaît bien le Nouveau Monde, n'envisage pas, vers 1632, que la machine américaine soit en panne, ce en quoi il a évidemment tort ; il a tort également de parler d'une production annuelle de 24 millions d'or, dont vingt seraient expédiés vers Séville, mais il a raison de montrer les entrepreneurs des mines pris dans les remous d'une mauvaise conjoncture, « tous endettés, car ont enchéri le sel, le maïs, la paie des ouvriers indiens a doublé et les maîtres pleurent cependant pour en avoir et obtenir leurs contingents (*repartimentos*), alors que c'est une main-d'œuvre bien peu convenable (*a proposito*) pour le travail des mines ». Il y a aussi les tables de jeu et ces « sangsues des mineurs », les prêteurs, qui finissent par payer le métal blanc « avec des tissus et autres genres de marchandises sur lesquelles ils gagnent encore, ou ce qui est pire, avec du vin »... Mais, pour y voir clair, il faudrait regarder aussi du côté de l'Espagne et de l'Europe, reprendre le problème dans son plus vaste ensemble.

Monnaies dévaluées et fausse monnaie

En tout cas, avec le milieu du XVIIᵉ siècle, s'achève sûrement le grand chapitre de l'argent américain. La fausse monnaie fait alors sa très large apparition. Le XVIᵉ siècle ne l'avait pas ignorée. Mais au XVIIᵉ, les pièces de mauvais aloi gagnent la circulation essentielle de la Méditerranée et sont emportées par le fil du courant jusqu'au Levant, alors que pendant les cinquante années précédentes, elles avaient été écartées de ces eaux vives.

La mauvaise monnaie n'était alors chez elle que dans le Nord européen et les pays d'Islam, soit en marge de la mer Intérieure, et encore, dans ces deux zones, n'était-elle apparue que tardivement. Dans le Nord, tandis que la monnaie anglaise, rétablie par Élisabeth, ne devait plus bouger, la monnaie des Pays-Bas révoltés avait connu d'assez gros avatars jusqu'à la dévaluation de novembre 1585[418]. Avant même cette mesure, au moins dès 1574, les fabricants de fausse monnaie, spécialement à Liège, s'étaient mis à l'œuvre[419] et cette année-là, leur production arrivait aux portes mêmes de l'Espagne. L'échanger frauduleusement contre de la bonne monnaie[420], c'était une façon comme une autre d'ouvrir une brèche dans le monopole espagnol et de prélever une part des métaux précieux. Le trafic, dans les ports mêmes, prit un énorme développement, après la signature de la trêve de Douze Ans en 1609. Les Hollandais apportèrent alors de grosses quantités de petite monnaie, ce qui, jusque-là, n'avait été possible que par l'intermédiaire des navires de Lubeck ou de Hambourg, ou grâce aux Anglais (l'Angleterre ayant signé sa paix avec l'Espagne, en 1604[421]), ou encore par l'intermédiaire des Français. Cette petite monnaie, de faible alliage, arrivait par coffres ou barils entiers. Au retour, on cachait sous du sel ou d'autres marchandises les pièces d'or ou d'argent. En 1607, à Bordeaux et dans ses environs, quatre « monnaies » étaient occupées à refondre des pièces espagnoles obtenues par les moyens les plus divers et qui, à passer simplement dans les creusets, rapportaient plus de 18 p. 100 de bénéfice[422].

Encore s'agissait-il, à l'époque, d'un commerce presque loyal. Sur ce plan d'honnêteté relative, il dura peu. Dès 1613, c'est de fausses monnaies de billon qu'il est question, imitation de monnaies espagnoles. Il en est fabriqué plus de deux millions de *pesos* par an et la production augmentera par la suite. Selon les experts, on gagnait à ces contrefaçons jusqu'à 500 p. 100. Hors des Pays-Bas, des falsifications analogues eurent lieu au Danemark, en Angleterre, en Italie. C'est par bateaux entiers que les *quartillos falsos* ont gagné la côte cantabrique ou San Lucar de Barrameda[423].

La fausse monnaie, déjà chez elle en Atlantique, passe plus tard en Méditerranée. En 1595, la duchesse de Piombino faisait frapper, dans son minuscule État, des monnaies de *muy baxo quilate*[424]. Avec la première décennie du XVIIᵉ siècle, la « basse monnaie » gagnait les portes du Levant ; l'intoxication de la mer était alors complète. Une relation vénitienne de 1611 [425] indique que, dans l'étonnant désordre monétaire d'Alep, les bonnes monnaies qui d'ordinaire faisaient de 4 à 5 p. 100 de prime sur la monnaie courante, étaient surpayées, cette année-là, de 30 à 35 p. 100. La suite de cette histoire est à rechercher dans l'ouvrage de Paul Masson, *Le commerce français dans le Levant au XVIIᵉ siècle* [426]...

Durant notre période, si les trafics purement méditerranéens sont peu touchés par ces étonnants bouleversements, une crise grave travaille les pays turcs, depuis Alger jusqu'à l'Égypte ou à Constantinople. On a trop parlé des magnifiques et inaltérables finances turques. Peut-être ont-elles eu cette qualité durant le long règne de Soliman le Magnifique (1522-1566). Mais, l'année même où s'achevait ce règne glorieux, au lendemain de l'échec contre Malte, si le renseignement consigné dans le vieux livre de Hammer [427] est exact, il y a eu au Caire, la seule « monnaie » turque où fussent frappées des pièces d'or, une dévaluation des dites pièces de 30 p. 100. Il est possible que ce soit là un ajustement rendu nécessaire par la dépréciation de l'argent. Il serait intéressant de savoir ce qu'il en est, et si une dévaluation a marqué ou non, en 1566, après le gros effort du siège de Malte, le premier signe de fatigue de l'Empire turc.

En 1584, aucun doute : une grave crise monétaire se déchaîne [428]. La monnaie courante de Turquie était une petite pièce d'argent, plus carrée que ronde [429], l'aspre (en turc, *akce*, prononcez *aktsche*) faite d'argent pur, « non meslé ains purifié », précisait Belon du Mans [430]. On les essayait, dit un voyageur [431], en les jetant dans une poêle chauffée au rouge. En poids, elles représentaient le quart d'une drachme d'argent ; leur valeur était de 10 à 11 deniers tournois [432], de 7 1/2 *quattrini* vénitiens, de 2 à 2 1/4 *kreuzer* allemands, et l'équivalent d'un *bajocco* romain ou de l'ancien *marchetto* vénitien [433]. L'aspre « vaut autant que à nous un carolus », écrivait Belon [434]. Elle représentait, au début

du siècle, la 135ᵉ partie du sequin ou *sultanin*, lequel
était d'or fin [435], à peine inférieur *di bontà* au sequin de
Venise, mais égal et souvent supérieur aux meilleurs
ongari d'Allemagne [436]. A l'avènement de Sélim Iᵉʳ, le
sultanin valait 60 aspres, cours officiel et qui ne semble
pas avoir été modifié jusqu'en 1584. Ainsi donc, en
1566, si dévaluation il y a eu, elle n'a pas touché à
l'équivalence argent du sequin nouvelle formule. Le
thaler turc, monnaie d'argent légèrement inférieure au
Kronenthaler autrichien ou à l'*escudo* d'Italie, valait
40 aspres, alors que le *Kronenthaler* ou *escudo* en valait
50. Ces valeurs sont confirmées par nos documents [437] :
en 1547, 300 aspres valent six écus [438]… Le baile de
Venise, en 1564, indiquait que ses dépenses ordinaires,
pour trois mois, s'élevaient à 34 487 aspres soit 574
ducats et 47 aspres ; ce qui donne pour le ducat le cours
habituel de 60. Il a fait ensuite une lettre de change de
9 170 *scudi* et a obtenu une équivalence de 50 aspres
par écu [439]… En 1561, un autre baile n'avait obtenu, vu
l'étroitesse de l'argent, qu'un change de 47 aspres par
écu [440] ; encore en 1580, nous retrouvons ce change de
50 aspres [441].

Reste, pour compléter le tableau des monnaies ottomanes, à en présenter une dernière, arabe celle-là, qui
court en Égypte et en Syrie et occupe l'espace entre
Méditerranée, golfe Persique et mer Rouge, le *maidin*,
sorte d'aspre contenant une fois et demie plus de métal
fin [442]. Il faut donc une quarantaine de ces *maidins* pour
faire un sequin et 35 pour un écu ou *Kronenthaler* [443].
Comme le dit le voyageur anglais, Newberie, en 1583 [444],
40 medins maketh a duckat.

La grande dévaluation de 1584 [445] a été faite à la suite
d'une dévaluation analogue en Perse, conséquence des
énormes dépenses qu'entraînait, avec la guerre, l'augmentation des troupes soldées. Le sultan, à qui l'Égypte
cédait alors, en 1584, des sequins d'or au change de
43 *maidins*, les imposa, pour ses paiements, à 85. Le
sequin passait donc de 60 à 120 aspres. Bien entendu,
le sequin ne changeant pas, les aspres furent allégés et
une partie du métal fin remplacé par du cuivre. En

1597, dans une drachme d'argent, au lieu de tailler 4 aspres, on en taillera de 10 à 12. Après les troubles de 1590, le sequin passera de 120 à 220 aspres. Il y aura alors en Turquie, avec cette monnaie de mauvais aloi, l'exact pendant de l'inflation de billon dont Earl J. Hamilton [446] a montré mécanismes et ravages en Castille, de 1600 à 1650. Mais la crise, appelée à durer jusque vers la moitié du XVIIᵉ siècle, avait commencé une vingtaine d'années plus tôt. Elle fut difficile à endiguer. Vers 1625-1630, une nouvelle hausse s'imposa : le sequin atteignait 240 aspres, le *thaler* 120 ; une baisse autoritaire de 50 p. 100 ramena le sequin, en 1642, à 151-157 aspres (non pas 120), mais la hausse rebondit après 1561 et la longue guerre de Candie contre Venise instaura le chaos. Si en 1660 le sequin peut valoir encore 240 aspres en Serbie, il est coté 310 aspres à Sofia en 1663 [447].

L'incidence de ces dévaluations a été prodigieuse sur la santé économique de l'Empire où l'aspre joue à la fois le rôle de monnaie réelle et de monnaie de compte [448]. Tels sont les aspects les plus voyants des désordres monétaires turcs. Il en est d'autres. Notamment, la politique de monnaie basse des Algérois, imposée par la nécessité. Sur leur marché, l'or et l'argent d'Espagne font prime. C'est une façon d'attirer, de piéger les indispensables monnaies étrangères ; il y a même comme une sorte d'échelle mobile et, en 1580, Iafer Pacha, trouvant le taux insuffisant, porte l'écu d'Espagne de 125 aspres d'Alger à 130 [449]. Il est possible, comme le pense un érudit espagnol, Manuel Gallardo y Victor, que cette dévaluation ait intéressé le rachat de Cervantès, en 1580 [450]. Mais avant la dévaluation du sequin turc de Constantinople, celui-ci, coté à 66 aspres turcs, en valait 150 à Alger, ce qui indique une étonnante prime à la monnaie d'or des sultans, attirée vers Alger au même titre que l'écu d'Espagne [451]. Pour ce dernier, si nos calculs sont justes, une prime de 30 p. 100 lui est réservée par les changes algérois.

Trois âges métalliques

On nous tiendra quitte d'explications plus amples. Croquis et graphiques complètent un exposé long, bien que trop abrégé, et nous aurons l'occasion de revenir sur les difficiles problèmes de la conjoncture. Quoi qu'il en soit, un schéma assez clair se dégage. Les historiens se trouvent en présence de trois âges métalliques superposés : l'or soudanien — l'or et l'argent d'Amérique — puis, l'ère du billon et de la fausse monnaie, officiellement autorisée ou non, apparition timide à la fin du XVIᵉ siècle, puis submergeant tout, avec les premières décennies du XVIIᵉ. Simple schéma, car ces âges ne sont pas disposés sagement, les uns au-dessus des autres : il y a des chevauchements, des décalages, des confusions dont il resterait, évidemment, à donner le relevé et à fournir l'explication.

Période de l'or : tous les paiements se font de préférence en métal jaune. En 1503, Bayard s'empare, près de Barletta, d'un trésorier de l'armée espagnole : « eulx arrivés, écrit le Loyal Serviteur, furent déployés leurs bouges où l'on trouva beaux ducats ». Voilà qui confirme la règle [452]. Ou encore que le roi de France paie ses soldats (1524) « avec l'or qu'il retirait d'Espagne » [453]. Toutes ces luttes, en cette jeunesse du conflit des Habsbourgs et des Valois, se font avec des pièces d'or. Il suffit qu'un homme se déplace pour que les précieux paiements puissent se faire. En mai 1526, l'ambassadeur de Charles Quint s'inquiète : à la Mirandole seraient passés « quatre cavaliers chargés du numéraire du Pape... » ; il y a évidemment de quoi s'alarmer.

Plus tard, pendant le long règne de l'argent (de 1550 peut-être à 1650 ou 1680), les mouvements d'argent deviendront autrement visibles, car le métal blanc est un voyageur encombrant, il lui faut des voitures, des navires, des bêtes de somme, sans compter les gens d'escorte, au moins cinquante arquebusiers dans le transport de métal blanc de Gênes en Flandres, en décembre 1551 [454]. Les gros mouvements d'or se dissimulent d'ordinaire et, hors des intéressés, nul ne les connaît. Mais qu'on apprenne, en septembre 1586, que

Philippe II a envoyé en Italie 100 000 écus en pièces d'or, chacun en discute, se demandant quelle nécessité intérieure l'a obligé à ce geste inhabituel. Car l'or ne sort pas, ordinairement, de la Péninsule [455]. Rare, il se valorise et chaque fois qu'il entre en jeu « règle tout en seigneur ». Les maîtres des monnaies et les experts expliquent à longueur de pages, et à qui veut les entendre, que tout serait en ordre si le marc d'or valait douze marcs d'argent comme le veut la sagesse traditionnelle, mais à Venise où l'or est sans cesse valorisé, les calculs précis montrent que l'ordre ancien est vain. Ainsi le pensent, sans plaisir, les responsables de la *Zecca* vénitienne en novembre 1593 [456]. Un marc d'or, expliquent-ils, vaut 674 livres 9 sous, douze marcs d'argent 633 livres 16 sous, soit un avantage à l'or par rapport à l'argent de 40 *lire* 13 *soldi*, avance légère, mais nette.

Passent les années et au calendrier monétaire de l'Europe, voici les monnaies de cuivre. Celui-ci triomphe avec la montée des mines de Hongrie, de Saxe, d'Allemagne, de Suède, du Japon. Le Portugal en serait inondé, au voisinage de l'Espagne où l'inflation bat son plein, mais le Portugal a l'exutoire des Indes ; il est par nature, même en ces années calamiteuses, vidé de son cuivre : le troisième métal y fait même prime ; en 1622, il faut donner non pas 12, mais 13 réaux pour un ducat payé en petite monnaie de cuivre [457].

Mais bientôt l'or remontrera son visage. Expédié du Brésil, il touchera, à la fin du XVIIᵉ siècle, Lisbonne, l'Angleterre, l'Europe. La Méditerranée en aura sa part, mais ne se trouvera pas au centre de cette inflation d'or, comme elle avait été, si longtemps, au centre de l'inflation d'argent

III

Les économies : commerce et transport

Nous n'avons pas l'intention de décrire, dans sa complexité, le commerce de Méditerranée. Ce qui nous intéresse, c'est un dessin d'ensemble. Nous avons finalement retenu trois problèmes : la crise du poivre, la crise du blé, l'invasion de la Méditerranée par les navires de l'Atlantique. Ces problèmes impliquent toutes les dimensions de la vie économique de la mer ; ajoutés les uns aux autres, ils en évoquent assez bien le vaste cercle : d'un côté jusqu'à l'océan Indien, de l'autre jusqu'à l'Atlantique et à ces autres Méditerranées nordiques, Manche, mer du Nord, Baltique...

1. Le commerce du poivre

Le périple du cap de Bonne-Espérance n'a pas mis fin d'un coup au commerce méditerranéen du poivre. Les historiens allemands [1] ont été les premiers à l'établir : pouvaient-ils ne pas s'apercevoir que l'Allemagne n'avait cessé de recevoir des épices et du poivre de Venise, et donc que les Portugais ne s'étaient pas saisis, et une fois pour toutes, des courants du précieux trafic ?

Sans doute, il y eut, après les succès portugais, une crise terrible à Venise et la mode y fut à la prophétie pessimiste. On se représentait les conséquences des découvertes portugaises et la catastrophe paraissait sans remède... Pour la cité de Saint-Marc, la perte des épices, c'est « le lait et la nourriture qui viendraient à manquer à un nourrisson », écrivait Girolamo Priuli dans son journal, en juillet 1501 [2]. Aussitôt, il y eut d'étonnantes

variations de prix et des difficultés sans nombre, surtout
après que le roi de Portugal, Dom Manuel, eut fixé un
prix officiel du poivre, en 1504, et fait de « l'épicerie »,
concentrée à Lisbonne deux ans plus tard, un monopole
de la Couronne[3]. En 1504, les galées vénitiennes, au
cours de leur voyage, ne trouvèrent pas d'épices à
Alexandrie et à Beyrouth[4].

Assez vite, le nouveau fournisseur s'empara d'une
partie des marchés européens. Il triompha sans trop de
difficulté sur la face atlantique du continent : dans les
Pays-Bas, dès 1501[5] ; en Angleterre dès janvier 1504,
avec l'arrivée, à Falmouth, de cinq navires portugais,
chargés de 380 t. de poivre et d'épices de Calicut[6]. Il
s'immisça aussi en Basse et en Haute-Allemagne où
la grosse maison Anton Welser et Konrad Vöhlin
d'Augsbourg se tournait, dès 1503, vers le soleil levant
de Lisbonne[7] ; où la *Magna Societas* de Ravensburg se
décidait, en 1507, à faire ses achats de poivre et d'épices
à Anvers, relais du marché portugais[8] ; où les négociants
de Vienne, en 1512-1513, se plaignaient de ne pouvoir
se procurer les quantités nécessaires de poivre et d'épices
à Venise et demandaient à l'Empereur qu'il autorisât
des marchands étrangers à les amener d'Anvers, de
Francfort ou de Nuremberg[9]. Le nouveau fournisseur
triomphait aussi dans la France de l'Ouest et en Castille
où, en 1524, Medina del Campo, à dire de témoin,
revendait du poivre portugais[10]. Nul doute, non plus,
que ce même poivre n'ait pénétré très tôt en Méditerranée où les voiliers portugais jouaient un rôle important.
Peut-être dès 1503, à Gênes : Venise fermait sa frontière
de Terre Ferme, en juin de cette année-là[11], aux produits
venant soit de Gênes (et l'on stipulait : draps d'or,
d'argent, laines, *épices*, sucre...), soit d'autres lieux
étrangers. Elle ordonnait que les villes de Terre Ferme
eussent à se ravitailler à Venise même. Pour augmenter
les arrivées de poivre et d'épices, à partir du Levant,
elle autorisait, en mai 1514[12], leur transport sur n'importe quel navire et non plus sur les seules *galere da
mercato* qui furent ainsi vivement concurrencées[13] ; elle
supprimait, en outre, les droits de douane à leur entrée

à Venise. N'empêche que l'année suivante, en 1515, la Seigneurie allait charger à Lisbonne le supplément nécessaire à son ravitaillement [14]. En 1527, le Sénat vénitien proposait au roi de Portugal, Jean III, de prendre à ferme tout le poivre arrivant à Lisbonne, défalcation faite de la consommation propre du Portugal. Le projet n'aboutit pas. Il montre où en était Venise, en 1527, et traduit la montée victorieuse du marché de Lisbonne [15].

Revanche méditerranéenne : la prospérité de la mer Rouge au delà de 1550

Quand la situation s'est-elle rétablie — car elle s'est rétablie — au bénéfice de Venise et de la Méditerranée [16] ? Il est difficile de le dire. Il faut sans doute tenir compte du reflux des prix au-delà des années 1540 et supposer qu'il a gêné les commerces prospères de Lisbonne ; croire aussi à la qualité inférieure des marchandises portugaises auxquelles le long voyage par mer faisait perdre de leur arôme, au dire des connaisseurs. Le bruit, répandu par Venise, n'était pas sans fondement ; on le retrouve encore dans un document espagnol de 1574, hostile cependant à Venise [17]. Il est probable que le commerce méditerranéen, lié aux intermédiaires arabes, a su se réserver, en les payant plus cher, les produits de qualité. Les Portugais ont probablement exagéré en maintenant, en Asie, des prix d'achat extrêmement bas [18]. Il est vrai qu'ils devaient solder les frais d'un long voyage, les pertes fréquentes de navires, les déficits sur les cargaisons elles-mêmes, avariées souvent en cours de route. Au contraire, le commerce méditerranéen, relayé par de nombreux intermédiaires, sur des trajets plus courts et reconnus depuis des siècles, comportait moins d'aléas. Pour les Vénitiens, le risque se bornait à celui du voyage d'Égypte et il était couvert par de fructueux bénéfices, vu les étonnantes différences de prix qui jouaient entre Orient et Occident. « Ils gagnent, notait Thénaud, en 1512, cent pour cent et plus, en marchandises qui sont ici de peu de valeur » [19]. Même quand le poivre manquait (la seule marchandise qui donnait lieu à un commerce massif et que le Portugais a saisie de préférence aux autres), il était possible de trafiquer sur les épices de luxe, les drogues et autres produits du Levant. De leur côté, les marchands orientaux avaient un besoin urgent de métaux précieux : or d'Égypte ou argent d'Occident qui ne descendaient vers l'océan Indien que grâce aux épices et à tout ce qui les accompagnait sur les routes menant à la Méditerranée. L'Inde et l'Extrême-Orient appréciaient le corail, le safran de Méditerranée, l'opium d'Égypte, les draps d'Occident, le vif argent, la garance de la mer Rouge. Étayant ces trafics anciens, subsistaient, autour de l'océan Indien, des sociétés marchandes puissantes, organisées, que la poussée portugaise avait troublées, non pas supprimées : elles furent capables de réagir assez vite.

Le commerce méditerranéen en direction de l'Orient n'ayant rien perdu de son intérêt pour les intermédiaires, seule la force eût pu l'empêcher, c'est-à-dire une surveillance aux sources du ravitaillement. Les Portugais y ont réussi à plusieurs reprises, et même chaque fois qu'ils l'ont voulu, ainsi au début de leur pénétration quand ils frappèrent les trafics prioritaires de la mer Rouge [20], et même plus tard : durant l'hiver 1545-1546 au large de la côte de Malabar, « l'escadre portugaise mena une action tellement efficace que toute sortie clandestine de poivre fut évitée » [21], pour le moins la contrebande fut considérablement réduite. Mais ces rigueurs ne durèrent qu'un temps, les surveillances se relâchèrent d'elles-mêmes. La présence portugaise, diffusée vite et loin, à travers l'océan Indien et au-delà, autant par la nécessité des trafics interrégionaux que par l'esprit d'aventure ou de lucre, avait abouti à la création d'un immense et fragile Empire. Or le Portugal n'était pas assez riche pour entretenir ce vaste réseau, ses forteresses, ses coûteuses escadres, ses fonctionnaires. Il fallait que l'Empire nourrît l'Empire.

Cette infériorité a fait très tôt des Portugais des douaniers, mais les douanes ne sont profitables que dans la mesure où circulent les marchandises. Dans ces

conditions, la fraude ou ce que nous appelons la fraude
(et qui fut nécessité) a eu beau jeu. Nécessité : on ne
pouvait occuper le carrefour essentiel d'Ormuz (1506)
et en fermer aussitôt les accès. Nécessité : les Turcs
s'installaient en Syrie (1516), en Égypte (1517), en Irak
(1534). Contre eux, les Portugais ont dû s'appuyer sur
la Perse ; en conséquence ménager les rapports essentiels
entre l'Inde et la Perse, sauvegarder, dans la mesure du
possible, les trafics de celle-ci en direction de la Syrie
et de la Méditerranée. Il y a là bien autre chose
qu'un simple aspect de la corruption de fonctionnaires
portugais, pressés de s'enrichir et sourds aux lointaines
injonctions de leur gouvernement. Cette corruption a
existé, mais elle ne mène pas le jeu.

Toutefois ces prudences et ces politiques réalistes ne
triomphèrent pas du jour au lendemain. Il fallut du
temps à l'Empire portugais pour trouver ses vraies
assises, du temps aussi à l'Empire turc pour mesurer,
en direction de l'océan Indien, ses faiblesses, ses limites
et ses intérêts raisonnables, pour renoncer à ses projets
initiaux de tout concentrer du commerce du Levant à
Istanbul, enfin pour préparer une poussée sérieuse vers
le Sud et l'Est, et ensuite y renoncer pratiquement, le
Portugais faisant tout, de son côté, pour ne pas attirer
contre lui cette puissance redoutable... Le Turc attend
plus de dix ans avant d'agir à partir de l'Égypte
conquise. C'est en 1529 seulement qu'était commencé
un canal entre le Nil et la mer Rouge, mais ces
préparatifs sont interrompus par la nécessité de faire
face en Méditerranée : 1532 est l'année de Coron [22].
Nouvel arrêt de six ans avant l'expédition de la flotte
de Suleiman Pacha qui prend Aden, en 1538, mais
échoue devant Diu, cette même année [23]. En 1542 [24], les
Portugais préservaient de justesse l'Éthiopie chrétienne ;
en 1546 [25], ils sauvaient miraculeusement Diu, leur
forteresse de la presqu'île de Gujarat à nouveau assiégée.
De tous les horizons de l'Inde, de la lointaine Sumatra,
les ambassadeurs ne cessaient d'arriver à Constantinople, sollicitant l'aide du Sultan contre les Portugais,
lui apportant les présents les plus rares : perroquets

aux couleurs merveilleuses, épices, parfums, baumes, esclaves nègres, eunuques[26]... Mais en 1551, il y eut encore, au sortir de la mer Rouge, l'échec des galères que commandait Piri Reis[27] ; en 1553, nouvel échec au sortir du golfe Persique[28] de Sidi Ali, le poète du *Miroir des Pays*. Cependant, au delà de ces années, s'enregistre une détente des rapports entre Portugais et Turcs. Cette détente a favorisé le commerce vers la Méditerranée.

L'ancienne route des épices se ranime et prospère, en effet, avec le milieu du siècle. Dès lors la zone du poivre méditerranéen gagne en bordure de la mer occidentale, repousse vers l'Atlantique le poivre du roi-marchand de Lisbonne, sans que se forme d'ailleurs une ligne nette de démarcation. Du poivre méditerranéen n'a jamais cessé ainsi de parvenir à Anvers, durant la première moitié du XVIᵉ siècle[29], plus tard encore peut-être. En 1510, un navire faisait directement la liaison d'Alexandrie à Anvers[30]. Vers 1540, le poivre méditerranéen influait sur les prix du marché de l'Escaut. Cette même année, en essayant contre la France un blocus du poivre[31], les Ibériques ont favorisé le trafic rival de Marseille, que François Iᵉʳ semble désireux de protéger puisqu'il refuse, en mai 1541, les promesses et propositions portugaises en matière d'épices, voulant donner satisfaction, rapporte un Vénitien, *al Signor Turco* et ne voulant pas aider les Flandres, « où Anvers serait devenue, paraît-il, la première ville du monde »[32]. En tout cas, un relevé des exportations marseillaises, en 1543, indique des envois jusqu'à Lyon — et probablement au-delà — ainsi que dans la direction de Toulouse[33]. En 1565, elles atteignaient Rouen et concurrençaient, à Toulouse, le poivre de Lisbonne revendu par Bordeaux[34]. Vers le milieu du siècle, Français et Anglais échangent du poivre, notamment à Rouen, à La Rochelle et à Bordeaux[35]. Évidemment il s'agit de produits différents, issus de l'une et l'autre source. Les circonstances avantagent tantôt l'une, tantôt l'autre. C'est ainsi qu'en 1559, l'établissement de droits de douane *ad valorem* de 10 p. 100 défavorise sur le marché castillan le poivre lusitanien, mais celui-ci, étant donné sa proximité sans doute, ne semble pas pour autant avoir été éliminé de la Péninsule [36]. L'importation livournaise, à la fin du siècle, laisse la même impression que les échanges franco-anglais, à savoir que les deux poivres sont marchandises différentes, qui se concurrencent, mais ne s'excluent pas l'une l'autre. En fait, il y a un seul marché européen du poivre [37], jusqu'à la fin du XVI⁰ siècle et même au delà. Voici, au hasard, le mot d'un marchand espagnol, (29 novembre 1591), établi à Florence : à la nouvelle que les *naos de Yndias* ne viennent pas à Lisbonne, cette année-là, les épices ont monté de prix. « Seul le poivre n'a pas varié, note-t-il, car il en est venu en quantité du Levant à Venise [38]... »

L'indéniable, c'est que la Méditerranée a ressaisi une grosse partie du trafic du poivre, voire la plus grosse. Le commerce du Levant prospère ; de nombreuses caravanes l'animent, les unes en provenance du golfe Persique, les autres de la mer Rouge. Et, au terme de ces routes, face à la Méditerranée, deux doubles cités en vivent ; d'une part Alep et l'échelle active de Tripoli, de l'autre Le Caire et son port Alexandrie, ce dernier comme vidé de sa substance par le voisinage de la trop grande, de l'énorme capitale. Du côté Occident, le renouveau du trafic profite surtout aux Vénitiens, grands maîtres de l'heure, auprès de qui Marseillais ou Ragusains font petite figure. Leurs marchands s'avancent même curieusement à l'intérieur des terres, d'Alexandrie jusqu'au Caire (1552) [39] et de Damas (qui décline et où d'ailleurs les intrigues individuelles, les *garbugli*, ont mis en mauvais état les affaires de la colonie vénitienne) [40] jusqu'à Alep, au débouché de la route caravanière de Babylonie. En Égypte, le déplacement est motivé par le désir de se débarrasser des intermédiaires, négociants et marchands juifs du Caire, richissimes concurrents qui, si on les laissait faire, ne se contenteraient pas d'être les maîtres incontestés du commerce dans les grandes villes caravanières, mais s'empareraient aussi du trafic maritime vers la Chrétienté. Le négoce européen sera d'ailleurs, le plus souvent, obligé de travailler en collaboration avec eux [41].

Indépendamment de ces questions d'organisation locale, l'arrivée des marchands vénitiens, au Caire comme à Alep, signifie la prospérité de ces marchés intérieurs, de leurs capitalistes, de leurs liaisons caravanières et, au delà de ces liaisons, des efficaces achats des marchands arabes dans l'Inde et l'Insulinde. La Méditerranée a repris à l'Océan ses trésors...

Les chemins du commerce du Levant

Mille documents prouvent cette reprise. Toutefois, comme c'est l'opinion contraire qui a généralement cours, signalons que certains détails peuvent prêter à confusion. Pour ne pas s'égarer, il faut savoir que les deux routes qui aboutissent à Alep et au Caire sont depuis toujours rivales l'une de l'autre : lorsque l'une se ferme, l'autre s'ouvre. Or Alep, en ces années de reprise générale, souffre d'être sur le chemin de la Perse — elle en souffre particulièrement durant la guerre de 1548-1555 — et sur le chemin d'Ormuz, celui de la guerre portugaise. Lors de la guerre turco-portugaise, de 1560 à 1563, les caravanes de Bassorah seront minimes [42]. Rien d'étonnant qu'Alep soit un jour florissante [43], le lendemain ravagée par une hausse anormale des prix [44]. En juillet 1557, Christofano Allegretti, facteur ragusain, se déclarait découragé, décidé à gagner l'Égypte. « Je crois que jamais ce pays d'Alep n'a été aussi vide de marchandises, au point que l'on n'y trouve rien en dehors du savon et des cendres. Les noix de galle y valent de 13 à 14 ducats et comme quatre navires français sont arrivés (à Tripoli), je crois que les prix monteront aux nues. Car il y a plus de huit navires français qui, en ce moment, ruinent tout le monde en se mettant à acheter à n'importe quel prix » [45]. Deux années plus tôt, en 1555, peut-être à l'occasion de la fin des guerres turco-persanes, de nombreux marchands maures et vénitiens d'Alep *son passati in le Indie*, ont gagné les Indes [46]. Certes, il s'en faut que tous les marchands fassent comme notre Ragusain ou ces voyageurs, et vident les lieux. En 1560, quand Lorenzo Tiepolo [47] arrive à Alep, il y est reçu par 250 marchands à cheval. En novembre 1563, de Péra, le baile vénitien annonçait que les *galee grosse* étaient parties de Syrie pour Venise [48]. L'année précédente, un rapport vénitien indiquait qu'Alep possédait 5 000 ouvriers tisserands [49]. Quelles que soient ses crises, la ville demeurait un grand centre de commerce et d'industrie. Et ses difficultés lui étaient personnelles. Elles ne concernent pas toujours l'ensemble de la Méditerranée orientale.

Elles ne concernent surtout pas la mer Rouge qui reste souvent l'unique, mais combien important chemin du commerce vers l'Extrême-Orient. « Ceste mer Rouge, écrit Belon du Mans qui en vit les rives vers le milieu du siècle [50], n'est sinon un canal estroict, non plus large que Seine entre Harfleur et Honfleur où l'on peult naviguer malaisément et en grand péril, car les rochers y sont moult fréquents ». Un peuple de petits voiliers s'y déplace, étranges navires aux planches non clouées, « mais assemblées avec des cordes en fibres de cocotier et calfatées avec des fibres de palmier-dattier, trempées dans de l'huile de poisson » [51]. On y voit aussi de grosses « houlques » et des galères [52], celles-ci transportées en pièces détachées du Caire jusqu'à Suez, mauvais port « discommode » [53], au milieu des sables et mal abrité des vents [54]. Petits et gros navires, soit par Aden, soit par la côte d'Abyssinie, mènent vers le Nord les trésors des Indes, de Sumatra et des Moluques, plus les pèlerins de tout l'Islam asiatique. La nécessité d'échapper aux gros temps catastrophiques a multiplié les ports sur ces côtes difficiles : Souakim, Aden, Djedda — le port de La Mecque — le Tor, rival de Suez. C'est Djedda, « Juda » ou encore Ziden, comme disent les textes, qui réunit le plus grand nombre de ces navires au long cours. D'où, près de La Mecque, d'énormes rassemblements caravaniers, jusqu'à 200 000 personnes et 300 000 bêtes à la fois. La viande ne manque jamais dans la ville sainte, si le blé y fait souvent défaut [55]. De Djedda, navires et barques repartent pour le Tor, d'où les caravanes atteignent Le Caire en neuf ou dix jours [56]. Selon le point de départ des grands convois maritimes de l'océan Indien, Sumatra, Cambaya (au débouché des

pays de l'Indus), côte de Malabar, Calicut, Bul, Cana-
mor et autres pays sous le vent, les épices atteignent la
mer Rouge en mai ou en novembre de chaque année[57].

La porte, la difficile porte de la mer Rouge est ainsi
largement ouverte : un vaste commerce s'y engouffre.
La présence de porcelaines coûteuses, sûrement de Chine
bien que Belon se refuse à les croire venues réellement
des lointaines « Indes », suffirait à en faire la preuve[58],
les fragiles porcelaines ne pouvant qu'accompagner un
flot d'autres marchandises. En ce qui concerne les
épices, parmi lesquelles le poivre occupe et de loin la
première place, c'est d'un courant annuel de 20 000 à
40 000 qx légers[59] qu'il est question entre 1554 et 1564.
En 1554, les seuls Vénitiens enlèvent à Alexandrie 600
colli d'épices[60], soit 6 000 qx environ. Or les Vénitiens
ne tiennent qu'une partie, la moitié au plus du commerce
d'Alexandrie, et il faut ajouter au commerce occidental
la consommation des pays orientaux, toujours importante. De 1560 à 1564, une copie de documents consulaires du Caire donne un chiffre annuel de 12 000 qx,
pour les seuls achats vénitiens[61], chiffre aussi élevé qu'il
l'était autrefois, avant Vasco de Gama, et qui cadre
avec les estimations de l'ambassadeur portugais à Rome,
qui évaluait à 40 000 qx le chiffre global du trafic
d'Alexandrie en épices[62]. En octobre 1564, un espion
au service du Portugal estime ce trafic à 30 000 qx dont
25 000 de poivre[63] et le consul vénitien au Caire, en
mai 1565, parle de 20 000 qx de poivre arrivés à
Djedda[64]. A cette date, on attendait encore les convois
du Gujarat, de Calicut et d'ailleurs (lesquels arrivent
ordinairement en hiver), et vingt-trois navires déchar-
geaient à Djedda en août[65]. On retombe donc dans les
chiffres de 30 000 ou 40 000 qx, lesquels ne comprennent
que le commerce égyptien, compte non tenu de la Syrie.

Disons : 30 000 ou 40 000. Ces chiffres n'ont pas une
valeur de statistique. On en conclura seulement que par
la mer Rouge passent autant d'épices et de poivre qu'il
n'en est jamais passé, soit des quantités égales au moins,
Frédéric Lane dit supérieures, à celles qui atteignent
Lisbonne à la même époque[66]. Bref, c'est par quantités

énormes que les épices débouchent en Méditerranée. Elles représentent des « millions d'or », comme l'on disait à l'époque. Et, avec le poivre et les épices, arrivent les drogues médicinales, comme l'opium, le baume de Mithridate, la terre sigillée, de la soie, des parfums, des objets de toilette, ces « pierres de besouard » ou larmes de cerf dont parle Belon [67], des pierres précieuses, des perles... Commerce de luxe et de superflu ; mais le superflu, n'est-ce pas, par instinct, ce qui aux hommes « semble le plus nécessaire » [68] ? Le commerce des épices sera encore le premier de tous les trafics mondiaux au XVIIᵉ, si ce n'est au XVIIIᵉ siècle [69].

Dès lors, les gros navires, chargés de numéraire ou de marchandises de facile échange, se hâtent vers Alexandrie ou la Syrie. En janvier 1552, trois naves vénitiennes gagnent Tripoli, avec à bord 25 000 *doblas* et 100 000 et quelques écus. Tout ce bruit de monnaies alerte l'ambassadeur portugais à Rome [70]. Il ne doute pas de l'usage qui en sera fait. Au printemps 1554, un navire ragusain s'aperçoit à Alexandrie [71]. A l'automne 1559, une nave ragusaine, une chiote, deux vénitiennes, toutes chargées d'épices, sont saisies par le « capitaine » d'Alexandrie [72]. L'une d'elles, la *Contarina*, revenait à Venise en janvier avec des épices et du poivre [73]. Et l'on peut juger à peu près de ce que transportent ces navires, par le chargement du *Crose*, voilier vénitien de 540 t qui, en 1561, emportait vers l'Orient du cuivre brut, en verges ou travaillé, des draps, des laines, des soies, des carisées, des bérets, du corail, de l'ambre, de la bimbeloterie, du papier, plus de l'argent comptant. Au retour, il rapportait poivre et gingembre de diverses origines, de la cannelle, de la noix muscade, du clou de girofle, de l'encens, de la gomme arabique, du sucre, du bois de santal, et mille autres marchandises [74]...

L'inquiétude gagnait bientôt Lisbonne, où affluaient fausses et vraies nouvelles. On y apprenait, cette même année 1561, que les Turcs, comme si cet écoulement naturel du trafic vers leurs ports n'était pas suffisant, avaient saisi sur l'océan Indien une vingtaine de milliers de quintaux de poivre portugais et les avaient acheminés

sur Alexandrie [75]... Le bruit courut même que le vice-
roi des Indes portugaises s'était révolté contre son
souverain et avait expédié sur l'Égypte le poivre des
flottes royales [76]. D'après les rapports de ses informateurs, l'ambassadeur portugais à Rome, expert en ces
problèmes, concluait, en novembre 1560, qu'étant donné
l'énorme quantité de poivre et d'épices arrivés à Alexandrie, il ne fallait pas s'étonner qu'il en arrivât si peu à
Lisbonne [77]. L'ambassadeur français au Portugal, Jean
Nicot, s'en réjouissait ouvertement, en avril 1561 [78]. « Si
cette vuydange par la mer Rouge se remect sus, écrivait-
il, le magazin du Roy de Portugal empirera bien fort,
qui est la chose qu'il crainct le plus et pour laquelle
empescher, ses armes ont si longtemps combattu ».

Une réelle disette de poivre travailla alors les pays de
la clientèle portugaise. Au risque de forcer la note,
rappelons la tentative des Anglais pour pousser de
Moscou jusqu'à la Caspienne et, au-delà, jusqu'à la
Perse. Le premier voyage de Jenkinson est de 1561 [79].
En France, vu l'impossibilité de forcer les portes du
« magazin » portugais qu'on leur ferme étroitement [80],
les Français recevaient de Nicot le conseil d'aller sur la
côte de Guinée chercher la malaguette, le faux poivre
qui continua longtemps à se vendre, à Anvers notamment [81]. Les Fugger, dès 1559, organisaient par les relais
de Fiume et de Raguse une liaison avec Alexandrie, où
ils dépêchaient un facteur [82]. En Espagne se déchaînait
une brusque montée du prix des épices. A peu près
stable de 1520 à 1545, ensuite régulièrement soulevé par
la montée générale de 1545 à 1558, il s'élève brusquement
en flèche, à un rythme plus rapide que celui des autres
denrées, triplant en Nouvelle-Castille, entre 1558 et
1565 [83]. Earl J. Hamilton a été le premier à constater
cette hausse anormale et à signaler l'incidence probable
des hauts prix du poivre sur les prémisses de l'expédition
que Legazpi conduisit aux Philippines, en 1564 [84]. Or,
déjà en 1558, on se plaignait à Gênes du prix trop haut
des « drogues » du Portugal [85].

La guerre turco-portugaise (1560-1563) est-elle une
réaction du Portugal contre cet état de choses ? Ou, au

contraire, le signe de sa faiblesse ? On chercherait en vain une réponse dans les histoires habituelles. La guerre, une fois de plus très décousue, s'est déroulée en face de Bab el Mandeb et d'Ormuz, au sortir des deux golfes que tient le Turc avec ses galères. Cette fois, le Turc a porté son effort sur le golfe Persique [86], alors que le bruit avait couru de trahisons d'agents turcs, au bénéfice des Portugais, dans le Yémen [87]. Cependant, à Constantinople, sans que nous y comprenions grand-chose, des ambassadeurs de l'Inde et du royaume d'Assi (Sumatra) se succèdent, les mains chargées de perles rares [88]. Une de ces délégations, venue par l'Égypte, gagne la capitale sur les galères turques [89].

Ces détails s'organisent mal entre eux : il est vrai que la guerre turco-portugaise n'est peut-être pas une vraie guerre, avec un commencement et une conclusion. En ces énormes confins, il faut des mois ou des années pour porter un coup, puis en connaître le résultat. Giovanni Agostino Gilli, agent secret de Gênes à Constantinople, voit assez juste quand il souligne le peu de désir du sultan de s'immiscer dans ces lointaines affaires. A chacun des Indiens, il a donné une veste d'or et 20 000 aspres, non pas l'artillerie et les maîtres canonniers dont ils avaient besoin [90]. En cette fin d'année 1563, il est sérieusement question de paix avec les Portugais. Des lettres le disent, envoyées les 7 et 8 décembre 1563 au vice-roi de Naples par un agent des services d'espionnage espagnol à Constantinople, « personne qui a l'habitude d'écrire la vérité ». « L'ambassadeur de Portugal, précise cet informateur, a négocié la paix avec le Turc en s'efforçant d'obtenir, pour les Portugais, le droit de porter leurs marchandises de l'Inde dans la mer Rouge, d'où elles pourraient par terre gagner Le Caire, Alexandrie, la Syrie et y être vendues. Mais rien n'a encore été conclu ». Et l'ambassadeur a demandé à ne pas être soumis aux visites de la douane, « ce que jusqu'ici on n'a pas voulu lui concéder » [91].

Cette négociation, dont Venise a jugé qu'elle valait la peine de quelques inquiétudes, mérite qu'on la retienne un instant, bien qu'elle n'ait pas abouti. En cette fin d'année 1563, soixante-cinq ans à peine après le périple de Vasco de Gama, elle forme un assez curieux pendant à la démarche vénitienne infructueuse de 1527. On peut y voir le triomphe de la mer Rouge, une revanche de Venise et de la Méditerranée.

Reprise du poivre portugais

Nous ne savons pas dans quelles conditions s'est terminée la guerre de l'océan Indien. La réponse se trouve peut-être à Lisbonne. Mais il s'en faut qu'avec cette guerre, les malheurs du commerce portugais soient achevés.

En Europe, les troubles des Pays-Bas, autour d'Anvers, lui ont causé d'énormes préjudices. Dès 1566, la maison des Welser, en relations avec le Portugal, a de gros ennuis, à la suite de spéculations sur le poivre et sur le contrat des Indes. Avec leur associé italien Rovalesca, les Fugger en subissent les conséquences [92]. En 1569, de curieuses négociations s'engageront pour le transfert d'Anvers à Londres du commerce des épices portugaises [93].

En même temps, les marges de l'océan Indien restent troublées, et cette fois les Turcs en sont affectés autant que leurs adversaires. En 1567, quand il apprend que quarante galères sont en train de s'armer à Suez, Fourquevaux, de Madrid [94], les voit courant déjà jusqu'à Sumatra. Si le Turc rompait la navigation des Indes orientales, « cela rabaisserait la superbe portugaise. Et en France, on aurait les épices à meilleur compte en Alexandrie et autres ports de Surya, s'il n'en alloit plus dorénavant au dit Portugal ». En 1568 aussi, on signale de Venise que vingt galères turques s'apprêtent à foncer de Bassora sur les Portugais et à leur ravir l'île de Barhein et ses pêcheries de perles [95]. Mais cette même année 1568, l'Arabie se soulève. De longs troubles s'y déchaînent particulièrement dans le Yémen [96]. Au-delà d'invraisemblables détails politiques, nous n'arrivons guère à savoir ce que devient alors Aden, conciergerie de la mer Rouge. L'ordre n'y sera rétabli qu'en 1573 par ce Sinan Pacha, appelé plus tard à devenir Grand-Vizir [97]...

Sans doute, le Portugal a-t-il profité alors des difficultés turques, bien qu'il ait eu les siennes (Goa est assiégée pendant quatorze mois en 1570 [98], la forteresse de Ternate sera perdue en 1575). Il a senti s'alléger la menace des galères du sultan. D'autre part, en 1570, la transformation importante de l'organisation portugaise des épices a joué son rôle. Par le *regimento* du 1er mars 1570 [99], en effet, le roi, D. Sebastien, abandonnait le monopole de la Couronne en faveur de ses vassaux, réforme que certains, et notamment Pires [100], réclamaient depuis longtemps. Cette même année, le vice-roi, D. Luis de Ataide, se vantait d'avoir si bien fait la police des mers que deux naves seulement, et non 16 ou 18 comme les autres années, avaient pu se rendre de Calicut à La Mecque [101].

Un nouveau mouvement de bascule s'amorce peut-être avec la mesure vénitienne du 25 novembre 1570, qui autorise les étrangers à apporter des épices à Venise, sur des navires étrangers aussi bien que nationaux [102], bien que la mesure puisse avoir plusieurs significations et que, de toute façon, elle soit anodine. Pourtant, la situation se retourne bientôt contre Venise. La guerre avec la Turquie (1570-1573) fut, pour elle, une épreuve redoutable. Tous ses rivaux, Ragusains, Anconitains, plus encore Marseillais, en profitèrent. Des polices de chargement, de juillet à septembre 1573, montrent ces derniers (une fois au moins pour Mannlich le Vieux) emportant, d'Alexandrie d'Égypte, des cargaisons entières de « zimbre » et de poivre « d'assy » [103]. Ce n'est pas tant la baisse des arrivages de balles de soie à Alep (à cause de la guerre ou mieux des menaces de guerre avec la Perse) qui est préoccupante, disait un consul vénitien en avril 1574 [104], que la ruineuse concurrence des marchands français qui se sont mis à pulluler depuis la guerre. Aucune plainte, par contre, au sujet des épices dont la grande route semble redevenir celle de Syrie. En octobre 1574, part de Venise une riche nave, la *Ludovica*, avec 150 000 ducats de marchandises à bord. Une tempête l'oblige à relâcher à Ancône, les gouverneurs de la ville la trouvent chargée de cuivre et la déclarent de bonne prise, comme transportant de la marchandise de contrebande ; ils se saisissent du bateau, de la cargaison et incarcèrent patrons et mariniers [105]. Au hasard de quelques lettres marchandes de 1574 [106], on voit, sans être trop renseigné à leur sujet, partir ou séjourner en Syrie des navires français (30 janvier 1574), une barque française (3 avril), une nave vénitienne, la *Moceniga*, qui se trouve à Tripoli en mars, puis en novembre, la saète *Altana*, sans doute vénitienne... Et elles entassent à leur bord du macis, des *chotoni*, de l'arsenic, des cotons filés, des épices, du gingembre, une caisse de *mirobolani* ; le 12 mai 1575 [107], la nave *Girarda* enlève des cotons, des *peladi*, des soies, des drogues, des épices.

Donc les trafics du Levant ne sont pas interrompus, ni en direction de la Syrie, ni en direction de l'Égypte. Cependant le poivre portugais regagne du terrain en Méditerranée. Une délibération du Conseil des Pregadi, le 13 septembre 1577, l'établit [108]. Sur le rapport des *Cinque Savii alla Mercanzia*, le Conseil apprend qu'à Lisbonne quatre navires ont chargé pour Venise *una buona suma di pevere*, mais se sont ravisés quand ils ont su qu'ils devraient payer, à Venise, la taxe de 3 p. 100 d'après une vieille décision de 1519 (la date a son importance), frappant uniquement les épices venant du Ponant, non plus celles du Levant. Les navires ont cru bon de surseoir à leur voyage, dans l'espoir d'obtenir la suppression de ce droit, laquelle leur est accordée pour deux ans, « vu que cette marchandise (le poivre portugais), disent les experts, pourrait prendre le chemin d'autres lieux, au détriment de cette place et des droits de sortie ». Mieux vaut donc « *comme il ne vient que peu de poivre d'Alexandrie*, que l'on donne au poivre de Ponant libre entrée ». Deux ans plus tard Christobal de Salazar écrit à Philippe II : « A Alexandrie, négoce et trafic sont détruits, particulièrement celui des épices, car le chemin en est abandonné ». *Porque se ha dexado el camino* [109]...

Projets et tractations à propos du poivre portugais

Du coup s'expliquent à peu près trois tentatives pour se saisir des bénéfices du commerce du poivre en Méditerranée.

Tentative portugaise, la première : elle se définit dans une lettre qu'écrit le 10 novembre 1575, à Philippe II, le frère Mariano Azaro, carme déchaussé et ancien étudiant de Padoue, fort expert en ces questions [110]. Il s'agit d'un projet pour introduire dans les domaines espagnols d'Italie, Milan, Naples, Sicile, Sardaigne, le poivre portugais et en éliminer le poivre vénitien qui s'y vend communément ; pour essayer aussi d'entraîner dans le mouvement le Souverain Pontife et les autres potentats d'Italie et d'organiser, soit au Puerto de Santa Maria, soit à Carthagène ou tel autre port de la Péninsule, un centre de redistribution pour l'Italie, un autre Anvers si l'on veut. Le transport se ferait sur les galères du roi. Que ce projet indique, incidemment, que le poivre portugais a conquis les royaumes d'Espagne à partir de 1516, n'est pas ce qui en augmente beaucoup la valeur. De quelles données fantaisistes ne serions-nous pas embarrassés si nous avions en mains tous les libelles des *arbitristas* d'Espagne ! Mais derrière ce frère déchaux, se trouvent deux personnages d'importance, trois peut-être : Ruy Gómez da Silva tout d'abord, Portugais, on le sait, et qui, « peu avant de mourir, avait pris sur lui de proposer à V. M. certain avis que je lui avais donné sur les épiceries du Levant » ; le secrétaire Antonio Graciano, à qui le frère tout d'abord écrit ; le roi enfin, préoccupé, dès cette époque, du commerce du poivre et du monopole portugais et qui, mis au courant par le secrétaire, a sollicité un second rapport, celui dont il s'agit ici. C'est donc un projet sérieux, avec une attaque de grand style contre Venise. Puisque le Turc la tient par son blé et ses épices et que, par vil intérêt, elle trahit la Chrétienté, qu'elle soit frappée au nom de la morale et pour le plus grand profit du poivre portugais, de bien plus honnête provenance ! On sait bien d'ailleurs (et ceci est une réponse aux reproches de mauvaise qualité adressés à la marchandise de Lisbonne), que le Turc, après s'être servi des épices en décoction, pour ses breuvages et ses eaux d'hydromel, les revend sans scrupule sur les foires de Syrie.

Seconde tentative, toscane, celle-là, ou plutôt médicéenne. Le grand-duc François, de 1576 à 1578[111], s'efforce d'obtenir *l'appalto* des épices venant des Indes au Portugal. A cet effet, il joue de la promesse de crédits auprès de cet étrange descendant des rois de Lisbonne, cet authentique croisé, Dom Sébastien qui, tout à l'idée de combattre l'Infidèle au Maroc, est préoccupé d'obtenir l'argent indispensable à ce qui sera son suicide, celui de sa noblesse et de son royaume... Le grand-duc a alors des vues singulièrement ambitieuses : il négocie en même temps avec le sultan et c'est le monopole de tout le poivre mondial qui est en cause, selon les Vénitiens, en l'occurrence bons juges et mauvaises langues[112]. Ces trop vastes projets se borneront finalement à une simple négociation pour un prêt de 200 000 écus entre les marchands de Florence, les Médicis, et un ambassadeur portugais, Antonio Pinto[113], occasion, à coup sûr, d'une arrivée massive de poivre portugais à Livourne en contrepartie. De peu sans doute, le monopole échappa tout de même au grand-duc[114], en 1587. Cependant, après ces tractations, une liaison plus active se maintint entre Florence et Lisbonne.

Troisième et dernière tentative : celle de Philippe II lui-même. Il s'agit tout à la fois, pour lui, de tenir le royaume voisin sous tutelle, de bloquer les rebelles des Pays-Bas (on songe à les priver tantôt de sel, tantôt de blé, tantôt d'épices), d'organiser un commerce actif hispano-portugais du sel et des épices[115]. De se rendre aussi aux raisons des grands hommes d'affaires, désireux de saisir au loin l'immense Asie, un Roth ou un Nathaniel Jung, Allemands l'un et l'autre, et qui songent, dès 1575, à prendre à ferme le contrat du poivre portugais.

Ce qui n'était que projet devient réalité quand Philippe II s'est emparé du Portugal. 1580, c'est pour

lui, comme 1547 pour Charles Quint, le sommet de la
puissance. Si le Portugal s'est donné, car il s'est donné
à lui, c'est pour avoir la triple protection de l'argent,
des armées, des flottes de Philippe II et, par ce triple
moyen, renforcer sa prise sur l'océan Indien. Au-delà
de 1580, il serait logique que le roi ait eu le désir
d'aveugler les fissures par quoi s'alimente le commerce
du Levant, détruisant ainsi, d'un seul coup, la fortune
des Turcs et de Venise, au bénéfice de son propre
empire. Mais, décidé à organiser Asie et Nouveau
Monde et à les lier ensemble, Philippe II rencontre
beaucoup moins d'obstacles autour de l'océan Indien
qu'autour de l'Atlantique, spécialement de l'Atlantique
Nord. Aussi est-ce contre les Protestants, les Pays-Bas
révoltés et l'Angleterre qu'il agit, plus que contre le
Turc avec lequel il se maintient en état de paix
officieuse... De là l'étrange politique du Roi Prudent
qui, maître du Portugal, tente de pousser et de placer
en Méditerranée le poivre qu'il vient de conquérir. Il
compte ainsi redistribuer la précieuse manne par des
voies plus sûres que les chemins de l'Atlantique ; et
surtout en frustrer ses ennemis. Cette politique, lente à se
dégager des projets et des hésitations, tardera longtemps
encore avant de se concrétiser, en 1585. Ce n'est rien
de moins que la mobilisation des forces hispaniques
face à l'Atlantique et au Nord.

Le poivre portugais offert à Venise

La proposition, à Venise, du contrat de revente du
poivre portugais, à la fin de 1585, n'est donc pas un
coup de théâtre. Depuis quatre ou cinq ans déjà, la
question était dans l'air. Sa première forme, ce fut
l'offre, espagnole sans doute, et transmise à la Seigneurie
à la fin de l'année 1581 par l'ambassadeur vénitien,
Morosini, et le consul vénitien à Lisbonne, Dall'Olmo,
d'une expédition de « galées » dans la capitale portugaise [116]. En décembre, le Collegio en délibéra à Venise,
pièces en mains. Fallait-il envoyer les navires ? Oui,
mais première difficulté : qui les armerait ? Aucun
particulier n'avait les sommes nécessaires pour cet

armement et les achats au Portugal. Or, dans ce pays, « les Vénitiens n'ont aucun crédit », entendez qu'ils n'y négocient pas habituellement et peuvent mal s'y servir de lettres de change. Seconde difficulté : quelles marchandises envoyer en échange, alors que verres, verreries, vases et autres marchandises analogues sont prohibées au Portugal ? Dernière difficulté, la situation au Portugal n'étant pas encore stabilisée, les galées risqueraient en route d'être attaquées par les corsaires anglais, « normands » et autres, tous ennemis de Philippe II. A quoi les partisans de l'aventure répondent que le crédit se trouverait, que la Seigneurie offrirait sa garantie, que le Roi Catholique accorderait l'entrée des marchandises, qu'avec deux ou trois galères d'escorte, on assurerait la sécurité des convois. Finalement, on décida avant d'aller plus loin d'entendre la relation prochaine de Morosini... Tel est le résumé de l'ambassadeur espagnol à Venise, Christobal de Salazar, dans sa lettre du 8 décembre 1581 [117]. En 1584, la discussion était toujours ouverte puisque le consul vénitien, Dall'Olmo, envoyait à Venise un compte rendu volumineux sur les moyens de restaurer le commerce de la Seigneurie à Lisbonne [118].

De longs pourparlers ont donc précédé la proposition faite à la Seigneurie, en 1585. La proposition n'en est pas moins singulière en soi et marque un retour assez curieux du destin. Rien de mieux pour l'examiner que le rapport que firent, à la fin de l'année 1585, les « experts » Antonio Bragadino et Jacopo Foscarini [119]. L'Espagne propose la cession à Lisbonne, chaque année, de 30 000 cantars (en gros, 15 000 qx) de poivre, à 30 ducats le cantar, un tiers au comptant, les deux autres tiers échelonnés à six mois. Plus quelques avantages non négligeables : l'escorte des galères du roi d'Espagne de la Péninsule jusqu'en Sicile ; des *tratas* de blé pour les galées à leur arrivée dans l'île ; enfin l'abaissement, en faveur de la Seigneurie, des *gabelle*, si lourdes au Portugal...

Mais il y a des inconvénients. Accepter le jeu espagnol, disent les rapporteurs, c'est collaborer à la ruine du

commerce du Levant dont a vécu et vit encore la
République ; c'est, par suite, porter un coup sensible
aux « arts » de la laine et de la soie, intéressés à ce
trafic et qui font vivre une nombreuse population ; c'est
risquer enfin d'être submergé sous le poids de ces 30 000
cantars. N'est-ce pas trop de poivre, à ne savoir qu'en
faire ? Le prix même (30 ducats au lieu de 36 à 38,
prix habituel consenti aux *contrattatori*) risque d'être
un piège. Tels sont, contre le projet, les arguments que
les rapporteurs exposent, pour mieux les combattre.

Soit, le trafic du Levant s'arrêterait. En ce qui
concerne le poivre et les épices, ne l'est-il pas déjà ?
« On voit clairement que chaque jour... diminuent les
trafics du Levant... Non seulement nos navires qui
viennent de Syrie et d'Alexandrie ne portent pas d'épices, mais on apprend que le Levant lui-même, pour sa
consommation, et Constantinople particulièrement, en
ont besoin et s'approvisionnent à Venise du poivre et
des épices qui y arrivent de Lisbonne »[120]. Et le Roi
Catholique est capable de faire un blocus efficace qui
tarirait les sources du ravitaillement du Levant. Il
entraînera où il voudra les épices qui désormais lui
sont attachées. Alors, si Venise n'accepte pas ses
propositions, il peut les faire à la Toscane. D'autre
part, si les épices manquent en Syrie et en Égypte, le
commerce du Levant cependant ne s'est pas tari ; les
voyages continuent ; les draps vénitiens s'échangent
contre des soies, camelots, cotons, noix de galle,
cendres[121]. Quant à la quantité, il y a peu de chances
qu'elle soit excessive puisque le poivre a doublé de
prix[122], les actuels fermiers ayant fait leur vente non à
100 ducats, prix habituel, mais à 180[123]. Acceptons
donc, concluent les rapporteurs...

Voilà qui n'est pas un rapport, mais une plaidoirie.
Que la situation du commerce des épices et du poivre,
aux débouchés habituels du Levant, soit en 1585 difficile, il est vrai. Mais ce commerce subsiste. Et le poivre
portugais lui aussi est en difficulté. Dans le discours
même des rapporteurs, il est dit que si Philippe II
cherche de nouveaux *contrattatori*, c'est que les anciens

ne font pas l'affaire, qu'ils n'ont pas transporté les quantités fixées, qu'ils ont fait monter abusivement les prix. Quant à ceux qui ont été aux Indes, ils y ont laissé des stocks de marchandises, « exposées à la contrebande et à la route du Levant » [124].

La mirifique affaire ne se conclura pas. La faute n'en revient pas seulement aux petitesses de Venise, à ses passions politiques, à son anti-hispanisme soupçonneux. Tout cela évidemment a compté : depuis 1582-1583, le Sénat est particulièrement hostile au Roi Catholique [125], à sa puissance trop vite accrue. Est-ce par folie politique que Venise a refusé la fortune ? Certains le croiront, tel l'ambassadeur Lippomano qui, après le refus de la Seigneurie, s'acharnera à développer le commerce entre Lisbonne et Venise [126]. Est-ce folie ou souci d'éviter une vengeance du Turc et de sauvegarder 4 000 familles vénitiennes enracinées dans le Levant, à Damas, Alep, Alexandrie, le Caire, voire Bagdad [127] ? Je crois cet argument un peu grossi, bien que nous connaissions la présence de marchands vénitiens jusqu'à Ormuz [128].

En tout cas, Venise n'est pas seule à ne pas vouloir du contrat. Milan, Gênes, Florence [129], sollicitées également, n'acceptèrent pas. Ce refus général de l'Italie, pas très explicable à première vue, ne peut avoir été une folie collective. Le capitalisme boude l'entreprise. Tout s'éclaircit à la lumière du grand contrat des Welser et des Fugger, de 1586 à 1591, et de la double histoire du commerce du Portugal et du Levant, l'histoire de ces fleuves de poivre et d'épices qui, par les routes les plus diverses, des Moluques, des îles de la Sonde ou de la côte de Malabar, gagnent les pays d'Europe et de Méditerranée.

Le contrat des Welser et des Fugger : 1586-1591

Le poivre portugais, c'est une médiocre et deux grosses affaires. La médiocre est la revente du poivre dans le Portugal même. Les deux grosses affaires sont le contrat d'Asie et le contrat d'Europe. Le contrat d'Asie comporte l'achat dans les Indes des épices et du poivre et leur acheminement jusqu'à Lisbonne. Le

contrat d'Europe concerne la revente des marchandises.
La royauté, avec ses énormes magasins de la *Casa da
India*, est à la jointure des deux contrats : des fermiers
d'Asie, elle reçoit le poivre à tel prix ; aux fermiers
d'Europe, elle le revend à un prix sensiblement double.

C'est le contrat d'Europe que Philippe II a proposé
avec obstination aux Italiens, pour priver de leurs épices
et de leur poivre Hollandais et Anglais, habitués à venir
les acheter à Lisbonne. Pour le contrat d'Asie, le projet
en a été présenté à Philippe II par un Allemand, Giraldo
Paris, à Monçon, le 29 novembre 1585. Il a été signé
par le roi à Valence, le 15 février 1586[130] et pris en
charge par une série de capitalistes, dont les Welser et
les Fugger. Peu importent les détails de l'accord !
Finalement le poivre, véhiculé aux risques et périls des
fermiers, est vendu au roi à 16 *cruzados*, puis revendu
par celui-ci à 37.

Matthaus Welser, qu'on voit, en 1587, négocier à
Madrid, s'est engagé à fond dans l'affaire ; il a accepté
également le contrat d'Europe, cherchant à y entraîner
les Fugger. Or ceux-ci ont renâclé, autant que les
Italiens. « Ce n'est pas une affaire pour nous, écrivaient-
ils en novembre 1587 ; que ferions-nous dans un tel
labyrinthe ? »[131]. En 1591 pourtant, dans l'espoir assez
vain de mieux arranger leurs difficiles affaires d'Espagne, ils se laisseront entraîner dans le contrat d'Europe[132]. Celui-ci est alors dans les mains d'un vaste
consortium international, les Welser et Fugger pour
l'Allemagne, Rovalesca et Giraldo Paris pour l'Italie,
Francisco et Pedro Malvenda pour l'Espagne, André
et Thomas Ximénès pour le Portugal. L'association
comportait trente-deux parts, dont sept aux Fugger,
cinq aux Welser, quatre aux Rovalesca, quatre aux
Malvenda, onze aux Ximénès et à leurs associés. Elle
était représentée à Anvers, à Middelbourg, Seeland,
Hambourg, Lubeck, Venise où les Welser avaient ouvert
une active succursale, en 1588. Dès 1591, elle faisait
distribuer d'énormes quantités de poivre : 14 000 qx
furent ainsi embarqués pour Lubeck. De grosses cargaisons furent acheminées sur Venise, la Seigneurie s'étant

engagée à protéger les marchandises qui lui seraient adressées et à obtenir des sauf-conduits des Anglais [133]. Cette énorme mobilisation de capitaux et de capitalistes n'arriva pourtant pas à être une bonne affaire. Seul, le Roi Catholique en tira profit. Dès 1591, l'année même de sa fondation, les Fugger s'en dégageaient prudemment, revendant leurs parts, le 7 juillet, aux d'Evora, marranes portugais associés aux Ximénès et aux Caldeira [134].

C'est que, sur l'Atlantique, au lendemain de l'Invincible Armada, la navigation était devenue plus périlleuse que jamais. La défaite de l'Espagne, c'était aussi la déroute de ses associés et, par plus d'un côté, un recul du poivre atlantique. Avec la hausse des prix de vente, le poivre du consortium en arriva à valoir plus cher qu'à Venise celui du Levant. Une lettre des Fugger à leur facteur à Lisbonne, des 9 novembre et 7 décembre 1587, établit cette étonnante vérité [135]. Bien des clients se tournent alors, de nouveau, vers le marché vénitien...

En conclusion, si l'Italie s'est systématiquement refusée à passer par les conditions de Philippe II, transformé sous le nom de Philippe Iᵉʳ en roi-marchand de Lisbonne, c'est qu'elle a retrouvé son ravitaillement, du moins un certain ravitaillement par les routes d'Égypte et de Syrie. Comment la gêne de la circulation sur l'Atlantique n'entraînerait-elle pas, pour la seconde fois, un retour d'activité des raccourcis du Proche Orient ? Puis, le poivre atlantique lui-même est obligé de venir jusqu'à elle. Un marchand de Florence le dit un peu plus tard, dans une lettre à Simón Ruiz, du 4 mai 1589, et son explication vaut pour les années précédentes : « comme il est impossible d'envoyer du poivre en Flandres, en Angleterre, en Allemagne à partir de Lisbonne, les marchands seront bien obligés d'en envoyer en Italie dans tous les navires qui s'offriront puisque les Allemands s'approvisionnent à Florence et à Venise... » [136]. Même le poivre atlantique prend le chemin de la Méditerranée.

La permanence des routes levantines des épices

Des années 1580 à la fin du siècle, il est certain que le Proche Orient demeure ouvert aux commerces des épices jusqu'à la complète saisie de l'océan Indien par les Hollandais. Ceux-ci y pénètrent pour la première fois avec Cornélius Houtman, en 1596 ; ils en sont les maîtres vers 1625 et, dès lors, reportent sur l'Amérique leur effort conquérant. C'est vers cette date de 1625, un peu plus tôt, un peu plus tard [137], que le négoce du Levant se trouve atteint irrémédiablement. Une borne antérieure se marque déjà avec l'année 1609 et la Trêve de Douze Ans qui ouvre officiellement l'océan Indien à l'aventure marchande des nouveaux venus. En 1614, autre jalon, le premier gros navire hollandais apparaît en mer Rouge [138]. Cette prise à revers, ces captures mi-terrestres, mi-maritimes du trafic de l'Orient (la soie de Perse entre autres [139]), la diffusion dans cet espace des draps hollandais, l'arrivée batailleuse des Anglais [140] et des Français [141], marquent les débuts du second âge européen de l'océan Indien, plus catastrophique pour le Levant que la domination imparfaite des Portugais.

Dans le vaste cadre ainsi dessiné, reprenons au fil des années la chronique imparfaite de nos documents, en remettant en cause au moins les vingt dernières années du siècle. Les images à retenir ne seront pas toujours décisives, mais évoquent (et c'est l'essentiel) la survie des échanges traditionnels, avec d'évidentes fluctuations.

Des papiers marseillais, pour l'été 1578, parlent d'achats de noix muscades en Syrie [142]. En janvier 1579, telle lettre marchande d'Alep [143] signale le départ de deux naves vénitiennes (et une nave vénitienne, toujours de fort tonnage, enlève couramment, à la fin du siècle, 500 000 ducats de marchandises) : la nave *Balbiana et Costantina*, patron Marcho Fachinetto, et la nave *Gratarola*, patron Candido di Barbari. Une troisième hiverne aux salines de Chypre et se propose de gagner la « plage » de Tripoli dans le courant de janvier. L'abondance des arrivages a fait baisser les prix des draps, comme c'est la règle, et tout un réapprovisionne-

ment en bons draps est demandé par les prochains
navires : draps de Bergame notamment, plus des *perlete*
et *paternostri* de Murano, plus un *gropo* de monnaie
vénitienne... La même année, voici, ayant des difficultés
avec les galères turques de Modon, un autre navire
vénitien, en route vers Alexandrie [144]. Une lettre du
12 mai, d'Alep [145], annonce l'arrivée d'une caravane
avec 200 charges de soie et 250 d'épicerie, accompagnée
par des marchands persans et chrétiens, sujets du Sophi.
Le Samedi Saint, il y a eu un très gros marché. En
août, le consul vénitien de Syrie annonce le départ de
deux naves vénitiennes, « riches de soies et d'épicerie » [146]. Enfin, cette même année, le 4 juillet, les galères
toscanes de Saint-Étienne, faisant un relevé de leurs
prises, portent dans l'inventaire 17 pièces d'ébène (poids
205 livres), sucre (936 livres), 1 balleta de soie (102
livres), encens (1 185 livres), gingembre (150), clou de
girofle (1 114), noix muscade (236) et enfin poivre
(7 706 livres, en différents colis dont le poids oscille
entre 260 et 522 livres) [147]...

Après quoi survient une crise, pendant les années
1582-1583. En décembre 1582, une lettre d'Alep [148] parle
du petit volume des affaires et celles qui se concluent
sont calamiteuses. Seules les soies se maintiennent. En
juillet 1583, tout va si mal que les capitaux au lieu d'y
fructifier, reviennent avec 8 p. 100 de perte, et selon
les dernières informations d'Égypte, c'est la même chose
à Alexandrie [149]. Est-ce pour cette raison que l'Anglais
Newberie écrivait de Bagdad, en juillet 1583 : « Je pense
que jamais les draps, les "kerseys" et l'étain n'ont été
ici à plus bas prix qu'aujourd'hui » [150] ?

Mais dès 1583, il y a d'autres sons de cloche. Un
négociant marseillais écrit, le 10 avril, que les prix du
poivre montent beaucoup « quoy que de Alep y aye
beaucoup d'espices ». C'est à n'y rien comprendre, se
plaint-il, « et sy vous assure qu'il n'y a si habile
merchant sur le pays qui ne soit confus en ses des-
seins » [151]. Quant à lui, dès l'année suivante, il songera
à se rendre aux Indes, en compagnie d'un négociant
vénitien, pour risquer 2 000 écus « du nôtre ». John

Eldred, en 1583, décrit Tripoli de Syrie comme le port le plus fréquenté par les marchands chrétiens [152] et Alep comme très populeuse. De Bagdad à Alep, il signale un énorme transit. A Bassora, où il note la présence de vingt-cinq belles galères turques, abordent tous les mois, dit-il, plusieurs navires d'Ormuz de 40 à 60 t, « chargés de marchandises des Indes, épices, drogues, indigo, tissus de Calicut ». Tout cela, sans suffisante précision. Cependant, durant l'été 1584, quand John Eldred revient à Alep, il prend rang dans une caravane de 4 000 chameaux, « chargés d'épices et autres riches marchandises ». Et à Alexandrie, vers 1584, on peut se procurer *all sorts of spices* [153].

En 1587, à Sumatra, d'après une autre information, des navires partent tous les ans pour La Mecque [154]. On nous dit encore que vers 1586, la douane de La Mecque rapporte 150 000 ducats (moitié pour le sultan, moitié pour le Chérif de la ville) et que tous les ans y abordent de quarante à cinquante grands bateaux, chargés d'épices. Mieux encore : aux tracasseries portugaises dans l'océan Indien corresponde, au-delà des années 1590, un développement des places marchandes qui échappent à leur contrôle. Ainsi l'escale de Chaul grandit au détriment de Diu et de Goa. Or tous les marchands qui trafiquent avec La Mecque et Ormuz y sont installés et, à ce compte, le roi de Portugal perd sur ses douanes jusqu'à 150 000 *fardãos* par an [155]. Autre témoignage [156], celui d'un frère augustin, Frey Augustinho d'Azevedo, Portugais revenu des Indes par voie de terre et qui fait son rapport à Philippe II, entre 1584 et 1587, indiquent les historiens [157] qui ont découvert ce beau texte, peut-être vers 1593, dirai-je de mon côté [158]. Aucun doute, en tout cas, sur l'appartenance de ce document aux dernières décennies du siècle. Voici, grâce à lui, une image inoubliable d'Ormuz, ouvert à toutes les immigrations, à tous les négoces, à toutes les fraudes, celles de Vénitiens, des Arméniens, des Turcs eux-mêmes et des renégats portugais que l'on s'étonne de voir partir si nombreux vers la Turquie où leur connaissance précieuse des Indes sert magnifiquement les commerces interlopes,

ceux des épices, des perles, de la rhubarbe, du benjoin,
du bois de santal dans un sens, ceux des marchandises
de contrebande, munitions et armes modernes dans
l'autre. C'est ainsi que *o melhor da India*, le meilleur
de l'Inde, va vers Venise, qui, en retour, paie ses achats
avec de la pacotille, des verreries, des miroirs, des perles
fausses et des papiers peints... Et dire que pour elle,
toujours prête à entrer en rapport avec Turcs et Anglais
hérétiques, le pieux Augustin aura vu s'acheminer dans
le désert jusqu'à six mille chameaux chargés de trésors
et partir sous ses yeux, d'Alexandrette, cinq gros navires
vénitiens ! Faut-il en conclure qu'après les difficultés
des années 1580, visibles dans le secteur vénitien, il y
aurait eu reprise ?

Dans le Levant, en cette fin de siècle, la route d'Alep
se restaure, à cause de sa brièveté, de sa continentalité
(les pirateries font rage dans l'océan Indien au-delà des
années 1590), plus encore à cause de la soie et de son
rôle grandissant dans l'économie européenne. Pas une
lettre vénitienne ou marseillaise, datée d'Alep, de Tripoli
ou d'Alexandrette, qui ne parle tout d'abord de soies [159],
soies locales des environs de Tripoli ou belles soies de
Perse, qui arrivent à Alep avec leurs habituels marchands, arméniens ou tartares. Plusieurs années durant,
Alep s'est trouvée gênée par la guerre turco-perse
(terminée en 1590). Sans doute celle-ci s'est-elle déroulée
dans le Nord, autour de Tabriz, le long des pistes
qui, des deux côtés du Caucase, courent vers la mer
Caspienne. Mais il lui est arrivé de descendre brutalement vers le Sud, jusqu'à Bagdad. En tout cas, elle a
déchaîné des crises monétaires turques et perses qui
forcément ont eu leur incidence sur la place d'Alep [160]
où la difficulté de se procurer de l'argent n'a fait
qu'augmenter, si bien qu'en juin 1586, il devient
nécessaire de relever de 1 à 1,5 p. 100, au bénéfice du
cottimo, les droits de douane sur les marchandises
arrivant de Syrie à Venise [161]. Malgré ces difficultés, le
commerce s'est maintenu, nous l'avons dit. Venise qui,
en 1593, avoue un trafic d'un million d'or en Syrie [162],
annonce deux millions, en 1596 [163]. Les marchandises

principales sont les soies et les épices. L'évaluation de deux millions concerne les entrées : draps, soieries, bimbeloteries et verreries laissées dans les souks d'Alep ; mais les cargaisons qui, en échange, ont été chargées sur quatre ou cinq gros navires, augmentent miraculeusement de prix en s'approchant de Venise.

Depuis 1593, les départs ne se font plus de Tripoli, mais d'Alexandrette, où les Vénitiens ont transféré leur escale, suivis par les autres navires chrétiens. L'escale nouvelle ne connaît pas les tracasseries de l'ancienne ; plus malsaine sans doute, elle est plus proche d'Alep. Pourtant son manque de locaux pour abriter les stocks de marchandises est assez gênant pour les Vénitiens (fidèles à leur méthode de commerce *a baratto* et, de ce fait, chargés de gros bagages) beaucoup plus que pour les Marseillais, porteurs d'espèces sonnantes [164]. Ce n'est probablement pas du changement d'escale que vient la montée du trafic, mais de la paix turco-persane.

En partie aussi de la fin de la guerre turco-portugaise qui, de 1584 à 1589, a été beaucoup moins une guerre pour le poivre que pour l'or de la côte africaine de l'Est. La défaite de la flotte d'Ali Bey, en 1589 [165], la termine et une paix relative s'étend aux Indes Orientales, troublée seulement par les princes indigènes et les corsaires.

Tout un service de renseignements, de liaisons directes entre l'Espagne — ou plutôt le gouvernement portugais — et les Indes, fonctionne par le relais de l'ambassade espagnole à Venise, ce qu'un document appelle *las nuevas de India por tierra* [166]. Les intermédiaires sont des Juifs, des agents de maisons marchandes, les facteurs des Welser par exemple [167] ou ces frères Bontempelli, Antonio et Hieronymo, au service d'un gros marchand vénitien, Augustin Da Ponte [168]. Au-delà de 1589, le refrain de ces nouvelles, c'est la paix, la quiétude des Indes, malgré l'apparition des corsaires malabars au centre et sur les marges de l'Océan [169]. Tout se gâtera, mais plus tard, avec la brutale invasion hollandaise, à partir de 1596.

Autre cause déterminante : l'Atlantique est devenu

une voie difficile. Il y a les corsaires anglais autour des îles-clefs, îles du cap Vert, Canaries, Açores et parfois ils poussent jusqu'à Sainte-Hélène où les navires, retour des Indes, renouvellent leur eau et, avec la chasse des chèvres sauvages, le menu des équipages. Une crise des transports sévit sur l'Océan. Et les prises des corsaires s'ajoutent aux nombreux naufrages. Les trop gros bateaux des Indes sont devenus, avec la montée des prix, des objets de luxe. D'où des économies sur les bois utilisés et sur la qualité des équipages. Dans ces énormes ventres s'exagère le poids des cargaisons. On navigue avec des voiles insuffisantes, avec des gouvernails vermoulus ; comme en Méditerranée, on carène les navires à l'italienne, sans mettre les monstres à terre. D'où, au cours des longs voyages mouvementés, des accidents « tragico-maritimes » dont la longue liste dressée par G. de Brito marque, au-delà des années 1580, le pointillé de la chute bientôt inexorable du Portugal : de 1592 à 1602 ont été ainsi perdues, parfois par beau temps, à la suite de voies d'eau ou d'autres accidents techniques, trente-huit naves des Indes [170]. Au prix où nous estimons les naves vénitiennes, 20 millions d'or ont ainsi coulé et sans doute davantage.

Ces énormes pertes, les blocus répétés de Lisbonne (ainsi durant l'hiver 1597-1598), les prises que réussissent par surcroît les corsaires algérois gênent le trafic portugais du poivre. En Nouvelle-Castille, entre 1595 et 1599, le prix du poivre double [171]. Ces difficultés et ces montées de prix élargissent les vannes, dans l'arrière-boutique de la vieille Méditerranée. Une lettre de marchands allemands, le 17 février 1593, annonçait que la *muda de Suez* était arrivée avec 30 000 cantars, « ce qui signifie, écrit un historien, que le marché d'Alexandrie fournissait la même quantité de poivre que Lisbonne » [172].

Le commerce du Levant est alors bien vivant. Nous citions le progrès des Vénitiens. Il se marque nettement en 1596 lorsqu'on ramène les taxes du *cottimo* d'Alep de 5 à 2 p. 100 [173]. Trois ans plus tard, en 1599, on enregistre une baisse, mais le commerce vénitien atteint encore le chiffre respectable d'un million et demi d'or, le chiffre total, pour la Chrétienté, s'élevant à 3 millions environ, dont un demi-million pour les Français ou marchands trafiquant sous la bannière fleurdelisée [174]. Cette même année, après d'orageux démêlés, les Vénitiens obtiennent, en Égypte, plusieurs privilèges (dont la liberté de charger des lins et des cuirs) et, à mots couverts, la libre contrebande des blés à Damiette et Rosette, providence du ravitaillement de Candie [175]. En 1600, les seize maisons vénitiennes d'Alep signalées par le rapport consulaire de 1593 sont toujours en activité [176]. En 1603, le commerce vénitien est encore, dans la ville, d'un million et demi d'or [177]. En 1599, autre signe, des polices marseillaises de chargement indiquent à Alexandrette des envois d'indigo, de noix muscades, de clous de girofle.

Ainsi en 1600, pour les épices et le poivre, le triomphe de la route océanique est loin d'être complet. Avec des hauts et des bas, la lutte entre les deux routes rivales a duré plus d'un siècle et, pour l'une comme pour l'autre, il y a eu des crises et renouveaux successifs. Son dénouement échappe à l'enquête menée pour cette étude et arrêtée à 1600 environ. Il resterait à préciser les dates et les circonstances de la défaite méditerranéenne. Elle n'est plus très lointaine quand commence le XVIIe siècle, mais pas encore consommée, cent ans après la date qu'officiellement la plupart des histoires générales donnent comme celle de la mort de la vieille reine, détrônée par le nouveau roi du monde : l'Océan...

Explications possibles

Le récit qui précède ne résout pas tous les problèmes. Il est incomplet et, comme tout récit, risque de s'en tenir aux apparences autant qu'aux réalités. Trois ou quatre livres nouveaux aident à mieux voir les événements d'Extrême-Orient [178], à l'une des extrémités de ces interminables échanges. Les exactions, les imprévoyances des Portugais dans l'Insulinde, dans les « îles des drogues », ont dévié les courants des épices de luxe, attirés autrefois en direction de Malacca. Un courant indépendant se constitue avec les jonques javanaises, les drogues de l'Insulinde et le poivre de haute qualité des îles de Java et de Sumatra. Durant les vingt dernières années du siècle, ces mouvements libérés du contrôle portugais se nouent autour d'Achem, dans l'île de Sumatra, rendez-vous des navires musulmans qui gagnent ensuite le golfe Persique ou la mer Rouge. La cannelle fine, que produit l'île de Ceylan, est même portée jusqu'à Achem d'où des navires la chargent à destination des routes de la Méditerranée. Cette fortune d'Achem, où existera une richissime factorerie turque au début du XVIIᵉ siècle, est d'autant plus importante que, durant la même période, les achats chinois, indochinois (et indiens, en dehors de la côte de Malabar) augmentent considérablement et réduisent d'autant les exportations possibles des Portugais par le cap de Bonne Espérance. Celles-ci, précisons-le, resteront importantes, même avec les premières années du XVIIᵉ siècle. Mais, enfin, la prospérité continue de la route méditerranéenne trouve son explication.

Ne disons pas, en signe de satisfaction, comme les mathématiciens : c'est ce qu'il fallait démontrer. En réalité, ces explications patientes, mises en place l'une après l'autre — la bonhomie portugaise ; la sagesse turque ; les guerres de Perse ou celles d'Atlantique ; l'énorme poussée en Insulinde de l'Islam et d'un commerce, sous sa dépendance, des épices et du poivre ; ou encore ces coups de boutoir des escadres portugaises au début du siècle ; ou cette guerre turco-vénitienne de 1570-1573, promouvant d'un côté Marseille et animant de l'autre la route secondaire entre Tabriz et la Pologne, Lwow et Dantzig — tous ces *événements*, en somme, de la guerre du poivre et des épices risquent de cacher l'ensemble du problème, visible à l'échelle mondiale, des mines d'argent d'Amérique aux Moluques ou à la pointe Ouest de l'île de Sumatra. L'ensemble ? Une circulation hétéroclite, mais suivie, de pièces d'or et de pièces d'argent, allant toutes d'Ouest en Est, dans le sens même de la rotation de la terre, entraînant avec elles les marchandises les plus diverses comme autant de monnaies supplétives, et déchaînant, en sens contraire, d'Est en Ouest, un multiple mouvement d'autres marchandises et biens précieux.

Dans cette circulation refermée sur elle-même et qui, dans les deux sens, balaie la Méditerranée, tout se tient évidemment. Or si, de 1550 à 1620, dates grossièrement fixées, le poivre et les épices passent par la Méditerranée, n'est-ce pas parce que l'argent d'Amérique finit par y aboutir et pendant de longues années ? Cette conjoncture a tout commandé. Un Vénitien, Piero Zen, faisait remarquer aux Turcs à Constantinople, en 1530, que *l'arzento va dove è il piper* [179], que l'argent va où est le poivre. Mais la réciproque est non moins vraie. Les détails, bien sûr, ont leur poids. Nous discutons ainsi, faute de chiffres précis, sur la date initiale de la reprise du commerce du Levant. 1540, propose Hermann Kellenbenz ; j'avais dit, je redis 1550 et Vitorino Magalhães Godinho m'apporte son appui [180]. Au vrai, nous n'en savons rien, ni les uns ni les autres, nous supposons... J'imagine que la date exacte nous deviendrait évidente si nous connaissions un jour, avec précision, l'évolution qui mène la Méditerranée d'une pénurie constante de numéraire, au début du XVIe siècle, à une relative abondance pendant la seconde moitié (parfois un excès, comme en 1583-1584 [181], lorsque l'argent ne sait où s'investir). Je pense que, observé de Venise par exemple, le tournant se placerait entre 1545 et 1560 : le 9 juin 1545 [182], les ouvriers de la *Zecca* sont en chômage, parce qu'il arrive très peu d'or et d'argent dans la ville. Pour remédier à leur *grandissima povertà* et leur donner du travail on frappera pour mille ducats de très petites monnaies. En 1551 [183], on offre des avantages à ceux qui apporteront de l'or à la *Zecca* : ils n'auront pas à payer les 3,5 p. 100 habituels pour la façon du monnayage. En 1554 [184], les amateurs de *cechini per navegar* sont assez nombreux pour qu'on rétablisse le droit de 3 p. 100. En 1561 [185], il y a, en dépôt à la *Zecca*, une telle quantité d'argent (non pas d'or) qu'on n'arrive plus à le frapper dans les petites monnaies existantes. Il y faudrait plus d'un an ! On décide donc (et c'est une

nouveauté) de frapper de grosses pièces d'argent, des
ducati d'argento. En 1566, enfin, on pose des conditions
à qui veut faire frapper de l'or à la *Zecca*[186] ! Bref, il
faudrait connaître le moment où l'argent américain,
qui, par exemple, afflue en masse à Anvers dès 1550[187],
arrive dans la Méditerranée italienne en quantité suffisante pour y réamorcer le trafic avec le Levant. Valeur
des coïncidences : la panne des années 1580, toujours
dans le Levant, me semble correspondre à une variation
courte de la conjoncture, nettement à la baisse dans
toute la Méditerranée au moment où le métal blanc
d'Espagne bascule vers l'Atlantique, lors de la conquête
du Portugal et de la grande crise céréalière de la
Péninsule.

2. Équilibres et crises du blé méditerranéen

La Méditerranée n'a jamais vécu sous le signe de la
surabondance, sa gêne même, la recherche de compensations l'ont obligée à certaines habiletés. Étudier les
problèmes du blé, c'est atteindre une des faiblesses de
sa vie et, en même temps, saisir cette vie dans sa pleine
épaisseur. Le poivre et les épices animent un commerce
de luxe et, quand on y pense, les grands noms du
XVIe siècle marchand, les Affaitati, les Ximénès, les
Malvenda, les Welser, les Fugger viennent sous la
plume. Le blé n'a pas de titres si éclatants : mais c'est
un immense commerce et à côté de quelques larges
échanges, il alimente une circulation d'artères et d'artérioles secondaires dont on aurait tort de ne pas tenir
grand compte.

Pour l'essentiel, le ravitaillement en blé se fait sur
place, en économie fermée, à faible distance. Les villes
puisent dans les greniers à leurs portes. Seules les
grandes villes peuvent s'offrir le luxe de déplacer la
marchandise pondéreuse sur de longues distances.

Les blés

Ces trafics, qu'ils soient à court ou à long rayon, ne s'en tiennent pas au pur froment, ou aux blés de grande qualité marchande, ceux qu'en Sicile on appelle *grani forti*, ou *grani di Rocella*[188]. A Florence, on distinguait trois qualités : *cima delle cime, mezzano, debole*. Le grain de *cima* s'entendait débarrassé de toute impureté, pesant 52 livres au *staio*, soit 72,500 kg à l'hectolitre. Les prix selon les catégories étaient respectivement de 7, 6, 5 livres le *staio*, d'après le tarif de 1590[189]. Les *deboli* étaient des blés maigres ; du Levant, assez mauvais d'ordinaire ; des Abruzzes[190] ou du duché d'Urbino, guère meilleurs, mais dont Venise ne faisait pas fi ; ou ces blés produits, en Espagne et ailleurs, par des terres irriguées qui s'épuisaient à toujours fructifier.

A côté du blé, les autres céréales sont, tous les jours, sur les tables méditerranéennes : l'orge et le millet surtout. En 1550, dix navires chargés d'orge et de blé arrivent des Pouilles à Naples[191]. Vérone, en 1559, se plaint d'une récolte de millet désastreuse[192] et propose de vendre celui qu'elle a en réserve, à un ducat le *staro* vénitien. En 1562, à cause d'une épouvantable sécheresse, nouvelle mauvaise récolte. Tout le millet a été perdu, « dont se nourrissent les pauvres gens », précise l'ambassadeur espagnol[193]. A Zante, dans les villages, on ne mange que du pain noir, pétri d'orge[194]. Près de Troie, en Asie Mineure, Philippe de Canaye note que, faute de blé, les villages turcs mangent du pain d'avoine[195], ce qui d'ailleurs, étant donné la rareté de l'avoine en Méditerranée, reste un luxe à sa façon. En Corse, le remplaçant est le pain de châtaignes, qu'on appelle pain d'arbres. Le riz qui, en Orient comme dans la plaine du Pô et à Valence, a la place que l'on sait, est un remplaçant occasionnel. Les légumes secs, les pois chiches de l'intendance espagnole ou les fèves, particulièrement celles d'Égypte, sont aussi considérées comme un pain de secours. Alonso de Pimentel, nouveau capitaine de La Goulette, recevant quantité de blé et d'orge, de s'écrier : « Quel malheur que l'on ne nous ait pas envoyé des pois chiches[196] ! »

Il y a donc blé et blé, et bien des choses sont à entendre sous le fréquent pluriel, *los panes*, des documents espagnols. Il y a un pain pour pauvres, un pain pour riches ; seul ce dernier est de froment. A Lisbonne, le blé nordique, quand il est pour les riches, ne leur parvient qu'après avoir été soigneusement trié, pour en enlever les pierres et autres impuretés, et les femmes de Lisbonne s'y occupent sur le devant de leurs portes [197]...

Quelques règles du commerce des grains

C'est par le petit côté qu'historiens, nous abordons le jeu compliqué des marchands de grains, à propos d'un achat donné, du ravitaillement d'une ville, d'une spéculation, d'un compte particulier. Tout rend le jeu aléatoire : les récoltes incertaines, les vigilances des États, surtout des villes, les spéculations des marchands et même des plus petits revendeurs, l'énormité des sommes à mettre en jeu, le risque de tout perdre en nolis avec des marins peu scrupuleux... Que d'intermédiaires ne comporte-t-il pas ! Enfin la profession ne s'exerce pas seule et reste associée à d'autres activités, ce qui complique les problèmes.

Ainsi les registres de Jacopo et Bardo Corsi montrent ces gros marchands de Florence préoccupés aussi bien d'avancer de l'argent à Galilée ou de revendre, à crédit, du poivre long et des soieries, qu'à réaliser, à Palerme, de grosses opérations sur les blés pour le compte du grand-duc de Toscane... Bartolomeo Corsini, qui a travaillé sous leurs ordres, dresse le bilan de ses opérations, les unes terminées, les autres en cours. Pour une série d'achats en 1595, les Florentins restent débiteurs de 11 766 ducats. De nouveaux marchés, conclus pour 1596, comportent l'achat à Palerme, de 3 500 salmes de blé, à embarquer au *caricatore* de Girgenti, sur deux naves ragusaines. La dépense monte à 10 085 ducats soit un peu moins de trois ducats la salme, rendue à Livourne. Suit une série de comptes, portant sur 2 000, 7 000, puis 6 000 salmes de blé, stockées dans divers *caricatori* en attendant leur embarquement. Puis des détails financiers au sujet des règlements et des changes, plus des écritures *en doit et avoir* [198]. On comprendrait mieux les spéculations sur le blé si l'on pouvait saisir le sens d'opérations comme celles qu'explique encore cet agent des Corsi, en 1598. Pour des raisons non précisées, une nave chargée de froments appartenant aux Corsi les débarque à Messine, soit 3 700 salmes, une assez belle quantité, dont il s'agit de se débarrasser. Ce blé provient, en effet, d'achats faits en 1595, il risque non seulement de n'être plus panifiable, mais même impropre à la fabrication des biscuits, tout juste bon à donner aux volailles. Une partie du blé est alors vendue à crédit, le reste transformé en biscuit qui ensuite ne semble pas se vendre facilement. Sur 2 500 cantars, 564 sont vendus en juin ; en août, 620 sont livrés aux galères toscanes ; il en reste encore 1 316 en magasin... Les prix baissent avec le temps, passent de 37 *tari* à 30, puis à 16 [199]. Et l'agent de se plaindre de la mauvaise foi des acheteurs et des boulangers qui se sont chargés de fabriquer le biscuit [200]. Ceci n'est qu'un son de cloche. Les Napolitains qui assassinèrent, au temps d'Osuna, un accapareur de blé ou soi-disant tel, Starace [201], devaient être d'un autre avis sur les négociants en grains.

Mais de toutes les attentions et convoitises autour du blé, la moindre n'est pas celle des gouvernements. Tous les États s'en mêlent, même les petits, même le duc de Savoie, même le Transylvain. Le blé est entouré de plus d'espionnages, écrit le vieil historien Bianchini, que les matières d'inquisition. A cela bien des raisons. Comme pour le sel, l'avidité du fisc, en ce qui concerne le blé, est insatiable. En outre, le commerce du blé ouvre la porte à une série de faveurs et de grâces. C'est un levier de commande, un moyen de pression, une façon de payer des services, de créer des privilèges. A Venise, le consul de la nation espagnole, Thomas Cornoça, qui à dire d'expert fait bien son métier et que des documents portugais nous montrent au service du roi-marchand de Lisbonne, demande comme récompense, en 1573, le transit en franchise de blé du Piémont pour les Grisons, à travers l'État de Milan. Petite faveur dans le flot de

celles que l'on accorde [202]. En Sicile, les gratifications
sur les blés sont de règle [203]. Un relevé des *tratas* montre,
en 1578, J.-A. Doria nanti de « 6 000 *tratte* », entendez
du droit d'exporter 6 000 salmes de blé sicilien, soit, à
deux écus la traite, d'une rente de 12 000 écus [204], en
augmentation sur les 4 500 salmes qui lui étaient seulement octroyées, en 1566 [205]. Pour le ravitaillement des
places de Nice et de Villefranche, où sont des garnisons
espagnoles et des galères savoyardes au service de
l'Espagne, le duc de Savoie, en 1566, a sollicité de
Philippe II une *tratta perpetua* de 6 000 salmes de blé
sicilien [206]. Qu'on lui accorde, pour une fois, une traite
de 1 500 salmes, décide le roi. On sait, sans précision
supplémentaire, qu'Emmanuel Philibert trafiquera de
ce blé, soi-disant destiné aux Espagnols de garde chez
lui [207]. Ainsi procède le « seigneur de Monaco », Carlo
Grimaldi, lequel bénéficie depuis longtemps d'une traite
de 6 000 salmes, en Sicile. Une lettre de Philippe II, du
13 octobre 1584, lui retire cette grâce car il a vendu les
licences au lieu de s'en servir pour le ravitaillement de
Monaco, et les a vendues au-dessous de la taxe sili-
cienne [208]. Autre monde et mêmes aventures : à l'occasion d'une autorisation d'exportations accordée aux
Ragusains en 1562, pour 1 600 salmes environ à prendre
à Valona, on apprend qu'il s'agit là du domaine
particulier de la Sultane Mère [209]...

Petits détails, et petite histoire. Que les traites de blé
soient entre les mains des gouvernants une source de
revenus et une monnaie de paiement, voilà qui lie, plus
étroitement encore, les gouvernements et le trafic du
blé, ce qui d'ailleurs n'a jamais pour résultat de
simplifier ce dernier, en Turquie comme en Chrétienté.
Et la surveillance des États n'est rien en comparaison
de la surveillance maladive des villes [210].

Le blé ne fait tellement penser à lui que parce qu'il
manque : les récoltes méditerranéennes sont généralement au voisinage de l'insuffisance. Les cultures riches,
la vigne, l'élevage lui font une concurrence constante [211].
Première raison qui n'est pas la seule. Le blé, en
Méditerranée, reste une culture extensive ; il demande

de grandes surfaces pour des rendements pas très élevés, d'autant que le même terrain ne peut s'ensemencer tous les ans. En Sicile, l'assolement biennal (blé et jachère) est la règle[212] ; assolement biennal également sur le Tavoliere des Pouilles[213]. En Espagne, l'idéal serait les trois soles (les trois *hojas*), l'assolement biennal épuisant les terres. Les pratiques du *dry farming* exigent des labours superposés, les uns profonds, les autres superficiels, qui suppléent à la rareté des pluies[214]. Enfin, toutes les mesures gouvernementales pour taxer le blé, régler les ventes, écrasent un paysannat qui ne sait que gémir ou, en Espagne, se laisser tenter par la vie des muletiers ou l'aventure américaine.

Ajoutons le drame des inondations d'hiver, le drame des sécheresses d'été, que ne suffisent pas à conjurer les processions passionnées[215]. Résultat : une extraordinaire variation des prix qui oscillent à la moindre nouvelle. C'est au XVIIIe siècle seulement que l'on a cherché à s'expliquer le mécanisme de ces variations et peu de livres sont plus éclairants, sur ce point, que celui d'un anonyme (peut-être Sestrini), paru à Florence, en 1793[216]. Il abonde en réflexions intelligentes sur les dénivellations des prix du blé entre régions de Méditerranée : alors, comme au XVIe siècle, une différence se marque entre l'Orient de pain à bon marché et l'Occident de pain cher. Il explique aussi comment une mauvaise récolte, en tel ou tel point, crée une zone de blé cher, avec des prix plus hauts encore à la périphérie de la zone qu'en son centre[217]. Ainsi déjà au XVIe siècle. Dès qu'une zone de disette se dessine, les marchands foncent vers elle, lancent leurs bateaux, liquident leurs stocks. Les prix, assez loin parfois de la zone, sont soulevés par cette houle. Mais les navires accourant au pays de la cherté, l'afflux des grains y détériore les prix... Beau schéma pour cours d'économie politique.

C'est ce qui se passe à Constantinople, en 1561, mauvaise année pour l'ensemble de la mer, au Portugal où le printemps a été d'une « inusitée sécheresse »[218], en Espagne où la récolte a été catastrophique[219], en Sicile où le prix de la salme, après récolte, monte à 2 ducats 1/2[220], en Orient, où la soudure s'est mal faite, si bien que dès le printemps on s'inquiétait[221]. Une nave vénitienne, la *Colomba*, fut déroutée sur Nicomédie pour y charger du blé destiné à la capitale[222]. Quatre autres naves, également vénitiennes, qui chargeaient du blé à Volo, furent prises par les galères de la garde de Salonique et envoyées à Constantinople[223]. En ce centre d'appel, l'arrivée massive des navires comblait bientôt le déficit et les prix s'effondraient, le « chilo » (équivalent d'un neuvième de salme) tombait à 17 aspres 1/2, soit, avec la correspondance 1 ducat = 60 aspres, moins de trois ducats la salme[224]. L'année suivante, le prix du blé descendait, aux échelles grecques, à 12 aspres le « chilo », moins de deux ducats la salme.

Autre exemple : une affreuse disette frappe l'Espagne, en 1578. De Sicile, le vice-roi, Marcantonio Colonna, cherche à dépêcher des navires de secours. Des marchands enlèvent 24 000 salmes et s'engagent à en porter 6 000 en Espagne. Pour le reste, ils ne veulent pas se lancer trop à l'aventure « car il arrive, expliquent-ils, que chacun court là où il pense qu'il y a le plus à gagner, d'où des surabondances de grain » et des catastrophes commerciales[225]. C'est le cas qu'envisage, en 1584, le rédacteur du rapport que nous citions plus haut. Il met en garde les autorités gouvernementales, qui veulent se charger du transport, contre le risque qu'elles courent au cas où des marchands se précipiteraient vers l'Espagne, attirés par l'odeur du gain, *el olor de la ganancia*[226].

La catastrophe, pour un marchand, c'est encore de voir son navire, lancé vers des pays en difficulté, saisi au passage par une ville qui le paiera toujours à sa guise et beaucoup moins cher. On comprend la fureur de ces négociants génois : leur navire, chargé de blé en Pouilles, navigue, en 1578, vers les prix *altissimi* d'Espagne, et il est séquestré, et par la République de Gênes elle-même[227] !

En principe, le jeu marchand est simple : reporter d'une bonne à une mauvaise année, plus encore (car les grains se conservent mal et ne peuvent être longtemps stockés) d'une région de bonne à une région de mauvaise récolte, les excédents de blé dont on peut faire l'achat. Alors, selon les caprices des récoltes, les courants d'échanges se renversent. Tout peut se voir, tout s'est vu en matière de grains. Pas une région côtière, ou proche des côtes, pas un port qui ne puisse, un beau jour, offrir un excédent. Il suffit de remonter au xve siècle pour découvrir que Corfou est alors exportatrice de « formento grosso »[228] et à la première moitié du xvie pour être en présence d'exportations de blé et surtout d'orge de Chypre, en direction de Venise[229]. En 1570, Spalato voit affluer chez elle le blé turc des environs et le laisse partir vers Venise, jusqu'au moment où elle s'aperçoit des armements du Turc[230] et, brusquement effrayée, retient le grain qui est encore dans ses murs. Certaines années, surgissent d'étonnantes anomalies : en 1555, des expéditions de blé espagnol pour Rome[231] ; en 1564, l'Andalousie envoyant du grain à Gênes, avec une autorisation en bonne et due forme du Roi Catholique[232] ; la Castille ouvrant ses vannes en 1571[233]. En 1587, le vice-roi de Sardaigne se félicitait de ses exploits : 4 000 salmes de blé avaient été envoyées à Gênes sous son gouvernement[234]. Tout arrive ! Et même qu'Oran devienne une porte de sortie pour le blé africain[235]. Diego Suárez l'explique[236] : autour du préside, le blé indigène valait souvent quatre ou cinq fois moins que le blé d'Espagne. Le bénéfice était appréciable, à condition que le blé existât ! et ce n'était certainement pas le cas tous les ans[237]. De même Alger se trouvait alternativement richissime ou très pauvre, selon les années[238].

Les greniers pleins ne suffisent malheureusement pas toujours à remplir les vides, lors de disettes fréquentes, violentes, homicides. En 1554, il y en eut une *horribilissima in tutta Italia*[239]. Et le soulagement n'arriva pas facilement de l'étranger, puisque des dizaines de milliers d'hommes moururent et que le blé atteignit à Florence le prix de 8 *lire* le *stagio*[240]...

Le commerce du blé lié aux routes marines

Le blé est une marchandise admirable pour les transports, mais pondéreuse. Si précieuse soit-elle, elle ne peut supporter de gros frais de transport. Par route de terre, sauf bien entendu en cas de disette et de hausse extrême, le blé ne circule donc que sur de petites distances.

Voici en 1584, un projet d'envoi de grain d'Italie en Espagne [241]. L'embarquement se fera dans les Présides de Toscane, Orbetello, Talamone ou « Puerto Hercules ». L'achat (70 000 fanègues, mesure de Castille) se situe à Corneto et Toscanella, en territoire pontifical ; à Grosseto et sur la Maremme de Sienne qui relève du grand-duc de Toscane ; à Castro et Montalto, possessions du duc de Parme. Soit parfois à quinze, vingt-cinq et trente milles à l'intérieur des terres. Conséquence : au prix d'achat, 10 réaux d'Espagne la fanègue, il faut ajouter pour le transport jusqu'au port d'embarquement, par voie de terre, trois écus par *moggio*, soit 3 réaux par fanègue. Voilà donc un blé qui augmente de 30 p. 100 au cours d'un voyage relativement bref. On s'explique les réflexions du vice-roi de Naples à propos d'un projet pour rendre carrossable le chemin des Pouilles à Naples (29 juillet 1562) : « Quant à l'ouverture de chemins carrossables pour véhiculer le ravitaillement de cette ville de Naples, on s'en occupe avec toute la diligence possible. Mais je dirai volontiers que, vu l'énorme somme que coûterait le transport du blé à voiture depuis les Pouilles, peu de personnes se risqueront à le faire » [242]. Non le blé ne peut circuler de part en part de la Péninsule par voie de terre. Sur cette traverse napolitaine, du grain passe parfois, mais rien ne dit qu'il fasse tout le chemin, entre Adriatique et Tyrrhénienne. Et c'est peu probable, puisque autour de Florence, le transport, dans un cercle de 4 à 13 milles autour de la ville seulement, suffit à hausser le prix du blé de 4,24 p. 100 en 1570, de 3,35 p. 100 en 1600 [243] (ce qui tendrait à prouver que le prix de la marchandise elle-même a plus augmenté que celui du transport terrestre, mais de cet exemple, il serait risqué de passer à des vues d'ensemble que d'autres pourcentages, à Florence même, démentiraient). En janvier 1559, on renonce à envoyer jusqu'à Málaga l'orge des bourgs de Santa Ella et de la Rambla, le prix du voiturage valant autant que l'orge elle-même [244].

Plaignons ce secrétaire vénitien, Marc Ottobon [245], qui gagne la Pologne durant l'hiver de 1590-1591 et s'informe en chemin, à Innsbruck comme à Vienne, du prix éventuel des blés, à Cracovie ou en Hongrie, puis calcule, pour les *Provveditori alle Biave*, à combien reviendrait un *staio*, rendu à Venise. Il faut transformer monnaies et mesures, ne rien oublier des taxes et des courtages, pour s'apercevoir presque toujours de l'impossibilité de l'opération. Acheté à Cracovie, l'équivalent d'un *staio* vénitien revient à 8 *lire* vénitiennes. De Cracovie à Vienne, le transport se monte à 7 *lire* 12 *soldi*, de Vienne à Villach à 7 *lire* 10 ; de Villach à Venzon 3 *lire* ; de Venzon à Porto Gruaro 1 *lira* 4 ; de Porto Gruaro (en barque) à Venise, 3 *soldi*. A quoi s'ajoutent les taxes, le prix des sacs ou des tonneaux, les courtages. En tout, 30 *lire* 19 *soldi*, ou 31 lires à un sou près : le transport a quadruplé le prix de la marchandise. Il est le gros élément qui intervient dans la différenciation des prix du blé commercialisé [246].

On comprend, du coup, la prédilection du blé pour les voies d'eau. L'expansion du blé de Bourgogne n'est possible vers le Sud que grâce à la voie du Rhône. Les céréales étrangères, forcément coûteuses, que l'on achemine vers Florence, remontent l'Arno aussi longtemps que possible, jusqu'à Signa, port fluvial de la capitale [247]. La richesse du territoire de Lentini (Leontinoi) en Sicile, vient de ses ressources agricoles et d'une chance supplémentaire : il n'est pas très éloigné de la côte et son *fiume grande*, le Saint-Léonard, est accessible à la navigation jusqu'à quelques lieues de la ville ; au moins en est-il ainsi, en 1483 [248].

Par mer le transport est relativement bon marché. Pour revenir à l'exemple que nous donnions plus haut du blé italien à transporter en Espagne, le prix d'achat de la fanègue revient à 10 réaux de Castille, le transport jusqu'à la marine à 3 réaux, le droit d'exporter à 5 réaux, le transport sur une bonne nave ragusaine à 3 réaux 1/2 seulement. Il faut y ajouter les frais d'une assurance assez haute, vu l'époque avancée de l'année (9 p. 100 *ad valorem*), soit 30 maravédis de plus par fanègue. Le prix de transport maritime revient ainsi à environ 4 réaux la fanègue et le prix de celle-ci, à Alicante ou Carthagène, à 22 réaux et 3 maravédis (le *real*, dans ces calculs, est compté à 54 maravédis). Dans le déplacement du blé, le transport maritime coûte moins cher, relativement, que toutes les autres opérations, charrois, transport sur bête de charge ou autorisation d'exportation. D'autant que ce prix ne tient pas un compte exact de la distance : il ne change pas, que l'on aille d'Italie à Barcelone ou à Valence, que l'on parte de Sicile ou de Toscane. Les patrons de navires estiment même qu'il est plus avantageux, pour aller en Espagne, de franchir le « Golfe » en partant de Sicile qu'en allant le traverser plus au Nord, à la hauteur des présides de Toscane : de Sicile, ils déclarent *tener el golfo mas lançado*, être mieux lancés pour « s'engoulfer ».

En conséquence, c'est la partie interne du monde méditerranéen, happée avec facilité par la vie maritime, qui peut s'offrir le luxe d'un grand commerce des grains. Constatation qui suffirait à expliquer que seules puissent grossir (hors des villes privilégiées comme Milan), celles qui sont en rapport direct avec la mer. Si les îles de Méditerranée peuvent se consacrer souvent à une monoculture riche, envahissante, c'est que la mer est à leur portée, avec ses navires de grain. Constamment en difficultés alimentaires, elles rééquilibrent constamment leur vie en porte-à-faux. Gymnastique que la mer seule autorise ou provoque. Sur l'eau, le blé accomplit des courses invraisemblables. A Valence, en Espagne [249], à Gênes, à Rome, on mange du blé d'Égypte ou de l'Égée. L'évêque de Dax, en janvier 1572, écrit à Charles IX, de Raguse : « Il ne se mange pas en cette ville un seul grain de bled qu'il ne faille aller cercher à cinq cents mil d'icy » [250]. Vérité bien plus ancienne encore que le XVIe siècle. Ainsi voyageait le blé dès

l'Antiquité, dans des bateaux pas toujours pontés. Au
XIᵉ siècle, du blé aragonais descendait l'Ebre, puis, au
delà de Tortosa, par la longue diagonale de la mer,
allait secourir l'extrême nécessité de la Syrie[251].

Ports et pays exportateurs

Tous les marchés qu'utilise le commerce des grains
sont situés sur les rives de la mer ou des cours d'eau.
C'est le cas des petits ports dont les barques convergent
vers Livourne : Grosseto, Montalto, Corneto[252], ou de
ces havres des Abruzzes dont une police d'assurance
montre l'actif trafic en direction de Venise : Grottamare,
Sinigaglia[253]. Plus encore, le cas des gros marchés :
ceux des plaines danubiennes, liées par le grand fleuve
à la mer Noire (un avis du Levant, en décembre 1575[254],
indique que le blé offert par la Valachie et la Bogdiane,
devra, d'ordre des Turcs, être transformé en biscuit,
puis déposé sur les rives du Danube où livraison en
sera prise) ; ceux de la mer Égée, en liaison avec les
régions littorales productrices de blé : Gallipoli liée à la
Thrace, Patmos près de la côte d'Asie, Salonique au
débouché de la Macédoine[255], plus encore Volo, grande
ressource des acheteurs du Ponant, qui exporte le blé
de la plaine thessalienne[256]. En Égypte, le Nil, comme
le Danube, jette vers la mer d'énormes masses de blé,
mêlé de riz, de fèves, de pois chiches. En Occident, les
gros marchés exportateurs sont les Pouilles et la Sicile
— cette dernière, sorte de Canada ou d'Argentine pour
le XVIᵉ siècle.

A ce titre, son cas mérite de nous retenir. Il a aussi
l'avantage d'être plus clair que les autres. Administrer,
gouverner la Sicile, pour les vice-rois espagnols, c'est
en premier lieu s'occuper du blé. Pas une de leurs
lettres qui ne parle des récoltes, des prix, des licences
d'exportation, des marchés à conclure avec les négociants étrangers, établis à Palerme où demeurent les
seigneurs siciliens enrichis par la grande production de
l'île[257]. Ce rôle essentiel de ravitailleur, dans le bassin
occidental, la Sicile le joue depuis des siècles, depuis
l'Antiquité, avec plus ou moins d'éclat, mais sans

interruption. Le contrat que Gênes signait, en 1261, avec le roi de Sicile, Manfred, pour l'extraction de 10 000 salmes annuelles (20 000 quintaux), si le chiffre en était plus élevé (car Gênes a grossi entre temps), ressemblerait à s'y méprendre à un contrat du XVIe siècle [258]. Tout l'Occident rêve de blé sicilien et, plus que quiconque, la côte barbaresque voisine. Léon l'Africain raconte que les Arabes donnaient leurs enfants en gage pour obtenir du blé des Siciliens [259]. Quand Tripoli est récupéré par les Chrétiens, on se préoccupe aussitôt, en Sicile, des taxes qu'aura à payer le blé en Afrique : seules les 2 500 salmes réservées à la forteresse en seront exemptes [260].

Dès l'époque de Ferdinand le Catholique, la liste est fixée des *caricatori*, les embarcadères à grain de l'île : Solunto, Termini, Roccella, Catania, Bruca, Terranova, Licata, Girgenti, Siciliana, Mazzara, Castellamare. Le relevé des exportations, pour 1532 [261], montre la primauté du Sud et de ses collines. Au total, en cette année 1532, l'exportation officielle est de presque 260 000 salmes, soit 520 000 quintaux de blé, quatre fois ce que réclame Gênes, d'après une estimation de 1577 [262]. Gênes importe, par an, 60 à 70 000 salmes de blé sicilien [263]. Mais il n'y a guère de ville de l'Ouest méditerranéen qui ne mange de l'excellent grain de l'île, depuis des siècles.

Ce vieux marché est très fortement organisé. Commercialement, il est concentré à Palerme qui, cependant, ne participe ni aux chargements, ni aux transports, mais réunit ce qui touche au *negozio frumentario* [264], sans doute parce que les propriétaires vendeurs de grain y logent eux-mêmes et, plus encore, les agents des gros marchands de Florence ou de Gênes qui ont besoin d'être près du vice-roi (lequel il est vrai, réside tantôt à Messine, tantôt à Palerme), en tout cas près de ses bureaux et du *portolano*, ce fonctionnaire qui complique encore les paperasseries et démarches nécessaires à l'obtention des *tratas*, les précieuses licences d'exportation. Ces licences ne sont pas gratuites et leur prix varie selon les barêmes d'une échelle mobile, que Mario

21. — Les « caricatori » siciliens en 1532

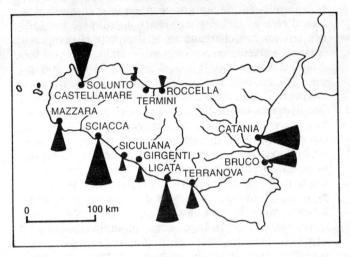

D'après L. Bianchini, *op. cit.*, I, p. 241.
Les ports exportateurs de blé correspondent aux plaines et aux collines de l'île. Sauf Castellamare, pas de port exportateur sur la côte Nord. Primauté de la côte Sud. Record au bénéfice de Sciacca (40 000 salmes exportées sur un total de 260 000, soit 520 000 de nos quintaux).

Siri[265] a reconstituée dans le tableau que nous lui empruntons.

L'ÉCHELLE MOBILE SICILIENNE A L'EXPORTATION (d'après Mario Siri)	
Prix de la salme	Taxe par salme
18 à 22 tari	6 tari
22 à 26 —	10 —
22 à 30 —	12 —
Au-delà de 30 tari	16 —

Voilà qui grève les prix siciliens. Est-ce une des raisons qui, vers 1550[266], firent la fortune du blé du Levant, meilleur marché au dire du vieil historien Bianchini ? La ruine de la flotte sicilienne des transports de grains en aurait été la conséquence. Ou bien, comme il paraît plus probable, cette ruine aura coïncidé avec le rôle grandissant des cargos vénitiens et ragusains, capables d'enlever le blé par milliers de salmes. En 1573, des navires qui chargent en Sicile, pour le compte de Venise, jaugent respectivement 4 800, 4 000, 4 000, 4 000, 2 500, 2 000, 1 800, 1 500, 1 000 et 1 000 salmes [267]. Une flotte était née, spécialisée dans le transport des produits pondéreux, blé, sel ou laine. Elle complétait l'équipement du marché sicilien. Ce dernier possédait aussi de vastes magasins dans les *caricatori* (dirons-nous des *elevators* ?) et, qui plus est, une sorte de warrantage du blé, avec quittances remises au déposant. L'histoire reste à faire de la *cedola*, ce reçu remis au propriétaire désireux de ne pas vendre immédiatement son blé et pourtant d'obtenir des avances d'argent. A qui vendait-il cette *cedola*, le cas échéant ?

Tout ceci a un étrange accent moderne. Mais, pour en juger, il vaudrait mieux connaître ces magasins, leurs écritures, les bailleurs de fonds qui acceptent les *cedole*, toutes choses qu'éclaire insuffisamment le vieux livre de Bianchini [268]. Mieux connaître aussi ce système administratif et capitaliste qui enserre à la fois la production et le commerce du blé, les faisant aboutir aux manieurs d'argent. Que les prix du blé baissent et les paysans (on dit curieusement les *borghesi*, les gens des bourgs) ne peuvent payer leurs créanciers et doivent vendre leurs bœufs, même fuir leurs terres. En fait, ils empruntent à la veille de chaque campagne pour acheter la semence et les bœufs des attelages et risquer leurs chances dans la culture de terrains nouveaux. « Même les seigneurs et les *caballeros*, dit un rapport espagnol du début du XVIIe siècle, empruntent ainsi de l'argent à rembourser en blé et si, ensuite, ils ne peuvent le faire, ils vont s'exposer à souffrir de gros intérêts, si bien qu'ils accourent auprès des Vice-Rois pour en obtenir la modération et parfois ils l'obtiennent... » [269]. C'est la situation même, paysanne et seigneuriale, que nous apercevons au début du XVIIe siècle, en Castille, autour de Valladolid [270]...

Du haut en bas, on a l'impression, au XVIe siècle,

d'un système en voie de destruction. D'étranges spéculations se déchaînèrent par exemple sur les cédules. On en mettait de fausses en circulation avec la complicité des *magazinieri* ; et l'on vendait ensuite du blé inexistant ; au moment du règlement, on arguait d'avaries ou de vols dans les *caricatori*. Des magasiniers faisaient banqueroute. En vain, le gouvernement défendait-il la bonne foi publique, menaçant des galères les contrevenants, exigeant des enregistrements loyaux, interdisant les achats et ventes anticipés de grains, les contrats usuraires dits *alla voce e secondo le mete*, ou les paris sur le prix des denrées [271]. Le scandale continuait et certains propriétaires préféraient laisser pourrir leur blé dans les fosses où ils le conservaient plutôt que de le livrer aux spéculateurs et fraudeurs des ports. A moins que ce ne fût là un moyen de spéculer sur une denrée qui, même en Sicile, devenait rare à la fin du XVIe siècle. La situation était telle que les communes, le gouvernement lui-même n'hésitaient pas à saisir le blé des *caricatori* [272].

Dans les Pouilles où une grosse exportation utilisait les ports de Manfredonia, Foggia et Trani, en direction de Raguse, de Naples et de Venise, le système était analogue : les *tratte*, billets de sortie à l'usage des douanes, étaient vendues par le fisc royal, sans trop de mesure et à l'avance. Ces billets se dépréciaient et se rachetaient à bon compte. D'après les marchands, Venise économisait ainsi jusqu'à 32 p. 100 sur ses paiements douaniers [273].

Le blé d'Orient

Mais l'Occident ne vit pas de ses propres compensations. Surtout au milieu du siècle, sa vie est équilibrée par les envois du Levant, celui-ci moins peuplé, plus riche en grains exportables, généralement de moindre prix. L'Orient disposait de trois gros greniers : l'Égypte ; les plaines de Thessalie, Macédoine, Thrace et Bulgarie ; les bas pays roumains. Ces derniers furent mis très tôt hors du circuit méditerranéen : l'énorme ventre de Constantinople les monopolisa à son profit. Restent les marchés grec et bulgare et le garde-manger d'Égypte. De ce dernier, le consul Lorenzo Tiepolo estime, en 1554, que le Grand Seigneur retire 600 000 *ribebe* de blé, orge et fèves (pas de mention ici du riz, et pourtant ![274]). Ces 600 000 *ribebe* (sur la base de 100 salmes de Sicile = 165 *ribebe*)[275] correspondent à 363 636 salmes, soit 720 000 quintaux. C'est une énorme provende, plus que ce que peut fournir la Sicile[276]. Si une grosse partie de ce ravitaillement est destinée à Constantinople, une autre reste sur place pour l'entretien des soldats turcs, et il s'en expédie vers La Mecque. En outre le « blé » du sultan n'est pas forcément tout le blé de l'Égypte, les chiffres fournis par Tiepolo (y compris ces 1 200 000 ducats que ce commerce vaudrait au sultan) ne sont donnés qu'à titre d'indication générale. En fait, ajoute-t-il lui-même, tout varie avec la hauteur des crues du Nil, les épidémies et la conjoncture des prix. La relation fournit deux prix de la *ribeba* de fèves et trois pour le blé[277].

D'ailleurs, d'Alexandrie comme de Volo, de Salonique, Valona, La Prevesa ou Sainte-Maure, du blé turc s'embarque pour l'Occident, licitement, avec l'autorisation du Grand Seigneur. Les documents ragusains ou vénitiens le disent dix fois pour une. Et à Constantinople, on entend toujours l'écho des incessantes requêtes occidentales : en 1528 déjà les toscanes[278] ; en 1563 les génoises[279] ; en 1580 toutes les demandes sont rejetées, y compris les françaises[280], mais un actif marché noir ne cesse d'évacuer vers l'Ouest le grain turc, même en période de prohibition. Le centre de ce marché est l'Archipel, dont certaines îles, comme Patmos[281], ont d'ailleurs d'excellent blé, mais où l'on trouve généralement de la marchandise de contrebande, venue de terre ferme, principalement de Grèce, sur les légers *caramusalis*, ces navires maraudeurs sans qui les îles vénitiennes, de Candie jusqu'à Corfou, ne mangeraient pas souvent à leur faim. Parfois, il est difficile de se faire servir par ces ravitailleurs[282] et il faut débourser de fortes sommes. Mais, par années de bonne récolte, ils revendent de grosses quantités de grains. En 1564, les cargaisons de caramusalis achetées par les administrateurs vénitiens de Candie ont fourni plus de blé qu'il n'en fallait pour la population de l'île. Le surplus, dont une partie avait été transformée en biscuit, fut transporté à Venise [283].

Cependant, le commerce des grains dans l'Archipel est toujours aléatoire, à la merci des colères ou des exigences d'un sandjac, ou de l'apparition de galères turques, donnant un coup de balai du côté des échelles à blé [284]. Aussi bien est-ce un événement important pour Venise que les nominations « d'officiers » turcs dans l'Archipel. En mars 1562, un certain Suil Pacha (je ne suis pas très sûr de ma lecture) étant nommé au sandjacat de Mételin par la faveur de la sultane et de Méhémet Pacha et prêt à gagner son poste, « j'avais bien quelque envie, raconte le baile vénitien, Andrea Dandolo, de ne pas lui faire l'habituel présent, en raison des dommages qu'il avait dernièrement causés à Votre Seigneurie ; mais pensant qu'il y a peu de chemin de ce sandjacat aux escales à blé où les plus beaux grains valent actuellement 12 aspres le chilo, j'ai craint qu'il ne se payât lui-même... ». Et le baile a préféré s'exécuter [285]. Au XVIIIe siècle encore, l'Archipel est demeuré un marché interlope du blé, avec les mêmes navires maraudeurs grecs [286].

Équilibres, crises et vicissitudes

Ces longues explications permettent de mieux aborder l'étude des vicissitudes du XVIe siècle. Le danger serait de dramatiser en un domaine où les jugements des contemporains sont rarement de sang-froid. En gros, cependant, la situation alimentaire s'aggrave à mesure que le siècle avance, que la « conjoncture paysanne » est de plus en plus alarmante. Les disettes augmentent non de fréquence — elles ont toujours été fréquentes — mais de gravité. Elles portent des coups sévères. Six *carestie* ont désolé Naples, entre 1560 et 1600 : en 1560, 1565, 1570, 1584, 1585, 1591. Les trois dernières ont été plus graves que les trois premières [287]. Ce n'est pas que « les années soient pires qu'autrefois, écrivait un bon connaisseur des réalités napolitaines, vers 1600 [288]. Mais les gens se sont multipliés, comme le montrent les recensements : 95 641 feux de plus en 1545 ; 53 739 en 1561 ; celui qui est en cours donnera, pense-t-on, une augmentation de 100 000. Quand le grain est mesuré ou dépasse de peu les besoins, chacun s'emploie à le dissimuler ». Le mal n'est malheureusement pas limité au seul Royaume ou à la seule ville de Naples. Partout, en Méditerranée, l'homme est devenu trop nombreux pour ses ressources.

Il est donc tentant de parler d'*une* conjoncture méditerranéenne, d'une crise du blé, ce qui revient tout de même à simplifier, pour le moins, à aller vite en besogne. En réalité, les seuls critères dont nous disposions, pour un tableau d'ensemble, concernent le grand commerce des blés. Ces mouvements sont importants, mais :

1) ils ne mettent en cause qu'une certaine vie *minoritaire* de l'espace méditerranéen et nous nous en sommes déjà expliqué [289] ;

2) à y regarder de près, cette histoire privilégiée du blé marchand révèle quatre grandes crises au moins : l'arrivée dès le début et tout au long du XVIᵉ siècle du blé nordique dans les ports et villes ibériques des côtes atlantiques — le « boom » du blé turc de 1548 à 1564, qui mesure, en somme, une crise de la production italienne — l'autosuffisance italienne, miracle des campagnes de la Péninsule, de 1564 à 1590 — enfin, de 1590 à 1600 et au delà, les arrivées en Italie du blé nordique ;

3) ces crises, remarquons-le, aboutissent à des solutions, à des équilibres et même la dernière dont il ne faut méconnaître ni l'ampleur, ni la relativité. Crises, équilibres, c'est une façon simple encore de voir ces réalités. Il y a crise à la marge, diraient les économistes, et donc des équilibres sous-jacents, en profondeur, limitent les catastrophes et les tensions. En pleine difficulté, à Venise, le 16 juin 1591, le Sénat peut dire, et il a raison : « l'expérience a montré qu'il se recueille d'ordinaire, dans notre État, entre froments et grains,

un peu moins que ce qui convient à nos besoins », *un pocho men che bastevoli al bisogno*[290].

Je pense donc qu'il faut partager notre observation entre ces quatre crises, premier soin, et — seconde précaution — ne pas pousser au noir un tableau jamais souriant. Le drame du blé marchand, importé de loin ou de très loin, mesure la faim des hommes, il mesure aussi la richesse des acheteurs.

Premières crises : le blé du Nord à Lisbonne et à Séville

C'est ce que montre l'arrivée du blé nordique au Portugal et en Andalousie. Le Portugal est touché tôt, dès le début du XVIᵉ siècle ; l'Andalousie, riche encore de son propre blé, l'est beaucoup plus tard, à partir des années 1550, ou mieux 1570-1580. Nous sommes en présence non d'une crise, mais de deux, la portugaise et l'espagnole, analogues dans leur processus et qui éclairent, à l'avance, l'évolution prochaine de l'Italie.

Au Portugal, l'expansion maritime a créé un curieux État moderne : forçons les termes, une Angleterre avant la lettre et qui, comme celle-ci aboutit à Londres, se résume dans sa capitale, Lisbonne, laquelle dépasse de cent coudées, surtout depuis l'avènement de la Maison des Aviz, en 1386, une myriade de petites villes et de gros bourgs, tous actifs et à son service. Un Portugal patriarcal, sous-peuplé, mangeant son blé, l'exportant même vers l'Angleterre[291], buvant son vin, s'efface pour céder la place à un Portugal de moins en moins sûr de son pain quotidien. Les cultures fruitières, l'olivier, la vigne prennent de plus en plus de place. Un effort considérable se devine pour augmenter la production céréalière, ainsi au Sud dans l'Alemtejo où de nouvelles espèces sont acclimatées. Ce besoin de blé, cet « impérialisme »[292] du blé pousse les Portugais à se saisir des débouchés des larges plaines marocaines, à introduire sa culture, un instant, à Madère, à la faire réussir, plus tard, aux Açores. Mais la meilleure solution consiste à acheter son blé au dehors, à se débarrasser chez soi d'une industrie somme toute peu lucrative.

Très tôt, Lisbonne aura mangé le blé étranger, celui
que lui livrent longtemps l'Andalousie et la Castille,
que lui expédie (mais pas toujours) la Sicile. En 1546
encore, l'ambassadeur du roi du Portugal à Rome,
Simão de Veiga, fait en hâte, mais inutilement, le
voyage de Palerme [293]. Les Portugais, en relation depuis
longtemps avec Bruges, puis Anvers, se tournent aussi
vers les Flandres, peut-être dès le XVe siècle ; en tout
cas, en 1509, ils y achetaient du très bon blé, *o muito
bom*, à 10 pataques, et à 11 *o melhor*, le meilleur [294].
Ces achats se poursuivent durant le siècle entier. Le
plus souvent ce blé du Nord, venu ou non de la Baltique,
est véhiculé par les minuscules barques de Bretagne qui
arrivent à Lisbonne par centaines à la fois. Misérables
entre les misérables, comment les marins de Bretagne
ne se laisseraient-ils pas tenter par les paiements en or
que leur assure l'acheteur portugais, avec le droit de
remporter le précieux métal licitement ? Ils « abordent
icy par chacun jour, écrit de Lisbonne, le 4 septembre
1559, l'ambassadeur français Jean Nicot, avec grande
quantité de bledz sans aucun congié (du roi de France).
Je suis après pour y donner ordre » [295]. Mais il n'y
réussira guère. Le Portugal n'est-il pas, d'après son
propre témoignage, « un pays... merveilleusement des-
pourveu de tous bledz » ? Et presque un siècle plus
tard, en 1633, voici à Lisbonne une centaine de ces
mêmes barques que le gouvernement portugais séquestre, puis libère. Pour vivre, les marins vendront les
voiles, le gouvernail, le bateau lui-même, et crèveront
de faim au bout du compte [296]. Ce commerce, à demi
interlope, des barques bretonnes, fait peser un joug, *el
qual es muy fuerte* [297], sur l'économie et la politique
portugaises. Il n'en met pas moins en cause des circuits
marchands sans quoi rien ne serait possible de ce
mouvement qui semble spontané : ce sont les marchands
de Bilbao, de Burgos, Simón Ruiz à Medina del Campo
qui, en cette année 1558, assurent ces trafics [298].

A cette date, le blé que véhiculent les barques
bretonnes a déjà touché la Castille, pour laquelle il
est *harto dañoso*, suprêmement dommageable [299]. La

Castille ? entendez, bien que ce soit une légère erreur, les ports biscayens et galiciens. Nous sommes mal renseignés sur sa première arrivée en Andalousie. Il est possible cependant que ce Français, Guion Soliman qui, en août 1557, vend son navire à Cadix où il a apporté du blé, soit breton [300]… En tout cas, à partir de ces années-là, les voyages des barques bretonnes se font plus fréquents, occasion pour elles, au gré des escales, de rapporter ou « l'or rouge » des Portugais, ou le métal blanc des Espagnols…

A Cadix, à Séville, en Andalousie, dans le Sud de l'Espagne, jusqu'à Málaga et Alicante, une évolution à la portugaise se marque, par suite de la fortune américaine de Séville. Cette fortune favorise oliviers et vignobles. Toutefois la richesse en blé est telle que cette évolution est lente. Séville est en difficulté, alors que les villes voisines, le Puerto de Santa Maria, la richissime Jerez de la Frontera et surtout la lointaine Málaga continuent à assurer aisément leur ravitaillement. A Málaga, les *proveedores* des armadas eurent longtemps la tâche aisée : un surpaiement d'un ou deux réaux par fanègue [301] et le blé accourt. Il est bien moins cher qu'en Catalogne [302], presque à aussi bas prix qu'à Naples ou en Sicile [303]. Ce n'est pas le blé qui manque, mais les bêtes de somme pour le transporter. Il suffit de réquisitionner les bêtes pour que les prix du blé soient aussitôt à la merci des officiels [304]. Ainsi tout va fort bien jusqu'au milieu du siècle. En 1551 encore, les Fugger obtiennent d'exporter d'Andalousie et du *partido* de Calatrava 36 000 fanègues, dont 16 000 pour Barcelone [305]. Deux ans plus tard, en août 1553, le comte de Tendilla [306] réclame pour lui-même, à titre de gratification (*ayuda de costa*), une cédule d'exportation de 4 à 5 000 *cahizes* de blé, à partir de Málaga. Étant donné la pléthore du marché, on pourrait lui en accorder davantage, sans lui faire don d'autre chose « que d'un peu d'encre et de papier », *sin poner en ello mas que tinta y papel*. Et l'on soulagerait les paysans encombrés de leur récolte. « Nous avons eu, écrit le 23 novembre 1553 un des Provéditeurs de Málaga [307], six ou sept années fertiles... Il se pourrait que les années à venir ne le fussent pas pareillement. »

En fait, la situation ne se gâchera qu'aux alentours des années 1560. En 1561 [308], Séville proteste à grands cris contre les Génois, maîtres de ses douanes, et qui la tracassent au sujet des grains (blé et orge) qu'elle a fait venir en quantité de France, des Flandres et des îles Canaries. Veulent-ils donc que les pauvres meurent de faim ? Ce ne sont pas, assurément, les premiers blés de mer qui arrivent à Séville, mais le grand virage n'est pas encore pris : en 1564 [309], par exemple, un projet est poussé assez loin (il n'aura pas de suite) pour transporter du blé andalou à Gênes. C'est entre 1561 et 1569, année de disette, que la transformation a dû s'accomplir. L'Andalousie, trop riche en huile, en vin et en métal blanc, va s'habituer au blé étranger. Vers 1570, au plus tard [310], l'évolution est achevée, la farine andalouse ne suffit plus à la fabrication du biscuit nécessaire aux flottes. La Couronne d'Espagne est à la recherche, bon an, mal an, de 100 000 fanègues de blé nordique (55 000 quintaux). C'est peu et c'est beaucoup. En 1583 la pénurie s'étend à l'Espagne entière et bouleverse sa vie économique [311].

Le problème serait de savoir si ce déficit dès lors permanent porte, ou non, un témoignage en profondeur sur l'économie de l'Espagne, sur sa « conjoncture paysanne ». C'est demander à l'historien plus qu'il ne peut dire. Il ne dispose même pas, sur la multiple réalité des agricultures de la Péninsule (y compris les portugaises), d'une esquisse d'ensemble comparable, de loin, au livre de Marc Bloch [312] à propos des caractères originaux de l'agriculture française, ou au croquis qu'Emilio Sereni [313] vient de donner sur l'Italie des campagnes et des labours. Ce que nous savons se réduit à peu de chose. La Péninsule est d'une extrême diversité, elle a de multiples régions pauvres et arriérées : lors de l'invasion de la Navarre, en 1522, les soldats français meurent de faim en ces pays voués au pain de millet et de retour à Bayonne, après leur défaite, certains s'empiffrent au point d'en crever [314]. De même la Galice, en 1581, est une terre déshéritée où le pain grossier de seigle semble indigne des hommes à un riche voyageur vénitien [315]. Cependant on sait qu'il y a eu partout un essor de la vie paysanne venu de fort loin et qui s'épanouit encore durant la première moitié du XVIᵉ siècle. La multiplication des attelages de mules, le bon marché relatif des bêtes [316], la vivacité avec laquelle elles tirent l'araire léger des labours superficiels [317], la poussée des défrichements, l'extension des oliviers et de la vigne, elle surtout, dès que le sol et le climat le permettent ou le tolèrent, le recul évident sur tant de points de l'élevage moutonnier (même celui des fines laines) — tout parle d'extension, de progression agricoles. Des sondages dans les actes notariés, à Valladolid [318], indiquent des *censos* constitués à propos d'achats de terres. Le capitalisme usurier des villes et des gros bourgs a aidé à cet essor.

Cette poussée s'effectue au détriment des *montes blancos* ou *albales*, de ces « monts » de couleur blanche, dépouillés de leurs arbres et promis aux cultures, aux plantations ou aux enclos provisoires destinés aux bêtes. De la *Candelaria*, de la Chandeleur à la Saint-Jean suivante, chaque paysan peut s'approprier un pan de cette terre vide — et le provisoire dure ensuite — y planter des arbres, voire des oliviers ou quelques pieds de vigne, y mettre en défens un paquis pour son bétail. Des textes innombrables disent ce long combat contre le vide des terres hostiles, pierreuses et une série de mots venus du passé (*escalias*, les friches ; *escaliar*, défricher ; *artigar*, débroussailler, essarter ; *presuras*, prises de possession ; *baldios*, terres incultes ; *dehesas*, pâturages communaux ; *ejidos*, biens communaux et terrains vagues à l'entrée du village, où chaque paysan a le droit de battre sa récolte sous le pied des bêtes...), tous ces mots, issus du bas latin et que l'on retrouve avec des variantes en Catalogne ou en Andalousie, comme en Castille où ils sont chez eux, nous introduisent, semble-t-il, au cœur de problèmes qui sont un peu ceux de toutes les campagnes d'Occident. Semble-t-il... Mais il faudrait mesurer ces poussées, voir si elles se maintiennent (car la hausse démographique tourne court

en Espagne avant que le siècle ne s'achève), jauger
l'aisance paysanne que les observateurs ont beaucoup
surestimée. La « bourgeoisie de campagne » qu'il sera
à la mode de vanter a été bien fragile [319]. Il y a crise
des campagnes, à peine a-t-on dépassé le milieu du XVIe
siècle. Les terres se sont-elles épuisées ? Une curieuse
lettre de Philippe II, en date du 12 octobre 1560,
soutient juste le contraire [320]. Plus que du régime
seigneurial encore, carcan qui ne s'allège pas, le paysan
est peut-être, comme en France, victime d'un régime
usurier : celui-ci l'a servi lors de la montée du « premier » XVIe siècle ; au delà de 1550, il se retourne contre
lui, l'évince de sa propriété, et les mauvaises heures de
la conjoncture viennent vite. En 1571, sur les terres
des Morisques déportés de Grenade, 12 542 familles
recrutées dans les Asturies, en Galice, à Burgos, à León
ont été recasées en 400 villages. Vingt ans plus tard,
l'enquête officielle de 1593 montre le peu de succès de
l'opération : quelques paysans ont vendu leurs successions, d'autres ont laissé leurs lots entre les mains de
créanciers et ont émigré Dieu sait où, quelques privilégiés
ont profité de ces multiples désarrois, acheté les oliviers
de l'un, la moitié des terres de l'autre et font figure de
villanos ricos [321]. Les enquêtes sur les villages de Nouvelle-Castille (1575-1580) laissent aussi l'impression à un
historien [322] qui vient d'étudier l'ensemble de cet extraordinaire dossier, que les ombres se multiplient dans ces
villages vigoureux : il y a trop de monde pour des
terres devenues peu extensibles, trop de journaliers (de
« brassiers ») mal payés, et des émigrations s'amorcent
vers les villes et les Indes, des villages régressent.

L'économie espagnole dans sa masse vire, sans doute,
au voisinage des années 1580-1590 [323], et l'agriculture a
pris, la première, le mauvais chemin, sans que nous
sachions ni comment, ni pourquoi, ni quand exactement
le jeu est devenu perdant. Nous apercevons acteurs et
données du problème : les troupeaux transhumants, les
troupeaux stabulants, les cultures régulières des *rega-
dios*, jardins irrigués avec leurs orangers, leurs mûriers,
leurs arbres fruitiers ; les *secanos*, les terres sèches où

sont les vignes, les oliviers, les champs ensemencés (une année sur deux, ou sur trois on y sème moitié orge, moitié blé), les jachères, les *barbechos*, semées de fèves... Mais souvent sur les *montes* on cultive au hasard la chance : *algunos años labrase aqui algo* comme le dit une vieille enquête de 1492, au sujet des quartiers de Gibraltar [324]... Avec le XVIᵉ siècle finissant le jeu devient perdant [325].

De cela, le blé apporté de l'étranger n'est certes pas responsable. Il est, au plus, le signe précoce d'une mauvaise santé. Au Portugal, où le mal est ancien, d'étranges conséquences sont signalées par les contemporains. L'ambassadeur espagnol à Lisbonne, le 1ᵉʳ octobre 1556, note : « le pays est très malade, et dans de nombreuses régions, beaucoup de gens meurent, dit-on, des maladies que provoquent les exécrables aliments qu'ils ont absorbés et absorbent encore. La présente année a donné moins de pain encore que par le passé, tous sont terrorisés à l'idée de l'avenir, si Dieu n'y porte pas remède. Ici, à Lisbonne, il y a présentement un peu de pain de ce qui est venu de France par mer, mais tout s'en va aussitôt... » [326].

C'est un pays pourri du dedans, énorme poids mort, que Philippe II saisira en 1580, lors de la conquête du Portugal. Mais retenons le lien entre sous-alimentation et maladies, il n'est pas arbitraire. Les épidémies qui vont frapper l'Espagne, à la fin du siècle, en avance sur toutes les régressions d'Europe, s'expliquent par là. Il y a eu crise des équilibres sous-jacents.

Le « boom » du blé turc : 1548-1564

Avec le milieu du siècle s'amorce la crise de la production [327] agricole italienne. La Péninsule connaît une série de mauvaises récoltes, d'évidentes pénuries de ravitaillement, des hausses de prix. Les raisons de ces difficultés ne sont pas claires : surpopulation, mauvaises conditions météorologiques, ralentissement des investissements dans l'agriculture, présence de la guerre étrangère... Tout est possible, ou mieux tout s'ajoute, s'aggrave par suite *d'una carestia di formento et altri grani* qui n'épargne même pas un pays plutôt à l'abri, comme Venise[328]. En tout cas, l'Italie a trouvé un remède facile à ses difficultés souvent très vives : quelques envois d'argent et ses gros cargos céréaliers ou ceux de Raguse gagnent les échelles du Levant et le marché turc.

Le mouvement est assez important pour amener un gonflement des tonnages moyens observés, au voisinage de 600 tonnes, bientôt au delà. Parmi ces gros navires, il est caractéristique de trouver certaines naves turques spécialisées pour les longs voyages d'Istanbul à Alexandrie d'Égypte. L'une d'elles, propriété du grand vizir Roustem Pacha, arrivait à Venise en décembre 1551, chargée pour le compte de Zuan Priuli, et la Seigneurie lui fit remise de la taxe d'ancrage[329]. Il y eut d'ailleurs, durant ces années-là, une active complicité des grands dignitaires turcs, possesseurs de terres, de blé et avides d'argent comptant. La Turquie, au début surtout, se trouve en position de demandeur, comme si elle ne savait que faire de ses surplus. « Plus nos marchands, écrit le baile vénitien le 4 septembre 1551, se montreront réservés, plus ils trouveront des conditions avantageuses, car il y a beaucoup de blé qui appartient tant aux seigneurs qu'au peuple et, à cause de la guerre avec l'Empereur, il n'y a pas d'autres acheteurs possibles que les Vénitiens et les Ragusains. »

En cette année 1551, qui voit l'expédition victorieuse de Sinan Pacha contre Tripoli, Venise tire des échelles de 300 à 400 000 *staia* (240 à 320 000 hl, environ 180 à 240 000 quintaux). Si l'on y ajoute les autres cargaisons, notamment celles des naves génoises sur lesquelles nous n'avons malheureusement pas de renseignements précis, c'est peut-être 500 000 quintaux de blé qui ont été importés de Turquie cette année-là. A ce taux, tous les ports de l'Empire ont été mis à contribution, un peu ceux d'Égypte, beaucoup ceux de Grèce et assez souvent ceux de la mer de Marmara, parfois Varna sur la mer Noire. Des cargos ragusains qui, en principe, vont à Rodosto charger des cuirs ou des laines, s'arrêtent clandestinement à Volo et y embarquent du blé. Tout cela aura signifié d'excellentes affaires, principalement pour quelques marchands vénitiens installés à Constantinople, au premier rang desquels Antonio Priuli. La différence des prix est telle entre les achats du Levant et les ventes d'Italie — de 1 à 2, 2,5 et même 3 — que les marchands sont « sûrs de ne pouvoir y perdre ».

Toutefois, soit à Venise, soit à Raguse — sans doute ailleurs — ce commerce privilégié, assorti par les villes italiennes d'avances en argent et de primes aux marchands, avec garanties de cours à la vente (preuve qu'il y a eu, au départ, de grosses difficultés à réunir l'argent comptant nécessaire aux achats) ne va pas sans mauvaises surprises. Aux échelles, le blé trop demandé est vite en hausse. Il reste une bonne affaire encore, mais peut-être attire-t-il moins d'amateurs vénitiens puisque, le 24 octobre 1554, le Sénat accordait aux navires étrangers de ne pas payer un droit d'ancrage supérieur à celui des navires nationaux si, à l'entrée, ils n'étaient chargés que de blé [330]. La mesure signale, pour le moins, que Venise, malgré l'ampleur de sa flotte, éprouve des difficultés à assurer les transports céréaliers en provenance du Levant.

Au delà de 1555, le blé manque tantôt en Égypte, tantôt à Constantinople, tantôt en Syrie... Les prix ne cessent de monter : de 51-55 aspres le *chilo*, en 1550-1551, ils passent à 63-65, en 1554-1555 ; ils seront à 100, en 1557-1559 [331]. En même temps est promulguée en 1555 la première interdiction turque d'exportation. D'où tant d'interventions de galères ottomanes contre les voiliers d'Occident, aux alentours des embarcadères habituels [332]. Du coup, la contrebande prend la relève, elle ouvre des brèches vers La Canée, dans l'île de Candie, où s'installe un commerce interlope actif, avec ses spécialistes, comme Stefano Tarabotto ou Marchio di Poggio... Des caïques, des *caramusalis* apportent aux grosses naves d'Occident le blé de contrebande. Les pièces d'or ou d'argent résolvent bien des problèmes, en apparence insolubles. Pierre de Médicis va jusqu'à écrire à Cosme Ier, le 14 octobre 1559, qu'il a « entendu de bonne source que ces Seigneurs (les Vénitiens) sont sur le point, avec leurs manèges, d'avoir Négrepont en fief du Turc ; ils en offrent un immense tribut, si grand qu'on en tirerait difficilement un aussi gros revenu. Tout cela pour obtenir du blé, selon leurs besoins, sans passer par la France ou par l'Espagne »[333]. C'est là pure calomnie en ces lendemains du Cateau-Cambrésis, alors qu'intervient la seconde interdiction d'exporter du Turc, « coup de semonce » qui n'empêche pas le commerce interlope de se poursuivre. En 1562, 1563, 1564, les marchands vénitiens, garantis plutôt deux fois qu'une par une Seigneurie attentive aux intérêts communs et à ceux de ses hommes d'affaires, continuent à gagner le Levant pour y trafiquer, même « au péril de leur vie »[334].

Toutefois, il semble bien que les difficultés aient grandi à partir de 1561 ; des incidents surgissent : saisies de naves chargées ou encore vides, retours sans cargaison... La Seigneurie nomme, en 1564, Stefano Tarabotto à La Canée, pour y activer les trafics clandestins, mais sans gros résultat. Faute de mieux, les galères vénitiennes saisissent les cargos ragusains (décembre 1563, mars 1565, janvier 1566). Six prises connues représentent au total un peu moins de 37 000 *staia*, soit environ 22 000 quintaux, en plus de deux ans[335]. Ces coups de filet ne sont pas de taille à rétablir une situation compromise. Le beau temps du blé turc n'aura pas duré longtemps.

Si l'Italie est obligée, dès lors, de résoudre autrement le problème de son pain quotidien, c'est qu'en Turquie commencent des années difficiles. Un historien y discerne des périodes calamiteuses, de 1564 à 1568, de 1572 à 1581, de 1585 à 1590, ce qui ne veut pas dire que les périodes intermédiaires aient été d'abondance. A Istanbul, énorme ville, tous les maux se donnent rendez-vous : pénuries, chertés, disettes spectaculaires, la peste, pour finir. « De 1561 à 1598, on compte, d'après la correspondance du baile vénitien, 94 mois de peste (presque huit années au total) et le chiffre reste au-dessous de la réalité »[336]. Ces témoignages ont leur importance, mais risquent de cacher l'essentiel. En raison de ses victoires qui l'ont mêlé puissamment à la vie du monde (Syrie, 1516 ; Égypte, 1517 ; Rhodes, 1522 ; Belgrade, 1540 ; Hongrie, 1541), en raison même de ce « boom » du blé qui dura quelques années, un pays fruste, bâti comme « à la carolingienne » sur des fiefs viagers (sortes de « bénéfices »), se trouve saisi par une économie monétaire assez forte déjà pour briser les vieux liens, trop faible pour en créer de nouveaux vraiment modernes. Cette économie monétaire, avec ses dévaluations, ses montées de prix, ses accumulations arbitraires, la diffusion d'un luxe d'importation, se surimpose à une économie archaïque ; elle établit au milieu de celle-ci des îles et des îlots aberrants.

Crise du blé, crise monétaire ont favorisé, dans une large mesure, le développement d'une propriété héréditaire, ce passage (dirions-nous en Occident) du « bénéfice » au « fief », d'une propriété précaire, soumise au bon vouloir de l'État, à une propriété pleine, évocatrice des domaines contemporains de Pologne ou de Moscovie. Si des historiens parlent pour l'Occident, entre XVIe et XVIIIe siècles, d'une « reféodalisation », mot ambigu (mais par quoi le remplacer ?), un phénomène analogue se développe en Turquie que l'on ne sait trop comment désigner en attendant des études qui manquent encore. Le livre pionnier de Busch-Zantner [337] a signalé (mais pour la fin extrême du XVIe et les débuts du XVIIe siècle) ces *tschiftliks*, domaines créés à son avis sous le signe des bonifications et dans des régions céréalières. Ömer Lutfi Barkan et ses élèves, dans l'immense recherche qu'ils ont entreprise, ont constaté cette croissance de la propriété moderne au bénéfice des sultanes et des pachas que nous savons engagés dans le « boom » céréalier : sauf exceptions qui confirment la règle, ils se sont réservé la vente du blé aux acheteurs d'Occident, laquelle est interdite au « peuple ». On soupçonne l'ampleur de la transformation. La Turquie vit, comme l'Europe occidentale, à l'heure de la « révolution » des prix et de la révolution agricole qu'impose, chez elle comme ailleurs, la montée démographique.

Vérités d'un tel poids, pour une histoire comparative,

que nous hésiterons à conclure, à l'échelle de la Méditerranée, tant que les problèmes turcs ne seront pas dûment posés. Jusque-là, nous saurons mal les raisons de l'ouverture, puis du retrait des marchés turcs : montée de la population (oui, sans doute) ; guerres aux frontières et les armées dévorent, comme les villes, les surplus céréaliers [338] ; troubles économiques et sociaux... Des recherches ultérieures en décideront. Mais il est sûr que de grands changements surgissent au delà des années 60 [339].

Manger son propre pain : la conjoncture italienne de 1564 à 1590

« Acquise en fait, dès 1560, définitive en 1570, la fermeture du Levant a renvoyé à ses seules ressources une Italie contrainte de nourrir une population croissante » [340]. Or, malgré les exemples dramatiques et dramatisés que nous connaissons, de 1564 à 1590, l'Italie a tenu le coup. Entendez une certaine Italie, celle des grandes villes parasitaires : Rome, Gênes, Florence, Venise, qui, les seules menacées, ou les plus menacées, ont surmonté l'épreuve. Trois explications se devinent.

1) Cette Italie-là a disposé des excédents d'une autre Italie encore prodigue : la Sicile, les Pouilles, la Romagnole, les Romagnes, les Abruzzes, la Corse [341], la Sardaigne même, de temps à autre — soit une Italie archaïque encore, parfois mal ouverte à l'exploitation des marchands. Les cas de Gênes, Rome, Venise prouvent l'exactitude de l'explication. A Venise, petites solutions supplémentaires, il y a le blé éventuel de Bavière, les achats dans les escales turques de l'Adriatique, les providences étroites de l'Albanie, providences tout de même malgré l'exiguïté du marché et la qualité inférieure d'un blé auquel on reproche son goût sucré : en Albanie, l'acheteur ne trouve aucune entrave, les seigneurs fonciers y agissant « à la polonaise » et, étant donné la faible intrusion de l'économie monétaire, les prix ne bougent guère, selon un schéma classique de troc colonial.

2) Il y a eu, davantage encore que par le passé, recours aux céréales autres que le blé. La démonstration serait d'une grande portée, mais elle fuit entre nos doigts. Une histoire descriptive la propose avec insistance. Ainsi à Venise, en juillet 1604, à la veille de la nouvelle récolte, il reste dans les magasins de la ville autant de millet que de froment [342]. Nourriture de pauvres, comme la viande importée sur pied de Hongrie, les légumes secs, fèves, pois, lentilles, ou le seigle, personnage discret qui se maintiendra à longueur de siècles. Le millet, d'ailleurs, se conservant mieux que le blé (souvent plus de dix ans) [343], est la céréale par excellence des magasins militaires, en Terre Ferme, en Dalmatie ou au Levant. Et c'est une des vieilles cultures de l'Italie du Nord. En 1372 [344], durant la guerre dramatique de Chioggia, Venise pressée par les Génois est sauvée par les 10 000 *staia* de millet de ses magasins. Au XVIᵉ siècle, plus qu'une céréale d'appoint, le millet est le pain des pauvres. A quelques pas de Venise, durant l'hiver 1564-1565, à Vicence, le pays n'ayant pas produit de blé, « quasi toute la population vit de millet » [345]. A Venise, pendant la disette qui se déchaîne, en octobre 1569, et durera jusqu'à la récolte, heureusement abondante, de 1570, le *Fondego* des Farines, à Saint-Marc, et celui du Rialto distribuent chaque jour de la farine prélevée sur les réserves de la ville. Des tickets de rationnement prévoient deux pains par jour et par personne, *mezo formento, mezo miglio* [346]. Vingt ans plus tard, toujours à Venise, le froment, dès le lendemain de la récolte de 1589, montait rapidement à 5, 6 et 7 ducats. On autorisa les boulangers à faire du pain de riz, à raison de trois parts de blé pour une de riz. Mais « la solution fut vite abandonnée, ce pain trop savoureux aiguisant l'appétit. Pour sauvegarder davantage les véritables intérêts des malheureux, la Seigneurie donna l'ordre de cuire du pain de millet et de le vendre aux pauvres ; il était exécrable... » [347]. En 1590-91, la situation est encore plus tendue, et en 1592, il faudra l'arrivée du blé du Levant, d'Angleterre et de Bavière pour rétablir la situation. Pourtant cette année-

22. — Blé de mer et blé de

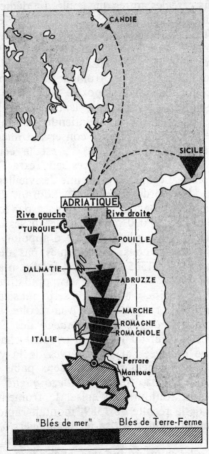

1586

D'après Museo Correr, 217. Venise a toujours mangé son blé et le blé que lui apporte la mer. A la fin du XVIᵉ siècle, ce dernier cesse d'être prioritaire (ainsi en 1588). Nul doute que cet effort céréalier de la Terre Ferme, qui se poursuivra au XVIIᵉ siècle, ne soit l'un des traits majeurs de l'économie vénitienne. A remarquer aussi, parmi les blés de mer, le rôle

« Terre Ferme » à Venise

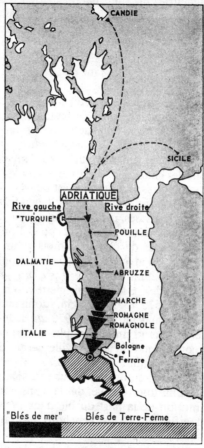

1588

primordial du blé italien à partir des Abruzzes et des régions plus au Nord. Le recours à Naples et à la Sicile s'amenuise. A cette date, plus rien du Levant et rien du Ponent. Lire Abruzzes, non Abruzze. La Romagnole est au Nord de la Romagne, exactement la Romagna estense, le territoire de Lugo et de Bagnacavallo.

là, l'alerte a été moins violente parce que, d'entrée de jeu, la Seigneurie, instruite par l'expérience des années précédentes, a permis aux boulangers de faire du pain avec n'importe quelle céréale, « millet, seigle et autres mélanges, sans aucune limitation de poids... si bien que se vendaient par la ville des pains mélangés de toutes dimensions, chacun s'efforçant de le faire grand et bon pour mieux le vendre »[348].

Les céréales secondaires ont ainsi leur place à Venise, aux mauvais jours. Le reste du temps, est-il téméraire de penser qu'elles ont leur débit, pour les pauvres ? *Supposer* que ce débit est à la hausse aiderait à réconcilier quelques chiffres sur le ravitaillement vénitien, qui ont des chances d'être exacts, bien qu'apparemment contradictoires. Le premier est de Marin Sanudo : d'octobre 1511 à fin août 1512, soit pendant 11 mois, Venise a reçu dans ses magasins plus d'un million de *staia* de blé (exactement 1 080 721) ; si l'on ajoute la moyenne mensuelle de ces onze mois pour avoir une année complète, on arrive à 1 200 000 environ. Au total, presque 700 000 quintaux, *che è sta un grandissimo numero*[349]. Or des relevés qui mettent en cause les années 1548, 1552, 1555 et 1556, donnent le chiffre annuel, bon an mal an, de 656 970 *staia* de farine (ce qui, en blé, donnerait un chiffre plus élevé) et, en 1604, enfin, la consommation de la ville serait de 515 257 *staia* de blé[350]. Comme la population entre temps n'a pas diminué, au contraire, deux explications nous restent : diminution relative de la consommation du pain, diminution de la part du blé dans l'ensemble des céréales panifiables. Nous penchons en faveur de la seconde.

3) Dernière explication d'ensemble, la plus importante : l'Italie s'est sauvée en augmentant sa production. C'est là un phénomène de longue durée, amorcé dès 1450 peut-être. Cette progression revêt des formes connues : aménagement des collines, conquête des pentes montagneuses, assainissement des plaines de toutes dimensions, partage entre les champs et les pâturages, ceux-là repoussant ceux-ci et le cheptel qu'ils nourris-

sent, car il faut toujours plus de place pour les hommes. Ce besoin entraîne la destruction des arbres, des animaux sauvages, le recul des troupeaux domestiques. Vieux processus : en Lombardie, les défrichements du XIIIe siècle, étendant les terres à blé, avaient réduit le nombre des moutons. Franco Borlandi [351] a eu raison de voir là une des raisons de la crise de la laine et du succès des futaines, étoffes mi-laine, mi-coton, produit *ersatz*, en somme.

23. — Les exportations siciliennes

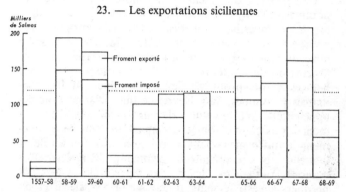

D'après des documents d'archives, Simancas. En grisé, le blé exporté qui a payé, en blanc celui qui n'a pas payé les *tratte*. La moyenne de ces chiffres (indiquée en pointillé) aux alentours de 120 000 salmes. Les variations tiennent plus aux différences des récoltes qu'aux oscillations de la demande. C'est tous les trois ou quatre ans que la Sicile connaît une récolte médiocre. Les exportations se maintiendront au XVIIe siècle au même niveau, et avec les mêmes oscillations périodiques.

Dans ce mouvement en avant, le paysage agraire se transforme [352]. La colline laissée informe, abandonnée à la pâture par l'Antiquité, a été conquise, lors de l'explosion médiévale, par des terrassements répétés, semée d'arbres qui soutiendront la vigne et offriront aux troupeaux le fourrage de leurs feuilles. Au XVIe siècle, cette conquête s'étend encore en hauteur. J'ai cité le mot de Francesco Guicciardini au sujet d'une Italie cultivée jusqu'aux sommets de ses montagnes [353]. En 1580, Michel de Montaigne s'émerveille du spectacle qu'il a sous les yeux aux bains de Lucques : « des

montaignes... toutes bien cultivées et vertes jusques à
la cime, peuplées de châtaigniers et oliviers, et ailleurs
de vignes qu'ils plantent autour des montaignes, et les
enceignent en formes de cercles et de degrés. Le bord
du degré vers le dehors un peu relevé, c'est vigne ;
l'enfonceure de ce degré, c'est bled... » [354]. Mais c'est
aussi vers les plaines basses, marécageuses, que les
Italiens ont méthodiquement étendu l'emprise de leur
agriculture.

Ces progrès ont réclamé des hommes, encore des
hommes, de l'argent, encore de l'argent. Ils ont entraîné
un large investissement des villes. Les propriétaires
bourgeois, nobles de fraîche date, ont trouvé dans la
terre, tour à tour, une occasion de faire fructifier leur
argent, ou de le mettre à l'abri. Ce faisant, ils se sont
heurtés à un problème-clef : discipliner, utiliser les
masses paysannes, se saisir de ce qu'un langage actuel
appellerait « la plus value » de leur travail. Malheureusement, nous connaissons très imparfaitement ce mouvement multiforme. Dans son explication générale à
laquelle nous empruntons beaucoup, Ruggiero Romano [355] soutient que les profits ont été élevés lors des
premiers investissements fonciers, au XVe siècle et au
début du XVIe. Il s'est agi de petites mises au départ,
pour d'assez gros bénéfices, suivant le même schéma,
en somme, que pour les débuts du grand capitalisme
marchand à Lisbonne, dès le retour de Vasco de
Gama [356]. Il y aurait eu une jeunesse heureuse d'un
capitalisme foncier, contemporain d'un premier capitalisme marchand comblé à l'heure des Welser et des
Fugger. Puis la situation se serait détériorée.

Hypothèse, évidemment. Dans le cas de Venise (mais
Venise, où l'on voit mieux les choses qu'ailleurs est
peut-être en retard) les gros investissements dans le
domaine des *beni inculti*, principalement des terres
basses et marécageuses, ne commencent guère, si nos
documents ne nous égarent pas, avant 1550... Les
tensions sociales, entre paysans et seigneurs, se manifestent alors seulement. Aux crimes politiques, affaires des
grands, succèdent les crimes agraires, affaires des petits.

Avec la fin du siècle, ces troubles dégénèrent en révolution sociale larvée, car c'est la vraie nature du banditisme, sur lequel nous reviendrons [357] et dont la chronique s'épaissit progressivement, à mesure que s'écoule le siècle. C'est le moment où l'historien a l'impression de voir l'énorme fortune de Venise se dégager de l'aventure marchande, s'investir, vaille que vaille, dans les prêts usuraires des changes de Besançon et, plus encore, dans les campagnes et les coûteuses bonifications... Un cycle classique du pré-capitalisme se ferme.

Toute cette histoire, probable, non pas bien établie, est à glisser comme une grille provisoire derrière l'histoire du blé italien. Elle lui donne un sens, des prolongements. Mais notre information nous trahit au moment de conclure. Le retournement de la conjoncture *paysanne* se produit sûrement après 1550, peut-être pas avant 1600. Et la conjoncture des propriétaires fonciers n'est pas la même. Ceux-ci triomphent, parce que les paysans perdent, un peu comme en Castille. Nul doute, en tout cas : le multiple effort des paysans d'Italie et l'âpreté des propriétaires ont permis, malgré tant de soubresauts, l'équilibre, au moins apparent, des années 1564-1590.

Dernière vicissitude : le blé nordique après 1590

Toutes les difficultés du ravitaillement méditerranéen ont préparé, longtemps à l'avance, l'arrivée massive du blé nordique que les voiliers hollandais, hanséates et anglais véhiculent des bords de la Baltique jusqu'à la Méditerranée, à partir des années 1590. Non pas le premier blé à venir du Nord. Sans parler de la péninsule Ibérique, Gênes en recevait déjà dès le milieu du XVe siècle [358]. En 1527, Venise en faisait transporter de Flandre ou d'Angleterre [359]. De même, semble-t-il, vers 1530, les Strozzi pour le ravitaillement de Rome [360]. En octobre 1539, un correspondant des Gonzague à Anvers signale le départ pour l'Italie (Gênes, Florence, Lucques) de 16 *nave grosse* chargées de blé, dont il dit à l'avance qu'il se conservera mal [361]. Il est probable que, dès les années 1540, Cosme de Medicis a importé du blé des Flandres, qu'en 1575 la Toscane a, pour le moins, essayé d'acheter du blé breton [362]. Pour ces quelques cargaisons que nous apercevons au hasard, dix ou vingt autres doivent nous échapper.

Mais le mouvement n'a pris d'ampleur qu'à la suite d'une série de mauvaises récoltes qui, à partir de 1586 [363], ont particulièrement frappé l'Italie. Il y a eu effet cumulatif. En 1590, la situation est tragique ; le grand-duc de Toscane a été le premier à dépêcher des agents à Dantzig [364], ce que Venise faisait à son tour, l'hiver venu [365]. Dès 1590-1591, des navires sont *sans doute* arrivés à Livourne [366] et à Gênes [367]. En 1591, le secrétaire vénitien, Ottobon, en expédie cinq de Dantzig. En juin de la même année, « il pleut tellement, écrit un marchand de Florence, que l'on craint une récolte comme celle de l'an passé ; les blés, pour le moins ceux des plaines, sont couchés à terre et il y a tant d'humidité qu'au lieu de sécher, ils pourrissent » [368]. Occasion de remettre en cause, un instant, le climat : il a eu sa responsabilité. En septembre, le même marchand est catégorique : « nous avons une année laborieuse du fait du manque de blé ; le meilleur et plus sûr recours s'attend de Hambourg et de Dantzig » [369].

C'est ainsi que s'est amorcé le voyage des navires de blé du Nord. Les gros arrivages ne se produisent pas avant l'hiver 1592-1593. Les relevés portuaires de Livourne indiquent, en 1593, une importation de presque 16 000 tonnes de blé et de seigle nordiques [370], dont presque la moitié pour le compte du grand-duc, le reste pour des marchands, les Buonvisi de Lucques, les Lucchini de Bologne, les Vernagalli, Buonacorsi, Biachorali, Biachinelli, Capponi, Lanfranchi, Berzighelli, Orlandini, Mendes, Ximénès, Ricasoli, Melinchi, Bardi, Guardi, Taddi, Massei... de Florence. S'il en était besoin, cette énumération, prise dans les relevés portuaires [371] (avec quelques chances d'erreurs orthographiques), dirait la dispersion du commerce des grains. De 1590 à 1594, la demande livournaise fut si importante qu'elle entraîna des paiements à l'Angleterre, à Dantzig

et aux Hollandais de plus de deux millions d'écus [372].
En 1596, elle était toujours vive, le grand-duc dépêchait
encore un représentant en Pologne et à Dantzig et
essayait de prendre en mains tous les achats dans le
Nord [373]. Un immense trafic s'instaurait, dont le grand-
duc fut peu à peu le maître grâce à ses énormes capitaux.
Livourne dut à cet afflux de céréales un essor évident.
La ville avait toutes sortes d'avantages sur les autres
ports d'Italie : elle était à une semaine de distance de
Gibraltar, disaient les marins de Dantzig, et dans le
droit fil du vent qui leur permettait de traverser le
détroit ; ils y chargeaient pour le retour de l'alun et
une ou deux semaines plus tard du sel en Espagne...
Aller à Venise, c'était une tout autre aventure.

Le voyage de Livourne, entrepris par flottes entières,
n'était exempt cependant ni de périls, ni d'obstacles, ni
même de tentations. A traverser la Manche, ou à
contourner les Iles Britanniques par l'Écosse, on se
heurtait aux Anglais, qui accordaient ou non le passage
— et au mauvais temps ; dans les ports espagnols, il y
avait le risque des embargos ; en Méditerranée surgis-
saient les Barbaresques. Alors, à Lisbonne, ou à Cadix,
ou à Séville, pour peu que le blé se gâtât, qu'y
consentissent les autorités consulaires compétentes, la
tentation était grande de décharger et de vendre le grain,
puis de retourner au plus vite chez soi. Finalement c'était
par l'argent, à moitié payé d'avance, que Livourne et
les villes d'Italie tenaient ces pauvres du Nord. Bien
entendu, la Toscane et les régions voisines ne furent
pas les seules à avoir besoin de la nouvelle provende.
L'Italie entière en prit l'habitude et, au hasard des
escales et des besoins, toute la Méditerranée occidentale,
y compris l'Afrique du Nord.

D'autant que, commencée sous le signe de la nécessité,
l'opération se révéla assez profitable. Simón Ruiz, le
marchand de Medina del Campo, était fort sceptique
au début. « Je déplore, écrivait-il le 24 avril 1591 à son
correspondant de Florence, le manque de pain qu'il y a
en Italie. Plaise à Dieu d'y porter remède ! Le blé qui
se transporte de Flandres et de Dantzig ne peut, à mon

avis, arriver en bon état, puisqu'il est déjà gâté, en
arrivant à Séville. Alors qu'en adviendra-t-il en allant
jusque là-bas ! Ce n'est pas une bonne affaire, à
l'ordinaire, que ces blés transportés par mer. Je connais
la chanson, elle m'a coûté assez cher. Tout cela ne
profite (et encore !) qu'aux gens de mer qui naviguent
dans les mêmes bateaux que le blé. J'en ai vu qui ont
beaucoup perdu dans ces affaires-là » [374]. Simón Ruiz
parle d'expérience, ayant, au début de sa vie, participé
au ravitaillement en grains de Lisbonne. Mais il se
trompe. Des cinq bateaux envoyés à Venise par Ottobon,
trois seulement sont arrivés à Venise [375], un autre a dû
décharger sa cargaison à Lisbonne et le cinquième s'est
perdu. Et cependant, d'un point de vue marchand,
l'opération est restée légèrement bénéficiaire. Dans les
grands contrats, les Ximénès — et notamment Fernando
Ximénès d'Anvers qui a mis au pas ses associés, les
Veiga et les Andrade, pour les maintenir dans les
contrats que négocie le grand-duc de Toscane — y
gagneront au début jusqu'à 300 p. 100 [376]. C'est que le
transport des grains du Nord n'implique pas seulement
des bateaux, des nolis, des achats de blé, mais d'énormes
mouvements de fonds sur Anvers (d'abord) et sur les
autres places du Nord, ce que nous avons signalé à
propos du voyage de Marc Ottobon, ce que disent les
copies des lettres de change tirées par l'Abondance de
Gênes. Sur ces opérations-là, des prises de bénéfice sont
possibles [377].

Cependant, la crise commencée en 1590 n'a pas duré
sans rémission. Il semble, à mesure que l'on pénètre
dans le siècle nouveau, qu'elle s'atténue, que l'Italie et
la mer Intérieure, qui n'ont reçu là qu'un appoint,
continuent à se suffire à elles-mêmes ; le maïs, au delà
de 1 600, va singulièrement les y aider [378]. Le problème
toutefois n'est pas résolu. Le blé nordique réclame de
nouvelles recherches. Il faudrait le suivre très avant
dans le XVIIe siècle, tracer sa courbe entière que *j'imagine*
déclinante, peut-être dès 1607-1608 ; la replacer aussi
dans un contexte d'histoire, ce que nous ferons en
partie dans un instant, car le blé n'est pas venu seul.

La Sicile reste la Sicile

Ce n'est pas le blé nordique en soi qui doit ici retenir notre attention, mais la mer elle-même ; la structure de celle-ci, en son centre essentiel, l'Italie, et non la conjoncture, l'épisode. Entraîné par les documents et les affirmations des historiens, j'avais hier, dans la précédente édition de ce livre [379], grossi l'épisode aux dimensions de la décadence de la Méditerranée. Or cette décadence me semble, surtout en Italie, bien plus tardive. Les grands revirements économiques ne se situent pas avant 1620-1621, le grand revirement biologique des épidémies avant 1630 [380].

L'argument décisif avait été, à mes yeux, ce que j'avais appelé la faillite de la Sicile, du blé sicilien. J'avais toutes les raisons d'en être convaincu. Or, il n'y a pas eu de faillite du blé sicilien.

Deux séries d'arguments m'y avaient fait croire. Tout d'abord, au delà de 1590, les mauvaises récoltes et la famine siciliennes. En 1591, aucun doute possible : la disette y sévit. Des prix inouïs sont pratiqués, le blé se vendant à 78 *tari* 10 à Palerme ; partout, *si trovanno le persone morte nelle strade per la fame*. Ceci étant, à dire de contemporains, le fait à la fois d'extractions inconsidérées et de mauvaises révoltes. La salme finit par atteindre 40 écus, chose jamais vue de mémoire d'homme. Il se trouva des riches pour vendre le blé à prix d'or, *a peso di sangre*, dit la langue du temps. Palerme et Messine, qui ont vendu au-dessous du cours, se sont terriblement endettés, Messine pour plus de cent mille ducats [381]. La situation ne se rétablira pas avant 1595.

C'était une première incitation à dramatiser. Or, à point nommé, je pris connaissance d'une étude de Hans Hochholzer, poursuivie à son habitude entre histoire et géographie et consacrée à la Sicile [382]. Il versait au débat une statistique rétrospective, retrouvée dans les archives de Vienne, datant de 1724, du bref instant où l'Autriche posséda l'île. Il s'y agissait d'*entrées* de blé à Messine ; le mouvement, amorcé en 1592, culminait en 1640, puis décroissait pour rejoindre le quasi-néant, en 1724. Le document réglait le problème : si la Sicile importait des céréales, avec régularité depuis la fin du XVIᵉ siècle, elle avait cessé d'être le grenier de la Méditerranée occidentale. Or les documents siciliens — j'en eus la preuve grâce à la publication, en 1951, du Catalogue de Simancas consacré à la série *Sicilia* — indiquaient le contraire. Une étude de ces documents [383] pour le XVIIᵉ siècle donnait des résultats catégoriques : la Sicile a continué au XVIIᵉ siècle à exporter du blé. Une seule solution alors, voir, et de près, le document-clef de Vienne [384]. Sa photographie m'a réservé une amère surprise. L'interprétation de cette liste de chiffres repose sur une série peu croyable de quiproquos extraordinaires : le mot *introyte* qui veut dire revenus, entrées d'argent, ici droits de douane, a été compris comme s'appliquant à des entrées de marchandises ; le mot de *grani* (qui, ici, désigne une sous-division monétaire du *taro*) a été traduit par céréales et du blé se trouve ainsi entrer à Messine, alors qu'il s'agit bel et bien de *sorties* et de *soies*, brutes ou blanchies. Le fac-similé du document l'établit dès les premières lignes.

Ce doute levé, les problèmes redevenaient clairs. Même à l'époque de sa pleine prospérité, le marché sicilien a connu de fortes oscillations au gré des récoltes. Il y a eu, de 1550 à 1677, plusieurs mauvaises périodes : 1550-1554 ; 1575-1580 ; 1605-1608 ; 1634-1641 ; 1668-1677 [385]. Dans ce contexte, la période creuse de 1590 à 1595 n'est qu'un de ces accidents *réguliers*. Hors de ces pannes, nullement majoritaires, le blé sicilien a continué à s'exporter à la fois vers l'Adriatique et la Méditerranée occidentale et, si je ne me trompe, assez longtemps au voisinage du niveau ancien, soit 150 000 salmes par an, environ 300 000 quintaux. Les chiffres exacts doivent se trouver, au complet, dans les archives siciliennes. A Simancas, ils n'apparaissent malheureusement que de façon intermittente.

Mais la question est tranchée, la Sicile reste, au XVIIᵉ siècle, l'île du blé, tenue par ses marchands qui ne lui ont pas permis d'abandonner les céréales (l'orge, dont on ne parle pas, s'exportant également vers Naples et

24. — En Sicile, au-delà de 1593, non pas du blé importé mais de la soie exportée

Document des Archives de Vienne (Haus-Hof-und Staats-Archiv), col. Siciliana 6, Dogana di Messina, Messine, 31 octobre 1724.

l'Espagne, y nourrissant les chevaux, parfois les hommes), ni de trop se livrer soit à l'élevage, soit à l'arboriculture. Ici, les champs ont été défendus par un système de tutelle administrative et capitaliste dont nous avons seulement donné une esquisse et qui, en elle-même, devrait tenter un historien. Je ne crois pas qu'il se trouve, pour une étude du « revenu national » aux XVIe et XVIIe siècles, cas plus privilégié que celui de la Sicile : tout y a été dénombré, hommes, animaux de labour, revenus, deniers du fisc... En 1694, de janvier à juin, un relevé donne les expéditions de blé sicilien par *caricatore*, avec leurs destinations, le nom des navires transporteurs, les prix, les taxes, l'indication des marchands, occasion de voir qu'il y a eu concentration au profit de quelques-uns d'entre eux : les voilà maîtres chacun d'un port, comme d'un fief... Les vrais barons du blé, ce sont eux, en vérité. Qu'en 1699, du blé sicilien aille en France, le détail est amusant ; qu'il s'en exporte cette année-là en Flandres, est plus amusant encore [386].

Mais laissons les détails : la Sicile entière, au XVIe siècle, puis longtemps au siècle suivant, se porte bien, malgré les avatars inhérents à toute vie matérielle d'Ancien Régime. Au XVIIe siècle, la soie ne décline, à l'heure des exportations, qu'à partir de 1619 [387] ; le blé poursuit sa carrière ; une navigation active touche ses côtes, gagne le Levant et plus encore la Tunisie proche, laissant dans ses ports, au moins jusqu'en 1664, une part des sommes d'argent considérables qu'elle véhicule ; enfin une industrie de la soie fleurit, ou refleurit à Messine et à Catane. Dans l'île, la décadence de la Méditerranée aura été, pour le moins, peu précoce.

Sur les crises du blé

En conclusion, les crises du blé se ressemblent. Elles se ressembleraient davantage encore si notre documentation les éclairait mieux à travers les pays d'Islam, où elles cheminent aussi sans que nous puissions généralement les observer. Elles suivent évidemment la progression démographique, bénéfique jusque vers 1550 ou 1560 :

davantage d'hommes, davantage de blé. Mais la loi des rendements décroissants surgit. A un xvᵉ siècle et un premier xviᵉ siècle d'assez tranquille abondance se substituent, plus ou moins tôt, des difficultés croissantes. En Occident, elles viennent aussi d'une concurrence que font au blé les cultures plus sûres et plus riches, la vigne, l'olivier... En sont responsables le grand commerce, la soif des hommes, la montée différentielle des prix, parfois certaines textures sociales [388]. A ces gênes, « jamais vues jusque-là » dit un texte à propos de la Syrie [389], les réactions seront à la mesure des richesses acquises. Ces achats de blé lointain sont, est-il besoin de le dire, les signes évidents d'une richesse générale. Si catastrophiques qu'ils soient, en même temps, pour les pauvres.

3. Commerce et transport : les voiliers de l'Atlantique

Il n'y a pas de meilleur test, ou d'« indicateur », à l'échelle de la Méditerranée que les deux arrivées successives de voiliers atlantiques. Car il y eut (avec des différences et des analogies), deux arrivées massives, la première en gros de 1450 à 1552, la seconde à partir de 1570, ou mieux de 1572-1573 : celle-ci uniquement nordique, n'oubliera plus les chemins et les avantages de la mer Intérieure.

Nous avons déjà soulevé ces grands problèmes et avancé une explication [390] : l'arrivée des navires étrangers, en Méditerranée, répondrait à une embauche, à un essor économique autant et plus qu'à une concurrence (qui reste évidente) ; bref ces nouveaux arrivés sont les témoins d'une certaine prospérité. En période de montée économique, la mer Intérieure a mieux à faire que de transporter des marchandises et surtout pondéreuses. S'il en est vraiment ainsi, ces arrivées étrangères sont un test magnifique que l'histoire descriptive offre au statisticien. Les processions de navires océaniques s'interrompent, en effet, pendant une vingtaine d'années.

Ce milieu du siècle représente-t-il la halte des prospérités de la mer ?

I. *Avant 1550 : les premières arrivées*

La première invasion de la Méditerranée par les voiliers atlantiques n'est pas facile à suivre, un peu parce qu'il s'agit de pauvres diables qui ne laissent guère de traces de leur passage, un peu parce qu'il s'agit de flots mêlés où se coudoient Ibériques et Nordiques sans que l'on puisse toujours les distinguer les uns des autres et fixer les dates exactes de leurs voyages.

Basques, Biscayens et même Galiciens

Ces marins de l'Atlantique ibérique sont en Méditerranée, peut-être dès la fin du XIIIe siècle. Quand leur présence s'accentue, au-delà de 1450, ils sont déjà de vieux habitués de la mer Intérieure, au service de Barcelone et de Gênes, fréquentant au Sud et au Nord les côtes du Bassin occidental. Ce sont des transporteurs, rien de plus [391]. Les quelques marchands basques connus à Gênes se contentent de petites opérations (notamment sur les laines) ; leur tâche consiste, avant tout, à servir de répondants aux patrons de navires dont la réputation n'est jamais bonne et d'emprunter, pour eux, les sommes nécessaires aux armements.

Un beau jour, ces assez gros voiliers dépassent leurs horizons habituels et, au service des uns et des autres, gagnent la Méditerranée orientale. Vers 1495, de Gênes, de Málaga, plus encore de Cadix, ils parviennent à Chio en droiture et y portent le sucre atlantique [392]. Ainsi, des années durant. Il faut, en même temps, imaginer leurs voyages jusqu'à l'Angleterre et plus encore aux Flandres. En 1532 [393], un Vénitien le répète, la Biscaye (entendons le mot au sens large) est le fleuron de la puissance maritime de Charles Quint, « d'elle, on peut tirer le nombre de navires que l'on voudra ». En fait, ceux-ci tiendront la route des Flandres jusqu'en 1569 [394] et, dès avant cette date, seront les animateurs, avec leurs galions, de la longue *Carrera de Indias* [395]. Longtemps en Méditerranée ces « vagabonds » seront mêlés à tous les trafics, on les voit de 1480 à 1515 aussi bien « porter le vin marseillais à Londres que les cuirs d'Irlande à Marseille » [396].

Premiers arrivés d'Outre-Gibraltar, ils s'attardent longtemps en Méditerranée, de préférence autour de Gênes, comme à Marseille, à Barcelone [397] et sur les longues côtes d'Espagne. Au XVIe siècle des documents les signalent encore alors qu'on les croyait plus rares ou déjà partis. Voici un Biscayen qui ancre sa nef à Marseille, en février 1507 et qui s'apprête à porter du vin en Flandre et en Angleterre [398] ; en voici un autre, en 1510, qui va, pour Hans Paumgartner, de Bari à Anvers [399] ; en 1511, une nave biscayenne apporte des *carisee* à Raguse [400] ; en 1521, lors de la grave crise du blé en Espagne, des documents napolitains signalent marchands et marins biscayens participant au ravitaillement de la Péninsule en blé des Pouilles [401] ; ainsi encore en 1526 [402], ou en janvier 1527 sur la route de Messine avec un chargement de sardines et de thons en provenance du Portugal [403] ; en 1530, deux naves biscayennes chargées de sel sont coulées par Barberousse [404] ; en 1532, malmené par les Barbaresques, un de leurs voiliers gagne Alicante [405]. Sur la route d'Espagne en Italie, en 1531, 1535 et 1537, alors que tout semble terminé pour eux, un relevé portuaire signale au total 12 naves biscayennes [406]. Et ainsi de suite [407]. Peut-être faut-il attendre le milieu du XVIe siècle et la fin de la première vague atlantique pour ne plus les rencontrer sur les routes actives de Méditerranée...

Les Portugais

Depuis la prise de Ceuta qui leur a ouvert toute grande la porte de la Méditerranée, les bateaux portugais y sont aussi nombreux et bientôt aussi actifs que les Biscayens. Avant même que n'y arrivent leurs arma-

das [408], leurs bateaux de commerce ont offert leurs
services et leurs corsaires imposé les leurs : ceux-ci se
saisissent d'une nave vénitienne chargée de vin de
Candie en novembre 1498 [409] ; en octobre 1501, d'une
nave génoise sur les côtes de Barbarie ; les passagers
maures saisis leur laisseront un riche butin dans les
mains s'ils veulent se racheter [410]. Naturellement, ils
prennent du service auprès des villes marchandes ; on
les trouve autour de Valence et des Baléares, à Marseille,
utilisés par Florence plus encore que par Gênes, bien
que celle-ci ne rejette pas leurs offres [411]. Dans tout le
bassin occidental de la Méditerranée, les voiliers portugais véhiculent bientôt les cuirs chargés à Lisbonne
— signe d'une économie fruste encore —, le blé
d'Andalousie, le sel d'Ibiza, l'alun d'Espagne ou d'Italie, le sucre de Madère et des autres îles atlantiques à
partir des années 1480 ou mieux 1490, plus encore après
cette ordonnance de Dom Manuel (21 août 1498) qui
réserve à ses sujets le commerce du sucre [412]. Chaque
année, en cette fin du xvᵉ siècle, s'exportent d'après les
concessions officielles 40 000 arrobes de sucre portugais
en Flandres, 7 000 en Angleterre, 6 000 à Livourne,
13 000 à Gênes, 2 000 à Rome, 15 000 à Venise, 25 000
à Constantinople et à Chio [413]. A Venise le sucre arrive
par *caravelle grosse* [414]. Peu à peu, semble-t-il, les navires
portugais grossissent pour répondre aux trafics de
la mer entière puisque très tôt ils ont gagné Chio,
Constantinople, le Levant et l'Égypte. Le sucre, la
légèreté des navires expliquent ce succès portugais, bien
antérieur au périple de Vasco de Gama.

Comme dans le cas des Biscayens, nous ne savons
pas exactement quand les Portugais quittent la mer
Intérieure. Au hasard de nouvelles fortuites, voilà
encore, en 1535, deux de leurs caravelles près de
Minorque, l'une que saisit Barberousse, l'autre qui,
probablement, se perd corps et biens [415] ; à Marseille, le
15 janvier 1536, un marchand anglais achète son navire
au Portugais Jean Ribere [416] ; en 1549, deux navires
portugais arrivaient à Venise [417]. Ces épisodes et quelques
autres ne doivent pas faire illusion. L'aventure portu-

gaise est sûrement tout à fait sur son déclin vers le milieu du XVIᵉ siècle. D'autres navires et marins ont offert leurs services et les transports portugais deviennent, j'imagine, plus lucratifs à l'Ouest qu'à l'Est des Colonnes d'Hercule. A moins qu'en Méditerranée ne diminue l'embauche.

Normands et Bretons

La relève ne sera pas assurée par les Normands et les Bretons qui tardent à entrer en scène. Ils sont cependant les uns et les autres très tôt sur le littoral atlantique d'Espagne et du Portugal : dès 1466, il y aurait à San Lucar de Barrameda un quartier breton [418] : c'est probable, bien que le mot de *berton*, en espagnol, comme celui de *bertone* en italien, s'applique durant tout le XVIᵉ siècle, aux gens du Nord en général. Toutefois, si la piraterie est le signe d'une arrivée de fraîche date, nul doute que les Guerres d'Italie ne les aient amenés dans leur sillage, ainsi en 1496-1497 ou en 1502 [419]. En janvier 1497, certaines *nave bertone* piratent autour de Majorque [420]. Mais le commerce ne suit pas, semble-t-il, surtout pour les Bretons qui, interrogés sur Venise, en 1500, répondent qu'« ils n'ont guère navigué en ce pays » [421]. Il faudra attendre quarante ans pour apercevoir deux de leurs navires à Gibraltar, en 1540 [422]. Un coup de vent et ils gagneraient la Méditerranée. Pourtant ils ne s'y engageront qu'à la veille de la seconde vague atlantique et, à notre connaissance, seulement jusqu'aux ports du Levant espagnol. En 1567, un navire breton est à Alicante [423] ; en novembre 1570 ou 1571, un autre est à Málaga, le *Baron*, avec à son bord maître Guillaume Potier et les marchands Étienne Chaton et François Pin, plus une cargaison de toiles et quelque mille quintaux de poisson... Le tout vendu, ils achètent pour 4 000 écus de raisins secs et autres marchandises, et s'apprêtent à retourner en Bretagne, quand le *proveedor* de Málaga met l'embargo sur eux, jette en prison un des marchands et entend envoyer le navire pour le service du roi, soit à Oran, soit au Peñon de Velez. Voilà, explique l'ambassadeur, qui est contraire au traité et « ce n'est pas la première fois que de pareils navires français ont été réquisitionnés à Málaga »[424]. En 1571 seulement, le premier navire malouin arrivait à Civitavecchia[425].

Parmi ces humbles et discrets visiteurs, les Normands font davantage parler d'eux. En 1499, un de leurs gros navires, *La Magdeleine*, est enlevé par un corsaire portugais à Almeria[426]. Dix années plus tard, des voiliers normands vont charger régulièrement en Méditerranée les aluns nécessaires aux tissages de Rouen ; le minerai est ou espagnol et de Mazarron, ou pontifical et alors il s'enlève à Civitavecchia. En 1522, 1523, 1527, 1531, 1532, 1534, 1535, 1536, 1539[427], leur trafic est contrôlable : des dizaines de ces petits voiliers figurent dans les enregistrements de tabellions normands et les relevés portuaires de Civitavecchia. Les incidents ne manquent pas aux escales. Le 3 février 1535, à Carthagène, trois petites naves normandes chargées de harengs, de poissons salés et *otras muchas mercaderias*, sont réquisitionnées alors qu'elles vont sur Livourne et Civitavecchia. Ce sont deux « Maria », l'une de Dieppe, l'autre de Saint-Valéry-en-Caux, la troisième, également dieppoise, est *La Louve*[428]. Les trajets plus habituels sont celui de *La Fleur de Lys* de Dieppe[429] (80 tonneaux, 22 mai 1536) qui va jusqu'à « Ligorne et Civitegie », pour ensuite décharger les aluns au Havre de Grâce, à Londres, Anvers ou Rouen ; ou encore celui de *La Françoise* de Rouen (2 octobre 1535) qui touche Marseille, Villefranche, Livourne, Naples, Messine et Palerme[430].

Forcément, les navires normands s'insèrent, à la longue, dans d'autres trafics, au gré des contrats et des rencontres, jusqu'en Afrique du Nord où ils s'occupent de corail, près du cap Nègre, gagnant enfin, mais pas avant 1535 ou 1536, la Méditerranée orientale, dernière étape de toute progression « normale ». En 1539[431], *La Grande Martine* de Dieppe faisait le voyage de Marseille, Chypre, Constantinople et Salonique.

Arrivés tard, relativement, les Normands prolongent leur présence en Méditerranée. Civitavecchia leur donne

sans arrêt de l'embauche, de 1545 à 1552. Et de plus
grands voyages les sollicitent vers l'Est et le Sud. En
1560 une nave dieppoise, saisie par Euldj Ali [432], se
retrouve finalement en mer Noire où, au service du
Turc, elle se perd. En 1561, une autre est happée par
l'Espagnol, au large des Baléares. On apprend que
ladite nave était partie de Dieppe pour la Barbarie,
qu'elle avait pris un pilote à Toulon et que ledit pilote
— c'est la version française — à l'insu de tout le monde
y avait chargé des rames qui sont, pour les pays
d'Islam, marchandises de contrebande ; qu'à son bord se
trouvaient aussi du plomb et des boulets, mais, selon
l'Amiral de France, destinés à Dieppe, non à l'Afrique,
ce qui semble invraisemblable au grincheux Chantonnay,
pour une fois excusable de l'être [433]. Voici, venant encore
de Dieppe, des naves plus fortunées qui abordent à
Livourne, le 4 janvier 1574 la nave *Le Coq*, patron Le
Prieur, avec du plomb, des tonneaux de harengs, des
cuirs, de l'étain, quelques *carisee* et, évocateur des
gloires dieppoises, 20 880 bûches de bois du Brésil [434] ;
ainsi encore la nave *Saint-Paul*, patron Gérard, qui
aborde à Livourne le 22 février 1578 et consigne à des
marchands lucquois des barils de harengs, des pois, du
saumon, du lin, du chanvre, des toiles et, une fois de
plus, du bois du Brésil (4 700 bûches)... Mais ce sont
là des voyages tardifs, exceptionnels. Ils ne tiendront
pas devant le « second » retour des Anglais que l'on ne
comprendra, évidemment, qu'après avoir précisé quelle
fut leur première et puissante arrivée [435].

Les navires flamands

Quelques mots suffiront à propos des navires « flamands », c'est-à-dire neuf fois sur dix hollandais, qui
sont arrivés assez nombreux en Méditerranée dans les
armadas de Charles Quint contre Tunis (1535), puis
contre Alger (1541). Un de leurs navires est signalé à
Barcelone en 1535. Au-delà de 1550, ils sont rares. Que
dire d'une hourque, la *Santa Pietà*, bel et bien vendue
à Venise, en juin 1560, et qui se trouve dans son
port. Elle n'y est pas venue toute seule [436]. Une nave

« flamande » (ou hollandaise ?) apportait, en juin 1566,
cent pièces d'artillerie à Carthagène [437]. En 1571, pour
une fois que nous avons la chance de voir une nave
hollandaise, avec un patron, Joan Giles, *natural de
Holanda*, quitter Anvers pour Cadix et Livourne, portant à son bord, des marchandises et des négociants
italiens (la plupart, si ce n'est tous florentins), ledit
patron se rend à La Rochelle et, se pillant lui-même,
vend sa cargaison [438]...

Les premiers voiliers anglais

En se fiant à Richard Hakluyt, on a donné, comme
date de la première entrée anglaise en Méditerranée,
l'année 1511. En réalité, cette année inaugure l'époque
des voyages prospères dans le Levant, qu'a précédée
une longue préparation moins brillante. Ce navire
anglais que signalent, dans le port de Gênes, deux
documents notariés [439] (30 août et 6-7 octobre 1412) ne
marque pas obligatoirement non plus les débuts d'une
aventure, en fait étalée sur plusieurs siècles. Pas davantage ces deux entreprises de Robert Sturmy [440], marchand
de Bristol, en 1446 et 1456, à dix ans d'intervalle. La
première fois, la *Cog Ann*, affrétée par lui conduisait
160 pèlerins vers la Terre Sainte, plus une cargaison :
laine, draps, pièces d'étain. Elle atteignit Jaffa, y
débarqua ses pèlerins qui firent ou par terre, ou sur un
autre navire leur voyage de retour. Le 23 décembre,
surprise par la tempête, la *Cog Ann* faisait naufrage
près de Modon et ses 37 hommes d'équipage disparais-
saient avec elle. Dix ans plus tard, Robert Sturmy
partait lui-même vers le Levant avec la *Katharine
Sturmy*. Son voyage allait durer plus d'un an. En
1457, après avoir séjourné, sans que nous en sachions
davantage, dans « diverses parties du Levant », il se
serait procuré *some green pepper and other spices to
have set and sown in England (as the fame want)*. Mais
l'expédition se termina tragiquement, non cette fois en
raison de la tempête, mais par suite de la jalousie des
Génois [441]. Ils attendaient l'Anglais à la hauteur de

Malte et pillèrent son bateau. Sturmy disparut lui-même dans l'aventure.

En 1461, les Anglais ouvrent à Naples un consulat, en commun avec les Français et les Allemands[442] ; cette même année ils en ouvrent un, à leur compte, à Marseille[443]. Une vingtaine d'années plus tard, les voilà installant leur consulat essentiel à Pise, preuve sans doute qu'ils cherchent, s'appuyant sur Pise, Florence et la Toscane, à tourner le double monopole, au Levant, de Gênes et de Venise. On notera, rétrospectivement, que Robert Sturmy avait lui aussi, en 1446, utilisé l'escale de Pise[444].

N'empêche que les progrès anglais furent lents ; et ils durent s'acheter, sans doute, comme ceux de tous les autres nouveaux venus, en prenant du service chez autrui : les précieuses notations des *Caratorum Maris* de Gênes le suggèrent[445]. Mais d'une lente progression, de multiples services rendus sur les longs parcours et pour les marchandises pondéreuses et de bas prix, nous n'avons pas les preuves suffisantes. Il se peut que les Anglais aient atteint plus vite et à moindre frais que d'autres, le Levant et ses épices, Candie et ses vins précieux. Pourtant tout ne s'est pas fait pour eux en un jour ; à Barcelone, par exemple, ils ne seront pas avant 1535[446]. Et c'est seulement avec les débuts du XVIe siècle que leurs marchandises se répandent : plomb, étain, poisson salé, draps paysans — et en plus grande quantité qu'on ne le soupçonnait jusqu'à présent[447].

La période de prospérité (1511-1534)

Pour les voyages jusqu'au Levant, de 1511 à 1534[448], les noms, l'histoire des navires, les péripéties des voyages nous sont bien connus. Le *Christofer Campion*, le *Mary Georg*, le *Mary Grace*, le *Trinity*, le *Mathew of London* et quelques autres navires, de Bristol et de Southampton, avaient un trafic régulier avec la Sicile, Candie, l'île de Chio, parfois Chypre et aussi Tripoli de Syrie et Beyrouth. Ils emportaient en Méditerranée des draps, des *kersis* de toutes couleurs ; ils en ramenaient poivre, épices, soies, camelots, malvoisies, moscatelles, huiles douces, coton, tapis... Leurs voyages étaient fréquents : heureusement, écrivent à Gênes les maîtres de la Mahonne de Chio, en janvier et février 1531, que nous avons reçu, par une nave anglaise venue d'Égypte et de Syrie, quelques marchandises (pas en très bon état au demeurant) [449]... Évidemment, les Anglais ne trafiquaient pas au Levant avec leurs seuls navires : ils confiaient souvent leurs marchandises à des « galliasses » vénitiennes, à des navires ragusains, candiotes, espagnols, voire portugais [450].

A Chio, leur point de ralliement à l'autre bout de la mer, les Anglais auront un « facteur » jusqu'en 1552 [451]. En 1592 [452], Richard Hakluyt, le collectionneur des récits de voyage et de découverte, entendra encore de John Williamson, engagé comme tonnelier, en 1534, à bord du *Mathew Gonson* de Londres, le récit du voyage qu'il fit cette année-là à Candie et à Chio. Son navire (300 t et 100 hommes à bord) passait alors pour un bâtiment d'importance et navigua de compagnie avec le *Holy Cross*, un *short ship* de 160 t. Du long voyage, ils revinrent tout deux au bout d'un an, avec de l'huile et du vin dans des tonneaux si délabrés qu'il fallut les transvaser avant de les débarquer. Mais la marchandise était excellente, notamment un certain malvoisie rouge dont (c'est un vieil homme qui parle) on avait jusquelà rarement vu l'équivalent en Angleterre. En plus, des tapis turcs, des épices, du coton... Le *Holy Cross* avait été si bien secoué pendant la randonnée qu'on le laissa pourrir à quai.

L'abondance des papiers et des lettres qu'Hakluyt a pu réunir, l'habituelle précision de ses observations nous garantissent la fréquence du trafic anglais, à l'époque de la Renaissance, en Méditerranée et jusqu'aux portes de l'Orient. Il prospère avec les années 1511-1534, se poursuit jusqu'en 1552 *and some what longer*, puis s'interrompt brusquement, il est *given over* [453]. Le dernier voyage que l'on puisse suivre, dans le *Recueil* d'Hakluyt, est celui de la « barque » Aucher (1551), raconté par son capitaine Roger Bodenham [454], voyage mouvementé s'il en fut. Partant d'Angleterre, en janvier, il est au printemps dans les ports de Candie, où se pressent de nombreux voiliers « turcs », chargés de blé. Accompagné de barques qui vont porter leurs charges à Chio, le navire anglais gagne l'île, encore l'un des centres les plus actifs de l'Orient, avec ses marchands génois, ses plantations de mastic, ses industries de couvertures de soie et ses multiples navires. Il la quittera précipitamment pour échapper de justesse aux galères turques qui précèdent la flotte victorieuse, retour de Tripoli de Barbarie. Il poursuit par Candie où l'on aperçoit, au passage, les « bannis » de la montagne, soldats à l'occasion pour la défense de l'île, bottés jusqu'aux genoux, portant poignards, arcs et flèches, et s'enivrant comme des porcs. Puis, c'est Zante, Messine, Cadix et l'Angleterre. Détail qui a son prix : participait à ce voyage Richard Chancellor, lequel devait, deux ans plus tard, en 1553, aborder à l'embouchure de la Duna, dans le Nord de la Russie... Mais on chercherait en vain, dans le récit, une explication valable de la suspension des voyages anglais. Nous ne savons rien de très précis sur le voyage du *Jésus de Lübeck* et du *Mary Gonson*, affrétés encore en 1552 pour un voyage dans le Levant [455]. Le récit du voyage de John Locke à Jérusalem, en 1553, d'un puissant intérêt, ne concerne qu'un isolé qui, abandonné par un navire anglais à Cadix, gagne ensuite Venise où il emprunte un bateau de pèlerins de la Seigneurie qui le conduira en Terre Sainte. La route du retour est pour lui l'occasion de nombreuses escales et il en fait un tableau vivant, ainsi que de la troupe des pèlerins nordiques, flamands et allemands que le vin de la mer Intérieure travaille surabondamment, qui se querellent sans fin, à coups de couteaux [456].

Richard Hakluyt met en cause, pour expliquer le retrait anglais de Méditerranée, la double fin de Chio en 1566 et de Chypre en 1571, explication que reprennent les historiens anglais [457]. Mais comment expliquer l'arrêt de 1552 à 1566 ? En fait l'arrêt des voyages anglais (1552-1573) coïncide en gros avec la poussée turque (1538-1571) mais ne s'explique peut-être pas par elle.

Tout d'abord la halte anglaise a ses raisons économiques. Ne serait-ce que le repli général de l'économie mondiale avec les années 1540-1545 et une crise anglaise indéniable vers le milieu du siècle, nullement inconnue puisqu'elle est mise en avant chaque fois qu'il est question d'expliquer la formation de l'association des *Merchant Adventurers*, en gestation dès le milieu du siècle, et qui se constitua probablement en 1552[458], à propos du voyage de découverte des Chancellor. Ce voyage a été dirigé primitivement vers le Cathay et les épices, par les dangereux chemins du Nord... Le hasard en fit sortir l'aventure du commerce de Russie[459], dont on tenta de se servir pour tourner le commerce même du Levant. Dès son origine, l'opération a été faite pour lutter contre un malaise économique, une baisse des prix sur les marchandises anglaises et une décrue de la demande étrangère, par suite un ralentissement des échanges, des arrivées insuffisantes de denrées coloniales précieuses. Peut-être, en examinant sur les places anglaises elles-mêmes les conditions du commerce de l'époque, trouverait-on pourquoi les voyages de Méditerranée n'étaient plus rentables pour un marchand de Londres, car c'est évidemment la raison de leur abandon. Accuser les Turcs n'est pas très logique. L'obstacle vient plutôt de la concurrence des transporteurs de Méditerranée et des routes traversières d'Europe, de la conjoncture générale en ces années difficiles.

II. *De 1550 à 1573*

La Méditerranée aux Méditerranéens

En même temps que les Anglais, tous les intrus d'Outre-Gibraltar ont disparu de Méditerranée. Il semble qu'un coup de balai extraordinaire ait été donné et si, derrière lui, restent quelques poussières, une nave dieppoise, un petit bateau breton, un voilier malouin, il n'en est pas moins vrai que la place est brusquement nette. La Méditerranée se charge à nouveau, chez elle, de toutes les besognes et cela pendant une bonne vingtaine d'années, de 1553 à 1573. Tous les gros services de la mer, le transport du sel, du grain, des laines, des cuirs encombrants sont assurés par les navires ragusains dont le rôle est grandissant alors — ainsi en 1535 et 1541, dans les flottes que Charles Quint conduit vers Tunis, puis Alger ; par les naves vénitiennes dont le nombre, de toute évidence, s'accroît (leur tonnage est connu, en 1498, 26 800 *botti* ; en 1560, 29 000 ; en 1567, 53 400)[460]... Ces chiffres sont éloquents : Venise a comblé le vide créé par le départ de la main-d'œuvre atlantique. A Raguse, même constatation : la flotte des cargos, vers 1540, jauge 20 000 *carri* ; elle en jauge 35 000 entre 1560 et 1570 et atteint alors son apogée[461]. Toutes ces coques nouvelles sont sorties à point nommé. Elles expliquent aussi que très loin, sur l'Atlantique et jusqu'à la mer du Nord, les gros navires méditerranéens fassent leur réapparition.

Jamais, en fait, ce voyage n'avait été tout à fait abandonné par les Méridionaux[462]. En 1533, ce sont les voyages officiels qui avaient cessé à Venise, non les voyages privés. Une correspondance française signale, en décembre 1547, le prochain départ de « grandes naufs vénitiennes »[463]. En mars 1548, la même correspondance annonce l'arrivée de « quelques naufs arragonsoyes (ragusaines) ou vénitiennes » à Antone (Southampton)[464]. Au-delà de 1550, mieux des années 1560, ces voyages sont signalés avec une fréquence accrue. Vers 1551[465], « quelques-uns des premiers gentilshommes de Venise », Alessandro et Justinian Contarini et Alvise Foscarini se plaignent que le roi de France ait saisi l'un de leurs navires sur le chemin d'Angleterre. Aux Pays-Bas, en mai 1552, dix ou douze naves, « partie biscayennes, partye Portugueses et Raguzees, bien en ordre et équipées... se joindront avec la flotte principale », alors en préparation[466]. Le 17 octobre 1552, bonnes nouvelles des *consoli veneziani a Londra*[467]. De 1553 à 1565, 13 bateaux génois (dont certains capables d'enlever 500 tonnes) transportent de l'alun de Civitavecchia en

25. — Un registre des assurances

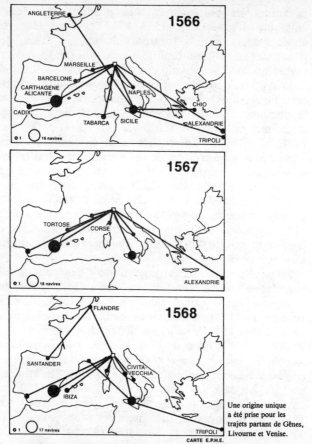

Une origine unique
a été prise pour les
trajets partant de Gênes,
Livourne et Venise.

CARTE E.P.H.E.

D'après le registre de l'A.d.S. Gênes, San Giorgio Securitatum.
1565-1571.

Ce registre de toutes les assurances maritimes enregistrées à Gênes a fourni les éléments de six cartes successives (1566-1571), une par année. Première vue d'ensemble : grossissement des trafics. Les assureurs génois augmentent leur clientèle, surtout en 1571 où la guerre de Chypre et les difficultés vénitiennes leur permettent d'entrer sur le marché de l'ancienne rivale. La carte de 1571 est sensationnelle : c'est le trafic de Gênes, plus une partie de celui de Venise. Sont mis en cause des voyages en Adriatique, dans le Levant, vers l'Atlantique, la Manche, la Mer du Nord. Bien

maritimes à Gênes

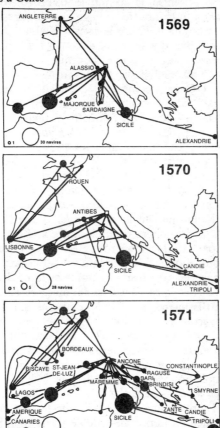

entendu ces assurances sont à la fois moins et plus que le trafic de Gênes, dont on voit cependant les points d'appui, Alicante et Palerme, plus des liaisons pas très serrées en direction du Levant. La nécessité de simplifier les multiples indications du registre ont obligé à confondre les départs (Gênes, Livourne et Venise). Deux témoignages à retenir : la poussée du capitalisme génois dans le secteur des assurances maritimes de Venise et ces navires méditerranéens qui lient Gênes, Venise et Livourne à l'Europe atlantique et septentrionale. La Maremme de la dernière carte est la Maremme toscane.

Flandre[468]. A Venise, le 20 juin 1556, on convoque des marchands « qui font le voyage de Londres » pour discuter de la façon d'élire le consul[469]. Le 3 décembre 1557, c'est Gênes qui se plaint elle-même des filouteries d'un Génois, patron d'une hourque, qui, venu du Ponent à Cadix, a filé sur Naples au lieu de rejoindre Livourne et Gênes, comme il le devait[470]. Mai 1558, des Français saisissent un navire vénitien au large du Havre[471]. Du 18 décembre 1562 au 15 février 1563 une nave florentine, *Sta Maria de la Nunziata* va d'Anvers à Livourne[472]. Le journal inédit de Francesco de Molin le montre partant de Venise le 21 mars 1566, à bord d'un gros navire de Jacomo Foscarini et Jacomo Ragazoni ; il va à Zante et s'y charge entièrement de raisins secs (uve passe) « ce qui me parut une chose digne de remarque, dit-il, de charger d'une telle marchandise tout un navire de mille *botte* ». Le voyage se poursuit par Malte, Majorque, Málaga, Cadix, Lisbonne, pour aboutir à « Margata »[473]. La marchandise y est déchargée, expédiée à Londres et le navire repart en octobre. Ses mésaventures en mer, et surtout au service de l'Espagne qui a jeté l'embargo sur le navire et le renverra en Flandres à son service, ne nous intéressent plus. En juillet 1567, à Málaga, une « grosse nave vénitienne » chargée de marchandises pour Cadix et de vins candiotes pour l'Angleterre, est sur le point d'être réquisitionnée, elle aussi. En 1569, six naves vénitiennes sont signalées à la fois sur le chemin du Nord[474]. Étant donné ce qu'on sait de leur tonnage, que l'on calcule l'importance de ce trafic méridional... La même année (1569), deux navires étaient saisis par les corsaires huguenots de La Rochelle (la nave *Justiniana* de 1 200 t, qui a une cargaison de 130 000 écus à bord, plus 70 pièces d'artillerie dissimulées sous du sel, et le petit bâtiment *Vergi*[475]) ; c'est l'occasion de plaintes, d'échanges de papiers et, pour nous, de précisions supplémentaires sur le trafic ininterrompu entre la Seigneurie et l'île du Nord. On apprend, mais on s'en doutait, que les *carisée* figurent dans les marchandises de retour[476], détail qui n'a pas échappé aux services du duc d'Albe, aux Pays-Bas [477]. En août, il écrit que les Anglais, vu la menace de guerre avec l'Espagne, exportent leurs draps dans des naves vénitiennes et ragusaines. Celles-ci, sur l'Océan comme en Méditerranée, mis à part les accidents, les surprises de la course, ont donc des privilèges de neutres. A Londres, l'ambassadeur espagnol, en mai 1569, pousse les naves vénitiennes à partir le plus tôt possible d'Angleterre [478], car, pour tenir l'Anglais et le ramener à la raison, il est nécessaire de gêner le va-et-vient des naves de Venise et de Raguse. Il est assez étrange que les Huguenots y aident [479].

Mais ce trafic renaissant est fils de la conjoncture. De 1550 (date ronde) à 1570, ou mieux 1575, celle-ci est sous le signe d'une évidente régression. Les mauvaises affaires sont pour tout le monde. Mais chacun est obligé d'assurer ses propres services. Et les riches font figure de vainqueurs parce qu'ils traversent la crise alors que les autres se noient. Malgré les habituels et désastreux accidents des gros corps flottants de Méditerranée, ceux-ci tiennent le coup, assurent liaisons intérieures et extérieures. Et puis, le beau temps économique revient. Si nous ne nous laissons pas entraîner par le besoin de simplifier, c'est ce retour de prospérité qui arrête les voyages méditerranéens vers le Nord, ou pour le moins les raréfie. Dans le *boom* prodigieux qui soulève le siècle finissant, les riches à nouveau peuvent s'offrir le luxe d'abandonner certaines tâches. Les bateaux anglais, puis hollandais, reprennent le chemin de la Méditerranée, bien plus largement d'ailleurs que durant la première moitié du siècle.

Le retour des Anglais en 1572-1573

Les navires anglais réapparaissent en 1573 au moins. C'est à cette date que nous enregistrons ce qui est, pour nous, leur première arrivée à Livourne. Peut-être d'ailleurs sont-ils plus tôt revenus ? Ainsi à Civitavecchia un terreneuvas anglais arriverait en 1572 [480]. En tout cas, à Livourne, la nave, *La Rondine* [481], patron *Giovanni Scotto, inglese*, chargée à Londres et à Southampton, apportait, le 25 juin 1573, trois balles de *carisee*, deux barils d'étain travaillé, quelques tissus de coton, 37 tonneaux de cloches brisées, 5 cloches entières, 380 pains de plomb et un baril de langue salée... Modeste cargaison, comme on le voit. La *Sainte Marie de la Douleur*, patron Sterlich, arrive le 20 juillet avec des marchandises chargées à Cadix. *Le Cerf Volant*, qui touche Livourne le 16 décembre 1573, apporte de Londres du plomb, de la soude, des draps et de l'étain, le tout destiné, le détail a sa valeur, à des marchands génois. A eux seuls, ces trois modestes navires disent à l'avance quel sera le trafic anglais : des draps, du plomb, de l'étain. Ce que l'avenir y ajoutera, ce sont d'innombrables tonneaux de harengs, de la morue, du saumon de conserve... La liaison établie ne devait plus se rompre. En 1573, nos relevés livournais signalent trois navires anglais, ils en signalent neuf, en 1574 ; deux (notre contrôle cette année-là est très défectueux), en 1575 ; trois, en 1576 ; cinq, en 1578 ; neuf, en 1579 ; deux, en 1580 ; treize, en 1581 ; dix, en 1582 ; quatre, en 1583 ; six, en 1584 ; huit, en 1585 ; six en 1590-1591 ; trois en 1591-1592 ; seize, en 1592-1593. Les Anglais ont retrouvé le chemin de la mer Intérieure.

Ce retour, rien, à la porte d'entrée en Espagne, ne semble l'expliquer ou le commander, et presque rien en Méditerranée. Faut-il incriminer les progrès de voilure et de gréement des navires ronds, acquis vers le milieu du XVIᵉ siècle et qui les rendent plus faciles à conduire, dans une mer à brusques changements d'humeur ? Ou si l'on s'en tient à ce que les *portate* de Livourne nous révèlent (ces débarquements de tonneaux de harengs blancs, de plomb et d'étain), la Méditerranée aurait-elle un besoin accru de ressources anglaises pour calmer sa faim, sa faim des jours de jeûne et de carême, et sa faim d'armements ? On sait qu'à cette époque la pièce d'artillerie en bronze commence à remplacer la pièce de fer. Il est certain, en tout cas, que la demande d'étain et de plomb est générale en Méditerranée, dans les pays musulmans, en Russie, comme dans la Chrétienté méditerranéenne. Dès 1580, les navires anglais qui font escale en Sicile sont soupçonnés d'aller à Constantinople y porter l'étain nécessaire aux fontes d'artillerie[482]. Ils ravitaillent aussi Naples[483] et à Malte trouvent bon accueil, après les prises de contact un peu rudes qu'eut à supporter, par exemple, en 1581, la barque anglaise *The Roe*, patron Peter Baker, chargée de fer, acier, bronze, étain, et en 1582 la barque *Reynolds*[484]. Les Chevaliers de Malte, en juillet de cette année-là, accordent aux Anglais, à condition qu'ils ne fassent pas de contrebande, de trafiquer librement dans l'île et de gagner le Levant. Cette faveur est naturellement l'occasion de passer des commandes fermes, poudre à canon, arquebuses, salpêtre, étain, acier, fer, cuivre, *carisee* communes blanches, grosses toiles, balles et boulets de fer, meules fines, arbres et antennes de galères ; et aussi charbon de terre, *rosetta*, ce que les marchands britanniques traduisent, par *coal of Newcastle*. Voilà qui ajoute un petit détail à l'histoire du charbon anglais...

Mais le retour des Anglais dans la mer Intérieure se présente surtout comme une réponse à des appels précis, tels ceux du grand-duc de Toscane pour attirer, entre 1576 et 1578, les Anglais à Livourne[485]. De même, en 1578-1579, ceux d'Horacio Pallavicino, ce Génois passé à la Réforme, qui a été en Angleterre le dernier des grands banquiers et hommes d'affaires italiens[486]. En 1578, associé à un autre Génois, Battista Spinola d'Anvers, il a fait avec les États de Flandre (ceux-ci ont alors rompu avec Philippe II) un parti de 350 000 florins, garantis, avalisés par la ville de Londres. En échange, Pallavicino a obtenu, pour six ans, le monopole de l'importation des aluns, ce qui ne peut être qu'au préjudice des aluns des États de Philippe II. L'Espagne avait donc un double intérêt à réagir : il s'agissait, tout à la fois, de sauver son propre trafic et d'empêcher les révoltés de réaliser de bonnes affaires, dont on savait d'avance à quoi pourrait servir le bénéfice... Pallavicino, prévoyant des difficultés, songea à ramener immédiatement vers le Nord les aluns qu'il possédait à Gênes, à Milan et dans les ports d'Espagne. A la fin de l'été, il

expédia vers le Sud la nave *Santa Maria Incoronata*, de
7 000 cantars, jusqu'à Alicante, Carthagène et Cadix,
pour y enlever une partie de ses stocks [487]. Prévenu, le
Roi Catholique s'apprêta à enquêter à Milan et à
séquestrer au passage, en Espagne, les naves chargées
d'alun [488]. Le piège fut tendu, mais le Génois avisé du
danger, d'Alicante même. Aussi décida-t-il de confier à
des naves anglaises le soin de véhiculer les précieux
aluns. Elles touchèrent, en effet, Alicante, au retour,
sans subir de dommages et, au nombre de sept, apportèrent à Londres, en mars 1579, 14 000 cantars (ce qui
donne une moyenne de 2 000 cantars par bateau, soit
une jauge de 100 t environ). Le tout représentait la
bonne somme de 60 000 écus. D'autre part, si l'on ne
force pas le sens d'un autre document, il semble
que Pallavicino ait envoyé par l'Allemagne, jusqu'en
Flandres, 2 000 autres cantars [489].

Autre document à verser au débat : un décret du
Sénat vénitien, en date du 26 janvier 1580 [490], qui met
en cause, une fois de plus, la crise de Lépante. « Avant
la dernière guerre, disent les Sénateurs, nos marchands
de Venise avaient l'habitude de s'employer dans le
commerce et le trafic du Ponant (entendez l'Angleterre),
nolisant nos navires pour les îles de Céphalonie, Zante
et Candie où ils chargeaient des raisins secs et des vins
pour le voyage de Ponant, et, au retour, ils apportaient
en cette ville des *carisee*, des draps de laine, de l'étain
et autres marchandises ». Cinq ou six navires, bon an
mal an, gagnaient ainsi la mer du Nord. Mais depuis la
guerre (donc depuis 1571-1573), *il detto viaggio è del
tutto levato*, le dit voyage est entièrement interrompu.
Des navires « étrangers » vont directement aux îles de
Venise et y chargent raisins secs et vins nouveaux, avec
la complicité de certains sujets vénitiens de ces îles et
en échange de *carisee*, draps, étain et argent du Nord...

Ainsi, c'est à la crise vénitienne de 1571-1573 qu'il
faudrait revenir : de même qu'elle a assuré en Orient la
fortune visible, mais provisoire des Marseillais, elle
aurait ramené, en Méditerranée l'aventure anglaise.
Mais, comme dans le Levant, Venise aurait pu reprendre

rapidement sa place. Si elle ne le fait pas, c'est que la conjoncture économique aux alentours de 1575 tourne au beau et amène avec elle ces glissements d'activité que nous avons signalés. Il y aura encore, sans doute, et jusqu'à la fin du siècle, quelques bateaux vénitiens dans le Nord. En 1582, ne trouve-t-on pas, au hasard d'un fait divers (le rapatriement de cent pauvres Portugais, « venus tout nus » de la Tercère en Angleterre), mention de deux naves vénitiennes [491] ? En octobre 1589, la nave *Sta Maria di Gracia* (vénitienne ou ragusaine) charge encore à Candie et à Rethymo du vin pour l'Angleterre. C'est au moins ce que déclare son contrat de nolis [492]. Mais, dans l'ensemble, nous l'avons expliqué, Venise, comme la plupart des grandes villes méditerranéennes, va de plus en plus embaucher navires et marins « étrangers ». Cette embauche, c'est la meilleure explication du retour en Méditerranée des bateaux nordiques [493].

Les négociations anglo-turques : 1578-1583 [494]

Restait pour les Anglais à gagner les marchés du Levant. R. Hakluyt prétend que ce fut l'œuvre de deux marchands de Londres, Edward Osborne et Richard Staper qui s'y décidèrent, en 1575. A leurs frais, ils dépêchèrent à Constantinople deux agents, John Wight et Joseph Clements, qui suivirent le chemin de Pologne et, à Lwow, en septembre 1578, se joignirent à la troupe de l'ambassadeur turc, Achmet Chaouch, qui les conduisit à bon port le 28 octobre. Ils obtenaient une lettre du sultan pour la reine d'Angleterre, en date du 15 mars 1579. Bernardino de Mendoza qui, de Londres, suit mieux la négociation que l'agent espagnol à Constantinople, Giovanni Margliani, note, en novembre 1579, que la reine a reçu, par la voie de France, une lettre du sultan où lui sont faites mille promesses et où on lui demande de conserver et de rendre plus étroite sa bonne entente avec le Très Chrétien, d'épouser (les Français sont sans doute pour quelque chose dans l'insertion du conseil) le duc d'Anjou. La lettre ajoute que le meilleur accueil sera réservé à ses marchands, venant par voie de terre ou de mer. Au vrai, écrit Mendoza, les Turcs se moquent du mariage ; ce qui les intéresse, c'est l'étain « que les Anglais ont commencé depuis quelques années à porter dans le Levant », l'étain sans lequel on ne peut « fondre l'artillerie ». D'ailleurs, cinq navires, avec plus de 20 000 écus de ce métal, sont sur le point de quitter Londres pour le Levant [495]. La réponse de la reine, datée du 25 septembre 1579, fut confiée à Richard Stanley et au bateau *Le Prudent* [496]. L'heure était favorable. La succession du Portugal ouverte, Philippe II est occupé à d'énormes préparatifs. Plus qu'une autre, Élisabeth s'en inquiète. S'appuyer sur le Turc, la solution s'impose à elle. Elle demandera même, au cours des négociations, la sortie de l'armada ottomane.

Quoi qu'il en soit, l'Angleterre obtenait, en juin 1580, les trente-cinq articles de ses premières capitulations, dont le commerce libre pour ses sujets et sous sa propre bannière, le tout obtenu malgré les Français dont le prestige et l'influence diminuent au Levant, disent les Anglais, et après avoir soudoyé « défunct Méhémet Pacha », disent les Français [497], lesquels se leurrent en croyant [498] que, selon certaines promesses du Turc, les nouveaux venus navigueront sous la bannière de France. L'Anglais tient ses privilèges et ne les lâchera plus. En novembre 1580, un ambassadeur turc, renégat italien sans doute, arrivait en Angleterre [499]. Le 11 septembre 1581, la *Levant Company* était organisée par Élisabeth, au bénéfice d'Edward Osborne, Richard Staper, Thomas Smith, William Garret et quelques autres. Sa constitution n'alla pas sans causer de grosses frictions avec les Anglais plus ou moins libres, aventurés dans le Levant, et avec ceux qui, à peu près constitués en compagnie, pratiquaient le commerce de Venise. Mais les bénéfices du nouveau trafic, organisé sur une grande échelle, arrivaient à point nommé, alors que les affaires moscovites s'embrouillaient et périclitaient, que les navires danois, en 1582, se mettaient à empêcher par la force le commerce de la baie de Saint-Nicolas [500]. En novembre 1582, la *Susanna* de Londres partait pour Constantinople, avec des présents et une lettre de la reine pour le sultan[501]. Elle était portée par le nouvel ambassadeur qu'Élisabeth venait de nommer en Turquie, William Hareborne[502], ce Guillaume Harbron des avis français[503] qui allait être un solide pionnier de la cause anglaise. La Sicile n'apprit le passage du navire que le 15 mars 1583[504], alors qu'il était déjà arrivé dans l'Archipel...

Le 3 mai, William Hareborne baisait les mains du sultan « et luy a esté faict aultant d'honneur, dit de Maisse[505], qu'à autre ambassadeur de Roy qui y est jamais été cy devant ». Contre lui et les consuls qu'il nommera en Orient, ni les Français ni les Vénitiens, ces *malicious and dissembling peoples* dont, à l'avis d'Hareborne, il fallait également se méfier, ne pourront finalement rien[506].

Le succès des navigations anglaises

Dès ses débuts, la *Levant Company* a fait d'excellentes affaires. Sous sa première forme, celle de la patente du 11 septembre 1581, elle réalise des bénéfices allant jusqu'à 300 p. 100[507]. Les progrès sont encore plus nets au delà de 1592, sous sa seconde forme, après la fusion, en janvier, avec la pseudo *Venice Company*, fondée en 1583[508]. Dès 1595, la *Levant Company* dispose de 15 navires et de 790 marins[509]. Elle fréquente Alexandrette, Chypre, Chio, Zante et, moins souvent, Venise et Alger[510]. En 1599, elle compte dans les seules eaux italiennes, 20 navires. En 1600, elle ajoute, à sa flotte ordinaire, 16 navires supplémentaires[511]. Ces succès ne l'empêchent pas de crier misère, de grossir ses difficultés, comme par hasard, à la veille du renouvellement de ses privilèges, le 31 décembre 1600[512], du vivant encore d'Élisabeth, et le 14 décembre 1605[513], au début du règne de son successeur, Jacques Ier. Ces difficultés existent : la longueur des voyages ; l'hostilité de l'Espagne jusqu'en 1604 ; les dangers de la course barbaresque ; les violentes défenses des Vénitiens et des Marseillais qui ne livrèrent pas leurs positions de bon gré, sans compter les avanies turques et la lourde charge pour la compagnie d'entretenir un ambassadeur à Constanti-

nople et une série de consuls en Barbarie et dans le
Levant. Cependant le succès a récompensé l'opiniâtreté
des marchands anglais, l'excellence de leurs navires, le
bas prix de leurs tissus, la qualité de leur organisation.
Quelques dizaines de leurs navires font, dans le Levant
et en Méditerranée, ce que difficilement accomplissent
les Marseillais avec leurs centaines de coquilles de
noix [514]... Il faut mettre en cause l'ingéniosité du système
des convois que les Anglais prescrivent, dès 1591 ;
l'argent que leur procure la balance favorable des achats
à Constantinople ; l'honnêteté plus grande de leurs
marchands (par rapport aux Vénitiens et aux Français,
prompts à tromper sur la qualité ou la quantité des
tissus).

Tous ces arguments, déjà dans Hakluyt et que
reprennent les historiens, ont leur valeur. Et cependant ?
Les Anglais sont portés aussi par le renouveau du
commerce du Levant, que nous avons signalé à propos
des épices. L'ancienne boutique méditerranéenne profite, encore une fois, des terribles luttes de l'Atlantique [515]. De 1583 à 1591, ce n'est pas hasard si des agents
anglais poussent par les routes de Syrie jusqu'à l'océan
Indien, à la Perse, aux Indes, à Sumatra... Nous devons
à ces enfants perdus d'admirables descriptions des routes
du Proche et lointain Orient. En Égypte, les Anglais,
marchands de gros draps, ne pouvaient, en ce pays
chaud, commercer utilement que contre argent comptant. Aussi bien y échouent-ils devant la tenace et habile
concurrence française [516]. C'est donc vers la Syrie et ses
routes transverses que l'Anglais regarde surtout, qu'il
rêve de s'engager ; il y organise un commerce de
marchandises contre marchandises, que la seconde
découverte du cap de Bonne-Espérance, par les Hollandais, ne détruira pas du premier coup. Notons d'ailleurs
que l'*East India Company*, fondée en 1600, est fille ou
sœur de la *Levant Company* [517]...

En pleine Méditerranée, à Livourne, les chiffres disent
le succès grandissant des Nordiques. Ainsi ce relevé à
Livourne des *portate* de naves venues du *Ponant*
(le texte n'est pas plus précis et mêle Anglais et

Hollandais [518]) : pour la période d'octobre à décembre 1598, il est question de plus de 5 000 barils de plomb, de 5 613 barils de harengs fumés, de 268 645 *pesci merluzzi*, de 513 fardi de *pesci stockfiss...*

La situation à la fin du siècle

A la fin du siècle, les Anglais sont partout en Méditerranée, en pays musulman ou chrétien, au long de toutes les routes de terre qui y conduisent ou s'en échappent, en direction ou de l'Europe, ou de l'océan Indien. Dès 1588, la Moldavie et la Valachie les appelaient [519]. Depuis plusieurs années déjà, Londres formait de grands projets [520]. En 1583, succès symbolique, l'*Hercules* (dont c'était au moins le second voyage) ramenait de Tripoli la plus riche cargaison que marchand anglais eût encore fait entrer dans un port de l'île [521]. Des pilotes espagnols, grecs, marseillais aidaient les nouveaux venus à faire, escale par escale, la conquête de la mer entière, sans que l'on puisse toujours dater ces victoires successives, d'autant que les premières entrées dans les ports sont généralement circonspectes, précautionneuses. Marseille décide ainsi, le 26 novembre 1590, de recevoir dans son port deux vaisseaux anglais : « a esté... résolu et ordonné que d'autant que la ville a besoing de plomb et estains mesmes, au temps callamiteux que nous sommes, les marchandises chargées sur les deux vaisseaux entreront dans ceste ville, ensemble les patrons commanditaires et escripvains, pour les vendre, débiter et négocier librement avec les manans et habitans d'icelle et en acheter d'autres, si bon leur semble, pour charger sur lesdits vaisseaux, toutefois non prohibées et déffendues » [522]. Ce n'est certes pas la première fois que des Anglais entrent à Marseille, en liaison avec eux dès 1574, mais les voilà dûment, officiellement introduits dans la place.

Quel chemin en quelques années à peine ! Dès 1589, un papier génois [523] signale les grands relais d'un *Intelligence Service* à travers tous les secteurs de la mer : à Constantinople, William Harebone (lequel à cette date était d'ailleurs à Londres) [524] ; à Alger, John Tipton ; à

Malte, John Lucas ; à Gênes enfin, Richard Hunto. Ce
dernier, dont le nom est italianisé, donne aux Génois
l'impression d'être l'ennemi des Catholiques, un
« ennemi très malicieux et pervers » avec la réputation
d'être l'espion (*l'inteligencero*, dit notre texte rédigé en
espagnol) d'Horacio Pallavicino, lui encore... En janvier
1590, les Anglais se réjouissent d'avoir empêché un
nouvel agent espagnol, Juan Estefano Ferrari, de conclure sa négociation. Les voilà désormais suffisamment
engagés dans la vie de la Méditerranée pour y avoir
leur politique. Non pas, certes, de puissance et de force :
il entre, dans le jeu anglais beaucoup de souplesse, pas
mal de duperie (mais qui en est exempt ?). Un jeu sur
les deux tableaux, Islam et Chrétienté, et même sur un
troisième, celui de la course.

Corsaires, ils l'ont été ici dès le début de leurs
randonnées et de la pire manière [525]. En 1581 déjà, un
de leurs voiliers piratait contre les Turcs [526]. Vingt ans
plus tard, en 1601, un avis de Londres rapporte les
lamentations vénitiennes, génoises et autres, au sujet
des pilleries des voiles anglaises et de leurs reventes
dans les cités de Barbarie [527]. Livourne devient, au delà
de la paix hispano-anglaise de 1604, le lieu favori de
retraite, pour corsaires anglais retirés des affaires [528]. Il
est vrai que la course est l'arme des faibles. Celle des
Anglais, en cette fin de siècle, montre la petite figure
qu'ils font encore dans la mer des riches naves et des
riches villes. Il faudra des siècles pour que se bâtisse ce
paradoxe, une Méditerranée anglaise ; il faudra attendre
1620 pour qu'y entre une flotte de guerre britannique
et 1630-1640 pour que s'ouvrent à Gênes des maisons
de commerce [529], filiales de celles de l'île.

L'arrivée des Hanséates et des Hollandais

La rentrée des Anglais a été liée au commerce de
l'étain. La première entrée massive des Hanséates et
des Hollandais a dépendu des achats de blé des Méditerranéens. Le blé, et non pas tant, une fois encore,
la politique maladroite et inefficace de ces mauvais

concierges de la Méditerranée que sont les Espagnols, bien qu'elle ait eu sa part de responsabilité.

Ce sont les mauvaises récoltes italiennes des années 1586 à 1590 [530] qui ont alerté Hollandais et Hanséates, aidés peut-être par des négociants et des intermédiaires juifs, comme l'ont supposé non sans raison Luzac [531], de Jonge [532] et Wätjen [533]. Mais ce sont là détails d'exécution. De même que les initiatives soient venues de Dantzig, Lubeck et Hambourg. Rien de plus naturel que ces villes, aux portes des grands marchés du blé, spécialisées depuis longtemps dans le commerce en gros des céréales, aient entendu l'appel des Méditerranéens. C'est même à Dantzig que le grand-duc de Toscane, en 1590, a envoyé son agent Ricardo, accompagné de commis, avec charge de passer du *granajo della Polonia* à Lubeck, puis en Hollande, en France, en Angleterre [534]. Il est sûr que l'énorme commande passée cette année-là dans le Nord par le grand-duc — pour un million d'or, dit-on —, à elle seule, a déclenché la première arrivée des flottes nordiques du blé. Ensuite le trafic est largement amorcé. En 1591 les historiens prétendent que treize voiliers furent séquestrés au passage en Espagne, malgré les passeports qu'avait accordés le Roi Catholique [535]. Quarante arrivèrent à Livourne [536]. Étant donné la multiplicité des démarches, on ne s'étonnera pas que, de tous les pays nordiques, [537] on ait répondu à l'appel méditerranéen. Hollandais, Hanséates, Anglais aussi se mêlent dans la flotte des grains, comme il apparaît dans la liste des *portate* livournaises, de 1593.

Du blé aux épices : les Hollandais conquièrent la Méditerranée

Cependant, des Hanséates et des Hollandais, arrivés en même temps, seuls les derniers devaient conquérir la mer. Le livre de Ludwig Beutin [538] l'explique par la concurrence qui s'établit entre les deux peuples nordiques. Au début du XVIIe siècle, les Hanséates étaient éliminés et leurs navires ne dépassaient plus guère l'escale de Málaga [539].

Resterait à fixer les causes de cette défaite. Sans

Le blé nordique a Livourne en 1593

Relevé des navires transporteurs (d'après *Mediceo* 2079, f°s 150 v° à 169 v°)

	Amsterdam et Zélande	Angleterre	Villes hanséatiques				Anvers et Flandres	Norvège	Riga	Localisation douteuse
			Lubeck	Emden	Hambourg	Dantzig				
Navires originaires de	12	7	4	5	16	9	4	2	1	13
					34					
Navires chargés à	28 dont un seul en Zélande	7	3	3	12	11	0	0	1	8
					29					

Les 73 navires arrivent à Livourne comme suit : 6 janvier (2), 9 janvier (1), 12 janvier (1), janvier (8), 26 janvier (3), 31 janvier (1), 11 mars (1), 14 mars (2), 1er avril (1), 29 avril (1), 3 mai (1), 5 mai (1), 13 janvier (5), 13 janvier (37), 14 janvier (1), 20 janvier (4), 16 janvier (1), 15 mai (1). Pour les délais de route, rien n'est indiqué pour ces navires de 1593, mais en 1609-1611 (*Mediceo* 2079), les durées de voyage réelles en semaines sont les suivantes : *A*. Amsterdam-Livourne (12, 6, 5, 5, 8, 5, 32 jours, 16). *B*. Dantzig-Livourne (14). *C*. Londres-Livourne (4, 8). *D*. Bristol-Livourne (12). *E*. Plymouth-Livourne, 28 jours.

Les remarques de ce tableau allant d'elles-mêmes (variation de la durée des voyages — prédominance des voyages d'hiver — indication visible du rôle d'Amsterdam comme centre de redistribution des céréales), on laissera le soin au lecteur de les dégager. Ajoutons cependant 1° que cette année 1593, 6 navires anglais ont apporté les habituels chargements de plomb, d'étain et de harengs, mais que dans leur convoi, se sont glissés un navire hollandais (chargé en Angleterre) et un navire d'Emden, l'*Aigle Noir*, chargé à Lisbonne ; 2° qu'au total, entre seigle et blé, les Nordiques ont cette année-là débarqué à Livourne plus de 15 000 t de céréales, ce qui donne pour ces voiliers du Nord un tonnage moyen d'environ 200 t ; 3° le relevé des noms des navires indique une énorme prédominance des appellations non religieuses.

doute les Hanséates qui, pendant les guerres entre Ibériques et Nordiques, avaient eu une position favorisée de neutres, ont vu ces avantages s'amoindrir d'eux-mêmes, après les accords de 1604 et de 1609. Au XVIIIe siècle, à la faveur des guerres européennes, ne verra-t-on pas à nouveau les Hanséates étendre leur commerce dans la mer Intérieure ? Mais à la fin du XVIe siècle, il y a eu bien d'autres raisons — est-ce le fait que les Hanséates sont liés à l'Espagne et aux tâches océaniques que celle-ci leur propose, qu'ils n'ont pas besoin des épices et du poivre qui auraient pu les attirer jusque dans le Levant ? Ou bien que, derrière les villes maritimes, il n'y a pas d'industrie puissante, ne serait-ce que par suite de la liaison préférentielle de l'Allemagne du Sud avec Gênes et Venise ? Ou encore manque de numéraire ? Par un paradoxe qui doit trouver son explication, ce seront les Hollandais qui, en 1615 et sans doute plus tôt [540], porteront en Syrie certaines marchandises allemandes, ambre, mercure, cinabre, fils de cuivre, fer... Je ne pense pas qu'il faille mettre en cause une organisation désuète de la Hanse : la multiplicité des propriétaires de naves ou des assureurs est celle que l'on retrouve dans toute la Méditerranée. Question de bateaux ? Les Hanséates disposent de tous les tonnages.

Quoi qu'il en soit, les Hollandais auront triomphé et atteint, vers 1597, l'extrémité orientale de la mer. Cette année-là, Balthasar Moucheron, l'ennemi de l'Espagne, envoyait un navire à Tripoli de Syrie, sous pavillon français [541]. L'année suivante, tous les navires hollandais obtenaient du roi Henri IV l'autorisation de trafiquer sous son pavillon dans les ports turcs [542] (ils n'auront leurs premières capitulations qu'en 1612). En 1599, le consul vénitien signalait [543] que cette année-là « était encore venu » un navire « flamand » avec plus de 100 000 écus en argent comptant, qui n'avait d'ailleurs pas causé peu de mal au commerce vénitien. Il se préoccupait de savoir si les marchands des Pays-Bas resteraient en Syrie, le « Consul » hollandais déclarant qu'ils ne le feraient point si les progrès de leurs

26. — Place grandissante des bateaux

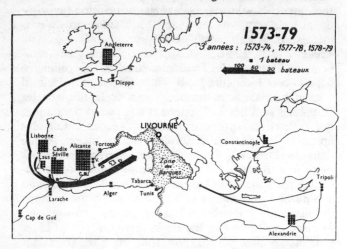

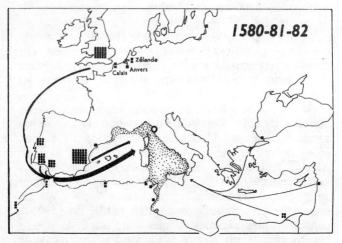

D'après F. BRAUDEL et R. ROMANO, *Navires et marchandises à l'entrée du port de Livourne*. Les quatre cartes dessinent l'évolution rapide des trafics aboutissant à Livourne (chacune additionne les trafics de trois années).

La place du Levant, toujours mince, va s'amenuiser encore (malgré la richesse de certaines cargaisons).

nordiques à Livourne : 1573-1593

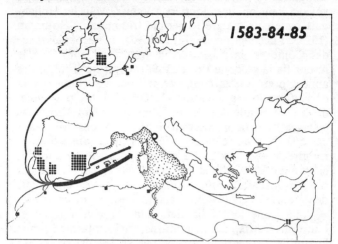

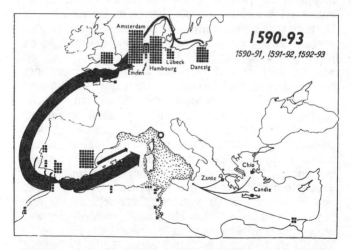

La place du Ponent majoritaire est, principalement au début, celle de l'Espagne et du Portugal, avec quelques bateaux venant de la Manche et de la mer du Nord. Cet ordre se rompt avec l'arrivée massive des navires du Nord, chargés de grain, en 1590-1593.

compatriotes continuaient dans l'océan Indien. Bon
voyage ! eût-on dit volontiers à Venise. Mais les Hollandais restèrent, malgré le périple triomphal d'Houtman
(1595), l'occupation de Java (1597), la reconnaissance
des Comores, la prise de l'île Maurice (1598)[544] et le
retour de la seconde flotte (1598). C'est qu'il fallut des
années pour que la conquête efficace de l'Indien et la
dérivation de ses courants s'accomplissent, pour que,
de la Compagnie des Terres Lointaines (*Van Verne*), se
dégageât la Compagnie victorieuse des Indes orientales,
en 1602. Et d'autre part, eussent-ils été capables d'interrompre le précieux trafic des drogues, qu'ils auraient
encore été attirés dans le Levant par le commerce des
soies (qu'ils essaieront bientôt, sans succès immédiat,
de détourner vers le golfe Persique) et des cotons filés...
   Voilà donc les Hollandais dans la mer Intérieure,
bourdons actifs, un peu lourds, si lourds même que
lorsqu'ils se heurtent aux vitres ils les brisent. Leur
entrée est bruyante, brutale. Est-ce parce que ce sont
les plus cruels des pirates, au dire des Portugais qui,
après le pillage *da nossa cidade* de Faro, sont tout de
même payés pour le savoir[545] ? Ou bien parce que, en
Méditerranée et sur l'Océan, ils doivent jouer des
coudes, gagner leur terrain sur celui qui est déjà pris
par d'autres ? Ainsi avaient procédé, aux XIIIe et XIVe
siècles, les Catalans, tard venus eux aussi et partout
piratant, forçant les portes. Les Anglais ne faisaient
pas autrement. Leurs canons ne servaient pas seulement
à forcer Gibraltar et à se défendre contre les galères
espagnoles. Ils tiraient indifféremment sur tout ce qui
était bon à prendre, navires turcs, français ou d'Italie,
peu importait ! Et ils avaient rapidement acquis une
réputation de forbans. Les Hollandais, en Méditerranée,
ont eux aussi misé souvent sur le tableau de la flibuste[546].
Tôt, ils s'associent à la course barbaresque, j'ajouterai
(et j'y reviendrai) qu'ils la transforment, l'accrochant,
ainsi que le commerce interlope de l'Océan, au grand
port de Livourne[547]. En 1610[548], en tout cas, arrivaient,
dans le port toscan, deux naves venues de l'océan
Indien. Méditerranéennes, hollandaises ? ce n'est pas

précisé, mais le scribe noircit une page entière pour
énumérer leurs richesses. En outre, de curieux rapports
se nouent entre la Seigneurie de Venise et Amsterdam,
parfois par l'intermédiaire du roi de France, dans un
enchevêtrement peu aisé à débrouiller. A Venise, alors,
il est fait mention d'assurances maritimes pour toutes
les régions du monde, y compris les Indes [549]. Travail
hollandais ? Mais nous n'en avons pas la preuve.

Il s'en faut que l'histoire de la Hollande, dans ce
petit secteur de Méditerranée et ailleurs, soit entièrement
intelligible. Sa grande heure se marque, au cadran du
monde, dès la fin du siècle. Alors pourquoi la victoire
des navires d'Élisabeth sur les lourdes armadas de
Philippe II n'a-t-elle pas été suivie du triomphe anglais
qui semblerait logique ? L'Angleterre a gagné, et aussitôt la Hollande impose ses hommes, ses trafics, ses
navires jusqu'à la lointaine Insulinde, jusqu'en Chine,
dans le monde entier. Et ainsi jusqu'au milieu du XVIIᵉ
siècle. Une seule explication est plausible : la Hollande,
grâce au voisinage des Pays-Bas catholiques et par son
insistance à forcer les portes de l'Espagne, est restée
mieux que l'île associée à la Péninsule et à ses trésors
d'Amérique sans quoi elle ne saurait animer ses propres
commerces. Car sans les pièces de huit patiemment
extraites d'Espagne, il n'y aurait pas eu de commerce
hollandais sur les sept mers du monde. Au début du
XVIIᵉ siècle, en Angleterre, on estimait plus avantageux
le commerce de la *Levant Company*, qui s'équilibrait
grâce aux abondantes exportations en Turquie, que
celui de l'*East India Company*, impossible sans une
considérable évasion de monnaies [550]. Entre l'Espagne
et la Hollande, il y a un lien d'argent, renforcé par la
paix de 1609 à 1621, rompu comme toute la fortune de
l'Espagne, avec le milieu du XVIIᵉ siècle, au moment où
— est-ce pure coïncidence ? — la roue du sort va
tourner contre la Hollande.

Comment les Hollandais ont pris Séville sans coup férir, à partir de 1570

La victoire éclatante, au XVIIᵉ siècle, des Anglais et des Hollandais ne s'interprète correctement qu'à l'échelle du monde. Il s'agit tout d'abord de transformations techniques en chaîne dans l'art de construire et de conduire les navires ; nous en avons déjà parlé[551]. L'avènement du voilier nordique de 100 à 200 tonnes, bien armé, sûr de ses manœuvres, marque un tournant de l'histoire maritime du monde. De 1500 à 1600, la navigation a fait plus de progrès dans les mers du Nord que de l'Invincible Armada à Trafalgar[552]. Les Nordiques ont renforcé la défense de leurs voiliers, augmentant les équipages, multipliant la puissance de feu, débarrassant les ponts supérieurs pour rendre les manœuvres plus aisées. Ralph Davis vient de le rappeler dans une étude qui me semble décisive[553]. Chaque fois que des estimations sont possibles, le chiffre moyen des hommes d'équipage, ramené au tonnage du navire, est supérieur dans le Nord à ce qu'il est sur les bords de la mer Intérieure[554]. L'inconvénient des cargaisons plus faibles est compensé par une sécurité plus grande, et donc des assurances de moindre pourcentage[555]. Évidemment les coûteuses galères de Méditerranée auront parfois, même au XVIIᵉ siècle, de sensationnelles revanches : le voilier n'est roi que si le vent gonfle ses voiles et lui permet d'évoluer[556]. Par calme plat, la galère, avec son agilité, gagne les angles morts de la forteresse immobile et la décision est alors en sa faveur...

Mais l'exception confirme la règle. La supériorité belliqueuse et marchande du Nord ne fait aucun doute. D'ailleurs Anglais et Hollandais en ont très tôt conscience, bien avant 1588. Pour eux, les navigateurs portugais ne sont que « poules mouillées »[557]. A l'inverse, les Portugais parlent d'une victoire des pauvres et des misérables. Ces Hollandais, disent-ils encore en 1608[558], se contentent en mer « d'une croûte de biscuit, de quelque misère de beurre, de lard, de poisson et de bière ; ils passent avec cela des mois en haute mer ». Les méridionaux ont plus d'exigence à bord, « pour n'être pas comme eux élevés dans la misère ». Bien sûr, ce sont d'autres facteurs qui sont en jeu dans l'immense débat.

· Débarrassons-nous aussi des explications si souvent présentées : l'Ibérique aurait été un mauvais concierge de la Méditerranée ; voulant conjurer la tempête, il l'aurait déchaînée en adoptant, sur l'Atlantique et face au Nord, une politique au-dessus de ses moyens. Cette explication a sans doute une petite part de vérité. C'est en 1586 que les Espagnols, maîtres à Lisbonne comme à Séville, multiplient les embargos et les interdictions contre les navires du Nord [559]. Mais ces mesures n'empêchent pas un commerce ibérique actif avec l'ennemi : ce « blocus continental » est inefficace [560]. Et tout continue, ou peu s'en faut, comme auparavant. Ensuite la chronologie nous met en garde. Les Anglais pénètrent en Méditerranée dès 1572-73, avec plus de dix ans d'avance sur les embargos espagnols, et les Hollandais en 1590-93, avec plusieurs années de retard... De toute évidence, la grande explication d'un renversement économique à ce niveau d'importance, c'est la grande économie qui la fournit, ou la laisse entrevoir.

Hostiles, Nord et Midi le sont bien avant la fin du siècle : les Pays-Bas se soulèvent dès 1566, les Anglais coupent les relations maritimes espagnoles dès 1569. Mais ces « ennemis complémentaires » [561] ne peuvent vivre les uns sans les autres. Ils se querellent, puis s'accordent ou s'accommodent, selon que l'entente se fait en plein jour ou à mots couverts. En conséquence, la guerre océane s'allume, s'éteint, se rallume, se tempère toujours de solutions en coulisse... Il y a eu ainsi, entre 1566 et 1570, un important *turning point*. Jusque-là, le commerce océanique était triple : les Nordiques (Hollandais en première ligne [562], Bretons en seconde position [563], bientôt Anglais, par la suite Hanséates et pêcheurs scandinaves [564], qui assurent la liaison entre le Nord et la Péninsule, fournissant le blé, le bois, les poissons secs ou salés, le plomb, l'étain, le cuivre, les toiles, les draps, la quincaillerie) ; les Ibériques, qui ont organisé à partir de l'Espagne la *Carrera*

de Indias et, à partir du Portugal, la liaison océanique
avec les Indes orientales ; enfin les Italiens et plus
spécialement les Génois à Séville qui financent ces trafics
de marchandises, le métal blanc d'Amérique égalisant,
mais toujours avec retard, les dénivellations des balances
marchandes.

Surgissent deux énormes pannes : à partir de 1566,
les marchands génois qui obtiennent du Roi des *sacas de
plata* se désintéressent de l'exportation de la marchandise
qui, jusque-là, avait facilité leurs paiements dans le
Nord ; puis, à partir de 1569, le mouvement de métal
blanc de Laredo à Anvers s'interrompt [565]. Or le commerce océanique ne s'interrompt pas pour autant, il
prospère même et ce fait étonnant est une explication-
clef.

Il n'est pas question d'interrompre vraiment ce commerce, disent les experts d'Espagne aux conseillers du
roi, ce serait ruiner la navigation, le commerce des
Indes et amoindrir les ressources du trésor. Ainsi parle
un long rapport de 1575 [566]. Abandonnée par le grand
capitalisme génois, la marchandise à Séville a trouvé
d'autres animateurs. Les firmes des Pays-Bas, enrichies
par les années antérieures, vont faire l'avance de leurs
propres marchandises et attendront, pour être payées,
que les flottes des Indes reviennent avec du numéraire.
Autrement dit, les marchands de Séville ne sont plus
que des commissionnaires, ils voient passer le trafic,
prélèvent leur bénéfice au passage, mais ne risquent
pour ainsi dire rien du leur. Leurs capitaux vont servir
à acheter des terres et villages, des *juros*, ou à constituer
des majorats. Dans ce rôle passif, l'oisiveté les guette : ils
l'aperçoivent sans horreur. Ainsi Séville a été conquise,
dévorée du dedans par un travail obscur, inaperçu de
termites, le tout au bénéfice de la Hollande. Anvers,
dans la guerre pourrie qui commence en 1572, demeure
la capitale de l'argent politique : c'est Saïgon avant
1953, au temps du trafic des piastres. Cependant
Amsterdam attire à elle les marchands anversois et, au
delà de Séville, jette son filet sur l'immense Amérique
espagnole. Tout cela n'a été possible qu'avec des années

de travail, des complicités, des prête-nom, une lente pourriture de la place sévillane ne serait-ce que, pour les retours d'argent, des complaisances du duc de Medina Sidonia, à partir de San Lucar de Barrameda qui est son fief [567].

Vers la fin du siècle, tous ces dessous du trafic sévillan sont connus et, durant l'été 1595, le roi se décide à frapper ce commerce clandestin, trop développé pour pouvoir échapper à une enquête attentive. L'ordre fut exécuté par le licencié Diego de Armenteros, assisté de Luis Gaytan de Ayala. Ils visitèrent soixante-trois maisons marchandes de Séville, appartenant à des Castillans, Portugais, Flamands, Français, Allemands, soupçonnés en raison de leurs rapports avec la Hollande, la Zélande et l'Angleterre [568]... Bien entendu, il ne se trouva pas un seul Anglais, Hollandais ou Zélandais à appréhender ! « C'est chose bien connue, écrit Armenteros, qu'ils ne commercent en Espagne que par des intermédiaires de confiance. » Les deux *visitadores* saisirent des papiers, des livres marchands, quand livres il y avait et qu'on put découvrir, certains marchands ayant caché les leurs jusque dans leurs lits. Tous ces papiers furent examinés par les cinq *contadores*, experts comptables, mis au service des enquêteurs. En raison de l'abondance de la matière, des complications et obscurités, il était malaisé de découvrir les propriétaires exacts des marchandises. Les Provinces fidèles des Pays-Bas échangeaient, en effet, des marchandises avec les îles des révoltés. Et, à moins d'établir des sauf-conduits spéciaux délivrés par le gouverneur des Pays-Bas, ou de rendre obligatoire et général ce système entre les deux portions en guerre des Flandres, il était difficile de savoir si telle marchandise appartenait aux uns ou aux autres. L'imbroglio venait de ce qu'il était impossible de faire passer par Dunkerque ou Gravelines le trafic des Provinces fidèles. Avec les îles voisines et Douvres en face, combien de temps cela ne prendrait-il pas ? Et où sont les navires du roi ? Alors, procéder par enquêtes, susciter des témoins ? personne ne dira, ne pourra dire la vérité. Le marchand interrogé qui laisserait saisir telles ou telles marchandises sait bien que son correspondant se paierait sur des marchandises lui appartenant. Telles sont les conclusions de la lettre commune envoyée, le 12 juillet, par le duc de Medina Sidonia et les deux enquêteurs, pour lesquels Diego Armenteros a tenu la plume [569].

La situation est plus claire encore dans une lettre du même Armenteros, écrite un mois plus tard probablement à un secrétaire de Philippe II, son ami ou protecteur, en tout cas personnage politique d'importance [570]. Dans les papiers saisis, Armenteros a vu dix fois, cent fois pour une, que les marchands incriminés commercent, comme si de rien n'était, avec les révoltés des Pays-Bas ou les Anglais, et entretiennent avec eux une correspondance, leur font des remises d'argent... Entre autres, tout un lot de papiers concerne Francisco de Conique, Pedro Leymieri et Nicolas Baudaert, tous trois résidant en Angleterre, et David Leymieri, ce dernier établi à Amsterdam. Une lettre écrite à Pedro Leymieri, en Angleterre, l'avise « de ce que notre flotte est rentrée dans un tel désordre que si elle ressortait d'ici, on la pourrait prendre tout entière aisément, même avec un petit nombre de navires ». Cette compagnie (Leymieri et consorts) est, à ce qu'on lui a dit, la plus riche de toutes celles qui se trouvent à Séville. Six navires sont arrivés à San Lucar, portant des marchandises lui appartenant, et le duc de Medina Sidonia les a laissé débarquer. Il est vrai, ajoute Armenteros, que c'est pour lui une affaire de 12 000 ducats... « Il n'y a pas un étranger entrant à San Lucar, ajoute-t-il encore, qui ne soit favorisé, choyé, même aidé pour les exportations d'argent. » Quand il aura une personne sûre sous la main, il lui fera parvenir les papiers concernant l'affaire Leymieri. En attendant, le secret, supplie-t-il. « Que je n'augmente pas encore le nombre des ennemis que je me suis faits à servir Sa Majesté... ».

Il y a des preuves d'une netteté plus cruelle encore. Dès l'année suivante, en 1596 [571], dans la baie de Cadix, 60 navires chargés pour les « Indes » étaient surpris par la flotte anglaise, lors du sac de la ville : au total

11 millions de marchandises... Les Anglais proposent de ne pas les brûler contre une indemnité de deux millions. Or le duc de Medina Sidonia refuse le marché et les vaisseaux flambent. Oui, mais ce ne sont pas les Espagnols qui subissent l'énorme perte, les marchandises ne leur appartenant pas... Au vrai, tout un livre serait à écrire sur Séville, ville de corruption, de dénonciations haineuses, d'officiers prévaricateurs, où l'argent fait ses ravages.

Toutes ces réalités crues nous aident sinon à conclure, du moins à entrevoir les explications essentielles. Ce qui fait basculer l'histoire du monde, ce ne sont pas les maladresses des agents de Philippe II, ni la faiblesse évidente des gendarmes dans le détroit de Gibraltar, mais bel et bien la banqueroute de l'État espagnol, patente en 1596 et qui repose d'un coup, avant même d'éclater, les problèmes de la circulation du métal blanc et de la division de la fortune du monde... Vers la Méditerranée, avec le blé et les autres trafics, vers les îles de la Sonde, la Hollande en expansion brusque cherche et trouve des compensations...

Détail curieux : ces poussées hollandaises, notamment en Méditerranée mais non moins vers les Indes ou l'Amérique, sont précédées par l'arrivée de marchands portugais, généralement nouveaux chrétiens, venus soit de Lisbonne, soit des villes du Nord où ils ont trouvé refuge. Y a-t-il eu, comme c'est possible, une « prise » de Lisbonne, comme il y a eu une « prise » de Séville ? C'est une autre et importante question.

Nouveaux chrétiens en Méditerranée

Cette immense infiltration d'un capitalisme nordique, atlantique, international, domicilié à Amsterdam, ne pouvait laisser hors de ses prises la riche Méditerranée. Comme l'Espagne pillée sans vergogne, elle tentait un capitalisme en pleine jeunesse et aux dents longues, un capitalisme qui a su rapidement se ménager des alliés dans la place. En faveur des Hollandais, leur préparant la voie sans le vouloir toujours, sont entrés en jeu les riches marranes portugais : ainsi les Ximénès de Lis-

bonne et d'Anvers et leurs associés, les Andrade et les
Veiga, qui ont organisé pour le grand-duc de Toscane
les livraisons de blé nordique à partir des années 1590,
non sans bénéfices considérables, qui se sont engagés
également dans le commerce du poivre en direction de
l'Italie. Dès 1589, ils faisaient des remises d'épices à
Baltasar Suárez, à Florence. Puis préféraient, à ce
Castillan, Antonio Gutierrez qui venait de s'installer à
Florence et se trouvait, portugais lui-même, en relations
avec d'autres marchands de son pays, tel Manuel da
Costa qui lui envoyait, en mai 1591, des caisses de
sucre [572]. La correspondance de Simón Ruiz avec Florence nous renseigne sur ces Portugais qui tiennent tout,
en esto de especierias [573], aux dires de Baltasar Suárez
qui souhaiterait une intervention de son ami en sa
faveur auprès des puissants Ximénès. Ces derniers ont
envoyé, en 1591, 500 quintaux de poivre d'un seul coup
en Italie [574]. L'année précédente, ils avaient fait venir
du Brésil à Livourne un navire avec 600 caisses de
sucre [575]. Et tout leur réussit, le poivre d'Alexandrie est
en panne à point nommé. « Ils ont de la chance dans
tout ce qu'ils touchent » s'écrie Baltasar Suárez [576]. *Son
afortunados en cuanto ponen mano.*

Dans leur sillage, d'autres Portugais arrivent en Italie.
En février 1591, deux d'entre eux, Fernández et Jorge
Francisco vont s'installer à Pise. Dans ce cas, « nul
doute qu'ils ne tirent à eux toutes les affaires du
Portugal » [577]. En août de la même année, « à ce que
j'apprends, écrit Baltasar Suárez, les Ximénès envoient
quelqu'un pour ouvrir boutique à leur nom et même
expédient à Pise Sebastian Ximénès Penetiques qui les
représente actuellement à Cadix. D'Anvers vient un fils
de Rui Nuñez et, comme il s'agit de gens riches, le
Grand-Duc désire les attirer et s'apprête à leur donner
des avantages » [578].

Ces détails signalent une certaine conjoncture : depuis
que le poivre est difficile à vendre par les chemins de
l'Atlantique, il se diffuse presque de lui-même vers
l'Italie et de là vers l'Allemagne et c'est vers l'Italie
que se dirige, pour un temps, l'émigration portugaise.

A Venise, l'ambassadeur de Philippe II parle de ces Juifs portugais qu'il voit arriver en habits chrétiens, puis se déclarer *por judios* et « mettre le chapeau rouge qui est le signe distinctif qu'ils portent dans cet État »[579]. Venise à leur endroit redevient tolérante, les accueille, les supporte, les protège, profite de leur concours. Quelques noms émergent, certains assez mal connus : deux frères, « Rui Loppes et Diego Rodrighes » qui, après vingt-quatre ans de séjour, demandent, en mai 1602, la *cittadinanza* vénitienne[580], ou ce Rodrigo di Marchiano, Juif du Portugal, initiateur du commerce du sucre du cap de Gué en Barbarie[581], ou ces autres marranes venant des Flandres et de Hambourg et qui passent à Venise en route vers le Levant. Il semble que s'esquisse alors, discrète ou non, efficace ou apparente, une prospérité de certains marchands juifs, levantins et ponentins qui accordés ensemble font la chaîne d'Istanbul à Salonique, à Valona, à Venise et au delà jusqu'à Séville, Lisbonne et Amsterdam. Ce n'est pas hasard si la course espagnole, toscane ou maltaise, en ces années-là, est si attentive à « dégraisser » les bateaux marchands en y saisissant toutes les marchandises appartenant à des Juifs, cette *ropa de judios* dont parlent les documents espagnols. Ces cargaisons en valent souvent la peine[582].

Donc la question se pose : cette prospérité a-t-elle pris naissance dans une entente, plus ou moins formelle, entre Hollandais et nouveaux chrétiens portugais ? Dans ce cas, l'Atlantique en serait responsable. Nous n'avons pas assez de preuves pour en décider, mais la chose est possible. Paru en 1778, sans nom d'auteur, *La Richesse de Hollande* est un très beau livre, pas forcément un livre de vérité. On y lit, mêlées à quelques erreurs, les affirmations suivantes : « ce ne fut qu'en 1612 qu'à l'imitation des Juifs réfugiés chez eux, qui avaient, dit-on, établi des comptoirs partout, les Hollandais commencèrent à en former et à naviguer dans toute la Méditerranée »[583].

L'intrusion nordique et le déclin de la Méditerranée

Depuis que les pages qui précèdent ont été rédigées (1963), les recherches se sont poursuivies sur la spectaculaire descente des navires, marins, marchands et marchandises du Nord vers la mer Intérieure. Des précisions nouvelles ont été apportées : ainsi que les Hollandais ont préparé avec soin le « *straatvaart* » [584], le voyage par le détroit de Gibraltar. Un « espionnage commercial » les a exactement renseignés, comme le prouvent des correspondances de marchands, celles de Daniel van der Meulen ou de Jacques della Faille. Dès 1584, ce dernier avait dépêché en Méditerranée, à partir de Londres, un navire chargé de draps anglais et de barils de poisson, qui ramena, au retour d'Italie, du riz, des fruits, du vin. Malheureusement, il fit naufrage au retour, sur la côte même de Hollande. En 1588, un navire hollandais réussissait, le premier peut-être, à toucher la Barbarie et le Levant. En 1590, un autre navire, le *Swerten Ruyter (Le Cavalier Noir)*, rapportait, d'un long voyage de deux ans en Méditerranée, une leçon dictée par l'expérience : vu l'hostilité espagnole et l'omniprésence de la piraterie, il conseillait d'employer d'assez gros navires (de l'ordre de 150 tonnes), bien armés, avec des équipages d'au moins une trentaine d'hommes. Que le risque fût réel, durant les années qui allaient suivre, le taux d'assurance pour les navires à destination de Livourne — 20 % — le dit à soi seul. D'ailleurs, les navires hollandais prirent la précaution de voyager sous pavillon étranger, avec de faux papiers ; ce sont, comme l'on dira plus tard en France, des *navires masqués*. Sur les voyages en partance d'Amsterdam [585], nous possédons des renseignements assez complets ; de même sur Cornelius Haga (1578-1654), le premier ambassadeur des États Généraux à Istanbul, par qui furent signées les capitulations de 1612, au bénéfice des Provinces-Unies.

Ces détails ont évidemment leur importance. Mais ce ne sont pas les seules données nouvelles offertes par la recherche de ces quinze dernières années. Et s'il m'a semblé nécessaire de leur faire un sort particulier dans cette quatrième édition, c'est à cause des thèses d'ensemble de Richard T. Rapp qui les accompagnent et éclairent d'une lumière nouvelle la façon dont la Méditerranée, au XVIIᵉ siècle, a cédé le pas à l'Atlantique Nord.

Première thèse de R.T. Rapp [586] : les Méditerranéens ont été délogés de leur position dominante non pas tellement du fait des routes nouvelles qui auraient détourné le commerce profitable vers le Nord, mais avant tout par suite de l'intrusion, dans leur propre mer, des Anglais et Hollandais et d'une « révolution commerciale », non pas uniquement routière, mais aussi sous le signe d'une concurrence féroce. La richesse de la Méditerranée, en fait, ne s'est pas tarie ; elle est passée dans d'autres mains. En effet, si l'on se place à Londres, à une date suffisamment tardive, vers 1660 (moyenne des années 1663-1669), les exportations et réexportations de Londres (en milliers de tonnes) pour les produits manufacturés (dont les draps) et les produits alimentaires, donnent les chiffres suivants : vers la Méditerranée (y compris l'Espagne et le Portugal), 974 (soit 48 % du total) ; vers l'Europe, y compris l'Écosse et l'Irlande, 872 (43 %) ; vers l'Amérique du Nord, les Indes occidentales et orientales, 193 (9 %). Ces chiffres, bien que Londres, au milieu du XVIIᵉ siècle, ne soit pas le centre du monde, portent un témoignage direct sur l'économie internationale du premier XVIIᵉ siècle. La Méditerranée *lato sensu* (y ajouter la péninsule Ibérique me semble justifié) reste alors la grande région des échanges et des profits. Et ce n'est pas sur les routes neuves des Sept Mers du monde, mais bien en Méditerranée que s'est construite, à ses débuts, la suprématie anglaise. Ou mieux la suprématie nordique car, *mutatis mutandis*, ces remarques valent tout autant pour la Hollande.

Où R.T. Rapp est plus novateur encore, c'est quand il montre que l'intrusion nordique n'a pas été seulement une « capture » des *services* en Méditerranée, mais aussi une conquête forcée des marchés ; que le Nord a imité systématiquement les produits manufacturés d'Italie, surtout ceux de Venise, les évinçant peu à peu par le bas prix des marchandises offertes, conséquence du meilleur marché de sa main-d'œuvre ; plus encore par une concurrence moins loyale, quasi frauduleuse. Car les « *new draperies* » anglaises, produites en masse et de qualité inférieure, sont offertes sur le marché du Levant comme draps vénitiens, avec de fausses marques et de faux plombs. D'une part, façon de s'introduire sans difficulté sur un marché en place, d'autre part de discréditer le vieux renom de la qualité vénitienne. Par surcroît, l'émigration des artisans qualifiés de Venise est alors obtenue à prix d'or, aussi bien par la Hollande que par la France de Colbert ou par l'Angleterre de Charles II. Venise, qui fut sans doute la première ville industrielle d'Europe, perd ses supériorités, l'une après l'autre.

Pourtant, et c'est la seconde thèse de R.T. Rapp, la vie de Venise, au XVIIᵉ siècle, continue en apparence et en fait au même étiage ; il y eut, pour elle, stagnation, non pas régression de son niveau de vie, après l'essor vif du XVIᵉ siècle. Le constater, c'est défendre et presque prouver, cette fois chiffres en mains, l'impression de tous les historiens de Venise qui ne la voient décliner qu'avec lenteur. Je crois effectivement que Venise a réussi sa conversion agricole — blé, maïs, riz, mûrier, soie grège (et travaillée), élevage ; que la Terre Ferme, entre XVIᵉ et XVIIᵉ siècle, s'est développée et, par son industrie, a soutenu la vie aisée de Venise ; que les hauts prix des marchés de la Seigneurie ont facilité les échanges ; que la navigation de la Méditerranée, bien qu'à la charge des bateaux étrangers, fait de Venise, encore au XVIIᵉ siècle, le premier port de Méditerranée ; enfin que la place d'argent de Venise reste active.

Mais, plus encore, si la thèse de Rapp est exacte, si c'est de l'antique richesse méditerranéenne que s'est nourrie la première accumulation du capitalisme nordique, alors la Méditerranée, elle non plus, n'a pas décliné à vive allure. En ce qui la concerne, le mot de décadence risque d'être excessif. Les cartes ont changé de main mais l'Europe n'a pas changé de centre de gravité en

un jour, et pour un seul faisceau de causes. Le destin
de la mer Intérieure est lié à l'ensemble du destin
européen au seuil de sa modernité, et c'est là un débat
classique, c'est-à-dire embrouillé à plaisir. Si l'on en
croyait Max Weber, le Nord européen aurait gagné
grâce à la Réforme qui aurait inventé le capitalisme.
Mais cette thèse ultra-connue, si souvent mise en avant,
n'est pas à retenir les yeux fermés. Je prends position
contre elle dans un livre [587] qui paraît en même temps
que la quatrième édition de la *Méditerranée*. Le lecteur,
même s'il ne partage pas ma façon de voir, peut s'y
reporter. La discussion reste ouverte, bien entendu.

IV

Les Empires

Un panorama politique valable, au XVIᵉ siècle, ne peut se dessiner si l'on ne remonte largement en arrière, pour ressaisir le sens d'une longue évolution.

A la fin du XIVᵉ siècle, la mer Intérieure appartenait aux villes, aux États urbains plantés sur ses bords. Sans doute y avait-il, ici ou là, et débouchant même sur les flots, des États territoriaux, plus ou moins homogènes, relativement épais. Ainsi le royaume de Naples — « il Reame » — le Royaume par excellence ; ainsi l'Empire byzantin ; ou les pays unis de la Couronne d'Aragon... Mais ces États n'étaient souvent que le vêtement un peu ample de villes puissantes : l'Aragon *lato sensu* est la mise en œuvre du dynamisme de Barcelone ; l'Empire d'Orient, assez exactement, la double banlieue de Constantinople et de Thessalonique.

Au XVᵉ siècle, la ville n'est déjà plus à la hauteur de la situation ; une crise urbaine se fait jour, tout d'abord en Italie, où elle aura débuté avec le siècle. En cinquante ans, une nouvelle carte de la Péninsule se dessine, au bénéfice de quelques cités, au détriment des autres. Crise mesurée puisqu'elle ne réalisa pas ce qui fut peut-être alors en question — mais j'en doute — l'unité de la Péninsule. Tour à tour, Naples, Venise, Milan faillirent à la tâche. L'heure était prématurée : trop de particularismes s'interposaient, trop de villes, ardentes à vivre de leur vie propre, freinaient cette naissance difficile. La crise urbaine ne se développa donc qu'à demi. La paix de Lodi, en 1454, consacra un équilibre

et un échec : la Péninsule avait simplifié sa carte
politique, mais elle demeurait morcelée.

Cependant, une crise analogue allait travailler l'étendue entière de la mer. Partout, en effet, l'État-cité,
trop fragile, trop étroit, se révélait au-dessous des tâches
politiques et financières de l'heure. Il représentait une
forme périssable, condamnée : en 1453, la prise de
Constantinople, en 1472 la chute de Barcelone, en 1492,
la fin de Grenade en furent les preuves éclatantes[1].

Le rival de l'État urbain, l'État territorial[2], riche
d'espace et d'hommes, s'avérait seul capable de subvenir
aux frais énormes de la guerre moderne ; il entretenait
des armées de mercenaires, se procurait le coûteux
matériel d'artillerie ; il allait bientôt s'offrir le luxe
des grandes guerres maritimes. Sa poussée a été un
phénomène longtemps irréversible. Ces États nouveaux,
à la fin du XVe siècle, c'est l'Aragon de Jean II, ce
Louis XI d'outre-Pyrénées, ou la Turquie de Mahomet
II, le vainqueur de Constantinople ; c'est aussi, bientôt,
la France de Charles VIII et des aventures italiennes, ou
l'Espagne des Rois Catholiques. Tous avaient développé
leurs premières forces aux creux des terres, loin des
rives méditerranéennes[3], le plus souvent à travers des
espaces pauvres où les villes obstacles étaient rares.
Tandis qu'en Italie, la richesse, la densité même des villes
avaient maintenu divisions et faiblesses, la modernité se
dégageant mal du passé dans la mesure même où celui-
ci avait été brillant et restait vivace. Il devenait par là
faiblesse insigne. On le vit lors de la première guerre
turco-vénitienne, de 1463 à 1479, au cours de laquelle
la Seigneurie, mal abritée par ses territoires trop grêles,
dut en fin de compte, malgré la supériorité de ses
techniques, abandonner la partie[4] ; on le vit encore lors
de la tragique occupation d'Otrante par les Turcs en
1480[5] ; mieux encore, lors des débuts, en 1494, de cet
ouragan que déchaîna la descente de Charles VIII en
Italie. Y a-t-il jamais eu plus étonnante promenade
militaire que ce rapide voyage de Naples où il suffit à
l'envahisseur, au dire de Machiavel, de faire marquer à
la craie le logement de ses troupes par les fourriers ?...

L'alerte passée, chacun put braver et discourir à son aise. Ou se moquer de Commynes, l'ambassadeur de Charles VIII, comme le faisait à la fin de juillet 1495 un patricien de Venise, Filippo Tron. Non, ajoutait-il, il n'avait pas été dupe de ce qu'on disait du roi de France, « désireux d'aller en Terre Sainte, alors qu'il voulait se faire simplement *signore di tutta l'Italia* » [6]...

Beaux discours, mais alors avait commencé, pour la Péninsule, la séquence des malheurs que devaient logiquement lui valoir sa richesse, sa position au centre du cyclone de la politique européenne et, ceci expliquant tout, la fragilité de ses savantes structures politiques, de tout ce système d'horlogerie qu'était « l'équilibre italien »... Ce n'est pas sans motif, dès lors, que ses penseurs, instruits par les désastres et la leçon quotidienne des faits, méditeront sur la politique et le destin des États, de Machiavel et de Guichardin au début du siècle, jusqu'à Paruta, Giovanni Botero, ou Ammirato quand le siècle s'achève.

L'Italie ? Oui, un étrange laboratoire pour hommes d'État : le peuple entier y discute politique, selon sa passion — celle du portefaix sur la place du marché, celle du barbier dans sa boutique ou des artisans dans les tavernes [7] ; car la raison d'État [8] — cette redécouverte italienne, n'est pas sortie de réflexions solitaires, mais d'une leçon collective. De même les cruautés, si fréquentes en matière politique, les trahisons, les flammes renouvelées des vengeances privées, sont autant de signes d'une époque où les vieilles formes gouvernementales se brisent, où les nouvelles se succèdent vite au gré de circonstances que l'homme ne commande pas. Alors la justice est souvent en vacances, les gouvernements trop neufs pour faire l'économie d'improvisations et de violences. La terreur est moyen de gouvernement. *Le Prince*, c'est l'art de vivre, de survivre au jour le jour [9].

Mais au XVe siècle déjà, au XVIe à coup sûr, ce n'est même plus de simples États territoriaux, d'États-nations qu'il faut parler. Alors surgissent des groupes plus larges, monstrueux : agglomérats, héritages, fédérations, coalitions d'États particuliers — des Empires, si l'on peut se servir dans son sens actuel, malgré son anachronisme, de cette formule commode. Autrement, comment désigner ces monstres ? En 1494, ce n'est plus seulement le royaume de France qui intervient au-delà des monts, mais un Empire français, rêvé il est vrai. S'installer à Naples, c'est son premier but. Ensuite, sans s'immobiliser au cœur de la mer Intérieure, courir en Orient, y soutenir la défense chrétienne, répondre aux appels réitérés des Chevaliers de Rhodes, délivrer la Terre Sainte, telle est bien la politique complexe de Charles VIII, malgré ce que dit un Filippo Tron : politique de croisade, d'un seul trait, elle barre la Méditerranée. Or, il n'y a pas d'Empire sans mystique, et dans l'Europe occidentale, hors de cette mystique de la croisade, entre terre et ciel. L'exemple de Charles Quint le prouvera bientôt.

Ce n'est pas non plus un « simple État national » que l'Espagne des Rois Catholiques, mais déjà une association de royaumes, d'États, de peuples, unis dans la personne des souverains. Les sultans, eux aussi, gouvernent un agglomérat de peuples conquis et de peuples fidèles, associés à leur fortune ou subjugués. Cependant, l'aventure maritime commence à créer, au bénéfice du Portugal et de la Castille, les premiers Empires coloniaux modernes dont les plus perspicaces observateurs contemporains verront mal, au début, l'importance. Machiavel lui-même observe de trop près le spectacle d'une Italie bouleversée pour qu'il lui soit possible de regarder si loin — faiblesse et combien grave, d'un observateur généralement lucide [10].

Le drame de la Méditerranée, au XVIᵉ siècle, est au premier chef un drame de croissance politique, cette mise en place de colosses. On sait comment la France a raté sa carrière impériale à peine ébauchée, à cause des circonstances, oui sans doute, de son économie encore arriérée, peut-être de son tempérament, ou de sa sagesse, de son goût des valeurs sûres, de son horreur du grandiose... Mais ce qui ne s'est pas produit aurait pu advenir. Il n'est pas tout à fait absurde de rêver d'un Empire français appuyé sur Florence, comme celui de l'Espagne (pas du premier coup il est vrai) a été appuyé sur Gênes... On sait aussi comment le Portugal, déjà à demi étranger à la Méditerranée, s'est développé (sauf quelques positions marocaines) en dehors de l'espace propre de la Méditerranée.

La montée des Empires, dans la mer Intérieure, c'est donc celle des Osmanlis à l'Est ; celle des Habsbourgs, à l'Ouest. Comme l'a remarqué, il y a longtemps déjà, Léopold von Ranke, cette double montée est une seule et même histoire et, ajoutons-le sans tarder, les circonstances et les hasards n'ont pas présidé seuls à la naissance de cette grandiose histoire simultanée. Je ne crois pas, sans plus, que Soliman le Magnifique ou Charles Quint aient été des accidents (comme l'aura soutenu Henri Pirenne lui-même), leurs personnages, oui sans doute, non leurs Empires. Je ne crois pas davantage à l'influence prépondérante de Wolsey [11], de ce Wolsey créateur de la politique anglaise de la *Balance of Power* et qui, en soutenant contrairement à ses principes, en 1521, Charles Quint maître des Pays-Bas et de l'Allemagne, donc en soutenant le plus fort, au lieu de venir en aide à François le plus faible, aurait ouvert la porte à la victoire brusque de Charles Quint, à Pavie, et serait responsable de l'abandon de l'Italie, pour deux siècles, à la domination espagnole...

Car, sans nier le rôle des individus et des circonstances je pense qu'il y a eu, avec la montée économique des XVe et XVIe siècles, une conjoncture obstinément favorable aux vastes et même aux très vastes États, à ces « États épais » dont on recommence à nous dire, aujourd'hui, que l'avenir est à eux comme il le fut un instant, au début du XVIIIe siècle, au moment où grandissait la Russie de Pierre le Grand et où s'esquissait une union, au moins dynastique, entre la France de Louis XIV et l'Espagne de Philippe V [12]. Ce qui se passe en Occident se passant aussi, *mutatis mutandis*, en Orient. En 1516, le Soudan d'Égypte assiège Aden, une ville libre et s'en empare, selon la logique des choses. Mais, toujours selon la logique des choses, en

1517, le Sultan turc s'empare de l'Égypte entière [13]. On risque toujours d'être mangé par plus gros que soi.

En fait, l'histoire est, tour à tour, favorable ou défavorable aux vastes formations politiques. Elle travaille à leur croissance, à leur épanouissement, puis à leur usure et à leur dislocation. L'évolution n'est pas politiquement orientée une fois pour toutes ; il n'y a pas d'États irrémédiablement condamnés à mourir, d'autres prédestinés à grandir, coûte que coûte, comme s'ils étaient chargés par le destin de « manger du territoire et de dévorer leurs semblables » [14].

Deux Empires, au XVIᵉ siècle, font les preuves de leur redoutable puissance. Mais de 1550 à 1600, s'esquisse déjà et au XVIIᵉ siècle se précise le moment non moins inexorable de leur reflux.

1. Aux origines des Empires

Peut-être faut-il, parlant des Empires, de leur essor, ou de leur décadence, être attentif au destin qui les porte : ne pas confondre les périodes, ne pas apercevoir trop tôt la grandeur de ce qui, un jour, avec la collaboration du temps, sera grand ou, trop tôt annoncer la chute de ce qui, avec les années, cessera un autre jour de l'être. Rien de plus difficile que cette chronologie qui n'est pas relevé d'événements, mais seulement diagnostic, auscultation, avec les habituelles chances d'erreurs médicales.

La grandeur turque [15] : *de l'Asie Mineure aux Balkans*

A l'origine de la grandeur turque, sont à situer trois siècles d'efforts répétés, de longues luttes, de miracles. C'est même à ce côté « miraculaire » que les historiens occidentaux des XVIᵉ, XVIIᵉ et XVIIIᵉ siècles se sont souvent attachés. Qu'elle est extraordinaire, en effet, l'histoire de cette famille des Osmanlis, grandie au hasard des combats, sur ces frontières incertaines d'Asie Mineure, rendez-vous d'aventure et de passion reli-

gieuse [16] ! Car l'Asie Mineure est par excellence une
terre d'enthousiasme mystique : guerre et religion y
vont de pair, les confréries belliqueuses y pullulent et,
comme l'on sait, les janissaires se rattachent aux
puissantes sectes des Akhaïs, puis des Bektachis. A ces
origines, l'État osmanli doit ses allures, ses assises, ses
exaltations premières. Le miracle, c'est que le petit État
ait survécu aux remous, aux accidents inhérents à sa
position géographique.

Survivant, il aura utilisé à son profit les lentes
transformations des pays anatoliens. La fortune ottomane se lie, dans ses profondeurs, à de puissants
mouvements d'invasion, silencieux souvent, qui pous-
sèrent les peuples du Turkestan vers l'Ouest. Elle est le
fruit d'une transformation interne de l'Asie Mineure [17]
qui, grecque et orthodoxe au XIIIe siècle, devint turque
et musulmane à la suite d'infiltrations répétées et de
complètes ruptures sociales, à la suite aussi d'une
étonnante propagande religieuse des ordres musulmans,
certains révolutionnaires, « communistes comme les
Babaïs, Akhaïs, Abdâl ; les autres plus pacifiquement
mystiques comme les Mévlévis de Konia. Après
G. Huart, Koprülüzadé a récemment mis en lumière
leur apostolat » [18]. Leur poésie — leur propagande — a
marqué l'aube de la littérature turque occidentale...

De l'autre côté des détroits, la conquête turque a été
largement favorisée par les circonstances. La péninsule
des Balkans est loin d'être pauvre, elle est même, aux
XIVe et XVe siècles, plutôt riche. Mais elle est divisée :
Byzantins, Serbes, Bulgares, Albanais, Vénitiens, Génois
y luttent les uns contre les autres. Religieusement,
Orthodoxes et Latins sont aux prises ; socialement enfin,
le monde balkanique est d'une extrême fragilité — un
vrai château de cartes. Tout cela à ne pas oublier : la
conquête turque dans les Balkans a profité d'une
étonnante révolution sociale. Une société seigneuriale,
dure aux paysans, a été surprise par le choc et s'est
écroulée d'elle-même. La conquête, fin des grands
propriétaires, maîtres absolus sur leurs terres, a été, à
certains points de vue, une « libération des pauvres

27. — Populations de la péninsule

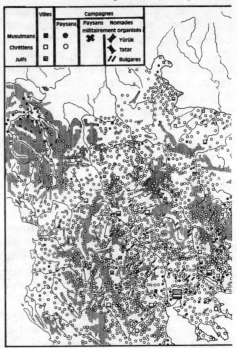

Il manque à cette carte dressée par Ömer Lutfi Barkan, à partir des recensements ottomans, les chiffres qui concerneraient Istanbul et qui sont probablement perdus. Le Turc tient le pays par ses postes frontières et plus encore ses villes-clés. On notera la masse importante des implantations de nomades Yourouks dans les plaines, mais aussi dans les zones élevées, ainsi dans le Rhodope et dans les montagnes à l'est de la Strouma et du Vardar. En gros, une ligne partant de l'île de Thasos et passant par Sofia divise une zone chrétienne, à faible implantation turque, et une zone de

diables »[19]. L'Asie Mineure avait été conquise patiemment, lentement, après des siècles d'efforts ; la péninsule des Balkans *semble* ne pas avoir résisté à l'envahisseur. En Bulgarie, où les Turcs feront des progrès si rapides, le pays avait été travaillé, bien avant leur arrivée, par des troubles agraires violents[20]. Même en Grèce, il y avait eu révolution sociale.

des Balkans au début du XVIᵉ siècle

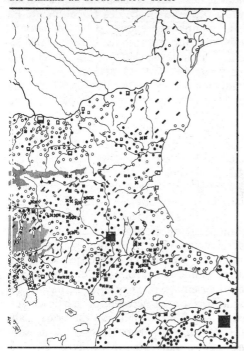

forte implantation musulmane, en Thrace et jusqu'en Bulgarie. Les travaux ultérieurs d'Ömer Lutfi Barkan et de ses élèves ont à peu près achevé le dépouillement des recensements du XVIᵉ siècle, qui marquent une forte augmentation de la population et montrent ce que l'on savait déjà : la primauté musulmane dans le peuplement de l'Anatolie. Chaque signe de cette carte représente 250 familles, c'est-à-dire plus de 1 000 personnes. A noter la présence serrée des Musulmans en Bosnie. Importance de la colonie juive de Salonique.

En Serbie, les seigneurs nationaux disparaissant, une partie des villages serbes a été incorporée aux biens *wakouf* (biens des mosquées) ou distribuée aux spahis [21]. Or, ces spahis, soldats et seigneurs viagers, demanderont au début des redevances en argent, non des corvées. Il faudra du temps pour que la situation paysanne redevienne dure. Par surcroît, il y eut en pays bosniaque,

autour de Sarajevo, des conversions massives en parties
dues, on le sait, à l'hérésie vivace des *Bogomiles*[22]. La
situation est plus compliquée encore pour l'Albanie[23].
Ici, les propriétaires ont pu trouver refuge dans les
présides vénitiens : ce fut le cas de Durazzo qui demeura
à la Seigneurie jusqu'en 1501. Quand ces forteresses
tombèrent, la noblesse albanaise se réfugia en Italie, où
ses descendants se sont maintenus quelquefois jusqu'au
temps présent. Ce n'est pas le cas de la famille des
Musachi qui s'éteignit à Naples en 1600. Mais nous
possédons sur elle une précieuse *Historia della Casa
Musachi*, publiée en 1510 par Giovanni Musachi et qui
éclaire le destin d'une maison, d'un pays, d'une caste
entière. Le nom de cette ancienne famille s'est conservé,
en Albanie, dans la contrée dite des Muzekie[24] où elle
posséda jadis d'immenses propriétés[25]. L'histoire de ces
exils et transplantations est étonnante. Elle ne vaut pas
pour tous les seigneurs et propriétaires balkaniques.
Mais quelle qu'ait été leur fin et même quand ils ont
réussi à se sauver momentanément, en reniant ou non
— le problème d'ensemble reste le même : devant les
Turcs, un monde social s'est écroulé, en partie de lui-
même, à penser, une fois de plus, qu'est vraie, sans
exception, cette réflexion d'Albert Grenier : « ne sont
conquis que les peuples qui veulent bien l'être ».
    Cette réalité sociale explique les ravages et les succès
des envahisseurs. Leur cavalerie, poussée vite et très au
loin, coupant les routes, ruinant les récoltes, désorgani-
sant la vie économique, préparait au gros de l'armée
des conquêtes aisées. Seules les régions montagneuses
furent protégées, un temps, contre l'invincible arrivant.
Celui-ci, lié aux réalités de la géographie balkanique,
fut d'abord maître des grandes routes, au long des
fossés fluviaux conduisant vers le Danube : la Maritza,
le Vardar, le Drin, la Morava... En 1371, il triomphait
à Cernomen, sur la Maritza ; en 1389, au Champ des
Merles, dans le Kossovo Polje, d'où s'échappent le
Vardar, la Maritza et la Morava. En 1459, cette fois au
Nord des Portes de Fer, il triomphait à Sméredevo, « le
point même où la ligne de la Morava rencontre le

Danube et qui autant que Belgrade, commande l'avant-pays de la plaine hongroise »[26].

Très vite aussi, il triompha dans le vaste espace des plaines de l'Est[27]. En 1365, il installait sa capitale à Andrinople, en 1386 toute la Bulgarie était conquise, puis toute la Thessalie[28]. La conquête fut plus lente dans l'Ouest montagneux et souvent plus apparente que réelle. En Grèce, Athènes était occupée en 1456, la Morée en 1460, la Bosnie en 1462-1466[29], l'Herzégovine en 1481[30], malgré les résistances de certains « rois des montagnes ». Venise elle-même ne put interdire longtemps l'accès de l'Adriatique : Scutari était enlevé en 1479, Durazzo en 1501. Resterait à marquer évidemment cette autre conquête, plus lente : la construction des routes, des points fortifiés, l'établissement de caravanes chamelières, l'action de tous ces convois de ravitaillement et de transport confiés souvent aux soins des arrièreurs bulgares, enfin et surtout cette conquête qui s'organisa par les villes, celles que les Turcs soumirent, ou fortifièrent, ou construisirent. Ce furent là de véritables foyers de rayonnement de la civilisation turque ; ils calmèrent, domestiquèrent, apprivoisèrent au moins les pays vaincus, où il ne faudrait pas imaginer un régime de violences continues.

La conquête turque, à ses débuts, s'est évidemment nourrie au détriment des peuples soumis : après la bataille de Kossovo, des milliers et des milliers de Serbes auront été vendus comme esclaves jusque sur les marchés de Chrétienté[31] ou recrutés comme mercenaires ; mais le sens politique ne fit pas défaut au vainqueur. On le vit avec les concessions de Mahomet II aux Grecs appelés à Constantinople dès 1453. La Turquie finit par créer des cadres où les peuples de la Péninsule prirent place, un à un, pour collaborer avec le vainqueur et, ici ou là, curieusement ranimer les fastes de l'Empire byzantin. Cette conquête recréait un ordre, une *pax turcica*. Croyons-en ce Français anonyme qui, en 1528, écrivait : « le pays est sûr et il n'y a nouvelles de nuls rapteurs... ni détrousseurs de grands chemins... L'Empereur ne tolère nul détrousseur ni voleur »[32]. A la même époque, eût-on pu en dire autant de la Catalogne ou de la Calabre ? Il faut bien qu'il y ait une part de vérité dans ce tableau optimiste, puisque, aux yeux des Chrétiens, l'Empire turc apparut longtemps admirable, incompréhensible, déconcertant par son ordre ; puisque son armée émerveilla les Occidentaux par sa discipline, son silence, autant que par son courage, l'abondance de ses munitions, la valeur et la sobriété de ses soldats... Ce qui n'empêchait pas, au contraire, le Chrétien de haïr ces Infidèles, « beaucoup pis que des chiens dans toutes leurs œuvres » : le mot est de 1526[33]...

Peu à peu, cependant, les jugements devinrent plus équitables. Les Turcs étaient sans doute un fléau de Dieu ; Pierre Viret le réformateur de la Suisse Romande, écrit à leur sujet, en 1560 : « nous ne pouvons être émerveillés si Dieu châtie aujourd'hui les Chrétiens dans les Turcs, comme il a jadis châtié les Juifs, quand ils ont délaissé sa foi... car les Turcs sont aujourd'hui les Assyriens et les Babyloniens des Chrétiens et la verge et le fléau et la fureur de Dieu »[34]. Dès le milieu du siècle, d'autres comme Belon du Mans, allaient reconnaître leurs vertus ; et, par la suite, chacun aimera à rêver de ce pays étrange, à rebours, occasion commode de se déprendre de la société occidentale et de ses contraintes.

Mais c'était un progrès déjà d'expliquer les Turcs par les fautes et les faiblesses de l'Europe[35]. Un Ragusain le disait à Maximilien Ier[36] : tandis que les pays européens se divisent, « toute la suprême autorité, dans l'Empire des Turcs, est aux mains d'un homme unique, tous obéissent au Sultan, il gouverne seul ; c'est à lui que vont tous les revenus, en un mot il est le maître, tandis que tous les autres sont ses esclaves ». C'est en substance ce qu'explique, en 1533, aux ambassadeurs de Ferdinand, Aloysius Gritti, étonnant personnage, fils d'un Vénitien et d'une esclave, longtemps favori du grand vizir Ibrahim Pacha. Charles Quint ne doit pas risquer sa puissance contre celle de Soliman. « *Verum esse Carolum Cesarem potentem sed cui non omnes obediant, exemplo esse Germaniam et lutheranorum pervicaciam* [37] ».

Il est vrai que la force turque est comme prise dans le complexe des faiblesses européennes, par une véritable action mécanique. Les grandes querelles de l'Europe ont favorisé, provoqué la poussée turque jusqu'en Hongrie. « C'est la prise de Belgrade (le 29 août 1521), écrira Busbec avec raison [38], qui a donné naissance à cette multitude de maux qui sont arrivés depuis si peu de temps et sous le poids desquels nous gémissons encore. C'est là cette funeste porte par laquelle les barbares sont entrés pour ravager la Hongrie, c'est ce qui a occasionné le mort du Roy Louis, ensuite la perte de Bude, l'aliénation de la Transylvanie. Si enfin les Turcs n'eussent pas pris Belgrade, jamais ils ne seraient entrés en Hongrie, ce royaume qu'ils ont désolé, connu auparavant l'un des plus florissants de l'Europe. »

En fait, 1521, l'année de Belgrade, c'était le début du grand conflit entre François Ier et Charles Quint. Les suites s'appelèrent Mohacs, en 1526 ; le siège de Vienne en 1529. Bandello, qui écrivait ses *Nouvelles* au lendemain de ce grand événement [39], montre une Chrétienté s'attendant au pire, « réduite à un canton de l'Europe, par suite des discordes qui se font chaque jour plus grandes entre les Princes Chrétiens... » A moins que l'Europe [40], au lieu de chercher à briser l'élan ottoman, ne se laisse, en fait, attirer par d'autres aventures, celle de l'Atlantique et du vaste monde, comme des historiens l'ont remarqué il y a longtemps [41]. Peut-être faut-il renverser la très ancienne explication, erronée non pas disparue, à savoir que ce sont les conquêtes turques qui ont provoqué les grandes découvertes ; alors qu'à l'inverse, ce sont bel et bien les grandes découvertes qui ont créé dans le Levant une zone de moindre intérêt où le Turc a pu, par suite, s'étendre et s'installer sans de trop grandes difficultés. Car, tout de même, quand il occupe l'Égypte, en janvier 1517, il y a vingt ans que Vasco de Gama a réalisé le périple du cap de Bonne-Espérance.

Les Turcs en Syrie et en Égypte

Or, si l'on ne se trompe, l'événement majeur dans la grandeur ottomane, plus encore que la prise de Constantinople, « cet épisode » comme l'a appelée avec quelque exagération Richard Busch Zantner [42], n'est-ce pas la conquête de la Syrie, en 1516, et celle de l'Égypte, en 1517, accomplies l'une et l'autre sur une seule et même lancée ? C'est alors que s'est dessinée la très grande histoire ottomane [43]. Remarquez que la conquête, en elle-même, n'a rien eu de particulièrement grandiose, qu'elle s'est réalisée sans difficultés. Des contestations de frontières au Nord de la Syrie, plus encore une tentative du Soudan pour se poser en médiateur entre Turcs et Persans servirent, le moment venu, de prétexte... Les Mamelouks, qui considéraient l'artillerie comme une arme déloyale, ne purent résister aux canons de Sélim, le 24 août 1516, près d'Alep. La Syrie tomba d'un coup aux mains du vainqueur qui entrait à Damas, le 26 septembre. Le nouveau Soudan se refusant à reconnaître la suzeraineté ottomane, Sélim poussa son armée jusqu'en Égypte. Les Mamelouks furent à nouveau foudroyés par le canon turc [44], en janvier 1517, près du Caire. L'artillerie, une fois de plus, créait un grand pouvoir politique. Comme en France, comme en Moscovie [45], comme à Grenade [46], en 1492.

L'Égypte fut conquise sans coup férir, presque sans que l'ordre y ait été bouleversé. Très vite, les Mamelouks, appuyés sur leurs vastes propriétés, ressaisirent l'essentiel du pouvoir : Bonaparte les retrouva trois siècles plus tard. Le baron de Tott a sans doute raison quand il écrit : « Par l'examen du Code du sultan Sélim, on doit présumer que ce Prince capitula avec les Mamelouks plutôt qu'il ne conquit l'Égypte. On aperçoit, en effet, qu'en laissant subsister les vingt-quatre beys qui gouvernaient son royaume, il ne chercha qu'à balancer leur autorité par celle d'un Pacha, qu'il établit comme gouverneur général et président du conseil [47]... » Cette remarque invite à ne pas dramatiser la conquête de 1517.

Et, cependant, quel grand événement ! Ce que Sélim

a obtenu des Égyptiens a été considérable. Tout d'abord le tribut, modéré à ses débuts [48], n'a cessé de grandir. Par l'Égypte s'est organisée la participation de l'Empire ottoman au trafic de l'or africain en provenance de l'Éthiopie et du Soudan, puis au commerce des épices en direction de la Chrétienté. Nous avons signalé ce commerce de l'or et l'importance que reprit la route de la mer Rouge dans le trafic général du Levant. Au moment où les Turcs se sont installés en Égypte et en Syrie, longtemps après le périple de Vasco de Gama, ces deux pays n'étaient plus certes les portes exclusives de l'Extrême-Orient, mais elles restaient importantes. Ainsi la digue turque entre la Chrétienté méditerranéenne et l'océan Indien [49] se trouva achevée et consolidée. Cependant que la liaison s'établissait, du même coup, entre l'énorme ville de Constantinople et une grande région productrice de blé, de riz, de fèves. Par la suite, et souvent, l'Égypte aura été, dans l'évolution turque, le facteur déterminant et, si l'on peut dire, l'élément corrupteur. On a soutenu, avec quelque vraisemblance, que de l'Égypte s'était répandue, jusqu'aux extrémités de l'Empire ottoman, la vénalité des charges [50] corruptrice bien souvent de l'ordre politique.

Mais Sélim a retiré de sa conquête un bien aussi précieux que l'or. Sans doute avait-il, avant d'être le maître des pays du Nil, fait dire les prières en son nom, rempli le rôle de Khalife [51], de Prince des croyants. Or, dans ce rôle, l'Égypte lui aura apporté une consécration. La légende prétend — c'est une légende, mais peu importe ! — que le dernier des Abbassides hébergé en Égypte par les Mamelouks aurait cédé à Sélim le Khalifat sur tous les vrais Musulmans. Légende ou non, le Sultan revenait d'Égypte auréolé d'un prestige immense. En août 1517, il recevait du fils du Cheikh de La Mecque, la clé même de la Kaaba [52]. C'est à partir de cette date que devait être confié à la garde de cavaliers d'élite le drapeau vert du Prophète [53]. Nul doute qu'à travers l'Islam, l'élévation de Sélim à la dignité de Commandeur des Croyants, en 1517, ait fait autant de bruit que deux ans plus tard, en Chrétienté, la célèbre élection de Charles d'Espagne à l'Empire. Cette date a marqué, durant le printemps du XVIᵉ siècle, l'avènement de la très grande puissance ottomane et (car tout se paie) d'une marée d'intolérance religieuse [54].

Sélim mourait peu après ses victoires, en 1520, sur le chemin d'Andrinople. Son fils, Soliman, lui succédait sans compétition. A lui allait revenir l'honneur d'assurer la grandeur ottomane, malgré les pronostics pessimistes portés sur sa personne. L'homme était à la hauteur de sa tâche. Mais, reconnaissons-le, il arrivait à une heure favorable. En 1521, il s'emparait de Belgrade, la porte de la Hongrie ; en juillet 1522, il assiégeait Rhodes et s'en emparait en décembre de la même année : la redoutable et puissante forteresse des Chevaliers de Saint-Jean enlevée, toute la Méditerranée orientale s'offrait à sa jeune ambition. Rien ne s'opposait plus à ce que le maître de tant de rivages de Méditerranée disposât d'une flotte. Ses sujets et les Grecs, y compris ceux des îles vénitiennes [55], allaient lui en fournir l'indispensable matériel humain. Le grand règne de Soliman, inauguré par cette victoire éclatante, eût-il été si brillant sans la conquête préalable de la Syrie et de l'Égypte ?

L'Empire turc vu du dedans

Cet Empire turc, nous le voyons, historiens, du dehors. C'est le voir à moitié, et encore ! et l'expliquer de façon unilatérale, par autrui. La mise en œuvre des richissimes archives d'Istanbul et de Turquie, change peu à peu cette optique ancienne. C'est du dedans qu'il faut appréhender l'énorme machine pour mieux saisir ses forces et déjà, car elles furent précoces, ses faiblesses [56] et ses oscillations. Ce qui revient à mettre en cause un art de gouverner qui est aussi un art de vivre, héritage mêlé et compliqué, un ordre religieux et un ordre social, et des époques économiques différentes. L'histoire impériale des Osmanlis ce sont des siècles d'histoire, donc des expériences successives, différentes, contradictoires. C'est une Asie Mineure « féodale » qui s'ouvre le chemin des Balkans (1360), quelques années après

Poitiers, dans les premières phases de ce que nous appelons la Guerre de Cent Ans ; un système féodal (bénéfices et fiefs) qui s'instaure dans ces terres conquises d'Europe et crée une aristocratie foncière que les sultans tiennent plus ou moins bien en laisse, contre laquelle ils lutteront par la suite avec persévérance et succès. Mais cette classe dominante des Ottomans, des esclaves du sultan, ne va cesser de changer dans son recrutement. Ses luttes pour le pouvoir rythmeront du dedans cette grande histoire impériale. Nous aurons l'occasion d'y revenir.

L'unité espagnole : les Rois Catholiques

D'un côté les Osmanlis, de l'autre les Habsbourgs. Avant ces derniers, les Rois Catholiques, premiers ouvriers de l'unité espagnole, ont compté sur le plan de cette histoire impériale autant, si ce n'est davantage, que les sultans de Brousse ou d'Andrinople dans la genèse de la fortune ottomane. Leur œuvre a été favorisée, portée par l'élan du xvᵉ siècle après la fin de la Guerre dite de Cent Ans. Il ne faut pas accepter, en effet, tout ce qu'auront dit les historiographes de Ferdinand et d'Isabelle... L'œuvre des Rois Catholiques, qu'il n'est pas question de diminuer, a eu pour elle la collaboration du temps et des hommes. Elle a été voulue, exigée par les bourgeoisies des villes, lasses des guerres civiles, désireuses de paix intérieure, de négoce tranquille, de sécurité. La première *Hermandad* a été un large mouvement urbain : ses cloches d'alarme se répondent de ville à ville, annoncent les temps nouveaux. Les villes, avec leurs étonnantes réserves de vie démocratique ont assuré le triomphe des Rois Catholiques.

Aussi bien, ne grossissons pas trop le rôle, certes considérable, des grands acteurs de ce destin. Quelques historiens ont même pensé que l'union de la Castille et de l'Aragon, réalisée en puissance par le mariage de 1469, aurait pu s'accomplir aussi bien entre Castille et Portugal [57]. Isabelle a eu le choix entre le mariage portugais et l'aragonais, entre l'Atlantique et la Méditerranée. En somme, l'unité ibérique est dans l'air, dans le sens même de la conjoncture. Le choix est entre une formule portugaise et une formule aragonaise. Celle-ci pas forcément supérieure à celle-là. Toutes deux faciles, à portée de la main. La solution acquise, dès 1469, équivaut au retournement de la Castille vers la Méditerranée, opération grosse de difficultés et de déformation, étant donné la tradition, la politique, les intérêts du royaume mais qui s'accomplit rapidement en un âge d'homme : le mariage de Ferdinand et d'Isabelle est de 1469 ; l'avènement d'Isabelle, en Castille, de 1474 ; celui de Ferdinand en Aragon de 1479 ; l'éviction du Portugais est acquise, en 1483 ; la conquête de Grenade achevée en 1492 ; la réunion de la Navarre espagnole accomplie en 1512. Ne comparons pas, même un instant, cette rapide unification à la lente et pénible formation de la France, à partir des pays d'entre Loire et Seine. Ne disons pas, autres lieux — mais autres temps, autres réalités.

Que cette unité rapide de l'Espagne ait créé la nécessité d'une mystique impériale, le contraire seul surprendrait. L'Espagne de Ximénès, travaillée par l'essor religieux de la fin du XVe siècle, vit sur le plan de la croisade ; d'où l'importance indéniable de la conquête de Grenade et des débuts, quelques années plus tard, d'une expansion vers l'Afrique du Nord. L'occupation du Midi espagnol n'achevait pas seulement la reconquête du sol ibérique, elle ne mettait pas seulement à la disposition des Rois Catholiques une région de terres riches, de villes industrieuses et peuplées ; elle libérait, pour des aventures extérieures, les forces de Castille, fixées longtemps dans un combat sans fin avec ce qui ne voulait pas mourir de l'Islam espagnol — des forces jeunes [58].

Pourtant, presque aussitôt, l'Espagne se laisse détourner de l'Afrique. En 1492, Christophe Colomb découvre l'Amérique. Trois ans plus tard, Ferdinand le Catholique est pris par les complications italiennes. Historien passionné, Carlos Pereyra [59] reproche à Ferdinand, au trop habile Aragonais, cette déviation en direction de la Méditerranée, par quoi il s'est abstenu de travailler au véritable avenir de l'Espagne, inscrit hors d'Europe, dans ces terres âpres, nues et pauvres de l'Afrique, en Amérique aussi, ce monde inconnu, abandonné par les maîtres de l'Espagne à l'aventure sous ses pires formes. Oui, mais c'est à cet abandon de l'*Ultramar* à l'initiative privée que sont dues les étonnantes aventures des *Conquistadores*. Nous accusions Machiavel de ne pas être attentif à l'immense novation des découvertes maritimes ; or, songez qu'au XVIIᵉ siècle encore, le comte duc Olivares, ce rival pas toujours malheureux de Richelieu, ce presque grand homme, n'avait pas encore saisi l'importance des Indes [60].

Dans ces conditions, rien de plus naturel que la politique aragonaise, lourde de ses traditions, entraînée vers la Méditerranée par son passé et son expérience, mêlée à elle par ses côtes, ses navigations, ses possessions (les Baléares, la Sardaigne, la Sicile) et attirée logiquement comme toute l'Europe et toute la Méditerranée par les riches pays d'Italie. Quand, en 1503, Ferdinand le Catholique s'emparait de Naples, grâce à Gonzalve de Cordoue, il se saisissait d'une grande position et d'un royaume opulent, le succès impliquant le triomphe de la flotte aragonaise et, avec le Grand Capitaine, la naissance, ni plus ni moins, du *tercio* espagnol, quelque chose d'équivalent, dans l'histoire générale du monde, à la naissance de la phalange macédonienne ou de la légion romaine [61]. Pour comprendre cette attirance de l'Espagne vers la mer Intérieure, gardons-nous de juger Naples, en ce début du XVIᵉ siècle, d'après les images que le siècle finissant peut nous offrir d'un pays à peine capable de vivre, terriblement endetté. Posséder Naples alors est une charge. Mais en 1503, en 1530 encore [62], le Royaume offrait les avantages de sa position stratégique, des ressources budgétaires importantes.

Enfin, la politique aragonaise qui entraîne l'Espagne tend aussi à se dresser contre la poussée de l'Islam, elle précède les Turcs en Afrique du Nord ; en Sicile et à Naples, elle est sur l'un des remparts extérieurs de la Chrétienté. Louis XII peut bien répéter : « je suis le Maure contre lequel le Roi Catholique arme » [63], n'empêche que ce Roi Catholique est de plus en plus, du seul fait de ses positions, le champion de la Croisade, avec toutes les tâches que cela implique, tous les privilèges et avantages que cela signifie. Avec Ferdinand, la croisade espagnole est sortie de la Péninsule, non pas pour s'enfoncer délibérément dans l'Afrique misérable qui lui fait face, non pas pour se perdre dans le Nouveau Monde, mais pour se situer au vu et au su de tous, au cœur même de la Chrétienté d'alors, en son cœur menacé, l'Italie. Vieille politique, mais prestigieuse.

Charles Quint

Charles Quint succède en Espagne à Ferdinand. Il est alors Charles de Gand et devient Charles Ier, en 1516. Avec lui, tout se complique et s'amplifie comme, à l'autre extrémité de la mer, avec Soliman le Magnifique. L'Espagne se trouve reléguée à l'arrière-plan de l'histoire clinquante de l'Empereur. Charles de Gand est devenu Charles Quint, en 1519 : le temps lui manquera pour être Charles d'Espagne. Il ne le sera assez curieusement que tard, à la fin de sa vie, pour des raisons sentimentales et de santé. L'Espagne n'a pas été le grand personnage de l'histoire de Charles Quint, si elle a contribué puissamment à sa grandeur.

Certes, il serait injuste de ne pas voir ce que l'Espagne a pu apporter à l'aventure impériale. Les Rois Catholiques d'ailleurs ont préparé la fortune de leur petit-fils. N'ont-ils pas agi dans toutes les directions utiles, l'Angleterre, le Portugal, l'Autriche, les Pays-Bas ? Joué et rejoué à la loterie des mariages ? L'idée d'encercler la France, de maîtriser ce voisin dangereux, modèle à l'avance le curieux Empire habsbourgeois, comme évidé, troué en son centre. Charles de Gand a été un hasard calculé, préparé, voulu d'Espagne. Un accident aurait pu sans doute changer le cours de l'événement. L'Espagne, par exemple, ne pas reconnaître Charles du vivant de sa mère, Jeanne la Folle, qui ne meurt à Tordesillas qu'en 1555 ; ou bien se prononcer en faveur de son frère Ferdinand, élevé dans la Péninsule. Continuons : Charles aurait pu ne pas triompher à l'élection impériale de 1519. Pour autant, l'Europe n'aurait pas échappé à une grande expérience impériale. La France, sur la voie de cette aventure dès 1494, pouvait recommencer et réussir. N'oublions pas, en outre, que derrière la fortune de Charles Quint, il y a eu longtemps la puissance économique des Pays-Bas, associée à la vie nouvelle de l'Atlantique, carrefour de l'Europe, centre d'industrie et de négoce à qui il faut des débouchés, des marchés, une sécurité politique que l'Empire allemand, désorganisé, lui aurait contestée.

L'Europe s'acheminant d'elle-même vers la construction d'un vaste État, ce qui aurait pu changer, avec le destin différent de Charles Quint, c'est la figuration du jeu impérial, non le jeu lui-même. Les électeurs de Francfort, en 1519, ne pouvaient guère se décider en faveur d'une candidature nationale. Les historiens allemands l'ont bien vu, l'Allemagne n'aurait pas supporté le poids d'une pareille candidature : elle aurait eu à lutter contre les deux candidats à la fois, aussi bien contre François Iᵉʳ que contre Charles. Elle choisit, en élisant Charles, le moindre mal, et pas seulement, quoi qu'on ait dit, celui qui, tenant Vienne, gardait sa frontière orientale menacée. N'oublions pas qu'en 1519, Belgrade est toujours place chrétienne et que, de Belgrade à Vienne, s'étend l'épaisseur protectrice du royaume de Hongrie. Ce n'est qu'en 1526 que la frontière hongroise sera brisée. Tout changera alors, mais alors seulement. Les histoires des Habsbourgs et des Osmanlis se mêlent assez dans la réalité sans qu'on les mêle hors de propos. Ce n'est pas en 1519 qu'auraient pu courir sur l'Empereur ces rimes populaires :

> Das hat er als getane
> Allein für Vatterland
> Auf das die römische Krone
> Nit komm in Turkenhand.

L'Allemagne d'ailleurs ne servira pas de point d'appui à Charles Quint. Dès 1521, Luther traverse son destin. Et au lendemain même de son couronnement à Aix-la-Chapelle, en septembre 1520, l'Empereur avait renoncé, en faveur de son frère Ferdinand, à son propre mariage avec la princesse hongroise Anna et, à Bruxelles, le 7 février 1522, il cédait secrètement à son frère l'*Erbland*[64]. C'était abandonner toute grande action personnelle en Allemagne.

Notons aussi que, par la force des choses, il ne pouvait s'appuyer directement sur l'Espagne, excentrique par rapport à l'Europe et pas encore largement ravitaillée par les trésors du Nouveau Monde : elle ne le sera pas, de façon importante, avant 1535. Dans sa lutte contre la France, qui fut le pain quotidien de sa vie à partir de 1521, les deux positions de Charles Quint furent forcément l'Italie et les Pays-Bas. C'est sur cette charnière d'Europe que porta l'effort de l'Empereur. Le Grand Chancelier Gattinara conseillait à Charles, avant toute chose, de tenir l'Italie... Aux Pays-Bas, Charles Quint trouvait, en temps de paix du moins, de gros revenus, des possibilités d'emprunts, comme en 1529, des surplus budgétaires. Il fut de règle, sous son règne, de répéter que toutes les charges retombaient sur les Pays-Bas et on le dit plus que jamais au-delà de 1552. Il arriva alors aux Pays-Bas cet accident qui déjà accablait la Sicile, Naples ou même Milan, dont la richesse était pourtant évidente : leurs excédents budgétaires se tarirent à peu près. L'évolution s'est peut-être précipitée parce que Charles et Philippe II ont porté leur effort militaire sur les Pays-Bas et que le commerce de ces derniers en a souffert. Sans doute sont arrivées d'Espagne de grandes sommes de deniers. Philippe II le soulignera. Mais en 1560, la discussion durait encore. Les Pays-Bas prétendaient avoir plus souffert que l'Espagne, « celle-ci était alors demeurée indemne de tout dommage, et avait continué ses trafics avec la France sous le couvert de sauf-conduits »[65]. Elle ne pouvait donc se plaindre outre mesure des souffrances de cette guerre qu'elle disait n'avoir été conduite que pour permettre au roi d'Espagne « d'avoir pied en Italie »[66]. Discussion stérile, mais qui tournera au désavantage des Flandres. Philippe II s'est installé en Espagne et, en 1567, l'un des buts du duc d'Albe a été de faire rendre gorge aux provinces révoltées. Il serait donc très utile d'avoir une histoire sûre des finances des Pays-Bas [67]. Les Vénitiens, en 1559, nous les dépeignent comme une région riche et très peuplée, mais où la vie est horriblement chère : « ce qui vaut deux en Italie, trois en Germanie, vaut quatre et cinq en Flandres » [68]. Est-ce la montée des prix, à la suite des arrivages d'argent américain, puis de la guerre, qui aurait finalement brisé le mécanisme fiscal des Pays-Bas ? Soriano dit bien dans sa *Relazione*, en 1559 : « ces pays sont les trésors du Roi d'Espagne, ses mines, ses Indes, ils ont soutenu les entreprises de l'Empereur durant tant d'années dans ces guerres de France, d'Italie et d'Allemagne [69]... » Le seul tort de Soriano est de parler au présent...

Italie et Pays-Bas, telle aura donc été la double et vivante formule de la politique de Charles Quint, avec quelques échappées vers l'Allemagne et l'Espagne. Aussi bien, à un historien de Philippe II, cet empire paraît-il cosmopolite, très ouvert aux Italiens, aux Flamands, aux gens de la Comté, à qui il arrive, bien entendu, dans l'entourage de l'Empereur, de coudoyer des Espagnols. Entre l'Espagne des Rois Catholiques et celle de Philippe II, l'époque de Charles Quint a été chargée d'un sens universel. L'idée de croisade elle-même s'est modifiée [70]. Elle a perdu de son caractère ibérique et s'éloigne de l'idéal de la *Reconquista*. Après l'élection de 1519, la politique de Charles Quint se détache du sol, se perd en rêves de Monarchie Universelle... « Sire, lui écrivait Gattinara, au lendemain de son élection, maintenant que Dieu vous a fait la prodigieuse grâce de vous élever au-dessus de tous les Rois et tous les Princes de la Chrétienté, à un tel degré de puissance que, seul jusqu'ici, avait connu votre prédécesseur Charlemagne, vous êtes sur le chemin de la Monarchie Universelle, sur le point d'assembler la Chrétienté sous un seul berger. » [71] Cette idée de Monarchie Universelle allait inspirer la politique de Charles Quint, prise par surcroît dans le grand courant humaniste de l'époque. Un Allemand, Georg Sauermann, qui se trouvait en

378 Destins collectifs et mouvements d'ensemble

Espagne en 1520, adressait au secrétaire impérial, Pedro Ruiz de la Mota, cette *Hispaniae Consolatio* où il s'efforçait de convertir l'Espagne elle-même à l'idée d'une Monarchie Universelle pacifiante, unissant la Chrétienté contre le Turc. Marcel Bataillon a montré combien cette idée d'unité chrétienne avait été chère à Érasme, à ses disciples et à ses amis[72]. En 1527, après le sac de Rome, Vivès écrivait à Érasme : « Christ a donné une extraordinaire occasion à notre époque de réaliser cet idéal, grâce à la grande victoire de l'Empereur et à la captivité du Pape. »[73] Peu de phrases sont plus éclairantes que celle-là, plus à même de donner sa vraie couleur à la fumée idéologique, au rêve qui entoure la politique de l'Empereur et où il puise souvent les motifs de son action... Ce n'est pas le côté le moins passionnant de ce qui fut le drame politique majeur du siècle.

L'Empire de Philippe II

L'œuvre de Charles Quint a été relayée, durant la seconde moitié du XVIᵉ siècle, par celle de Philippe II, maître aussi d'un Empire, mais combien différent ! Dégagé de l'héritage du grand Empereur durant les années cruciales 1558-1559, cet Empire est même plus vaste, plus cohérent, plus solide, que celui de Charles Quint, moins engagé en Europe, plus exclusivement centré sur l'Espagne et ainsi ramené vers l'Océan. D'un Empire, il a la substance, l'étendue, les réalités disparates, les richesses, bien qu'il manque à son souverain maître le titre prestigieux par lequel seraient résumés et comme couronnés, les innombrables titres qu'il porte. Le fils de Charles Quint a été exclu, Dieu sait après quelles hésitations, de la succession impériale qui, en principe, mais en principe seulement, lui avait été réservée à Augsbourg, en 1551[74]. Et ce titre impérial lui fit cruellement défaut, ne serait-ce que dans la guerre de préséance avec les ambassadeurs français, à la Cour de Rome, en cette scène essentielle que tous les yeux fixaient. Aussi bien, en 1562, le Roi Prudent songea-t-il à briguer la couronne impériale. En janvier 1563, le bruit courut qu'il serait proclamé Empereur des Indes[75].

Même bruit en avril 1563 où il était question, disait-on[76], de proclamer Philippe « Roi des Indes et du Nouveau Monde ». Les rumeurs se poursuivirent l'année suivante, en janvier 1564, où il fut à nouveau question d'un Empereur des Indes[77]. Une vingtaine d'années plus tard, en 1583, le bruit circulait à Venise que Philippe II briguait à nouveau le fameux titre. « Sire, écrivait l'ambassadeur de France à Henri III, j'ay appris de ces Seigneurs que le Cardinal de Granvelle vient à Rome, à ce mois de septembre, pour faire donner le titre d'Empereur à son maistre. »[78]

Racontars de Venise ? L'information n'en est pas moins curieuse. Les mêmes causes produisant les mêmes effets, Philippe III aussi sera candidat à l'Empire. Ce ne sont pas là simples politiques de vanité. En un siècle qui se nourrit de prestige et sacrifie aux apparences, une guerre sans merci, pour la préséance, oppose les ambassadeurs du Très-Chrétien aux ambassadeurs du Catholique. En 1560, pour couper court à cette lutte irritante et sans issue, Philippe II proposait à l'Empereur de nommer le même ambassadeur que lui, au concile de Trente. A ne pas être l'Empereur, Philippe II a perdu, sur le plan honorifique des apparences, ce premier rang qui lui revenait en Chrétienté et que personne n'avait pu, sa vie durant, disputer à Charles Quint ou à ses représentants.

Le caractère essentiel de l'Empire de Philippe II, c'est son hispanité — on devrait dire son castillanisme. Cette réalité n'a pas échappé aux contemporains, amis ou adversaires du Roi Prudent : ils l'ont vu, araignée au centre de sa toile, quasi immobile. Mais si Philippe, au delà de septembre 1559, après son retour des Flandres, ne quitte plus la Péninsule, est-ce seulement de sa part passion, préférence décidée en faveur de l'Espagne ? N'est-ce pas aussi, et largement, nécessité ? Nous avons montré les États de l'Empire de Charles Quint, l'un après l'autre, refusant sans mot dire d'alimenter et de payer les frais de sa politique. Tous ces déficits font de la Sicile, de Naples, de Milan, puis des Pays-Bas, des pays à la remorque et d'impossibles séjours pour le souverain. Philippe II en a fait l'expérience aux Pays-Bas où, de 1555 à 1559, il n'a vécu que grâce aux secours d'argent d'Espagne ou dans l'espoir de leur arrivée. Or, pour le souverain, il devient difficile d'obtenir ces secours sans être établi dans la place même où ils s'organisent. Le repli de Philippe II vers l'Espagne est un repli nécessaire vers l'argent d'Amérique. La faute, si faute il y a eu, c'est de ne pas avoir été aussi loin que possible au-devant de cet argent, jusqu'à l'Atlantique même, à Séville, ou plus tard encore, à Lisbonne[79]. Est-ce l'attrait de l'Europe, la nécessité de mieux et plus vite savoir ce qui se passait dans la grande ruche bourdonnante, qui a retenu le Roi au centre géométrique de la Péninsule, en cette Thébaïde de Castille où d'ailleurs il se plaisait d'instinct ?

Que le centre de la toile se soit fixé en Espagne, le fait aura entraîné bien des conséquences. Et d'abord une affection grandissante, aveugle des masses espagnoles à l'égard du Roi demeuré au milieu d'elles. Philippe II a été autant aimé par les Castillans que son père par les bonnes gens des Pays d'en bas. Il s'en est suivi, en outre, une prédominance logique des hommes, des intérêts et des passions de la Péninsule. De ces hommes durs, hautains, grands seigneurs intransigeants que fabrique la Castille et que Philippe II emploie au dehors, si, au dedans, pour l'expédition des affaires et les besognes bureaucratiques, il a une prédilection marquée pour les petites gens... Dans un Empire disloqué en patries diverses, Charles Quint vagabonde par force : il lui faut contourner la France hostile pour apporter tour à tour, à ses royaumes, la chaleur de sa présence. L'immobilité de Philippe II favorise la lourdeur d'une administration sédentaire dont les bagages ne sont plus allégés par les nécessités des voyages. Le flot de papier coule plus abondant que jamais. Les différentes parties de l'Empire glissent ainsi imperceptiblement à la situation de pays de seconde zone, et la Castille à celle de métropole : l'évolution est nette dans les provinces italiennes. La haine contre l'Espagnol s'affirme un peu partout. Elle est un signe des temps, l'annonce d'orages.

Que Philippe II n'ait pas eu le sens vif de ces changements, qu'il se soit cru le continuateur de la politique de Charles Quint, son disciple, il est vrai et le disciple même a trop retenu des leçons reçues, il a eu trop présents à l'esprit les précédents des affaires qu'il devait trancher, aidé en cela par ceux qui agissaient autour de lui, le duc d'Albe ou le cardinal de Granvelle, ce prestigieux catalogue, ce dossier vivant de la défunte politique impériale. Sans doute Philippe se trouve-t-il assez souvent dans des conditions analogues ou qui semblent analogues à celles qu'avait connues l'Empereur. Pourquoi, maître comme Charles Quint des Pays-Bas, ne ménagerait-il pas l'Angleterre indispensable à la sécurité de ce carrefour du Nord ? Ou encore, pourquoi, chargé d'États comme l'était son père, ne serait-il pas, à son image, prudent et temporisateur, occupé à orchestrer ces histoires lointaines, jamais bien accordées ?

Et cependant, les circonstances commanderaient des changements radicaux. Seuls les décors du passé subsistent. La grande, la trop grande politique de Charles Quint, au début du règne de Philippe II, dès avant même la paix de 1559, est condamnée, liquidée brutalement par le désastre financier de 1557. Il faut réparer, reconstruire, tout remettre en marche. Charles Quint, dans sa course haletante, n'avait jamais connu de tels coups de frein : le puissant retour à la paix des premières années du règne de Philippe II, c'est le signe d'une faiblesse nouvelle. La grande politique ne se réveillera que plus tard et moins à cause des passions du Souverain que sous l'impulsion des circonstances. Peu à peu s'est mis en place, gagnant continuellement du terrain, ce puissant mouvement de la Réforme catholique que nous appelons abusivement la Contre-Réforme. Né de toute une série d'efforts, de lents préparatifs, puissant dès 1560 et, à cette époque, capable déjà d'infléchir la politique du Roi Prudent, il explose, avec brutalité, face au Nord protestant, avec les années 1580. C'est ce mouvement-là qui a poussé l'Espagne dans les grandes luttes de la fin du règne de Philippe II, qui a fait du souverain le champion du catholicisme, le défenseur de la foi. Ici, les passions religieuses l'ont beaucoup plus soutenu que dans sa croisade contre les Turcs, cette guerre engagée comme à contrecœur en Méditerranée et dont Lépante ne semble avoir été qu'un épisode sans lendemain.

Autre facteur puissant : au-delà des années 1580, les arrivages de métaux précieux en provenance du Nouveau Monde atteignent un volume inconnu jusque-là. Granvelle peut gagner alors la cour d'Espagne, l'heure lui est propice. Mais avouons que l'impérialisme de la fin du règne n'a pas été créé par sa seule présence. La grande guerre d'au-delà des années 1580 s'engage, au vrai, pour la domination de l'océan Atlantique, devenu le centre de la terre. La question est posée de savoir si l'Océan appartiendra à la Réforme ou aux Espagnols, aux gens du Nord ou aux Ibériques, car c'est bien de l'Atlantique qu'il s'agit dès lors. L'Empire hispanique bascule vers l'Ouest, en direction de cet immense champ de bataille, avec son argent, ses armes, ses vaisseaux, ses bagages, ses idées politiques. Au même moment, les Osmanlis tournent de façon décidée le dos à la mer Intérieure, pour s'engager dans les luttes asiatiques... Voilà qui nous rappellerait, si besoin en était, que les deux grands Empires de la Méditerranée vivent au même rythme, et, au moins durant les vingt dernières années du siècle, que la mer Intérieure n'est plus l'essentiel de leurs ambitions et de leurs convoitises. Plus tôt qu'ailleurs, en Méditerranée, l'heure ne sonnerait-elle pas du repli des Empires ?

Hasard et raisons politiques

Qu'un historien raisonne ainsi aujourd'hui et lie politique et économique, semblera raisonnable. Beaucoup de choses — pas toutes, bien sûr — ont été commandées par la montée des hommes, l'accélération évidente des échanges et, non moins ensuite par leur régression. La thèse qui sera la nôtre établit une corrélation entre le renversement de la tendance séculaire et les difficultés en chaîne que connaîtront les grands ensembles politiques des Habsbourgs comme des

Osmanlis. Pour que cette liaison soit plus claire nous avons écarté les explications des historiens attentifs aux grands acteurs et aux grands événements, explications qui déforment tout si l'on ne consent à voir qu'elles. Nous avons également laissé dans l'ombre les raisonnements politiques à long terme, plus intéressants de notre point de vue : la politique, les institutions s'expliquent *aussi* par la politique elle-même, par les institutions elles-mêmes.

Le dossier est curieusement repris, et en partie à l'inverse de nos points de vue, dans un court paragraphe du dernier livre du grand économiste Josef A. Schumpeter [80]. Pour lui, il y a une seule ligne forte : l'évolution progressive du capitalisme, « dominante » dirions-nous. Le reste dans l'économie et la politique est hasard, surprise, conjoncture, détail. C'est hasard « que la conquête de l'Amérique... ait produit un torrent de métaux précieux », sans quoi les Habsbourgs seraient impensables. C'est hasard que surgisse « la révolution des prix » qui va rendre explosives les tensions sociales et politiques, c'est hasard encore que les États (et j'ajoute les Empires) trouvent la voie libre devant eux au XVIe siècle. Hasard ? les grandes puissances politiques du passé, en effet, se sont effacées d'elles-mêmes, le Saint Empire romain germanique à la mort de Frédéric II, en 1250 ; la Papauté vers cette même date, car sa victoire a été une victoire à la Pyrrhus... Et, bien avant 1453, il y a eu décadence de l'Empire byzantin.

Un tel tableau (mais le texte de Schumpeter est fort bref) mériterait d'être discuté point par point, si l'on voulait être équitable et ne pas se donner raison à bon compte. Mais, allant au plus pressé, disons que l'effondrement naturel de la Papauté et de l'Empire au XIIIe siècle n'est pas un hasard, le fruit, sans plus, d'une politique aveugle d'auto-destruction. L'essor au XIIIe siècle avait esquissé les mêmes évolutions politiques qu'au XVIe siècle et mis en avant de grandes mutations politiques. Puis le reflux économique avait imposé partout sa marque. Ces destructions insistantes aux siècles suivants sont à inscrire au passif d'une conjonc-

ture maussade de longue durée : le responsable c'est
« l'automne du Moyen Age », il a marqué les arbres
fragiles à abattre, depuis l'Empire byzantin jusqu'au
Royaume de Grenade, sans oublier le Saint Empire
romain germanique lui-même. Tout cela, processus lent,
naturel.

Avec la reprise qui, en gros, va suivre le milieu
du xve siècle, des catastrophes, des novations, des
renouveaux se préparent. La Papauté ne sera frappée
qu'après la révolte de Luther et l'échec de la Diète
d'Augsbourg (1530). Une autre politique eût été possible
à Rome, faite de concessions et résolument irénique.
Ajoutons que la Papauté reste cependant une grande
force, même sur le plan politique et durant tout le xvi^e
siècle, voire jusqu'aux traités de Westphalie (1648).

Pour revenir aux autres arguments, remarquons que
la révolution des prix — et c'est Schumpeter [81] qui le
dit lui-même — est antérieure aux arrivées métalliques
massives du Nouveau Monde. De même la croissance
des États territoriaux est antérieure à la découverte
de l'Amérique (Louis XI, Henri VII Lancastre, Jean
d'Aragon, Mahomet II). Enfin, si les mines du Nouveau
Monde entrent en jeu, c'est que l'Europe a les moyens
de les exploiter, cette exploitation n'ayant pas été
gratuite. La Castille, dit-on, a gagné l'Amérique à la
loterie. Façon de parler : elle a dû ensuite la mettre en
valeur et très souvent selon les lois du doit et avoir. Et
puis, supposons que le Nouveau Monde n'ait pas offert
des mines d'accès facile, la force d'entraînement de
l'Occident eût trouvé ailleurs ses échappées et ses prises.
Dans sa thèse récente, Louis Dermigny [82] se demande si
l'Occident, en choisissant le Nouveau Monde où presque
tout a été créé par lui, n'a pas négligé une option
possible, celle de l'Extrême-Orient où tant de choses
étaient en place, à portée de main — et peut-être
d'autres options : l'or africain, l'argent de l'Europe
centrale, ces atouts vite abandonnés... C'est le moteur,
l'Occident, qui a été décisif.

Au vrai, l'argumentation de Josef Schumpeter répète
de vieilles leçons et de vieilles lectures, où le hasard

chez les historiens avait bon dos — elle écarte, sous-estime l'État, alors qu'il est, au même titre que le capitalisme, le fruit d'une évolution multiple. En réalité, la conjoncture, au sens *large*, porte aussi sur son mouvement les assises politiques, les favorise ou les abandonne. Et quand un nouveau jeu recommence, les gagnants ne sont jamais les anciens vainqueurs : la main passe.

2. Moyens et faiblesses des États

De la poussée des États et des « Empires » selon les conjonctures du siècle, plus que les causes, ce sont les effets qu'on aperçoit. L'État moderne se met en place au prix d'immenses difficultés. Il doit — et c'est le plus apparent des phénomènes nouveaux — multiplier les instruments et les agents de sa grandeur. Gros problème, non le seul.

Le « *fonctionnaire* » [83]

Alors apparaissent, en rangs serrés, les personnages que nous appellerons, par commodité, non par excès de modernisme : les « fonctionnaires ». C'est un fait qu'ils occupent les avenues de l'histoire politique. Avec eux s'opère une révolution politique qui se double d'une révolution sociale.

Appelé au pouvoir, le fonctionnaire ne tarde pas à s'adjuger une partie de l'autorité publique. Il est partout, au moins au XVIe siècle, d'origine modeste. En Turquie, tare supplémentaire, il est souvent d'origine chrétienne, de la race des vaincus, non moins souvent juif. D'après H. Gelzer [84], sur quarante-huit grands vizirs, de 1453 à 1623, cinq furent de race turque, si l'on peut dire, dont un Tcherkesse, dix d'origine inconnue, trente-trois renégats, dont six Grecs, onze Albanais ou Yougoslaves, un Italien, un Arménien, un Géorgien. Le nombre des Chrétiens qui se glissent jusqu'au sommet de la hiérarchie turque indique l'importance de leur invasion dans les cadres de l'Empire ottoman. Et si, finalement, ce

28. — Les budgets suivent la conjoncture

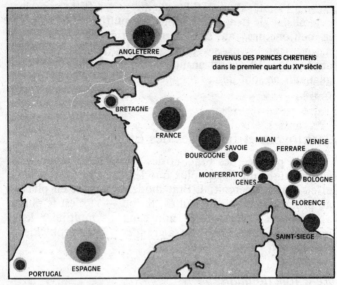

REVENUS DES PRINCES CHRETIENS
dans le premier quart du XV° siècle

Ces curieuses évaluations vénitiennes (*Bilanci generali*, vol. I, tome I, Venise, 1912, p. 98-99) qui ne sont certainement pas d'une exactitude absolue, montrent en tout cas le repli général des ressources budgétaires des États européens entre 1410 et 1423 (le premier chiffre cercle en grisé, le second chiffre cercle en noir). Pour l'Angleterre, de 2 millions de ducats à 700 000 ; la France de 2 millions à un ; l'Espagne de 3 millions à 800 000 ; Venise de 1 100 000 à 800 000, etc. Resterait, si les chiffres étaient exacts, à calculer les budgets réels comme on calcule les salaires réels. Il semblerait que l'État a toujours du retard sur la conjoncture, à la fois en période de hausse et en période de baisse, c'est-à-dire que ses ressources diminuent moins vite que les autres en période de contraction, et ce serait son avantage ; qu'elles progressent moins vite en période de reprise. Cette hypothèse ne peut pas s'établir grâce au document mis en cause ici, ou à ceux qui vont suivre. Un seul fait est certain, les ressources de l'État varient au gré de la conjoncture économique.

dernier ressemble plus à l'Empire byzantin qu'à tel Empire mongol [85], c'est en raison de ce large recrutement de fonctionnaires.

En Espagne, où nous le connaissons mieux qu'ailleurs, le fonctionnaire est issu du petit peuple des villes, voire de familles paysannes, ce qui ne l'empêche pas, au contraire, de se dire descendant d'hidalgo : en Espagne, qui ne prétend l'être ? En tout cas, leur montée sociale n'échappe à personne, surtout pas à l'un de leurs ennemis déclarés, avocat de la grande aristocratie militaire, Diego Hurtado de Mendoza qui note, dans sa *Guerre de Grenade*[86] : « Les Rois Catholiques ont placé le gouvernement de la justice et des affaires publiques entre les mains des *letrados*, gens de condition moyenne, entre grands et petits, ne portant offense ni aux uns ni aux autres, et dont la profession était d'étudier le droit », *cuya profesión eran letras legales*. Ces *letrados* sont les frères des *dottori in legge* dont parlent les documents italiens, et de nos légistes du XVIᵉ siècle, issus ou non de l'Université de Toulouse qui, par leurs idées romaines, travaillèrent tant à l'absolutisme des Valois. Dans sa haine qui le rend lucide, Hurtado de Mendoza évoque leur troupe entière, *oídores* des affaires civiles, *alcaldes* des causes criminelles, *presidentes*, membres des Audiencias, autant dire nos Parlements, et couronnant le tout la congrégation suprême du *Consejo Real*... Car leur compétence, à ce qu'ils croient, est universelle, ni plus ni moins que la *ciencia de lo que es justo y injusto*. Ils sont envieux des charges d'autrui et toujours prêts à empiéter sur la compétence des militaires (au fond des grandes familles aristocratiques). Et ce fléau n'est pas circonscrit à l'Espagne : « cette manière de gouverner s'est étendue par toute la Chrétienté et se trouve aujourd'hui au sommet de sa puissance et de son autorité »[87]. En quoi Hurtado de Mendoza n'a pas tort. A côté des *letrados* arrivés, comptons en imagination ceux qui s'apprêtent à entrer dans la carrière et qui, de plus en plus, encombrent les Universités d'Espagne (et bientôt celles du Nouveau Monde) : 70 000 étudiants pour le moins, compte avec mauvaise humeur, au début du siècle suivant, Rodrigo Vivero, Marquis del Valle[88], autre grand seigneur et créole de Nouvelle Espagne ; parmi eux, des fils de savetier et de laboureurs ! A qui la faute, si ce n'est à l'État et à l'Église qui, offrant des places et prébendes, peuplent les Universités autant que le désir de savoir ? Tous ces

letrados ont souvent pris leurs grades à Alcalà de
Henares ou à Salamanque. Quoi qu'il en soit, et même
si l'on pense que le chiffre de 70 000 étudiants, énorme
aux yeux de Rodrigo Vivero, est modeste eu égard à la
population de l'Espagne, il est certain que cette poussée
sociale est d'une grosse importance politique, dès l'époque constructive des Rois Catholiques. Déjà apparaissent les « commis royaux » de très modeste origine,
ainsi ce Palacios Rubios [89], rédacteur des *Leyes de
Indias*, et qui n'est même pas fils d'hidalgo ! Ainsi plus
tard, sous Charles Quint, le secrétaire Gonzalo Pérez,
cet humble que l'on soupçonnera d'être d'ascendance
juive [90]. Ainsi, encore, à l'époque de Philippe II, le
cardinal Espinosa, qui meurt d'apoplexie en 1572,
chargé de titres, d'honneurs et de fonctions multiples,
laissant sa maison pleine de dossiers et de papiers
empilés qu'il n'a pas eu le temps de parcourir et qui y
dorment parfois depuis des années... Gonzalo Perez est
d'église, comme le cardinal Espinosa, comme Don Diego
de Covarrubias de Leyva, sur qui son parent, Sebastian
de Covarrubias de Leyva, rédigeait, en 1594, une
assez longue notice rétrospective [91] : occasion pour nous
d'apprendre que Don Diego était né à Tolède, de
parents nobles, originaires de Biscaye, qu'il fit ses débuts
à Salamanque, fut professeur au Collège d'Oviedo, puis
magistrat à l'Audience de Grenade, ensuite évêque de
Ciudad Rodrigo, puis archevêque de Saint-Domingue
« en las Indias », enfin Président du Conseil de Castille
et alors nanti de l'évêché de Cuenca (il mourait d'ailleurs
à Madrid le 27 septembre 1577, à l'âge de soixante-sept
ans avant d'en avoir pris possession). S'il en était
besoin, sa vie montrerait que l'on peut mener de front
une carrière d'Église et une carrière d'État. Or l'Église,
en Espagne plus qu'ailleurs, est largement ouverte aux
pauvres.

En Turquie, le règne de Soliman, a été à la fois
une période de guerres victorieuses, de constructions
multiples et de grande activité législative. Soliman est
Soliman le Kânoûni, le législateur, ce qui suppose en
ses États, et spécialement à Constantinople, un renou-

veau des études juridiques et l'existence d'une classe de juristes. Son code réglementait si bien l'appareil judiciaire que le roi Henri VIII d'Angleterre, dit-on, envoya à Constantinople une mission d'experts pour en étudier le fonctionnement [92]. En fait, le Kânoun Nâme est en Orient aussi célèbre que le *Codex Justinianus* l'est demeuré en Occident [93] ou la *Recopilación de las Leyes* en Espagne. Toute l'œuvre législative de Soliman, en Hongrie, a été à la charge du juriste Aboul's-Su'ûd ; elle fut si importante dans le domaine de la propriété que bien des détails en ont survécu jusqu'à nos jours. De même le juriste Ibrahim Halebi, auteur d'un livre de droit usuel, le *multeka* [94], est à placer à côté des plus grands juristes de l'Occident du XVIe siècle.

Plus on y réfléchit, plus il semble que des ressemblances étranges se marquent, au-delà des mots, des termes et des apparences politiques, entre Orient et Occident, mondes différents sans aucun doute, non pas toujours divergents. Légistes de tradition romaine, légistes exégètes des textes coraniques, c'est une même et immense armée, qui, en Orient comme en Occident, travaille à relever la prérogative du Prince. Il serait téméraire et inexact de tout attribuer, dans cette hausse monarchique, à leur zèle, à leur dévouement ou à leurs calculs. Le pouvoir n'a pas eu que des sources juridiques. Toutes les monarchies restent charismatiques. Et l'économie a son rôle. Quoi qu'il en soit, cette armée de légistes, des plus célèbres aux plus modestes, aura travaillé pour les grands États. Elle a détesté, brisé ce qui gênait leur expansion. Même en Amérique où le fonctionnaire ibérique a poussé si souvent de façon abusive, qui pourrait nier les services de ces petites gens dévoués au Prince ? En Turquie, l'État, qui se modernise, le voulant et ne le voulant pas, multiplie dans les provinces conquises de l'Est asiatique les fermiers à mi-fruit, ils vivent sur les revenus qu'ils administrent, mais en transmettent l'essentiel à Istanbul ; il multiplie aussi les fonctionnaires salariés qui, pour une tâche donnée, de préférence dans les villes faciles à surveiller, reçoivent un traitement prélevé sur le trésor impérial. Ces fonc-

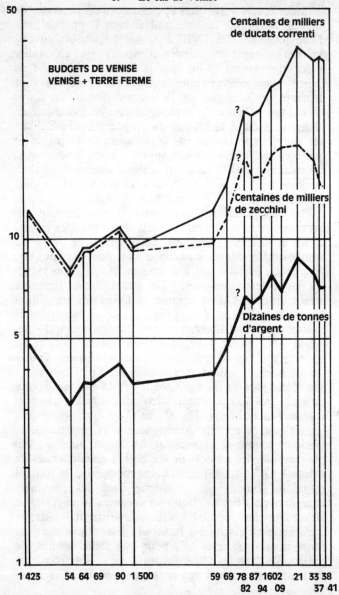

1. — Le cas de Venise

50

Centaines de milliers
de ducats correnti

**BUDGETS DE VENISE
VENISE + TERRE FERME**

Centaines de milliers
de zecchini

10

Dizaines de tonnes
d'argent

5

1

1 423   54 64 69   90 1 500   59 69 78 87 1602 21 33 38
                                    82 94 09   37 41

suivent la conjoncture
2. — Le cas de la France

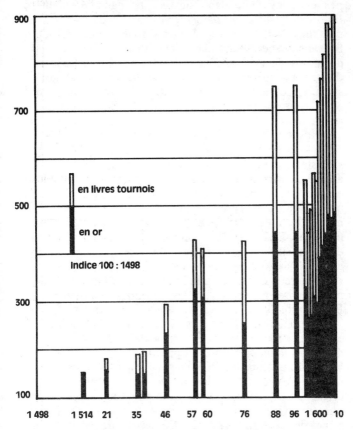

en livres tournois

en or

Indice 100 : 1498

1 498   1 514   21   35   46   57 60   76   88 96 1 600 10

Le budget de Venise est triple : la Ville, la Terre Ferme, l'Empire. On a laissé de côté l'Empire pour lequel les chiffres sont souvent de prétention. Le graphique a été établi par Mlle Gemma Miani, principalement à partir des *Bilanci generali*. Les trois courbes correspondent au total des recettes de Venise et de Terre Ferme : chiffres nominaux (en *ducati correnti*), chiffres en or (évalués en sequins), chiffres en argent (en dizaines de tonnes d'argent). Les chiffres pour la France, établis par F. C. Spooner, ont une valeur très mitigée. Chiffres nominaux en livres tournois, et chiffres calculés en or. Si imparfaites que soient ces courbes, elles indiquent qu'il y a des conjonctures budgétaires en rapport avec la conjoncture des prix.

tionnaires sont de plus en plus des Chrétiens reniés, peu à peu introduits dans la classe ottomane dominante. Ils proviennent de la *devschirmé*, sorte « de ramassage qui consistait à enlever dans les foyers chrétiens des Balkans, un certain nombre d'enfants généralement âgés de moins de cinq ans [95]... » Et le mot de *devschirmé* désigne à la fois une catégorie politique et une catégorie sociale. Ces nouveaux agents de l'État ottoman vont réduire, presque ruiner les *timariotes* des Balkans (titulaires de *timars*, de bénéfices seigneuriaux) et soutenir, un long instant, la force rénovée de l'Empire [96].

Sans le vouloir toujours de façon claire, l'État au XVIᵉ siècle aura déplacé ses « fonctionnaires » [97]. Il les aura déracinés comme à plaisir. Et les grands États plus encore que les autres. Un déraciné, c'en est bien un que le cardinal Granvelle, ce Comtois qui déclarait n'être de nulle part. Exemple exceptionnel, dira-t-on, mais en Espagne, les preuves surabondent de tels déplacements. C'est le cas du licencié Polomares employé à l'Audience de la Grande Canarie et finissant sa carrière à celle de Valladolid [98]. Ainsi vagabondent, plus encore que les civils, les militaires au service du Roi, tantôt dans les cadres, tantôt hors des cadres de l'armée. De Nantes, où il est à la fin du siècle un agent efficace, le représentant de l'Espagne, Don Diego Mendo de Ledesma, envoyait à Philippe II [99], pour réclamer du souverain quelque « aide » en ses difficultés financières, le long relevé de ses loyaux services. D'une famille certainement noble, il avait été admis tout jeune, ainsi que son frère, parmi les pages de la reine Isabelle (la reine de la Paix, fille de Catherine de Médicis et troisième épouse de Philippe II). Il avait servi, encore enfant, durant la guerre de Grenade, puis avait suivi en Italie Don Juan d'Autriche. Avec ses deux frères, lors de la conquête du Portugal en 1580, il avait décidé la ville de Zamora à servir le Roi Catholique et il avait joint, aux miliciens de la ville, les forces de ses propres vassaux. Plus tard, cette ville de Zamora hésitant à accepter l'augmentation de son abonnement à *l'alcabala* et donnant le mauvais exemple aux autres cités, le

30. — Les budgets suivent la conjoncture
3. — Le cas de l'Espagne

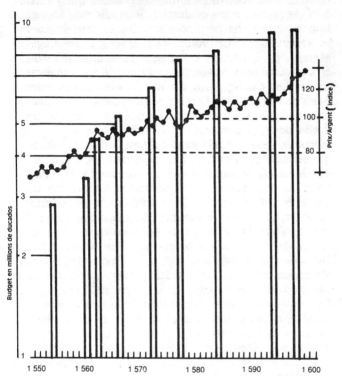

L'indice des prix argent est emprunté à Earl J. Hamilton. Les budgets sont évalués en millions de ducats castillans, monnaie de compte qui n'a pas varié pendant la période considérée. Les évaluations budgétaires sont empruntées à un travail inédit d'Alvaro Castillo Pintado. Cette fois, malgré les imperfections de calcul des recettes, la coïncidence entre la conjoncture des prix et le mouvement des rentrées fiscales est beaucoup plus nette que dans les cas précédents. Nous disons : « budgets » malgré l'impropriété du terme. Nous ne connaissons jamais de façon très sûre les dépenses. Seules les archives de Simancas, à ma connaissance, et peut-être celles d'Angleterre permettraient de saisir de vrais budgets. Des graphiques provisoires, analogues à ceux que nous évons tracés, peuvent être facilement calculés pour la Sicile et le Royaume de Naples, et même pour l'Empire Ottoman, ce que le groupe d'Ömer Lutfi Barkan a déjà entrepris pour son compte.

gouvernement lui avait dépêché Don Diego, pour la
ramener à de meilleurs sentiments... « Dès que j'entrai
à l'Échevinage, conte ce dernier, je rendis tout facile et
tirai les esprits de perplexité... » On ne saurait mieux
se faire valoir. Le voilà, peu après, *Corregidor* à
Málaga. C'est par ces *Corregidores*, maîtres des villes
et puissants personnages, que l'État, alors, tenait ses
sujets. Les *Corregidores* furent l'équivalent des Inten-
dants en France. Don Diego s'occupa, dans ses nouvelles
fonctions, de la construction du môle du port. Requis,
il alla porter secours immédiat à Tanger et Ceuta que
menaçait Drake et cela sans qu'il en coûtât, ô miracle,
un réal au Roi. Il est vrai que lui, Don Diego, se ruinait
en cette affaire calamiteuse pour sa bourse. Il lui fallait,
en effet, dans ses nouvelles fonctions, lors du secours
des présides, entretenir à sa table plus de soixante
cavaliers et autres personnes de qualité... Le voilà
ensuite gouverneur de Ceuta et, à ce titre, enquêtant
sur la gestion de son prédécesseur. Il se vante d'avoir
été si bon juge, en l'occasion, que le poste fut restitué
à l'ancien titulaire. Satisfait de lui-même, le voilà sans
situation et à nouveau chez lui, près de Zamora, où
l'accueillent les clameurs justifiées de sa femme et de ses
enfants, recrus de misère. Il accepte sur ces entrefaites de
partir pour six mois en Bretagne. Mais ces six mois
durent déjà depuis cinq longues années ; durant cette
absence, son frère aîné et la femme de ce dernier sont
morts, sans qu'il ait pu recueillir, pour son propre
compte, la moindre parcelle de leur héritage. Les absents
ayant toujours tort, il a même perdu de ce fait deux
procès. Sans doute, dès son détachement en Bretagne,
le Roi lui a-t-il accordé une commanderie de 1 500 ducats
de rente, avec paiement de quatre années d'arriéré, mais
qu'est-ce, à côté de ses énormes frais, de sa misère, de
la misère de sa famille ?

Les archives espagnoles conservent des milliers de
plaintes et de notices analogues. L'historien n'est pas
obligé de croire à la lettre les doléances qui s'y
expriment, mais il est hors de doute que les « fonctionnaires » de l'Espagne moderne sont peu et mal payés

et constamment déplacés sur l'échiquier de l'Empire
espagnol, déracinés, coupés de leurs attaches locales...
Qu'ils soient souvent misérables, nul doute. A Madrid
vit une population de gens sans emploi, en quête
de places, de pensions, d'arriérés, une population de
militaires infirmes qui piétinent dans l'attente de récep-
tions d'audiences. Cependant que, pour vivre, femmes
et filles se débauchent... Douloureuse histoire que celle
de ces chômeurs d'État, usant leur attente le long de la
Calle Mayor qui est la rue des riches marchands, allant
chercher fraîcheur ou soleil, selon la saison, au Prado
San Hieronymo, ou se mêlant au flot pressé des
promeneurs nocturnes [100]...

Survivances et vénalité

Tous ces serviteurs sont attachés à leurs charges, par
loyauté, point d'honneur, intérêt. Peu à peu, ils sont
pris du désir de s'y perpétuer. Avec les années, la chose
devient de plus en plus claire. La vénalité des charges
est une maladie générale. La France, où le mal fait de
si grands progrès, n'est pas une exception. Au vrai, est-
ce la décrue des revenus réels qui oblige les États, au
XVIᵉ et au XVIIᵉ siècle, à laisser partout prospérer le
mal ? En tout cas, la *Recopilación de las Leyes* [101]
permet de suivre, pour l'Espagne, ce dessaisissement
progressif de l'État au bénéfice des particuliers et la
montée en conséquence d'une nouvelle caste de privilégiés. Pour en connaître le détail et la réalité, il faudrait
dépouiller à Simancas l'énorme masse des papiers relatifs
aux *Renuncias* [102]. *Renunciar*, renoncer, c'est donner à
un autre la survivance de sa charge, ce que demande —
exemple entre mille — cet alguazil de l'Inquisition de
Barcelone, en juin 1558 [103], en faveur de son fils. Autre
exemple, la même année, le gouvernement acceptait les
prétentions des *Regidores*, ces échevins, qui eurent dès
lors le droit de *renoncer* en faveur de qui ils voulaient,
même si le bénéficiaire avait moins de dix-huit ans,
avec faculté d'exercer ce droit de désignation de leur
vivant, à leur lit de mort, ou dans leur testament. La

renonciation était même valable s'ils mouraient avant
l'habituel délai de vingt jours [104].

Ces détails, évocateurs de réalités françaises contem-
poraines, posent le problème, s'ils ne le résolvent pas.
Je ne doute pas qu'une étude systématique ne révèle un
jour, pour la Péninsule, ce que les historiens français
ont réussi à mettre en lumière à propos de notre pays.
Le fait ibérique le plus curieux me semble même avoir
été l'extrême précocité du mouvement. Dès avant les
Rois Catholiques, sous les règnes tourmentés de Jean
II et de Henri IV [105], et sans doute dès le début du xv^e
siècle [106], les premiers symptômes sont visibles, au moins
dans les offices municipaux dont beaucoup déjà sont
renunciables. Sans doute, assez souvent la Royauté
reprenait-elle ses droits, par la force ou le simple jeu
des délais imposés à la renonciation et qui couraient
aussi bien pour celui qui avait renoncé (à lui de rester
en vie le temps voulu, vingt jours au moins) [107] que
pour que le nouveau titulaire, tenu à se présenter, à
faire reconnaître ses droits, dans les trente jours qui
suivaient l'acte [108]. En 1563, les *Cortès* demandaient à
Philippe II, en vain d'ailleurs, de porter ces délais de
trente à soixante jours [109], preuve, s'il en était besoin,
que la procédure ancienne restait en vigueur, menace
constante, drame de famille en puissance, car les
acheteurs employaient souvent, pour les paiements, le
précieux argent des dots [110]... Peu à peu, quantité
d'offices deviendront *renunciables*. Telles défenses
d'avoir à renoncer, sinon de père à fils [111], telles
interdictions de négocier des charges de judicature ou
autres [112] disent à leur façon le progrès du mal [113]. Le
Roi y contribuait dans la mesure où il multipliait et
vendait les offices [114]. On accuse d'ordinaire Antonio
Perez [115] d'avoir favorisé ces ventes massives : mais
autant que le secrétaire, c'est l'époque qu'il faut charger
de cette responsabilité. Deviennent *renunciables* même
les charges d'alcades municipaux et les *escrivanias* des
Chancelleries et du Conseil royal [116]. Comme en France,
cette vénalité envahissante se développe dans une sorte
d'atmosphère féodale, ou disons, avec Georg Friede-

rici [117], que bureaucratie et paternalisme vont alors de
pair. Évidemment la monarchie perd à ce jeu des ventes
et des corruptions logiques qu'il entraîne. Elle crée des
obstacles à son autorité qui n'est pas, à l'époque de
Philippe II, un pouvoir absolu à la Louis XIV, il s'en
faut de beaucoup. Il est vrai que la vénalité reste la
plupart du temps, en Castille, limitée aux petits emplois
et ne submerge tout que dans le cadre des offices
municipaux. C'est justement là, appuyé sur les Cortès,
que se maintient un patriciat urbain vivace, attentif à
ses intérêts locaux et que les *Corregidores* ne peuvent
aisément ramener à l'ordre... Mais les villes, n'est-ce
rien ? Toute l'histoire fiscale doit être reprise dans cette
optique importante [118].

Une certaine vénalité, déformation de l'État, se fait
également jour à travers les institutions turques. J'ai
déjà signalé la remarque selon laquelle l'affermage des
offices, dans toute la Turquie, proviendrait de l'exemple
égyptien [119]. La nécessité de *corteggiare* ses supérieurs,
de les fournir de cadeaux substantiels, oblige chaque
serviteur de l'État à se payer régulièrement au détriment
de ses inférieurs et de ses administrés et ainsi de suite.
Une immense pillerie s'organise du haut en bas de la
hiérarchie. L'Empire ottoman est la proie de ces insatiables tenants d'offices que la tyrannie des usages oblige
à être insatiables eux-mêmes. Le profiteur de ce pillage
général est le Grand Vizir, comme le disent et le
répètent les Vénitiens, comme l'affirme Gerlach dans son
Tagebuch à propos de Méhémet Sokoli, enfant obscur
des environs de Raguse, pris à dix-huit ans par les
recruteurs du Sultan et devenu longtemps après, en juin
1565, Grand Vizir, poste qu'il occupera jusqu'à son
assassinat, en 1579. Un énorme revenu lui vient des
présents que lui font les candidats aux fonctions publiques. « Une année dans l'autre, dit le Vénitien Garzoni,
il s'élève à un million d'or, comme me l'ont affirmé
des personnes dignes de foi. » [120] Gerlach note de son
côté : « Méhémet Pacha a un incroyable trésor d'or et
de pierres précieuses... Qui veut obtenir un office doit
lui faire présent de quelques centaines ou milliers de

ducats, ou lui apporter chevaux ou enfants... » Il n'y a pas à défendre contre ces témoignages la mémoire de Méhémet Sokoli, authentique grand homme au demeurant, mais qui, en ce qui concerne l'argent des autres, celui de ses inférieurs ou celui des puissances étrangères, se contentait des mœurs de son temps.

Cependant, en pays turc, l'énorme fortune d'un vizir est toujours à la disposition du Sultan, lequel s'en saisira à la mort du ministre, que cette mort soit, ou non, naturelle. Ainsi l'État turc participe à la pillerie de ses fonctionnaires. Tout, évidemment, n'est pas exactement récupéré par ces méthodes simples ; aux fortunes des ministres s'offre le refuge de fondations pieuses dont les preuves architecturales ont subsisté, nombreuses. Par ce détour, un peu d'or prévariqué est mis à l'abri, pour l'avenir ou la sécurité d'une famille [121]. Reconnaissons que le système occidental, en général, a moins de rigueur que ces méthodes d'Orient, mais là comme ailleurs, dans le domaine de la vénalité il y a une curieuse désorganisation de l'État. Resterait à dater cette désorganisation si révélatrice. Les signes du XVIe siècle, ne sont, à ce point de vue, que des signes avant-coureurs.

En tout cas, pour l'Empire turc comme pour les autres États européens [122], le XVIe siècle a vu une montée singulière du nombre de ses agents. En 1534, il y avait ainsi en Turquie d'Europe, à la tête de toutes les hiérarchies, un beglerbey, au-dessous de lui trente sandjacs ; en Asie, six beglerbeys et soixante-trois sandjacs. Un peu hors cadre, en 1533, on avait créé un beglerbey nouveau, le Kapudan Pacha, que les documents espagnols appellent le Général de la Mer. Cette « Amirauté », outre le commandement de la flotte, comportait l'administration des ports de Gallipoli, Cavalla, Alexandrie. Il y a donc avec le beglerbey du Caire, créé en 1534, neuf beglerbeys de rang supérieur. Or, en 1574, quarante ans plus tard, c'est de vingt « gouvernements » qu'il est question : trois en Europe (Sofia, Temesvar, Bude) ; treize en Asie ; trois puis quatre en Afrique (Le Caire, Tripoli, Alger, et bientôt

Tunis) ; plus le Général de la Mer. Si besoin en était, la part prépondérante de l'Asie montrerait que c'est là que se trouve le centre des préoccupations et des forces turques. La progression devait d'ailleurs continuer. Sous le règne de Mourad III, le chiffre total passait de vingt et un à quarante, dont vingt-huit gouvernements pour la seule Asie où la guerre contre la Perse amenait la conquête et l'organisation de vastes zones frontières. Ces augmentations ont donc répondu à des nécessités. Mais on ne saurait négliger, non plus, en Turquie, l'étrange besoin grandissant de titres, le goût de plus en plus prononcé pour les fonctions publiques. Le *soubadji* rêve d'être *sandjac*, le *sandjac, beglerbey...* Et régulièrement chacun vit au-dessus de son rang.

Une évolution analogue à celle qui travaille l'Espagne, trouble la Turquie et même plus tôt que la lointaine péninsule Ibérique. En effet, celle-ci, pour étaler son luxe et lâcher bride au goût de vivre et de paraître, attendra la fin du règne ascétique de Philippe II. En Orient, dès la mort de Soliman, en 1566, tout aura changé. Les habits de soie, d'argent et d'or, proscrits par le vieil Empereur vêtu de coton, avaient fait leur brusque réapparition. Avec le siècle finissant, se succèdent à Constantinople des fêtes somptueuses. Elles éclairent de leurs lumières chatoyantes le récit assez terne du vieil Hammer. Le luxe du Sérail est alors inouï, les sièges y sont recouverts d'étoffes d'or ; l'été, l'habitude est prise de dormir dans les soies les plus fines. En exagérant à peine, les contemporains affirment qu'un soulier de femme turque valait plus que la parure entière d'une princesse chrétienne... L'hiver, on se couvrait de fourrures précieuses. Le luxe même des tables d'Italie était surpassé [123]. Il faut en croire le mot assez joli et naïf aussi du premier envoyé hollandais à Constantinople, en mai 1612, Cornélius Haga, déclarant après sa réception : « il semblait que ce fut un jour de triomphe » [124]. Et que ne pourrait-on dire des grandes fêtes du temps de Mourad IV, dans un pays pourtant exsangue, torturé par la guerre et la faim ? Il est curieux de voir la Turquie, à peu près en même temps que l'Espagne, prise dans les tourbillons et les fêtes d'un « Siècle d'or », au moment où ce feu d'artifice est en contradiction avec les règles d'une maison sagement menée et les impérieuses nécessités du doit et avoir.

Les autonomies locales

Le spectacle des grandes machineries politiques risque de nous égarer. Comparant celles du XVIᵉ à celles du XVᵉ siècle, nous les voyons démesurément grossies. Mais tout reste question de proportions. Si l'on songe aux temps présents et aux énormes masses de fonctionnaires au service de l'État, le nombre des « officiers » du XVIᵉ siècle est bien dérisoire. Autant dire que, par ce personnel insuffisant, les vastes États aux pouvoirs « absolus » n'exercent qu'une prise imparfaite. A la base, les voilà incomplets, inefficaces. Ils se heurtent à mille autonomies sous-jacentes et dont ils ne peuvent avoir raison. Dans l'énorme Empire hispanique, les villes demeurent souvent libres de leurs mouvements. Par leurs abonnements fiscaux, elles ont le contrôle des impôts indirects. Séville et Burgos, dont nous connaissons les institutions, ont de larges franchises. Un ambassadeur vénitien, en 1557 [125], l'indique avec netteté : en Espagne, écrit-il, *si governa poi ciascuna signoria e communità di Spagna da se stessa, secondo le particolari leggi...* De même, hors de la Péninsule, mais toujours dans l'Empire espagnol, jusqu'en 1675, Messine a été une république, oasis inquiétante pour tous les vice-rois qui, comme Marcantonio Colonna, en 1577, ont la charge de l'île. « Votre Majesté sait, écrit Colonna [126], en juin de cette année-là, de quelle importance sont les privilèges de Messine, combien de bannis et de *matadores* elle héberge sur son territoire, en raison des commodités qu'ils ont, par surcroît, de passer en Calabre. Il est donc très important que le *Stratico* (le magistrat qui la dirige) tienne convenablement son office. Les choses sont déjà en tel état que la dite charge rapporte plus de profit, en deux ans, que celle de vice-roi de l'île en dix ; on me dit, entre autres choses, qu'il n'y a pas un homme emprisonné pour cause capitale qu'on ne laisse en liberté s'il donne de bonnes cautions, dont, les garanties une fois rompues, le *Stratico* s'attribue la propriété. Aujourd'hui, la ville est tellement entourée de voleurs que dans ses murs mêmes, on enlève des gens pour les mettre ensuite à rançon... »

Donc dans la Péninsule, et hors de la Péninsule, des régions entières, des villes, parfois des régions à privilèges, à *fueros*, sont mal saisies par l'État hispanique. Ainsi en est-il de toutes les zones éloignées et périphériques. C'est le cas jusqu'en 1570, du royaume de Grenade ; au-delà de 1580 et de façon durable, jusqu'à la rupture de 1640, ce sera le cas du Portugal, vrai « dominion » avec ses franchises et ses libertés auxquelles le vainqueur n'osera toucher. C'est le cas, en permanence, des minuscules provinces basques ; celui encore des pays de la Couronne d'Aragon, sur les privilèges de qui, même après le soulèvement et les troubles de 1591, Philippe II n'osera porter une main sacrilège. Dans ces conditions, la simple traversée de la frontière aragonaise offrait au voyageur le moins attentif, au sortir de la Castille, la révélation d'un monde social nouveau, avec ses seigneurs à demi indépendants, exerçant de nombreux droits au détriment de leurs sujets, ayant leurs châteaux munis d'artillerie, si près de la Castille voisine, soumise et désarmée. Privilèges sociaux, privilèges politiques, privilèges fiscaux : le bloc aragonais se gouverne à sa guise et échappe à demi à l'impôt royal. Mais s'il en est ainsi, c'est que la France est proche et qu'à la moindre violence, l'étranger peut en profiter et enfoncer cette porte mal fermée qui est celle de l'Espagne [127].

Ce n'est pas pour d'autres raisons, cette fois dans l'Empire turc, que l'on voit l'autorité du Sultan s'émietter, en Europe, à la périphérie septentrionale de ses États, en Moldavie, en Valachie, en Transylvanie, dans le royaume des Tartares de Crimée... Nous avons déjà signalé, conséquence de la géographie, les multiples autonomies montagneuses de l'espace balkanique, en Albanie, en Morée...

La résistance à l'État prend d'ailleurs les formes les plus diverses. Voyez dans le royaume de Naples, à côté de la Calabre toujours insoumise, le grand rôle que jouent les associations pastorales et l'énorme ville de Naples. Par les associations de bergers, le paysan échappe aux seigneurs et au roi. De même quand il s'installe à Naples, l'air de la ville le rend libre. Vers le Sud, en Sicile, la fuite devant les autorités, c'est l'allégeance à l'Inquisition sicilienne qui prend de la sorte une extension singulière. Peut-être, en Turquie, le gonflement monstrueux de la capitale a-t-il répondu à des causes analogues ? Dans les provinces, rien ne protège l'individu contre la rapacité des *beglerbeys, sandjacs, soubadjis* locaux, ou, plus redoutés que tous, de leurs agents d'exécution, les voïévodes. On est, à Constantinople, assuré d'une certaine justice, d'une tranquillité relative.

Nul doute que la corruption des agents de l'État ne soit grande au XVIe siècle, en Islam comme en Chrétienté, dans le Sud comme dans le Nord de l'Europe. « Il n'est aucune cause, civile ou criminelle, écrit des Flandres le duc d'Albe, en 1573 [128], qui ne se vende comme l'on vend la viande à la boucherie... la plupart des conseillers se donnent journellement à qui veut les acheter... » Cette corruption omniprésente est une limite à la volonté des gouvernants et certes pas la plus sympathique qui soit. La corruption est devenue une force multiple, sournoise, un pouvoir à elle seule [129]. Un de ces pouvoirs à l'abri desquels l'individu s'abrite pour échapper aux lois. Éternelle question qui mêle la force à la ruse. « Les lois d'Espagne, écrit vers 1632, le vieux Rodrigo Vivero [130] sont comme les toiles des araignées qui saisissent seulement les moucherons et les moustiques. » Riches et puissants échappent au piège, seuls s'y embarrassent « les défavorisés et les pauvres » *los desfavorecidos y los pobres*. Mais n'est-ce pas une vérité de tous les âges ?

Les finances et le crédit au service de l'État

Autre signe de faiblesse, les vastes États ne sont pas parfaitement en contact avec la masse des contribuables, et donc capables de les exploiter à leur guise : d'où de singulières infériorités fiscales, puis financières. Mis à part les exemples que nous avons cités pour l'Italie, à l'extrême fin du XVIᵉ siècle, les États ne disposent ni de trésorerie, ni de banque d'État. En 1583, on songera à une banque d'État dans l'entourage de Philippe II[131], mais le projet ne fut pas concrétisé. Au centre de l'Empire hispanique force est de recourir aux prêteurs que nous appelons, d'un mot trop moderne, les banquiers. Le Roi ne peut se passer d'eux. Quand Philippe II regagna l'Espagne en septembre 1559, sa plus grosse préoccupation, durant les dix années qui suivirent, fut de remettre de l'ordre dans ses finances. Alors, les avis lui vinrent de tous les côtés, toujours pour lui recommander, en dernière analyse, de s'adresser tantôt aux Affaitati, tantôt aux Fugger, ou aux Génois, voire, lors des crises de nationalisme d'Eraso, aux banquiers espagnols eux-mêmes, comme les Malvenda de Burgos.

La dispersion des États de Philippe II, et avant lui de Charles Quint, entraînant forcément la dispersion des revenus à percevoir et des paiements à faire, favorisait l'utilisation des maisons marchandes internationales. Les transferts d'argent exigeaient, à eux seuls, le recours aux marchands. Mais ceux-ci remplissaient un autre rôle : ils avançaient, mobilisaient avant l'heure les ressources à venir du budget. Ce rôle impliquait souvent, après coup, la perception directe des impôts et donc le contact avec les contribuables. Ce sont les prêteurs qui organisent à leur profit la fiscalité espagnole. En 1564, Philippe II cède aux Génois le monopole de la vente des jeux de cartes. Il leur abandonne, une autre fois, telles ou telles salines d'Andalousie. Ou bien, renouvelant les décisions de son père, il confie aux Fugger l'exploitation des mines d'Almaden ou l'administration des biens des Ordres militaires, ce qui revient, dans ce dernier cas, à placer de vastes terres à blé, des pâturages, des péages, des redevances paysannes sous

31. — Les « asientos » et la vie économique en Castille,
1550-1650

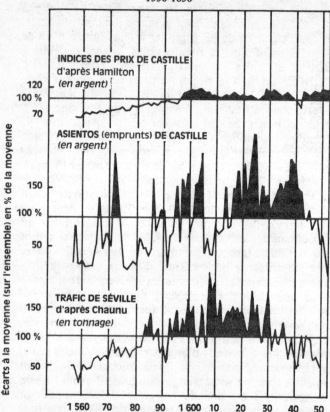

A côté des variations de l'indice des prix, d'après Earl J. Hamilton
(dont on voit l'amplitude modérée), à côté de l'énorme poussée, puis du
large recul du trafic de Séville, la courbe des *asientos*, en somme la dette
à court terme de l'État, ressemble aux oscillations d'un sismographe. Elle
accepte dans l'ensemble tout de même certaines analogies de mouvement
avec la courbe des prix, et surtout celle de Séville, ce qui est assez naturel
puisque ce sont les retours d'argent d'Amérique qui permettent avances et
remboursements des *asientos*. En gros, les dépassements de la ligne de
100 p. 100 indiquent les poussées belliqueuses ; les descentes au-dessous
de la ligne les périodes pacifiques et les abandons avec une assez grande
exactitude (sauf pour la conquête du Portugal). A noter l'énorme effort
de la Guerre dite de Trente Ans. La courbe des *asientos* a été établie par
Alvaro Castillo Pintado [voir Annales *E.S.C.*, 1963].

un contrôle étranger. Les Fugger ont peuplé l'Espagne de leurs facteurs et agents, Allemands consciencieux, méthodiques et zélés... D'ailleurs, quand ce n'est pas une telle firme étrangère qui se charge de la perception, ce sont des pouvoirs intermédiaires, les villes ou les Cortès... Qu'est-ce à dire, sinon que l'État, sur le plan financier, reste très inachevé ?

En France, où le transfert des espèces n'est pas une nécessité aussi vitale que pour l'Espagne, banquiers et prêteurs eurent cependant leur rôle. De même en Turquie où les hommes d'affaires ont le champ libre, dans les finances mêmes de l'État. Gerlach le note dans son *Tagebuch* [132] : « il y a, à Constantinople, de nombreux Grecs très enrichis par le négoce ou autres moyens de faire fortune, cependant toujours vêtus de méchants habits pour que les Turcs ne s'aperçoivent pas de leur richesse et ne la leur volent... ». Le plus riche d'entre eux est un certain Michel Cantacuzène. Fils du diable, au dire des Turcs, ce pseudo-grec serait, selon une rumeur absurde, issu d'ancêtres anglais. En tout cas, sa fortune est immense, curieusement liée aux services qu'il rend à l'État turc. Cantacuzène n'est-il pas maître de toutes les salines de l'Empire, fermier d'innombrables douanes, trafiquant d'offices, et tel un vizir, déposant patriarches ou métropolites grecs à sa guise ? N'est-il pas maître des revenus de provinces entières, Moldavie ou Valachie, et par surcroît seigneur de villages, capable d'armer à lui seul de vingt à trente galères ? Son palais d'Anchioli rivalise de luxe avec le Sérail lui-même. Ce parvenu n'est donc pas à confondre avec les modestes comparses grecs de Galata et d'ailleurs ; il les éclabousse de son luxe. Et n'ayant pas leur prudence, il est arrêté en juillet 1576 ; obligé de rendre gorge, il est sauvé de justesse par Méhémet Sokoli. Libéré, il recommence de plus belle, s'occupe cette fois, non plus du sel, mais de fourrures, et, comme par le passé, intrigue en Moldavie et Valachie... Finalement ce qui devait arriver arrive : le 13 mars 1578, sur l'ordre du Sultan, il est pendu sans autre forme de procès, aux portes mêmes de son palais d'Anchioli et sa fortune est confisquée [133].

Autre destin, plus extraordinaire encore, bien qu'à placer dans la même ligne, celui de ce personnage énigmatique par plus d'un côté, le juif portugais Joseph Nasi, connu sous le nom de Miques ou Micas et, à la fin de sa vie, orné du titre pompeux de duc de Naxos. Longtemps un errant, incertain de sa voie, il passe aux Pays-Bas, à Besançon [134], séjourne à Venise, puis arrive à Constantinople vers 1550. Déjà très riche, il fait un somptueux mariage et retourne au judaïsme. Ami, confident, dès avant son avènement, du Sultan Sélim, son ravitailleur en vins fins, il a affermé la dîme sur les vins des îles. C'est lui qui poussera le Sultan, en 1570, à attaquer Chypre. Le plus étonnant est peut-être qu'il soit mort de sa belle mort, en 1579, toujours en possession de ses immenses richesses. On a essayé de réhabiliter sans prudence l'étonnant personnage, mais la plaidoirie entendue, on n'en sait pas davantage sur ce Fugger d'Orient [135]... Les documents espagnols le montrent favorable à l'Espagne, un peu complice du Roi Catholique, mais il n'est pas un homme que l'on puisse classer une fois pour toutes, comme pro-espagnol ou anti-français. Ce serait oublier combien la réalité politique, à Constantinople, est mouvante... Du personnage, on aimerait surtout connaître, comme dans le cas de Cantacuzène, son rôle exact dans les finances turques. Encore faudrait-il connaître celles-ci. Les connaîtrons-nous jamais ?

A l'inverse des finances des États chrétiens, ce qui leur manque, assurément, c'est le recours au crédit public, à long ou à court terme — l'emprunt, façon élégante de saisir, sans trop de douleur, l'argent des particuliers, des petits aussi bien que des gros prêteurs. Dans ce jeu pratiqué par tous, chaque État d'Occident a su trouver les formules pour attirer à soi l'argent des épargnants. En France, les rentes sur l'Hôtel de Ville sont bien connues [136]. En Espagne, on connaît ces *juros* qui, à la fin du règne de Philippe II, ont représenté l'énorme somme de 80 millions de ducats [137]. Ces papiers se déprécièrent vite et donnèrent lieu à des spéculations effrénées. L'État en arrivera à payer, vu le cours des

billets, des intérêts montant à soixante-dix pour cent.
Je note, dans la nouvelle de Cervantès, *La Gitanilla* [138],
cette remarque assez parlante : conserver de l'argent,
dit un personnage et le tenir *como quien tiene un juro
sobre las yerbas de Extremadura* ; comme qui conserve
un titre de rente sur les pâturages d'Estrémadoure, à
supposer évidemment que ce soit là un bon placement,
car il y en a de bons et de mauvais. En Italie, c'est par
l'intermédiaire des Monts-de-Piété que l'appel au public
est souvent réalisé. Guichardin disait déjà : « Ou Florence défera le Mont-de-Piété ou le Mont-de-Piété défera
Florence » [139], vérité plus exacte encore au XVIIe siècle
qu'au XVIe [140]. Dans son histoire économique de l'Italie,
A. Doren soutient que ces placements massifs en fonds
d'État ont été l'une des raisons et l'un des signes du
repli de l'Italie avec le début du XVIe siècle. L'argent
fuit les risques de l'aventure...

Nulle part, peut-être, cet appel au crédit n'a été
aussi répété qu'à Rome même, au centre de cet État
particulier, à la fois très limité dans l'espace et immensé-
ment étendu, qu'est l'État Pontifical. La Papauté s'est
trouvée, au XVe siècle, après Constance, victime du
particularisme grandissant des États et réduite aux
ressources proches de l'État Pontifical. Elle en a donc
poursuivi assez vivement l'extension et le recouvrement.
Ce n'est pas sans raison que dans les dernières années
du XVe et les premières du XVIe siècle, les Souverains
Pontifes furent beaucoup plus des princes temporels
que des Pontifes : finances obligent. Vers le milieu du
XVIe siècle, la situation reste la même, près de quatre-
vingts pour cent des revenus pontificaux proviennent
du Patrimoine. D'où une lutte acharnée contre les
immunités financières. Le grand succès de cette lutte
sera l'absorption par l'État Pontifical des finances
urbaines, ainsi à Viterbe, à Pérouse, à Orvieto, ou encore
dans les moyennes villes d'Ombrie. Seule, Bologne put
conserver son autonomie. Cependant, ces victoires ont
laissé en place les systèmes anciens de perception,
archaïques en général ; les sources de revenus sont donc
dégagées, « mais ce n'est qu'exceptionnellement, comme

le note un historien [141] que l'État Pontifical entre en
contact direct avec les contribuables ».

Non moins important que cette guerre fiscale aura
été l'appel au crédit public. Clemens Bauer dit avec
raison que l'histoire des finances pontificales devient
alors « une histoire du crédit » [142], crédit à court terme
qui prend la forme banale d'emprunts à des banquiers,
crédit à long terme dont l'amortissement est confié à la
Camera Apostolica. L'origine est d'autant plus notable
qu'elle met en cause la vénalité des offices réservés aux
laïcs. Il y a, au début, confusion entre officiers et
créanciers du Siège Apostolique. Les officiers-créanciers
forment des collèges : ils ont acheté leurs offices, mais
à titre d'intérêt, des revenus fixes leur sont garantis.
Ainsi, au Collège des *Presidentes annonae*, fondé en
1509 et qui comportait 141 charges vendues pour la
somme totale de 91 000 ducats, un service-intérêt de
10 000 ducats était prévu sur les revenus des *Salara di
Roma*. Plus tard, par la création de *Societates officio-
rum*, on réussira à partager ces rentes entre de petits
porteurs et, par la suite, le caractère d'officier ne
sera plus conféré aux créanciers qu'à titre purement
honorifique. Ainsi en était-il déjà avec la série des
Collèges de Cavaliers ouverte en 1520 avec la fondation
des Cavaliers de Saint-Pierre ; ensuite viendront les
Cavaliers de Saint-Paul, puis ceux de Saint-Georges.
On passera finalement à de véritables rentes, avec les
Monti créés, sans doute à l'image de Florence, par
Clément VII, un Médicis. Le principe est le même que
celui de nos rentes sur l'Hôtel-de-Ville, l'aliénation d'un
revenu bien déterminé et garanti contre le versement
d'un capital. Les parts d'emprunt sont des *luoghi di
monti*, titres négociables et souvent négociés à Rome et
hors de Rome, d'ordinaire au-dessus du pair. Ainsi
furent créés au hasard des circonstances et des nécessités,
le *Monte Allumiere*, garanti par les mines d'alun de
Tolfa, le *Monte S. Buonaventura*, le *Monte della
Carne*, le *Monte della fede*, d'autres encore. Plus d'une
trentaine sont connus...

D'ordinaire, il s'agit d'emprunts remboursables, ainsi

le *Monte novennale*, créé en 1555, devait *en principe* l'être en neuf ans. Mais il y eut des emprunts perpétuels, comme nous dirions, dont les titres étaient transmissibles par testament. Ce fut même un profit à court terme pour les finances pontificales que de transformer des titres viagers en titres perpétuels, des emprunts « vacables » en « non vacables », ce qui entraînait une baisse du taux d'intérêt. Tous ces détails, parmi d'autres, disent l'évidente modernité des *Monti* romains ; ils n'ont rien à envier à ceux de Florence ou de Venise, ou à la *Casa di San Giorgio*, ou *a fortiori* aux *juros* de Castille. Tout calcul en ces domaines reste difficile : de 1526 à 1601, la Papauté semble avoir emprunté pour elle (et parfois pour des représentants de la noblesse romaine) 13 millions d'écus. Le chiffre risque de ne pas impressionner le lecteur d'aujourd'hui. Qu'il sache cependant que Sixte Quint put distraire de ces sommes empruntées avec insistance, 26 tonnes d'argent et plus de trois d'or, pour les enfermer dans son trésor du Château Saint-Ange, étrange politique de paysan dans ses résultats, mais d'une évidente modernité dans ses moyens. Comme ces *Monti* s'adressaient à une clientèle internationale, il est assez naturel de voir que la dette publique s'est ralentie, à Gênes, dans son accroissement « au moment même où elle prenait à Rome une ampleur impressionnante »[143]. Dirons-nous, avec Leopold von Ranke que Rome alors « fut peut-être le principal marché de l'argent de l'Europe »[144], du moins de l'argent des rentiers ? C'est possible, non pas sûr. Le fait décisif n'est pas là, mais bien dans ce développement énorme du marché du crédit où puisent tous les États, les prudents et les téméraires, et où d'innombrables porteurs trouvent leur satisfaction. L'économie, telle que nous la comprenons, ne peut expliquer cet engouement. Peut-être une psychologie collective, la recherche d'une sécurité ? A Gênes, où de 1570 à 1620, s'étend comme ailleurs une période d'inflation, « à tel point, écrit Carlo M. Cipolla[145], que les historiens l'ont qualifiée de révolution des prix, se précise à l'œil nu une décrue paradoxale du taux d'intérêt » qui, depuis 1522, avait

32. — Les « Luoghi » de la

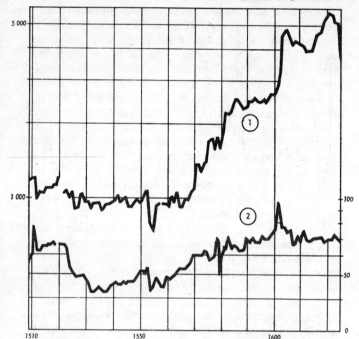

Les quatre courbes ci-dessus et ci-contre résument l'article important de
Carlo M. CIPOLLA (*cf.* note 145, page 409). Les *luoghi* sont des titres de dette
publique de la République de Gênes, émis à 100 *lire* (2 000 *soldi*), valeur
initiale. Ce sont des titres de rentes perpétuelles. L'intérêt varie (au contraire,
il est fixe à Venise) : il dépend des bénéfices de la *casa di San Giorgio* qui
détient en gage les impôts qu'elle perçoit aux lieu et place de la Seigneurie.
Leur nombre a beaucoup augmenté, de 1509 (193 185) à 1544 (477 112)
d'où le fléchissement des cours ; ce nombre se stabilise ensuite (437 708, en
1597 ; 476 706, en 1681). La première courbe donne le cours des *luoghi*
négociables sur le marché (échelle de gauche, de 1 000 à 5 000 *soldi*). La
seconde courbe donne l'intérêt, le *reddito*, des luoghi (échelle de droite, de
40 à 100 *soldi*). Il y a une nette montée dans la seconde moitié du XVIᵉ

oscillé entre 4 et 6 p. 100 et qui passe à des taux de 2
et même de 1,2 p. 100, au moins pendant la période de
plus forte dépression, de 1575 à 1588. Ceci correspond
à un afflux à Gênes de métal blanc et d'or qui, à cette
époque, trouvent difficilement à s'investir. « C'est bien

Casa di San Giorgio, 1509-1625

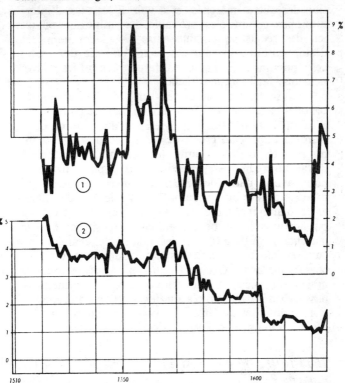

siècle, puis un recul au siècle suivant. Or l'intérêt des *luoghi* n'est jamais payé à échéance, mais moitié quatre ans plus tard et l'autre moitié après une nouvelle année de retard. Si le porteur desire être payé aussitôt il fait escompter son coupon, ainsi le *sentio* varie sur le marché, selon la première courbe du second graphique, ci-dessus. Il est par suite possible, tenant compte de ce retard et du *sentio*, de calculer l'intérêt réel des *luoghi* : c'est la dernière courbe qui, au-delà de 1570, est nettement à la baisse, celle-ci s'accentuant au-delà de 1600. « Ainsi, conclut notre auteur, pour une raison ou une autre, il y avait des capitaux prêtés à Gênes au début du XVIIᵉ siècle, à 1,2 p.100. » Reste à savoir si cette situation anormale est, ou non, un signe de bonne santé de la place financière.

la première fois dans l'histoire de l'Europe depuis la chute de l'Empire romain que des capitaux s'offraient à aussi bon compte, et cela en vérité est une extraordinaire révolution. » Resterait à analyser, si possible, la situation des autres marchés, et à voir si les taux d'intérêt n'ont pas, comme c'est probable, déterminé des poussées ici, des reculs là, comme entre les places boursières d'aujourd'hui. En tout cas, cette poussée des rentes, cette popularité du papier d'État, favorisent les gouvernements, facilitent leur tâche.

Tout se tenant, on est en droit de penser que les brutales exactions de l'État turc en matière de bénéfices et d'attributions d'offices, viennent aussi de ce qu'en Turquie l'appel au crédit des petits et gros épargnants n'a pas été possible comme en Occident, au bénéfice de l'État. Le crédit, bien sûr, existe dans les pays ottomans : nous avons parlé des reconnaissances de dettes des marchands devant les cadis [146] et de lettres de change entre marchands sujets du Grand Turc. De nouvelles publications [147], si besoin en était, montrent que les marchands juifs utilisent les lettres de change entre eux, et parfois avec leurs coreligionnaires ou leurs correspondants d'Occident. Un bruit a même couru au milieu du siècle et que Jean Bodin [148] a recueilli au passage : des pachas turcs auraient participé aux spéculations lyonnaises du Grand Party. Tout cela est possible. Mais il n'y a pas en Turquie de crédit public.

1600-1610 : l'heure est-elle favorable aux États moyens ?

Y a-t-il eu à la fin du XVIᵉ siècle et durant les premières années du siècle suivant une maladie, pour le moins une fatigue des grands États ? Les contemporains nous en laissent l'impression, qui s'empressent, médecins bénévoles, au chevet des illustres malades. Et chacun de proposer ses explications, son diagnostic et, bien entendu, ses remèdes. En Espagne, les *arbitristas*, les donneurs de conseils, nationaux ou étrangers [149], n'ont jamais manqué : ils forment, à eux seuls, une catégorie sociale. Pour peu qu'on laisse s'écouler les premières années du XVIIᵉ siècle, leur nombre grandit et leur ton se hausse. En rangs serrés, ils se pressent au tribunal bénévole de l'histoire. Au Portugal, mêmes discussions et même progression.

Comment ne pas croire, après tous ces discours, à la décadence de la monarchie hispanique ? Tout la proclame : les événements et les témoins, les sombres tableaux de Tome Cano en 1612 [150], ou ce recueil d'un si puissant intérêt, cette *Historia tragico-maritima* [151], relevé méticuleux des catastrophes de la navigation portugaise, en direction du Brésil et des Indes. On n'y parle que de malheurs, de décadence, d'usure, de victoires ennemies, de « fortunes de mer », d'échouages sur les bancs de Mozambique, de disparitions au cours du périple du cap de Bonne-Espérance. Décadence, faiblesse du grand corps hispanique, peut-on en douter quand, par surcroît, sur les routes de la Péninsule se multiplient les brigandages et que la peste décime la population ? A l'extérieur évidemment, l'Espagne fait toujours grande figure : menacée, elle semble menaçante. Et à Madrid au moins, la vie la plus éclatante de l'Europe du XVIIᵉ siècle déroule ses fêtes.

Mais à la même époque, le luxe du Sérail à Istanbul est inouï.

Pourtant, là aussi, les ombres sont évidentes et les signes de fatigue nombreux. L'Empire ottoman craque comme un bateau aux planches mal assemblées. Une série de révoltes ouvertes ou insidieuses le travaillent d'Alger aux confins de la Perse, des pays tartares au Sud de l'Égypte. Pour les observateurs européens, prompts à conclure selon leurs désirs, la machinerie ottomane est irrémédiablement brisée. Avec un zèle inouï, Jésuites et Capucins se jettent à la conquête spirituelle de ce monde à la dérive. N'est-ce pas le moment de chasser ces mécréants d'Europe et de partager leurs territoires ? Iñigo de Mendoza, ambassadeur d'Espagne à Venise, ne cesse de le répéter ; il est vrai que le personnage, cœur exalté, s'apprête à quitter la vie diplomatique pour entrer dans la Compagnie de Jésus. Il n'est pas le seul d'ailleurs de ces visionnaires qui, sur l'interminable route de l'histoire, forment le premier bataillon serré des partisans du partage de l'Empire ottoman. D'autres suivront : le p. Carlo Lucio, en 1600 ; un Français, Jean Aimé Chavigny, en 1606 ; un autre Français, Jacques Espinchard, en 1609 ; Giovanni Miotti, en octobre 1609 ; un anonyme italien en décembre de cette même année ; un capucin, Francesco Antonio Bertucci, en 1611... Et nous laissons de côté le Grand Dessein de Sully, ou le non moins vaste projet de Charles Gonzague, duc de Nevers, et du p. Joseph (1613-1618). Pour un nom que nous citons, l'érudition avec un peu de bonne volonté pourrait en retrouver dix ; en réalité c'est par cent, qu'il faudrait multiplier leur nombre ; la passion religieuse aidant, l'Europe a escompté, dès le début du XVIIᵉ siècle, la succession de « l'homme malade ». Ces boute-feux se trompaient ; le malade ne mourra pas si vite. Il se prolongera longtemps, sans jamais retrouver son ancienne vigueur. La Turquie avait triomphé dans le vide contre la Perse, en 1590 ; en 1606, après une guerre épuisante, elle dut se contenter d'une paix blanche contre l'Allemagne, c'est-à-dire contre l'Occident.

En fait, la roue a tourné. Le siècle en ses débuts favorisait les grands États, lesquels ont représenté, diraient les économistes, l'entreprise politique de dimension optima. Passe le siècle, et pour des raisons que nous ne pouvons situer avec la précision désirable, ces grands corps sont peu à peu trahis par les circonstances. Crise passagère ou crise de structure ? Faiblesse ou décadence ? En tout cas, ne semblent vigoureux, au début du XVIIᵉ siècle, que les États de moyennes dimensions. Ainsi la France de Henri IV, cette brusque splendeur ; ou la petite Angleterre pugnace et rayonnante d'Elisabeth ; ou la Hollande groupée autour d'Amsterdam ; ou l'Allemagne que la quiétude matérielle envahit de 1555 jusqu'aux prodromes de la Guerre de Trente Ans où elle va sombrer, corps et âme. En Méditerranée, c'est le cas du Maroc à nouveau riche en or, de la Régence d'Alger, histoire d'une ville qui devient un État territorial. C'est le cas aussi de Venise rayonnante, resplendissante de luxe, de beauté, d'intelligence ; ou de la Toscane du grand-duc Ferdinand. Tout se passe comme si le nouveau siècle aidait les États de faible rayon, capables de faire efficacement la police en leurs maisons. De nombreux petits Colberts avant la lettre [152] réussissent en ces États modestes, habiles à ausculter les économies, à relever les droits de douane, à stimuler les entreprises de sujets que l'on tient en lisières d'aussi près que possible. Plus encore que la grande histoire complexe et peu claire des Empires, ces fortunes mises bout à bout signalent que la roue de l'histoire a déjà tourné.

Autrement dit, les Empires auront, plus que les États de moyenne dimension, souffert de la longue régression 1595-1621 ; ensuite, ces vastes ensembles politiques n'ont pas été renfloués aussi vite que leurs adversaires au retour d'une marée montante, d'assez faible amplitude il est vrai et de courte durée, puisque, dès le milieu du XVIIᵉ siècle, s'aggrave une longue crise séculaire. Il est certain que les puissances qui en émergeront, au XVIIIᵉ siècle, et profiteront à plein de son grand renouveau économique ne sont pas les Empires du XVIᵉ siècle, ni le turc, ni l'espagnol. Déclin de la Méditerranée ? Sans aucun doute. Mais pas seulement. Car l'Espagne avait tout loisir de se retourner vigoureusement vers l'Atlantique. Pourquoi ne l'a-t-elle pas fait ?

V

Les Sociétés

Dans le champ large de la Méditerranée, l'évolution des sociétés apparaît au XVIᵉ siècle assez simple. A condition évidemment de s'en tenir à l'ensemble, de négliger les détails, les cas locaux, les aberrances, les occasions perdues (elles furent nombreuses) et les bouleversements plus dramatiques encore que profonds : ils surgissent, puis s'effacent.

Évidemment ces bouleversements ont leur importance. Mais les sociétés d'alors, à base terrienne, évoluent avec lenteur et sont toujours en retard sur la politique et l'économie. Et les conjonctures sociales sont comme toutes les conjonctures, tantôt dans un sens, tantôt dans l'autre ; elles finissent souvent par se compenser, et à la longue l'évolution réelle reste peu sensible. Ainsi il est probable, en France, que de fortes alternances aient joué : tout le premier XVIᵉ siècle est sous le signe de la mobilité sociale, les pauvres se déplacent d'un point à l'autre, d'un pays à l'autre, sans succomber au cours de l'aventure [1] ; en même temps, à la verticale, au long de l'échelle sociale, des riches cessent de l'être et de nouveaux riches les remplacent ; puis un ralentissement se marque autour des années 1550-1560, le mouvement reprenant ensuite pour se bloquer à nouveau, peut-être [2] dès 1587 en Bourgogne, ou vers 1595 [3], à l'heure mondiale du retournement de la tendance majeure. Il y a ainsi tour à tour accélération, retardement, reprise, stagnation, tout aboutissant mais momentanément à une victoire visible des aristocraties et à un demi-blocage des sociétés, à l'extrême fin du siècle. Mais cette réalité est encore un résultat conjoncturel, de ceux qui peuvent s'effacer ou se compenser avec la marée suivante.

Bref, le XVIe siècle, malgré ses hésitations ou à cause d'elles, n'a pas remis en question les vrais fondements de la société. En gros, il les accepte et les reçoit tout faits des époques antérieures ; le XVIIe siècle les acceptera à son tour. Le beau livre récent d'Antonio Dominguez Ortiz, *La sociedad española en el siglo XVII* [4], montre des réalités que nous connaissions à l'avance : une noblesse aux prises avec de continuelles difficultés d'argent mais qui leur survit ; un État moderne qui n'arrive pas à remplir sa mission et à s'accomplir comme une révolution sociale (il se contente de compromis, joue la coexistence) ; une bourgeoisie qui continue à trahir, mais se connaît-elle en tant que patrie sociale ? enfin, un peuple inquiet, mécontent, agité, mais sans vraie conscience révolutionnaire.

1. Une réaction seigneuriale

En Chrétienté comme en Islam, les noblesses occupent les premières places et elles ne les céderont pas. Au premier regard, on ne voit qu'elles en France, en Espagne, ailleurs. Partout, elles se réservent les vanités sociales : les préséances, les habits luxueux, la soie aux fils d'or et d'argent, les satins et les velours, les tapisseries des Flandres, les chevaux de prix, les demeures somptueuses, les nombreuses domesticités, les carrosses à la fin du siècle... Ce sont autant d'occasions de se ruiner, il est vrai. On disait que par an, au temps de Henri II, la noblesse française importait pour quatre millions de livres de vêtements en provenance d'Italie [5]. Mais les apparences n'excluent pas, elles appellent les réalités de la puissance, de la richesse elle-même... Sur d'immenses espaces, ces noblesses vivent des vigoureuses racines et de la sève féodales. Un ordre ancien aboutit à ces privilégiés et les soutient encore. Il n'y a d'exceptions qu'autour et à l'intérieur des grandes villes, corruptrices des hiérarchies anciennes, dans les places marchandes (et encore), dans des régions tôt enrichies, comme les

Pays-Bas et surtout l'Italie, mais pas toute l'Italie, nous le savons à l'avance.

Ces exceptions ? autant de points minuscules, de zones étroites. A l'échelle de la Méditerranée et de l'Europe, une histoire évidemment minoritaire. De ce vaste ensemble, disons ce que Lucien Romier expliquait à propos de la France de Catherine de Médicis où tout devient clair « dès qu'on lui restitue son cadre naturel, un vaste royaume semi féodal »[6]. Partout l'État, révolution sociale (mais à peine esquissée) autant que politique, doit lutter contre ces « possesseurs de fiefs, maîtres des villages, des champs et des routes, gardiens de l'immense peuple rural »[7]. Lutter, c'est-à-dire composer avec eux, les diviser et aussi les préserver car il est impossible de tenir une société sans la complicité d'une classe dominante. L'État moderne prend cet outil en mains, le briserait-il que tout serait à refaire. Et recréer un ordre social n'est pas une petite affaire, d'autant que nul n'y songe sérieusement au XVIe siècle.

Noblesses et féodalités ont ainsi pour elles le poids des habitudes, la force de positions depuis longtemps occupées, pour ne pas parler de la faiblesse relative des États ou de la courte imagination révolutionnaire du siècle.

Seigneurs et paysans

Si l'on en croyait tant de témoignages souvent commentés, le XVIe siècle aurait réduit les seigneurs à la misère. Le témoignage est souvent juste. Mais tous les nobles ne sont pas logés à cette enseigne, ni régulièrement victimes ou du Roi ou de la guerre, ou de la paix et des démobilisations[8] qu'elle entraîne, ni d'un luxe sans mesure. Dire, comme tel historien, que « le régime féodal se meurt par suite de la dépréciation des monnaies due aux découvertes de métaux précieux dans les Amériques »[9], c'est parler vite et raisonner comme si l'on prétendait que le capitalisme[10] de lui-même a dissous « par ses acides », ou pour le moins altéré profondément tous les cadres sociaux — ou que la féodalité castillane s'achève le jour même où Ferdinand

le Catholique s'est saisi des maîtrises des grands ordres ;
ou que la féodalité corse a été frappé à mort exactement
en 1511 [11], lors de la défaite de Giovanni Paolo da
Lecca et de la mort de Renuccio della Rocca, tombé
dans l'embuscade que lui avaient tendue ses parents [12].
Illusions d'une explication ou d'une chronologie précises, et de mots que l'on voudrait tout aussi précis, alors
que celui de féodalité est, à lui seul, plein d'embûches.
En fait, il faut que le temps collabore à ces transformations qui ne s'accomplissent ni en ligne droite, ni de
façon univoque.

En tout cas, dans le dialogue essentiel entre seigneurs
et paysans, ceux-ci peuvent avoir gagné, ainsi en Languedoc de 1450 à 1500 [13], peut-être en Catalogne au
XVᵉ siècle (du moins certains paysans à l'aise), mais
l'exception confirme la règle [14]. D'ordinaire, le seigneur
a le dernier mot, à plus ou moins long terme, et même,
en Aragon, en Sicile, il l'a toujours eu. La révolution
des prix trop souvent invoquée n'a pas, comme par
miracle, été obstinément démocratique. Elle a allégé les
charges et redevances paysannes payables en argent et
fixées bien avant la découverte de l'Amérique. En fait,
les droits féodaux sur les tenures paysannes sont souvent
légers, parfois moins que rien. Non pas toujours. Et
surtout le seigneur perçoit également des revenus en
nature qui suivent les cours du marché. Un relevé des
revenus du cardinal duc de Lerme, en mars 1622, parle
de ses volailles, de son blé, de son vin, « le blé à la
taxe, le vin à quatre réaux », *el pan a la tasa, el vino a
quatro reales* [15]. Plus encore, en Méditerranée comme
en Europe, le partage de la terre n'est jamais fait une
fois pour toutes. A la ruse du paysan s'opposent la
ruse, et le cas échéant, la brutalité du seigneur. Celui-ci
exerce la justice, il a des droits éminents sur les tenures
paysannes et sur les terres qui les séparent ou les
entourent. Le XVᵉ siècle finissant, tout le XVIᵉ offrent le
spectacle de villages construits ou reconstruits, et toujours dans un cadre seigneurial. Vérité dans la Gâtine
poitevine [16], dans le Jura [17] où se fondent des « gran-
ges », dans le Haut-Poitou [18] où telle famille seigneuriale

mal en point rétablit sa situation en lotissant les vastes brandes jusque-là vides et où sont installés des paysans. En Espagne, des villages sont fondés avec des chartes, des *cartas pueblas* [19], et souvent la terre paysanne d'ancienne occupation passe elle-même entre les mains du seigneur. En Provence, les chartes de franchise et d'habitation se multiplient à partir de 1450 : il s'agit souvent de restaurations de villages, détruits ou abandonnés, sur leurs anciens emplacements, rarement de créations nouvelles (Vallauris 1501, Mouans-Sartoux 1504, Valbonne 1519). L'initiative vient, chaque fois, du seigneur du lieu, « désireux de voir repeupler et cultiver des terres délaissées » [20], recrutant alors « aux environs, ou plus souvent dans des contrées plus éloignées, Ligurie, Rivière de Gênes, Piémont, des cultivateurs désireux de s'établir... sur ses terres » [21]. Il leur accorde des conditions avantageuses, mais il y trouve son intérêt, lui aussi [22].

Ces « colonisations » sont la conséquence évidente des essors économiques et de la surpopulation endémique. Ainsi, dans le royaume de Naples où chaque État seigneurial (certains très vastes, notamment dans les Abruzzes, le Comté d'Albi et Tagliacozzo) comprend un certain nombre de communautés villageoises et urbaines, celles-ci et celles-là avec leurs privilèges, donc jamais exploitables à merci — les seigneurs prennent l'habitude de créer des villes « nouvelles » et d'y appeler des colons. En vain, de Naples, les autorités espagnoles essaient-elles de freiner le mouvement, décrétant par une première loi en 1559, puis par une seconde, un siècle plus tard, en 1653, que les villes neuves fondées sans autorisation gouvernementale seraient agrégées, sans autre forme de procès, au domaine royal. Sans doute, était-il aisé de se soustraire à ces rigueurs, ou d'obtenir les autorisations préalables, puisque les villages et villes du Royaume augmentent sans cesse en nombre : de 1 563 sous Charles Quint, ils passent à 1 619, en 1579 ; puis à 1 973, en 1586. Or les villes et villages de l'Église et des seigneurs (la majorité du lot) (1 556, en 1579 ; 1 904, en 1586) augmentent au même rythme que le maigre domaine royal qui, pendant ce même laps de temps, passe de 53 à 69 (ces chiffres pris au vieux livre de Bianchini). Bref, la politique velléitaire de l'Espagne ne peut rien contre la poussée seigneuriale, pas plus à Naples qu'en Sicile. Politique incohérente au demeurant puisque les villes, villages et terres qui sont dans le domaine, ou y font retour, sont constamment proposés à de nouveaux acheteurs [23].

Un seigneur, ancien ou nouveau dans son métier, pourra donc être un propriétaire attentif à ses droits, à ses redevances, à ses moulins, à ses chasses, à ce jeu multiple qui l'oppose au paysan, attentif lui aussi à la commercialisation du blé, de la laine, du bétail... Bernardino de Mendoza, ambassadeur de Philippe II à Paris — et ne serait-ce qu'à ce titre accablé de soucis d'argent — songe de si loin à vendre le blé de sa récolte précédente [24]. C'est qu'il est producteur et même stockeur de grain. Autre indice : l'élevage du gros bétail a souvent été le fait de grands propriétaires, dans la Campagne Romaine et ailleurs [25]. Julius Klein a montré le rôle de certains seigneurs, et grands seigneurs, dans l'élevage moutonnier de la Mesta [26]. En Andalousie, au XVIIᵉ siècle, les nobles et l'Église se saisiront de superficies énormes et, par leur agriculture extensive, dépeupleront le plat pays [27]. D'abondantes archives d'exploitations domaniales sont d'ailleurs à la disposition des historiens et des études précieuses en signalent déjà les richesses [28]. A eux seuls, les merveilleux documents de la *Sommaria* à Naples indiquent l'activité et les spéculations de ces grands propriétaires et producteurs, vendeurs de blé, de laine, d'huile, de bois [29]. Cultiver ses terres et en vendre les produits n'était pas déroger, bien au contraire.

Dans cette vie des classes aristocratiques, les anciens revenus de caractère féodal bien que réduits conservent un certain poids [30]. On pouvait les augmenter, essayer de les augmenter. Cela donnait lieu à des querelles, à des procès, à des séditions, et nous connaissons de telles séditions, malheureusement sans en bien saisir les raisons. Il faudrait regarder à la loupe les accords nouveaux qui les terminent ou les préviennent. En 1599, la commune de Villarfocchiardo dans le Piémont concluait une convention avec ses seigneurs, au sujet de ses droits féodaux [31]. Il faudrait voir ce que cette convention devient à la longue, à qui elle est favorable. Dans ce cas comme dans cent autres, car il est certain que les rajustements ont été nombreux. Contestations, procès ont laissé d'innombrables traces. Généralement les vassaux réclamaient leur rattachement au domaine royal, en Sicile, à Naples, en Castille, en Aragon... Probablement parce que l'État monarchique était moins attentif, moins prompt à réviser les anciens contrats, sous les prétextes, valables ou non, des variations économiques.

A l'avance, la montée des prix indique le sens général des discussions entre seigneurs et paysans. Durant l'été de 1558, les sujets du marquisat de Final, près de Gênes, se révoltent contre les exactions de leur seigneur, Alphonso de Carreto. Quelles exactions ? Ne serait-ce pas, comme le dit Carreto lui-même, parce qu'il a procédé à une réestimation des biens de ses vassaux et qu'il prétend hausser leurs redevances ? La question de Final échappant vite au marquis (Gênes et l'Espagne s'intéressent beaucoup trop à ce territoire décisif pour ne pas mettre l'occasion à profit) [32], on oublie d'ordinaire les débuts pratiques de l'affaire.

Nombreux finalement ont été les nobles qui ont conservé le contact direct avec la terre et les revenus fonciers, qui ont ainsi traversé, je ne dis pas sans dommages [33], mais traversé cependant l'orage de la révolution des prix. Or ces défenses et ces solutions n'ont pas été les seules à leur disposition.

En Castille : Grands et titrés face au Roi

On dit avec raison que l'État moderne a été l'ennemi des noblesses et des féodalités. Cependant il faut s'entendre : il a été à la fois leur ennemi et leur protecteur, leur associé. Les réduire à l'obéissance, première tâche, jamais achevée d'ailleurs ; ensuite les utiliser comme instruments de gouvernement. Au-delà d'eux et par eux tenir le « peuple vulgaire », comme on disait en Bourgogne [34]. Compter sur eux pour la tranquillité et l'ordre publics, la défense des régions où sont leurs terres et leurs châteaux, pour l'encadrement des levées du ban et de l'arrière-ban qui restent importantes en Espagne : en 1542, pour le siège de Perpignan ; en 1569, pour la guerre de Grenade ; en 1580, pour l'invasion du Portugal. Plus souvent encore, le Roi se contente d'alerter ses vassaux, pour le cas où le danger deviendrait grave : ainsi en 1562 [35] ou en 1567 [36]. En 1580, les seigneurs de la frontière portugaise levèrent à leurs frais de petites armées, au total 30 000 hommes [37] qui ne furent guère utilisées. Chaque fois, il s'agit de levées frontalières, mais profondes, onéreuses à coup sûr.

En outre, le Roi met constamment les seigneurs importants au courant de ses intentions, de ses ordres, des nouvelles décisives ; il sollicite leurs avis et les oblige à lui prêter de grosses sommes d'argent... Mais les avantages concédés en contrepartie par la Monarchie ne sont pas négligeables. Bien entendu, mettre l'État en cause, c'est voir avant tout les grands et très grands interlocuteurs, les *Grandes* et les *Titulos* [38], cette étroite minorité de privilégiés par lesquels la monarchie gouverne de temps à autre, un peu de biais, évitant que d'immenses dissidences régionales échappent à son contrôle, car derrière chacun de ces grands seigneurs se situent de larges clientèles, comme en France derrière les Guises ou les Montmorency. Qu'un juge royal (en 1664 il est vrai) s'apprête à mettre la main sur le *corregidor* de Jérez, le duc d'Arcos [39] intervenant ne prend même pas la peine de le voir. Il s'adresse à son secrétaire : « Dis-lui que le corrégidor de Jerez est de ma maison, cela suffira. » La noblesse s'est éclipsée comme les étoiles devant le soleil monarchique, ainsi s'exprime la phraséologie du temps. Mais les étoiles restent non négligeables.

C'est ce que montre l'exemple privilégié de la Castille. La lutte évidente y a pris dix formes différentes. La moins efficace n'est pas cette hostilité permanente des gens de la justice royale contre les prétentions de la justice seigneuriale et contre la personne même des seigneurs. Ainsi rien n'est plus aisé que d'opposer les seigneurs entre eux à l'occasion d'héritages ou de contestations de propriétés. C'est autant de gagné sur eux. En 1572, Ruy Gomez déborde de joie à la nouvelle que le duc de Medina Sidonia vient de gagner son procès contre le comte d'Albe, un neveu du prieur Don Antonio, à propos du comté de Niebla qui vaut, aux dires des ambassadeurs toscans [40], plus de 60 000 ducats de rente. La cause gagnée — est-ce un hasard ? — le duc de Medina Sidonia épouse la fille de Ruy Gomez. Enfin, il arrive rarement, mais il arrive que la justice royale soutienne les vassaux contre les seigneurs. En juillet 1568, arrivait à la Cour le duc de l'Infantado. Longtemps le plus riche des seigneurs castillans (il l'était encore en 1560) [41], il avait cédé la première place au duc de Medina Sidonia, peut-être parce que spécialement attaqué à cause de sa prééminence et sciemment amoindri ? En tout cas, en 1568, il venait à la Cour à l'occasion du procès que lui intentaient ses sujets du marquisat de Santillana qui prétendaient relever du domaine royal. Fourquevaux, à qui nous empruntons le détail [42], ajoute : « Il y a d'autres Grands de ce Royaume qui sont en mesme qualité de procès, que les aucuns ont perdus desja de belles seigneuries et les autres n'en auront pas moins. »

Quant à la justice même que rendent ces feudataires, elle est étroitement surveillée d'en haut, jamais perdue de vue. Leurs sentences, note un Vénitien en 1558, sont déférées aux Chancelleries [43]. Paolo Tiepolo le répète en 1563. « Les nobles de Castille possèdent de vastes pays et d'assez belles terres, mais leurs juridictions et leurs forces sont très limitées ; en définitive, ils ne rendent pas la justice ; ils ne peuvent lever aucun tribut sur leurs peuples et n'ont ni forteresses, ni soldats, ni armes nombreuses... à la différence des seigneurs d'Aragon lesquels, bien que de moindre état, usurpent cependant plus grande autorité. » [44]

Ces petites victoires de la monarchie — ou tel gros

succès comme la reprise par le Roi, des *diezmos de la mar*, des douanes au long de la côte cantabre, en 1559, à la mort de l'Almirante de Castille qui les possédait à titre de concession héréditaire [45] — ces victoires ne doivent pas faire illusion. Le pouvoir seigneurial diminue peu de vigueur. En 1538, toute la puissance de Charles Quint [46] n'a pu obtenir aux Cortès, contre la résistance des représentants des nobles, l'établissement d'un impôt général de consommation. « Quand Charles Quint a voulu rompre leurs privilèges, contera plus tard Michel Suriano [47], il a eu tous les Grands contre lui et, plus que les autres, le Grand Connétable de Castille, bien que très affectionné à Sa Majesté. » En 1548, en l'absence de Charles Quint, en 1555, en l'absence de Philippe II, les Grands d'Espagne essayèrent de se concerter, de reprendre du poil de la bête ; en 1558-1559 [48], la princesse Jeanne au nom de Philippe II procéda à des aliénations de *lugares*, de villages appartenant à des villes. Celles-ci se défendent, certaines gagnent, d'autres perdent. Or tous les acheteurs que nous connaissons sont des nobles d'importance, justement signalés parce qu'ils sont de ceux, trop puissants, que la Royauté écarte ou essaie d'écarter. Elle souhaite, par exemple, que l'Almirante de Castille n'achète pas Tordesillas ; que le marquis de las Navas ne s'attribue pas un morceau important du domaine de Ségovie [49], que le duc d'Alcala n'entre pas en possession de 1 500 vassaux de Séville [50], achetés pour 150 000 ducats (soit 100 ducats pour un vassal et sa famille). Mais pour un que l'on écarte, dix atteignent leur but et, à défaut des vassaux des villes, ils achèteront, à l'occasion, des vassaux de l'Église, mis à l'encan eux aussi par la Royauté. La grande noblesse espagnole s'est acharnée, ainsi qu'en font foi ses archives, à acheter des terres, des rentes, des fiefs, même des maisons urbaines.

Cependant, à mesure que passent les années, l'autorité monarchique se fait plus efficace, sans doute plus lourde et les signes ne manquent pas : que le Roi fasse arrêter le fils de Hernán Cortés, le marquis del Valle [51], accusé d'avoir voulu se rendre indépendant en Nouvelle

Espagne ; ou à Valence et par l'intermédiaire de l'Inquisition, en 1572, le Grand Maître de Montesa [52], pour
hérésie ou sodomie, la rumeur publique n'étant pas à
ce sujet très fixée ; qu'il exile sur ses terres, en 1579, le
duc d'Albe lui-même ; ou qu'il frappe en 1580 [53], et
fort, cette très grande dame qu'est la veuve de Ruy
Gomez, la princesse d'Eboli, non sans avoir longtemps
tergiversé ; ou encore qu'il fasse arrêter, en avril 1582 [54]
dans la maison de son père, l'Almirante de Castille, le
comte de Modica, tout de même coupable d'avoir
assassiné son rival en amour (« cette exécution, note
une correspondance vénitienne, a beaucoup attristé tous
les nobles et spécialement ceux que l'on appelle les
Grands en Espagne, puisqu'ils ne se voient pas plus
respectés que le commun des mortels ») ; ainsi encore,
que le Roi Prudent sans autre forme de procès, en
septembre 1586 [55], fasse mettre au pas, à Madrid, une
jeunesse dorée extravagante... Au temps de Philippe
III, puis de Philippe IV, ces actes d'autorité se répètent
et leur liste serait longue. En décembre 1608, le duc de
Maqueda et son frère D. Jaime étaient condamnés à
mort pour avoir frappé un notaire et alcade du Conseil
Royal. L'affaire se tassera, mais l'émotion fut vive sur
le moment [56], comme en avril 1621, lors de l'abaissement
brusque des ducs d'Ossuna, de Lerme et d'Uceda, ce
qui étonna même l'ambassadeur français...

Il y a eu vraiment réduction à l'obéissance et souvent
consentie avec dévotion. Cette grande noblesse en effet
a commencé à vivre à la Cour, dès le règne de Philippe
II ; elle s'installe à Madrid, non sans prudence et sans
une certaine répugnance au début. Elle y campe dans
des maisons *che sono infelici rispetto a quelle d'Italia*,
note encore le cardinal Borghese en 1597 [57]. Le luxe des
tapisseries et de l'argenterie n'empêche pas qu'ils y
vivent *porcamente senza una minima pollitia, che entrare
nelle case loro par proprio d'entrare in tante stalle*.
Inutile de les défendre contre ces jugements italiens :
ils vivent, au vrai, comme des paysans qu'ils sont,
souvent violents, mal dégrossis, si certains sont de
brillantes exceptions. Et puis ces maisons de Madrid ne

sont que des auberges, des pied-à-terre. C'est sur leurs domaines que se déroulent toujours les fêtes et cérémonies importantes [58]. Les richissimes ducs de l'Infantado ont un magnifique palais à Guadalajara, le plus beau d'Espagne déclare Navagero en 1525 [59], et c'est là que se déroulera le mariage de Philippe II et d'Élisabeth de France. La plupart des palais seigneuriaux sont établis au milieu même des campagnes. C'est à Lagartera, village de la Sierra de Gredos, non loin d'Oropesa [60], un village où hier encore, « les paysannes... conservaient leurs vieux costumes, les bas en forme de guêtres, les lourds jupons couverts de broderies » [61], que les ducs de Frias avaient leur château, avec ses fenêtres Renaissance ouvertes dans les épaisses murailles, sa cour spacieuse, ses larges escaliers, ses plafonds sculptés, ses poutres en saillie et ses gigantesques cheminées.

Peu à peu, les seigneurs cèdent à l'attrait des villes. Le duc de l'Infantado était déjà à Guadalajara. A Séville, les palais urbains se multiplient au XVIe siècle. A Burgos, certaines de ces maisons existent encore aujourd'hui avec fenêtres et portiques à ornements Renaissance et de larges blasons armoriés supportés par des figures [62]. Dès 1545, Pedro de Medina admire le nombre et la richesse des maisons nobles à Valladolid [63].

Quand le règne de Philippe II s'achève, c'est par rangs serrés que les seigneurs se déplacent vers Madrid, puis vers Valladolid redevenue un instant capitale de l'Espagne, vers la vie de représentation de la *Corte*, les fêtes, les courses de taureaux sur la *Plaza Mayor*. Cette noblesse épaissit autour du souverain l'écran qui, de plus en plus, va le séparer de son peuple [64]. La faiblesse de Philippe III s'y prêtant, elle occupe les postes essentiels du gouvernement, avec ses hommes à elle, ses coteries, ses passions... C'est l'époque des favoris, des *validos*, la sienne. Dès lors, elle se plaît au luxe de Madrid, à ses mœurs, aux longues promenades de la rue et à sa vie nocturne : théâtres, veuves complaisantes et filles de joie qui commencent en cette bonne compagnie à se vêtir de soie, pour le plus grand scandale des gens vertueux. Elle éprouve même, grisée par ce changement de vie, une certaine volupté à s'encanailler, mêlée à la foule frelatée que fait éclore la grande ville. La tradition veut que le duc de Medina Sidonia, héros malheureux de l'Invincible Armada, ait fondé à Madrid le cabaret des Sept Diables [65]. En tout cas, autant que du Roi, des comédiens ou des mauvais garçons, Madrid est la ville des nobles, le lieu de leurs vanités, de leurs fastes, de leurs querelles, celles qu'ils vident eux-mêmes ou celles que leurs ruffians règlent au coin des rues : dans la ville se commet, à dire de témoins, bien plus d'un assassinat par jour [66].

Mais à Madrid la noblesse se presse aussi pour surveiller le pouvoir et en tirer profit. Domestiquée, elle domestique à son tour, prend sa revanche d'avoir été tenue à l'écart par le Roi Prudent, au cours d'un règne interminable. Les petites gens continuent à occuper les postes de plume des conseils et à s'engager pas à pas dans la voie des honneurs. Les Grands, les Titrés sont à la recherche des grâces, des dons substantiels, des nominations profitables, des *ayudas de costa*, des concessions d'*encomiendas* des différents Ordres. Ils sollicitent pour eux et pour les leurs. Une nomination à la tête d'une vice-royauté d'Italie ou d'Amérique, c'est une fortune assurée. Nominalement les revenus de la grande noblesse ne cessent d'ailleurs de grandir à la suite d'une concentration assez régulière des héritages et des avoirs. Régulièrement ils montent avec la conjoncture. A eux tous, Grands et seigneurs titrés disposent, en 1525, de 1 100 000 ducats de revenus, aux dires des Vénitiens [67], le seul duc de Medina Sidonia recevant pour sa part annuelle 50 000 ducats. En 1558 [68], les revenus du duc atteignent 80 000 ; en 1581, vingt-deux ducs, quarante-sept comtes et trente-six marquis disposent de 3 millions de ducats et le duc de Medina Sidonia de 150 000 à lui seul [69].

Telles sont les apparences, les on-dit. Mais ces brillantes situations sont toutes obérées ; dès le temps même de Philippe II les endettements catastrophiques sont déjà la règle, et les revenus des nobles sont souvent assignés, tels les revenus du Roi lui-même, pour payer des dettes. On connaît ainsi la société que les Martelli [70] de Florence fondent, en 1552, sous le titre de Francesco Lotti et Carlo Martelli, et qui se spécialise jusqu'en 1590 dans les prêts usuraires aux grands seigneurs (mauvais payeurs) et aux petites gens, toujours d'une scrupuleuse exactitude. La liste des mauvais payeurs est magnifique : « Alonso Osorio, fils du marquis de Astorga, D. Miguel de Velasco, D. Juan de Saavedra, D. Gabriel de Zapata, D. Diego Hurtado de Mendoza, D. Luis de la Cerda, D. Francisco de Velasco, D. Juan de Acuña, D. Luis de Toledo, fils du vice-roi de Naples, B. Bernardino de Mendoza, D. Ruy Gomez da Silva, D. Bernardino Manrique de Lara, D. Garcilaso de la Vega, père du comte de Palma, le marquis de Las Navas, le comte de Niebla... » C'est un beau tableau d'affichage. Ces dettes étant souvent contractées au service du Roi, ainsi par ses divers ambassadeurs, on comprend que le monarque intervienne à l'occasion et impose aux créanciers des compositions [71]... Au siècle suivant, où nous connaissons mieux ces trésoreries princières et misérables, les mêmes difficultés continuent. Une grâce royale, un héritage, une dot substantielle, un emprunt autorisé par le Roi sur un majorat rétablissent des liquidités précaires [72]. Puis bientôt la marche reprend sur la corde raide... Voilà en somme qui facilite la tâche du monarque. Isolée de la vie économique active, la noblesse est condamnée aux mauvaises affaires : elle ne s'en prive pas.

Et le Roi dispose encore d'un autre moyen de pression. C'est vers 1520 que se précise la distinction d'une haute noblesse assez fermée, celles des Grands et *Titulos*, 20 Grands, 35 *Titulos*. Ils sont une soixantaine en 1525 ; 99 à la fin du règne de Philippe II (18 ducs, 38 marquis, 43 comtes) ; Philippe III crée 67 marquis et 25 comtes [73]... Il y a donc eu des promotions en chaîne. Ainsi en 1533 et 1539, celle des Navas et des Olivares, de noblesse récente. Ensuite viendra la distinction de la haute noblesse en trois classes. Par là le roi gouverne, tient son monde...

Hidalgos et regidores de Castille

La haute noblesse, à la fin du règne de Philippe II, c'est 100 personnes, avec femmes et enfants 400, 500 au plus. L'estimation du nombre global des nobles en Castille est sujette à caution, 130 000 peut-être[74], soit un demi-million de personnes sur une population de six ou sept, une masse qui en raison même de son volume comprend forcément des pauvres et des misérables. Dans des milliers de maisons parfois délabrées, souvent avec de « gigantesques blasons sculptés sur pierre »[75], habite un peuple qui tient à vivre « noblement », sans travail déshonorant, du service du Roi ou de l'Église, sacrifiant tout, souvent sa vie même, à cet idéal. Si folie nobiliaire il y a, celle-ci ne cesse de s'aggraver en Castille, malgré les misères qu'elle entraîne et la moquerie populaire qui surabonde en dictons[76] : « A la poursuite de ce que te doit un *hidalgo*, lâche ton lévrier » ; « sur la table de *l'hidalgo*, beaucoup de nappes, peu de plats » ; « Que Dieu te garde du pauvre *hidalgo* et du riche vilain »...

Cette moquerie va de soi : il y a contradiction à vouloir et en même temps à ne pas pouvoir vivre noblement, faute de cet argent qui justifie à peu près tout. Certaines villes vont jusqu'à refuser leur entrée à ces *hidalgos* qui ne prennent pas leur part des charges fiscales communes. En lettres d'or, dit-on, était inscrit dans l'*Ayuntamiento* de Gascueña, village de la province de Cuenca : *No consienten nuestras leyes hidalgos, frailes, ni bueyes*[77]. Les bœufs (les lourdauds ?) sont là pour la rime : « nos lois n'admettent ni les hidalgos, ni les moines, ni les bœufs ». Bien d'autres villes et villages, fort nombreux, refusaient toute division entre *hidalgos* et *pecheros*, petits nobles et gens du commun. Cependant la plupart du temps, les deux « peuples » se partageaient par moitié offices et charges municipales[78], ce qui avantageait la minorité. Et dans de nombreuses villes importantes, ainsi dans le poste essentiel de Séville[79], la noblesse avait saisi tous les postes de commande. Nous avons déjà signalé une vénalité, profitable aux familles en place, maîtresses des offices de *regidores* vendus par la royauté, puis revendus par les titulaires. Ce ne furent jamais là, bien sûr, questions de pure vanité, mais d'intérêts souvent sordides, toujours exigeants. Faute de piller la Castille entière, comme les Grands, la noblesse locale pille les revenus urbains et villageois, à portée de main, et elle s'en nourrit. Querelles, tensions, luttes de classes ne manquent jamais dans ces microcosmes agités, les incidents y sont tantôt dérisoires, tantôt tragiques, mais ont un sens.

Tous ces os à ronger sont d'ordinaire laissés de côté par la grande noblesse. De même, à la Cour, petites charges et médiocres offices sont accessibles aux *hidalgos*, et dès avant le retournement social qui suivra la mort de Philippe II. Ce dernier n'a pas préféré, comme on a dit, les plébéiens ou les bourgeois dont le nombre, même au *Consejo de hacienda*, a été limité (si l'on excepte les gens d'Église) ; il a préféré la moyenne noblesse à la grande. Cette constatation que des sondages laissent entrevoir change les explications d'ensemble [80]. Une réaction seigneuriale ainsi commence avec le XVIᵉ siècle lui-même, bien que, naturellement, toute la noblesse ne se case pas à l'aise et tout de suite : bien des nobles sans argent sont heureux de servir dans les rangs des serviteurs, des *criados* des grands seigneurs, sans négliger pour autant de porter à l'occasion leurs croix rouges de Santiago ou de Calatrava [81].

En face de ce mouvement général, profond, les réactions sont rares, inexistantes. Celles que l'on connaît n'en paraissent que plus significatives. Ainsi Medina del Campo, vieille ville marchande, refuse de céder aux *hidalgos* la moitié de ses *oficios*, malgré un jugement rendu contre elle en 1598, et elle obtient des mesures de report, puis gagne finalement sa cause, en 1635, contre un service de 25 000 ducats [82]. Medina de Rio Seco se défendra et triomphera dans les mêmes conditions, en 1632, contre un énorme présent d'ailleurs [83]. Notons ce détail, la marchandise lutte encore contre la noblesse.

Autres témoignages

Le tableau castillan se retrouve ailleurs, *mutatis mutandis*. En France[84]. Même en Catalogne[85] et à Valence : dans ces deux Espagnes à part, l'autorité du Roi est faible et les nobles en profitent au point que les observateurs étrangers leur prêtent volontiers des pensées plus subversives que de raison. En août 1575, quand il est question d'envoyer avec Escovedo, en Flandre, ou le duc de Gandia (mais il est malade) ou le comte d'Aytona, l'un et l'autre, dit le Génois Sauli, peuvent prétendre au titre « d'homme de République, l'un étant valencien, l'autre de Barcelone »[86]. « *Huomo di Repubblica* », un beau programme ! Détail plus significatif, à Valence, en avril 1616, le vice-roi, duc de Feria, punissait un noble à la suite d'une de ses mauvaises plaisanteries et le faisait promener à dos de mule à travers la ville. Les nobles ferment aussitôt leurs maisons, prennent leurs habits de deuil et certains vont protester à Madrid, auprès du Roi[87].

A Naples, les guerres si violentes de Charles VIII à Louis XII avaient entraîné des catastrophes nobiliaires en chaîne. On vit disparaître les très grands potentats, comme les princes de Salerne ou de Tarente, ou le duc de Bari. Leurs « États » furent divisés. Mais à ce jeu les moyens seigneurs grandirent et d'assez vastes États survécurent, ainsi les comtés d'Albi et Tagliacozzo, de Matera, de Cellano. En 1558[88] une relation vénitienne compte dans le royaume 24 ducs, 25 marquis, 90 comtes, 800 barons environ et, sur ce nombre, 13 seigneurs disposant de 16 à 45 000 écus de rentes. Ces chiffres grandirent par la suite. En 1580, 11 princes, 25 ducs, 37 marquis[89] ; en 1597, 213 « titolati », soit 25 princes, 41 ducs, 75 marquis, 72 comtes et 600 barons et plus[90]. On ne prend plus la peine de compter ce menu fretin. En 1594, des seigneurs disposent de 50 à 100 000 ducats de rente[91]. Comment l'État, vendeur de titres par l'intermédiaire de la *Sommaria*, pourrait-il mener la lutte contre ses propres clients ?

Il l'engagea pourtant, mais jamais complètement. En 1538, et encore par la suite, Charles Quint fit savoir qu'il ne permettait, à ses feudataires de Naples, d'exercer le *mero* et le *misto impero*[92] que si ce droit était dûment spécifié dans leurs privilèges ou établi par une prescription légitime ; dans le cas contraire, le feudataire serait inculpé d'usurpation de juridiction. L'Empereur essaya aussi de soustraire les biens des communautés et la liberté des vassaux à la fantaisie des seigneurs ; il tenta de limiter le nombre des « services » à ceux que fixait la coutume. En vain. Tout fut de bonne prise pour le baronnage : les forêts, les pâturages communs, les corvées de leurs sujets (sur qui ils estimaient avoir tous les droits : Bianchini va jusqu'à parler de sièges recouverts en peau d'homme)[93], les droits du souverain, parfois l'argent même des impôts dus au roi. Il est vrai que celui-ci faisait souvent abandon de ses droits et de ses revenus fiscaux, vendus à l'avance, puis revendus le cas échéant. En conséquence, la plupart des feudataires ont des droits presque souverains en matière de justice et de redevances ; ils ont des hommes à eux, nul gouvernement ne saurait les mater. Il ne leur manque peut-être que le privilège de battre monnaie. Seules leur prodigalité, leur habitude, à Naples, de vivre près du vice-roi et dans l'atmosphère de la grande ville, leur vanité, la nécessité de s'appuyer sur l'Espagne pour lutter contre le Turc et contre le « populaire », les empêchent de s'agiter outre mesure. Et peut-être aussi le fait que, parmi eux, se trouvent des étrangers, Espagnols ou Génois, introduits par la vénalité des fiefs.

En tout cas, pris en bloc, le baronnage ne fait que grandir. Les dernières années du siècle, si mauvaises, accablent sans doute plus d'un seigneur, particulièrement dans la ville. Des dettes criardes entraînent des ventes, des mises sous séquestre de la part de la *Sommaria*. Ce sont là accidents banals dans la vie des nobles, à Naples ou ailleurs, les risques mêmes de leur condition. On en réchappe. Tel noble peut se ruiner et tout perdre, la noblesse n'en cesse pas moins de prendre du poids. Si d'un bond nous allions jusqu'au milieu dramatique du XVIIe siècle, nous y verrions, au-delà des images pittoresques et des rôles individuels, lors de la révolution de Naples au temps de Masaniello (1647), s'achever une indéniable révolution sociale, le dernier mot restant aux seigneurs, à leur classe réactionnaire [94].

La noblesse a gagné la partie, et pour de longues années, et pas seulement à Naples. Elle l'a gagnée à Milan [95] comme en Toscane [96], à Gênes [97] comme à Venise [98] ou à Rome [99]. Nous n'aurions que trop de dossiers à plaider. Mais est-il besoin de se répéter ?

Les noblesses successives de Turquie

Le dossier de loin le plus étonnant concerne l'Empire turc. Alors que sur l'Islam nous ne savons directement rien, nous apercevons la situation sociale passablement en Anatolie, assez bien dans les Balkans. Et cette réalité, contrairement à ce que l'on a souvent répété [100], n'est pas à l'opposé du destin de l'Occident. Des ressemblances et analogies sautent aux yeux. Mêmes causes, mêmes effets, peut-on dire, dans la mesure où un ordre social après tout ne présente pas, quant à ses structures, des milliers de solutions possibles, et qu'il s'agit de sociétés toutes franchement terriennes, d'États encore élémentaires malgré leur éclat et, au moins par cet inachèvement, assez pareils les uns aux autres.

Les études des quinze dernières années, si elles n'ont pas tout éclairci, permettent de dégager des ensembles, et déjà des « modèles » valables, l'essentiel étant de distinguer soigneusement selon les époques. Trop d'historiens, à propos de la Turquie, confondent, en effet, des paysages déroulés sur des siècles de durée ; or si les sociétés marchent rarement à pas de géant, elles se transforment à la longue sur d'aussi vastes distances. C'est de trois, voire de quatre noblesses turques qu'il faut parler, la dernière qui achève de se mettre hardiment en place avec la fin du XVIᵉ siècle étant, si l'on veut, la plus abusive : elle submerge l'État totalitaire des Osmanlis et l'affaiblit si elle ne cause pas, à elle seule, sa ruine totale. Car enfin si les mêmes causes et les mêmes effets sont visibles partout, les conjonctures générales ont leur responsabilité, elles d'abord, et elles sont partout à l'œuvre.

La première noblesse turque doit se saisir en remontant le cours du temps jusqu'au bout de la nuit du XIVᵉ siècle ; elle est installée en Anatolie à la veille ou au lendemain des premiers grands triomphes des Osmanlis (de la prise de Brousse, 1326, à celle d'Andrinople, vers 1360). Si l'on accepte ce qu'en disent volontiers les historiens [101], cette haute société est dure, pressée dans un coude à coude inquiétant, à la fois esclavagiste, féodale et seigneuriale, et cependant libre, trop libre vis-à-vis du Sultan (celui-ci n'est que le premier au milieu de ses pairs). Les terres en particulier se vendent, s'achètent sans arrêt et hors de tout contrôle de l'État. Enfin elle connaît des propriétés individuelles, allodiales dirions-nous (*mulks*), ou familiales (*wakoufs*), exactement des fondations pieuses, mais dont le fondateur et ses descendants conservent la direction et la jouissance, si bien que ce sont là, par quelque côté, des forteresses stables comme les majorats d'Occident.

La seconde noblesse turque n'apparaît pas seulement en Europe, au XVᵉ siècle, mais c'est là que nous la voyons le mieux, au moment où elle s'y enracine, puis pousse à vive allure.

Devant la rapide conquête turque des Balkans, en effet, tout s'est effondré très au loin, très en avance, sous les coups de révolutions paysannes violentes. Ainsi, avant le dernier bond en avant, de la prise de Belgrade en 1521 à la pénétration en Hongrie (Mohacs, 1526), les paysans hongrois se soulèvent, la noblesse chrétienne les réduira, mais au prix d'un effort mortel [102]. Au total, une série de régimes féodaux anciens se sont effondrés presque d'eux-mêmes, tous régimes venus de loin, faits d'éléments mêlés (grecs, slaves, voire occidentaux). A la veille des catastrophes, les Balkans socialement sont à l'heure même de l'Occident, en raison de leur richesse et ne serait-ce que par la façon dont les seigneurs viennent de s'installer dans les villes qui avoisinent leurs domaines (c'est un *inurbamento* comme celui d'Italie). Les Musachi, seigneurs albanais, se sont installés à

Durazzo, dans des palais fortifiés pareils à ceux de Bologne ou de Florence. Et plus d'une ville, à l'intérieur des terres, a vu se construire sa rue de riches demeures seigneuriales, Tirnovo sa *bojarska mahala*, Vidin sa *bojarska ulica* [103], tout ce luxe étant lié à des *latifundia*, à des paysanneries durement exploitées. C'est ce système qui s'écroule devant le Turc, comme un faux décor de théâtre.

Il y eut alors dévastation, refoulement de populations vers les montagnes ingrates, mais aussi libération relative des paysans. Ceux-ci resteront groupés dans leurs communautés, maîtres de leurs terres, non pas libres certes, ils sont soumis au fisc qui ne veut ignorer personne et pris dans des seigneuries nouvelles calquées sur les anciennes, fiefs ou plutôt bénéfices, ces *timars* entre quoi sont répartis la population et le sol conquis. Le paysan paiera des redevances en argent, des redevances en nature, celles-ci beaucoup moins importantes que celles-là, mais il sera libéré des lourdes corvées traditionnelles. Le Turc est d'autant plus conciliant en ces premières années que la conquête continue, qu'il faut ménager devant elle l'avantage des troubles paysans qui la favorisent, que les Sultans se méfient déjà de la vieille noblesse anatolienne enrichie par ces distributions de fiefs en Europe et dont les grandes familles, les *Jandarli* [104], essaient de se saisir de la direction des affaires. Cette méfiance du gouvernement central à l'égard des féodaux ne cessera jamais d'ailleurs, d'où tant de mesures, de politiques, de prudences dirigées. D'entrée de jeu, les faveurs accordées à la noblesse chrétienne des Balkans, largement pourvue de *timars*, n'a pas d'autre motif profond [105].

Ces *timars* ne sont pas des fiefs ordinaires, malgré leurs ressemblances avec les seigneuries d'Occident ; ils représentent comme elles des villages, des terres, des espaces incultes, des eaux courantes, des péages, parfois des droits sur le marché de la ville voisine, ainsi à Kostour, petite ville bulgare [106]... Mais ces seigneuries servent à l'entretien de soldats, de cavaliers, les *sipahis*, si bien que les timars sont souvent appelés *sipahiliks*.

Bref ce sont des fiefs conditionnels, une sorte de salaire, la contrepartie étant l'obligation de servir à chaque réquisition avec un groupe de cavaliers proportionnel à l'importance du *timar*, sous l'ordre du *sandjak* de la province. Ne pas répondre à l'appel, c'est perdre son timar. Ces seigneuries révocables, données à titre viager, sont plutôt que des fiefs, des bénéfices au sens carolingien. Mais très tôt, les timars passent du père au fils, il y a glissement vers l'hérédité, du bénéfice vers le fief. Dès 1375, une disposition légale reconnaissait ce droit d'accession aux fils de timariotes [107].

D'ordinaire, il s'agit de maigres revenus, inférieurs à 20 000 aspres, le plafond de la première catégorie étant rarement atteint. Des relevés pour la région de Vidin et Berkovitza, de 1454 à 1479, signalent pour 21 timars des revenus de 1 416 aspres à 10 587, soit de 20 à 180 ducats, la masse se situant entre 2 500 et 8 000 aspres. Cette portion congrue correspond cependant à l'âge d'or du système. Le timariote, en effet, surveillé par les vigilantes autorités locales, ne peut empiéter sur les maigres revenus de ses paysans et la solution, s'il veut s'enrichir, c'est le butin, la prime à la guerre fructueuse qui se poursuit pour les Osmanlis jusque vers le milieu du XVIe siècle [108].

Que les revenus des timariotes soient assez modestes, on aurait pu le deviner à l'avance étant donné leur nombre : 200 000 [109] peut-être vers la fin du siècle, soit un million de personnes sur 16 ou 20. Cette noblesse est trop nombreuse pour être riche. Mais dans le nombre, il y a des privilégiés : une grande noblesse se constitue très tôt. Il y a, en effet, trois catégories de timars [110], les ordinaires jusqu'à 20 000 aspres de revenus, les moyens ou *ziamets* jusqu'à 100 000 et les *has* au-dessus de ce revenu. En 1530, en Roumélie, le Grand Vizir, Ibrahim Pacha, possède un *has* de 116 732 aspres de revenu ; Ayas Pacha un de 407 309 : Kassim Pacha un autre de 432 990... Ce sont là de grands domaines, avec en plus des *wakoufs* et des *mulks* (pour ces derniers on dit *hassa* ou *hassa tschiftliks*, par opposition aux propriétés paysannes, *raïa tschiftliks*). Dirons-nous que ce sont là des réserves seigneuriales ? Certaines de ces réserves, pour la seconde moitié du xvᵉ siècle en Grèce, comportent des oliveraies, des vignobles, des vergers, des moulins [111]... Une propriété privée est ainsi très tôt en place et plus ou moins importante, constituée d'ordinaire au bénéfice des grands feudataires, elle risque de compromettre le vaste édifice d'une aristocratie foncière développée sous le signe dominant du service public et selon la doctrine même de l'État turc qui veut que *toute* la richesse nationale soit propriété exclusive du Sultan.

Que ce dernier ait trouvé menaçante la grande noblesse trop riche et déjà trop libre, voilà qui explique des réactions précoces comme celles de Méhémet II, ou tardives comme celles de Soliman le Magnifique en faveur d'une centralisation décisive du système, que menacent séparatismes et autonomies possibles. Ce que veut faire le vainqueur d'Istanbul, le *Fatih*, c'est briser les biens *wakoufs* et les biens *mulks* pour les réintroduire dans le quadrillage des *sipahiliks* [112]. Le grand règlement de Soliman, en 1530 [113], est une remise en ordre générale, caractéristique de l'époque du « Législateur ». C'est à Istanbul dès lors et presque exclusivement (les *beglerbeys* ne conservant que le droit de nommer à des tenures mineures) que seront attribués les fiefs militaires. Les récompenses à attribuer aux fils de *sipahis* sont fixées : elles varieront suivant que le père aura été tué sur le champ de bataille ou sera mort dans son lit, suivant que l'héritier aura déjà été, ou non, nanti d'un fief. Mais ces mesures, comme toutes les mesures autoritaires en matière sociale, auront un résultat douteux, sauf que centré sur Istanbul, le système dès lors dépendra du Sérail et de ses intrigues plus que de ses vertus. En tout cas, la grande propriété déjà en place ne rétrograde pas. Elle est favorisée par la colonisation intérieure des Balkans, par la montée démographique, par l'essor des exportations de produits bruts vers l'Occident. Le commerce du blé, de 1560 à 1570, enrichit les grands propriétaires : le grand vizir Roustem Pacha est un trafiquant de blé [114].

Le troisième âge des noblesses turques, au-delà de 1550-1570, dates approximatives, n'est pas aussi neuf qu'on le prétend. Ce qui le caractérise, c'est le développement de la grande propriété, mais celui-ci est antérieur au milieu du XVIᵉ siècle. La nouveauté toutefois c'est l'arrêt des conquêtes turques fructueuses, dès avant la fin du règne trop glorieux de Soliman le Magnifique (1566), l'obligation où se trouvent les seigneurs de toute grandeur et de tout poil de se retourner vers le monde paysan et de l'exploiter sans vergogne et sans mesure, les redevances en argent ne signifiant plus rien avec les dévaluations répétées de l'aspre [115]. L'État ottoman se trouve du coup dans une situation difficile : « les recettes du trésor public ne couvrent plus ses dépenses », note à la fin du XVIᵉ siècle le chroniqueur ottoman Mustapha Selâniki [116]. Les mesures fiscales, les aliénations de revenus se multiplient, elles sont selon la pente logique des choses. La montée des prix achève de pervertir l'ordre ancien. Les contemporains en accuseront les mauvaises mœurs du gouvernement, ses faveurs accordées à l'aristocratie du palais et aux serviteurs et clients de celle-ci. Il est vrai que le Sérail est devenu le distributeur des timars et il les réserve aux courtisans et serviteurs qui entourent le Souverain et ses ministres, tchaouches, écrivains, contrôleurs des fermes fiscales (*muteferikas*), valets de dignitaires, pages du palais [117], sans compter les vizirs ou la Sultane Mère... Cette distribution de fiefs dépasse tout ce que l'Occident verra ou inventera en ce domaine. Les lettres de noblesse en France ne sont rien à côté de ces *firmans* distribués plutôt deux fois qu'une et qui privilégient sans vergogne jusqu'aux *ecnebi*, aux « étrangers » [118] (ceux qui n'appartiennent pas à la classe ottomane dominante). « Des vagabonds, des brigands, des Tsiganes, des Juifs, des Lasis, des Russes, des gens des villes » : ainsi un chroniqueur ottoman [119] signale ce que nous appellerions en Occident les nouveaux nobles. Les temps de « l'ignominie » [120] sont venus et ils dureront, au mépris des règles traditionnelles. L'économie monétaire poussant le tout, de vastes domaines grandissent, plantes vénéneuses contre lesquelles rien n'est plus possible. Sous de faux noms, tel timariote obtient vingt, trente seigneuries [121]... Les seigneuries médiocres sont alors absorbées par les grandes et des seigneurs déclassés, ou menacés de l'être figureront bientôt, en bonne place, dans les soulèvements paysans de la fin du siècle et du siècle suivant.

Autant que l'époque des grands seigneurs parvenus, ce troisième âge ouvre l'ère des usuriers, des « financiers » exploiteurs à la fois de l'État, de la noblesse et des paysans. A partir de 1550, en effet, l'État ottoman recourt au vieux procédé des ventes de revenus fiscaux, au système des *mukata* et de l'*iltizan* (mise à ferme) pratiqué déjà par les Turcs Seldjoukides et par Byzance [122]. En vérité, le procédé est banal, on le trouve aussi bien à Naples, à Venise, qu'à Paris ou en Espagne. A Naples, on vend des revenus fiscaux, à Venise, on afferme pour deux ou trois années telle taxe, tel secteur des douanes... L'État turc va procéder de même, demandant à ses fermiers d'avancer aussitôt l'argent correspondant aux revenus à percevoir. Le fermier, malgré la surveillance des contrôleurs, se rembourse ensuite largement. Au péage, les moutons doivent payer un aspre pour deux têtes ; on percevra jusqu'à huit aspres pour chaque bête. Plus encore, avant de conclure le marché, le fermier posera ses conditions, multipliera ses exigences. Or, très souvent, les grands seigneurs vont eux aussi affermer leurs domaines et partout se développe sans entrave le réseau des prêteurs juifs ou grecs [123]. Ils tiennent bientôt toute la Turquie sous leur coupe... L'économie monétaire, la montée des prix les portent aux postes de commande. Dans ces conditions, le vieux système militaire des *sipahis* ne fonctionne plus. Le contraire, tout de même, surprendrait. Le service militaire est éludé et ridiculisées les vérifications qu'ordonne le gouvernement central.

A ce sujet, le témoignage de l'Intendant des finances du sultan Ahmed, Aïni Ali, est formel [124]. « La plupart des feudataires, affirme-t-il, au jour d'aujourd'hui, se libèrent de leur service, si bien qu'en campagne, lorsqu'il s'agit de service militaire, pour dix timars, il n'y a pas un homme qui vienne. » L'esprit chevaleresque qui avait fait la solidité de l'institution n'est plus. Koci Beg, originaire de Koritza, dans le Sud de l'Albanie, en témoigne dans ses écrits parus en 1630 [125]. Mais déjà un obscur, le Bosniaque Mallah Hassan Elkjadi, avait poussé le même cri d'alarme, dès 1596 [126]. La décadence est visible aux yeux mêmes des étrangers [127]. Au XVIIᵉ siècle, les sipahis quitteront leurs demeures campagnardes, s'installeront dans les villes. C'est l'époque où la famille albanaise Toptani quitte le château fort de Kruju pour la ville ouverte et entourée de jardins de Tirana [128]. Cette migration vers les villes est le signe, entre autres, de la formation d'une aristocratie à fortes racines locales, sûre de son lendemain.

Les Tschiftliks

Avec le XVIIᵉ siècle, un autre changement se décèle, non moins considérable, si l'on en croit les études de Richard Busch Zantner [129]. L'érudition [130] a fait un accueil réservé à ce livre chargé d'idées. Mais l'érudition a-t-elle raison ? Que Richard Busch Zantner ait été attiré par la littérature et l'exemple des réformes agraires d'après la première Guerre Mondiale, par les ouvrages yougoslaves de Frangês et d'Iusic, il est vrai, mais est-ce un mal ? On lui a reproché aussi l'incertitude de sa terminologie, qui me paraît presque inévitable. Quand un historien occidental aborde ces mondes, tous les mots à sa disposition sont ambigus et les définitions d'hier (l'opposition catégorique qu'établit ainsi Ch. Beckers entre fief turc et fief occidental) ou les explications générales (comme celles de J. Cvijić) sont de mauvais points d'appui. Une utilisation grandissante des sources turques déplace d'ailleurs les problèmes et oblige à des révisions profondes.

Il est probable que le *tschiftlik* signale une nouveauté et une réalité d'importance. Le mot originellement aurait désigné la surface qu'un araire laboure en une journée [131] ; (c'est le *zeugarion* byzantin, le *Morgen* ou le *Joch* allemand, le *jour* ou le *journal* de certaines campagnes françaises). Qu'il désigne par la suite la propriété privée ou celle des paysans (*raïa tschiftlik*) ou celle des grands seigneurs (*hassa tschiftlik*) et enfin la grande propriété moderne, sorte de plantation coloniale ou de *Gutsherrschaft*, c'est probable. Nous nous expliquons mal cette évolution, mais le mot a ce sens-là, dès 1609-1610 [132].

L'existence de ces propriétés modernes, durement menées, mais productives, nous obligerait, si nécessaire, à ne pas considérer, dans l'évolution de la noblesse turque, que des motifs d'ordre social ou politique. Tout n'a pas été non plus destruction, détérioration, selon les plaintes et les explications des chroniqueurs. Ces propriétés évoquent les productives plantations coloniales, ou les beaux domaines de l'*Ostelbien* [133] ou de la Pologne. Au centre, la maison du maître, bâtie en pierre comme dans la plaine sud-albanaise de Koritza, est, avec ses allures de tour, le type même de la *kula*, de la maison forteresse à étages [134]. Elle domine les misérables masures d'argile des paysans. D'ordinaire les *tschiftliks* mettent en valeur les bas-fonds des plaines, ainsi les marécages entre Larissa et Volo, le long des rives boueuses du lac Jezero [135] ou les vallées humides des fleuves et des rivières. Et c'est là une forme conquérante d'exploitation. Ces *tschiftliks* produisent du blé, tout d'abord. Et le blé, en Turquie comme dans les Provinces danubiennes, ou en Pologne, dès qu'il est lié à de vastes exportations, crée au départ les conditions mêmes d'un « second servage » [136], évident en Turquie. Ces grandes propriétés avilissent partout la situation paysanne et profitent de cet avilissement. En même temps, elles sont économiquement parlant efficaces, pour le blé tout d'abord, pour le riz, bientôt pour le maïs, plus tard pour le coton et dès leur début même pour l'utilisation des irrigations savantes et la multiplication des attelages de buffles [137]... Ce qui se produit dans les campagnes basses des Balkans évoque de près les processus d'Occident, ceux de Vénétie par exemple. Ce sont indéniablement de vastes, de puissantes bonifications. Comme en Occident, la grande propriété a mis à

444 Destins collectifs et mouvements d'ensemble

contribution les espaces vides d'hommes que les premiers âges seigneuriaux et paysans n'avaient pas encore très bien saisis. Il y a eu progrès, au prix, évidemment, comme ailleurs, de contraintes sociales. Seuls les pauvres n'y ont rien gagné, ne pouvaient rien y gagner.

2. La trahison de la bourgeoisie

La bourgeoisie, au XVIe siècle, liée à la marchandise et au service du Roi, est toujours sur le point de se perdre. Elle ne risque pas seulement la ruine. Qu'elle devienne trop riche, ou qu'elle soit lasse des hasards de la vie marchande, elle achètera des offices, des rentes, des titres ou des fiefs et se laissera tenter par la vie noble, son prestige et ses paresses tranquilles. Le service du Roi anoblit assez vite ; par ce chemin aussi qui n'exclut pas les autres, la bourgeoisie se perd. Elle se renie d'autant plus facilement que l'argent qui distingue le riche du pauvre, au XVIe siècle, vaut comme un préjugé déjà de noblesse [138]. Et puis, au tournant entre XVIe et XVIIe siècles, les affaires marquent le pas, rejettent les sages vers la terre et ses valeurs sûres. Or la terre est aristocratique par vocation.

« Parmi les principaux marchands florentins dispersés à travers les places d'Europe, raconte l'historien Galluzzi [139], nombreux furent ceux qui (à la fin du XVIe siècle), rapatrièrent leurs fonds en Toscane pour les employer dans l'agriculture. Tels les Corsini et les Gerini qui s'en revinrent de Londres, les Torrigiani qui abandonnèrent Nuremberg et les Ximenès, qui, marchands portugais, se firent florentins. » Ce retour à la terre des grands marchands, quelle image parlante, un siècle à peine après Laurent le Magnifique ! Tournons les pages et, en 1637, apparaît à l'occasion d'un changement de règne une Toscane nouvelle, gourmée, nobiliaire, courtisane [140]... L'Italie de Stendhal, prévisible depuis longtemps et pourtant surprenante en cette ville où avait battu le cœur libre de la Renaissance. Tout un décor ancien s'est effondré.

Il n'est pas excessif, à condition de se porter assez

avant dans le XVIIᵉ siècle, de parler d'une faillite de la bourgeoisie. Celle-ci était liée aux villes ; or les villes ont connu très tôt une série de crises politiques : ainsi la révolte des *Comuneros*, en 1521 ; ainsi la prise de Florence, en 1530. A ce jeu, les libertés des cités ont beaucoup souffert. Ensuite sont venues des crises économiques ; momentanées, puis insistantes avec le XVIIᵉ siècle, elles atteignent profondément leur prospérité. Tout change, doit changer.

Bourgeoisies méditerranéennes

En Espagne, ce qui s'efface alors existait à peine. Gustav Schnürer [141] prétend que l'Espagne, du moins la Castille, a perdu sa bourgeoisie dès la révolte des *Communeros* ; c'est aller vite en besogne, mais ne pas trop se tromper au demeurant. La Péninsule, insuffisamment urbanisée, ne dispose guère pour les besognes du commerce que d'intermédiaires étrangers aux intérêts réels du pays et qui, pourtant, y jouent un rôle nécessaire, comme dans tel ou tel pays sud-américain d'aujourd'hui, ou plutôt d'hier (1939). Au Moyen Age, ce rôle avait été tenu par les communautés juives qui fournirent marchands, usuriers et collecteurs d'impôts. Après leur expulsion (1492), les vides se comblèrent vaille que vaille. Dans les villes et les villages, au XVIᵉ siècle, s'occupent du commerce de détail des Morisques, des nouveaux chrétiens, accusés de conspirer contre la sûreté publique, de se livrer au commerce des armes, de tout accaparer. Le haut commerce, notamment à Burgos, compte beaucoup de Juifs convertis [142].

Ces plaintes, ces passions, ces défiances, à défaut d'autres preuves, diraient qu'il demeure, ici ou là, des bourgeoisies espagnoles, à Séville, à Burgos, à Barcelone (que la fin du siècle devait tirer de son long sommeil). Il est de riches marchands espagnols comme les Malvenda de Burgos, ou comme Simón Ruiz de Medina del Campo.

Mais ce ne sont guère des « bourgeois » que ces nombreux fonctionnaires, ces *letrados* [143] au service du Roi, nantis du *Don* qu'ils prennent l'habitude de joindre

à leur nom, petits nobles ou aspirants nobles bien plus
que bourgeois. Il est curieux dans ce curieux pays qu'est
l'Espagne, de voir les bâtards d'ecclésiastiques obtenir,
eux aussi, le titre d'*hidalgo*. Pas si curieux après tout si
l'on songe au discrédit qui s'attache en Espagne au
travail manuel et au négoce, si l'on songe aux innombrables passages clandestins à travers les frontières mal
gardées de la toute petite noblesse : des sept cents
hidalgos d'une médiocre ville, proche du Portugal, peut-
être y en a-t-il trois cents de véritables, dit une plainte
de 1651 [144], sans compter les *hidalgos de gotera* (de
gouttière), ou ces pères de douze enfants qui jouissaient
des exemptions fiscales sans être nobles pour autant et
que le populaire appelait crûment les *hidalgos de
bragueta* [145]... En Espagne, la bourgeoisie est encerclée,
rongée sur toutes ses frontières par cette noblesse
proliférante.

En Turquie, les bourgeoisies urbaines — essentiellement marchandes — sont étrangères à l'Islam, ragusaines, arméniennes, juives, grecques, occidentales. Il
subsiste à Galata et dans les îles des « latinités ». Or, il
est symptomatique de voir la décadence rapide de ceux
que l'on pourrait appeler les grands marchands de
l'Empire, Vénitiens, Génois, Ragusains. Auprès du
Sultan, deux grands hommes d'affaires s'aperçoivent :
l'un, Michel Cantacuzène [146], est grec, l'autre, Micas,
juif [147]. Les Juifs ibériques (espagnols ou portugais)
immigrés à la fin du XVᵉ siècle occupent peu à peu les
hauts postes du négoce (surtout les Portugais), au
Caire, à Alexandrie, Alep, Tripoli de Syrie, Salonique.
Constantinople. Ils prennent une grosse place parmi les
fermiers (et même les bureaucrates) de l'Empire. Que
de fois les Vénitiens ne se plaignent-ils pas de la
mauvaise foi des Juifs, revendeurs de marchandises
vénitiennes ! Bientôt ils ne se contentent plus du métier
de redistributeurs et concurrencent directement Ragusains et Vénitiens. Dès le XVIᵉ siècle, ils pratiquent le
grand commerce maritime en direction de Messine, de
Raguse, d'Ancône, de Venise. Un des secteurs profitables de la course chrétienne dans le Levant devient la

chasse, sur les navires vénitiens, ragusains ou marseillais, aux marchandises juives, cette *ropa de judíos* comme disent les Espagnols, assimilée par eux à la contrebande, prétexte facile quand il s'agit d'opérer quelque saisie arbitraire [148]. Les Juifs sont d'ailleurs bientôt concurrencés par les Arméniens qui, au XVIIᵉ siècle, fréteront des navires pour l'Occident, s'y rendront eux-mêmes et deviendront les courtiers de l'expansion commerciale du Shah Abbas [149]. Tels sont, dans le Levant, les successeurs de la riche bourgeoisie des marchands italiens, un temps maîtresse de la Méditerranée entière.

En Italie même, la situation est complexe. Car, une fois de plus, là est le cœur du problème, là ont vécu les bourgeoisies et les villes essentielles. Les splendeurs de Florence, au temps de Laurent le Magnifique, coïncident avec celles d'une grande bourgeoisie opulente, cultivée. C'est la confirmation de la thèse d'Hermann Hefele sur la Renaissance [150], cette coïncidence entre l'explosion intellectuelle et artistique et cette puissante évolution sociale qui a travaillé et élargi Florence. La Renaissance y correspond à l'achèvement d'un ordre bourgeois : celui des *Arti Maggiori* [151] qui tient longtemps les avenues du pouvoir et ne dédaigne aucune des tâches du commerce, de l'industrie ou de la banque, qui sacrifie aux raffinements du luxe, de l'intelligence et de l'art. Elle revit sous nos yeux, par les soins des peintres ses amis, dans cette série de portraits que Florence a laissés, signe à soi seul d'une bourgeoisie à son apogée [152]. Mais, aux *Uffizi*, quelques pas de plus amènent le promeneur devant le tableau du Bronzino : Cosme de Médicis armé de pied en cap ; déjà un âge nouveau, avec ses princes et sa noblesse courtisane. Cependant un marchand espagnol, installé à Florence, écrit encore, en mars 1572 : « dans cette ville la coutume très ancienne veut que les hommes d'affaires y soient très estimés » [153]. Il est vrai qu'il s'agit de hauts marchands, *hombres de negocios* et que beaucoup sont nobles ; ils leur suffirait pour que tout soit en ordre de ne plus s'occuper d'affaires commerciales et de vivre de leurs revenus et de leurs terres.

Ailleurs aussi le décor change. En 1528, Gênes reçoit la constitution aristocratique qui durera jusqu'aux troubles de 1575-1576. A Venise, la noblesse marchande à la fin du siècle se détourne franchement des affaires. Dans le Centre et le Sud de l'Italie, l'évolution est analogue. A Rome la mise au pas de la bourgeoisie s'achevait en 1527. A Naples, il n'y a plus de place pour elle que dans l'exercice du droit... Les chicanes seules la nourrissent [154]. Partout, son rôle se restreint. A Lentini, en Sicile, les magistrats de la ville, au XVIe siècle, ne se recrutent que dans la noblesse [155]. Tels Francesco Grimaldi et Antonio Scammacca, syndics de la ville, qui obtiennent en 1517 le retour de la cité dans le domaine royal, ou ce Sébastien Falcone qui, en 1537, en qualité de *giurato e sindaco*, obtient contre un versement de 20 000 écus d'or à Charles Quint que la ville ne soit pas aliénée à de grands feudataires et lui fait octroyer le privilège, confirmant un vieil usage, qui réserve à la noblesse de la ville les fonctions de capitaine de Lentini. Donc n'allons pas croire à une lutte impitoyable entre seigneurs et villes domaniales de Sicile. Même quand ces dernières sont encore entre les mains de leurs bourgeois, ce qui est rare, ceux-ci n'ont que trop tendance à s'entendre avec les nobles et leurs clientèles. Le temps n'est plus où les *consoli* et *sindici* des métiers luttaient contre eux pour le gouvernement des cités. Mieux encore : à Aquila, au Nord du Royaume de Naples, le *sindaco dell'Arte della lana* devient lui-même, à partir de 1550, une prérogative quasiment des nobles [156]. Reprenons ces jalons chronologiques un à un : nul doute, l'évolution s'amorce très tôt.

La trahison de la bourgeoisie

Si l'ordre social semble se modifier, c'est autant apparence que réalité. La bourgeoisie n'a pas toujours été éliminée, mise hors du jeu avec brutalité. Elle s'est trahie elle-même.

Trahison inconsciente, car il n'y a pas de classe bourgeoise qui se sente véritablement comme telle. Peut-être parce qu'elle est trop restreinte en nombre. Même à Venise, les *cittadini* constituent au plus 5 ou 6 p. 100 de la population de la ville à la fin du siècle [157]. Partout, enfin, les riches bourgeois de toutes origines sont attirés vers la noblesse : elle est leur soleil. Voyez, d'après leurs lettres, les curieux complexes de Simón Ruiz et de Baltasar Suárez à l'égard de ceux qui vivent noblement et qui grugent à l'occasion ces marchands sages et soucieux de leurs deniers [158]. L'ambition de ces faux bourgeois est de gagner les rangs de l'aristocratie, de s'y fondre, pour le moins d'y placer leurs filles richement dotées.

Dès le début du XVIe siècle, à Milan, les mésalliances ne vont pas sans scandale, mais elles ne cessent pas pour autant. Et notre guide Bandello, pourtant libéral, s'en indigne. Une femme noble a épousé un marchand, sans ancêtres notables ; veuve, elle retire son fils des affaires de son mari et s'efforce, le plaçant hors des tâches commerciales, de lui faire reprendre rang de noble [159]. Ces efforts ne prêtent pas à rire. Ils suivent la mode. Par contre, on s'amuse volontiers et méchamment de toute une série de mésalliances, de taches honteuses infligées à tant d'illustres blasons qui, pourtant, se redorent du coup. Un parent d'Azzo Vesconte épouse, contre 12 000 ducats de dot, la fille d'un boucher. Le conteur n'a pas voulu aller à un tel mariage : « J'ai vu le beau-père, ajoute-t-il, la blouse blanche sur le dos comme c'est l'habitude de nos bouchers, saignant un veau, les bras rouges de sang jusqu'au coude... Moi, si j'avais pareille femme comme épouse, je croirais puer pour toujours le boucher à plein nez. Il me semble que jamais plus je n'oserais relever la tête [160]. » Hélas, le fait n'est pas isolé : voici un Marescotto qui prend comme femme la fille d'un jardinier (encore a-t-il l'excuse d'en être très épris) ; voici le comte Lodovico, un des comtes Borromée, grands feudataires de l'Empire, qui épouse la fille d'un boulanger, et le marquis de Saluces une simple paysanne. L'amour, oui, l'argent aussi multiplient ces mésalliances. « J'ai entendu dire plusieurs fois, poursuit le narrateur, au comte Andrea Mandello di Caorsi, que lorsqu'une femme avait plus

de 4 000 ducats de dot, on pouvait l'épouser sans
hésitation, même si elle était de celles qui prostituent
leurs corps derrière le dôme de Milan. Croyez-moi, qui
est nanti de deniers, et assez bien nanti, est noble ; qui
est pauvre ne l'est pas [161] ».

Même à Milan qui passe, en ce début de siècle, pour
libéral, les mésalliances peuvent être sujet de comédie,
mais le ton monte aisément et la tragédie peut surgir
d'un coup, comme à Ancône, en 1566. Un médecin [162],
fils d'un simple tailleur, soigne la fille d'une jeune
veuve noble (elle a sept enfants et 5 000 écus). Que
celle-ci veuille épouser le médecin, Mastro Hercule,
voilà qui déchaîne le drame : le médecin arrêté s'en sort
de justesse, la vie sauve, avec 200 ducats d'amende, et
seulement grâce à l'intervention décisive d'un sien
protecteur, venu de Ravenne à la rescousse avec quelques
cavaliers. Cependant la famille s'oppose d'autant plus
au mariage de la veuve avec *un consorte di bassa
conditione e figliolo di persone infime*. Et comme l'on
craint que, libéré, le médecin n'enlève sa bien-aimée,
un des fils de celle-ci l'assassine en plein jour...

En Espagne, le drame est toujours possible sur le
plan tragique de l'honneur et du déshonneur. Et pourtant, lisez le *Tizón de la Nobleza española* [163], auquel
Maurice Barrès s'arrêta pour rêver de l'Espagne tolé-
dane. Le pamphlet est faussement attribué au cardinal
de Mendoza. Sans prendre pour argent comptant ce
qu'il dit — ou ce que disent d'autres *libros verdes* [164] —
il n'en faut pas tout rejeter, ni refuser de croire à ces
drames, à ces crimes contre la *limpieza de la sangre* [165],
jusqu'au plus haut de la société. Les alliances avec les
filles de riches marranes, le drame banal de la mésal-
liance, prennent dans la pointilleuse Espagne une allure
tragique. Elles n'en existent pas moins.

La noblesse à l'encan

Pour qui est entiché de noblesse, il est des moyens
rapides d'y parvenir et ils se multiplient à mesure que
passe le siècle. Titres de noblesse et fiefs peuvent
s'acquérir : ainsi en Souabe où ces biens rapportent

cependant fort peu ; ainsi à Naples où ils sont généralement une charge et souvent, au cas où l'acquéreur ne sait pas les administrer, la cause de ruines éclatantes. La vanité cependant y gagne chaque fois et sans tarder : à Boisseron, près de Lunel où Thomas Platter [166] passe, le 3 août 1598, il y a un château et un village qui, tous deux, appartiennent à « M. Carsan, un simple citoyen d'Uzès qui vient de le donner à son fils, devenu par ce fait baron de Boisseron, car c'est une terre titrée ». Des milliers d'exemples analogues sont connus. Dès le XVe siècle, en Provence, l'achat d'une terre, pour une bourgeoisie enrichie dans « le négoce, le trafic maritime, la judicature, les offices les plus divers », constitue « à la fois un placement avantageux et sûr, la création d'un patrimoine familial, preuve d'une réussite, enfin le prétexte d'un anoblissement souvent vite obtenu ». Vers 1560, les Guadagni, marchands italiens installés à Lyon, possédaient « une vingtaine de seigneuries en Bourgogne, Lyonnais, Forez, Dauphiné et Languedoc » [167]. Cette même année, en octobre, l'avocat François Grimaudet déclarait à l'assemblée du Tiers d'Angers [168] : « Sont infinis faux nobles, les pères et prédécesseurs desquels ont manié les armes et fait acte de chevalerie ès boutiques de blasterie, vinoterie, draperie, au moulin et ès fermes des seigneurs. » « Beaucoup de gens se sont fourrez parmi les nobles, dit un autre contemporain, marchands contrepetants et suivants au grand galop les anciennes marques des gentilshommes. » [169]

A qui la faute ? il n'y a pas un État, au XVIe siècle, pas un prince qui ne vende, contre argent comptant, des titres de noblesse. En Sicile, à partir de 1600, on vend à bon compte marquisats, comtés, principautés, et on les vend à n'importe qui, alors que jusque-là, seuls quelques rares titres avaient été concédés [170]. L'ère de la fausse monnaie est aussi celle des faux titres. A Naples, un long rapport espagnol, écrit vers 1600 [171], indique que le nombre des titrés, des *titolati*, s'est accru à l'extrême. Du coup, comme toute marchandise abondamment offerte, les titres se sont dépréciés, sinon ceux de comtes, du moins ceux de marquis. On a même

« créé quelques ducs et princes qu'il eût mieux valu éviter ». Ainsi partout la noblesse s'achète en foire : à Rome, à Milan, dans l'Empire, en Franche-Comté[172], en France, en Pologne[173], en Transylvanie même où pullulent les « gentilhommes de parchemin »[174]. Au Portugal[175], les concessions ont commencé dès le xve siècle, à l'imitation des Anglais. Les premiers ducs apparaissent en 1415, le premier marquis en 1451, le premier baron en 1475. En Espagne même, la Royauté qui a multiplié bientôt le nombre des Grands, a été à la base peu vigilante. Ses besoins d'argent ne diminuant pas, elle vend des *hidalguías*, des habits des Ordres, à qui est capable de les payer, *indianos* ou *peruleros* enrichis par les Indes ou, pis encore, parvenus de l'usure[176]. Comment ne pas s'y résigner ? Si l'on veut se procurer de l'argent, conseille au secrétaire Matheo Vásquez le comte d'Orgaz, dans une lettre qu'il lui adresse de Séville le 16 avril 1586, que l'on vende des *hidalguías*, même en rompant les promesses données de ne plus les mettre à l'encan[177]. Évidemment les Cortès s'en plaignent en Castille[178], mais peut-on écouter les Cortès ? Les ventes continueront au point que, dès 1573, le gouvernement de Philippe II était obligé de promulguer des ordonnances sur les *feudos nuevos*[179].

On a dit que cette mode des titres qui tourne à la folie vient d'Espagne, qu'elle est un de ses objets d'exportation, comme les habits ajustés des hommes, les *bigotes*, les gants parfumés ou les thèmes de ses comédies... Mais la nouvelle mode n'est pas pure vanité. La bourgeoisie sait tirer parti de ses achats, il y entre une part de calcul. En outre, elle s'est tournée vers la terre comme vers la valeur sûre et ceci renforce un ordre social à base seigneuriale. Bref, les hommes sont comme les États avec leurs querelles de préséance, celles-ci habillent souvent des prétentions précises et bien situées sur cette terre. Mais au premier coup d'œil, on ne voit qu'elles. En 1560, Nicot, l'ambassadeur du Très Chrétien à Lisbonne[180], notait à propos des seigneurs portugais : « l'excès de ces gens d'ici est si grand en nombre de criades (serviteurs) superflus, que l'escuyer veut tenir trin de duc et le duc de roy : ce qui leur fait donner du nez en terre à toutes heures ». L'évêque de Limoges fait la même remarque sur l'Espagne de 1561 [181]. Il est alors question d'anoblir cinq cents « riches et aguerris », à condition qu'ils s'armeront et serviront chaque année trois mois durant, sur les frontières espagnoles. Et l'évêque enchaînant s'étonne de « la vanité qui est parmi les hommes de ce pays, lesquels se nourrissent d'outrecuidance moyennant qu'ils soient tenus pour nobles et puissent en porter l'habit et l'apparence ».

Mais en 1615, le spectacle est le même en France. « Il est à présent impossible, écrit Montchrestien [182] à propos de son pays, de faire distinction par l'extérieur. L'homme de boutique est vêtu comme le gentilhomme. Au reste qui n'aperçoit point comme cette conformité d'ornement introduit la corruption de notre ancienne discipline ?... L'insolence croîtra dans les villes, la tyrannie dans les champs. Les hommes s'effémineront par trop de délices et les femmes, par le soin de s'attifer, perdront, avec leur chasteté, le souci de leurs ménages. » Discours digne d'un prédicateur, mais témoignage sur une époque, mal satisfaite, au moins en France, de son ordre social.

Contre les nouveaux nobles

Quelques citations l'ont déjà indiqué : nul n'applaudit à la fortune des nouveaux nobles. Qui ne leur chercherait querelle ? Qui ne prendrait plaisir à les humilier ? En 1559, aux États de Languedoc, ordre était donné aux barons de ne se faire représenter que par « des gentilshommes de race et de robe courte » [183]. Le cas échéant, chacun se venge, décharge sa bile. Ainsi en France, tout au cours de notre Ancien Régime et même au-delà. Ainsi partout au XVIIe siècle, car « l'étape » ne cesse d'être franchie : le processus joue toujours et la vindicte sociale reste en place, vigilante. On l'aperçoit à Naples à l'occasion d'un fait divers [184] : un richissime financier de la ville, de modeste origine, d'Aquino, souhaite épouser, en 1640, avec l'appui du vice-roi lui-

même, Anna Acquaviva, sœur du duc de Conversano.
La fiancée est enlevée par des cavaliers armés de la
noblesse, décidés à empêcher par la force que *a mano
di vile uomo la gentil giovina pervenisse*. Elle est amenée
dans un couvent à Bénévent, et ainsi doublement à
l'abri puisque Bénévent appartient à l'État Pontifical.
De tels faits divers surabondent au long des chroniques,
mais l'évolution n'en est pas moins générale. A l'exception de la seule noblesse vénitienne qui se barricade
chez elle à triple tour, toutes les noblesses sont ouvertes,
reçoivent un sang nouveau. A Rome, au cœur de l'Église
(assurément la plus libérale des sociétés d'Occident), la
noblesse romaine évolue plus vite encore que les autres
du fait de la régulière promotion à la noblesse et même
à la haute noblesse, des parents de chaque nouveau
Pape, pas forcément lui-même d'illustre extraction [185].
Toutes les noblesses évoluent, se délestent d'un certain
nombre de poids morts, acceptent ces nouveaux riches
et ceux-ci apportent leur pierre à l'édifice social. Gros
avantage : la noblesse n'a pas à lutter contre le Tiers.
Celui-ci vient chez elle, s'appauvrit à son profit.

Évidemment ce mouvement continuel peut se précipi-
ter. A Rome, la Papauté active ainsi ce renouvellement.
En Angleterre, après la révolte des barons du Nord qui
échoue en 1569, la grande aristocratie est comme relayée
par une autre noblesse de fraîche date, appelée à
gouverner l'Angleterre jusqu'au temps présent, celle des
Russell, des Cavendish, des Cecil [186]... En France, deux
séries de guerres, en s'arrêtant les premières avec la
paix du Cateau-Cambrésis (1-3 avril 1559), les secondes
avec la paix de Vervins (2 mai 1598), précipitent la
faillite de la vieille noblesse et ouvrent aux parvenus la
voie du pouvoir social [187]. Voici comment, en 1598, un
conseiller de Philippe II voit la situation de la noblesse
française : « le plus grand nombre des seigneurs étant
privé de leurs rentes et revenus (qu'ils ont aliénés) n'ont
de quoi maintenir leur estat et se trouvent grandement
endebtez ; presque toute la noblesse en est de mesme,
tellement que d'un costé on ne peut se servir d'eulx
sans leur donner grands gaiges et traictement, chose du

tout impossible, et de l'autre il est à craindre que s'ilz n'ont quelque relasche des maulx et ruyne de la guerre, ils seront forcez de penser à quelque remuement [188]... »

3. Misère et banditisme

Sur les pauvres, l'histoire n'apporte que des lumières rares, mais ceux-ci ont leurs façons de forcer l'attention des puissants du jour, et la nôtre par ricochet. Troubles, émeutes, révoltes, multiplication alarmante des « vagabonds et des errants », coups de mains répétés des bandits, tout ce bruit, bien que souvent assourdi, dit l'étonnante montée de misère du XVIᵉ siècle finissant, appelée encore à grandir avec le siècle suivant.

Vers 1650 se situe probablement le fond même de cette détresse collective. Croyons-en le journal inédit de G. Baldinucci [189] auquel nous avons fait plus d'un emprunt : la pauvreté est telle, en avril 1650, à Florence, que l'on ne peut plus y écouter la messe *in pace*, tant on est assiégé pendant les offices par des misérables, « nus et pleins de gale », *ignudi et pieni di scabbia*. Tout est effroyablement cher dans la ville « et les métiers ne travaillent pas » ; le lundi de Carnaval, pour comble d'infortune, une tempête a détruit oliviers, mûriers et autres arbres fruitiers...

Des révolutions imparfaites

Paupérisation, dureté des riches et des puissants, tout va de pair. Le résultat ne fait aucun doute. Et la raison essentielle s'affirme aussitôt, cette corrélation entre surpeuplement et régression économique : ce double poids, sans cesse accru, commande tout. Dans un article ancien (1935), Americo Castro [190] posait en principe que l'Espagne n'avait jamais connu de révolution, phrase imprudente sur le plan des affirmations générales, mais pas inexacte si on la restreint à l'Espagne du XVIᵉ siècle. Celle-ci a connu plutôt des intentions de révolution sociale que de vraies révolutions. Seule la flambée

456 *Destins collectifs et mouvements d'ensemble*

des *Comuneros* mériterait de faire exception. On en discute [191]. On peut en discuter [192].

En vérité, à la différence du Nord européen où les guerres dites de Religion recouvrent une série de révolutions sociales en chaîne, la Méditerranée du XVIᵉ siècle, cependant de sang vif, rate les siennes. Ce n'est pas faute de les avoir mises et remises sur le métier. Mais elle est victime d'une sorte d'ensorcellement. Est-ce parce que les villes y ont été tôt démantelées que l'État fort a eu la vocation irrésistible du gendarme ? Le résultat, en tout cas, est net : un énorme livre peut s'imaginer où troubles, émeutes, assassinats, mesures de police, révoltes se succèdent et racontent une perpétuelle et multiple tension sociale. Mais finalement rien n'explose. Le livre des révolutions en Méditerranée est énorme, mais les chapitres ne sont pas rassemblés et le livre lui-même, après tout, fait question [193]. Mérite-t-il seulement son titre ?

Car ces désordres surgissent, chaque année, chaque jour, comme de simples accidents de route auxquels nul ne fait plus attention, ni les acteurs, ni les victimes, ni les témoins, ni les chroniqueurs, ni les États eux-mêmes. Chacun semble avoir pris son parti de ces accidents endémiques, aussi bien du banditisme catalan que de celui de Calabre, ou de celui des Abruzzes. Or pour un de ces faits divers connu dix, cent nous échappent et certains nous échapperont toujours. Les plus importants sont si menus, si mal éclairés, si difficiles à interpréter ! Qu'est-ce au juste que la révolte de Terranova en Sicile, en 1516 [194] ? Quelle place accorder à la révolte soi-disant protestante de Naples, en 1561-1562, occasion d'une expédition punitive des autorités espagnoles contre les Vaudois de la montagne calabraise : quelques centaines d'hommes égorgés comme des bêtes [195] ? Ou la guerre de Corse elle-même (1564-1569) sur toute sa longueur, et la guerre de Grenade sur sa fin, l'une et l'autre se décomposant en épisodes indécis, guerres de la misère autant que guerres étrangères ou religieuses ? Que savons-nous aussi sur tels troubles de Palerme en 1560 [196], telles conspirations « protestantes » de Man-

toue. en 1569[197] ? En 1571, les sujets du duc d'Urbino
se soulevaient contre les exactions de leur maître,
Francesco Maria, mais l'épisode mal connu reste difficile
à expliquer ; le duché d'Urbino est une terre de soldats
mercenaires ; alors qui tire les ficelles[198] ? En 1575-
1576, la crise interne de Gênes est à peine plus claire.
En 1579, en Provence, la jacquerie des paysans insurgés
— les Razas —, la prise par eux du château de
Villeneuve, le massacre du seigneur du lieu, Claude de
Villeneuve[199], tout se perd dans le trame confuse de
nos Guerres de Religion, comme tant d'autres troubles
sociaux, comme en 1580, cette jacquerie du Dauphiné,
protestante, mais démocratique aussi, qui s'inspire des
exemples des Cantons Suisses et se dresse contre la
noblesse : elle est à rapprocher des tentatives révolutionnaires et spoliatrices des Protestants de Gascogne,
quelques années plus tôt, au temps de Monluc, ou des
troubles, bien des années plus tard, du lointain Cotentin
(1587)[200]. De même, vers 1590, la révolte des paysans
aragonais du comté de Ribargorza, qui leur vaudra
finalement d'être rattachés au domaine royal. L'année
précédente, les sujets du duc de Piombino, sur la
côte toscane, se sont également soulevés[201]. En 1599,
l'insurrection de la Calabre, occasion de l'arrestation de
Campanella, n'est qu'un gros fait divers[202]. Nombreuses
aussi sont les révoltes à travers l'Empire turc, durant
les années 1590 à 1600, sans compter les soulèvements
endémiques d'Arabes et de nomades en Afrique du
Nord et en Égypte, soulèvements assez puissants de
« l'Écrivain » et de ses partisans en Asie Mineure, sur
lesquels la Chrétienté fondera des espoirs insensés ;
émeutes des paysans serbes en 1594 dans le Banat, en
1595 dans la Bosnie et l'Herzégovine, en 1597 à nouveau
dans l'Herzégovine[203]. Si, à cette liste très incomplète,
on ajoute d'un coup la fantastique masse des faits
divers relatifs au brigandage, nous n'aurons pas un
livre, mais une énorme collection de récits...

Oui, mais tout cela, ces incidents, ces accidents, ces
poussières de faits divers, est-ce la trame d'une histoire
sociale valable et qui, faute d'une autre expression,

parlerait cette langue confuse, malhabile, peut-être fallacieuse ? Est-ce un témoignage en profondeur cohérent ? Là est le problème. Répondre oui, avec nous, c'est accepter des correspondances, des régularités, des mouvements d'ensemble, là où, au premier abord, il y a incohérence, anarchie, absurdité évidente. C'est admettre, par exemple, que Naples « où l'on vole et croise les épées (quotidiennement) dès la première heure de la nuit » est le théâtre d'une interminable guerre sociale, où le crime pur n'a pas, ne peut avoir la part entière. C'est admettre la même chose pour le Paris déjà politiquement, mais aussi socialement fanatisé, du printemps 1588. L'ambassadeur vénitien explique que « le duc de Guise est entré dans la ville avec seulement dix des siens, que l'on découvre peu à peu que le Prince manque absolument d'argent, qu'il est grandement endetté et que ne pouvant soutenir une guerre en rase campagne avec de grosses forces (il faudrait les payer évidemment), il a jugé qu'il était plus sûr de se prévaloir de la bonne occasion qui s'offrait à lui dans cette ville remuée de fond en comble... »[204]. Guerre sociale, donc cruelle et à bon marché, appuyée sur des passions et des antinomies profondes.

Justement, tous ces faits divers dont nous parlions portent eux aussi la marque de cruautés vigilantes, d'un côté comme de l'autre. Les crimes agraires qui commencent autour de Venise avec le siècle même sont sans pitié, de même les répressions qui les suivent. Forcément les chroniqueurs, ou ceux qui consignent ces faits sur les registres publics, sont contre ces fauteurs de troubles dont le portrait est régulièrement noirci. Dans la région de Crema, durant l'hiver 1506-1507, une bande pénètre dans la maison d'une certaine Catherine de Revoglara, et *per vim ingressi, fractis foribus, ipsam invitam violaverunt et cum ea rem contra naturam habuere*[205], raconte le scribe du Sénat. Dans tous les rapports, ces adversaires mal identifiés sont coupables avant d'être entendus. Ce sont des *ladri*, d'une « malignité et d'une iniquité qui ne cessent de croître », ce sont des scélérats, et tout spécialement ces paysans qui, un jour de l'hiver 1507, ratent le patricien Leonardo Mauroceno dans sa demeure des champs, mais se vengent sur les arbres du verger [206]... Avec les années, le ton des documents ne changera guère. Ce sont des maudits de Dieu, qui, autour de Portogruaro, au printemps 1562 [207] saccagent les propriétés, y coupent les arbres et les vignes. Toute crainte de Dieu est-elle abolie ? Ou toute pitié ? Un *avviso*, fin septembre 1585, déclarait sans sourciller : « Cette année, à Rome, on a vu plus de têtes (coupées de bandits) sur le Pont Saint-Ange que de melons au marché. » [208] Voilà qui donne le ton d'un certain journalisme encore à ses débuts. Que par traîtrise, un prestigieux chef de brigands, le Siennois Alfonso Piccolomini, soit saisi par les hommes du grand-duc de Toscane le 5 janvier 1591 [209], puis pendu le 16 mars *al faro solito del palagio del Podestá* [210], l'occasion est bonne d'avilir cette fin misérable en insinuant que le bandit *si lasció vilmente far prigione* [211], sans aucune résistance. Ces passions d'écriture, la cruauté des actes commis et de la répression — ces signes authentifient ces faits divers, leur donnent un sens au milieu de l'interminable révolution larvée qui marque tout le XVIe siècle, puis tout le XVIIe.

Lutte des classes ?

Dirons-nous qu'il s'agit d'une *lutte des classes* ? J'imagine que B. Porchnev [212], l'admirable historien des troubles populaires de la France du XVIIe siècle, n'hésiterait pas devant l'expression. Après tout, historiens, nous employons bien des mots que nous avons forgés, *féodalité, bourgeoisie, capitalisme*, sans tenir un compte toujours exact des réalités différentes qu'ils recouvrent, selon les siècles. Question de mots... Si par *lutte des classes* nous désignons, sans plus, ces vengeances fratricides, ces mensonges, ces fausses justices, alors va pour la lutte des classes ! L'expression vaut bien celle de tensions sociales que nous suggèrent les sociologues. Mais si le mot implique, comme je le pense, une certaine prise de conscience, la lutte des classes peut être claire pour l'historien, mais il contemple ce passé révolu avec des yeux du XXᵉ siècle ; elle n'a pas eu cette netteté pour les hommes du XVIᵉ, assurément peu lucides sur ce point.

Le fichier d'un historien réduit à son seul travail reste un sondage forcément insuffisant ; je ne trouve quelques lueurs d'une prise de conscience que durant la première moitié du XVIᵉ siècle. Tel ce mot étonnant de Bayard (ou du Loyal Serviteur) devant Padoue assiégée en 1509 [213] ; ou, en octobre 1525, dans le Frioul contaminé par la révolte des paysans allemands, ce rapport qui parle des *nobeli* en armes *contra li villani* [214] ; ou, en décembre 1528, ces paysans autour d'Aquila, dans les Abruzzes qui, morts de faim et de rage, essaient de se soulever contre les « traîtres » et les « tyrans » au cri de : *Viva la povertà !* sans savoir d'ailleurs, au dire suspect du chroniqueur, quels étaient les traîtres à châtier [215] ; ou encore, à Lucques, en 1531-1532, ce soulèvement dit des *Straccioni* (les gens en guenilles) décrit comme une *battaglia di popolo contro la nobiltà* [216]... Ensuite, plus rien, du moins à ma connaissance. Alors, si ce très imparfait sondage est exact, on en déduira que, de la première à la seconde moitié du XVIᵉ siècle, il y a eu baisse de lucidité, hasardons le mot de conscience révolutionnaire, sans quoi il ne peut y avoir de révolution puissante avec ses chances de succès.

En fait, cette première partie, ce printemps du siècle avant les dures années 1540-1560 qui en arrêtent la floraison, semble avoir été particulièrement agitée ; les *Comuneros* en 1521, les *Germanias* valenciennes de 1525-1526, les révoltes de Florence, la crise de Gênes en 1528, le soulèvement des paysans de Guyenne en 1548... Bien plus tard, au XVIIᵉ siècle, se produiront les révoltes intérieures de l'Empire ottoman, les troubles français étudiés par Porchnev, la sécession de la Catalogne et du Portugal, la grande révolte de Naples en 1647, le soulèvement de Messine en 1674 [217]... Entre ces séries d'agitations fortes, le long demi-siècle de 1550 à 1600 (et même jusqu'à 1620 ou mieux encore 1630) fait pauvre figure, avec ses révolutions qui n'explosent guère et qu'il faut détecter comme le sourcier l'eau souterraine.

En fait et cela complique l'analyse, ces révoltes et révolutions ne se dressent pas seulement contre les ordres privilégiés, mais contre l'État, ami des grands et collecteur impitoyable d'impôts, lui aussi réalité, construction sociale... Et même l'État a la priorité dans les haines populaires. Il est donc possible, et cela nous ramènerait vers les remarques anciennes et générales de Hans Delbrück [218] et la sagesse des historiens de la politique, que la solidité des États au temps de Philippe II explique cette sourdine, cette discrétion populaire. Le gendarme a tenu le coup, bien qu'on le voie souvent rossé, souvent berné et inefficace, plus souvent encore complice.

Contre les errants et les vagabonds

Forme silencieuse, insistante de la misère, se multiplient alors les « errants et vagabonds », pour reprendre le mot des Consuls et Échevins de Marseille qui, dans leur Conseil du 2 janvier 1566 [219], décidaient de visiter les quartiers de la ville pour en chasser tous ces inutiles. Décision qui n'a rien d'inhumain dans l'esprit du temps. Les villes sont obligées de faire leur police et, par salubrité, de se débarrasser périodiquement des pauvres : mendiants, fous, éclopés véritables ou simulés, désœuvrés qui encombrent places, tavernes et portes des couvents distributeurs de soupes populaires. On les chasse, ils reviennent, ou d'autres reviennent. Les expulsions, gestes rageurs, mesurent l'impuissance des villes prudentes devant cette invasion sans répit.

En Espagne, les vagabonds peuplent les routes, font halte dans toutes les villes : étudiants en rupture de ban qui faussent compagnie à leur précepteur pour se joindre au monde grandissant de la *picardía*, aventuriers de tout poil, mendiants et tire-laine. Et ils ont leurs villes préférées, et là leurs places fortes, San Lucar de Barrameda, près de Séville ; l'Abattoir, dans Séville même ; la Puerta del Sol à Madrid... Les *mendigos* forment une confrérie, un État avec ses *ferias*, et parfois se réunissent en nombre fabuleux [220]. Les routes vers Madrid guident leur cortège de pauvres [221], fonctionnai-

res sans emploi, capitaines sans compagnie, petites gens
en quête de travail suivant un bourricot délesté de toute
charge, tous mourant de faim, attendant dans la capitale
qu'il soit statué sur leur sort. Vers Séville, c'est la foule
famélique des émigrants pour l'Amérique, misérables
gentilshommes désireux de redorer leurs blasons, soldats
en quête d'aventures, jeunes gens sans avoir qui veulent
bien faire [222], plus l'entière écume de l'Espagne, voleurs
marqués au fer rouge, bandits, vagabonds espérant
trouver là-bas un métier lucratif, débiteurs anxieux
d'échapper à leurs créanciers, époux fuyant leurs femmes
querelleuses [223]... Pour tous, les Indes sont le rêve, le
« refuge et protection de tous les *desesperados* d'Espagne, église des révoltés, sauf-conduit des homicides » :
ainsi parle Cervantès au seuil d'une de ses plus charman-
tes nouvelles, *El celoso Extrameño*, histoire d'un de ces
enrichis de retour des Indes qui place son argent, achète
une maison, organise bourgeoisement sa vie et, hélas,
se marie [224].

Habitués des routes, encore, les soldats, anciennes ou
nouvelles recrues, picaresques personnages qui cheminent et, au hasard des rencontres, se perdent dans les
casas de carne, traînant parfois après eux quelque fille
soumise. Un jour, ils suivent le tambourin du recruteur
et, par Málaga ou tel autre port, avec un flot d'hommes
mêlant enfants inexpérimentés, vieux soldats, fuyards,
assassins, prêtres, filles de joie, ils s'embarquent selon
les ordres de l'intendance vers les beaux pays d'Italie,
ou vers les bagnes des présides africains. Parmi ces
déportés, quelques honnêtes gens, tel ce Diego Suárez
qui, jeune encore, de maître en maître, a traversé
l'Espagne entière, depuis Oviedo jusqu'à Carthagène
où il s'embarquera pour Oran, en 1575 : il devait y
rester un tiers de siècle, preuve, s'il en était besoin,
qu'il est plus facile de gagner ces prisons d'Afrique que
d'en sortir [225]...

Danger universel, le vagabondage en Espagne menace
campagnes et villes. Au nord de la Péninsule, en
Biscaye, des vagabonds gagnent sans cesse le *Señorío*.
Les autorités essaient de réagir, dès 1579 [226], contre ceux

qui se dissimulent dans la foule des pèlerins : « s'ils ne
sont vieux ou infirmes et légitimement empêchés, qu'on
les envoie dans les prisons... et que médecins et chirurgiens les examinent ». Mais de telles décisions restent
comme toujours sans effet : le mal s'aggravant avec les
années, les contre-mesures se font en vain plus strictes.
A Valence, le 21 mars 1586 — et la mesure vaut pour
la ville et toutes les cités et villages du royaume — le
vice-roi prend de grandes mesures contre les sans
travail [227]. Un délai de trois jours leur est imparti pour
qu'ils trouvent un maître, sinon ils seront expulsés [228],
spécialement ces *brivons* et *vagamundos* qui, les jours
ouvrables, jouent sur les places publiques et se refusent
à tout travail sous le beau prétexte qu'ils n'en trouvent
pas. Le vice-roi informe aussi les *jornales* sans domicile
fixe que s'ils sont pris à jouer à quelque jeu que ce
soit, il sera procédé contre eux [229], de même contre les
soi-disant mendiants et les étrangers, toutes gens qui
cherchent à vivre sans rien faire. Chose invraisemblable,
cette colère valencienne portera ses fruits. Autour de
Saragosse, dit en effet une lettre vénitienne du 24 juillet
1586, « on voyage par une chaleur grandissime et avec
le multiple péril des assassins qui sont par les campagnes
en grand nombre. Tout cela parce que, à Valence, ils
ont chassé du royaume tous les vagabonds sous un délai
de tant de jours, avec la menace des peines les plus
graves ; alors ils sont venus partie en Aragon, partie en
Catalogne. Raison de plus pour voyager de jour et sous
bonne garde ! » [230].

La preuve est faite ainsi, mais elle n'était pas nécessaire, que vagabonds et bandits sont frères de misère et
peuvent échanger leurs conditions. La preuve est faite
également que l'on ne se débarrasse de ses pauvres que
pour en embarrasser autrui. A moins de procéder
comme Séville, en octobre 1581 : des vagabonds arrêtés
au cours d'une rafle policière sont mis de force sur les
navires de Sotomayor qui s'en vont vers le détroit de
Magellan. On leur réserve le sort de terrassiers, de
guastatori, mais quatre navires sombreront et mille
d'entre eux seront noyés [231].

Évidemment tous ces drames posent le problème des bas-fonds urbains, des Cours des Miracles qui ne manquent dans aucune ville d'alors. A partir de *Rinconete y Cortadillo* [232], cette nouvelle « exemplaire » qui ne l'est guère, les bas-fonds sévillans s'aperçoivent même avec une certaine netteté, l'érudition des commentaires y aidant : filles de mauvaise vie, veuves complaisantes, alguazils à double ou triple jeu, truands authentiques, *picaros* dignes d'entrer dans la littérature, *peruleros*, dupes de comédie, rien ne manque au tableau. Et il est le même ailleurs, à Madrid comme à Paris. L'Italie entière est pleine, elle aussi, de mauvais garçons, de vagabonds, de mendiants, tous personnages dont la littérature va s'enticher [233]. Partout on les pourchasse, partout ils reviennent. Seules les autorités responsables croient à l'efficacité des mesures officielles, toujours les mêmes.

A Palerme, en février 1590, des mesures énergiques sont prises contre les « vagabonds, ivrognes et espions de ce royaume » [234]. Deux censeurs incorruptibles, à 200 écus de salaire annuel, se partageront la ville. A eux de poursuivre cette gent oisive, paresseuse, qui passe les jours de travail à jouer, à se rouler dans tous les vices, « détruisant leurs biens et, qui plus est, leurs âmes ». Jouer, mais qui ne joue pas ? Tout est prétexte, et pas seulement les cartes : on parie à Palerme sur le prix du blé, sur le sexe des enfants à naître et, comme partout ailleurs, sur le nombre des cardinaux que créera le Saint Père. Dans un lot de correspondance marchande, à Venise, j'ai trouvé un billet de loterie, resté là par hasard. Pour lutter contre la coalition du jeu, du vin, de la fainéantise, les autorités de Palerme prévoient des visites policières dans les hôtelleries, fondouks, tavernes, maisons meublées, avec enquêtes sur les personnes suspectes qui les fréquentent... On tirera au clair d'où elles viennent, à quelle nation elles appartiennent, d'où viennent leurs ressources...

Ce jeu du gendarme et du voleur, de la ville sage et du vagabond, est sans commencement ni fin. C'est un spectacle permanent, une « structure ». Une rafle, tout revient au calme, puis les larcins, les attaques de passants, les assassinats se multiplient. En avril 1585 [235], à Venise, c'est le Conseil des Dix qui menace d'intervenir. En juillet 1606, il y a à nouveau trop de méfaits à Naples, alors sont opérées des descentes nocturnes dans les auberges et hôtelleries et 400 arrestations faites, dont beaucoup de soldats des Flandres *avvantaggiati*, c'est-à-dire « surpayés » [236]. En mars 1590 sont chassés de Rome sous huit jours *li vagabondi, zingari, sgherri e bravazzi*, les vagabonds, tsiganes, coupe-jarrets et bretteurs [237]...

L'intéressant serait de relever toutes ces expulsions, de voir si elles ne se commandent pas entre elles comme les dates des foires marchandes, car ces vagabonds qu'elles relancent ainsi dans la circulation, d'où étaient-ils venus ? où vont-ils ? A Venise, ils viennent de fort loin, même du Piémont. En mars 1545, ils étaient plus de 6 000 « *di molte natione* » à investir la ville. Certains sont retournés dans leur village, d'autres se sont embarqués, *lo resto per esser furfanti, giotti, sari, piemontesi et de altre terre et loci alieni sono stati mandati fuora della città* : le reste a été chassé, parce qu'il s'agissait de vauriens, de goinfres, venus du Piémont et d'autres villes et lieux étrangers [238]. Cinq ans plus tôt, en 1540 année de disette, c'étaient au contraire une quantité de malheureux pères de famille, *assaissimi poveri capi di caxa* qui étaient arrivés en barque, avec femmes et enfants, et vivaient sous les ponts, sur les quais des canaux [239]...

Bientôt ce n'est plus à l'étroite mesure des villes revêches que se pose le problème des pauvres. C'est à la dimension des États et de l'Europe. Avec le début du XVIIᵉ siècle, des hommes comme Montchrestien s'affolent devant leur pullulement ; s'il est, et d'autres en France avec lui, « colonialiste », c'est pour se débarrasser de cette silencieuse et épouvantable armée de prolétaires [240]. Dans toute l'Europe, trop peuplée pour ses ressources et que ne soulève plus un élan économique compensateur, en Turquie même, se prépare la paupérisation de masses considérables d'hommes tourmentés par le besoin du pain quotidien. C'est l'humanité qui va se ruer dans les atroces conflits de la guerre de Trente Ans, celle que dessinera Callot, témoin impitoyable, et dont Grimmelshausen est le chroniqueur trop exact [241].

Ubiquité du banditisme

Ces témoignages policiers de la vie citadine sont pâles à côté de l'histoire ruisselante de sang du banditisme en Méditerranée, du banditisme terrestre, frère de la course maritime à laquelle il ressemble tout de même d'assez près. Comme elle, autant qu'elle, il est un vieux trait des mœurs méditerranéennes. Par ses origines, il se perd dans la nuit des temps. Dès que la mer a abrité des sociétés cohérentes, le banditisme a fait irruption pour ne plus disparaître. Aujourd'hui même, il est encore vivant [242]. Ne disons donc pas, comme il arrive à des historiens qui ne cherchent pas à sortir de « leur » siècle, celui qu'ils étudient, que le banditisme fait son apparition en Corse au XVᵉ siècle, ou à Naples au XIVᵉ siècle. Et ne croyons pas trop vite à la nouveauté de ce que nous voyons comme sourdre de tous côtés, au XVIᵉ siècle, avec une force qui, elle, est nouvelle ou renouvelée. Telles instructions que la reine Jeanne de Naples donne, le 1ᵉʳ août 1343, au capitaine d'Aquila [243], pour *procedere rigorosamente contro i malandrini* pourraient être du XVIᵉ siècle et mises au compte du duc d'Alcala ou du cardinal Granvelle. Selon les époques, le brigandage a pu changer de nom ou de forme, mais *malandrini, masnadieri, ladri, fuorisciti, banditi* (les *masnadieri* sont primitivement des soldats, les *fuorusciti* et les *banditi* des bannis), c'est toujours de brigands qu'il s'agit — à nos yeux, de révoltés sociaux, d'inadaptés.

Aucune région de Méditerranée n'est exempte du mal. Donc ni la Catalogne, ni la Calabre, ni l'Albanie, régions célèbres à ce titre, n'ont le monopole du brigandage. Il est partout, avec ses multiples visages, politique, social, économique, terroriste... Aussi bien aux portes d'Alexandrie d'Égypte qu'à celles de Damas ou d'Alep, dans la campagne de Naples où des tours

de guet sont élevées contre les brigands [244], dans la
Campagne romaine dont il faut parfois se décider à
brûler les maquis pour débusquer des bandes trop bien
abritées, même dans un État apparemment aussi policé
que Venise [245]. Et quand l'armée du Sultan, en 1566,
s'achemine par le Stamboul joul vers Andrinople, Nich,
Belgrade, puis la Hongrie, elle pend sans arrêt une
infinité de brigands que son passage fait sortir de leurs
repaires [246]. Évidemment il y a brigands et brigands.
Leur présence sur la grande route de l'Empire turc dont
on célèbre la sécurité en dit long sur la paix publique
de ce temps-là.

A l'autre bout de la Méditerranée, en Espagne, le
spectacle est le même. J'ai souvent signalé la plaie des
routes d'Aragon et de Catalogne. Inutile, écrit un
Florentin en 1567, de vouloir cheminer de Barcelone à
Saragosse par la poste. Au-delà de Saragosse, oui, non
pas entre ces deux villes. Il s'est, quant à lui, joint à
une caravane de seigneurs armés [247]. Dans une de ses
nouvelles, Cervantès imagine la petite troupe de ses
héros surprise par des *bandoleros* près de Barcelone.
C'est là réalité banale. Or, par Barcelone, passe l'une
des très grandes routes de l'Espagne impériale ; par
elle, l'Espagne prend contact avec la Méditerranée et
l'Europe. Et il arrive souvent que les courriers officiels
soient dévalisés, ou même ne puissent plus passer. Ainsi
en juin 1565 [248], l'année même où la route de Madrid à
Burgos, cet autre bras que l'Espagne jette vers l'Europe
et l'Océan, se rompt par suite de la peste [249]. Voilà qui
révèle une des mille faiblesses du trop vaste Empire
hispanique. Mais il y a autant de *bandouliers* du
côté du Languedoc que de *bandoleros* du côté de la
Catalogne. Toutes les fermes du Bas-Rhône [250] sont des
maisons fortes, à l'image des forteresses paysannes de
Catalogne dont nous avons déjà parlé. Au Portugal [251],
à Valence, à Venise même, dans toute l'Italie, dans
toute l'étendue de l'Empire ottoman, de minuscules
États de brigands, mobiles — et c'est leur force — sont
capables, sans bruit, de passer des Pyrénées catalanes à
Grenade, ou de Grenade en Catalogne, ou de nomadiser

des Alpes, près de Vérone, jusqu'en Calabre, de l'Albanie à la mer Noire : ces infiniments petits narguent les États constitués et les usent à la longue. Ils ressemblent aux partisans des guerres populaires récentes. Le peuple est régulièrement de leur côté.

De 1550 à 1600, la Méditerranée se consume ainsi dans cette guerre agile, cruelle, quotidienne. Une guerre à laquelle la grande histoire ne prête pas l'oreille, qu'elle a abandonnée, comme chose secondaire, aux essayistes ou aux romanciers. Stendhal, dans le cadre de l'Italie, aura dit, à ce sujet, des choses pertinentes.

Le banditisme et les États

Le banditisme, c'est tout d'abord une revanche contre les États établis, défenseurs de l'ordre politique et même de l'ordre social. « Naturellement le peuple vexé par les Baglioni, par les Malatesti, par les Bentivoglio, par les Médicis... aimait et respectait leurs ennemis. Les cruautés des petits tyrans qui succédèrent aux premiers usurpateurs, par exemple les cruautés de Cosme, premier grand-duc (de Toscane) [252] qui faisait assassiner les républicains réfugiés jusque dans Venise, jusque dans Paris, envoyèrent des recrues à ces brigands. » [253] « Ces brigands furent l'opposition contre les gouvernements atroces qui succédèrent aux républiques du Moyen Age. » [254] Ainsi s'exprime Stendhal. En l'occurrence, il est amené à juger d'après le spectacle qu'il a sous les yeux, le banditisme fleurit toujours dans l'Italie de son temps. « De nos jours encore, écrit-il, tout le monde assurément redoute la rencontre des brigands, mais subissent-ils des châtiments, chacun les plaint. C'est que ce peuple si fin, si moqueur, qui rit de tous les écrits publiés sous la censure de ses maîtres, fait sa lecture habituelle de petits poèmes qui racontent avec chaleur la vie des brigands les plus renommés. Ce qu'il trouve d'héroïque dans ces histoires ravit la fibre artiste qui vit toujours dans les masses... le cœur des peuples était pour eux et les filles du village préféraient à tous les autres le jeune garçon qui, une fois dans sa vie, avait été forcé d'*andar alla macchia*. » [255] En Sicile, les

exploits des brigands étaient chantés par les *urvi*,
chanteurs aveugles errants, soutenant leur voix « d'une
manière de petit violon poussiéreux » [256] et que la foule
entourait avidement, sous les arbres des promenades.
L'Espagne, surtout l'Andalousie, notera encore Théophile Gautier [257], « est restée arabe sur ce point et les
bandits y passent facilement pour des héros ». Tout le
folklore yougoslave et roumain est pareillement rempli
d'histoires d'*haïdouks* et de hors la loi... Revanche
contre le maître, contre sa justice boîteuse, le banditisme, un peu partout et à toutes les époques, est
redresseur de torts. Tel, hier encore, ce brigand de
Calabre qui « se défendit devant la Cour d'Assises en
se posant comme un redresseur de torts et un bienfaiteur
des pauvres. Il égrenait son chapelet tous les jours et
les curés de campagne le bénissaient. Pour réaliser cette
justice sociale à lui, il avait, à l'âge de trente ans, tué
déjà une trentaine de personnes » [258].

Dressé contre le pouvoir, le banditisme est logé
d'ordinaire dans les zones de faiblesse des États. Dans
les montagnes où une troupe ne peut guère agir en force
et où l'État perd ses droits. Souvent dans des zones
frontières : au long du haut pays dalmate, entre Venise
et Turquie ; dans la vaste région frontière de Hongrie,
l'une des zones majeures du banditisme au XVIᵉ siècle [259] ;
en Catalogne, dans les Pyrénées qui avoisinent la
France ; à Messine, une frontière aussi dans la mesure
où Messine, ville libre, est un refuge ; autour de
Bénévent, enclave pontificale dans le royaume de
Naples, car en passant d'une juridiction à l'autre, on
nargue les poursuiveurs ; entre l'État pontifical et la
Toscane ; entre Milan et Venise ; entre Venise et les
États héréditaires des archiducs... Toutes ces jointures
offrent d'admirables cantonnements. Plus tard, avec
des intentions nullement sanguinaires, Voltaire ne se
servira pas autrement de Ferney... Sans doute, les États
finissent-ils par s'entendre, mais l'entente dure peu
d'ordinaire. En 1561, le roi de France proposait à
Philippe II [260] une action en commun contre les bandouliers pyrénéens : sagesse d'un instant, elle sera sans

effet. Les accords entre Naples et Rome, au sujet de Bénévent, ne furent pas plus utiles. En 1570, Venise s'entendait formellement avec Naples [261] et, en 1572, elle signait un accord avec Milan, renouvelé en 1580 [262], à un moment où les ravages des brigands créaient dans l'État vénitien une insécurité générale [263]. Chacun des deux gouvernements était autorisé à poursuivre les délinquants jusqu'à six mille au-delà de ses frontières. En 1578, quand le marquis de Mondejar essaya de frapper les *fuorusciti* calabrais, il alerta tous les voisins, y compris Malte et les îles Lipari [264]. En 1585, Sixte Quint fit de même, à la veille de sa campagne contre les brigands de l'État pontifical [265].

Mais ces négociations, qui mettent en jeu la souveraineté des États, sont lentes, difficiles, souvent menées de mauvaise foi : quel souverain d'Italie ne se réjouit pas, au fond de son cœur, des difficultés de son voisin ? Les extraditions sont rarissimes, sauf par voie d'échange. Quand Marcantonio Colonna, vice-roi de Sicile, obtient de Cosme la livraison d'un bandit de haut vol, Rizzo di Saponara, qui depuis vingt-cinq ans parcourait Naples et la Sicile, impuni parce que protégé des barons, il l'obtient contre la livraison d'un cavalier de la maison Martelli, accusé d'avoir conspiré contre le grand-duc. Encore le bandit sera-t-il supprimé par le poison quand il arrivera à Palerme, sous l'escorte de deux galères.

D'ordinaire, chaque État fera seul sa police. Et ce n'est pas là petite affaire. Dans les grandes patries du banditisme, la tâche est toujours à reprendre. En 1578, le duc de Mondejar, vice-roi de Naples, décidait une nouvelle opération contre les *fuorusciti* de Calabre. Dès son arrivée, il avait été mis au courant de leurs crimes : terres pillées, routes coupées, voyageurs assassinés, églises profanées, incendies, gens capturés et rançonnés, sans compter « beaucoup d'autres graves, énormes et atroces méfaits ». Les mesures prises par le cardinal de Granvelle avaient été inopérantes et même, écrivait le vice-roi, « le nombre des *fuorusciti* a augmenté, leurs délits se sont multipliés, leur pouvoir et insolence ont tellement crû qu'en mille parties de ce Royaume on ne

peut voyager sans de grands risques et périls ». Alors
où les frapper mieux qu'en Calabre, dans ces provinces
de *Calabria citra et ultra* ? (dix ans plus tôt, c'est des
Abruzzes que l'on se serait plaint).

En Calabre, si nos documents sont exacts [266], favorisés
par les circonstances et la nature du terrain, les hors la
loi pullulent. Leurs crimes y sont plus nombreux et
atroces qu'ailleurs, leur audace sans limites, à tel point
« qu'un jour, en plein midi, ils sont entrés dans la ville
de Reggio, y ont amené du canon, ont battu une
maison, l'ont forcée et tué ses occupants, sans que le
gouverneur de la ville ait pu s'y opposer, les citadins
refusant d'obéir et de venir à son aide ». Mais agir
contre la Calabre n'est pas une petite affaire. Mondejar
en fera l'expérience à ses dépens. Après l'incident de
Reggio, dont la date exacte m'est inconnue, les poursui-
tes du gouverneur de la ville, renforcé pour l'occasion
par un juge commissaire, ne servirent à rien, sinon à
augmenter la force et l'activité des brigands. De même
échouèrent les efforts du comte Briatico, nommé au
gouvernement provisoire des deux provinces calabraises.
Les mesures répressives ne firent qu'exaspérer les bandits. Ils forçaient les châteaux, entraient en plein jour
dans les grandes villes, osant « tuer leurs ennemis jusque
dans les églises, faisant des prisonniers et les mettant à
rachat ». Leurs atrocités répandaient la terreur ; « ils
dévastaient les terres, mettaient à mort les troupeaux
de ceux qui leur résistaient ou qui les poursuivaient sur
ordre et mandement des gouverneurs, ces derniers
n'osant le faire eux-mêmes ». Bref, « ils avaient totalement perdu le respect, la crainte, l'obéissance qui se
doivent à la justice ». En conclusion du rapport dont
nous venons de tirer ces citations, le vice-roi indiquait
qu'une expédition militaire avait été organisée contre
eux, sous le commandement de son fils D. Pedro de
Mendoza, pour l'instant maître de camp de l'infanterie
du royaume. Il avait différé cette action autant qu'il
l'avait pu, pour éviter aux provinces les dégâts qu'y
apportent toujours les gens de guerre, si disciplinés
soient-ils. Mais à tarder davantage ne risquerait-on pas,

au prochain printemps, d'avoir à réunir cette fois une armée, pour en venir à bout, alors qu'un petit corps expéditionnaire pouvait suffire pour le moment ? [267]

A ce corps expéditionnaire participèrent [268] neuf compagnies d'Espagnols (destinées à loger dans les villages suspects d'aider les *fuorusciti*) et trois compagnies de chevau-légers : trois frégates devaient opérer sur les marines, les provinces suspectes étant ainsi bloquées à l'avance. Comme à l'ordinaire, les têtes de brigands furent mises à prix, à 30 ducats pour les comparses, 200 pour les chefs. Don Pedro quitta Naples le 8 janvier et, le 9 avril, le vice-roi annonçait que sa mission était terminée, avec succès [269]. Dès février, dix-sept têtes de brigands avaient été envoyées à Naples et clouées aux portes de la ville, soi-disant pour la plus grande satisfaction populaire [270]. On avait fait également des prisonniers que Don Pedro, en rentrant à Naples, avait livrés à la justice.

Était-ce là un aussi grand succès que le déclaraient les paroles officielles et paternelles du vice-roi ? En fait, la Calabre trop peuplée, malheureuse, productrice de brigands autant que de soie, continua sa vie inchangée, ou presque. L'opération, conduite avec de petits effectifs, pendant trois mois d'hiver, ne pouvait avoir été efficace. En 1580, un agent vénitien [271] signalait que tout le royaume était infesté de bandits, que les coupeurs de routes étaient les maîtres dans les Pouilles et surtout en Calabre. La difficulté, c'était qu'à vouloir éviter ces routes périlleuses, on risquait de se livrer aux corsaires infestant alors les côtes jusqu'aux berges romaines de l'Adriatique.

Une vingtaine d'années plus tard [272], la situation est encore pire. Les brigands poussent leurs incursions jusqu'au port de Naples et les autorités en arrivent à préférer l'entente ou la ruse à la lutte. C'est ainsi que la vaste bande d'Angelo Ferro, qui terrorisait la Terre de Labour, est expédiée dans les Flandres pour y combattre sous les bannières espagnoles. On dresse aussi les bandes les unes contre les autres : l'une à Sessa a dévoré sa voisine. Des *fuorusciti* sont acceptés dans l'armée à condition d'aider le gouvernement à lutter contre leurs émules. Enfin, on a recours à la méthode des garnisaires. Les brigands étant toujours en liaison avec tel village où ils ont leurs parents et leur centre de ravitaillement, on commence par suggérer aux dits parents qu'ils « procurent le remède », entendez qu'ils livrent « leur » brigand. Refusent-ils, une compagnie d'Espagnols vient loger à discrétion dans le village, choisissant de préférence les maisons des parents et des gens fortunés de l'endroit. A ceux-ci de se débrouiller avec ceux-là pour trouver le « remède ». Comme ils sont riches et ont de l'influence, ou le coupable est livré sans plus, ou l'on s'arrange pour le faire sortir du royaume. Une indemnité est alors exigée pour les méfaits de l'exilé et les autres frais ; la compagnie est retirée, puis tout rentre dans l'ordre. A ce que nous dit du moins le rapport optimiste qui expose ces méthodes comme un exemple de l'art de gouverner, à Naples.

En réalité, il n'y a là rien de bien neuf. Ce sont de vieilles, d'habituelles méthodes. Un document vénitien les signale à Candie où, en 1555[273], le pardon est accordé à tout brigand (il y en a alors deux cents dans l'île, à ce qu'on dit) qui tuera tel de ses compagnons de vie, plus que lui chargé d'homicides... Sixte Quint y avait également eu recours lors de sa tentative de 1585 contre les brigands romains. C'est une façon de défaire les bandes du dedans. Pardons et primes *fanno il loro frutto*, note un agent des Gonzague à Rome[274]. Cependant que Gênes, en Corse, pardonne à tous les bandits (quelques criminels particulièrement atroces mis à part) qui s'enrôlent dans ses troupes. La solution débarrasse l'île inquiète d'éléments troubles, les pardonnés donnent des gages, cessent, un instant, d'être les ennemis de Gênes pour la servir[275]. Les Turcs ne procèdent pas autrement en Anatolie[276].

N'exagérons point toutefois la portée de ces procédés qui mesurent une faiblesse autant qu'une habileté. De fait, ni la manière forte, ni les astuces policières, ni l'argent, ni la volonté passionnée d'un Sixte Quint qui mit à lutter contre lui une ardeur de paysan, n'ont eu raison de cet ennemi insaisissable qui dispose de puissants appuis.

Le banditisme et les seigneurs

Derrière la course maritime agissent les villes, les États urbains. Derrière cette course terrestre, le banditisme, il y a, étayant l'aventure, l'aide répétée des seigneurs. Les brigands ont souvent, pour les conduire ou diriger de près ou de loin, tel seigneur authentique. Ainsi le comte Ottavio Avogadro qu'une correspondance française de Venise signale, avec sa bande, opérant contre les Vénitiens, en juin 1583 [277]. « Le comte Ottavio, Sire, travaille toujours ces seigneurs à Sanguene où, depuis que j'ay escrit à Votre Majesté, il est retourné deux fois et a bruslé quelques maisons sur le Véronnois. » Les Vénitiens le poursuivent, obtiennent que Ferrare et Mantoue, où il trouve un asile d'ordinaire, le lui refusent [278]. Pour autant, ils n'arrivent pas à se saisir de lui ; deux ans plus tard il est à la Cour de Ferdinand de Tyrol [279]. Autre exemple, parmi les bandes qui désolent l'État pontifical, rendez-vous des voleurs et assassins du Nord et du Sud de l'Italie, sans compter les autochtones qui sont légion, l'un des plus acharnés, à l'époque de Grégoire XIII, est le duc de Montemarciano, Alfonso Piccolomini, nous l'avons déjà rencontré [280]. Le grand-duc de Toscane le sauve *in extremis*, car il tirait depuis longtemps ses étranges ficelles. Qu'Alfonso, sauvé de justesse, gagne la France — et alors la vraie guerre par opposition à la guerre des partisans —, que cette guerre lui plaise peu, à lui, l'homme des *masnadieri*, qu'il écoute bientôt des promesses, des invitations, et le voilà de nouveau en Italie, en Toscane cette fois, dressé sans pitié et sans prudence contre le grand-duc. Logé dans la montagne (elle encore) de Pistoia, loin des forteresses et des garnisons, il est à même de *sollevare i popoli*, de faire *delle scorrerie*, d'autant qu'où il est, en cette année 1590, année de blé très rare, la *miseria potea più facilmente indurre gli uomini a tentare di variar condizione*. Paroles étonnantes de clairvoyance [281]. Avec l'arrivée au cœur du pays toscan de ce conducteur d'hommes, tout est à craindre, d'autant qu'il est en relations avec les présides espagnols et tous les ennemis de la *Casa Medici*. Qu'il pousse sur Sienne et sa Maremme, ce serait un beau gâchis. Toutefois, ses bandes, qui ne savent pas faire la guerre savante, ne peuvent enlever les places-clefs, elles refluent devant les gendarmes de Toscane ou de Rome et le dernier mot reste au prince : le 16 mars 1591, Piccolomini était exécuté à Florence [282]. Ainsi se terminait une curieuse guerre intérieure, suivie avec soin du dehors, car les fils de ces aventures conduisent à des mains étrangères, telle fois jusqu'à l'Escorial, telle autre jusqu'à Lesdiguières, en son Dauphiné [283].

Grands exemples et qui touchent à la grande politique. Des cas plus simples feraient mieux notre affaire. Mais ce sont les moins faciles à saisir... La liaison est cependant indéniable entre la noblesse catalane et le brigandage des Pyrénées, entre la noblesse napolitaine ou sicilienne [284] et le banditisme du Sud de l'Italie, entre les *signori* et *signorotti* de l'État pontifical et le brigandage romain. La noblesse joue partout son rôle, ou politiquement ou socialement. L'argent résumant tout, elle est souvent économiquement malade. Les gentilshommes pauvres, les uns ruinés, les autres cadets de famille sans fortune, sont les cadres, très souvent, de cette guerre sociale larvée, sans cesse renaissante, « pareille aux têtes de l'hydre » [285]. Force leur est de vivre d'expédients et de rapines, d'aller (comme le dit La Noue, en cette France où le spectacle est le même) « à la désespérade » [286]. Ce mécanisme social jouera souvent, et plus tard encore. Au XVIIIᵉ siècle, la Turquie sera troublée par des seigneurs en trop grand nombre pour être tous bien nantis, les *Krdzalcen* de Bulgarie [287]. Au Brésil, au début du XIXᵉ siècle, les bandits sont les hommes de main, les *cabras* de grands propriétaires plus ou moins défavorisés par les temps nouveaux et qui doivent se défendre [288].

Mais ne simplifions pas outre mesure : multiplié et polyvalent, le brigandage, au service de certains nobles, est aussi bien dressé contre certains autres. Ainsi le montrent les exploits, en pays lombard, d'Alexio Bertholoti, « fameux bandit et rebelle du marquis de Castellon ». Le 17 août 1597, avec plus de deux cents hommes, il escalade les murs du château de Solférino, s'empare de la mère du marquis et du fils de ce dernier, un enfant de treize ans. Il transporte les prisonniers à Castellon, essaie de se faire ouvrir les portes du château par la vieille marquise, sa prisonnière, dans l'espoir de saisir le marquis lui-même. Peine perdue, elle s'y refuse, il la blesse alors sauvagement et tue l'enfant, pille ensuite et se livre à des « cruautés de barbare », d'après le rapport du gouverneur de Milan [289].

C'est aussi que le banditisme n'est pas seulement lié à la crise d'une certaine noblesse, il est paysan, il est populaire. Marée sociale, « inondation » [290], dit un historien du XVIIIe siècle — il soulève les eaux les plus diverses. Revendication politique et sociale (non pas religieuse) [291], il est à la fois aristocratique et populaire (les rois des montagnes, ceux de la campagne romaine ou de la campagne de Naples ne sont-ils pas en général des paysans et de petites gens ?). Il est jacquerie latente, fils de la misère et de la surpopulation ; il est reprise de vieilles traditions, souvent brigandage pur, aventure féroce de l'homme contre l'homme. On ne voudrait pas le réduire à ce dernier trait, croire sans plus, à ce propos, les puissants et les riches qui tremblent pour leurs biens, leurs places ou leurs vies.

Cependant, la part faite de l'exagération, comment oublier tant de férocité ? Il est vrai que la vie des hommes est peu précieuse au XVIe siècle : l'existence d'Alonso de Contreras, racontée par lui-même, le plus beau roman picaresque connu, parce que vécu, relate une bonne dizaine d'assassinats ; celle de Benvenuto Cellini l'aurait conduit aujourd'hui à la prison et à l'échafaud... D'après ces modèles, imaginons les scrupules de ceux qui se sont fait un métier de tuer... Ou que dire des réflexions prêtées à Charles Quint, lors du siège de Metz, par Ambroise Paré, médecin des assiégés : « L'Empereur demande quelles gens c'étaient qui se mouraient, et si c'étaient gentilshommes et hommes de remarque : lui fut fait réponse que c'étaient tous pauvres soldats. Alors dit qu'il n'y avait point de danger qu'ils mourussent, les comparant aux chenilles, sauterelles et hannetons qui mangent les bourgeons et autres biens de la terre, et que s'ils étaient gens de bien, ils ne seroient pas en son camp pour six livres par mois [292]... »

La montée du banditisme

Quoi qu'il en soit, à la fin du XVIe siècle, il y a aggravation du banditisme. A travers l'Italie, mosaïque d'États, le brigandage s'en donne à cœur joie ; pourchassé ici, il se réfugie là, reparaît plus loin, renforcé par les liaisons de ces multiples maquis, s'il est affaibli par leurs haines inexplicables. Mecatti, ce bon historien du XVIIIe siècle, nous dit combien l'Italie est submergée, vers les années 1590, par ces bandes de brigands qui profitent souvent, pour leurs querelles, du masque fallacieux de Guelfes et de Gibelins [293]. Tout cela brochant sur un éternel drame de la faim. Telles descentes montagnardes ne sont autre chose que des *rezzous*, comme ceux qui se jetaient à toute allure hier au Maroc, des montagnes insoumises vers les bas pays riches en blé et en bétail. Voilà qui donne à l'Italie de la fin du siècle un curieux climat. La faim y travaille des régions entières [294], le brigandage y fuse de partout, de la Sicile aux Alpes, de la Tyrrhénienne à l'Adriatique, longues séries de vols, d'incendies, d'assassinats, d'atrocités pareilles à celles de la course maritime. Chacun s'en désole. Antonio Serra, l'économiste napolitain, reconnaît, en 1613, que Naples abonde plus que n'importe quelle autre région de l'Italie en crimes, vols et assassinats [295]. De même en Sicile et dans l'État pontifical où, durant les interrègnes, les brigands poussent dru [296], les confins de Naples et des Romagnes leur offrant des champs privilégiés d'action [297]. Une tourbe mêlée passe à l'aventure, assassins de profession, paysans, nobles, prêtres en rupture de ban, moines qui ne veulent plus se soumettre aux ordres du Saint-Siège... On les imaginera d'après les cortèges de galériens que l'État pontifical livre à un Jean André Doria et dont on possède parfois les listes. En Sardaigne, en Corse, le nombre des brigands est considérable. Les embarras de la Toscane sous le règne de Francesco (1574-1587) sont leur œuvre[298]. En 1592-1593, l'Italie pensera se débarrasser de ces encombrants personnages par un pardon général, à condition qu'ils gagnent la Dalmatie au service de Venise[299].

Mais l'Italie n'est pas seule à lutter contre le fléau. En Afrique du Nord où les coupeurs de route n'ont jamais manqué, les voyageurs prudents (les marchands de Constantine par exemple) vont par groupes ; les plus habiles, dit Haëdo, se font accompagner par des marabouts[300]. En Turquie, voleurs et brigands pullulent. Au XVIIᵉ siècle, d'après Tavernier[301] « toute la Turquie est pleine de voleurs qui vont par grosses bandes et attendent les marchands sur les chemins ». Déjà au XVIᵉ siècle, en Moldavie et Valachie, les commerçants ambulants formaient pour se protéger de long convois de voitures, campaient en groupes, signalés au loin par de grand feux[302]. Ainsi le marchand derrière ses balles de marchandises se trouve autant en danger, sur terre, que sur les bateaux ronds en mer.

Nul pays n'offre meilleure image de la montée du brigandage, pendant ces dernières années du siècle et les premières du XVIIᵉ, que l'Espagne qui, le vieux Roi mort à l'Escorial, va connaître cette étonnante poussée de luxe et de fête, d'art et d'intelligence qu'est le Siècle d'Or, en cette ville neuve qui pousse à vive allure, la Madrid de Velásquez et de Lope de Vega, la double ville des riches qui sont très riches et des pauvres qui sont très pauvres, mendiants endormis au coin des places, corps roulés dans des capes que les seigneurs enjambent pour rentrer dans leurs palais, *serenos* qui veillent à la porte des riches, monde inquiétant de rufians, de capitaines, de valets faméliques, de joueurs aux cartes crasseuses, de filles adroites à plumer leur gibier, d'étudiants joueurs de guitare qui oublient de regagner leurs Universités, ville mêlée que l'Espagne entière nourrit et qu'au matin envahissent les paysans et paysannes de la proche campagne, qui viennent y

vendre du pain... Pendant la majeure partie du règne
du Roi Prudent, le pays, en dehors de la grosse alerte
de Grenade et des attaques anglaises sur les ports, avait
connu la paix, une tranquillité que l'étranger souvent
lui enviait. Quant aux bandits, ils n'étaient en nombre
que dans les Pyrénées Orientales, en liaison avec la
petite noblesse catalane et la France proche. Or, avec
les dernières années du règne, le banditisme s'accuse
dans toute la Péninsule. Des brigands sont sur le chemin
de Badajoz, ceci lié à la campagne contre le Portugal,
en 1580 [303]. A Valence de violentes querelles opposent
jusqu'au meurtre, les grandes familles seigneuriales. Le
danger est si net en 1577, qu'il fait l'objet d'une nouvelle
real pragmatica [304].

Ici comme ailleurs, que peuvent les remèdes ? Inefficaces, il faut les appliquer derechef. En 1599, 1603,
1605 [305], nouvelles pragmatiques contre les *bandolers de
les viles* (du Royaume) *que van divagant per le present
regne amb armes prohibides pertubant la quietud de
aquell*. La question des « malfaisants » [306] est à l'ordre
du jour, à la veille même de la vaste expulsion des
Morisques des années 1609-1614 qui va leur offrir
tant d'occasions d'agir [307]. La corruption des petits
fonctionnaires s'en mêle, les voilà de mèche avec les
malandrins [308].

Les esclaves

Un dernier trait singularisera ces sociétés de Méditerranée : malgré leur modernité, elles restent esclavagistes,
aussi bien en Occident qu'en Orient. C'est là une étrange
fidélité au passé, la marque peut-être d'un certain luxe,
car l'esclave coûte cher, a ses exigences et se trouve en
concurrence avec les pauvres et les misérables, même à
Istanbul. C'est la rareté de la main-d'œuvre, le rendement des mines et des plantations de canne à sucre qui
permettra l'esclavage à l'antique du Nouveau Monde,
ce vaste et profond retour en arrière. En tout cas,
l'esclavage, pratiquement effacé dans l'Europe du Nord
et en France, se survit dans l'Occident méditerranéen [309],
en Italie, en Espagne, sous forme d'un esclavage

domestique assez vivace. Les ordonnaces du Consulat de Burgos en 1572, fixent les conditions dans lesquelles sont assurés les esclaves noirs transportés dans le Nouveau Monde, mais aussi au Portugal et *a estos Reynos*, c'est-à-dire en Espagne [310]. Guzmán, le héros picaresque, au service d'une dame dont le mari est aux Indes, s'amourache, en tout mal et tout déshonneur, d'une esclave blanche de la dite dame, *una esclava blanca que yo, mucho tiempo, crei ser libre* [311]. A Valladolid, vers 1555 encore capitale de la Castille, des esclaves servent dans les grandes maisons, « bien nourris des restes de la cuisine » et souvent rendus libres par les testaments de leurs maîtres [312]. En 1539, en Roussillon, un Turc qu'on découvre sans maître et voleur par surcroît, est appréhendé et vendu comme esclave à un notaire [313]. En Italie, une série d'actes indiquent la survivance de l'esclavage domestique, dans le Midi principalement, ailleurs aussi. A Naples, des documents notariés [314] signalent des ventes d'esclaves (à 35 ducats la « pièce » d'ordinaire, durant la première moitié du XVIe siècle) ; mêmes notations à Venise dans les minutiers [315], et aussi dans les correspondances des Gonzague, acheteurs de négrillons [316] pour l'amusement, sans doute, de leur Cour. A Livourne, les *portate* signalent, de temps à autre, l'arrivée sur un navire de quelques esclaves noirs [317].

Tout ce commerce ininterrompu ne s'exerce au grand jour que lors d'événements exceptionnels : ainsi la prise de Tripoli, en 1510 [318], jette sur le marché sicilien tant d'esclaves qu'ils se vendent à vil prix, de 3 à 25 ducats l'un et que les galères ponentines, du coup, renouvellent leurs chiourmes. En 1549, et il n'est pas le seul, le grand-duc de Toscane envoie un agent à Segna acheter des esclaves turcs ou *morlachi* [319]. L'esclavage est une réalité de cette société méditerranéenne, dure vis-à-vis des pauvres, malgré le grand mouvement de piété et de charité religieuses qui grandira à la fin du siècle. En tout cas, il n'est pas l'apanage de l'Atlantique et du Nouveau Monde.

Que conclure ?

Un lent, un puissant travail en profondeur aura tordu peu à peu, transformé les sociétés de Méditerranée, de 1550 à 1600, achevant une longue gestation. Le malaise général et grandissant ne se traduit pas par des révoltes en plein jour ; il n'en modifie pas moins tout le paysage social. Et c'est un drame indéniablement de caractère social. Après l'étude précise de Jean Delumeau sur Rome et la Campagne romaine au XVIe siècle, qui a l'avantage de mettre en œuvre les mille petits *avvisi* des « journalistes », des *fogliottanti* de la Ville Éternelle, les derniers doutes, si l'on en conservait encore, seraient levés. Reprendre ce dossier serait répéter nos constatations. Aucun doute, tout tend à se polariser entre une noblesse riche, vigoureuse, reconstituée en familles puissantes appuyées sur de vastes biens-fonds, et une masse de pauvres de plus en plus nombreux et misérables, « chenilles ou hannetons », insectes humains, hélas surabondants. Un *cracking* ouvre en deux les sociétés anciennes, y creuse ses gouffres. Rien ne les comblera plus. Pas même, répétons-le, l'étonnante charité catholique de la fin du siècle. En Angleterre, en France, en Italie, en Espagne, en Islam, tout est miné par ce drame dont le XVIIe siècle étalera au grand jour les plaies inguérissables. Progressivement, tout est atteint par le mal, les États comme les sociétés, les sociétés comme les civilisations. Cette crise donne ses couleurs à la vie des hommes. Si les riches s'encanaillent, se mêlent à la foule qu'ils méprisent, c'est que la vie a ses deux rives proches ; maisons nobles d'un côté, surpeuplées de domestiques ; *picardía* de l'autre, monde du marché noir, du vol, de la débauche, de l'aventure, et surtout de la misère... De même que la passion religieuse la plus pure, la plus exaltée voisine avec les plus étonnantes bassesses et sauvageries. Étonnantes, merveilleuses contradictions du « Baroque », s'est-on écrié. Du Baroque non, mais de la société qui le soutient et qu'il recouvre mal. Au cœur de ces sociétés, quel désespoir de vivre !

La raison de tout cela, est-ce une fois de plus que la mer a failli à sa tâche de distributrice de biens, de services, de richesses, voire de joie de vivre ? Que tout s'achève d'une gloire et d'une prospérité anciennes, que les peuples de la mer épuisent leurs ultimes réserves, comme c'est possible ? Ou bien, même et monotone interrogation de nos recherches, est-ce parce que le monde entier se précipite alors, la Méditerranée comprise, vers cet étonnant reflux de vie que sera bientôt le XVIIᵉ siècle un peu plus tôt, un peu plus tard ? François Simiand [320] a-t-il, peut-il avoir raison ?

VI

Les Civilisations

Les civilisations sont les personnages les plus complexes, les plus contradictoires de Méditerranée. A peine leur reconnaît-on une qualité que la qualité opposée leur est acquise. Les civilisations sont fraternelles, libérales, mais en même temps exclusives et revêches ; elles reçoivent les visites des autres, elles les rendent aussi ; pacifiques, elles sont, non moins, guerrières ; d'une étonnante fixité, elles sont en même temps mobiles, vagabondes, animées de flux et de tourbillons, dans le détail de leur vie en proie à d'absurdes mouvements « browniens ». Ainsi les dunes, bien accrochées à des accidents cachés du sol : leurs grains de sable vont, viennent, s'envolent, s'agglomèrent au gré des vents, mais, somme immobile d'innombrables mouvements, la dune demeure en place.

Le mérite des esquisses de Marcel Mauss [1] est sans conteste d'avoir rendu aux civilisations leurs qualités de mouvement, de lumière active. Peut-être n'a-t-il pas assez marqué à notre gré leurs permanences. Ce qui change, ce qui se meut dans la vie des civilisations, est-ce le meilleur, est-ce la totalité de cette vie même ? Non sans doute. Ici se retrouvent structure et conjoncture, instant et durée, et même très longue durée. Ni par la force brutale, consciente ou non de ce qu'elle fait ; ni par la force nonchalante qui s'abandonne aux hasards, aux bénévolences de l'histoire ; ni par l'enseignement le plus largement distribué, le plus gloutonnement avalé, une civilisation n'arrive à mordre sensiblement sur le domaine d'une autre. Pour l'essentiel, les jeux sont

toujours faits d'avance. L'Afrique du Nord n'a pas
« trahi » l'Occident en mars 1962 [2], mais dès le milieu
du VIIIᵉ siècle [3], peut-être même avant la naissance du
Christ, dès l'installation de Carthage, fille de l'Orient.

1. Mobilité et stabilité des civilisations

Mouvement et immobilité s'accompagnent, s'expliquent l'un par l'autre. Il n'y a aucun danger de se
perdre à aborder les civilisations par l'un ou l'autre
chemin, et par le plus absurde en apparence, cette
poussière d'événements et de faits divers par laquelle se
signale d'abord toute civilisation vivante.

La leçon des faits divers

Ces menus faits disent [4] mieux que de longs discours
la vie des hommes de Méditerranée — ondoyante,
poussée dans toutes les directions par les vents de
l'aventure. Un patron ragusain, à bord d'une nave,
quelque part en Méditerranée, en 1598, reçoit les
confidences d'un voyageur génois de Santa Margherita,
fidéicommis d'un Ragusain, mort riche au Potosi et qui
l'a chargé de retrouver ses héritiers à Mezzo, cet îlot au
large de Raguse qui est la pépinière de ses marins et de
ses capitaines au long cours. Et l'impossible se produit :
l'enquête s'engage, les héritiers se retrouvent [5]. Nous en
savons moins sur cet autre Ragusain, Blas Francisco
Conich, installé au Pérou lui aussi et auquel Venise
s'intéresse parce qu'il possède, en cette fin d'année
1611 [6], la moitié d'une nave *Santa Maria del Rosario e
quatr'occhi*, que la Seigneurie a saisie par représailles.
Autre fait divers : à Raguse encore s'engage une action
pour constatation de décès. Le mort, capitaine d'une
nave, a été se perdre avec cette armada qu'en 1596
Philippe II lançait contre l'Angleterre. Au dossier de
l'instance, une lettre écrite par le disparu à sa femme,
avant le grand voyage. Elle est datée de Lisbonne,
le 15 octobre, un vrai testament : « Nous partons
aujourd'hui pour l'Irlande. Dieu sait qui en revien-

dra... ». Et il n'en reviendra pas [7]. Autre incident mais
à Gênes : le 8 juin 1601, le capitaine *Pompeus Vassalus
quondam Jacobi*, à l'état civil latinisé pour la circons-
tance, témoigne devant le magnifique *Magistrato del
Riscatto dei Schiavi* au sujet de la mort présumée de
Matteo Forte de Portofino. « Étant en Égypte l'an
dernier, dit-il, du mois de mai au 11 septembre, j'ai
demandé au dit lieu, à diverses personnes, si Matteo
Forte, ancien esclave des galères du ''bayle'' d'Alexandrie, était vivant... car le dit Matteo possède une maison
près de la mienne et je voulais l'acheter. » Or « tous
ceux qui le connaissaient m'ont dit qu'il était mort,
plusieurs mois auparavant, et il y avait là des esclaves
de Rapallo qui l'avaient connu » [8].

C'est un fait divers banal aussi que l'aventure d'un
Génois de Bogliasco, Gieronimo Campodimeglio, captif
à Alger. Il a une cinquantaine d'années, en 1598, et on
ne précise pas la date à laquelle il a été capturé, ni le
nom de son ancien patron d'Alger, lequel en mourant
lui a légué sa boutique. Entre temps, on l'a vu dans les
rues *vestito de Turcho* ; l'un affirme qu'il a épousé une
musulmane. « Je crois qu'il est renié et ne se souciera
plus de revenir » [9] : conclusion d'une histoire plus
fréquente qu'on ne le croit. En fait, c'est par milliers,
aux dires même d'un contemporain [10], que les Chrétiens
passent aux Turcs et à l'Islam. Les grandes civilisations
— ou les gouvernements forts — disent non, luttent,
rachètent leurs enfants perdus ; les individus, d'ordinaire, sont plus accommodants. Peu à peu, et plus tard,
un statut s'élaborera contre eux. Au XVIe siècle, ils ne
subissent même pas la mort civile. On voit tel renié de
Tunis disposer de sa succession en faveur de son frère,
à Syracuse [11]. On voit même, en 1568, un Fray Luis de
Sandoval [12] prendre l'initiative d'une grande opération
de sauvetage auprès des princes chrétiens de Méditerranée : le pardon serait offert à ces égarés et ainsi mettrait-
on fin aux maux sans nombre qu'ils infligent à la
Chrétienté. En attendant, chaque renié peut revenir chez
lui, sans danger, tel ce Vénitien Gabriel Zucato, pris
par les vainqueurs de Chypre, en 1572, réduit en

esclavage et qui revenu à Venise, trente-cinq ans plus tard, en 1607, et à *la sanctissima fede*, demande une place de courtier, de *sansaro*, pétition accueillie avec faveur par les *Cinque Savii*, vu sa misère et ses connaissances du grec, de l'arabe et du turc « qu'il écrit même » ; et cependant *si feci turco*, il a renié [13].

En tout cas, les deux grandes civilisations, hostiles et voisines, ne cessent de fraterniser au gré des circonstances et des rencontres. Lors de l'attaque ratée des Algérois contre Gibraltar, en 1540, quatre-vingts chrétiens se trouvent entre les mains des corsaires. L'alerte passée, on cause, comme c'est la règle. Une sorte d'armistice conclu, des pourparlers s'engagent. Alors les navires algérois entrent dans le port, leurs marins descendent à terre, se promènent dans la ville, retrouvent des connaissances, anciens captifs ou anciens patrons, puis vont manger dans les caboulots, les *bodegones*. Cependant, la population civile aide à transporter les tonneaux d'eau douce pour le ravitaillement de leur flotte [14]. Échange de bons procédés, familiarité, on hésite à dire « fraternisation » comme au temps des tranchées... Imagine qui voudra, entre les deux religions ennemies, une cloison étanche. Les hommes vont, viennent, indifférents aux frontières des États ou des credos. Il y a les nécessités de la navigation et du commerce, les hasards de la course et de la guerre, les connivences, la trahison des circonstances. D'où de multiples aventures, comme celle de ce Melek Jasa, Ragusain passé à l'Islam et qu'on retrouve aux Indes, au début du XVIᵉ siècle, chargé (il occupera le poste pendant des années) de défendre Diu contre les Portugais [15]. Ou celle de trois Espagnols qu'en 1581, à Derbent, sur la Caspienne, recueille, venant d'Astrakan, le petit navire anglais que, tous les deux ou trois ans, frète la *Moscovie Companie*. Trois renégats sans doute, ces Espagnols, déserteurs de l'armée turque, et faits prisonniers à la Goulette, sept ans plus tôt [16]. Qui ne rêverait à leur aventure ? Ou à celle-ci, rigoureusement symétrique : en 1586, le bateau anglais l'*Hercules* ramenait en Turquie vingt Turcs que Drake avait libérés dans les Indes Occidentales : détail

fourni, sans plus, par une incidente du récit qui relate
le voyage de ce voilier dans le Levant [17].

Mêmes aventures au début du XVIIᵉ siècle : en 1608
se trouve, toujours enfermé au château de S. Julião da
Barra à Lisbonne, un Francisco Julião, qui a reçu le
baptême et qui commandait jadis des galères turques
au large de Melinde quand il fut pris [18]. Cependant, en
1611, les Persans prenaient dans les rangs de l'armée
turque du Grand Vizir Mourad Pacha, trois Français et
un Allemand, venus là Dieu sait comme, par le relais
de Constantinople en tout cas, plus un Grec originaire
de Chypre, tous épargnés par le vainqueur, puis recueillis
par les Pères Capucins d'Ispahan [19].

Dernier exemple, avec le XVIIᵉ siècle finissant, cette
fortune d'un aventurier grec, Constantin Phaulkon,
originaire de Céphalonie qui se dit fils d'un noble
vénitien et qui devient favori du Roi de Siam : « tout
lui passait par les mains... » [20].

Comment voyagent les biens culturels

Voyages des hommes ; voyages aussi des biens culturels, les plus usuels comme les plus inattendus. Ils ne
cessent de se déplacer avec les voyageurs. Apportés ici
par les uns telle année, repris par les autres l'année
suivante ou un siècle plus tard, sans cesse transportés,
abandonnés, ressaisis, et par des mains souvent ignoran-
tes. Les premières imprimeries dans les pays danubiens
destinées à reproduire des livres de piété orthodoxe, y
ont été amenées au début du XVIᵉ siècle, par des
colporteurs monténégrins de Venise ou de possessions
vénitiennes [21]. Les Juifs chassés d'Espagne, en 1492, ont
organisé, à Salonique et à Constantinople, le commerce
de tout ce qui précisément y manquait : ils ont donc
ouvert des boutiques de quincaillerie [22], installé les
premières imprimeries, à caractères latins, grecs ou
hébraïques (il faudra attendre le XVIIIᵉ siècle [23] pour voir
les premières imprimeries à caractères arabes) ; mis sur
pied des tissages de laine [24] et de brocart et, dit-on,
construit les premiers affûts mobiles [25] qui dotèrent
l'armée de Soliman le Magnifique de son artillerie de

campagne, une des raisons de son succès. Et ce sont les
affûts de l'artillerie de Charles VIII en Italie (1494) qui
auraient servi de modèles [26]...

Mais la plupart des transferts culturels s'accomplissent
sans que l'on connaisse les camionneurs. Ils sont si
nombreux, les uns si rapides, les autres si lents, ils
prennent tant de directions que nul ne s'y reconnaît
dans cette immense gare de marchandises où rien ne
demeure en place. Pour un bagage reconnu, mille nous
échappent ; adresses et étiquettes manquent, et tantôt
le contenu, tantôt l'emballage... Passe encore qu'on
veuille tout remettre en ordre quand il s'agit d'œuvres
d'art, des écoinçons de la cathédrale de Bayeux [27], d'une
peinture catalane retrouvée au Sinaï [28], d'une ferronnerie
d'art barcelonais identifiée en Égypte, ou de curieuses
peintures d'inspiration italienne ou allemande qui s'exécutent au XVIe siècle dans les monastères du mont Athos.
Passe encore quand il s'agit de ces biens tangibles, les
mots, ceux du vocabulaire ou de la géographie : le
contrôle en est possible, sinon sûr. Mais quand il s'agit
des idées, des sentiments, des techniques, toutes les
erreurs sont possibles. Imaginerons-nous le mysticisme
espagnol du XVIe siècle, dérivant du çoufisme musulman,
par des relais hypothétiques, et celui de la trouble
pensée de Raymond Lull [29] ? Dirons-nous que la rime
en Occident vient des poètes musulmans d'Espagne [30] ?
Que les chansons de geste (ce qui est probable) empruntent à l'Islam ? Méfions-nous de qui reconnaît trop
bien les bagages (par exemple les bagages arabes de nos
troubadours) [31] ou de ceux qui, par réaction, nient en
bloc les emprunts de civilisation à civilisation, alors que
tout s'échange en Méditerranée, les hommes, les pensées,
les arts de vivre, les croyances, les façons d'aimer...

Lucien Febvre [32] s'est amusé à imaginer les étonne-
ments d'Hérodote refaisant son périple, devant la
flore qui nous semble caractéristique des pays de
Méditerranée : orangers, citronniers, mandariniers,
importés d'Extrême-Orient par les Arabes ; cactus venus
d'Amérique ; eucalyptus originaires d'Australie (ils ont
conquis tout l'espace entre le Portugal et la Syrie et les

aviateurs disent, aujourd'hui, reconnaître la Crète à ses bois d'eucalyptus) ; le cyprès, ce persan ; la tomate, peut-être une péruvienne ; le piment, ce guayannais ; le maïs, ce mexicain ; le riz, « ce bienfait des Arabes » ; le pêcher, « ce montagnard chinois devenu iranien » ou le haricot, ou la pomme de terre, ou le figuier de Barbarie, ou le tabac... La liste n'est ni complète, ni close. Tout un chapitre serait à ouvrir sur les migrations du cotonnier, autochtone en Égypte [33] et qui finit par en sortir pour voyager sur les mers. Une étude serait la bienvenue aussi, qui montrerait, au XVIe siècle, l'arrivée du maïs, cet américain, dans lequel Ignacio de Asso, au XVIIIe siècle, voulait voir à tort une plante à double origine, venue sans doute du Nouveau Monde, mais dès le XIIe siècle aussi des Indes Orientales, et grâce aux Arabes [34]. Le caféier est en Égypte dès 1550 ; le café, quant à lui, est arrivé en Orient vers le milieu du XVe siècle : certaines tribus africaines en mangeaient les grains grillés. Comme boisson, il est connu en Égypte et en Syrie dès cette époque. En Arabie, en 1556, on en interdit l'usage à la Mecque : boisson de derviches. Vers 1550, il atteint Constantinople. Les Vénitiens l'importeront en Italie en 1580 ; il sera en Angleterre entre 1640 et 1660 ; en France, il apparaît d'abord à Marseille en 1646, puis à la Cour vers 1670 [35]. Quant au tabac, il arriva de Saint-Domingue en Espagne et par le Portugal « l'exquise herbe nicotiane » gagna la France [36] en 1559, peut-être même en 1556, avec Thevet. En 1561, Nicot envoyait de Lisbonne à Catherine de Médicis de la poudre de tabac pour combattre la migraine [37]. La précieuse plante ne tarda pas à traverser l'espace méditerranéen ; vers 1605, elle atteignait l'Inde [38], elle fut assez souvent interdite dans les pays musulmans, mais en 1664, Tavernier vit le Sophi lui-même fumant la pipe [39]...

La liste de ces amusants petits faits peut s'allonger : le platane d'Asie Mineure fit son apparition en Italie au XVIe siècle [40] ; la culture du riz s'implanta au XVIe siècle également dans la région de Nice et le long des marines provençales [41], la laitue dite chez nous

« romaine » fut rapportée en France par un voyageur qui s'appelait Rabelais ; et c'est Busbec, dont nous avons si souvent cité les lettres, qui ramena d'Andrinople les premiers lilas qui, à Vienne, avec la complicité du vent, peuplèrent toute la campagne. Mais qu'ajouterait cette nomenclature à ce qui, seul, importe ? Et ce qui importe, c'est l'ampleur, l'énormité du brassage méditerranéen. D'autant plus riche de conséquences que, dans cette zone de mélanges, sont plus nombreux dès le principe les groupes de civilisations. Ici, ils demeurent volontiers distincts, avec des échanges et des emprunts à des intervalles plus ou moins fréquents. Là, ils se mêlent dans d'extraordinaires cohues qui évoquent ces ports de l'Orient, tels que nous les décrivent nos romantiques : rendez-vous de toutes les races, de toutes les religions, de tous les types d'hommes, de tout ce que peut contenir de coiffures, de modes, de cuisines et de mœurs le monde méditerranéen.

Théophile Gautier, dans son *Voyage à Constantinople*, décrit minutieusement, à chaque escale, le spectacle de cet immense bal masqué. On partage son amusement, puis on se surprend à sauter l'inévitable description : c'est qu'elle est toujours la même. Partout les mêmes Grecs, les mêmes Arméniens, les mêmes Albanais, Levantins, Juifs, Turcs et Italiens... A considérer ce spectacle vivant encore, bien que moins pittoresque, dans les quartiers du port, à Gênes, à Alger, à Marseille, à Barcelone, ou à Alexandrie — on a l'impression d'une évidente instabilité des civilisations. Mais rien n'est plus facile que de se tromper, si l'on veut démêler cet enchevêtrement. L'historien pensait que la sarabande était une vieille réalité des danses espagnoles ; il s'aperçoit qu'elle vient d'apparaître à l'époque de Cervantès [42]. Il imaginait la pêche du thon comme l'activité spécifique des marins génois, des Napolitains, des Marseillais ou des pêcheurs du cap Corse ; en fait les Arabes la pratiquaient et la transmirent vers le Xe siècle [43]. Bref il serait presque prêt à suivre Gabriel Audisio [44] et à penser que la vraie race méditerranéenne est celle qui peuple ces ports bigarrés et cosmopolites : Venise, Alger, Livourne, Marseille, Salonique, Alexandrie, Barcelone, Constantinople, pour ne citer que les grands. Race qui les réunit toutes en une seule. Mais n'est-ce pas absurdité ? le mélange suppose la diversité des éléments. La bigarrure prouve que tout ne s'est pas fondu dans une seule masse ; qu'il reste des éléments distincts, qu'on retrouve isolés, reconnaissables, quand on s'éloigne des grands centres où ils s'enchevêtrent à plaisir.

Rayonnements et refus d'emprunter

Il n'y a de civilisations vivantes que capables d'exporter leurs biens au loin, de rayonner. Une civilisation qui n'exporterait pas hommes, façons de penser ou de vivre est inimaginable. Il y a eu une civilisation arabe : on sait son importance, puis son déclin. Il y a eu une civilisation grecque, elle a au moins sauvegardé sa substance. Au XVIᵉ siècle, il existe une civilisation latine (je ne dis pas chrétienne sans plus), la plus résistante de toutes les civilisations aux prises avec la mer : rayonnante, elle s'avance à travers l'espace méditerranéen et, par-delà, vers les profondeurs de l'Europe, vers l'Atlantique et l'*Ultramar* ibérique. Ce rayonnement vieux de plusieurs siècles, c'est aussi bien celui des constructions navales que les Italiens, maîtres en cet art, s'en allèrent enseigner au Portugal et jusque dans la Baltique ; celui de la soierie dont les Italiens sont devenus les dépositaires, puis les démonstrateurs ; celui des techniques de comptabilité que les Vénitiens, Génois, Florentins, ces marchands de toujours, mirent au point, bien avant les Nordiques. Ce rayonnement, c'est aussi le retentissement énorme de la Renaissance, fille de l'Italie et de la Méditerranée, et dont on peut suivre les étapes, à travers l'Europe.

Pour une civilisation, vivre c'est à la fois être capable de donner, de recevoir, d'emprunter. Emprunter, tâche difficile, n'est pas capable qui veut d'emprunter utilement, pour se servir, aussi bien que le maître, de l'outil adopté. Un des grands emprunts de la civilisation méditerranéenne, c'est assurément l'imprimerie que les maîtres allemands installèrent en Italie, en Espagne, au Portugal et jusqu'à Goa.

Mais on reconnaît, non moins, une grande civilisation à ce qu'elle refuse parfois d'emprunter, à ce qu'elle s'oppose à certains alignements, à ce qu'elle fait un choix parmi ce que les échangeurs lui proposent, et souvent lui imposeraient s'il n'y avait des vigilances ou, plus simplement, des incompatibilités d'humeur et d'appétit. Il n'y a que les utopistes (il en est d'admirables — Guillaume Postel par exemple — au XVIᵉ siècle) pour rêver de fondre les religions entre elles : les religions, ce qu'il y a justement de plus personnel, de plus résistant dans ce complexe de biens, de forces, de systèmes qu'est toute civilisation. Il est possible de les mêler en partie, de déplacer de l'une à l'autre telle idée, à la rigueur tel dogme, tel rite ; de là à les confondre, le chemin est immense.

Refus d'emprunter ? Le XVIᵉ siècle en fournit un des plus éclatants exemples. Au lendemain de la Guerre de Cent ans, la Catholicité subit l'assaut d'une montée d'eaux religieuses. Sous le poids de ces eaux, elle s'est brisée, comme un arbre dont éclaterait l'écorce. Dans le Nord, la Réforme se répandait à travers l'Allemagne, la Pologne, la Hongrie, les Pays Scandinaves, l'Angleterre, l'Écosse. Dans le Sud, s'épanouissaient la Contre-Réforme Catholique, pour se servir du vieux vocable traditionnel, et bientôt la civilisation que d'aucuns nomment le Baroque.

Certes, il y avait toujours eu un Nord et une Méditerranée. Deux mondes solidement arrimés l'un à l'autre, mais distincts avec leurs cieux, leurs cœurs bien à eux, et religieusement parlant, leurs âmes. Car on use, en Méditerranée, d'une certaine façon d'exprimer le sentiment religieux qui, aujourd'hui encore, choque l'homme du Nord comme elle choqua Montaigne [45] en Italie, ou l'ambassadeur Saint-Gouard [46] en Espagne, comme elle choqua de prime abord l'Europe Occidentale entière quand elle y fut véhiculée par les Jésuites et les Capucins, ces Jésuites du pauvre. Jusque dans un pays aussi profondément catholique que la Franche-Comté, les processions des pénitents, les dévotions nouvelles, ce qu'il y avait de sensuel, de dramatique et, pour le goût français, d'excessif, dans la piété méridionale, scandalisait beaucoup d'hommes pondérés, réfléchis et raisonnables [47].

Toutefois le protestantisme poussa quelques pointes puissantes jusqu'aux Alpes autrichiennes [48], au Massif Central, aux Alpes françaises, aux Pyrénées béarnaises. Mais partout, finalement, il échouera sur les frontières de la Méditerranée. Après des hésitations et des élans qui rendent son refus plus caractéristique encore, la Latinité a répondu non à la Réforme « d'outre monts ». Si certaines idées luthériennes ou, plus tard, calvinistes, ont pu gagner des adeptes en Espagne et en Italie, elles n'ont guère intéressé que des isolés ou des groupes restreints. Et presque toujours, il s'agissait soit d'hommes qui avaient longtemps vécu à l'étranger, gens d'église, étudiants, libraires, artisans, marchands qui rapportaient, cachés dans leurs balles de marchandises, les livres défendus, soit encore (Marcel Bataillon l'a montré dans son *Erasme et l'Espagne*) d'hommes qui plongeaient les racines de leur foi dans un sol bien à eux, qu'ils n'empruntaient à personne, celui que labourèrent en Espagne les Erasmiens, en Italie les Valdésiens.

L'échec de la Réforme au Sud des Pyrénées et des Alpes, est-ce une affaire de gouvernement, comme on l'a dit si souvent, l'effet d'une répression bien organisée ? Nul ne sous-estimera l'action de persécutions systématiques, longuement poursuivies. L'exemple des Pays-Bas, en si grande partie recatholisés par les rigueurs du duc d'Albe et ses successeurs, nous protégerait au besoin contre une telle erreur. Mais ne surestimons pas non plus la portée des « hérésies » espagnole et italienne ; on ne saurait en vérité les comparer aux puissants mouvements nordiques. Quand on ne s'arrêterait qu'à cette seule différence, le Protestantisme, en Méditerranée, n'a guère touché les masses. Il fut un mouvement de l'élite, et souvent, en Espagne, cette Réforme fut faite en dedans de l'Église. Ni les Erasmiens d'Espagne, ni le petit groupe des Valdésiens de Naples ne cherchèrent la rupture, pas plus qu'en France, le groupe de Marguerite de Navarre.

Si la Réforme italienne, comme le dit Emmanuel Rodocanachi, « ne fut pas une révolte religieuse véritable » ; si elle est demeurée « humble, méditative, nullement agressive à l'égard de la Papauté » ; si elle est ennemie de la violence [49], c'est que beaucoup plus encore qu'une « Réforme », elle est un renouveau chrétien. Le mot de Réforme ne convient pas. Il n'y a eu danger, ou semblant de danger, que dans le Piémont, à cause des Vaudois [50] (mais le Piémont, est-ce l'Italie ?) ; qu'à Ferrare, à la cour de Renée de France ; à Lucques où la richissime aristocratie des soyeux accueillit la Réforme dès 1525 [51] ; à Crémone où se réunissaient quelques assemblées [52] vers la même époque ; à Venise accueillante aux Nordiques et où, vers 1529, des moines franciscains ou augustins, fondèrent de petits groupes où les artisans étaient assez nombreux [53]. Ailleurs, en Italie, la Réforme est le fait d'individus ; son histoire, celle de scandales, comme celui du « senoys » Ochino, autrefois grand et éloquent prédicateur catholique en Italie, aujourd'hui, note de Selve qui le voit arriver en Angleterre en 1547 [54], converti « aulx nouvelles oppinions des allemands ». Souvent d'ailleurs il s'agit de prédicants itinérants [55] ; ils ne font que passer et sèment en passant : mais la moisson pousse mal. Il s'agit d'isolés, de méditatifs, aux destins hors série. D'un obscur, comme cet Ombrien Bartolomeo Bartoccio [56], établi marchand à Genève, arrêté lors d'un de ses voyages à Gênes, livré à l'inquisition romaine et brûlé le 25 mai 1569, ou d'une illustre victime comme Giordano Bruno [57], brûlé au Campo dei Fiori, en 1600 [58].

Enfin ne jugeons pas du péril protestant en Italie d'après les inquiétudes catholiques, pontificales ou espagnoles, promptes à le grossir. Inquiétudes si vives que pendant l'été 1568, on redouta une descente en Italie des huguenots français qui, disait-on, trouveraient la Péninsule dangereusement travaillée du dedans [59]. Autant vaudrait juger des périls du Protestantisme en

Espagne et des mérites ou des crimes de l'Inquisition,
d'après les ouvrages de Gonzalo de Illescas, de Paramo,
de Llorente, de Castro ou de J. Mac Crie[60].

Or la Réforme en Espagne, si « Réforme » il y eut,
a été localisée en deux points : Séville, Valladolid. Après
les répressions de 1557-1558, il ne s'agira plus que de
cas isolés. Simples fous parfois : tel cet Hernandez Diaz
à qui des bergers de la Sierra Morena parlèrent des
protestants de Séville ; il en retint de quoi se faire
appréhender, en 1563, par l'Inquisition de Tolède[61], un
fou satisfait d'ailleurs et content de constater qu'en
prison, il mangeait plus de viande que chez lui...
Quelques authentiques protestants espagnols courent
l'Europe, de refuge en refuge, tel le célèbre Michel
Servet ou cette douzaine d'exilés qui, en 1578, « étudient
la secte » à Genève et qu'on dénonce à l'ambassadeur
Juan de Vargas Mexia, parce qu'ils s'apprêteraient à
venir prêcher en Espagne, ou à expédier des livres de
propagande aux Indes[62].

En fait, l'Espagne conspire contre ces enfants perdus
et les abomine. L'Inquisition y est populaire dans la
lutte qu'elle mène contre eux. Le procès par contumace
qu'elle entreprend contre Michel Servet est suivi avec
une attention passionnée : il y va de l'honneur de la
nation[63] ! Le même sentiment pousse Alonso Diaz
lorsqu'à Neubourg sur le Danube, en 1546, il fait
exécuter par un valet son propre frère Juan, déshonneur
de sa famille et de l'Espagne entière[64]. Comment alors
parler de Réforme espagnole ? C'est à peu près comme
si l'on voulait parler (les proportions sont les mêmes)
de Réforme ragusaine à propos de cet hérétique de la
ville de Saint-Blaise, Francisco Zacco, qui, en 1540, ne
veut croire ni à l'Enfer ni au Paradis — ou de
ces « tendances au protestantisme » qui d'après le
continuateur de Razzi, l'historien de Raguse, se seraient
manifestées en 1570[65]. Ce n'est plus là médecine ordinaire : mais homéopathie.

Un historien, Delio Cantimori[66], se demande si
l'histoire de la Réforme italienne, étudiée jusqu'ici dans
son détail biographique, ne s'éclairera pas du jour où,

à l'image de ce qui a été fait en France et en Allemagne, elle serait replacée dans le milieu social qui la vit germer. Certes, et il y a longtemps qu'Edgar Quinet [67] avait fait ces mêmes réflexions. Mais la question s'éclaire mieux encore sur le plan culturel. Le refus de l'Italie devant la Réforme, analogue à celui de l'Espagne, n'est-ce pas, au sens ethnographique, un refus d'emprunter, un trait majeur de civilisation ? Non point que l'Italie soit « païenne », comme l'ont découverte tant d'observateurs superficiels, mais ce qui, en Italie et sur les bords chrétiens de la Méditerranée, monte de sève dans les vieux arbres de la catholicité produit des fleurs et des fruits d'Italie. Non d'Allemagne. Ce qu'on appelle la Contre-Réforme, c'est si l'on veut *sa* Réforme. On a remarqué que les pays du Midi étaient, moins que ceux du Nord, attirés par la lecture de l'Ancien Testament [68] et qu'à leur différence ils n'étaient pas submergés par cette vague épaisse de sorcellerie qui déborde d'Allemagne jusqu'aux Alpes et jusqu'au Nord de l'Espagne, avec le XVIe siècle finissant [69]. Peut-être à cause d'un vieux polythéisme sous-jacent, la Chrétienté méditerranéenne, dans ses superstitions mêmes, demeure attachée au culte des saints. Est-ce pur hasard si la dévotion aux saints et à la Vierge y redouble de ferveur au moment où l'attaque extérieure devient vigoureuse ? Voir là quelque manœuvre de Rome ou des Jésuites, vanité. En Espagne, c'est le Carmel qui propage le culte de saint Joseph ; partout, les associations populaires du Rosaire soutiennent, exaltent le culte passionné de la Mère de Jésus. Témoin cet hérétique napolitain, Giovanni Micro, qui, en 1564, déclare rejeter mille choses, dont les saints et les reliques, mais continuer à croire en la Vierge [70]. Au moment même où l'Espagne achève de se fabriquer des saints rutilants et combatifs : saint Georges, saint Jacques [71]. Et d'autres suivent : saint Émilien, saint Sébastien, et le saint paysan, Isidro, qui conquiert jusqu'à la Catalogne [72].

Le refus a donc été volontaire, catégorique. On a dit de la Réforme qu'elle avait « fait irruption dans la théologie platonicienne et aristotélicienne du Moyen

Age, tout comme les Germains barbares ont fait irruption dans la civilisation gréco-romaine » [73]. En tout cas, ce qui restait de l'Empire romain au bord de la mer latine aura bien mieux résisté au XVIe siècle qu'au Ve.

Et la civilisation grecque ?

La civilisation grecque elle-même n'était pas morte à cette époque. La preuve ? elle était, elle aussi, capable de « refus » non moins catégoriques, non moins dramatiques. Mourante, ou plutôt menacée de mort au XVe siècle, elle avait refusé de s'unir à l'Église Latine. Au XVIe, le problème se pose à nouveau : le refus n'est pas moins énergique. Malheureusement nous connaissons à peine moins mal que la Turquie, les pays orthodoxes de cette époque. Cependant une série de textes curieux (retrouvés à Venise et publiés par Lamansky dans ce recueil si plein de choses) attend encore que quelque historien, après combien d'années, veuille en dégager le sens. Cette série de textes éclaire l'étonnante position des Grecs du XVIe siècle, face à la catholicité romaine [74].

En 1570, un Grec, gentilhomme de Candie et de Morée, adressait à Venise plusieurs longs rapports. Offrant ses services, il expliquait que l'heure de la révolte contre le Turc était arrivée pour les pays grecs. Cette révolte, elle ne pouvait s'appuyer que sur des pays chrétiens, notamment sur Venise. Mais il faudrait qu'au préalable la Chrétienté comprenne. Or elle n'a jamais compris. Que de vexations stupides durent endurer les évêques grecs ! Le clergé catholique, dans les possessions vénitiennes, a toujours adopté vis-à-vis d'eux une attitude méprisante ; et il n'a cherché à les tirer de leur « erreur », le plus souvent, que par la violence, interdisant ou imposant tel rite, prétendant bannir la langue grecque des églises... Or, plutôt que de se soumettre au culte catholique, les Grecs préféreraient se donner au Turc. D'ailleurs, c'est ce qu'ils ont fait. Contre les Vénitiens, contre les corsaires ponentins, ils ont été presque toujours les alliés du Turc. Pourquoi ? parce que les Turcs ont été d'ordinaire tolérants, qu'ils n'ont jamais cherché à faire de prosélytisme, qu'ils n'ont jamais gêné l'exercice du culte orthodoxe. Régulièrement, le clergé grec s'est ainsi trouvé au rang des adversaires les plus obstinés de Venise et des Occidentaux en général. Et ses membres se sont entremis, chaque fois qu'une révolte contre le maître de Constantinople se préparait, pour ramener les esprits au calme, leur expliquer que, de ce calme, dépendait la survie du peuple grec.

Si aujourd'hui l'étendard de la révolte est prêt à se lever, continue notre informateur, c'est que depuis 1570 environ, une vague d'intolérance commence à submerger les pays turcs. Des églises ont été pillées, des monastères brûlés, des prêtres molestés [75]... Le moment pour Venise est venu d'agir, mais elle n'a qu'une seule chance de réussir : s'entendre avec les métropolites, leur donner les assurances que le clergé catholique recevra des ordres pour n'inquiéter en rien, à l'avenir, le clergé grec. Le correspondant de Venise s'offre d'ailleurs à mener ces tractations, mais insiste pour savoir si Venise est vraiment prête à tenir ses promesses. Auquel cas, le succès lui paraît assuré.

Or, il suffit de lire, toujours dans le recueil de Lamansky, les documents relatifs aux nombreux incidents soulevés à Candie ou à Chypre par des prêtres ou des moines vénitiens zélés, pour croire à la réalité des griefs de l'Église grecque. On s'explique les collusions, les « trahisons » reprochées aux Candiotes et autres Grecs de l'Archipel. Il y a d'autres explications évidemment : le marin grec qui, débarqué d'un vaisseau turc, va voir à terre sa famille, apprendra d'elle tous les détails possibles sur la flotte vénitienne qui vient de passer ou sur le corsaire ponentin qui, la veille, a fait relâche à l'escale ; même si ce vaisseau turc est un pirate et l'escale une possession vénitienne (comme c'est souvent le cas). Mais la raison essentielle est l'hostilité qui sépare de la latine la civilisation orthodoxe.

Permanences et frontières culturelles

En vérité, au-delà des changements qui altèrent ou bouleversent les civilisations, se révèlent d'étonnantes permanences. Les hommes, les individus, peuvent les trahir : les civilisations n'en continuent pas moins à vivre de leur vie propre, accrochée à quelques points fixes, quasi inaltérables.

Pensant à l'obstacle de la montagne, J. Cvijić déclare qu'elle s'oppose « moins à la pénétration ethnique qu'aux mouvements qui résultent de l'activité humaine et aux courants de civilisation »[76]. Interprétée et peut-être modifiée, cette idée paraît juste. A l'homme, toutes les escalades, tous les transferts sont permis. Rien ne peut l'arrêter, lui et les biens, matériels ou spirituels, qu'il transporte, lorsqu'il est seul et qu'il opère en son nom. S'agit-il d'un groupe, d'une masse sociale, le déplacement devient difficile. Une civilisation ne se déplace pas avec la totalité de ses bagages. En traversant la frontière, l'individu se dépayse. Il « trahit », abandonne derrière lui *sa* civilisation.

C'est qu'en fait celle-ci est accrochée à un espace déterminé, qui est une des indispensables composantes de sa réalité. Avant d'être cette unité dans les manifestations de l'art, en quoi Nietzsche voyait sa vérité majeure (peut-être parce qu'avec son époque, il faisait du mot un synonyme de qualité), une civilisation est, à la base, un espace travaillé, organisé par les hommes et l'histoire. C'est pourquoi il est des limites culturelles, des espaces culturels d'une extraordinaire pérennité : tous les mélanges du monde n'y peuvent rien.

La Méditerranée est donc coupée de frontières culturelles, frontières majeures et frontières secondaires, toutes cicatrices qui ne guérissent pas et jouent leur rôle. Dans la masse des Balkans, J. Cvijić, distingue trois zones culturelles[77]. En Espagne, qui ne serait sensible au contraste vif de part et d'autre du parallèle de Tolède, où se trouve le vrai cœur mêlé de la Péninsule ? Au Nord est l'Espagne dure des petits paysans semi-indépendants et des nobles reclus dans leurs villes de province et, vers le Midi, la colonie d'exploitation, la seule Espagne qu'on veuille voir d'habitude, celle où le Chrétien a trouvé, avec une agriculture savante, de vastes propriétés organisées, une masse de fellahs laborieux, mille héritages et qu'il n'a point détruits.

Mais il est de plus grands spectacles, aux marges et au cœur de la Méditerranée. Une charnière essentielle du monde méditerranéen reste l'ancienne limite européenne de Rome, le Rhin et le Danube où la poussée catholique trouvera, au XVIe siècle, sa ligne forte : nouveau *limes* que les Jésuites réoccuperont avec leurs collèges et les coupoles de leurs églises à accolades. La rupture entre Rome et la Réforme s'est faite précisément au long de cette cicatrice ancienne. C'est ce qui confère, plus encore que les querelles d'États, son caractère « solennel » [78] à la frontière du Rhin. La France du XVIe siècle, comprise entre cette ligne avancée de Rome et la ligne des Pyrénées que touche à l'extrême la poussée protestante, la France déchirée entre les deux partis aura, une fois de plus, subi le destin de sa position géographique.

Mais la cicatrice la plus étonnante des pays méditerranéens, c'est, entre Orient et Occident, au-delà des barrières maritimes dont il a déjà été question, cette immuable barrière qui se glisse entre Zagreb et Belgrade, s'amorce sur l'Adriatique à Alessio (Ljes), à l'embouchure du Drin et à l'articulation des côtes dalmate et albanaise [79] et, par les anciennes villes de Naissus, Remesiana et Ratiara, va jusqu'au Danube [80]. Tout le bloc dinarique a été latinisé, depuis les plaines pannoniennes saisies par la partie occidentale de l'Empire et sur lesquelles débouchent les larges vallées du haut pays [81] jusqu'aux franges littorales et insulaires tournées vers l'Italie. « La dernière famille qui ait parlé un dialecte latin dans l'île de Veglia » (encore des îles !) s'est éteinte dans la première décennie du XXe siècle [82]. En Croatie, aujourd'hui encore, mêlé à beaucoup d'autres héritages, se perpétue un art de vivre qui reste à la mode d'Italie [83]. D'une très ancienne Italie, sans doute.

Un exemple de frontière secondaire : l'Ifriqya

Un exemple moins illustre, celui d'une sous-division culturelle, mérite de nous retenir. Car, ne l'oublions pas, les trois grandes civilisations méditerranéennes, Latinité, Islam, monde grec, sont en fait des groupements de sous-civilisations, des juxtapositions de maisons autonomes, encore que liées par un destin commun. En Afrique du Nord, pas de maison plus nettement délimitée que le vieux pays urbain de l'ancienne Africa, l'Ifriqya des Arabes, l'actuelle Tunisie.

La nature a préparé le logement. Au Nord et à l'Est, le bas-pays tunisien est bordé par la mer ; vers le Sud, assez largement ouvert sur le Sahara, il en prolonge les paysages d'armoise et d'alfa, il en accueille aussi les populations nomades, pastorales et désordonnées que les villes essaient d'apprivoiser, comme elles le peuvent. A l'Ouest l'encadrement physique est caractéristique : au-dessus des plaines sèches et chaudes de Tunisie, surgissent une série de reliefs hostiles et maussades[84], collines, hauts plateaux, chaînons, puis montagnes conduisent jusqu'à la Numidie de jadis, au froid Constantinois[85] d'aujourd'hui qui évoque, au gré des souvenirs, ou le centre de la Sicile, ou l'Andalousie montagneuse, ou la Sardaigne intérieure.

La charnière montagneuse, entre Tunisie et Moghreb central, se situe *grosso modo* au long d'une ligne partant du cap Takouch, passant par l'oued el Kebir, l'oued Cherif, Aïn Beida, le Djebel Tafrent et Guentia. Charles Monchicourt s'est plu à montrer les changements de part et d'autre de cette large articulation : ici, vers l'Ouest, les cigognes, les frênes, les ormeaux, les toits à grosses tuiles brunes sous un ciel à rudesses montagnardes ; là, vers l'Est, les toits en terrasses, les dômes blancs des *qoubbas*, annonce de cette fraternité qui lie les villes de Tunisie aux cités d'Orient, Le Caire ou Beyrouth. « Kairouan n'est qu'un vaste cube blanc..., antithèse de Constantine », celle-ci encore, par plus d'un aspect, gros village chaouia, aux maisons rustiques et ternes[86]. Ce que l'histoire montre, c'est que l'Ifriqya, jadis et hier, a toujours trouvé là son terme, sa frontière occidentale, un peu en deçà, un peu au-delà des obstacles qui tantôt arrêtent, tantôt laissent filtrer, mais gênent toujours les impérialismes de sa plaine heureuse et attirante [87].

Cet épais et rustique pays fait écran vers l'Ouest à la fine civilisation de Tunisie. Le marchand de Constantine [88] qui, au XVIᵉ siècle, descendait vers la Tunisie, trouvait, en même temps que les blanches maisons à terrasses et les villes sous le soleil, un pays riche, bien relié à l'Orient, commerçant régulièrement avec Alexandrie et Constantinople ; un pays relativement policé où le parler arabe régnait en maître dans les villes et les campagnes.

A la même époque, le Moghreb central, jusqu'à Tlemcen (ville marocaine et saharienne à la fois) est étonnamment inculte. Alger poussera dans un pays où la civilisation n'avait encore aucun levain, un pays neuf, peuplé de chameliers, de gardiens de moutons, de chevriers. Au contraire, le Levant a de vieilles traditions. Le roi de Tunis, Mouley Hacen, un des derniers Hafsides qui, détrôné par son fils, aveuglé par lui, vint se réfugier en Sicile et à Naples, en 1540, laissa à tous les gens qui l'abordèrent le souvenir d'un prince plein de distinction, ayant le goût des belles choses, amateur de parfums et de philosophie : un « averroïste », nous dit Bandello [89] son contemporain. Un prince philosophe ? Qu'on aille donc en chercher un dans le Moghreb central, même à Alger, ville de parvenus et de rustres... Il est certain que l'horreur que Tunis témoignera aux Turcs, installés chez elle à titre provisoire en 1534, puis en 1569, enfin, à titre définitif, à partir de 1574, est la révolte d'une vieille cité, pieuse et policée, contre les barbares.

Qu'en conclure, sinon que la première réalité d'une civilisation, c'est l'espace qui lui impose sa poussée végétale et, avec rigueur parfois, ses limites. Les civilisations sont des espaces, des zones et pas seulement dans le sens où le veulent les ethnographes quand ils parlent d'une zone de la hache bipenne ou de la flèche empennée ; des espaces qui contraignent l'homme, et sans fin sont travaillés par lui. En vérité, l'exemple de la « Tunisie », est-ce autre chose que l'opposition d'un complexe de plaines à un complexe montagnard de signe opposé ?

Lenteur des échanges et des transferts

La force de résistance de civilisations attachées au sol explique l'exceptionnelle lenteur de certains mouvements. Elles ne se transforment qu'après de longs délais, des cheminements insensibles, malgré d'apparentes cassures. Des lumières leur arrivent d'astres lointains et avec des relais, des pauses d'une invraisemblable durée. Ainsi de la Chine à la Méditerranée et de la Méditerranée à la Chine, ou de l'Inde et de la Perse vers la mer Intérieure.

Qui dira le temps qu'il fallut aux chiffres indiens, dits arabes, pour venir de leur patrie d'origine en Méditerranée Occidentale, par la Syrie et les relais du monde arabe, Afrique du Nord ou Espagne [90] ? qui dira le temps qu'il leur fallut ensuite pour triompher des chiffres romains jugés plus difficiles à falsifier ? En 1299, l'*Arte di Calimala* les interdisait à Florence ; en 1520 encore, les « nouveaux chiffres » étaient interdits à Fribourg ; ils n'entrèrent en usage à Anvers qu'avec la fin du XVIe siècle [91]. Qui dira le voyage des apologues, issus des Indes ou de la Perse, repris par la fable grecque et la fable latine où puisera La Fontaine — et qui fleurissent aujourd'hui encore, d'un printemps sans répit, dans la Mauritanie atlantique ? Qui dira le temps, les siècles nécessaires pour que la cloche, de chinoise devienne chrétienne, au VIIe siècle, et se loge en haut des Églises [92] ? A en croire certains, il aurait fallu attendre que les clochers eux-mêmes passent d'Asie Mineure en Occident. Le cheminement du papier n'est pas moins long. Inventé en Chine en 105 après J.-C. sous la forme d'un papier végétal [93], le secret de sa fabrication aurait été révélé à Samarkand, en 751, par des Chinois faits prisonniers. Après quoi, les Arabes auraient substitué les chiffons aux plantes et le papier de chiffons aurait commencé sa carrière à Bagdad dès 794 [94]. De là, il aurait gagné lentement le reste du monde

musulman. Au XIᵉ siècle, sa présence était signalée en
Arabie [95] et en Espagne, mais la première fabrique de
Xativa (aujourd'hui San Felipe à Valence) ne serait pas
antérieure au milieu du XIIᵉ siècle [96]. Au XIᵉ, il était
connu en Grèce [97] et, vers 1350, il supplantait le
parchemin en Occident [98].

J'ai déjà signalé, d'après G. I. Bratianu [99], que les
brusques transformations du costume, en France, vers
1340, la substitution à la robe flottante des croisades
du pourpoint court et serré des hommes, complété par
des chausses collantes et les pointes allongées des
poulaines, toutes nouveautés venues de Catalogne avec
la barbiche et la moustache à l'espagnole du Trecento,
sont issues en réalité de bien plus loin encore : de
l'Orient que fréquentaient les Catalans et, par l'Orient
des Bulgares, voire des Sibériens ; cependant que les
costumes féminins, notamment l'atour à cornes, proviennent de la cour des Lusignan de Chypre, mais, par-
delà, à travers l'espace et le temps, de la Chine des
T'ang...

Le temps : il en a fallu d'invraisemblables quantités
pour que de tels voyages s'accomplissent et qu'ensuite
les nouveautés s'implantent, poussent racines et tiges...
Les vieilles souches restent par contre étonnamment
solides et résistantes. Lorsque E.-F. Gautier, contre les
spécialistes [100], soutient qu'en Afrique du Nord et en
Espagne, l'Islam a retrouvé les bases puniques anciennes
et que cette première civilisation a préparé le terrain à
la poussée musulmane — il reste, à mon sens, dans les
limites autorisées de l'hypothèse. N'y-a-t-il pas partout
d'anciennes survivances, d'anciennes résurgences culturelles, en Méditerranée et autour de la Méditerranée ?
Au rayonnement ancien des métropoles religieuses de
la première chrétienté, à Alexandrie ou à Antioche,
correspondent encore au XVIᵉ siècle, les chrétientés
d'Abyssinie et celles des Nestoriens... En Afrique du
Nord, à Gafsa, le latin d'Afrique est encore parlé au
XIIᵉ siècle, d'après Edrisi. C'est seulement en 1159, avec
la persécution d'Abdalmu'min, que disparaissent les
dernières Chrétientés autochtones d'Afrique du Nord [101].

En 1159, c'est-à-dire avec quatre ou cinq siècles de retard sur la conquête musulmane. Mais en cette même Afrique du Nord, Ibn Khaldoun signalait encore des « idolâtres » au XIVᵉ siècle [102]. Et l'enquête ethnographique, menée par Jean Servier en Kabylie (1962) dans la vallée de la Soummam et ailleurs, met aussitôt en cause, à un millénaire de distance, la tardive arrivée de l'Islam apporté là « non par la chevauchée guerrière d'Oqba mais, près de deux siècles plus tard, au IXᵉ siècle, par les Fatimites Chiites établis à Bougie, un Islam spiritualisé par l'Iran, enrichi de courants initiatiques et qui devait nécessairement rencontrer le symbolisme mystique des traditions populaires » [103]. Plus encore, ce livre *actuel*, d'une puissante réalité concrète, s'ouvre sur l'immense perspective de ces traditions populaires, sur cette religion de base, en place depuis des siècles et toujours vivante. Pas de prêtres : chaque chef de famille, « chaque maîtresse de maison » a « le pouvoir d'accomplir les rites... qui affermissent sur terre le groupe humain dont ils ont la charge » [104]. Avant tout : une religion des morts, des saints protecteurs ; « Saint Augustin s'exclamant : ''Notre Afrique n'est-elle pas toute semée des corps des Saints Martyrs ?'', reconnaissait déjà l'existence de ces tombeaux blancs, immuables gardiens des cols et des montagnes et qui plus tard devaient devenir les Saints reconnus de l'Islam magrébin » [105].

Ainsi de l'observatoire des civilisations, la vue porte, doit porter très au loin, au bout de la nuit de l'histoire, et même au-delà. Faut-il avouer qu'un historien du XVIᵉ siècle considère que la nouvelle revue de protohistoire, *Chthonia* [106] — préoccupée, entre autres tâches, par l'étude des lointains substrats méditerranéens alpins et nordiques, et attentive à signaler d'archaïques résurgences dans le culte des morts — intéresse son époque ? La civilisation c'est aussi un lointain, un très lointain passé obstiné à vivre, à s'imposer et qui compte pour l'habitat et les pratiques agraires des hommes autant que le relief, le sol en place, le ravitaillement en eau, ou le climat — choses évidemment importantes. C'est ce qu'établit l'admirable livre d'un géographe sur la Provence. Pour Robert Livet, que passionne « une génétique géographique » où l'histoire a sa place primordiale, l'habitat haut perché de Provence si caractéristique — que les grandes explications et notamment la théorie du site défensif expliquent de façon dérisoire — se rattache sans doute à une *civilisation du rocher* (ainsi la baptise-t-il, au passage) dont les assises et les traditions remonteraient « aux vieilles civilisations méditerranéennes qui ont précédé l'installation romaine ». Elle sommeillerait au temps de Rome, se réveillerait ensuite et serait vivante à l'aube du XVIᵉ siècle où tant de remuements affectent le peuplement provençal [107]. Nous voilà loin du XVIᵉ siècle, non pas hors de sa réalité.

Comment conclure ? Négativement sans doute, en nous interdisant de répéter, après tant d'autres et à tout propos que « les civilisations sont mortelles ». Elles le sont dans leurs fleurs, dans leurs créations momentanées, les plus compliquées, dans leurs victoires économiques, dans leurs épreuves sociales, à court terme. Mais les soubassements demeurent. Ils ne sont point indestructibles ; du moins sont-ils mille fois plus solides qu'on ne le croit. Ils ont résisté à mille morts supposées. Ils maintiennent leurs masses immobiles sous le passage monotone des siècles.

2. Recouvrements de civilisations

Si l'on veut revenir à une histoire relativement courte, précipitée, et cependant importante, mieux à la dimension de l'homme, il n'y a pas de meilleur rendez-vous que les conflits violents de civilisation à civilisation voisine, de la victorieuse (ou qui se croit telle) à la subjuguée (qui rêve de ne plus l'être). Ils n'ont pas manqué dans la Méditerranée du XVIᵉ siècle : l'Islam, en la personne de ses mandataires, les Turcs, a saisi les Chrétientés des Balkans. A l'Ouest, l'Espagne des Rois Catholiques s'est emparé, avec Grenade, du dernier réduit de l'Islam ibérique. Que vont faire de ces conquêtes les uns et les autres ?

A l'Est, les Turcs tiendront souvent les Balkans avec quelques hommes, comme les Anglais, hier, tenaient les Indes. A l'Ouest, les Espagnols écraseront leurs sujets musulmans sans pitié. En cela, les uns et les autres obéissent plus qu'il n'y paraît aux impératifs de leurs civilisations : l'une, la chrétienne, trop peuplée ; l'autre, la turque, pas assez pourvue d'hommes.

Les Turcs dans les plaines de l'Est balkanique

L'Islam turc recouvre, dans les Balkans, l'aire occupée directement ou indirectement par la civilisation byzantine. Au Nord, il maîtrise le Danube ; à l'Ouest, il touche d'un côté les confins latins, à Raguse, en Dalmatie, ou autour de Zagreb en Croatie ; de l'autre, il s'étend sur de vastes cantons montagneux de civilisation patriarcale, pour reprendre une des expressions de J. Cvijić. Étalée largement dans l'espace, appelée à durer un demi-millénaire, peut-on rêver plus ample, plus riche expérience *coloniale* ?

Par malheur, le passé turc reste encore insuffisamment connu. Les historiens ou géographes balkaniques, pour en juger, ne se laissent pas toujours guider par des préoccupations purement scientifiques. Même un J. Cvijić. Et si les histoires générales de Hammer et de Zinkeisen sont démodées, celle de N. Iorga est confuse. D'autre part, une défaveur gratuite est jetée sur les siècles turcs, comme hier, en Espagne, sur les siècles de domination musulmane. Voilà qui ne nous aide guère à voir clair dans un monde (car c'est un monde) qui, pour le moins, nous dépayse.

Impossible, cependant, de sous-estimer la puissance de l'expérience turque, d'ignorer ce qu'elle a introduit dans l'ensemble balkanique, comblé par elle de biens de toutes provenances [108]. Cette allure, ces couleurs d'Asie, si nettes à travers le Balkan, c'est à l'Islam turc qu'elles sont dues. Il a propagé les biens qu'il recevait lui-même du lointain Orient. Par lui, villes et campagnes ont été profondément orientalisées. Il n'est pas sans importance qu'à Raguse, île catholique (et l'on sait de quel ardent catholicisme), les femmes,

33. — I. Morisques et Chrétiens à Valence en 1609

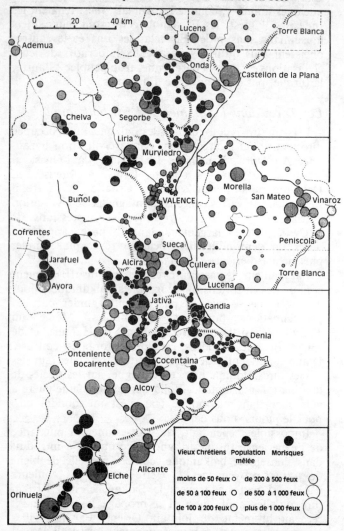

D'après T. Halperin Donghi, « Les Morisques du royaume de
Valence », *in* : *Annales E.S.C.*, avril-juin 1956.
   La carte 33 est la continuation de la description du pays Valencien
vers le Nord. Le gros intérêt de cette carte exceptionnelle est de montrer

34. — II. L'évolution de la population à Valence de 1565 à 1609

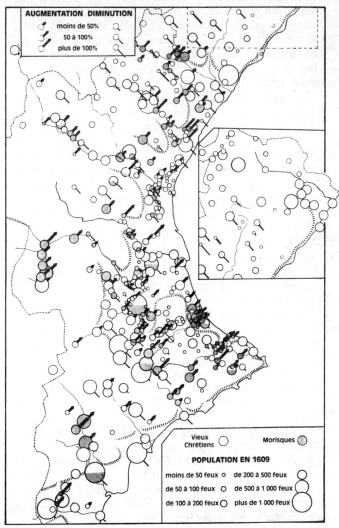

l'extraordinaire mélange des deux populations. Tout cela dans un essor presque général de la population, ainsi que le montre la carte suivante, sur l'évolution de la population, de 1565 à 1609.

au XVIᵉ siècle, soient encore voilées et séquestrées, que le fiancé ne voie pas sa fiancée avant le mariage [109]. Les voyageurs occidentaux qui débarquaient sur l'étroit promontoire le sentaient aussitôt : là commençait un autre monde. Mais le Turc qui mettait le pied dans les Balkans n'avait-il pas, lui aussi, la même impression ?

En fait, étudiant l'action des Turcs, il faut distinguer deux zones dans les Balkans. La première concerne un Occident slave, barré de montagnes, et un midi grec également montagneux ; leur occupation effective reste clairsemée. Dans les pays dinariques, on a pu soutenir (et le fait ne semble pas inexact) que les Musulmans eux-mêmes n'étaient pas des Turcs de sang turc, mais des slaves islamisés [110]. Bref, tout ce bloc occidental des Balkans ne semble pas avoir été fortement remanié par la civilisation islamique. On ne s'en étonnera pas puisqu'il s'agit d'un bloc montagneux, peu accessible aux invasions « civilisatrices », d'où qu'elles viennent. Quant à son islamisation religieuse, on sait ce qu'il faut penser de certaines « conversions » montagnardes [111].

Au contraire, à l'Est, dans les larges plaines de Thrace, de Roumélie et de Bulgarie, les Turcs ont installé beaucoup d'hommes et étalé en couches épaisses leur propre civilisation. Ces pays, du Danube à l'Égée, sont des régions ouvertes, au Nord comme au Sud, par où, dans les deux sens, les envahisseurs n'auront pas cessé de déferler. Si l'effort turc peut être jugé — comme réussite ou comme échec — c'est dans ces terres qu'il a, autant que possible, faites siennes.

Il y a trouvé une masse devenue homogène, bien que fabriquée avec des groupes ethniques d'origines diverses. Les derniers envahisseurs, Bulgares, Petchénègues et Koumans, venus du Nord, y avaient rejoint des Thraces, Slaves, Grecs, Aromounes, Arméniens, plus anciennement établis. Mais tous ces éléments s'étaient assez bien fondus, le passage à la religion orthodoxe ayant été souvent l'étape décisive de l'assimilation, pour les nouveaux venus : on ne s'en étonnera pas, dans cette zone où Byzance, elle aussi, a si fortement rayonné. Tout cet espace n'est que grandes plaines soumises aux servitudes des grandes plaines. Seuls les massifs du Rhodope et la chaîne des Balkans, surtout la Srednja Gora, y préservent des îlots de vie montagnarde indépendante, celle des *Balkandjis*, aujourd'hui encore peuple de migrants et de voyageurs, l'un des plus originaux de Bulgarie [112].

A l'abri de ces reliefs, dans les pays de Kustendil et de Kratovo, certains seigneurs bulgares se sont réfugiés au moment de la conquête turque, pour échapper à l'esclavage de leurs congénères des plaines, finissant d'ailleurs par obtenir, contre tribut, de conserver leurs anciens privilèges [113]. Exception minuscule à la règle générale : car la conquête turque asservit les pays d'en bas, détruit ce qui pouvait sauvegarder une communauté bulgare, tuant ou déportant en Asie les nobles, incendiant les églises, presque aussitôt enfonçant dans la chair même de ce peuple paysan le système du *Sipahinik*, de sa noblesse de service, tôt transformée en aristocratie foncière... Celle-ci vécut à l'aise sur le dos de cet animal patient et laborieux, apte à tout supporter qu'est le paysan bulgare, le type même de l'homme des plaines, esclave des grands, discipliné, abruti de travail, préoccupé de mangeaille, tel que ses compatriotes nous décrivent Baja Ganje, le Jacques Bonhomme bulgare. Aleko Konstantinov lui prête la qualité d'être grossier et « brutal jusqu'à la moelle ». « Les Bulgares, dit-il, mangent voracement, ne s'occupent que de ce qu'ils absorbent. Ils ne se dérangeraient pas quand trois cents chiens s'entretueraient à leurs côtés. La sueur qui leur perle du front menace de tomber dans leurs assiettes. » [114] En 1917, un correspondant de guerre en faisait un portrait guère plus flatteur : « Ce sont d'excellents soldats, disciplinés, très braves, mais sans témérité, obstinés, mais sans enthousiasme. C'est la seule armée qui ne sache pas de chansons de route. Les hommes avancent, têtus, silencieux, durs à la peine, indifférents, cruels sans violence et vainqueurs sans joie ; ils ne chantent pas. Dans leur structure générale, dans leur façon de se tenir, on remarque tout de suite je ne sais quoi d'épais, de gourd, de mal raboté. Ce sont des hommes inachevés. Ils n'ont pas l'air pour ainsi dire d'avoir été faits individuellement, mais à la grosse, par bataillons. Lents à comprendre, ils sont laborieux, patients dans l'effort, âpres au gain, très économes [115]... »

On pourrait multiplier ces citations tendancieuses et ajouter à ces croquis injustes, en allant chez les peuples des montagnes de l'Ouest quêter des bons mots sur le paysan d'en bas. Car à l'Ouest, on daube sur lui : mépris du guerrier libre pour ce lourd paysan, habillé de gros drap épais, les pieds bien enfoncés dans sa terre et de tout temps habitué au coude à coude. Un homme à qui ont toujours été interdits l'individualisme, la fantaisie, le goût de la vie libre... Au Nord, la plaine roumaine serait tombée dans la même servitude s'il n'y avait eu, pour la préserver du Turc, son éloignement et pour la tenir en alerte, les raids des nomades tartares ; et surtout, pour faire lever la pâte, le levain de l'émigration des vastes montagnes carpathiques et transylvaines...

Il est certain qu'en pays bulgare, la conquête turque n'a même pas eu à courber ces paysans, asservis déjà, prêts à obéir. Et à continuer leur labeur. Car ils le continuent : les voyageurs des XVIᵉ et XVIIᵉ siècles décrivent les pays bulgares comme de riches pays [116]. Paolo Giorgiu, en 1595, affirme que c'est le grenier à blé de la Turquie [117]. Cependant les ravages des bandits, plus cruels ici qu'ailleurs, les exactions des seigneurs et de l'État, et, non pas certes la fainéantise, mais la pauvreté du paysan, son outillage rudimentaire (il laboure avec la petite charrue de bois, le *rolo*), laissent entre les cultures de larges déserts. Ce n'est que dans les grandes exploitations que de grosses charrues sont en service. Sur ces terres, selon les cas, un élevage extensif ou des cultures de blé tendre et de blé dur. Le riz, arrivé

avec les Turcs au XVᵉ siècle, a réussi dans les
territoires de Philippopoli et de Tatar Pazardzik,
plus modestement dans le canton de Caribrod. La
production bulgare au XVIᵉ siècle est évaluée à 3 000
tonnes environ. Le sésame, introduit dans la plaine
de la Maritza et le coton dans les régions d'Andrinople,
de Kustendil et en Macédoine, autour de Sérès, sont
des apports turcs du XVIᵉ siècle [118]. A cette variété de
cultures, s'ajoutent quelque peu de mauvais vin, des
légumes au voisinage des villes [119], du chanvre, des
roses, des vergers autour d'Uskub... Enfin deux autres
cultures nouvelles : le tabac et le maïs, sont sur le
point de faire leur apparition — laquelle ne peut se
dater avec précision.

La plupart de ces cultures s'encadrent dans de larges
exploitations. Organisées à la turque (en *tschiftliks*, la
plus dure à l'homme des formes rurales balkaniques),
elles sont liées à la déformation de la grande propriété
turque. Il s'ensuivit, pour la population rurale, certaines
vicissitudes et des déplacements vers les bas-fonds des
plaines, déplacements qui seront annulés quand, au XIXᵉ
siècle, cette grande propriété relâchera sa prise [120].
Surtout, il s'en est suivi une domination absolue du
Turc, appuyé sur une administration que la proximité
de la capitale rendait plus ferme encore.

A côté de cette société rurale enracinée, fortement
tenue, il semble que quelques groupes — Valaques et
« Arbanassi » entre autres — qui, sur les terres incultes,
mènent une vie pastorale et agricole semi-nomade, dans
des villages provisoires aux constructions légères, fort
différentes des villages fixes des Slaves [121] — il semblerait
que ces groupes jouissent d'une certaine indépendance.
Mais, très souvent, l'Asie les rejoint sous forme de
nomades qui se mêlent à eux ou les côtoient. Le cas le
plus clair est celui des Youroukes qui, franchissant les
détroits, viennent périodiquement occuper les larges et
puissants pâturages du Rhodope : ils ont gagné à l'Islam
ces étranges Pomaques, pauvres Bulgares islamisés qu'a
roulés dans son flot le grand courant du nomadisme
asiatique...

L'Asie semble ainsi n'avoir presque rien épargné du pays bulgare, avoir posé partout le pied lourd de ses hommes, de ses chameaux, submergeant (avec l'aide de quelques complices, les usuriers surtout, les *corbazi* de sinistre réputation, dénonciateurs à l'occasion) un peuple qui, par son sang, ses origines, sa terre elle-même, était plus mal défendu qu'un autre.

Aujourd'hui encore, en Bulgarie, l'imprégnation d'une civilisation exotique, aux parfums puissants, reste visible. Aujourd'hui encore, ses villes redisent quelle a été cette macération : villes d'Orient, aux longues ruelles bordées de murs aveugles, avec leur inévitable bazar aux boutiques étroites, fermées par des volets de bois : sur le volet rabattu, le marchand accroupi attend ses clients, près de son *mangal*, le brasero indispensable en ces pays battus par les grands vents de neige du Nord et de l'Est... Dans ces échoppes, au XVIᵉ siècle, un peuple de petits artisans travaillait pour les caravanes, maréchaux-ferrants, menuisiers, fabricants de bâts, selliers. En avant des portes, autour des fontaines sous les peupliers, chameaux et chevaux faisaient halte, aux jours de foire, dans le bariolage des costumes, des marchandises et des hommes : Turcs, seigneurs de *tschiftliks* revenus un instant sur leurs terres, Grecs du Phanar en route vers les pays danubiens, épiciers ou caravaniers aromounes, maquignons tziganes en qui nul ne peut avoir confiance...

Vivre, pour le peuple bulgare, c'était se soumettre à ces invasions. Et pourtant, le Bulgare a conservé l'essentiel, puisqu'il est resté lui-même. Quels que soient ses emprunts pendant cette longue cohabitation, il ne s'est point dissous dans la masse turque et il a sauvegardé ce qui le préservait de cette dissolution : sa religion et sa langue, gages de résurrection future. Accroché à son sol, il s'est obstiné à le garder, étant resté sur les meilleures régions de sa terre noire. Quand le paysan turc s'est installé près de lui, venant d'Asie Mineure, il a été obligé de se contenter des pentes boisées ou des parties marécageuses, bordées de saules, au fond des bassins, du seul sol que le *raïa* laissait inoccupé [122]. Le

Turc supprimé, le Bulgare ne s'est-il pas retrouvé bulgare, le même paysan qui, cinq siècles auparavant, parlait la même langue, priait dans les mêmes églises, cultivait les mêmes terres, sous le même ciel ?

L'Islam morisque

A l'autre bout de la Méditerranée les Espagnols sont eux aussi aux prises avec un peuple inassimilable et prennent la chose au tragique. En profondeur peu de problèmes ont travaillé, autant que celui-là, la Péninsule.

Son nom l'indique : le problème morisque est un conflit de religions, autrement dit, au sens fort, un conflit de civilisations, difficile à résoudre, appelé à durer. Par Morisques, on entend les descendants des Musulmans d'Espagne convertis au christianisme, en 1501 dans les pays de Castille, en 1526 dans ceux de la couronne d'Aragon. Tour à tour malmenés, endoctrinés, favorisés, redoutés toujours, ils seront finalement chassés au cours des grandes expulsions des années 1609-1614.

Étudier le problème revient à mettre au clair, au-delà de la prise de Grenade en 1492, la longue survie, ou mieux le lent naufrage de l'Islam ibérique. De ce naufrage, beaucoup de choses surnageront, même au-delà de la date fatidique de 1609 [123].

Des problèmes morisques

Il y a non pas un, mais des problèmes morisques, autant que de sociétés et de civilisations en voie de perdition, aucune de celles-ci ne se trouvant au même point d'usure et de décadence : la chronologie de la Reconquête et de la conversion l'explique à l'avance.

L'Espagne musulmane, au temps de sa plus grande extension, n'a tenu sous sa coupe qu'une partie de la Péninsule : les côtes méditerranéennes, l'Andalousie, la vallée du Tage, la vallée de l'Èbre, le Sud et le centre du Portugal. Elle a négligé les régions pauvres de Vieille Castille et n'a touché, du moins de façon durable, ni aux Pyrénées ni, vers l'Ouest, à leurs prolongements cantabriques. Longtemps la Reconquête se sera développée dans le quasi-désert de Vieille Castille où le Chrétien, pour planter ses villes vigilantes et guerrières, a dû amener tout et tout construire. Ce n'est guère avant le XIᵉ siècle que, victorieux, il commence à mordre sur la partie vivante de l'Islam ibérique : la prise de Tolède (1085) lui ouvre ce monde convoité. Encore Tolède n'est-elle, pour l'Islam, qu'une avant-garde au cœur continental de la Péninsule.

C'est avec lenteur que les royaumes chrétiens prirent possession des vallées peuplées d'Aragon, de Valence, de Murcie, d'Andalousie. Saragosse est emportée en 1118, Cordoue en 1236, Valence en 1238, Séville en 1248, Grenade en 1492 seulement. Des siècles séparent les étapes successives de la Reconquête.

Celle-ci, avant 1085, a donc installé dans le vide ses populations chrétiennes, tandis qu'après cette date, elle s'incorpore des terres peuplées de fellahs, musulmans ou chrétiens, et de citadins plus ou moins islamisés. Le passage se fit alors d'une colonisation de peuplement à une colonisation d'exploitation et, tout de suite, se posa, avec ses mille variantes, le problème des complexes rapports entre vainqueurs et vaincus et, au-delà, entre civilisations opposées.

Le débat n'ayant pas commencé au même instant dans les diverses parties de cette Espagne musulmane reprise par le Chrétien, les problèmes au XVIᵉ siècle n'y sont pas d'une seule et même coulée. C'est donc une série de cas divers qu'offre l'Espagne. Cas inséparables d'ailleurs les uns des autres et qui s'éclairent à être rapprochés.

Leurs différences sont autant d'explications. Ainsi les Maures de Grenade furent convertis en 1499 sur ordre gouvernemental. Le cardinal Cisneros s'y résolut contre l'avis des autorités locales, rompant la promesse des Rois Catholiques qui, en 1492, lors de la capitulation de la ville, lui avaient assuré sa liberté religieuse. L'acte, préparé avec la complicité de quelques convertis, fut précédé et accompagné par de larges manifestations, y compris l'autodafé de nombreux Corans et manuscrits arabes... Le résultat fut le soulèvement de l'Albaicin, la ville indigène de Grenade, puis une révolte, longue à mater, dans la Sierra Vermeja. En 1502, cette révolte éteinte non sans peine, les Maures durent se convertir ou s'exiler. Nul doute, malgré plaidoyers et récits officiels, que les Rois Catholiques, qui se sont dits surpris, n'aient été d'accord avec l'archevêque de Tolède : sa responsabilité est leur responsabilité [124].

Les conversions forcées commençaient en Espagne. La mesure prise à Grenade fut appliquée à toute la Castille. Mais remarquons-le, elle n'avait point le même sens s'adressant aux Grenadins, conquis de la veille, ou aux quelques Maures de Castille, aux *Mudejares*, qui, depuis fort longtemps, vivaient au milieu des Chrétiens et avaient jusque-là exercé librement leur culte.

Dans les pays d'Aragon (Aragon, Catalogne et Valence), ce fut bien autre chose encore. La conversion fut plus tardive et tout aussi bâclée, mais n'y fut pas ordonnée par l'État. Ce sont les Vieux Chrétiens, parmi lesquels les Maures se trouvaient disséminés, qui, au cours de la crise des *Germanias* en 1525-1526, baptisèrent de force, par masses, leurs compatriotes musulmans. Ces baptêmes forcés étaient-ils valables ou non ? On en discuta et jusqu'à Rome où, notons-le, les solutions de compromis ont eu bien plus souvent qu'en Espagne des partisans [125]. En 1526, Charles Quint, sollicité de donner son avis, se décida en faveur de la conversion, à la fois pour suivre l'exemple de Grenade et pour rendre grâces à Dieu de sa victoire de Pavie [126]. Mais son rôle ici avait été mince. Il est certain que Grenade et Valence, ces deux versants de l'Espagne (ici l'aragonaise, là la castillane), ne sont pas devenues « chrétiennes » (et comme on dira par la suite : morisques) dans les mêmes conditions. Et ceci distingue au moins deux zones de problèmes morisques.

Une géographie de l'Espagne morisque

En y regardant d'un peu près, il est d'autres distinctions et d'autres zones, selon que les Morisques y sont plus ou moins nombreux, plus ou moins encadrés et

depuis plus ou moins longtemps engagés dans la civilisation des vainqueurs. En Biscaye, en Navarre, dans les
Asturies, le Morisque n'est pas un personnage inconnu :
artisan ou marchand ambulant, voire revendeur de
poudre d'arquebuse [127], il n'est certes pas en nombre,
bien que la vallée navarraise de l'Èbre fasse exception
avec ses descendants de *Moros*. En Castille, leur nombre
est plus important et semble augmenter à mesure que
l'on va vers le Sud. Chaque ville a les siens [128]. A la fin
du XVe siècle, un voyageur, le Docteur Hieronymus
Münzer, note qu'à Madrid, une ville qui n'est « pas
plus grande que Biberach », il y a deux *morerias*, deux
ghettos musulmans [129]. La proportion est plus grande à
Tolède et, au-delà de Tolède, dans l'Andalousie grouil-
lante de Morisques, paysans ou prolétaires au service
des grandes villes. Dans l'Aragon proprement dit, ils
sont, comme artisans, logés dans les agglomérations
urbaines (à Saragosse ils travaillent le cuir, fabriquent
des armes et de la poudre [130]) et, plus nombreux encore,
dans le haut pays [131] entre l'Èbre et les Pyrénées, ils
forment d'actives communautés agricoles et pastorales [132]. Quelques grands seigneurs détiennent, dans leurs
lugares de moriscos, la plus grande partie de ceux qui
sont restés au travail de la terre : tel le comte de Fuentes
à Exca, l'une des régions les plus houleuses de l'Aragon
morisque, ou le comte d'Aranda à Almonezil, ou le
duc d'Aranda à Torellas [133]...

En Catalogne, par contre, peu ou pas de Morisques,
voire aucune trace d'Ibérie musulmane. La vieille Catalogne a vécu en marge de l'Islam qui n'a touché ses
territoires que vers le Sud, à la hauteur de Tarragone
et de l'Èbre. Et en 1516, elle a expulsé les Morisques
qui se trouvaient à Tortosa [134]. C'est miracle si, de-ci
de-là, l'Inquisition de Barcelone est appelée à juger l'un
d'entre eux [135].

Plus vers le Sud, la terre valencienne est un domaine
colonial typique, pris en charge au XIIIe siècle par les
seigneurs d'Aragon et les marchands catalans, et depuis
lors travaillé par mille mouvements, mille immigrations
successives. Henri Lapeyre [136] voit la situation de Valence

au travers de l'exemple de l'Algérie, avant mars 1962.
Les proportions ne sont pas les mêmes, mais les deux
populations sont imbriquées l'une dans l'autre comme
le montrent les cartes décisives de Tulio Halperin
Donghi [137]. Les traits généraux de la répartition géographique sont en gros assez clairs : les villes sont
essentiellement chrétiennes, les Morisques en occupent
faiblement les faubourgs ; les régions de *regadío*, d'irri-
gation, sont surtout chrétiennes, sauf autour de Jativa
et de Gandía ; les régions de *secano*, sauf quelques
massifs, relèvent par contre des Morisques. A eux les
mauvaises terres du haut pays. « Il n'est donc pas
étonnant que les deux principales rébellions se soient
produites en pays de montagne, en 1526 dans la Sierra
de Espadán, en 1609 dans la région de Mucla de Cortes
sur la rive droite du Júcar et dans le val de Laguar, au
Sud de Gandía [138]... »

En 1609, les Morisques représentent à peu près le
tiers de la population valencienne totale, 31 715 feux
contre 65 016 aux « vieux » Chrétiens [139], mais ceux-ci
ont des positions dominantes et ils tiennent entièrement
Valence et sa fertile *huerta*.

Tout cela est évidemment le fruit des siècles antérieurs,
d'une longue évolution. La société vaincue, toujours
vivante, mais réduite à la portion congrue, s'y présente
comme une étoffe usée, souvent déchirée. Pas d'aristocratie, pas d'élite musulmane, en fait, au-dessus de la
masse prolétarienne des vaincus ; et donc pas de résistance à l'occasion savamment orchestrée. Partout, à la
ville, aux champs, le Morisque est tenu par la société
victorieuse. Les défenseurs des fellahs sont leurs seigneurs eux-mêmes [140]. Ils soutiennent les *moriscos*
comme plus tard aux États-Unis, les colons sudistes,
leurs esclaves. Mais à côté d'eux, fruit de plusieurs
siècles de victoire chrétienne, un prolétariat de Vieux
Chrétiens est en place, fanatique et dur, rural autant
qu'urbain, et qui évoque assez bien, si l'on veut
continuer la comparaison, les pauvres Blancs du Sud
des États-Unis.

Ce qu'a dû être Valence au XIIIe siècle, Grenade

l'évoque au XVIᵉ siècle. Grenade où la victoire chrétienne est toute récente, acquise au détriment d'un pays riche, trahi plus encore par son manque d'artillerie que par ses évidentes faiblesses intestines[141]. La société musulmane n'y est pas inaltérée — il s'en faut que la conquête n'ait pas entraîné des ravages immédiats — mais elle est encore reconnaissable, dans un pays dominé et discipliné par l'homme, cultivé jusqu'à ses plus hautes terrasses, riche de *Vegas* d'une étonnante fertilité, oasis tropicales au milieu de terres déjà semi-africaines. Des seigneurs chrétiens se sont installés dans les terres riches, tel ce Juan Enríquez[142], défenseur des Morisques, en 1568, qui a ses biens dans la plaine de Grenade. Partout ont emménagé des fonctionnaires et des ecclésiastiques, les uns et les autres plus ou moins honnêtes, souvent prévaricateurs et jouissant sans vergogne de leurs avantages. Tout ce que l'on a pu dire du « colonialisme », en n'importe quel pays, à n'importe quelle époque, est étrangement vrai dans le royaume reconquis de Grenade. A ce sujet, les documents officiels eux-mêmes parlent un langage clair. Ainsi le licencié Hurtado[143], enquêtant dans l'Alpujarra au printemps 1561, trouve quelque mérite à la *gente morisca*, si paisible, alors que depuis vingt ans, il n'y a eu dans la province aucune justice véritable, mais seulement malversations, délits, méfaits, vols sans nombre à ses dépens. Si les vrais coupables, qu'il faut prendre à la gorge, répètent à l'envi que les Morisques sont dangereux, qu'ils entassent des vivres, de la farine, du blé, des armes, dans l'intention, un beau jour de se soulever, c'est uniquement pour excuser leur inexcusable conduite, continue l'enquêteur.

S'est-il laissé abuser ? Quand Grenade se soulève à la Noël 1568, l'ambassadeur de Philippe II en France, Francés de Alava, éprouve le besoin, comme pour décharger sa conscience, de faire des révélations du même ordre. En octobre 1569, il écrit longuement au secrétaire Çayas[144] et lui précise, dès les premières lignes, qu'il a, au cours des douze dernières années, été sept ou huit fois à Grenade, qu'il en connaît les autorités responsables, civiles, militaires et religieuses. Alors

quelles raisons aurions-nous de ne pas le croire ? Quelles
raisons aurait-il de courir au secours de pauvres diables
dont il se trouve, à l'époque, fort éloigné — quelles
raisons, sinon celle de faire connaître la vérité ?

Les Morisques sont en révolte, dit-il, mais ce sont les
Vieux Chrétiens qui les poussent au désespoir, par leur
arrogance, leurs larcins, l'insolence avec laquelle ils
s'emparent de leurs femmes. Les prêtres eux-mêmes ne
procèdent pas autrement et voilà une anecdote précise :
tout un village morisque ayant protesté à l'Archevêché
contre son pasteur, on s'était enquis du motif de
la plainte. Qu'on nous l'enlève, s'étaient écriés les
administrés... Ou alors « qu'on le marie, car tous nos
enfants naissent avec des yeux aussi bleus que les
siens ». L'ambassadeur ne se contente pas de cette bonne
histoire qu'il rapporte comme strictement véridique et
d'ailleurs point bonne du tout. Désolé, furieux, il a
enquêté lui-même. Il a pu constater les malversations
des petits fonctionnaires, même de ceux qui, morisques
d'origine, n'en exploitaient pas moins, aussi bien que
les autres, leurs administrés. Il est entré, en des jours
de fête dans des églises, pour constater combien on s'y
souciait peu de respecter et de rendre respectable la
dignité du culte. Il a vu, au moment de la consécration,
entre l'hostie et le calice, un prêtre se retourner pour
épier si tout son monde indigène, hommes et femmes,
étaient bien à genoux comme il convenait et hurler des
ignominies à l'égard de ses ouailles — chose si « contraire au service de Dieu », note Don Francés, *que me
temblavan las carnes*, « que j'en frissonnais dans tout
mon corps ».

Rapines, vols, injustices, meurtres, condamnations
massives et abusives : on pourrait sans peine instruire le
procès de l'Espagne chrétienne. Mais est-elle seulement
consciente de ce qui s'accomplit, souvent obscurément,
en son nom, ou soi-disant en son nom, dans ce Midi
trop riche où chacun arrive en quête de quelque gain,
bénéfice, terre, emploi ; où Flamands et Français ne
dédaignent même pas de venir s'installer comme artisans, ainsi que le signale à Grenade, en 1572[145], un

document inquisitorial ? Il y a là une physique de
l'histoire, une loi inexorable du plus fort. A côté de la
ville indigène [146], séparée d'elle depuis 1498 [147], une ville
officielle et chrétienne grandit, près de l'Alhambra où
réside le Capitaine général, dans l'Université fondée en
1537, dans la Chancellerie, créée en 1505, et déjà toute
puissante et agressive en 1540 [148]... N'oublions pas pour
comprendre, je ne dis pas juger, que l'Espagnol s'y
trouve — comme hier le Français à Alger, le Hollandais
à Batavia ou l'Anglais à Calcutta — au cœur d'une
entreprise coloniale, dans un maëlstrom de civilisations
opposées, dont les eaux courroucées refusent de se
mêler.

En face de ce colonialisme espagnol pas toujours
adroit, se dresse une société indigène encore cohérente,
avec (ce que n'offre pas, ou n'offre plus Valence) une
classe dirigeante, les riches de l'Albaicin, masse de
notables aux vêtements de soie, prudents, secrets,
régnant sur un peuple d'horticulteurs, ceux-ci éleveurs
de vers à soie, paysans savants dans l'art de creuser les
rigoles d'eau fertilisante, ou de maintenir les murettes
des cultures en terrasse ; régnant aussi sur un peuple de
muletiers, de petits marchands et de revendeurs, d'artisans tisserands, teinturiers, cordonniers, maçons, plom-
biers souvent en concurrence avec des artisans venus
du Nord, les uns et les autres avec leurs méthodes et
leurs principes. Tous ces pauvres, tous ces humbles en
vêtement de coton. Que les nobles de l'Albaicin ne
soient pas d'un courage à toute épreuve, l'avenir le
démontrera de façon éclatante. Ils ont peur de se
compromettre, de perdre leurs « *carmenes* », leurs villas
campagnardes. En outre, une partie de l'aristocratie
grenadine, ou du moins ses représentants les plus
illustres ont abandonné l'Espagne peu après la chute de
Grenade. Cependant cette classe dirigeante a conservé
ses cadres, ses traditions, le goût éperdu aussi des
lignages, des grandes familles et la révolte de 1568 verra
renaître des querelles de clans analogues à celles qui
avaient précipité la chute de Grenade.

Cette aristocratie survivante a vu pousser à côté d'elle

et au-dessus d'elle, une aristocratie chrétienne de fraîche importation, richement dotée (sinon aussi largement qu'à Valence), utilisant sans vergogne ses paysans morisques, sobres, d'autant plus faciles à exploiter. On estime qu'un Morisque consomme moitié moins qu'un Chrétien. Et les proverbes ne laissent aucun doute : *quien tiene Moro, tiene oro ; a más Moros, más ganancias, a más Moros, más despojos*, à ses maîtres le Maure laisse de l'or, des gains, des dépouilles [149]...

Les seigneurs chrétiens sont les protecteurs des paysans morisques, on leur a même reconnu longtemps le droit d'asile sur leurs terres, pour les délinquants des terres voisines. Puis l'État, désireux de mettre de l'ordre, a supprimé ce droit et limité à quelques jours l'asile des églises. D'ailleurs, depuis 1540 avec éclat, mais dès avant cette date, les *letrados* de l'*Audiencia* de Grenade essaient de rogner les droits de la grande noblesse et de son chef, le Capitaine Général du Royaume, autrement dit la grande famille des Mendoza. Alors s'esquisse un gouvernement civil appuyé sur les villes chrétiennes et sur la population immigrée à Grenade, contre le gouvernement militaire et seigneurial des Mendoza. Cette crise politique et sociale n'ouvre pas à elle seule le drame de la guerre, mais aggrave les tensions et le désarroi. Au même moment, le gouvernement de Philippe II, à la recherche de ressources fiscales, a remis en cause, depuis 1559 au moins, les titres de propriété. Enfin à Grenade comme à Valence, la population s'accroît ; les difficultés économiques aidant, le banditisme fait son apparition, les brigands — les *monfíes* — ne trouvant plus refuge chez les seigneurs ou dans les églises gagnent la haute montagne et ils s'en échappent pour des raids de pillage, d'accord avec les *gandules*, les mauvais garçons des villes ou les corsaires berbères ou turcs [150]... En 1569 quelques mois après le début de la révolte, au lendemain de l'expédition punitive du marquis de Mondejar contre l'Alpujarra, tout pouvait encore s'arranger par l'entremise, une fois de plus, des nobles. Julio Caro Baroja le dit formellement dans son beau livre et il a raison [151]. Mais le

problème eût-il été résolu pour autant ? Et puis les
civilisations sont autrement exigeantes que les sociétés ;
cruelles et sans pardon, leurs colères sont longues. Or
ce sont ces visages affreux de la haine, de la cruauté et
de l'incompréhension qu'il faut tenter d'apercevoir, sans
trop s'attarder aux vicissitudes d'une guerre dont nous
aurons l'occasion de reparler [152].

Le drame de Grenade

Toute guerre « coloniale » implique le heurt de civilisations, l'intrusion de passions violentes, insidieuses,
aveugles. Tout calcul raisonnable disparaît, d'autant
que la politique espagnole est peut-être trop favorisée
depuis 1502 à Grenade, depuis 1526 à Valence, depuis
toujours en Aragon. Sans la moindre peine, elle a divisé
ses ennemis, empêché les remuements de passer d'une
région dans la région voisine. Elle n'a jamais eu en face
d'elle qu'une question morisque à la fois : celle de
Grenade en 1499-1502, celle de Valence en 1525-1526,
puis un instant en 1563 [153], celle d'Aragon en 1575 [154]
(mais l'alerte n'est pas sérieuse), celle de Castille en
1580 [155], celle de Grenade en 1584 [156], celle de Valence
encore en 1609 [157], de la Castille en 1610, d'Aragon en
1614. Le gouvernement espagnol surveille aussi de près
les frontières extérieures, essaie de les fermer aux
Morisques fugitifs du côté des Pyrénées ou du côté de
la Méditerranée. Cette vigilance n'empêche pas les
évasions, mais les rend plus difficiles, ainsi au long des
côtes de Valence, au-delà de 1550 [158]... Ce sont là gestes
et pratiques raisonnables, sous le signe de la sagesse
politique et de l'expérience. De même la sagesse est
d'écouter les seigneurs de paysans morisques au Conseil
de Guerre qui les accueille volontiers [159], comme au
Conseil d'État. L'Espagne n'est-elle pas tenue, en terre
morisque comme ailleurs, par l'intermédiaire de la haute
noblesse ?

Ces règles de bon gouvernement cependant se trans-
gressent à l'heure des dangers. On ne suivra pas les
conseils, en 1568, puis en 1569, du marquis de Mondejar,
mais les passions du cardinal Espinosa, de don Pedro

de Deza, le Président fanatique de l'*Audiencia* de Grenade, l'un et l'autre représentants des *letrados*, de ces *bonetes* qui vont peu à peu, si on les laisse faire, imposer leur loi à l'Espagne. Le cardinal têtu, *resoluto en lo que no era de su profesion*, dit un chroniqueur [160], décidé en ce qui n'était pas son métier, bien sûr celui des armes. En vérité, n'a-t-on pas tout fait pour que l'explosion se produisît, et tout d'abord à Madrid, en n'y croyant guère à l'avance ? Il y a plus de quarante ans que les Morisques sont paisibles, depuis les *Germanias* de 1526. La Pragmatique qui va mettre le feu aux poudres est arrêtée dès le 17 novembre 1566, promulguée le 1er janvier 1567 et pendant plus de deux ans on va discuter à son propos, laissant aux Morisques et à leurs défenseurs l'impression qu'un compromis reste possible et qu'un sursis s'obtiendrait à la rigueur contre un présent d'importance. Or ce que les conseillers de Philippe II ont décidé sur le papier, c'est ni plus ni moins que la condamnation sans appel d'une civilisation entière, de tout un art de vivre : sont prohibés les costumes morisques des hommes et des femmes (celles-ci devront renoncer au voile dans la rue), la fermeture des maisons, abris des cérémonies islamiques clandestines, l'usage des bains publics, l'emploi enfin de la langue arabe. Bref, il s'agit de pourchasser ce que l'on soupçonne de vivre encore de l'Islam grenadin. Ou plutôt il s'agit de le menacer, de lui faire peur et comme les discussions et les marchandages durent, le temps est finalement laissé aux violents pour conspirer, préparer leur action, ainsi dans les conciliabules et les quêtes de l'Hôpital et de la Confrérie de la Résurrection que les Morisques entretenaient à Grenade [161]...

Enfin, dans la nuit de Noël 1568, les *monfiés* pénètrent dans l'Albaicin, essaient de le soulever. L'Alhambra, en face, n'a pas cinquante défenseurs, or l'Alhambra n'est pas attaqué et la ville indigène ne se soulève pas... Pour que la guerre s'engage il faudra que s'en mêlent les passions et les cruautés populaires, que surviennent les massacres des Chrétiens et de leurs prêtres dans l'Alpujarra, les raids vers la plaine, puis ces chasses à

l'homme bientôt entreprises de part et d'autre... Une
vaste tuerie s'installe, indécise dans ses mouvements,
perdue dans un espace immense, sauvage, sans chemins.
Quand le Roi a donné finalement aux Vieux Chrétiens
le droit de piller à leur guise, leur concédant le *campo
franco*[162], il a du coup relancé la guerre, l'a poussée
aux extrêmes. Pillages des troupeaux, des balles de soie,
des trésors cachés, des bijoux, chasse aux esclaves, voilà
la réalité quotidienne de la guerre, avec la maraude des
soldats et des ravitailleurs de l'armée. A Saldas, près
d'Almeria, les Morisques vendent aux Barbaresques
leurs prisonniers chrétiens : « un homme contre une
escopette[163] » ; à Grenade, cependant, on ne sait que
faire des esclaves morisques vendus à l'encan et la
population chrétienne rêve de se jeter d'un coup sur la
ville indigène pour la piller une bonne fois pour
toutes[164]... Passions, frayeurs, paniques, soupçons, tout
se mêle. L'Espagne chrétienne victorieuse, mais non pas
apaisée, vit dans la terreur d'une intervention turque,
dont le projet fut d'ailleurs agité à Istanbul[165]. Elle a
toujours, et bien avant 1568, plus tard encore, surestimé
la menace de l'Islam.

Dans leur essai de reconstituer un royaume de Grenade, les révoltés ne ressuscitèrent qu'un fantôme.
Toutefois, cette tentative, les cérémonies du couronnement du premier roi de la rébellion, la construction
d'une mosquée dans l'Alpujarra, les profanations des
églises sont importantes du point de vue qui nous
occupe... C'est bien une civilisation qui essaie de
renaître, puis retombe à terre.

Avec les victoires chèrement achetées de Don Juan
d'Autriche (substitué dans le commandement des troupes au marquis de Mondejar le 13 avril 1569[166]), les
mesures radicales l'emportent. Les redditions en masse
des insurgés avaient commencé dès avril 1570... Pratiquement la guerre était finie, la révolte pourrie du
dedans. Or dès l'année précédente, en juin 1569,
les expulsions avaient commencé, 3 500 Morisques de
Grenade (entre 10 et 60 ans) avaient été transportés de
la capitale dans la Manche voisine. Le 28 octobre 1570,

l'ordre d'expulsion de tous les Morisques était donné ;
le 1er novembre les malheureux étaient rassemblés en
longs convois et exilés en Castille, attachés à des chaînes
de forçats [167]. Du coup, ce qui restait de la révolte
était condamné, sans le secours de ces populations en
apparence paisibles, mais complices des soldats de la
rébellion et assurant leur ravitaillement [168]. La révolte
du haut pays ne comporte plus désormais que quelques
centaines de *salteadores*, menant une petite guerre, dit
une correspondance génoise, *a guisa di ladroni* [169]. Tout
semblait terminé, et une fois pour toutes. Des masses
serrées d'immigrants, *gallegos, asturianos* ou castillans,
environ 12 000 familles de paysans, gagnaient les villages
désertés de Grenade. Cependant les dépouilles des
vaincus étaient vendues à l'encan aux seigneurs, aux
monastères et aux églises, le Roi en tira, dit-on,
des sommes énormes. En fait, rien n'était résolu, la
colonisation paysanne allait se terminer assez vite par
un fiasco [170], tous les Morisques n'avaient pas quitté le
malheureux royaume, certains y revinrent et il fallut,
en 1584 [171], procéder à de nouvelles expulsions, les
recommencer en 1610 [172].

Grenade après Grenade

On avait débarrassé Grenade, mais pour encombrer
la Castille, surtout la Nouvelle-Castille. On fermait un
dossier pour en ouvrir un autre. Les réfugiés grenadins,
plantés ici et là comme autant de greffes, n'avaient
pas tardé à proliférer [173] et à s'enrichir. A redevenir
inquiétants. N'étaient-ils pas condamnés à la richesse
du fait même de leur industrie, dans un pays inondé de
métaux précieux, peuplé de trop d'hidalgos pour qui
travailler, c'était déchoir ? Aux environs de 1580-1590,
donc en moins de vingt ans, la question de Grenade
devint curieusement une question de Castille et d'Andalousie : le péril n'avait fait que se rapprocher du cœur
de l'Espagne. Ce n'est plus tant pour Grenade, où bien
entendu il restait des Morisques, que pour Séville ou
pour Tolède ou pour Avila que l'on avait des craintes
et que l'on cherchait, à nouveau, des solutions radicales.

Durant l'été 1580, on découvrit à Séville une vaste
conspiration en liaison avec le Maroc : ce serait même
les ambassadeurs du Chérif, alors préoccupé de s'appuyer sur l'Espagne, qui auraient tout révélé du complot [174]. Au printemps 1588, des troubles commençaient,
en Aragon cette fois [175]. Ils entraînèrent, en juillet, une
délibération du Conseil d'État [176] où fut évoqué le
danger que constituait pour l'Espagne cette présence
d'ennemis domestiques, en constant accroissement
numérique. Que sa Majesté ne recommence pas la faute
de 1568, à Grenade ; qu'elle attaque tout de suite. Or,
toute cette alerte, c'était, à l'origine, le soulèvement de
quelques centaines de Morisques, à la suite de rixes
avec les Vieux Chrétiens [177]. Elle devait s'apaiser très
tôt et le vice-roi de Naples y croyait si peu pour sa part
qu'il n'hésitait pas à déclarer, en mai, que c'étaient là
des bruits répandus par la propagande anglaise [178].

C'était peut-être aussi, outre le signe d'une certaine
nervosité, un prétexte. Car, dès novembre de la même
année, l'Église d'Espagne intervient une fois de plus.
Son interprète, le cardinal de Tolède, siège au Conseil
d'État et s'appuie sur les rapports du commissaire de
l'Inquisition à Tolède, Juan de Carillo [179]. Il paraît que
dans cette ville où la vieille colonie de Morisques
mudejares a été renforcée, en 1570, par une colonie de
Morisques grenadins, ceux-ci, les déportés, parlent
encore arabe entre eux, tandis que ceux-là, écrivains
publics, maîtres de la langue espagnole, cherchent à se
glisser dans les bons offices. Les uns et les autres sont
nombreux à s'être enrichis dans le commerce. Et tous
mécréants en diable, ils ne vont jamais à la messe,
n'accompagnent pas le Saint-Sacrement dans la rue, ne
se confessent que par crainte des sanctions. Ils se
marient entre eux, cachent les enfants pour ne pas avoir
à les baptiser et, quand ils les baptisent, ils prennent
comme parrains les premiers venus, sur le pas de l'église.
L'extrême-onction n'est jamais réclamée que pour les
moribonds incapables de la recevoir. Et comme les gens
chargés de surveiller et d'éduquer ces mal pensants
surveillent et éduquent peu, ceux-ci vagabondent à leur

aise. C'est le devoir du Conseil d'État d'en délibérer au plus vite.

Ainsi fut fait, le mardi 29 novembre 1588, sur la proposition du cardinal qui développa ses arguments [180]. Resterait-on indifférent à la multiplication inquiétante des Morisques en Castille, et spécialement à Tolède, leur « alcazar et forteresse », alors que les Vieux Chrétiens, pris par les « milices », diminuaient de nombre et, mal armés, risquaient un beau jour d'être bel et bien surpris ? Pour le moins — le Conseil fut unanime sur ce point — il fallait donner ordre aux Inquisiteurs d'enquêter dans leurs ressorts et de dresser un recensement des Morisques.

La crainte entrait ainsi au cœur de l'Espagne, la crainte mauvaise conseillère. L'année suivante, en 1589, avec les incursions anglaises, on redoute que les Morisques, nombreux à Séville, ne prêtent main-forte à l'assaillant [181]. En 1596, à Valence, on s'inquiétera des mêmes connexions [182]. Cette présence de l'ennemi au centre de la maison préoccupe et va infléchir la politique espagnole : ils sont plantés là, dans le cœur, dirions-nous en français, la langue espagnole dit : dans le « rognon » de l'Espagne [183]. En 1589, le Conseil d'État ne parlait encore que de recensement. Mais les événements vont vite ; l'année suivante, le Roi est saisi de propositions forcenées : qu'on oblige les Morisques à servir un certain temps sur les galères, contre solde : ceci au moins freinerait leur accroissement ; qu'on sépare les enfants des familles, pour les confier à des seigneurs, à des prêtres ou à des artisans chargés de leur éducation ; qu'on exécute les plus dangereux ; qu'on refoule les Grenadins installés en Castille dans leur ancien quartier, les enlevant ainsi du fameux *riñon*, qu'on les chasse aussi des villes dans les campagnes [184]. Dès le 5 mai, on parlait d'expulsion pure et simple : les Rois Catholiques l'avaient bien fait jadis pour les Juifs et y avaient gagné leur saint renom [185]. En esprit, les indésirables Morisques sont condamnés par tous les membres du Conseil, sans exception. Mais ces condamnés vont jouir d'un assez long répit.

Sans doute parce que l'Espagne engagée aux Pays-Bas, luttant contre la France, opposée à l'Angleterre, a d'autres tâches que ce règlement de comptes intérieurs. Ce n'est pas sa mansuétude, mais son impuissance, curieuse conséquence de sa politique impérialiste, qui sauve les Morisques comme la corde soutient le pendu. Autour d'eux, la colère et la haine ne cessent de monter. Un rapport adressé au roi, en février 1596 [186], s'élève contre le laisser-aller de la politique gouvernementale à l'égard de ces mécréants et signale leur immense richesse : ils sont plus de 20 000 en Andalousie et dans le royaume de Tolède qui possèdent des revenus supérieurs à 20 000 ducats. Est-ce tolérable ? Et de dénoncer un certain Francisco Toledano, Morisque de Tolède installé à Madrid, le plus riche marchand de fer de la place, trafiquant en raison de son négoce en Biscaye et à Vitoria et en profitant pour commercer d'armes et d'arquebuses. De grâce, qu'on lui mette la main au collet et que l'on sache quels sont ses clients et complices !

En 1599, les interminables discussions reprennent au Conseil d'État. Que le Roi se décide et se décide sans tarder, telle est la conclusion de toutes les propositions. Parmi les signataires, on retrouve encore le cardinal de Tolède, mais aussi D.J. de Borja, D.J. de Idiàquez, le comte de Chinchón, Pedro de Guevara [187]. Dans la vaste masse de papiers qui, à Simancas, concerne ces délibérations, aucune plaidoirie pro-morisque n'est à retrouver [188].

L'épilogue sera l'expulsion de 1609-1614. Il a fallu pour qu'elle s'accomplît, un concours de circonstances, le retour à la paix (1598-1604, 1609) et la mobilisation silencieuse de toute la flotte de guerre de l'Espagne, galions et galères [189], capable d'assurer les embarquements et la sécurité de l'opération. J.C. Baroja pense que les victoires du Sultan de Marrakech, au printemps 1609, sur le « roi » de Fez ont poussé aux décisions radicales, et le fait est vraisemblable [190].

Ainsi s'achevait par un échec la longue tentative d'assimilation de l'Islam ibérique, échec clairement

ressenti à l'instant même. « Qui fera nos souliers ? »
disait l'archevêque de Valence au moment de l'expulsion
dont il était cependant très ferme partisan. Qui cultivera
nos terres, pensaient les seigneurs des *lugares de Moriscos* ? L'expulsion, on le savait à l'avance, allait entraîner
des blessures graves. Les *Diputados del Reino* de
l'Aragon s'étaient d'ailleurs prononcés contre elle. En
1613-1614, Juan Bautista Lobana, qui parcourt ce
royaume pour en dresser la carte, consigne à plusieurs
reprises dans ses notes la désolation des villages abandonnés : à Longares, il reste 16 habitants sur 1 000 ; à
Miedas, 80 sur 700 ; à Alfamen, 3 sur 120 ; à Clanda,
100 sur 300 [191]... Des historiens ont dit et répété que
toutes les blessures se guérissent à la longue. Et c'est
vrai [192]. Henri Lapeyre vient de démontrer que l'expulsion a porté au plus sur 300 000 individus pour une
population globale de 8 millions peut-être [193]. Mais c'est
beaucoup à l'échelle du temps et de l'Espagne, bien
que nous soyons très en deçà des chiffres fantastiques
avancés hier. En même temps, Henri Lapeyre [194] pense
que les blessures dans l'immédiat ont été graves, le reflux
démographique du XVIIᵉ siècle retardant la guérison.

Toutefois le problème, difficile à résoudre, n'est pas
de savoir si l'Espagne a payé un haut prix ou non pour
l'expulsion et la politique violente qu'elle implique, ou
si elle a eu raison (ou non) de procéder ainsi. Il ne
s'agit pas de reprendre le procès à la lumière de nos
sentiments actuels : tous les historiens sont en faveur
des Morisques bien sûr... Que l'Espagne ait bien ou
mal fait de se priver de la laborieuse et prolifique
population morisque, peu importe ! pourquoi l'a-t-elle
fait ?

Avant tout, parce que le Morisque est resté inassimilable. L'Espagne n'a pas agi par haine raciale (laquelle
semble presque absente dans cette lutte) mais par haine
de civilisation, de religion. Et l'explosion de sa haine,
l'expulsion, est l'aveu de son impuissance. La preuve
que le Morisque, après un, deux, trois siècles suivant
les cas, était resté le Maure d'autrefois : costume,
religion, langue, maisons cloîtrées, bains maures — il

avait tout conservé. Il s'était refusé à la civilisation occidentale ; et c'est l'essentiel du débat. Quelques brillantes exceptions, sur le plan religieux — ou ce fait indéniable que les Morisques des villes adoptaient de plus en plus le costume des vainqueurs [195] — n'y changent rien. Le Morisque est resté lié de cœur à un monde immense qui s'étendait, on le savait en Espagne [196], jusqu'à la Perse lointaine, avec des maisons, des mœurs analogues et des croyances identiques.

Toutes les diatribes antimorisques se résument dans la déclaration du cardinal de Tolède : ce sont « de vrais Mahométans comme ceux d'Alger » [197]. Et sur ce point, on peut reprocher au cardinal son intolérance, non son injustice. Les solutions mêmes que proposent les membres du Conseil le prouvent. Il ne s'agit point de détruire une race haïe : mais il semble impossible de conserver, au milieu de l'Espagne, un irréductible noyau d'Islam. Alors ? Ou bien l'arracher d'un seul coup, en supprimant le support de toute civilisation : la matière humaine ; c'est la solution qui a finalement été adoptée. Ou bien à tout prix, obtenir l'assimilation que le baptême forcé n'a pas réussi à parfaire. L'un propose donc de ne conserver que les enfants, matière malléable, et de favoriser le départ des adultes vers la Berbérie, pourvu qu'il se fasse sans bruit. L'autre, le marquis de Denia, pense qu'il faut élever les enfants chrétiennement, les hommes de quinze à soixante ans iraient aux galères à vie, les femmes et les vieillards en Berbérie. Celui-ci juge qu'il suffirait de répartir les Morisques dans les villages, à raison d'un foyer contre cinquante de Vieux Chrétiens, en leur interdisant tout changement de résidence et toute occupation autre que l'agriculture — l'inconvénient de l'industrie, du transport ou du commerce étant de favoriser les déplacements et les relations avec l'extérieur [198].

De toutes ces solutions, l'Espagne a choisi la plus radicale : la déportation, l'arrachement complet de la plante hors de son sol.

Cependant était-ce toute la population morisque qui disparaissait de l'Espagne ? Non, certainement.

D'abord, il n'était pas facile, dans certains cas, de distinguer entre Morisques et non Morisques. Les mariages mixtes étaient assez nombreux pour que l'édit d'expulsion en ait tenu compte [199]. Puis certains intérêts entraient en jeu, qui certainement ont sauvé bon nombre de ceux qui auraient dû être frappés. Ont été expulsés dans leur quasi-totalité, les Morisques des villes ; dans une proportion moindre, ceux qui peuplaient les *realengos*, les terres royales ; et, avec des exceptions plus larges encore, les Morisques des terres seigneuriales, les montagnards, les paysans isolés [200]...

Car enfin le Morisque est demeuré souvent, noyé cette fois, confondu dans la masse, mais y laissant sa marque indélébile [201]. La population chrétienne, voire son aristocratie, n'était-elle pas déjà marquée par ce sang maure ? Les historiens de l'Amérique affirment aussi, et sur tous les tons, que le Morisque a pris sa part dans le peuplement de l'Amérique [202]. Une chose reste certaine, c'est que la civilisation musulmane, appuyée sur les résidus morisques eux-mêmes et sur ce que l'Espagne avait déjà absorbé d'Islam au cours des siècles, n'a pas cessé de jouer son rôle dans la complexe civilisation de la Péninsule, même après l'opération chirurgicale de 1609-1614.

La lame de fond n'a pu tout emporter de ce qui s'était fiché à jamais dans le sol de l'Ibérie : ni les yeux noirs des Andalous, ni les mille toponymes arabes, ni les milliers de mots embarqués dans le vocabulaire des anciens vaincus, devenus les nouveaux vainqueurs. Héritage mort, dira-t-on ; et peu importe que les recettes culinaires [203], que les métiers, que les fonctions de commandement parlent encore de l'Islam dans la vie quotidienne de l'Espagne ou du Portugal son voisin. Et pourtant, en plein XVIIIᵉ siècle, à l'époque de la prépondérance française, se maintient, dans la Péninsule, un art vivant, véritable art *mudéjar*, avec ses stucs, ses céramiques et la douceur de ses *azulejos* [204].

Suprématie de l'Occident

Mais la question morisque n'est qu'un épisode d'un plus large conflit. En Méditerranée, la grande partie s'est jouée entre Orient et Occident, dans une éternelle « question d'Orient », pour l'essentiel débat de civilisations, repris au gré des avantages qu'alternativement le jeu donne à l'un, puis à l'autre des partenaires. Les bonnes cartes passent de main en main et, suivant que l'un ou l'autre l'emporte, des courants culturels majeurs s'établissent, du plus riche au plus pauvre, d'Occident à Orient ou d'Orient à Occident [205].

Le premier renversement, au bénéfice de l'Occident, est le fait d'Alexandre de Macédoine : l'héllénisme représente une première « européanisation » du Proche-Orient et de l'Égypte, appelée à durer jusqu'aux siècles de Byzance [206]. Avec la fin de l'Empire romain et les grandes invasions du Ve siècle, l'Occident et l'héritage antique s'effondrent ; c'est l'Orient byzantin et musulman qui en conserve ou en recueille les richesses et les projette, des siècles durant, vers l'Occident barbare. Tout notre Moyen Age est saturé, illuminé d'Orient, avant, pendant, après les Croisades. « Les civilisations s'étaient mêlées par leurs armées ; une foule d'histoires, de récits qui parlaient de ces mondes lointains entraient en circulation : la Légende Dorée foisonne de ces contes ; l'histoire de saint Eustache, celles de saint Christophe, de Thaïs, des Sept Dormants d'Éphèse, de Barlaam et de Josaphat, sont des fables orientales. La légende du Saint-Graal se greffe sur le souvenir de Joseph d'Arimathie ; le Roman de Huon de Bordeaux est une fantasmagorie toute brillante des enchantements d'Obéron, le génie de l'aube et de l'aurore ; l'odyssée de saint Brandan n'est qu'une version irlandaise des aventures de Sinbad le Marin [207]. » Et ces emprunts ne représentent qu'une part de la masse épaisse et substantielle des échanges. « Tel ouvrage, écrit Renan [208], composé au Maroc et au Caire, était connu à Paris ou à Cologne en moins de temps qu'il n'en faut de nos jours à un livre capital d'Allemagne pour passer le Rhin. L'histoire du Moyen Age ne sera complète que lorsqu'on aura fait la statistique des ouvrages arabes que lisaient les docteurs des XIIIᵉ et XIVᵉ siècles. » S'étonnera-t-on qu'on découvre des sources musulmanes de la Divine Comédie ; qu'à Dante, les Arabes apparaissent comme de grands modèles à imiter [209] ou qu'il existe, à saint Jean de la Croix, de singuliers précurseurs musulmans dont l'un, Ibn Abbad, le poète de Ronda, avait développé, bien avant lui, le thème de la « Nuit obscure » [210] ?

Dès l'époque des croisades, un renversement est en voie de s'accomplir. Le Chrétien s'est emparé de la mer. A lui désormais les supériorités et les richesses que signifie la maîtrise des routes et des trafics. Alfred Hettner a bien vu ces alternances, mais il a manifestement tort d'affirmer qu'aux XVIᵉ, XVIIᵉ et XVIIIᵉ siècles [211], les contacts entre Occident et Orient se réduisent. Bien au contraire. « Du milieu du XVIIᵉ à la fin du XVIIIᵉ siècle, les relations de voyage européennes se multiplient dans toutes les langues de l'Europe. » C'est que le séjour de l'Orient « s'est ouvert aux ambassades permanentes, aux consuls, aux colonies de commerçants, aux missions d'enquête économique, aux missions scientifiques, aux missions catholiques..., aux aventuriers qui entrent au service du Grand Turc » [212]. Il y eut alors invasion de l'Orient par l'Occident : une invasion qui portait avec elle les éléments d'une domination.

Mais revenons à l'Occident du XVIᵉ siècle : à cette époque, il surclasse l'Orient et le laisse à la traîne. Aucun doute à ce sujet, malgré les plaidoiries de Fernand Grenard. Le constater, ce n'est d'ailleurs point porter, sur les civilisations en présence, tel ou tel jugement de valeur ; mais constater qu'au XVIᵉ siècle l'alternance joue en faveur de l'Occident dont la civilisation, plus vigoureuse, tient sous sa dépendance celle de l'Islam.

A lui seul le mouvement des hommes l'indiquerait. Ils passent en rangs serrés de la Chrétienté à l'Islam. Celui-ci les attire, par ses perspectives d'aventures et de profit ; il les attire — et il les paie. Le Grand Turc a besoin d'artisans, de tisserands, de spécialistes des constructions navales, de marins qualifiés, de fondeurs d'artillerie, de ces ouvriers en « quincaillerie » (entendez en métaux), qui sont la force principale d'un État : « les Turcs et plusieurs autres peuples le savent bien, écrit Montchrestien [213], qui les retiennent quand ils peuvent les attraper ». Une curieuse correspondance d'un marchand juif de Constantinople avec Morat Aga de Tripoli montre le premier à la recherche d'esclaves chrétiens capables de tisser des velours et des damas [214]. Car les captifs jouent aussi leur rôle dans ce ravitaillement en main-d'œuvre.

Est-ce parce qu'elle est trop peuplée, mal ouverte encore à l'aventure d'Outre-Océan que la Chrétienté ne réduit pas ses envois d'hommes vers l'Est ? Souvent le Chrétien, en contact avec les pays d'Islam, est pris par le vertige du reniement. En Afrique, dans les présides, les garnisons espagnoles sont décimées par des épidémies de désertion. A Djerba, en 1560, avant que le fort ne se rendît aux Turcs, nombre d'Espagnols avaient rejoint l'ennemi, « laissant leur foi et leurs compagnons » [215]. Peu après, à La Goulette, on découvrait un complot pour livrer la place aux Infidèles [216]. De Sicile, des barques partaient fréquemment, emportant des cargaisons de candidats à l'apostasie [217]. A Goa, même phénomène chez les Portugais [218]. L'appel est si fort qu'il n'épargne même pas le clergé. Ce « Turc » qui accompagne en France un ambassadeur du Très Chrétien et que l'on conseille aux autorités espagnoles de saisir au passage, est un ancien prêtre hongrois [219]. Le cas ne doit pas être si rare : en 1630, on demandera au Père Joseph de rappeler les Capucins perdus dans le Levant, « de peur qu'ils ne se fassent turcs » [220]. De Corse, de Sardaigne, de Sicile, de Calabre, de Gênes, de Venise, d'Espagne, de tous les points du monde méditerranéen, des renégats sont allés à l'Islam. Dans l'autre sens, rien d'analogue.

Inconsciemment peut-être, le Turc ouvre ses portes et le Chrétien ferme les siennes. L'intolérance chrétienne, fille du nombre, n'appelle pas les hommes : elle les repousse. Et tout ce qu'elle expulse de son domaine —

Juifs de 1492, Morisques du xvie siècle et de 1609-1614
— s'ajoute au contingent des volontaires. Tout part
vers l'Islam où il y a places et profits. Le meilleur signe
en est le courant d'émigration juive qui, surtout dans
la seconde moitié du xvie siècle, s'établit d'Italie ou des
Pays-Bas, en direction du Levant. Courant assez fort
pour n'avoir pas échappé aux agents espagnols de
Venise, car c'est par cette ville que se font ces migrations
curieuses [221].

Par tous ces hommes la Turquie du xvie siècle
complète son éducation occidentale. « Les Turcs, écrivait Philippe de Canaye, en 1573, ont, par les renégats,
acquis toutes les supériorités chrétiennes. » [222] Toutes :
il exagère. Car à peine le Turc a-t-il acquis l'une d'elles,
qu'il en aperçoit une autre, laquelle lui manque encore.

Étrange course, ou étrange guerre, avec de petits ou
de grands moyens. Un jour, c'est un médecin que l'on
veut acquérir ; une autre fois un bombardier des
savantes écoles d'artillerie ; une autre fois un car-
tographe, ou un peintre [223]. Ou bien de précieux produits : poudre, bois d'if pour la fabrication des arcs,
qu'on trouve en mer Noire (puisqu'autrefois Venise
allait en chercher pour le revendre en Angleterre [224])
mais qui ne suffit point à la consommation de l'armée
turque du xvie siècle, laquelle en importe d'Allemagne
du Sud [225]. En 1570, on accusera Raguse — et à Venise,
ô ironie — d'avoir livré aux Turcs de la poudre, des
rames et, par surcroît, un chirurgien juif [226] — Raguse
qu'on voit souvent elle-même à la recherche de médecins
italiens [227]. A la fin du siècle, un des plus importants
commerces anglais en Orient portera sur le plomb,
l'étain et le cuivre.

Des pièces d'artillerie fondues à Nuremberg ont peut-
être été livrées au Turc. Constantinople se ravitaille
aussi sur ses zones frontières, par Raguse ou les
villes saxonnes de Transylvanie, qu'il s'agisse d'armes,
d'hommes ou, comme le signale une lettre d'un prince
de Valachie aux gens de Kronstadt, de médecins et de
produits pharmaceutiques [228]. Les États Barbaresques lui
rendent le même service malgré leur pauvreté et leur

réelle « barbarie », ils se trouvent être curieusement —
dans le monde musulman s'entend — à la pointe du
progrès, du progrès occidental : car, par leur recrutement, par leur position sur la mer du Ponant, bientôt
par leurs liaisons avec les Hollandais, ils sont les
premiers informés des nouveautés techniques. Ils ont
des ouvriers : l'abondante récolte de captifs réalisée
chaque été par les corsaires d'Alger, et les Andalous,
artisans habiles, certains aptes à fabriquer, tous à
manier l'escopette [229]. Est-ce hasard si la refonte de
l'armada turque, après 1571, et son équipement à
l'occidentale (l'arquebuse se substituant à l'arc, l'artillerie se renforçant considérablement à bord des galères)
est le fait d'un Napolitain, Euldj Ali, renégat instruit à
l'école des corsaires algérois ?

Cependant les emprunts culturels sont des greffes qui
ne reprennent pas toujours. En 1548, les Turcs avaient
essayé, dans leur campagne contre la Perse, de transformer l'armement des spahis et de les doter de pistolets
(*minores sclopetos quorum ex equis usus est*, précise
Busbec [230]) ; la tentative sombra dans le ridicule et les
spahis, à Lépante et plus tard encore, restèrent armés
d'arcs et de flèches [231]. Ce médiocre exemple montre, à
lui seul, la difficulté qu'éprouvent les pays turcs à suivre
leurs adversaires. Sans les divisions de ces derniers,
leurs querelles et leurs trahisons, les Turcs n'auraient
pas pu, malgré leur discipline, leur fanatisme et l'excellence de leur cavalerie ou de leurs équipages, tenir
contre l'Occident.

Et tous les apports extérieurs [232] n'ont pas suffi à
maintenir à flot le monde turc : il menace de sombrer
dès le XVIᵉ siècle finissant. La guerre l'avait puissamment
aidé jusque-là à se procurer les biens nécessaires,
hommes, techniques ou produits de cette technique, à
se saisir de morceaux de la Chrétienté nourricière, sur
terre, sur mer, ou le long de la zone russo-polono-
hongroise. Gassot, à l'Arsenal de Constantinople, a vu
l'amoncellement de pièces d'artillerie, amenées par des
guerres victorieuses plus encore que par d'habiles achats
ou par des constructions sur place [233]. La guerre, remise

en équilibre de civilisations : ce serait une thèse à soutenir. Or cette guerre, en Méditerranée, à partir de 1574, aboutit à l'impasse et en 1606, sur les champs de bataille de Hongrie, à une position d'équilibre dès lors impossible à dépasser. C'est alors que se manifeste une infériorité qui ne tardera pas à s'aggraver.

Bien des Chrétiens se trompent, il est vrai, sur l'avenir ottoman en ces premières années du XVIIᵉ siècle, fertiles à nouveau en projets de croisade[234]. Mais n'est-ce pas la division de l'Europe et les débuts de la Guerre de Trente Ans qui font illusion sur la force ottomane, et sauvent son vaste Empire ?

3. Une civilisation contre toutes les autres : le destin des Juifs[235]

Les conflits abordés jusqu'ici se limitent, chaque fois, au dialogue de deux civilisations. En face des Juifs, toutes les civilisations sont en cause et en position, chaque fois, de supériorité écrasante. Elles sont la force, la multitude, ils sont presque toujours de minuscules adversaires.

Mais ces adversaires ont d'étranges possibilités : un prince les persécute, un autre les protège ; une économie les trahit, une autre les comble ; une grande civilisation les rejette, une autre les accueille. L'Espagne les chasse en 1492, la Turquie les reçoit, heureuse de jouer peut-être des Juifs contre les Grecs... Il y a aussi les possibilités de pression, d'action oblique : les Juifs portugais en donneront la démonstration cent fois pour une[236]. Ils ont pour eux les complicités que permet l'argent et disposent à Rome d'un ambassadeur d'ordinaire dévoué à leur cause. Rien de plus simple par suite qu'une mise en sommeil des mesures prises contre eux par le gouvernement de Lisbonne, régulièrement ou retirées ou rendues inefficaces. Luis Sarmiento[237] l'explique à Charles Quint, en décembre 1535 : les Juifs convertis, les *conversos*, ont obtenu une bulle pontificale qui leur pardonne leurs fautes passées, voilà qui va gêner l'action gouvernementale, d'autant que ces *conver-*

sos ont avancé de l'argent au roi du Portugal, terriblement endetté : 500 000 ducats, sans compter le reste en
Flandres, « et qui courent sur les changes ». Pourtant
le populaire grogne sans fin, contre ces marchands de
peixe seco, le poisson séché dont se nourrissent les
pauvres gens — et il grogne avec beaucoup d'âpreté,
fieramente dira encore une correspondance vénitienne
tardive d'octobre 1604, plus d'un demi-siècle après
l'établissement de l'Inquisition portugaise, en 1536 [238].

Il y a aussi les armes du plus faible : la résignation,
les *distinguo* talmudiques, la ruse, l'obstination, le
courage, même l'héroïsme. Pour compliquer encore
leur cas comme à plaisir, les Juifs, où qu'ils soient,
apparaissent à l'historien comme très capables de s'adapter au milieu ambiant. Ils sont les bons élèves de toute
acculturation qui les prend en charge, ou simplement
les rencontre. Artistes et écrivains juifs ne sont-ils pas,
selon les cas, d'authentiques artistes ou écrivains de
Castille, d'Aragon ou d'ailleurs ? Ils s'adaptent non
moins vite aux situations sociales qui leur sont imposées
ou offertes, les plus humbles comme les plus brillantes.
Les voilà donc très vite au bord d'un naufrage culturel,
d'un abandon d'eux-mêmes dont nous connaissons des
cas multiples. Mais d'ordinaire, ils sauvegardent ce
que sociologues et anthropologues appelleraient leur
« personnalité de base ». Ils restent au cœur de leurs
croyances, au centre d'un univers dont rien ne les
déloge. Ces obstinations, ces refus désespérés sont le
trait fort de leur destin. Les Chrétiens ont raison de
souligner l'obstination des riches marranes (le mot
péjoratif désigne les convertis) [239] à judaïser en secret.
Il y a bel et bien une civilisation juive, si particulière
qu'on ne lui reconnaît pas toujours ce caractère de
civilisation authentique. Et pourtant, elle rayonne, trans-
met, résiste, accepte, refuse ; elle a tous les traits que
nous avons signalés à propos des civilisations. Il est
vrai qu'elle n'est pas enracinée, ou plutôt qu'elle l'est
mal, qu'elle échappe à des impératifs géographiques
stables, donnés une fois pour toutes. C'est sa plus forte
originalité, non la seule.

Sûrement une civilisation

Son corps est dispersé, éparpillé comme autant de fines gouttelettes d'huile sur les eaux profondes des autres civilisations et jamais confondues, ce qui s'appelle confondues, avec elles, cependant toujours dépendantes de celles-ci. De sorte que leurs mouvements sont aussi les mouvements des autres, par suite des « indicateurs » d'une exceptionnelle sensibilité. Émile-Félix Gautier, cherchant à la *diaspora* juive un équivalent, proposait l'exemple, humble en soi, des Mozabites d'Afrique du Nord, dispersés en colonies très fines, elles aussi [240]. On pourrait songer pareillement aux Arméniens, paysans montagnards et qui deviennent, à l'époque de notre Renaissance, des marchands internationaux depuis les Philippines jusqu'à Amsterdam, voire aux Parsis dans les Indes, ou même aux Chrétiens nestoriens d'Asie... L'essentiel ? accepter qu'il y ait, avec une infinité d'îles perdues au milieu d'eaux étrangères, des civilisations de *diaspora* et plus nombreuses qu'on ne le soupçonnerait au premier abord. Ainsi après la conquête musulmane du VIIIᵉ siècle jusqu'aux persécutions des Almohades, au XIIIᵉ, qui mettent à peu près fin à leur existence — les communautés chrétiennes d'Afrique du Nord. De même encore ces colonies européennes d'hier dans les pays du Tiers-Monde, avant l'émancipation de ceux-ci et aujourd'hui encore. Voire les Morisques, héritiers de la civilisation musulmane et dont l'Espagne se débarrasse brutalement, dans un geste de colère froide, comme nous l'avons exposé.

Ces îlots se toucheraient que tout changerait pour eux. Ainsi dans l'Espagne médiévale, jusqu'aux férocités des XIVᵉ et XVᵉ siècles, les communautés juives tendent à former un tissu à peu près continu, une sorte de nation confessionnelle [241], un « millet » comme disent les Turcs, un « mellah » selon le langage d'Afrique du Nord. L'originalité du Portugal, c'est, en 1492, d'avoir reçu une surcharge décisive de population juive avec les réfugiés d'Espagne. L'originalité du Levant est du même ordre et pour des raisons identiques. Ainsi encore dans la Pologne brusquement épanouie de la première modernité, à partir du XVe siècle, il y a une emprise juive accrue, fille du nombre, et presque une nation et un État juifs que vont balayer les difficultés économiques et la répression sans pitié du XVIIe siècle, le *Grand Déluge* des années 1648 [242]. Ainsi dans le Brésil naissant et encore peu peuplé, les Juifs sont moins menacés qu'ailleurs jusqu'à la fin du XVIe siècle [243]. Chaque fois, la densité relative du peuplement juif a joué son rôle.

Mais même quand le nombre ne favorise pas, n'exaspère pas la présence juive, ces unités élémentaires sont liées entre elles par l'enseignement, les croyances, d'incessants voyages, ceux des marchands, des rabbins, des mendiants aussi (ils sont légion) ; par l'échange ininterrompu de lettres commerciales, d'amitié ou de famille ; par les livres enfin [244]. L'imprimerie aura servi les querelles, plus encore l'unité juives. Ces livres décisifs, facilement multipliés, qui pourrait les brûler ou les séquestrer tous en une seule fois ? Certaines vies vagabondes, exemplaires, illustrent ces mouvements vifs, unificateurs. Jacob Sasportas est né vers le début du XVIIe siècle à Oran que tiennent les Espagnols ; il est rabbin à Tlemcen, puis à Marrakech et à Fez ; emprisonné, il s'échappe, gagne Amsterdam où il est professeur à l'Académie des Pinto ; il retourne en Afrique ; accompagne, en 1655, Menasse ben Israël lors de son ambassade à Londres ; exerce à nouveau le rabbinat, en particulier à Hambourg, de 1666 à 1673 ; il retourne alors à Amsterdam, est appelé à Livourne, revient à Amsterdam, et c'est là qu'il meurt [245]... Ces liens multiples expliquent, renforcent la cohérence du destin juif. Johann Gottfried von Herder, dans ses *Idées sur la Philosophie de l'histoire de l'humanité* (1785-1792), disait déjà que « les Juifs continuent à être en Europe un peuple asiatique, étranger à notre partie du monde, prisonnier indissolublement de la loi antique qui leur fut donnée sous un ciel lointain » [246].

Pourtant, les Juifs ne sont pas une race [247], toutes les études scientifiques prouvent le contraire. Leurs colonies dépendent biologiquement des pays, des peuples où elles vécurent des siècles durant. Juifs d'Allemagne ou *askhenazis*, Juifs d'Espagne ou *séphardites* sont biologiquement des semi-Allemands, des semi-Espagnols, car les mélanges de sang ont été fréquents et les juiveries sont souvent nées de conversions sur place au judaïsme ; jamais elles n'ont vécu fermées au monde qui les cerne et sur lequel, plus d'une fois, elles se sont largement ouvertes. D'ailleurs comment le temps accumulé, sur d'étonnantes épaisseurs parfois, n'aurait-il pas apporté ses confusions et ses mélanges ? Ces Juifs qui, en 1492, quittent pour toujours la Sicile y étaient tout de même depuis plus de 1 500 années [248].

De plus les Juifs n'ont pas toujours vécu à part, porté des habits particuliers, ou des signes distinctifs, comme le béret jaune, ou la rouelle, ce *segno de tela zala in mezo el pecto*, dit un texte vénitien de 1496 [249]. Ils n'ont pas toujours habité un quartier spécial, un *ghetto* (du nom du quartier qui leur fut assigné à Venise et où jadis on *jetait*, versait dans ses moules le fer en fusion des canons) [250]. Ainsi, en août 1540, les Juifs de Naples, en butte à une hostilité opiniâtre et qui aura raison d'eux un an plus tard, protestent encore contre les ordres donnés et qui les obligeraient « à habiter ensemble et à porter un signe particulier », *habitar juntos y traer señal*, ce qui est contraire à leurs privilèges [251]. Et d'ailleurs, là où la règle de ségrégation joue, que d'incartades et de désobéissances ! A Venise, les Juifs de passage et les autres, dit une délibération sénatoriale de mars 1556, « vont depuis peu se répandant dans tout le territoire de la ville, s'installent dans des maisons chrétiennes, allant où bon leur semble, de jour et de nuit ». Que le scandale cesse, qu'ils soient contraints à habiter le *ghetto* « et ne puissent tenir d'auberge en aucun lieu de la ville sauf celui-là » [252]. Vers la même époque, les Juifs en provenance de Turquie arrivent en Italie avec des turbans blancs, privilège des Turcs, alors que les leurs devraient être jaunes. C'est rouerie de leur part, assure Belon du Mans [253], ils usurpent la bonne foi des Turcs qui est mieux établie en Occident que celle des Juifs. En 1566, mais ce n'est pas la première alerte, les Juifs de Milan sont contraints à porter le chapeau jaune [254].

Souvent la ségrégation tarde et s'établit mal. A Vérone, en 1599 (on en parle au moins depuis 1593), les Juifs qui « vivaient disséminés, l'un ici, l'autre là », doivent fixer leur résidence « dans le voisinage de la grande place de la ville » [255], là « où l'on vend le vin », au long de cette rue qui va jusqu'à l'église S. Sebastiano, vulgairement appelée par la suite *via delli Hebrei* [256]. En 1602 seulement une mesure analogue intervenait à Padoue où jusque-là les « Israélites vivaient la plupart disséminés aux quatre coins de la ville » [257]. En août 1602, à Mantoue, des incidents surgissent du fait que les Juifs s'y promènent comme tout un chacun, avec des bérets noirs [258].

En Espagne et au Portugal, des siècles durant, la coexistence a été la règle. Au Portugal, une des réclamations populaires les plus fréquentes concerne l'obligation faite par le Pape aux Juifs — qui ne l'observent pas — de porter des marques distinctives sur leurs vêtements, pour empêcher, disent même les Cortès de 1481, les tentatives de séduction dont les Juifs sont coutumiers à l'égard des femmes chrétiennes. Tailleurs et cordonniers juifs séduisent souvent femmes et filles dans les maisons de laboureurs où ils vont travailler [259]... En fait, au Portugal, les Juifs se sont mêlés à l'aristocratie, plus encore qu'au peuple. En Turquie, les Juifs ont des esclaves, chrétiens et chrétiennes, et « se servent des femmes chrétiennes esclaves, ne faisans autre difficulté de se mesler avec elles, ne plus ne moins que si elles estoient juifves » [260]. Non, quels que soient les interdits, ce n'est pas le sang, puissance erronée, qui maintient les communautés juives, mais l'hostilité des autres à leur endroit et leur propre répugnance à l'endroit de ceux-ci. Tout cela est affaire de religion, conséquence d'un faisceau serré de croyances et d'habitudes, d'héritages divers, voire d'habitudes culinaires. Parlant des Juifs reniés, « ils ne perdirent jamais leur manière de manger à la juive, explique Bernaldez, l'historien des Rois Catholiques [261], préparant leurs plats de viande avec oignons et aulx et les faisant revenir dans l'huile, dont ils se servaient à la place du lard ». On croirait lire une description de la cuisine espagnole actuelle... Mais la cuisine au lard, c'était l'habitude des Vieux Chrétiens et comme le dit Salvador de Madariaga, le triomphe de l'huile, par la suite, a été un héritage juif, un transfert culturel [262]... Le converti, le *marrane*, se trahissait non moins quand, le samedi, il oubliait sciemment d'allumer du feu dans sa maison. Un inquisiteur dit un jour au gouverneur de Séville : « Seigneur, si tu veux savoir comment les *conversos* fêtent le sabbat, monte avec moi sur la tour. » Et quand ils y parviennent : « Lève les yeux, et regarde toutes ces maisons habitées par des *conversos* ; si froid qu'il fasse, tu ne verras jamais, le samedi, la fumée sortir de leurs cheminées. » [263] Cette histoire rapportée par Ibn Verga (aux environs de 1500) a un accent de vérité et les coups de froid à Séville, l'hiver, ne sont que trop réels... Petits signes révélateurs : dans le Levant, les Juifs « ne mangeront jamais de la chair qu'un Turc, Grec ou Frank ait apprestée et ne veulent rien manger de gras ne des Chrestiens, ne des Turcs ; ne boivent de vin que vende le Turc ou le Chrestien » [264].

Mais bien entendu, toutes les communautés juives sont condamnées au dialogue, parfois dans des conditions dramatiques quand, autour d'elles, change le paysage entier de la civilisation dominante. Les Musulmans en Espagne se substituent aux Chrétiens, puis ceux-ci reviennent avec les triomphes tardifs de la Reconquête. Les Juifs arabophones se mettent à pratiquer l'espagnol. Même tragédie en Hongrie où, avec la poussée impériale de 1593 à 1606, les Juifs de Bude sont pris entre deux craintes, celle des Impériaux, celle des Turcs [265]... Toutes ces circonstances font d'eux les héritiers involontaires de civilisations ambiantes dont ils propagent ensuite les biens dans un sens ou dans l'autre. Sans le vouloir, vis-à-vis de l'Occident, ils ont été, jusqu'au XIIIe siècle et même au-delà, les intermédiaires de la pensée et de la science arabes, philosophes, mathématiciens, médecins, cosmographes. Au XVe siècle, les voilà prompts à s'enthousiasmer pour l'imprimerie : au Portugal, le premier livre imprimé est le Pentateuque, en 1487, à Faro, par les soins de Samuel Gacon. Ce n'est qu'une dizaine d'années plus tard qu'apparaissent au Portugal les imprimeurs allemands [266]. Si l'on songe que l'imprimerie, apportée par les Allemands en Espagne, n'y est pas antérieure à 1475, on mesure cette hâte juive à imprimer les textes sacrés. Or, chassés d'Espagne en 1492, les Juifs porteront l'imprimerie en Turquie. Vers 1550, ils ont « traduit toutes sortes de livres en leur langage hébraïque » [267]. Fonder une imprimerie, c'est œuvre pie, ce que fait, dans les campagnes de Koregismi, près d'Istanbul, la veuve de Jean Micas, duc de Naxos [268].

En 1573, Venise s'apprête, selon sa décision du 14 décembre 1571 [269], à chasser ses Juifs. Mais la roue a tourné depuis Lépante et Soranzo arrive sur ces entrefaites de Constantinople où il remplissait les fonctions de baile. Écoutez le discours que lui prête un chroniqueur juif [270], devant le Conseil des Dix : « Quelle action pernicieuse avez-vous commise là d'avoir chassé les Juifs ! Ne savez-vous pas ce que plus tard il peut vous en coûter ? Qui a rendu le Turc si fort et où aurait-il trouvé de si habiles artisans pour la fabrication des canons, des arcs, des boulets, des épées, des boucliers et des targes, qui lui permettent de se mesurer avec les autres peuples, si ce n'est parmi les Juifs que les Rois d'Espagne avaient chassés ! » Vers 1550, une description française de Constantinople [271] le dit déjà : « lesquels (marranes) sont ceulx qui ont donné à cognoistre auxdicts turqz les manières tant de traffiquer que de négocier es affaires de quoy nous usons mécaniquement »…

Autre privilège : les Juifs sont, en Orient, les interprètes nés de toute conversation et sans eux rien ne serait possible ou facile. Belon du Mans [272] l'explique : « ceux qui se partirent d'Espaigne, d'Alemaigne, Hongrie et Boesme ont apprins le langage (de ces pays) à leurs enfants : et leurs enfants ont apprins la langue de la nation où ilz ont à converser, comme Grec, Esclavon,

Turc, Arabe, Arménien et Italien »... « Les Juifs qui
sont en Turquie sçavent ordinairement parler quatre ou
cinq sortes de langage : et y en a plusieurs qui en
sçavent dix ou douze. » Cette observation lui revient à
l'esprit à Rosette, en Égypte, où les Juifs « se sont si
bien multipliez partout (*sic*) les pays où domine le Turc
qu'il n'y a ville, ne village qu'ilz n'y habitent et aient
multiplié. Aussi parlent-ilz toutes langues, chose qui
nous a si bien servis non seulement à nous interpréter,
mais aussi à nous racompter les choses comme elles
estoyent en ce pays là »[273].

Sur le plan linguistique, il est curieux que les Juifs
chassés d'Allemagne aux XIVᵉ, XVᵉ et encore au XVIᵉ
siècles et qui vont faire la fortune de la Pologne juive y
introduisent leur langue, un allemand particulier, le
yiddisch[274], de même que les Juifs espagnols qui, après
1492, formeront les fortes colonies d'Istanbul et surtout
de Salonique, y apporteront leur langue, le *ladino*,
l'espagnol de la Renaissance, et ils garderont une vraie
tendresse à l'égard de l'Espagne dont les manifestations
abondent[275] (preuve que l'on emporte quelquefois sa
patrie à la semelle de ses souliers). Petits détails à
côté de ces immenses réalités : un hispaniste retrouve
aujourd'hui les airs et les mots de romances médiévales
espagnoles, auprès des Juifs du Maroc[276] ; un historien
nous apprend aussi la lenteur avec laquelle les Sépharditer
de Hambourg s'adaptent (et mal) à la langue
allemande[277]. Fidélité aussi, celles de ces communautés
juives de Salonique, intitulées *Messina, Sicilia, Puglia,
Calabria*[278].

Ces fidélités ne vont pas sans inconvénients : elles
créent des catégories. Des nations juives se dessinent
et, à l'occasion, se querellent. Ainsi Venise a créé, l'un
à côté de l'autre, de 1516 à 1633, trois *ghettos*, le
vecchio, le *nuovo*, le *nuovissimo*, îlots joints de très
hautes maisons (jusqu'à sept étages) car l'espace y
manque et l'occupation humaine y est la plus dense de
la ville. Le *vecchio*, celui des Juifs *levantini*, est sous le
contrôle des *Cinque Savii alla Mercanzia*, depuis 1541 ;
le *nuovo*, sous le contrôle des *Cattaveri*, abrite les Juifs

allemands, les *Todeschi* qui, ne pouvant y loger tous,
passent en partie dans le vieux ghetto. Ces *Todeschi*,
acceptés à l'époque de la Ligue de Cambrai, sont les
Juifs pauvres s'occupant de friperie et de prêts sur
gages, c'est à eux que sera confié le Mont de Piété de
Venise — *li banchi della povertà*. Cependant, les Juifs
spécialistes du grand commerce, portugais et levantins,
tour à tour détestés ou choyés par la Seigneurie,
obtiennent un statut à part, sans doute à partir de
1581 [279]. Mais, en 1633, tous les Juifs, y compris les
Ponentini, sont réunis dans les mêmes ghettos. D'où
des querelles sociales, religieuses, culturelles dans ce
faux petit monde concentrationnaire.

Ces traits n'empêchent pas qu'il n'y ait, avec ses
vivacités et ses remous, une civilisation juive, et certes
pas inerte ou « fossile », comme le soutient Arnold
Toynbee [280]. Vigilante, agressive, au contraire, parfois
en proie à d'étranges messianismes, particulièrement en
cette première modernité où elle est partagée entre un
rationalisme qui débouche, pour quelques-uns, sur le
scepticisme et l'athéisme, bien avant Spinoza, et une
propension des masses à la superstition et à l'exaltation
gratuites. Toute persécution entraîne, par choc en
retour, des mouvements messianiques, ainsi au temps
de Charles Quint, de 1525 à 1531, ces pseudo-messies,
David Rubeni et Diogo Pires, qui soulèvent les Juifs
portugais [281] ; ainsi au XVIIe siècle, l'immense marée que
provoquera la propagande messianique de Sabbataï
Zevi [282] en Orient, en Pologne et même au-delà.

Mais ces crises aiguës mises à part, il serait erroné de
supposer que l'attitude juive ait été d'ordinaire paisible
ou tolérante. Elle s'est montrée active, prompte au
prosélytisme et au combat. Le ghetto n'est pas seulement
le symbole de la prison où l'on a enfermé les Juifs,
mais de la citadelle où ils se sont retirés d'eux-mêmes
pour défendre leurs croyances et la continuité du
Talmud. Un historien aussi sympathique aux Juifs que le
grand Lucio de Azevedo peut soutenir que l'intolérance
juive, au seuil du XVIe siècle, a été « plus grande
certainement que celle des Chrétiens » [283], ce qui est

sans doute trop dire. Mais enfin cette intolérance est
évidente. Le bruit courut même — absurde en soi, mais
il courut vers 1532 — que les Juifs avaient tenté de
convertir Charles Quint à la foi mosaïque, lors de son
passage à Mantoue [284] !

Ubiquité des communautés juives

Ne le voudraient-ils pas, que les Juifs seraient obligatoirement condamnés à être de grands artisans des
échanges. Ils sont, ou ont été partout ; chassés, ils ne
quittent pas forcément les lieux interdits, ils y reviennent.
Ils seraient absents, officiellement, d'Angleterre de 1290
à 1655, date de leur pseudo-réadmission au temps de
Cromwell ; en fait, Londres a ses marchands juifs dès
le début du XVIIᵉ siècle, peut-être plus tôt. De même la
France s'en débarrasse une fois pour toutes, en 1394,
mais ils sont très tôt à nouveau (marranes, il est
vrai, et apparemment chrétiens) à Rouen, à Nantes, à
Bordeaux, à Bayonne, ces étapes habituelles pour les
marranes du Portugal gagnant Anvers et Amsterdam.
Henri II, « roi de France, permit aux marchands juifs
de Mantoue de se rendre dans les villes de son royaume,
de faire du commerce dans le pays. Il les affranchit
également de leurs taxes et lorsqu'ils allèrent lui présenter leurs hommages et leurs remerciements, il se montra
bienveillant envers eux, cette année-là » [285], sans doute
en 1547. Plus curieux, sinon plus important, le bruit
qui court au printemps 1597 à Paris, et peut-être à
Nantes où le recueille le service des renseignements
espagnol : le roi de France songerait à « faire revenir
les Juifs que le Très Chrétien Roi Saint Louis avait
chassés » [286]. Le bruit se répète, quatre ans plus tard,
en 1601. « Un Juif principal (du Portugal), explique à
Henri IV l'ambassadeur Philippe Canaye, m'a dit que
si Votre Majesté voulait permettre à la nation d'habiter
la France, elle en tirerait de la commodité et peuplerait
son royaume de plus de 50 000 familles de gens avisés
et industrieux. » [287] Vers 1610, parmi les Morisques qui
entrent en France où ils ne feront d'ordinaire que
transiter, des Juifs notamment et des marranes portugais

se sont mêlés aux exilés et « se seraient installés sous le masque chrétien en France, et particulièrement en Auvergne » [288].

Dans le Midi de la France, les Juifs ont été peu nombreux. Vers 1568-1570, ils étaient chassés des villes de Provence et se réfugiaient à l'amiable en Savoie [289]. A Marseille où la politique de la ville a été variable, ils sont seulement quelques-uns au début du XVIIe siècle [290]. Des Juifs chassés d'Espagne, en 1492, s'installèrent dans le Languedoc, y restèrent et « accoutumèrent (les Français) à trafiquer en Barbarie » [291]. Sous le masque de Nouveaux Chrétiens, ils sont apothicaires et médecins à Montpellier ; Félix Platter loge chez l'un d'eux. A Avignon, à la fin du siècle, abrités par le Pape, ils sont 500, mais n'ayant le droit « d'acheter ni maison, ni jardin, ni champ, ni pré dans ou hors la ville », réduits au métier de fripiers ou de tailleurs [292]...

Bien entendu, l'Allemagne et l'Italie sont trop diverses pour qu'ils puissent y être chassés de partout à la fois en même temps, et Dieu sait pourtant qu'ils furent débusqués dix fois pour une. Une ville leur ferme ses portes, une autre leur ouvre les siennes. Quand Milan, en 1597, après bien des hésitations, se débarrasse de ses « Hébreux », d'ailleurs peu nombreux, ceux-ci, dans la mesure où nous sommes renseignés à leur sujet, gagnent Verceil, Mantoue, Modène, Vérone, Padoue « et les localités environnantes » [293]. Ce sont là souvent comédies de porte à porte (même quand elles tournent mal). Comédie à Gênes où, chassés solennellement en 1516, les Juifs rentrent en 1517 [294]. Comédie à Venise, à Raguse, puisque tout s'y arrange : en mai 1515, la petite ville enflammée par un moine franciscain chasse ses Juifs ; ceux-ci aussitôt, en Pouille et en Morée, font le blocus des grains contre la République de saint Blaise (preuve qu'ils sont les maîtres de ce ravitaillement) et celle-ci doit les accueillir à nouveau ; en 1545, à peine songe-t-on à les expulser que le Sultan rappelle les Ragusains à l'ordre [295]... En 1550, c'est Venise qui voudrait chasser les siens, mais elle s'aperçoit qu'ils contrôlent et cernent son commerce : laine, soie, sucre,

épices — et que les Vénitiens eux-mêmes se contentent
souvent de revendre leurs marchandises, *guadagnando
le nostre solite provizioni*, en y gagnant seulement les
commissions habituelles[296]. En fait, l'Italie s'est remplie
d'une grande quantité de Juifs avec les expulsions
successives de France, d'Espagne et de Portugal, principalement dans l'État du Saint Siège où ils se sont
réfugiés de préférence. A Ancône, une étonnante fortune
a commencé pour eux : avant les persécutions violentes
de Paul IV en 1555 et 1556, ils sont 1770 chefs de
famille, qui achètent comme ils veulent des biens
immobiliers, des maisons, des vignes, « ne portant
aucun signe qui puisse les distinguer des Chrétiens »[297].
En 1492, l'expulsion des Juifs de Sicile a porté sur plus
de 40 000 personnes[298], nous dit-on, en énorme majorité
de modestes artisans dont l'île supportera mal le départ.
A Naples, au contraire, qui ne sera que dix ans plus
tard sous le contrôle du Roi Catholique, des Juifs peu
nombreux, mais riches et actifs comme les Abravanel,
se maintiendront jusqu'en 1541[299]...

Il serait incongru de comparer ces Juifs chassés aux
troupes alertes des bandits, mais enfin Hébreux et
hors-la-loi profitent des facilités d'une carte politique
compliquée, en Allemagne comme en Italie. D'ailleurs
près de l'Allemagne, il y a les commodités de la Pologne
que gagnent des chariots où les fugitifs, le cas échéant,
s'entassent avec leurs hardes ; et près de l'Italie, les
commodités de la mer et du Levant. Les Vénitiens, en
1571, parlent d'expulser leurs Juifs, certains sont déjà
à bord de navires en partance quand l'ordre est révoqué[300]. Ces départs par mer ne vont pas bien sûr sans
danger : prendre les bagages, vendre les personnes, la
tentation est grande pour le maître du navire. En 1540,
un capitaine de vaisseau ragusain pille ses passagers,
des Juifs qui fuient Naples, et les abandonne à Marseille
où le roi de France, François Ier, a pitié d'eux et les
renvoie sur ses propres vaisseaux dans le Levant[301]. En
1558, des Juifs fugitifs de Pesaro[302] gagnent Raguse,
puis font voile vers le Levant : l'équipage, peut-être
ragusain, s'empare d'eux et les vend dans les Pouilles

comme esclaves. En 1583, des matelots, grecs cette fois, massacrent 52 de leurs 53 passagers juifs [303].

Toujours en quête de villes « où leurs pieds pourraient trouver du repos » [304], les Juifs sont finalement et forcément partout. En voici, en 1514, à Chypre où les recteurs reçoivent de la Seigneurie de Venise l'ordre de n'autoriser aucun de ces Juifs à porter le béret noir aux lieu et place du béret jaune [305]. Voici, à Istanbul, douze Juifs candiotes en mauvaise posture, occasion d'apprendre que dans leur île, « ils sont plus de 500 » [306]. Dans une autre île vénitienne, à Corfou, en 1588, ils sont 400, *sparsi per la città con le lor case conggionte con quelle di Christiani*, éparpillés dans la ville et leurs maisons mêlées à celles des Chrétiens : il serait bon, dit notre document, de les séparer les uns des autres, pour la satisfaction de chacun [307]. En fait, les Juifs corfiotes jouiront toujours d'avantages évidents auprès des autorités vénitiennes [308].

Si nous voulions marquer la dispersion juive à l'échelle de la plus Grande Méditerranée et du monde, nous les retrouverions sans difficulté à Goa, à Aden, en Perse, « soubs le baston à l'ombre duquel ils passent leur misérable vie dans tout le Levant », mais cette remarque est de 1660 [309], la roue a tourné et tournera encore. En 1693, en effet, un document français nous montre des Juifs portugais et italiens qui se sont établis dans le Levant « depuis 40 ans » et se sont glissés sous la protection des consuls de France à « Smirne ». Ils s'étaient glissés également à Marseille, où « insensiblement ils s'estoient mis en possession d'une grosse partie du commerce du Levant, ce qui obligea feu M. de Seignelay de les faire chasser de Marseille par une ordonnance du Roi » [310]. Mais l'affaire est reprise par eux à l'autre bout des trafics, dans le Levant même. Des Juifs sont à Madère et si nombreux dans l'île de São Tome que (ce sont évidemment de nouveaux chrétiens) ils y judaïsent « ouvertement » [311] ; en Amérique, ils sont les premiers arrivés et les premiers martyrs, dès 1515, à Cuba, de l'Inquisition espagnole [312] qui ne s'en tiendra pas là ; en 1543, Philippe, alors régent des

royaumes d'Espagne, les avait chassés — geste tout
théorique — des Indes de Castille [313]... Les Juifs sont
nombreux aussi en Afrique du Nord et jusqu'au Sahara.

Judaïsme et capitalisme

Le Juif, paysan jadis comme l'Arménien, s'est
détourné depuis des siècles et des siècles du travail
de la terre. Partout il est financier, munitionnaire,
marchand, usurier, prêteur sur gages, médecin, artisan,
tailleur, tisserand, voire forgeron... Très pauvre parfois ; médiocre prêteur sur gages à l'occasion. Très
pauvres assurément ces Juives, vendeuses à la toilette,
offrant sur les marchés de Turquie des mouchoirs, des
serviettes, des pavillons de lit [314], ou tous ces Juifs, par
monts et par vaux, dont les décisions rabbiniques nous
disent dans les Balkans les querelles et les occupations,
modestes le plus souvent [315]. Les prêteurs sur gages,
même les plus humbles, sont presque une bourgeoisie
dans ces colonies souvent faméliques. En Italie, le
nombre de ces prêteurs est élevé et leurs services efficaces
dans les campagnes et les petites villes qui les animent.
En septembre 1573, le podestà de Capodistria [316]
demande qu'un banquier juif soit appelé dans la ville,
sinon les habitants, en proie à de continuelles chertés
iront, comme ils le font, chez les usuriers de Trieste
qui prêtent à 30 et 40 p. 100, ce qui n'arriverait pas
avec un prêteur juif sur place ; l'année suivante, en
1574, la *povera communità* de Castelfranco demande à
la Seigneurie de Venise, qui le lui accorde le 6 avril, de
concéder à *Josef ebreo... di tener banco nella cittadina,
col divieto però di poter prestare salvo che sopra beni
mobili*, il ne prêtera que sur biens meubles [317]. De même
en 1575, la *communità* de Pordenone suppliait à son
tour « pour l'avantage de nombreux pauvres » de
pouvoir autoriser *un ebreo a tener banco* [318] ; ce qui ne
veut pas dire qu'ensuite tout allait pour le mieux entre
prêteurs juifs et emprunteurs chrétiens. En 1573, la
communità de Cividale del Friul [319] avait demandé ainsi
« à être libérée de la voracité hébraïque qui ronge sans
fin et consume les pauvres de cette ville ». Un *monte*

di hebrei est dévalisé à Conegliano, en juillet 1607, par des bandits de grands chemins, des *fuorusciti*. Les *capelletti* de la Seigneurie (nous dirions les *carabinieri*) les prennent en chasse, récupèrent le butin (5 000 ducats entre bijoux et autres gages), tuent quatre des bandits dont ils portent les têtes à Trévise, y conduisant deux prisonniers vivants [320].

Mais à côté de ces prêteurs à la petite semaine et de ces usuriers, il y a, souvent expulsés, puis rappelés, toujours sollicités, de gros marchands juifs. On les aperçoit à Lisbonne, malgré leurs masques de nouveaux chrétiens, ou, s'ils sont riches, de parfaits chrétiens, les Ximenes, les Caldeira, les Evora... On voit leur action novatrice, ainsi celle de Michel Rodriguez, ou mieux Rodrigua, juif levantin, inventeur à Venise de l'escale de Spalato [321] ; on devine leur puissance, ainsi celle de Samuel Abravanel et de sa riche famille qui tiennent à bout de bras, des années durant, le sort des Juifs de Naples, prêtant au roi, et que nous voyons intéressés au commerce du sucre de Madère et aux foires de Lanciano, au trafic céréalier [322] ; on devine une colossale réussite à travers la carrière sans pareille de la famille portugaise des Mendes et de leur neveu, Juan Minguez dit Jean Miques, le Juan Micas des *avisos* espagnols du Levant [323]. Marrane, il retourne au judaïsme à Istanbul où il devient une sorte de Fugger, tout puissant presque jusqu'à sa mort (1579), rêvant d'être un « roi des Juifs » et de constituer un État en Terre Sainte (il a relevé les ruines de Tibériade), d'être « roi de Chypre », et se contentant finalement d'être nommé par le Sultan, faute de mieux, duc de Naxos, nom sous lequel il est connu des historiens, volontiers hagiographes, qui se sont occupés de lui.

Mais même cette réussite éclatante dépend d'une situation d'ensemble. Les historiens qui s'occupent de la Turquie du XVIe siècle y signalent (trop tard peut-être) le triomphe des marchands juifs [324]. C'est eux qui bientôt, avec les marchands grecs, afferment les revenus fiscaux et même les revenus des riches propriétaires fonciers et le réseau de leurs affaires s'étend à l'Empire

tout entier. Belon du Mans qui les a observés, vers
1550, dit déjà à leur sujet : « Ilz ont tellement embrassé
le traffic de la marchandise de Turquie que la richesse
et revenu du Turc est entre leurs mains : car ilz mettent
le plus hault pris à la recepte du tribut des provinces,
affermans les gabelles et le labordage des navires et
autres choses de Turquie... » Et, conclut-il, « pource
que j'ay souventes fois esté contrainct de me servir des
Juifs et de les hanter, j'ay facilement connu que c'est
la nation la plus fine qui soit et la plus pleine de
malice »[325]. Sans ces fortunes collectives rien ne serait
possible de vies comme celle du duc de Naxos. De
même, j'imagine que la fortune des financiers juifs
allemands à partir de la Guerre de Trente Ans, de ces
Hofjuden, de ces « Juifs de Cour »[326], n'est guère
pensable sans les accumulations d'argent des années
paisibles qui suivent la Paix d'Augsbourg (1555), et qui
ont préparé pour les juiveries allemandes les revanches
à venir. De même, à la fin du XVIe siècle, la liaison
des Juifs portugais, maîtres du sucre et des épices,
possesseurs de gros capitaux, a aidé le succès d'Amsterdam. De même l'Amérique entière a été prise dans leur
réseau d'affaires...

Cela ne veut pas dire que tous les marchands juifs
soient riches ou sans inquiétude. Ni que le judaïsme
soit responsable, en raison de sa vocation spéculative
ou de son éthique, de ce que nous appelons le capitalisme, ou plutôt le précapitalisme du XVIe siècle ; ni
qu'« Israel aille au-dessus de l'Europe tel le soleil, et
qu'où il brille, la vie nouvelle jaillisse, tandis que dans
les régions qu'il abandonne, tout ce qui avait fleuri se
flétrit »[327]. Mais plutôt que les Juifs ont su s'adapter à
la géographie comme à la conjoncture changeante des
affaires. S'ils sont un « soleil », rassurons-nous, c'est
un soleil téléguidé à partir de la terre. Les marchands
juifs vont vers les régions en essor, ils en profitent
autant qu'ils contribuent à leur éclat. Il y a réciprocité
des services rendus. Le capitalisme, c'est mille choses à
la fois et aussi un système de calculs, un usage de
techniques, celles de l'argent et du crédit : or, dès avant

la prise de Jérusalem par les Croisés, en 1099, les Juifs connaissent la *suftaya*, lettre de change, le *sakh*, le chèque[328], couramment utilisés dans le monde musulman. Cet acquis a pu se conserver malgré les déménagements des communautés juives.

De plus, tout capitalisme implique un réseau, une série de confiances, de complicités disposées, à point nommé, sur l'échiquier du monde. La Révocation de l'Édit de Nantes (1685) n'a pas, à elle seule, entraîné le succès de la banque protestante, inauguré dès le XVIe siècle, mais en a ouvert la grande période, les Protestants disposant, entre la France, Genève, les Pays-Bas et l'Angleterre, d'un réseau de vigilances et de collaborations. Il en a été ainsi des siècles durant, pour les marchands juifs. Ils sont le premier réseau marchand du monde, car ils sont partout : dans les zones mortes ou sous-développées où ils jouent les rôles de l'artisan, du boutiquier, ou du prêteur sur gages, et dans les villes essentielles où ils prennent leur part des essors et des bonnes affaires. Parfois en très petit nombre : à Venise, ils sont 1 424 en 1586[329] ; à Hambourg[330], au début du XVIIe siècle, à peine y a-t-il une centaine de personnes ; 2 000 au plus à Amsterdam, 400 à Anvers en 1570[331]. Giovanni Botero[332], à la fin du XVIe siècle, parle bien de 160 000 Juifs à Constantinople et à Salonique[333], cette ville étant le principal refuge des exilés, mais à peine compte-t-il 160 de leurs familles à Valona, autant à Sainte Maure, 500 à Rhodes, 2 500 personnes entre le Caire, Alexandrie, Tripoli de Syrie, Alep et Angora... Précisions plus ou moins sûres. Cependant on peut affirmer que là où la population est dense, à Salonique et à Constantinople par exemple, des destins difficiles sont à prévoir et la nécessité pour les exilés de pratiquer tous les métiers, même ceux qui sont peu lucratifs. Que l'on songe aux tisseurs de laine, aux teinturiers de Salonique, d'Istanbul et d'ailleurs, aux marchands itinérants des foires paysannes, acheteurs de toisons ou de cuirs... Les petites colonies, au contraire, sont souvent celles de marchands opulents, favorisés par la localisation de riches trafics, souvent attirés par ces trafics mêmes et alors nouveaux venus.

Au XIIIᵉ siècle, les foires de Champagne sont le centre de l'économie marchande de l'Occident. Tout afflue vers elles, tout en repart. Les Juifs sont au rendez-vous. Dans les villes et villages de Champagne [334], un certain nombre mêlés à la vie agricole et, plus encore, artisanale du pays, possèdent des prés, des vignes, des biens-fonds, des maisons qu'ils vendent ou achètent, mais ils sont déjà, et avant tout, des marchands et des usuriers, « le prêt semblant l'emporter de beaucoup sur le commerce », prêts aux seigneurs, notamment aux comtes de Champagne, et aux monastères. Attirés par les foires de Champagne et la prospérité qu'elles dispensent, les Juifs n'y jouent pas un rôle direct (les exceptions confirment la règle) ni surtout prépondérant. Toutefois ils en tiennent certaines avenues.

Avec le repli du XIVᵉ siècle, la seule région économiquement à l'abri en Occident, c'est l'Italie : les marchands juifs s'y multiplient à plaisir, une étude récente [335] les montre colonisant les bas postes de l'usure, évinçant leurs concurrents, sur ce plan élémentaire de la vie marchande.

Aux XVᵉ et XVIᵉ siècles, les grands commerces en Méditerranée sont ceux d'Afrique du Nord et du Levant. Or, en 1509, quand les interventions espagnoles provoquent à Tlemcen le massacre, par la foule, des marchands chrétiens, les Juifs partagent leur sort [336]. Ils sont également à Bougie, à Tripoli où s'installe l'Espagnol, en 1510 [337]. Dans cette même ville de Tlemcen en 1541, lors de l'entrée des troupes espagnoles, « les Juifs qui y étaient en grand nombre furent faits prisonniers et vendus par le vainqueur comme esclaves... Une partie d'entre eux furent rachetés à Oran et à Fez, d'autres se virent emmener captifs en Espagne, où on les força d'abjurer l'Éternel, le Dieu d'Israël » [338]. Quelques années plus tôt, le spectacle avait été le même lors de la prise de Tunis, en 1535, par Charles Quint. Les Juifs « furent vendus, hommes et femmes, raconte le médecin Joseph Ha Cohen [339], dans les contrées les plus diverses, mais à Naples et à Gênes, les communautés d'Italie en rachetèrent un grand nombre. Dieu s'en souvienne en leur faveur ! ».

En Afrique du Nord, les communautés juives sont vivaces, belliqueuses encore au début du XVIe siècle, selon le témoignage de Léon l'Africain, capables de résister, survivant ainsi au cœur ingrat du préside espagnol d'Oran jusqu'en 1668 [340], mêlées à tous les trafics. Une enquête menée dans le préside oranais, en 1626 [341], signale l'arrivée de caravanes chamelières en provenance du Sahara ; l'une d'entre elles, venant du Tafilalet et du Figuig, est accompagnée de « Juifs de guerre », simples marchands en vérité car en Espagne, comme en pays d'Islam, on distingue les *Moros de paz*, sujets qui vivent près de la citadelle, et les insoumis, les *Moros de guerra* ; il y a de même des Juifs *de paz* et *de guerra*. Mais cette présence de marchands juifs sur cet axe d'un trafic ancien n'est pas sans intérêt.

Dans le Levant, nos témoignages insistent sur l'énorme participation des marchands juifs ; maîtres à Alep et plus encore (les Juifs portugais) au Caire, prêteurs d'argent auxquels les Chrétiens ont recours et entre les mains de qui l'activité caravanière aboutit de toute évidence.

Que dire encore ? Qu'à Venise, la présence juive est continue malgré des tensions, des querelles suivies d'accords ou de réconciliations. Une expulsion a eu lieu, sans doute, celle des riches marranes en 1497 [342], à la suite de leurs spéculations sur le blé sicilien dont se nourrit Venise, mais il s'agit là d'une petite fraction, et de nouveaux venus (tout laisse à penser qu'ils sont revenus, puisqu'il est question de les chasser encore en 1550 [343], et que nous les trouvons nommément à Venise jusqu'à la fin du siècle et au-delà). De même, j'ai signalé la présence juive à Milan et dans le Milanais jusqu'en 1597. A Rome, ils continuent une vie un peu étriquée, mais triomphent à Ancône, tant qu'Ancône reste vivante, c'est-à-dire jusqu'aux premières années du XVIIe siècle ; à Livourne, ils sont les ouvriers de la réussite médicéenne dès son vrai départ, c'est-à-dire à partir de 1593 [344].

Où il serait intéressant de voir leur jeu, c'est évidemment à Gênes, capitale de la richesse du monde, mais à ce propos, nous manquons de bons renseignements. D'une seule chose nous sommes sûrs, de l'hostilité à leur endroit. A Gênes, la jalousie des artisans et des médecins contre la concurrence juive aboutit à l'expulsion de la communauté, le 2 avril 1550, le décret « proclamé à son de trompe, comme on l'avait fait, dit un témoin, du temps de mon père, Rabbi Yehochoua ha-Cohen », en 1516. Ce même témoin, le médecin Joseph Ha Cohen, alla s'installer non loin, sur le territoire de la *Dominante*, à Voltaggio où il continua à exercer son métier [345]. On retrouve, en 1559, l'hostilité génoise — ou du moins celle d'un Génois important, Negron de Negri, « l'homme pervers qui était comme un aiguillon dans le flanc » [346] des Juifs ; il tentera de les chasser du Piémont, en vain d'ailleurs. En juin 1567, les Génois les chassaient de leur *Dominio* où ils les avaient tolérés après l'expulsion qui en avait débarrassé la seule ville de Gênes. Le médecin Joseph Ha Cohen quitte alors Voltaggio et va s'établir « à Castelleto, sur le territoire du Montferrat où tout le monde m'accueillit avec joie » [347]. Des renseignements plus précis feraient mieux notre affaire. Les grands marchands juifs eurent-ils ou non, comme je le pense, accès aux foires de Plaisance ?

Dernier trait à rappeler : cette poussée marrane à travers la Méditerranée qui prépare la venue hollandaise et signale les débuts du siècle d'Amsterdam, à l'horloge de l'histoire générale. En 1627, le comte duc Olivares pousse sur la scène décisive des *asientos* les marranes portugais ; un autre âge de la finance s'affirme qui d'ailleurs avait commencé bien avant cette date [348]. Il s'annonçait à bien des signes. En 1605 déjà, il avait été question de donner à 10 000 Juifs licence de s'établir en Espagne pour aider à mieux organiser les finances du Roi Catholique que sous le régime des *asentistas* chrétiens [349]. Nous pourrions continuer nos relevés et

indiquer la présence juive au XVIIᵉ siècle à Marseille,
à Livourne, à Smyrne, les trois villes vivantes de
Méditerranée ; à Séville, à Madrid, à Lisbonne, places
essentielles encore, à Amsterdam enfin et déjà à Londres
où s'installait le riche marchand Antonio Fernandez
Carvajal, *the great Jew*, entre 1630 et 1635 [350]. Mais
notre démontration se suffit à elle-même.

Juifs et conjoncture

Si l'on met en forme de tableau chronologique la liste
des persécutions, massacres, expulsions et conversions
forcées qui sont le martyrologe de l'histoire juive, une
corrélation se marque entre les mouvements de la
conjoncture et ces mesures féroces. Celles-ci sont toujours sous la dépendance des intempéries de la vie
économique, elles les accompagnent. Ce ne sont pas
seulement les hommes, les princes, ou les « pervers »
dont il ne s'agit pas de nier le rôle, qui mettent fin aux
facilités et aux splendeurs des juiveries occidentales en
Angleterre (1290), en Allemagne (1348-1375), en Espagne (*pogrome* de Séville et conversion forcée en 1391),
en France (expulsion définitive des Juifs de Paris en
1394). La culpabilité majeure est celle de la récession
entière du monde occidental. Sur ce point, aucune
discussion ne me semble possible. De même, pour ne
prendre que l'exemple de l'expulsion des Juifs d'Espagne
(1492), cet événement mondial, aux dires de Werner
Sombart [351], se situe tardivement dans une période de
régression longue : elle commence avec le règne des
Rois Catholiques et court jusqu'en 1509 au moins, peut-
être 1520.

Comme la régression séculaire de 1350-1450 a rejeté
les marchands juifs vers l'Italie et son économie à
l'abri [352], la crise de 1600-1650 les trouve dans le secteur,
lui aussi à l'abri, de la mer du Nord. Le monde
protestant les a alors sauvés, privilégiés et, à l'inverse,
ils ont sauvé, privilégié le monde protestant. Après tout,
comme le remarque Werner Sombart, Gênes était aussi
bien placée que Hambourg ou Amsterdam par rapport

aux routes maritimes qui courent vers l'Amérique, les Indes ou la Chine [353].

Mais ces ajustements entre conjoncture et vicissitudes du peuple juif ne valent pas seulement pour les grands événements et les phases longues, ils valent pour les crises de détail, presque au fil des années et des jours. Il est logique, pour reprendre ce minuscule exemple, que Raguse, en 1545, ait songé à expulser ses Juifs, c'est qu'elle connaît alors, comme tout un chacun, des affaires difficiles. De même, ces mesures que Venise prend si volontiers contre ses Juifs et ceux de Terre Ferme, pendant la longue régression de 1559 à 1575, tout se précipitant avec les années de guerre contre le Turc de 1570 à 1573 [354]. Juifs levantins arrêtés, marchandises juives séquestrées, conditions étroitement fixées au maintien des Juifs à Venise (18 décembre 1571), projet d'expulsion des Juifs de Brescia, de Venise même ; jeunes Juifs saisis en Adriatique et mis à la rame « jusqu'à la fin de la guerre »... Ce fut alors une époque d'angoisse pour « Jacob » [355]. Tout cela, jusqu'à l'évidence, relève de la conjoncture. De même les persécutions violentes contre les Juifs de Ferrare, en 1581, qui sont à joindre au dossier copieux déjà de la crise cyclique, si accusée, de 1580-1584 [356]...

Mais que la conjoncture *longue* se rétablisse de 1575 à 1595 et tourne au beau, cela facilite la vie économique entière de la mer et en particulier celle des colonies juives, où qu'elles soient implantées. (A Rome, Sixte Quint (1585-1590) les protège [357].) Si l'on ne se trompe pas, la part du capitalisme juif dans les échanges maritimes ne cesse alors de grandir. Il est le maître à Ancône [358], mais aussi à Ferrare [359], sinon à Venise. Tous ces succès « portugais » ou « levantins », la liaison avec le Sous marocain et ses engins à sucre [360], la création de Spalato [361], ou telle proposition, en mars 1587 [362], du grand homme qu'est Daniel Rodriga de constituer à Istanbul un dépôt de 20 000 ducats aux ordres du baile contre une avance équivalente sur les douanes de Venise, ou l'intention, vers 1589, d'accueillir les Juifs de Ferrare [363] : cette liberté dans les projets et les actions signale un changement de climat. Le régime accordé aux Juifs *levantini* et *ponentini* en 1598 est d'une réelle libéralité ; un sauf-conduit leur est donné pour dix ans et, au terme de ce délai, s'il n'est dénoncé, il sera reconduit *ipso facto* ; les conditions sont les mêmes qu'en 1589, dix ans plus tôt. Petite amabilité, « ils pourront porter en voyage le béret noir et les armes habituelles, non à Venise »[364]. En fait, Venise est alors devenue, au détriment de Ferrare, le grand centre de rassemblement des marranes en Italie, le point où ils prennent contact avec les Juifs d'Allemagne et du Levant. Signe qui ne trompe pas : Venise joue le rôle d'une capitale intellectuelle, une littérature marrane, portugaise et espagnole s'imprime sur les presses véni- tiennes avant que le relais ne soit pris par les imprimeurs d'Amsterdam et de Hambourg[365].

Il y a ainsi, d'Amsterdam à Lisbonne, à Venise et Istanbul, une victoire, pour le moins un mieux-être des colonies juives. La chasse, en Méditerranée, aux marchandises juives à bord des navires n'est pas une chasse vaine, ni un signe sans valeur, mais la marque d'une certaine prospérité contre laquelle s'emploient de multiples adversaires. La chasse est commencée d'ail- leurs depuis longtemps. Dès 1552[366] et encore en 1565[367], les plaintes juives signalent les vaisseaux des « très méchants moines » de Malte, ce « piège et filet où se prend le butin enlevé aux dépens des Juifs »[368]. A la fin du siècle, Toscans, Siciliens, Napolitains, Grecs des îles se sont joints aux galères de course[369] : c'est peut- être que le butin a grossi. De ce relèvement des affaires juives, il y a d'autres signes, ainsi la réouverture, à leur bénéfice, d'un commerce avec Naples. Après leur expulsion de 1541, seul l'accès des foires de Lanciano et de Lucera leur avait été permis, semble-t-il. Mais, dès 1590, on envisageait une reprise des rapports commerciaux[370], celle-ci fut acquise en septembre 1613[371].

Forçons les termes : de même qu'il est courant de parler d'un « siècle » des Fugger, d'un « siècle » des Génois, il n'est pas hors de saison, dans l'état actuel des recherches, de parler d'un « siècle » des grands marchands juifs, à partir des années 1590-1600 et se poursuivant jusque vers 1621, ou même 1650. Et ce « siècle » a eu de vives couleurs intellectuelles.

Comprendre l'Espagne

Le destin juif ne peut se peser hors du contexte de l'histoire mondiale, hors de l'histoire du capitalisme (on a dit trop vite que les Juifs n'en étaient pas les inventeurs, ce qui est peut-être vrai, mais y a-t-il eu *un* inventeur ? en tout cas ils y participent à part entière). Peut-être le débat sera-t-il plus clair si nous le réduisons, pour finir, au seul cas puissant de l'Espagne. L'image du destin juif est dans le miroir multiple de l'histoire de l'Espagne, et celle-ci à son tour se reflète dans la glace qui lui fait face.

La difficulté majeure ? ne pas glisser dans ce débat passionné les sensibilités, les vocabulaires, les polémiques d'aujourd'hui, ne pas croire au langage simplificateur des moralistes, traçant leur ligne étroite de partage entre les bons et les mauvais, le bien et le mal. Je me refuse à considérer l'Espagne comme coupable du meurtre d'Israël. Quelle serait la civilisation qui, une seule fois dans le passé, aurait préféré autrui à soi-même ? Pas plus Israël, pas plus l'Islam que les autres ! Je dis cela sans passion particulière, étant l'homme de mon temps et, quoi qu'il arrive, en faveur de ceux qui souffrent dans leur liberté, leurs corps, leurs biens, leurs convictions. Donc, ici, dans le cadre de l'Espagne, je suis en faveur des Juifs, des *conversos*, des Protestants, des *alumbrados*, des Morisques... Mais ces sentiments auxquels je ne puis échapper n'ont rien à voir avec le vrai problème. Parler à propos de l'Espagne du XVIe siècle de « pays totalitaire », voire de racisme, n'est pas raisonnable. Bien sûr, ces spectacles sont tristes, mais aussi aux mêmes moments, ceux de France, ou d'Allemagne, ou d'Angleterre, ou de Venise (à travers ses archives judiciaires).

Répétons-le : la conjoncture, force aveugle en Espagne, comme en Turquie ou dans le Nouveau Monde

qui naît à une vie universelle — la conjoncture a sa
part de responsabilité. Pour chasser les Juifs, en 1492,
les Rois Catholiques ne sont pas seuls, au lendemain de
la prise de Grenade, d'une victoire comme toujours
mauvaise conseillère : il y a aussi ce temps économiquement maussade, ces blessures qui guérissent mal... Enfin
les civilisations, elles aussi, ont leurs conjonctures
longues, elles sont en proie à des mouvements de masse,
comme si la pesanteur de l'histoire les emportait sur
des pentes secrètes, juste assez déclives pour que tout
glisse sans que nul n'en soit conscient, ou responsable.
Et c'est le sort des civilisations de se « partager » [372]
d'elles-mêmes, de subir ce dur travail de soi sur soi, de
laisser derrière elles une partie de leurs héritages et de
leurs bagages. Sans fin, toute civilisation hérite d'elle-
même et choisit entre les biens que les pères lèguent
aux enfants. Certains bagages sont laissés au bord de
la route. Or aucune civilisation n'a été contrainte de
travailler sur elle-même, de se « partager », de se
déchirer autant que l'ibérique au temps de sa splendeur,
des Rois Catholiques à Philippe IV. Je dis bien la
civilisation ibérique. Elle est une variété particulière de
la civilisation d'Occident, une avancée, une extrémité
de celle-ci, jadis presque entièrement recouverte par des
eaux étrangères. Durant le « long » XVIe siècle, la
Péninsule, pour redevenir Europe, s'est faite Chrétienté
militante ; elle s'est partagée de ses deux religions
superfétatoires, la musulmane et l'hébraïque. Elle a
refusé d'être Afrique ou Orient, selon un processus qui
ressemble, d'une certaine manière, à des processus
actuels de décolonisation. Chacun peut rêver, pour elle,
d'un autre destin. Elle aurait pu rester un pont entre
Europe et Afrique, selon son destin géographique et sa
vocation historique, des siècles durant. Elle aurait pu...
Mais un pont signifie une double circulation. L'Europe
gagne la Péninsule par les Pyrénées, les routes de
l'Atlantique et celles de la mer Intérieure et, sur cette
marge frontière, elle l'emporte sur l'Islam avec les
succès de la Reconquête qui sont aussi les siens. Les
historiens de la Péninsule le savent, aussi bien Claudio

Sánchez Albornoz qu'Américo Castro, les « ultramontains » l'emportent, une reconquête de l'Espagne par l'Europe s'ajoute à une reconquête proprement espagnole de l'espace musulman. Les grandes découvertes, plus tard, feront le reste : elles situent la Péninsule au centre du monde moderne, c'est-à-dire de la conquête du monde par l'Europe.

Dire que l'Espagne n'aurait pas dû devenir une Europe, c'est avancer une thèse, et elle a été soutenue[373]. Mais pouvait-elle ne pas le devenir ? Ce n'est pas la politique seule qui a voulu l'expulsion des hétérodoxes, qui a fait l'Inquisition espagnole en 1478, l'Inquisition portugaise en 1536, mais le populaire, la masse frénétique. A nos yeux, l'Inquisition est odieuse, moins par le nombre relativement limité de ses victimes[374] que par ses procédés. Mais sa responsabilité, celle des Rois Catholiques, celle des dirigeants de l'Espagne et du Portugal, sont-elles les forces majeures dans un combat mené par le désir profond d'une multitude ?

Avant les nationalismes forgés par le XIXᵉ siècle, les peuples ne se sentaient vraiment liés que dans un sentiment d'appartenance religieuse. Autant dire de civilisation. La cohésion massive de l'Espagne du XVᵉ siècle, c'est celle d'un peuple qui a été longtemps, en face d'une autre civilisation, le plus faible, le moins brillant, le moins intelligent, le moins riche et qui, d'un coup, s'est libéré. Redevenu le plus fort, il n'en a pas encore acquis la certitude intime, ni les réflexes. Il continue à se battre. Si la terrible Inquisition a fait finalement peu de victimes, c'est que son combat se déroule un peu dans le vide. L'Espagne était encore obscurément trop craintive, trop militante pour que l'hétérodoxie puisse s'y glisser aisément. Il n'y a place chez elle ni pour l'Érasmisme, ni pour le *converso* au cœur douteux, ni pour le Protestant...

Dans cette perspective de conflits de civilisations, la plaidoirie chaleureuse et séduisante de Léon Poliakov me laisse insatisfait. Il n'a vu qu'un des deux miroirs du drame, les griefs d'Israël, non ceux des Espagnes qui ne sont pas illusoires, fallacieux ou démoniaques.

Une Espagne chrétienne est en train de s'achever. Le glacier que pousse son poids brise les arbres et les maisons qu'il rencontre. Et ne disons pas, pour moraliser et égarer le débat, que l'Espagne a été largement punie de ses méfaits, de l'expulsion de 1492, des persécutions réservées à trop de *conversos* et de ses colères contre les Morisques, de 1609 à 1614. Ces méfaits, ces passions-là lui auraient coûté sa grandeur. Or cette grandeur commence précisément en 1492 et ne s'achève pas avant Rocroi (1643), ou mieux le milieu du XVIIᵉ siècle. La punition, selon les dates choisies, a tardé plus d'un siècle, ou plus de quarante ans. Nous n'accepterons pas davantage que l'expulsion des Juifs ait privé l'Espagne d'une bourgeoisie vigoureuse. En fait, une bourgeoisie d'affaires ne s'est pas formée en Espagne, Felipe Ruiz Martin vient de le démontrer, du fait de l'implantation d'un capitalisme international nocif, celui des banquiers génois et de leurs congénères. Autre argument, le drame de la *limpieza de sangre*, de la pureté, de la limpidité du sang sera le tourment, la punition de l'Espagne. Nul ne niera ce tourment, ses séquelles, ses rebondissements affreux, mais toutes les sociétés d'Occident se barricadent avec le XVIIᵉ siècle, sacralisent les privilèges sociaux, sans avoir pour autant les raisons qu'on invoque pour l'Espagne.

Acceptons plutôt que toute civilisation s'achemine vers son destin, le voulant ou ne le voulant pas. Le train dans lequel j'attends en gare part, le voisin du train d'en face a le sentiment souvent de partir lui aussi, dans l'autre sens. Et réciproquement les civilisations croisent leurs destins. Se comprennent-elles ? je n'en suis pas sûr. L'Espagne est en route vers l'unité politique qu'elle ne peut concevoir, au XVIᵉ siècle, que comme une unité religieuse. Cependant Israël suit le destin de sa *diaspora*. Destin unitaire lui aussi, mais aux dimensions du monde, il enjambe les océans et les mers, les nations naissantes, les civilisations anciennes. Celles-ci, il les nie, il les nargue. Il est une modernité qui a trop d'avance à l'allumage. Même un esprit aussi lucide que Francisco de Quevedo le voit sous des traits diaboliques.

Le diable, c'est toujours autrui, l'autre civilisation. *L'Ile des Monopantes* (1639) est un pamphlet dirigé contre le comte duc Olivares et les banquiers marranes de son entourage, peut-être pas écrit par Quevedo lui-même. « A Rouen, nous sommes, disent les Juifs de l'*Ile des Monopantes*, la bourse de la France contre l'Espagne et en même temps de l'Espagne contre la France ; et en Espagne sous un habit qui masque notre circoncision, nous secourons le monarque (il s'agit de Philippe IV) avec la richesse que nous possédons à Amsterdam, dans le pays de ses mortels ennemis... Nous en faisons autant en Allemagne, en Italie, à Constantinople. Nous créons toute cette intrigue aveugle et cette source de guerres en puisant le secours donné à chacun dans la poche de son plus grand adversaire, car nous secourons comme le banquier qui donne, à gros intérêt, de l'argent à celui qui joue et qui perd, afin qu'il perde davantage... » [375] En somme c'est le procès du capitalisme.

D'une civilisation à l'autre, chacun se dit volontiers sa vérité. Celle-ci n'est jamais bonne quand c'est le voisin qui la formule. La seule chose sûre, c'est que le destin d'Israël, sa force, sa pérennité, son tourment, tiennent à ce qu'il est resté un noyau dur refusant obstinément de se diluer, c'est-à-dire une civilisation fidèle à elle-même. Et toutes les civilisations sont à la fois le paradis et l'enfer des hommes [376].

4. Les rayonnements extérieurs

Rayonner, donner, c'est dominer. La théorie du don vaut pour les individus et les sociétés, non moins pour les civilisations. Que ce don risque d'être appauvrissement à la longue, c'est possible. Mais il signale, tant qu'il dure, une supériorité et cette constatation achève la thèse d'ensemble de ce livre : la Méditerranée reste, un siècle durant après Christophe Colomb et Vasco de Gama, le centre du monde, un univers brillant et fort. La preuve ? elle éduque les autres et leur enseigne l'art de vivre. Disons bien que c'est *toute* la Méditerranée qui jette

alors ses lumières au-delà de ses rivages, aussi bien la
musulmane que la chrétienne. Même l'Islam nord-
africain, qu'on traiterait volontiers en frère pauvre,
rayonne vers le Sud, vers les bordures sahariennes et à
travers tout le désert jusqu'au *Bled es Soudan*. Quant à
l'Islam turc, il éclaire toute une aire culturelle qui lui
appartient à moitié, dans les Balkans, vers l'Afrique et
l'Asie arabes, vers l'Asie profonde et jusqu'à l'océan
Indien. Un art impérial turc, dont la Süleymaniyé à
Istanbul est le chef-d'œuvre, rayonne au loin, affirme
sa suprématie, et l'architecture n'est qu'un élément
d'une vaste expansion.

Plus caractéristique encore à nos yeux, se révèle le
rayonnement intense de l'Occident méditerranéen. En
somme il rayonne à contre-courant de l'histoire, il
illumine le Nord européen où le centre de la puissance
mondiale va bientôt s'installer : la latinité méditerranéenne, vis-à-vis de l'Europe protestante, c'est la Grèce
vis-à-vis de Rome. De même, ce rayonnement traverse
d'un seul coup l'Atlantique au XVIᵉ, comme au XVIIᵉ
siècle, et c'est au travers de cette géographique océanique
que le rayonnement de la Méditerranée s'accomplit et
touche la vaste Amérique hispano-portugaise, la plus
brillante des Amériques d'alors. Pour comble de facilité,
un mot lancé par Jacob Burckhardt, le Baroque, désigne
la civilisation de la Méditerranée chrétienne : partout
où le Baroque est visible, la mer Intérieure a des
droits et que nous pouvons réclamer en son nom. Le
rayonnement de la Renaissance — tout jugement de
valeur mis à part — ne se compare pas en poids, en
quantité, à l'énorme explosion du Baroque. Celle-
là était fille des villes italiennes. Celui-ci s'appuie
simultanément sur l'énorme force de l'Empire spirituel
de Rome, sur l'énorme force temporelle de l'Empire
espagnol. Il s'agit évidemment d'une lumière toute
nouvelle ; elle a, depuis 1527 et 1530, depuis la fin
tragique des grandes villes nourricières, Florence et
Rome, changé de couleur. Comme dans les théâtres où
la lumière des projecteurs passe brusquement du blanc
au vert ou du rouge au bleu...

Ceci dit, puisse le lecteur comprendre notre propos. Nous ne pouvons, écrivant le livre de la Méditerranée, tout dire de cette énorme transgression, sinon un livre du monde serait à écrire. Il m'a semblé qu'une démonstration suffirait à la gloire de la Méditerranée et à l'équilibre du présent livre. Nous délaisserons à regret l'Islam, à regret aussi l'Amérique hispano-portugaise et les splendeurs tardives mais rares d'Ouro Preto, au cœur minier du Brésil. Le Baroque, l'encombrant Baroque peut nous suffire, dans le secteur à lui seul immense de l'Occident.

Les étapes du Baroque

Après Jacob Burckhardt, ce sont les historiens alle-mands, H. Wölfflin, A. Riegl, A. E. Brinckmann, W. Weisbach... qui ont fait la fortune du mot Baro-que [377]. Ils ont lancé le navire sur lequel tant d'autres ont voyagé. Leur tentative, en son principe, est un essai utile de classification, de reconnaissance d'une couche d'art, à la manière, si l'on veut, d'une couche géologi-que. A la séquence Roman, Gothique, Renaissance, on nous propose d'ajouter un quatrième terme, celui de Baroque [378], à placer juste avant le classicisme d'inspira-tion française. Un terme qui ne recouvre pas une notion tout à fait claire ou simple, puisque le Baroque est décrit comme un édifice à trois, sinon à quatre étages superposés.

Aux origines sont placés cette *Pietá* que Michel-Ange a sculptée pour Saint-Pierre, de 1497 à 1499, et aussi les *Stanze* de Raphaël, les mouvements tumultueux de l'*Incendie du Borgo* et de l'*Héliodore chassé du Temple*, la *Sainte Cécile* de Bologne, qui porte déjà en elle, à en croire Émile Mâle, quelque chose du génie des temps nouveaux [379]. Et, ajoute-t-on, « du langage gestuel du Baroque » [380]. On pourrait retrouver ces origines dans le carton de la *Bataille d'Anghiari* ou bien (hors d'Italie cette fois) dans certaines gravures de Dürer... Tout cela faisant en vérité un étrange concile. On précise qu'un des pères indéniables du Baroque, c'est le Corrège, le Corrège de l'*Ascension de la Vierge* à Parme [381]. Il ne lui manquerait, pour être un Baroque accompli, que de marquer plus de dédain ou d'éloignement pour les joies de la terre et la beauté du Nu. De ce Nu par quoi Michel-Ange, de son côté, s'était exprimé avec prédilection : mais son goût du grandiose, par contre, son pathétique, sa *terribilità* seraient, au même titre que la *grazia* de Raphaël, le mouvement et les jeux de lumière du Corrège, les premiers cadeaux des fées bienfaisantes sur le berceau du Baroque. Ainsi doté, l'enfant grandit vite. Il est presque adulte quand disparaît le Corrège, en 1534, et à coup sûr quand Michel-Ange, après sept années de labeur épuisant, en 1541, aura achevé son *Jugement dernier* où revivent « les terreurs du Moyen Age » [382].

Sur les splendeurs de la Renaissance, le rideau est donc brusquement tombé, après le sac de Rome de 1527 et la prise de Florence de 1530. « L'affreux sac de Rome » [383] a semblé aux contemporains un jugement de Dieu. Il a brusquement rappelé la ville à sa mission chrétienne. Pendant que Clément VII résistait dans le château Saint-Ange, la ville était la proie de la soldatesque et des paysans pillards, des mois durant. Rien n'y fut épargné. Les élèves de Raphaël s'étaient dispersés au loin : Penni à Naples, Pierino de Vaga à Gênes, Jules Romain à Mantoue d'où il ne voudra plus revenir. « Ainsi les élèves de Raphaël n'eurent pas d'élèves », conclut vite Stendhal [384]. Ainsi se révéla, une fois de plus, la fragilité de toute vie artistique, de toute vie de l'esprit. « Un second Jugement de Dieu », le siège et la prise de Florence dont G. Parenti a montré la violente incidence sur la vie économique, renouvelle, en 1530, le désastre de 1527. Alors « quelque chose est mort, et mort vite » [385]. Une nouvelle génération, dont Julien de Médicis prévoit qu'elle sera plus spartiate qu'athénienne, se met en place [386], de nouvelles modes triomphent. Ce qui est mort, c'est la Renaissance, peut-être l'Italie elle-même. Ce qui triomphe, c'est la *maniera*, l'imitation, l'emphase, la boursouflure : elles gonflent l'œuvre des élèves de Raphaël qui travaillent encore et leur académisme fera école [387].

La peinture est la première à signaler cette saute de vent. Le Maniérisme commence, dont Lodovico Dolce donnera, en 1557, la définition et le programme dans une plaidoirie en forme pour la *maniera*. Toute l'Italie en est imprégnée, à partir des années 1530-1540[388], sauf Venise où il y a quelques *manieristi*, mais aussi et longtemps, l'irréductible Titien.

Ce Maniérisme, le vingtième siècle le rebaptise, c'est le Pré-Baroque, longue période illustrée par le Tintoret et qui meurt avec lui, en 1590[389]. Le dernier chef-d'œuvre du Maniérisme serait l'immense *Paradis* peint de 1589 à 1590, dans la salle du Grand Conseil de Venise. Et presque aussitôt entre en scène le Baroque I, son introducteur, pour G. Schnürer, étant ce Federico Baroccio d'Urbin dont la célèbre *Madonna del Popolo* se trouve aux *Uffizi*[390]. Il fera école jusque vers 1630. Est-ce la fin ? Non, car de ce « Baroque » italien dérive aussitôt un art vigoureux appelé à vivre en Suisse, en Haute-Allemagne, en Autriche et en Bohême, jusqu'aux XVIIIᵉ et XIXᵉ siècles, appuyé sur une inspiration populaire assez drue : elle lui fournit la sève qu'il n'avait jamais eue au moment de sa grandeur italienne. C'est là d'ailleurs, dans les territoires de l'Europe moyenne, que le mot Baroque (quelle que soit son origine) commence, au XVIIIᵉ siècle, à s'appliquer à un art alors finissant. D'où, déclarent les érudits allemands, l'équation : baroque = allemand. Équation fausse, si l'on regarde aux sources.

Faut-il discuter ?

On pourrait discuter sans fin sur cette chronologie et les intentions qu'elle révèle : assurément elle valorise, elle étend la signification du Baroque. On pourrait discuter sans fin également sur ce qu'est et ce que n'est pas le Baroque, ce Baroque que Gustav Schnürer voit même comme une civilisation, la dernière civilisation œcuménique proposée et imposée à l'Europe. La dernière ? Là encore, on peut ergoter et je me suis hier abandonné à ce plaisir, dans la première édition de cet ouvrage. Mais ces problèmes sont assez différents de

celui qui nous préoccupe, à savoir que, quelle que soit
la couleur exacte de cette civilisation, elle rayonne à
partir de la Méditerranée. Il y a don, transmission,
supériorité de la mer Intérieure. Ses leçons, son art de
vivre, ses goûts font la loi, très loin de ses rivages.
C'est cette preuve de santé qui nous préoccupe et ses
moyens, voire ses raisons.

Un grand centre de rayonnement méditerranéen : Rome [391]

Rome a été l'un des grands centres de ce rayonnement,
non le seul, mais le plus important. Au début du XVIe
siècle, elle était misérable encore. Telle l'a vue Rabelais
à son premier voyage de 1532 ; telle est-elle décrite dans
la *Topographie* de Marliani et nombre d'autres guides.
Ville étroite, cernée par la vie pastorale ; semée, bordée
de monuments anciens, souvent à demi-détruits, outra-
geusement défigurés, plus souvent encore ensevelis,
jusqu'à leurs fondations, sous la terre et les décombres.
La ville vivante a des maisons de briques, des ruelles
sordides, de vastes espaces vides.

Au XVIe siècle, cette ville se transforme, se gonfle de
vie, bâtit palais et églises ; sa population croît ; elle se
maintiendra même au XVIIe siècle, en un temps cependant
peu favorable aux villes méditerranéennes. Rome est
ainsi devenue un immense chantier. Tous les artistes y
trouvent de l'embauche. Une armée d'architectes
maçons d'abord : Balthasar Peruzzi de Sienne († 1536),
Sammicheli de Vérone († 1549), le Sansovino de Florence († 1570), Vignola († 1573) du Nord de la Péninsule
(d'où sont venus presque tous les grands architectes
italiens), Ligorio de Naples († 1580), André Palladio de
Vicence († 1580), Pellegrini de Bologne († 1592). Par
exception, Olivieri est romain († 1599). Derrière ces
artisans, architectes et tailleurs de pierre, se presse
l'armée des peintres, nécessaire à un art qui voit le
triomphe de la peinture ornementale. Voûtes, plafonds
offrent aux peintres un espace illimité, tout en leur
imposant des thèmes parfois strictement définis. La

peinture sacrée du « Baroque » est fille d'abord de son architecture.

A cette époque, s'achevait la basilique de Saint-Pierre, l'église du Gesù était édifiée, de 1568 à 1575, par Giacomo Vignola qui mourut en 1573, sans avoir eu le temps de parachever son œuvre. La première église jésuite était née, qui, non pas toujours mais souvent, allait servir de modèle dans toute la Chrétienté. Chaque ordre allait vouloir posséder, à Rome et hors de Rome, ses églises à lui, avec ses décorations spéciales, les images de ses dévotions particulières. Ainsi naissent dans la Ville Éternelle, puis dans le monde chrétien, ces premières églises à accolades et coupoles, d'une sobre géométrie, et dont le Val-de-Grâce est, chez nous, une assez bonne image, bien que tardive.

Cette prodigieuse croissance de Rome a exigé d'énormes dépenses. Stendhal a deviné le problème lorsqu'il a noté que ce sont « les pays qui n'avaient pas à trembler pour leur autorité qui ont fait exécuter les plus grands travaux de peinture, de sculpture, d'architecture des temps modernes »[392]. Voilà qui ramène à l'histoire des finances de la Papauté, dont Clemens Bauer a renouvelé les bases dans un remarquable article[393] ; les papes, c'est un fait, ont su tirer de grandes ressources de leur État et ils ont eu recours utilement au crédit public. Leur politique religieuse et leur politique tout court, dans la Chrétienté, ont été poursuivies moins encore à leurs frais qu'à ceux des Églises nationales : les Églises de France et d'Espagne ont été livrées aux convoitises et aux besoins financiers du Roi Catholique et du Très Chrétien. L'État Pontifical, pendant les cinquantes années qui nous occupent, n'a engagé que rarement (en 1557 et pendant les trois années de la Sainte-Ligue) de grosses dépenses de guerre. La Papauté a donc pu se doter d'un large budget des Beaux-Arts. L'invasion de la Méditerranée par l'argent d'Amérique facilita ces politiques luxueuses. C'est au-delà des années 1560-1570 que s'est construit tout ce dont avaient rêvé Léon X et Jules II. D'autre part, les ordres multipliés par la piété catholique ont ajouté leurs efforts à celui de la papauté.

Rome étant aussi la capitale de ces petits États dans l'État, leur capitale ostentatoire, Jésuites, Dominicains, Carmes, Franciscains ont chacun apporté leur part d'effort financier et d'émulation artistique et copié, hors de Rome, les leçons de la capitale. S'il y a eu expansion artistique et religieuse du Baroque, c'est à cause de ces ordres, celui de saint Ignace particulièrement. Et c'est pourquoi le qualificatif de Jésuite nous paraîtrait, bien plus que celui de Baroque, digne de désigner cette expansion, malgré toutes les réserves qu'on a pu faire à ce sujet.

Il n'est pas nécessaire de reprendre ici l'étude de cette puissante et multiple poussée monastique, de montrer comment elle précède, et de loin, la réussite du Concile de Trente, cette première victoire des nouvelles générations. Dès 1517, s'implantait à Rome l'Oratoire de l'Amour Divin, fondé à Gênes au siècle précédent par Bernardin de Feltre. En cette même année 1517, Léon X acceptait de séparer les Franciscains de l'Observance des Conventuels. Des rangs de ces Franciscains Réformés sortiront entre autres, en 1528, les Capucins. Mais c'est vers 1540 seulement, année de la fondation de l'Ordre des Jésuites, que le mouvement s'affermit, qu'on peut le considérer comme définitivement lancé.

Trois ans plus tôt, en 1537, la Commission des Cardinaux réunie par Paul III avait été pessimiste ; elle avait même envisagé de laisser s'éteindre les congrégations corrompues, pour les repeupler plus tard avec de nouveaux moines. Puis, au cours des années 1540, tout s'éclaircit ; la première partie est jouée et gagnée : créations et réformes d'ordres se continuent et le mouvement de rénovation monastique grandit. Il se précipite après le Concile de Trente : l'Oratoire de saint Philippe de Néri est de 1564 ; les Oblats de saint Charles Borromée de 1578 ; les Frères Mineurs du Génois Jean Adorno et de saint François Caracciolo de 1588 (leur première fondation à Naples date de 1589) et trois ans plus tard, en 1592, s'installent en Avignon les Pères de la Doctrine Chrétienne.

Qui dira ce que les ordres, souvent délestés, pour les

besoins de la lutte, des anciennes contraintes de la vie chorale et de l'observance monastique, « vrais clercs réguliers », ont pu apporter de force à la Papauté ? Grâce à eux, l'Église s'est sauvée. Elle a pu, de Rome, mener une des plus étonnantes révolutions par en haut que l'histoire connaisse. La bataille, menée par elle, l'a été de façon réfléchie. La civilisation qu'elle propage — peu importe son nom — est une civilisation de combat ; et son art, un moyen, un moyen de plus.

Aussi bien cet art relève-t-il, souvent, de la propagande. C'est, si l'on veut, avec ses bons et ses mauvais côtés, un art dirigé. A Rubens comme à Caracciolo, au Dominiquin comme à Ribera ou à Zurbaran, ou à Murillo, des religieux avertis, des théologiens ont demandé l'exécution de tableaux composés par eux en esprit : quitte à les refuser après coup si l'exécution paraissait défectueuse. Contre le Protestantisme, ennemi des temples somptueux et des images, l'Église a voulu construire les plus belles maisons qui soient de Dieu sur terre, images de Paradis, morceaux du ciel. L'art est un moyen puissant de combattre et d'instruire. Un moyen d'affirmer, par la puissance de l'image, la Sainteté immaculée de la Mère de Dieu, la valeur efficace des saints, la réalité puissante de l'Eucharistie, l'éminence de saint Pierre, un moyen de tirer argument des visions et des extases des saints. Patiemment dénombrés, enseignés, des thèmes iconographiques identiques traversent ainsi l'Europe entière. Si le « Baroque » force la note, s'il a le goût de la mort, de la souffrance, des martyres présentés avec un réalisme sans faiblesse, s'il semble s'abandonner au pessimisme, au *desengaño* espagnol du XVIIe siècle, c'est qu'il veut et doit prouver, qu'il recherche le détail dramatique qui frappe et fait balle. Il est à l'usage des fidèles que l'on veut convaincre et entraîner, à qui l'on veut apprendre, par l'action, une sorte de vérisme, l'exactitude de tant de notions contestées, celles du Purgatoire, ou de l'Immaculée Conception. Art théâtral, consciemment théâtral : le théâtre n'a-t-il pas servi d'arme aux Jésuites, notamment pour la conquête de l'Allemagne, à une époque, ajoutons-le, où partout il avait ses droits, ses troupes ambulantes, bientôt ses scènes fixes ?

Oui, un art de vivre, une façon de croire chemine des rives de la Méditerranée vers le Nord, vers les routes danubiennes et rhénanes comme vers le cœur de la France, à Paris où commencent à s'élever avec les premières années du XVIIᵉ siècle tant d'églises et de couvents. Un art de vivre et de croire spécifiquement méditerranéen : voyez ce que Jacob Burckhardt rapporte déjà de Pie II traversant Viterbe avec le Saint-Sacrement, « entouré de tableaux vivants simulant la Cène, la lutte de saint Michel et du Diable, la Résurrection du Seigneur, le triomphe de la Vierge dérobée au ciel par les Anges »[394]. On songe aux processions espagnoles avec les *tratos* où figurent les personnages de la passion. Ceci n'excluant pas plus qu'en Italie les *autos sacramentales*[395]. Au total, un christianisme dramatique, étonnant pour les gens du Nord. Les dévotions et flagellations des Espagnols dans les Flandres surprenaient et faisaient scandale[396]. L'art du Baroque, nourri de cette religiosité méridionale, en a véhiculé quelque chose. Il y aurait un livre à écrire sur ces dévotions d'importation à travers l'Europe, sur la part qui revient aux Méditerranéens dans la reprise véhémente des terres contestées du Nord, ramenées dans le giron de Rome. Quand on y songe, on ne peut plus parler de décadence méditerranéenne. A moins qu'il ne faille attribuer aux décadences, aux désintégrations qu'elles impliquent, un efficace pouvoir de rayonnement.

Autre centre de rayonnement : l'Espagne

Si l'on passe, sur le cadran occidental, de Vienne à Lyon, puis à Toulouse et, mettons, à Bayonne, on voit s'affirmer un autre rayonnement : celui de l'Espagne. A Vienne, à Munich, Rome et l'Italie (toutes les Italies) triomphent. A travers la France, Rome et l'Italie sont agissantes par leurs hommes, leurs modes, leurs leçons, mais l'influence de l'Espagne se fait violemment sentir.

L'un des drames des Pyrénées, c'est que leurs portes n'ont jamais servi dans les deux sens à la fois. Ou la

France est éducatrice, et tout transite du Nord au Sud :
c'est le cas à partir des XIᵉ, XIIᵉ siècles, jusqu'au XVᵉ
siècle. Ou le flambeau passe à l'Espagne, et tout circule
du Sud au Nord : c'est le cas aux XVIᵉ et XVIIᵉ siècles.
Le dialogue ancien de la France et de l'Espagne a donc
brusquement changé de sens ; il en changera encore au
XVIIIᵉ siècle. Au temps de Cervantès la France recherche
les modes et les leçons du pays voisin, pays raillé,
honni, craint et admiré tout à la fois. L'Espagne rompt
au contraire les contacts, surveille ses frontières, interdit
aux sujets des Pays-Bas d'aller étudier en France, retire
de Montpellier ses apprentis médecins [397].

Étrange dialogue, une fois de plus sans affection.
Où, si ce n'est aux Pays-Bas — l'Espagnol a-t-il alors
été plus raillé que chez nous ? On connaît dans sa
traduction française de 1608, la fantaisie satirique éditée
à Middelbourg de Simon Molard : *Emblèmes sur les
actions, perfections et mœurs du Segnor espagnol* [398].
Pauvre *Segnor !* Le voilà comparé à toutes les bêtes,
diable en la maison, loup en table, pourceau en sa
chambre, paon en la rue, renard avec les femmes... et
j'en passe. « Gardez-vous donc du *Segnor* en tous
lieux », conclut le pamphlet. Mais ce *Segnor* dont on
se moque, on l'envie, on l'imite. Le rayonnement de
l'Espagne est celui d'un peuple fort, d'un Empire
immense, « sans crépuscule », d'une civilisation plus
raffinée que la nôtre. Tout honnête homme, en France
doit savoir et sait l'espagnol : ce qui vaudra à quelques
Péninsulaires, comme le *murciano* Ambrosio de Salazar,
de faire en France une belle carrière de professeur et de
grammairien, à l'époque de Marie de Médicis. Le
vocabulaire castillan colonise notre langue et Brantôme
est le prince de nos espagnolisants [399]. Il ne discute pas,
il *blasonne*, dit des *bourles, busque fortune, hable*, ne
lance pas une pierre, mais la *tire, trepe* au lieu de
monter, se donne une *care* ou un *garbe* (un air),
marche à la *soldade bizarrement* [400]. C'est un genre que
d'émailler sa conversation de mots espagnols [401], aussi
nombreux à l'époque que les italianismes, et cette mode
exige des études, de nombreux professeurs et des

importations de livres. Le père de Montaigne a lu les
Épîtres familières, le *Livre d'Or de Marc Aurèle*,
l'*Horloge des Princes* et le *Réveil-matin des courtisans*,
ouvrages du célèbre évêque de Mondonedo, Antonio de
Guevara [402]. Les traductions pullulent. « Il y a à Paris
une véritable agence de traducteurs du castillan. » [403]
Cervantès a la vogue. En 1617, son grand livre, les
Aventures de Persiles et de Sigismonde, est réimprimé
à Paris, en castillan, puis traduit en français [404]. Plus
encore, le roman picaresque a ses lecteurs assidus.
Ensuite viendront les adaptations des comédies espagnoles à la scène française... En Angleterre également, les
livres italiens et espagnols sont traduits et incorporés à
la substance intellectuelle du pays.

A côté des influences littéraires, resteraient à évaluer
mille autres petits emprunts. La cour de Louis XIII,
aussi espagnole que française a-t-on pu écrire, donnait
le ton. Tout ce qui était espagnol avait la vogue. Les
femmes se barbouillaient de « blanc d'Espagne » et de
« vermillon d'Espagne » qui ne venaient pas forcément
d'aussi loin. Elles s'arrosaient — les hommes aussi —
de parfums dont quelques-uns venaient de Nice et de
Provence, mais la plupart, les plus précieux, ceux dont
on interdisait l'usage « aux manans » [405], d'Espagne ou
d'Italie. Si l'on en croit Brantôme, les femmes, dans
ces deux pays, « ont resté de tout temps plus curieuses
et exquises en parfums que nos grandes dames de
France » [406]. On s'arrachait les secrets d'essences savantes et de recettes de beauté, aussi compliquées au
moins que celles des précieuses de Molière. Un galant
promettait à sa dame de la ganter de « cuir d'Espagne »
et de fait, bien qu'on fabriquât déjà à l'époque de
beaux produits en France et que commençât à poindre
la réputation de la mode et de l'élégance française, les
gants d'Espagne, aux peaux souples et fines, l'eau de
Cordoue, les *guadameciles*, ces cuirs dorés employés
comme tapisseries, jouissaient du même genre de prestige
qu'aujourd'hui « l'article de Paris »... Comme lui, ils
étaient fort coûteux. Quand la femme de Simón Ruiz
se met dans la tête de « faire des affaires » et expédie

d'Espagne à Florence des « gants parfumés » à échanger contre des marchandises italiennes, le correspondant de son mari, Baltasar Suárez, prétend que dans cette ville de bourgeois sérieux, personne ne veut de cet objet de grand luxe (trois écus la paire). Mais c'est en 1584 [407]. On aimerait savoir ce que pensaient les Florentines quelques lustres plus tard.

Limitée aux seules importations littéraires, celles qu'on connaît le mieux, l'influence espagnole ne déclinera guère qu'avec la fin du règne de Louis XIII [408], ce qui, une fois de plus, nous ramène aux environs des années 1630-1640, à un terme d'histoire financière et économique, à une grande date de la richesse du monde. La meilleure période du rayonnement espagnol a été, en gros, cette première moitié du XVIIᵉ siècle. Au XVIᵉ, mille contacts avaient été pris, la France ne se trouvant pas impunément saisie dans la masse de l'Empire espagnol. Mais ce n'est qu'avec le grand retour à la paix de la fin du siècle et des premières décennies du XVIIᵉ siècle que les germes recueillis ont donné plantes et fleurs. C'est le retour à la paix qui conduit à travers l'Europe les « triomphes » du Baroque.

Une fois de plus : la décadence de la Méditerranée

Si l'on n'avait pas longtemps cru que la Méditerranée était épuisée dès le lendemain même de la Renaissance, on aurait étudié plus tôt et plus largement son influence, à la fin du XVIᵉ et au début du XVIIᵉ siècle. Je n'ai pas cherché à en exagérer la valeur, la durée ou l'efficacité. Et cependant, cette nappe projetée au loin par le Baroque a peut-être été plus dense et plus épaisse, plus continue que celle de la Renaissance elle-même. Le Baroque est le fait de civilisations impériales massives, celle de Rome ou celle d'Espagne. Mais comment l'établir et suivre leur expansion, leur tumultueuse vie extérieure, sans posséder les indispensables cartes qui font défaut ? Nous avons des catalogues de musées, non des atlas artistiques. Des histoires de l'Art ou des Lettres, non pas des histoires de la civilisation.

En tout cas, et une fois de plus, c'est en des régions

marginales que le destin de la Méditerranée s'annonce ou se déchiffre, mieux qu'en son cœur tumultueux. Ces influences méditerranéennes débordantes disent sa présence et sa force, dans les échanges et compétitions dont se fait la grande vie du monde. Elles soulignent, en ce début du XVIIᵉ siècle, la place éminente de la Méditerranée, vieux berceau de vieilles civilisations, dans l'élaboration du monde moderne, auquel elle a imposé largement sa marque.

VII

Les formes
de la guerre

La guerre n'est pas, sans plus, la contre-civilisation.

Historiens, nous la mettons constamment en cause sans connaître, ni chercher à connaître *sa* ou *ses* natures. Le physicien n'est pas plus ignorant de la constitution secrète de la matière... Nous la mettons en cause, il le faut bien : elle ne cesse de travailler la vie des hommes. Les chroniqueurs la poussent au premier plan de leurs récits ; les contemporains n'ont pas de plus grand souci que d'épiloguer à son sujet, d'en dégager responsabilités et conséquences.

Si nous sommes décidés à ne point grossir l'importance de l'histoire-bataille, nous ne songeons pas à écarter la puissante histoire de la guerre, formidable, perpétuel remous de la vie des hommes. Durant le demi-siècle qui nous occupe, elle marque les rythmes et les saisons, ouvre et ferme les portes du temps. Même apparemment apaisée, elle continue sa sourde pression, elle se survit.

Mais je n'aurai pas la prétention, à propos de ces drames, de tirer des conclusions philosophiques sur la « nature » de la guerre. La *polémologie* n'est qu'une science dans l'enfance, si même elle est une science. Il lui faudrait, dépassant les incidents, saisir les rythmes longs, les régularités, les corrélations. Nous n'en sommes pas encore là.

35. — Le duc d'Albe gagne les Flandres, avril-août 1567

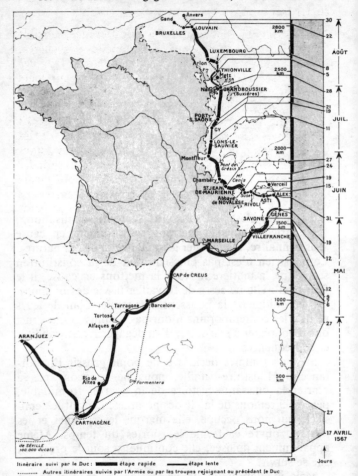

Le déplacement, pacifique il est vrai, du duc d'Albe et de ses troupes, sur presque 3 000 km est un exploit. A noter les étapes rapides en mer et pour la traversée des Alpes... ; la nécessité de contourner l'espace hostile de la France. Calculs et vérifications faits par J. J. HÉMARDINQUER.

1. La guerre des escadres et des frontières fortifiées

Parle-t-on de grande guerre en Méditerranée, aussitôt s'évoquent les fines et puissantes silhouettes des galères, leur vie endormie l'hiver, leurs courses l'été au long des rivages. Les documents abondent en détails sur leurs déplacements, leur entretien, leur luxe coûteux. Cent discours de spécialistes disent, essaient de dire ce qu'elles coûtent de soins, de vivres, d'hommes, d'argent. Et l'expérience montre aussitôt qu'il est difficile de les regrouper pour des mouvements d'ensemble, d'autant qu'en grosses formations, elles doivent s'adjoindre des bateaux ronds qui porteront les ravitaillements volumineux. Après ces lents préparatifs, les départs sont brusques et les voyages en somme rapides. Tout point du rivage peut être atteint. Cependant n'exagérons pas la portée des coups que frappent les escadres de galères. Les troupes qu'elles débarquent, le cas échéant, ne s'éloignent guère des rivages. En 1535, Charles Quint s'empare de Tunis et ne va pas plus loin ; en 1541, il essaie de prendre Alger sans succès : sa campagne ne l'a mené que du cap Matifou aux hauteurs qui dominent la ville. En 1565 pareillement, l'armada turque aboutit au siège de Malte où elle s'immobilise. En 1572, le vieux Garcia de Toledo conseille à Don Juan d'Autriche, au lendemain de Lépante, au cas où il y aurait une expédition des vainqueurs dans le Levant, d'attaquer une île, plutôt que la terre ferme.

Parler de guerre, c'est songer tout aussi vite à ces armées nombreuses qui, avec le XVIᵉ siècle, nous frappent par le gonflement de leurs effectifs. Les déplacer et, au préalable, les assembler, autant de gros problèmes. Il faut des mois à Lyon pour réunir mercenaires et pièces de canons, afin qu'un beau jour, le roi de France « saute à l'improviste par dessus les monts »[1]. En 1567, le duc d'Albe réalise l'exploit de conduire ses troupes de Gênes à Bruxelles, mais ce sont là des transports pacifiques, non pas une série de combats. De même, il faut l'énorme potentiel turc pour jeter les armées du

Sultan d'Istanbul au Danube, ou d'Istanbul à l'Arménie, et pour engager la lutte si loin des bases de départ. Ce sont prouesses coûteuses, hors série. Et dès qu'il faut s'opposer à l'ennemi, tout mouvement un peu long dépasse les possibilités ordinaires.

Dernière image à évoquer, celle des places fortes, décisives déjà au XVIᵉ siècle, et qui seront tout, ou presque tout, au XVIIᵉ. Face aux Turcs et aux corsaires, la Chrétienté s'est hérissée de protections, s'abritant derrière l'art de l'ingénieur et le travail des terrassiers. Cette vaste fortification porte témoignage sur la mentalité d'un monde. *Limes*, murailles de Chine sont toujours les signes d'un certain état d'esprit. Que la Chrétienté s'enveloppe de points fortifiés (et non l'Islam) n'est pas un fait négligeable. C'est l'un des tests majeurs sur lequel nous reviendrons.

Mais ces images habituelles, essentielles, ne posent pas tout le problème de la guerre méditerranéenne. De la grande guerre, oui. Or que celle-ci soit suspendue, aussitôt des formes secondes la remplacent — course maritime et brigandage terrestre — qui, bien entendu, existaient déjà, mais qui, proliférant alors, occupent la place devenue vide, comme la haute futaie, une fois détruite, laisse la place aux formes dégradées des sous-bois ou du maquis. Il y a donc des guerres à des « paliers » différents et c'est à partir de leurs oppositions qu'historiens et sociologues nous avancerons dans leur explication. Cette dialectique est essentielle.

Guerres et techniques

La guerre, ce sont toujours des armes et des techniques. Celles-ci changent et bouleversent le jeu. L'artillerie ainsi a brusquement transformé les conditions de la guerre, en Méditerranée comme ailleurs. Son apparition, sa propagation, ses modifications — car l'artillerie ne cesse de se modifier — sont une suite de révolutions techniques. Resterait à les dater. Quand, de quelle façon prend-elle ainsi possession des ponts étroits des galères ; quand fait-elle la redoutable fortune des grosses galères, les *galéasses*, avec leur énorme puissance de feu, puis des galions et des navires ronds à hauts bords ; quand s'installera-t-elle sur les remparts et plates-formes des forteresses ; enfin comment suit-elle les déplacements des armées ? Il y a eu, sans doute, avec le raid de Charles VIII en septembre 1494, et dès avant les conquêtes de Soliman le Magnifique, une brusque et large fortune de l'artillerie de campagne. Des âges successifs de l'artillerie se devinent — artillerie de bronze, artillerie de fer, artillerie renforcée — et non moins des âges *géographiques*, selon la localisation des industries productrices. La politique de Ferdinand le Catholique s'appuie sur les fonderies de Málaga et de Medina del Campo, celle-ci créée en 1495, celle-là en 1499, appelées l'une et l'autre à décliner vite : le matériel qu'elles auront construit s'usera en Italie, s'immobilisera en Afrique ou sur les frontières, face à la France[2]. Plus long sera le règne des fonderies de Milan et de Ferrare[3]. Puis, très tôt, la primauté reviendra aux fonderies allemandes, françaises et plus encore, en ce qui concerne le ravitaillement de l'Espagne et du Portugal, aux Flandres. Dès les premières décennies du XVIe siècle se dessine une suprématie de l'artillerie et peut-être de la poudre nordiques[4]. Toutes questions d'importance. Qu'une centaine de pièces d'artillerie arrivent, en 1566, des Flandres à Málaga[5], l'événement est aussitôt noté par les correspondances diplomatiques. De même la nouvelle d'un envoi de quarante pièces de Málaga à Messine paraît, à tel ambassadeur toscan, l'annonce d'une expédition contre Alger ou Tripoli de Barbarie[6]. En 1567, Fourquevaux déclare que 15 000 boulets suffiraient à forcer Alger[7]. Ce qui ne paraîtra pas excessif si l'on accepte — en dehors de l'âpre controverse qu'a soulevée la question — que Malte ait été sauvée, en 1565, parce que le duc de Florence lui avait fait livrer, l'année précédente, deux cents barils de poudre. C'est du moins l'avis transmis par un informateur espagnol[8]. Occasion d'apercevoir l'importance de la Toscane pour la fabrication de la poudre à canon, des boulets et de la mèche d'arquebuse.

Mais la difficulté subsiste de dater avec précision ces

transformations et leurs incidences. Quelques lignes, quelques perspectives, c'est tout ce que nous apercevons. De même si nous pouvons dater de 1550[9] l'apparition dans la flotte vénitienne des redoutables galées munies d'artillerie, les *galéasses* (sans doute responsables, techniquement parlant, de la victoire de Lépante), nous suivons de façon dérisoire le développement, en Méditerranée, des galions armés que l'on voit brusquement, à la fin du siècle, utilisés par les Turcs eux-mêmes, sur le trajet de Constantinople à Alexandrie[10]. Car si la Chrétienté a une nette avance, les techniques passent d'une rive à l'autre de la mer, les matériels tendent à devenir les mêmes, à limiter par suite la portée politique de ces innovations. L'artillerie sert aussi bien à la poussée des Chrétiens contre Grenade et l'Afrique du Nord qu'aux victoires des Turcs dans les Balkans lors de la bataille décisive de Mohacs[11], ou en Perse[12], ou dans cette même Afrique du Nord.

Guerre et États

La guerre est une dépense, un gaspillage. Rabelais disait déjà, sans l'avoir inventé bien sûr, que « les nerfs des batailles sont les pécunes ».

Choisir à son heure ou la guerre, ou la paix, ne subir ni l'une ni l'autre, c'est en principe le privilège des forts : mais il ne va pas sans surprise. Près de chaque prince, et en son cœur même, le difficile partage est toujours en suspens. Il s'incarne souvent dans ces éternels antagonistes, les partis de la guerre et de la paix. L'Espagne de Philippe II en a donné, jusqu'en 1580, l'exemple classique. Des années durant, la question a été posée : qui l'emporterait auprès du Roi Prudent, des amis de Ruy Gomez le pacifique (ils resteront groupés même après sa mort) ou des partisans du duc d'Albe, le belliciste, toujours prêt à prôner les vertus de la manière forte ? Mais quel prince, quel maître politique n'a pas toujours eu en face de lui ces deux tendances, dûment représentées par des séries d'hommes ? Contre Richelieu lui-même, à la fin de la dramatique année 1629, n'y aura-t-il pas le pacifique

Garde des Sceaux Marillac [13] ? Entre les deux partis, les événements souvent forcent le choix et poussent en avant « l'homme des circonstances ».

Les dépenses de guerre accablent les États et innombrables sont alors les guerres qui ne paient pas. On verra la misérable, la dispendieuse guerre d'Irlande ruiner les finances d'Élisabeth à la fin de son règne glorieux et, plus que toute autre raison, préparer à l'avance la paix de 1604. En Méditerranée, la guerre est si coûteuse que des banqueroutes s'ensuivent, en Espagne comme en Turquie. Les dépenses de Philippe II sont énormes. En 1571, on calculait à Madrid que l'entretien d'une flotte alliée (celle de Venise, du Pape et de l'Espagne), forte de 200 galères, 100 navires ronds et 50 000 soldats, coûterait chaque année plus de quatre millions de ducats [14]. Ces flottes, véritables villes voyageuses, dévorent crédits et ravitaillements. L'entretien annuel d'une galère coûtait autant que sa construction, soit 6 000 ducats [15] vers 1560 et le chiffre devait par la suite grandir encore. De 1534 à 1573, les armements maritimes ont été, au bas mot, multipliés par trois. Au moment de Lépante, il y a en Méditerranée entre 500 et 600 galères, tant chrétiennes que musulmanes, c'est-à-dire (que l'on se reporte aux calculs donnés en note) [16] de 150 000 à 200 000 hommes, entre rameurs, marins et soldats, tous lancés au hasard de la navigation, ou pour parler comme Garcia de Toledo, des éléments — l'eau, le feu, la terre, l'air — car tous les éléments menacent la vie précaire des hommes en mer. En 1573, un relevé de compte sicilien pour fournitures faites à la flotte (biscuit, vin, viande salée, riz, huile, sel, orge) s'élève à quelque 500 000 ducats [17].

La guerre des escadres, ce sont donc de grandes mobilisations d'argent et d'hommes : soldats dépenaillés qu'on lève en Espagne et que l'on habillera en route, quand on les habillera, lansquenets qui gagnent à pied l'Italie par Bolzano et vont s'entasser à la Spezia, dans l'attente du passage des galères, Italiens, aventuriers qu'on lève ou qu'on accueille pour combler les vides que creusent les désertions et les épidémies. Et surtout ces longues chaînes de galériens en route vers les ports, jamais assez nombreux pour manier les rames rouges des galères... D'où la nécessité de faire violence aux misérables [18], de posséder des esclaves, de recruter des rameurs volontaires ; Venise en trouvera jusqu'en Bohême. En Turquie, en Égypte, d'énormes razzias d'hommes épuisent les ressources de la population. Volontaires ou non, une masse considérable est précipitée vers les rives de la mer.

Si l'on ajoute que l'armée de terre est elle-même dispendieuse — un *tercio* espagnol (5 000 combattants environ) revenait pour une campagne, solde, approvisionnement et transports compris, à 1 200 000 ducats, d'après une estimation de la fin du siècle [19] — alors on comprend quelle corrélation s'établit entre la guerre, dépense prodigieuse, et les revenus des princes. Par le truchement de ces revenus, la guerre se lie finalement à toutes les activités des hommes. Cependant sa modernité, son évolution vive font qu'elle rompt les amarres, casse les ressorts les plus solides et, un beau jour, se condamne elle-même à l'arrêt. La paix est faite de ces faiblesses chroniques, des retards répétés dans le paiement des soldes, des armements insuffisants, de ces pannes que les gouvernements redoutent et qu'ils subissent comme il faut accepter le mauvais temps ou la tempête.

Guerre et civilisations

Tout participe à ces violences. Mais il y a guerre et guerre. Si l'on met en cause les civilisations, larges personnages, il faudra forcément distinguer les guerres « intérieures » à telle ou telle de ces civilisations, et les guerres « extérieures » entre ces univers hostiles. Pratiquement ce sera mettre d'un côté les Croisades, les *Djihads*, de l'autre les guerres internes de la Chrétienté ou de l'Islam, car les civilisations se brûlent elles-mêmes dans d'interminables guerres civiles, fratricides, le Protestant contre le Romain, le Sunnite contre le Chiite...

Ces distinctions sont d'une grande importance : elles

nous offrent tout d'abord une localisation géographique régulière, car Chrétienté et Islam sont des espaces donnés, avec leurs frontières connues, continentales ou liquides. Ceci va de soi. Et elles nous offrent aussi, plus curieusement, une chronologie. Au fil des années, une période de guerres « intérieures » succède à une période de guerres « extérieures », dans un ordre assez net. Il ne s'agit ni d'un orchestre parfait, ni de ballets réglés dans leur détail. Et cependant, la succession est claire : elle suggère des perspectives au milieu d'une histoire confuse et qui d'un coup s'éclaire, sans qu'il y ait supercherie ou illusion. On n'échappe pas à la conviction que des conjonctures idéologiques de signe contraire s'affirment, puis se remplacent. Du côté de la Chrétienté, où la documentation est la plus riche, la croisade, c'est-à-dire la guerre extérieure, impose son climat jusque vers 1570-1575. Elle est réclamée avec plus ou moins de ferveur, avec déjà des détours, des habiletés, des tiédeurs, des refus — refus de contribuables ici, de têtes froides ailleurs. Mais, de tout temps, la croisade n'avait-elle pas eu ses fervents et ses défaitistes ? Les notes dissonantes n'enlèvent rien au fait qu'un sentiment général de religion combative traverse la Chrétienté du XVIᵉ siècle. En Espagne, cela va de soi. Mais en France aussi, malgré les habiletés et les compromissions de la politique royale. On trouverait aisément chez Ronsard des traces de cet esprit de croisade, teinté d'hellénisme. Sauver la Grèce, « œil du monde habitable », et œuvrer pour le Christ... Le sentiment persiste même dans les pays du Nord, passés ou sur le point de passer au protestantisme. Dans toute l'Allemagne, se chantaient des *Türkenlieder* venus des lointains champs de bataille du Sud-Est. En même temps qu'il demandait que l'Allemagne se libérât de l'exploitation romaine, Ulrich de Hutten réclamait qu'avec l'argent qu'on récupérerait ainsi, on fortifiât le Reich et qu'on l'étendît au détriment du Turc. De même, Luther aura toujours milité en faveur d'une guerre contre les maîtres de Constantinople ; à Anvers, on parla souvent d'en découdre avec l'Infidèle et mieux encore, en Angleterre, où l'on s'inquiétait toujours des succès catholiques en Méditerranée, on se réjouissait en même temps des défaites du Turc : Lépante aura tout à la fois inquiété et réjoui les cœurs anglais [20].

Mais Lépante, c'est une conclusion. Une éclipse de la croisade s'annonçait depuis longtemps. L'éclat de la victoire de 1571 fait illusion : qui dira l'isolement de Don Juan d'Autriche, croisé attardé, comme plus tard son neveu Dom Sébastien, le héros d'Alcazar Kébir ? Leur rêve retarde sur leur époque. La raison en est, en partie, la montée de la réaction catholique contre la Réforme, au moins à partir de 1550, un changement de front idéologique. La Chrétienté méditerranéenne renonce à une guerre pour en courir une autre, sa passion religieuse a changé de sens.

A Rome, le revirement se manifeste avec les débuts du pontificat de Grégoire XIII (1572-1585) qui s'inaugure, en effet, par une brusque hostilité en direction de l'Allemagne protestante. Telle est la grande tâche du Souverain Pontife, non plus cette Sainte-Ligue moribonde dont il a hérité et qui se brise, en avril 1573, avec la trahison des Vénitiens... Toute la politique romaine bascule vers le Nord, à point nommé pour le succès des tractations hispano-turques. Plus d'une fois, on craignit alors dans l'entourage de Philippe II les conséquences de ces trêves annuelles conclues avec le Sultan, entre 1578 et 1581. Mais la Papauté resta silencieuse. Son but, c'était désormais la lutte contre le Nord protestant et donc, de pousser le Roi Catholique dans les affaires d'Irlande et, au-delà de l'Irlande, contre l'Angleterre : occasion pour nous de voir le Roi Prudent non pas précédant, mais suivant les troupes de la Contre-Réforme...

Qu'avec cette saute de vent du dernier tiers du XVIᵉ siècle, l'idée de croisade contre l'Islam perde de sa force, rien de plus naturel. En 1581, l'Église d'Espagne protestera non contre l'abandon de la guerre turque, mais contre le paiement d'impôts devenus sans objet...

Pourtant, au-delà de 1600, avec le ralentissement des guerres protestantes et le lent retour à la paix de l'Europe chrétienne, l'idée de croisade reprend force et vigueur sur les rives mêmes de la Méditerranée, ainsi qu'en France à l'occasion de la guerre turco-impériale de 1593-1606. « Après 1610, note un historien [21], la turcophobie dont était travaillée l'opinion publique dégénéra en véritable manie. » Tout un feu d'artifice de projets et d'espoirs fuse alors ; jusqu'à ce qu'une fois de plus, la guerre protestante, la guerre « intérieure », y mette un terme, en 1618.

Ces explications d'ensemble sont à peu près irréfutables, même si nous ne pouvons disposer d'une chronologie fine qui permettrait de voir si les passions suivent ou précèdent — ou, comme je le pense, précèdent et suivent ces retournements, les provoquant, les nourrissant, puis se brûlant dans l'action entreprise. Mais une explication qui ne tient compte que de l'un des belligérants a des chances d'être tout à fait insuffisante. Notre façon de raisonner en Occidentaux reste assez plaisante. En effet, l'autre moitié de la Méditerranée fait, vit aussi son histoire. Or une étude neuve, et d'autant plus exemplaire qu'elle est brève [22], suggère qu'il y a eu, du côté turc, des phases analogues, des *conjonctures* synchrones. Le Chrétien délaisse le combat, boude la Méditerranée, mais le Turc en fait autant, et au même moment ; il s'intéresse à la frontière de Hongrie, ou à la guerre maritime dans la mer Intérieure, mais non moins à la mer Rouge, à l'Inde, à la Volga... Selon les époques, les centres de gravité et les lignes d'action du Turc se déplacent, en corrélation avec les modalités d'une guerre « mondiale ». Cette idée a souvent été évoquée dans nos conversations par Frédéric C. Lane. Tout se tient d'une histoire belliqueuse qui va du détroit de Gibraltar ou des canaux de Hollande jusqu'à la Syrie ou au Turkestan. Et cette histoire a un seul rythme, ses changements sont électriquement les mêmes. A point nommé, Chrétiens et Musulmans s'affrontent, dans le *Djihad* et la Croisade, puis se tournent le dos pour retrouver leurs conflits internes. Mais cette algèbre de passions confluentes est aussi, comme j'essaierai de le dire, en conclusion de ce second

livre [23], une conséquence des pulsations lentes de la
conjoncture matérielle, la même pour le monde entier
qui, au XVIᵉ siècle, a inauguré sa vie unitaire.

La guerre défensive face aux Balkans

Devant les Turcs, la Méditerranée chrétienne se hérisse
de forteresses. C'est une des formes constantes de sa
guerre. En même temps qu'elle combat, elle étend ses
lignes d'arrêt et de protection, elle couvre, cuirasse son
corps. Politique instinctive et unilatérale : le Turc de
son côté, en effet, fortifie peu et mal. De même, les
Algérois ou le Chérif. S'agit-il là de différences de
techniques ou d'attitudes ? une confiance ici, dans la
force vive des janissaires, des spahis et des galères ; là,
au contraire, un besoin de sécurité et, même au cours
des grandes luttes, un certain souci d'économies des
forces et des dépenses ? De même, si les États chrétiens
entretiennent, dans le Levant, des services d'espionnage
importants, ce n'est pas seulement par crainte, c'est
aussi pour mesurer avec exactitude le danger qui menace
et y proportionner l'effort de la défense. Le Turc ne
viendra pas : alors vite on démobilise ce qui peut l'être,
on décommande ce qui n'est pas encore en place. C'est
un jeu ridicule, dit Bandello [24], de se casser la tête pour
savoir ce que feront ou ne feront pas le Turc ou le
Sophi ; et il a raison, car les beaux discuteurs auxquels
il pense ne savent rien des projets et secrets de ces
puissants personnages, s'ils en discourent à perdre
haleine. C'est autre chose pour les princes : ce jeu
détermine souvent l'importance des moyens de défense
à mettre en œuvre.

La Chrétienté méditerranéenne a donc disposé contre
l'Islam d'une série de « rideaux », de « fronts » fortifiés, longues lignes défensives derrière lesquelles, consciente de sa supériorité technique, elle se sent mieux à
l'abri. Ces lignes s'étendent de la Hongrie jusqu'aux
frontières méditerranéennes, en une série de zones
fortifiées qui séparent les deux civilisations l'une de
l'autre.

Le « limes » vénitien

Aux lisières de la mer occidentale, la vigilance de Venise est ancienne. Face aux Turcs, la Seigneurie étire ses présides, ses guettes littorales, sur les côtes d'Istrie, de Dalmatie et d'Albanie, jusqu'aux îles Ioniennes et au-delà, pour joindre Candie et Chypre : ce dernier point d'appui, acquis par la Seigneurie en 1479, sera conservé par elle jusqu'en 1571. Mais ce long et étroit Empire maritime — cette plante parasite a été atteinte par les poussées successives des Turcs. Ainsi, pour ne pas remonter plus haut, la paix du 12 octobre 1540[25] l'avait amputée de précieux postes sur la côte dalmate, Nadino et Laurana, de quelques *isolette* de l'Archipel, Chio, Patmos, Casino, d'îles « féodales », Nio, le fief des Pisani. Stampalia, le fief des Quirini, Paros, la possession des Venier. Elle avait dû abandonner aussi, en Grèce, les postes importants de Malvoisie et de Napoli di Romania. Trente-trois ans plus tard, par la paix séparée d'avril 1573 complétée par les accords difficiles de 1575[26], elle cédait encore des postes en Dalmatie, payait une indemnité de guerre et renonçait à Chypre, perdue en fait dès 1571. On a comparé souvent Venise à l'Empire britannique ; alors la Venise de la fin du XVIᵉ siècle serait comme un Empire britannique qui n'aboutirait plus aux Indes. Mais que cette comparaison n'égare pas : ces terres frontalières de Venise sont formées d'éléments minuscules, de places fortes souvent archaïques... Les villes et les îles y comptent rarement quelques milliers d'habitants. En 1576, Zara en a un peu plus de 7 000[27], Spalato un peu moins de 4 000[28], Cattaro un millier seulement à cause de l'épidémie de 1572, Céphalonie à peine 20 000[29], Zante 15 000[30], Corfou 17 517[31]. Seule Candie, avec ses 200 000 habitants, a un certain poids, c'est l'élément lourd de la nouvelle chaîne. Mais on sait que l'île grecque n'est pas sûre, on l'a vu en 1571, on le verra en 1669. Au total, tel qu'il est, cet empire ne pèse guère démographiquement par rapport à Venise et sa Terre Ferme, à qui l'on donnait vers la même époque une population globale d'un million et demi d'habitants[32].

C'est donc miracle si le barrage tient, au large des côtes turques. Rappelons qu'en 1539, les Espagnols n'ont pas pu se maintenir dans la tête de pont de Castelnuovo, sur les rives balkaniques [33]. L'anormale solidité vénitienne est un triomphe d'adaptation, le résultat de calculs répétés : entretien minutieux des postes, vigilance de l'Arsenal, cette puissante usine, incessant passage des naves et des galères. Ajoutons l'entraînement, le dévouement des populations frontalières, la valeur des hommes qui y commandent pour la Seigneurie, le courage des déportés qui y purgent leur peine. Sans compter l'efficacité des écoles pratiques d'artillerie et la facilité de recruter des soldats parmi les Albanais, les Dalmates ou les Grecs de ces confins agités.

Cependant, aux deux extrémités de sa chaîne de postes, Venise éprouve des difficultés. A l'Est, Chypre est à bout de course, peu défendable et sa population pas très sûre. L'île, comme Rhodes, a le tort d'être trop proche de l'Asie Mineure et donc à la merci des entreprises turques : la défaite de 1571 obligera au repli de l'antenne vénitienne sur Candie, sauvée de justesse en 1572 et que la Seigneurie sent dès lors constamment menacée par les convoitises de son vainqueur. A l'autre extrémité de la chaîne, au Nord, sur les frontières de l'Istrie et du Frioul, Venise touche aux terres habsbourgeoises et presque aux terres turques. D'où un double danger, d'autant plus grave qu'il menace la Terre Ferme, l'être même de Venise. Déjà, de 1463 à 1479, des raids turcs étaient parvenus jusqu'au Piave [34] et vis-à-vis des terres habsbourgeoises, les limites, stabilisées en fait dès 1518 [35], ne le sont pas encore en droit, c'est-à-dire sans contestation. C'est contre tous ces périls que Venise construira la coûteuse et solide place forte de Palma, à la fin du siècle.

L'Empire vénitien, qui n'est qu'un fil, une série de positions avancées, n'enserre pas l'énorme État turc, mais il le gêne. A Venise, on n'est pas sans connaître l'extrême fragilité de ces positions. Sans fin les ambassadeurs et les bailes de la Seigneurie essaieront, par des ententes et des achats de conscience, de les défendre à Constantinople contre la possibilité d'une attaque. Sans fin, pour des raisons politiques ou commerciales, à la suite d'incidents de voisinage, pour un navire qui charge du grain sans autorisation, pour un corsaire qui agit trop à sa guise, pour une galère vénitienne qui fait trop rudement la police, des incidents surgissent, s'enveniment. En 1582, Sinan Pacha cherche querelle à la Seigneurie, sciemment et l'occasion est bonne pour lui de vitupérer contre les Vénitiens, de réclamer leurs îles « qui sont les pieds du corps même de l'État du Sultan » [36].

Mais peut-être la ligne vénitienne n'a-t-elle tenu qu'à cause de sa faiblesse même, parce que le Turc y a ménagé de larges ouvertures, les fenêtres et les portes qui lui permettent de gagner l'Occident : Modon qui, bien que mal fortifiée, résistera lors du siège dramatique de 1572, et que, vers 1550 déjà, Belon du Mans considérait comme « la clé de la Turquie » ; plus au Nord, Navarin qui sera fortifiée à partir de 1573 [37], et enfin Valona, en Albanie, malheureusement entourée par un pays sans cesse troublé, cependant base excellente de départ vers le large et la Chrétienté. Peut-on dire que cette déchirure du *limes* vénitien, en le rendant moins gênant, lui aura permis de se maintenir plus longtemps ?

Sur le Danube

Au Nord des Balkans [38], l'Empire turc a atteint et dépassé le Danube, importante mais fragile frontière. Il s'est à demi saisi des Provinces Danubiennes s'il n'a jamais été le maître, du moins le maître assuré, de la forestière et montueuse Transylvanie. A l'Ouest, il a poussé à travers les vallées longitudinales de la Croatie, au-delà de Zagreb jusqu'aux coupures stratégiques de la Kulpa, de la haute Save et de la Drave, face à des régions pauvres, montagneuses, difficiles d'accès, à moitié vides d'hommes, par lesquelles le bloc dinarique s'articule avec la masse puissante des Alpes. Ainsi, la frontière turque, au Nord des Balkans, s'est immobilisée

assez vite, à l'extrême Ouest comme à l'Est, gênée des
deux côtés par l'hostilité des reliefs. Les hommes bien
entendu y ont ajouté du leur : vers l'Est moldave et
valaque se produisent, dévastatrices, difficiles à contenir
ou à orienter, les grandes poussées tartares. A l'Ouest,
une frontière allemande s'est organisée, au moins dans
le Windischland, entre la moyenne Save et la moyenne
Drave, sous le commandement du *Generalkapitän* de
Laybach. L'ordonnance impériale qui l'organisa fut
donnée à Linz, en 1538. Pour le Windischland, puis
pour la Croatie, des institutions militaires frontalières
allaient pousser d'elles-mêmes, à l'époque de Charles
Quint et de Ferdinand. Un règlement de 1542 fixa
l'organisation de la zone entière. Comme l'écrira bientôt
Nicolas Zriny, en 1555, elle était le rempart, la *Vormauer*
de la Styrie et, par là, de tout l'État héréditaire
autrichien. N'est-ce pas d'ailleurs cette défense en
commun, nécessaire et menée à ses frais, qui allait peu
à peu cimenter, en une unité assez réelle, cet *Erbland*
autrichien, jusque-là partagé en petits États et patries
diverses [39] ? En 1578, sur la Kulpa, s'élevait la solide
forteresse de Karlstadt ; à la même époque, Hans
Lenkowitch avait autorité sur la frontière croate et
slavone dont l'organisation était à nouveau définie par
le *Brucker Libell* (1578). Le trait le plus original en
était l'enracinement, au long de la frontière, de nombreux paysans serbes, fuyant l'autorité et le territoire
des Turcs. Ces paysans recevaient terres et franchises.
Ils étaient groupés en grandes familles, véritables compagnies patriarcales et démocratiques où l'Ancien répartis-
sait les tâches militaires et économiques.

Avec les années, l'organisation de ces confins militaires s'était donc renforcée ; on est peut-être en droit de
penser, d'après une note de Busbec [40], que si une telle
frontière a pu se stabiliser, c'est qu'elle est restée
longtemps, jusque vers 1566 au moins, assez tranquille.
Tranquillité, immobilité partielles. Car si aux ailes, la
résistance était possible, elle restait plus aléatoire au
centre de la frontière, à travers l'énorme pays découvert
de Hongrie. Nous avons trop souvent parlé des désastres

de ce malheureux pays, de l'horrible confusion qui fut son partage au-delà de 1526, de ses querelles, de ses divisions fratricides, de sa réduction presque complète à l'ordre turc en 1541, pour qu'il soit nécessaire d'y revenir. Incorporée au monde turc, la Hongrie ne laissait entre les mains chrétiennes qu'une étroite bande frontière. Ses plaines et ses routes d'eau s'offraient aux invasions, la plus importante étant celle du Danube. Après la poussée turque sur Vienne en 1529, il fallut, pour défendre ce qui était devenu le rempart du monde allemand, multiplier les obstacles artificiels au long des routes et des fleuves ; créer et entretenir une flotte danubienne, une centaine de navires estimait déjà, en 1532, le *Generaloberst* de l'arsenal de Vienne, Jeronimo de Zara. Ce fut le *Salzamt* de Gmünden qui reçut l'ordre de construire ces bateaux, en plus de ses habituelles barques pour le transport du sel... On les appelait *Nassarnschiffe, Nassadistenschiffe*. Dans notre français du xvie siècle, il est question de *nassades*, mais le nom de *Tscheiken*, copié sur le mot turc de *Caïque*, l'emporta finalement. Il y eut ainsi jusqu'au xixe siècle, sur le Danube, des *Tscheiken*, et à leur bord des *Tscheikisten*. En 1930, au cours d'une fête rétrospective à Klosterneuburg, on exposa encore des *Tscheiken* du temps du prince Eugène.

Avec la fin du xvie siècle, la longue frontière hongroise se stabilisa. Jamais elle ne s'apaisa. La petite guerre, avec ses incessantes razzias, ses chasses à l'esclave ou à l'impôt n'en déplaça plus guère le tracé. Une zone de tours de guet, de forts, de châteaux, de forteresses, y forma peu à peu un réseau fortifié, aux mailles plus ou moins serrées, entre lesquelles passaient sans effort les troupes des coups de mains, mais où s'arrêtaient et s'empêtraient les armées compactes contre lesquelles le filet était tendu. Ici, comme ailleurs, comme en Croatie et en Slavonie, la paix avait été organisatrice, surtout au-delà de 1568 et de la trêve d'Andrinople, renouvelée en 1574-1576 et en 1584. Cette paix relative ne fut rompue qu'en 1593, mais vingt-cinq années d'accalmie avaient suffi à incruster dans le sol la longue et longtemps flexible frontière. En 1567, de toute évidence, elle était encore fragile : « certainement, de ce côté-là, écrivait Chantonnay de Vienne [41], la Chrétienté est mal couverte », d'autant, ajoutait Fourquevaux, que les soldats allemands de Hongrie sont particulièrement piètres. Les Turcs les « mettent en compte d'autant de femmes et les ont battuz aussi souvent qu'ils sont venuz aux mains » [42]. Vérité de 1567 — et encore — mais certainement plus de 1593, quand la guerre va reprendre avec le Turc. Le Français Jacques Bongars [43] qui visitera cette zone frontière depuis Raab jusqu'à Neutra, au printemps de l'année 1585, note dans son *Journal* les précautions multiples de la défense chrétienne : dans le seul district de Raab se dressent douze forteresses avec — et nous sommes en temps de paix — plus de 5 000 fantassins et 300 cavaliers de garnison. A Comorn, précaution supplémentaire, un atelier fabrique des balles et de la poudre à l'intérieur même de la place. Sur tout le *limes*, courses, escarmouches sont quotidiennes [44].

Au centre de la mer : sur les côtes de Naples et de Sicile

Avec les côtes de Naples et de Sicile, ajoutons Malte qui fait la liaison en direction du Moghreb, un secteur bien différent se présente à nous. Sa position, à la charnière médiane de la mer, lui donne sa valeur stratégique. « Il est le front de mer de l'Italie contre le danger turc » [45], c'est-à-dire face aux guettes que celle-ci possède en Albanie et en Grèce. Sa mission est à la fois d'offrir une base aux flottes hispaniques, de résister aux armadas turques, de défendre son propre territoire contre les attaques des corsaires.

Brindisi, Tarente, Augusta, Messine, Palerme, Naples pouvaient servir de centres de ralliement aux galères chrétiennes. Brindisi et Tarente trop à l'Est peut-être, Palerme et Augusta beaucoup plus pointées vers l'Afrique que vers le Levant, Naples trop loin sur les arrières. La position de Messine l'emporta. Elle fut, aux heures de péril, la place maritime essentielle de l'Occident. Sa position d'embuscade, sur son couloir d'eau, ses facilités de ravitaillement en blé sicilien et étranger, sa proximité de Naples ont servi sa fortune. De Naples lui parvenaient des hommes, des voiles, du biscuit, des barriques de vin, du vinaigre, de la poudre « subtile », des rames, de la mèche et des « cannes » d'arquebuse, des boulets de fer... Quant à la position de la ville, n'en jugeons pas trop d'après nos idées actuelles : au temps de la primauté turque, il fut toujours loisible aux armadas musulmanes de forcer la route du détroit, exploit que réussissaient le cas échéant, à leurs risques et périls, des galères isolées ou des flotilles de corsaires. C'est que l'étroite voie d'eau était immense, à la mesure des tirs de l'artillerie du temps, et difficile à surveiller.

Dès le début du XVIᵉ siècle, Naples et la Sicile, sur leurs rives comme dans l'intérieur de leurs terres, sont semées de forteresses et de fortifications, souvent désuètes et dont les murs tombent en ruines. Rarement, elles tiennent compte de l'artillerie, de la nécessité de lui ménager boulevards et cavaliers et, en prévision de celle de l'ennemi, de renforcer les murs, les terre-pleins et de diminuer les œuvres vives au-dessus du sol. La destruction et la remise en état de ces forteresses démodées, la construction de nouveaux éléments représentèrent le travail de plusieurs générations : Catane, à partir de 1541 [46], commença à ajouter à l'enceinte médiévale des bastions capables de croiser leurs feux. L'entreprise ne sera achevée qu'en 1617, après trois quarts de siècle d'efforts et de dépenses.

C'est au voisinage de 1538 que ce grand travail aura commencé dans tout le Mezzogiorno, à Naples, sous l'impulsion de Pietro di Toledo, en Sicile, sous l'impulsion de Ferrante Gonzaga. C'est que 1538 est l'année de La Prevesa, que les flottes turques, dès lors, viennent battre de leurs coups puissants et, sur mer, impossibles à parer, les côtes de Naples et de la Sicile. L'anonyme *Vita di Pietro di Toledo* [47] indique que le vice-roi fit alors commencer les fortifications de Reggio, Castro, Otrante, Leuca, Gallipoli, Brindisi, Monopoli, Trani, Barletta, Manfredonia, Vieste et qu'il travailla aussi à

fortifier Naples. A partir de cette époque, semble-
t-il, des tours de guet se construisirent sur les côtes
napolitaines. On en élevait encore, en 1567, trois cent
treize dans le Royaume [48]. Ce que Pietro di Toledo fit à
Naples, Ferrante Gonzaga l'accomplit en Sicile, de 1535
à 1543 [49]. Il fit construire cent trente-sept tours [50] sur
les littoraux de l'Est et du Sud, celui-ci défendu quelque
peu par la nature, celui-là exposé aux coups des Turcs
et bientôt réduit à ne plus être, « face à l'Empire
ottoman, qu'une simple frontière militaire » [51]. Sur cette
ligne névralgique, dès 1532, des travaux de fortification
avaient été engagés à Syracuse [52]. C'était là, comme le
dira Ferrante Gonzaga lui-même dans un rapport au
Roi [53], le seul côté exposé de l'île. Le côté Nord est
montagneux ; le côté Sud, « *la più cattiva e più fluttuosa
spiaggia di quei mari* » [54], n'offre aucun réduit où la
flotte ennemie puisse se loger. Il n'en est pas de même
pour l'Est, avec ses côtes basses, fertiles, d'accès facile.
D'où la nécessité de fortifier, outre Syracuse, Catane
et Messine qu'à son arrivée en 1535, il a trouvées
« *abandonate e senza alcuno pensamento di defen-
derle* » [55]. Mais elles ne seront pas encore fortifiées
quand il les laissera.

Ce n'est donc pas en un jour, ni même en un
éphémère règne de vice-roi, que tout a pu être changé.
En Sicile, les fortifications se poursuivront sous les
successeurs de Ferrante, comme à Naples sous les
successeurs de Pietro di Toledo. La tâche toujours en
cours [56], souvent recommencée, n'est jamais achevée,
elle est coupée d'ordres et de contre-ordres. On disait à
Naples que chaque vice-roi aux prises avec les chantiers
des vingt forteresses du Royaume (19 exactement en
1594), défaisait ce que son prédécesseur avait fait [57],
c'est beaucoup dire et ne pas reconnaître les difficultés.
Les responsables sont gênés par le manque de crédits,
obligés d'arrêter les travaux, ici, pour les ouvrir plus
loin, ou de réparer ce qui croule (les tours de guet de
Sicile, achevées en 1553, doivent être reconstruites de
1583 à 1594), reprendre et moderniser une à une toutes
les forteresses. Enfin, il faut étendre les chantiers plus

loin vers l'Occident, preuve que le danger que l'on veut endiguer gagne vers l'Ouest. La course barbaresque et les grands voyages turcs d'avant 1558 ont pris à revers les positions siciliennes et napolitaines ; si bien qu'il est nécessaire de faire face désormais du côté de la Tyrrhénienne, de s'occuper de Palerme [58], Marsala [59], Trapani [60], Sorrente [61], Naples [62], Gaète...

Le gros danger n'en reste pas moins à l'Est. C'est dans cette direction surtout que fonctionne le système défensif. Nous voici à Naples, en 1560. Depuis un an, des travaux sont en cours pour fortifier Pescaire [63], l'île de Brindisi, la grosse place de Tarente [64]. Après discussions, on a révoqué définitivement l'ordre, donné, puis repris par le duc d'Albe (alors qu'il était vice-roi de Naples, en 1557), d'avoir à démanteler une série de petites places du cap d'Otrante et de la terre de Bari : Nolseta, Sovenazo, Vigella, Galignano, Nola, à condition que ces petites villes se fortifieraient et se garderaient elles-mêmes, tous détails qui montrent à plaisir la difficulté des travaux et l'imperfection de la ligne défensive. Aussi bien, à la veille de l'été, renforce-t-on ces diverses places fortes. La milice de Naples fournit de 8 à 10 000 hommes et pourrait en fournir 20 000. Comme elle doit traverser le Royaume et y loger, on se réjouit que ce soient soldats du pays et non étrangers [65]. On place ainsi, en mai 1560, 500 fantassins à Manfredonia, 700 à Barletta, 600 à Trani, 400 à Bisceglie, 300 à Monopoli, 1 000 à Brindisi, plus trois compagnies d'Espagnols dans le fort, 500 miliciens à Tarente, 800 à Otrante, 800 à Cotron. En outre, un millier d'hommes d'armes et 200 chevau-légers sont logés en Pouilles et 6 000 Italiens levés pour constituer une réserve où l'on puisera en cas d'attaque [66]. Tout en occupant les marines et en renforçant les places fortes, on veille à l'évacuation des *lugares abiertos*, des villes et villages ouverts de la côte. En Sicile, en 1573, le rideau de défense ne pouvant s'étendre à l'île entière [67], on s'est contenté de garder Messine, Augusta, Syracuse, Trapani et Milazzo, abandonnant momentanément, comme trop faibles, Taormina, Catane, Terranova,

Licata, Girgenti, Sciacca, Mazzara, Marsala, Castellammare, Termini, Cefalù et Patti...

Telles sont les occupations d'été (à l'approche de l'hiver tout le système est replié) des vice-rois de Naples et de Sicile, jusque vers les années 1580 et même audelà. A cette époque, la menace turque étant moins vive, on sentira davantage le poids de ces charges militaires, notamment en Sicile où la cavalerie (garde essentielle de l'île montueuse) dévore littéralement les revenus du Royaume. Au total, si l'on veut bien considérer encore un instant ce savant système de défense, la masse d'hommes qu'il emploie, les rouages compliqués d'estafettes, de liaisons, de signaux optiques qu'il implique, on ne s'étonnera pas des surprises souvent désagréables des Turcs, aux prises avec cette défense souple. Si, en gros, 1538 marque le début de ce flexueux système de défense, c'est au-delà de 1558 qu'il semble être au point [68]. Son efficacité est signalée par les Vénitiens. En 1583, un rapport du Provéditeur de la flotte, Niccolò Suriano, déclare : « Il n'y a pas si longtemps que toute la côte de Pouille du Cap Santa Maria jusqu'au Tronto, possédait fort peu de tours de garde. Aussi les fustes turques côtoyaient-elles sans cesse ces rivières, faisant de grands dommages à la navigation et aux territoires, et se contentant de ces bonnes occasions, elles ne pénétraient pas au cœur du Golfe. Maintenant à cause de ces tours, il apparaît que les gens de terre sont défendus... et les petits bateaux naviguent avec beaucoup de sécurité pendant le jour. Si un bateau ennemi apparaît, ils peuvent se cacher sous les tours où ils sont en sûreté, gaillardement défendus par l'artillerie dont elles sont bien fournies. Si bien qu'à présent les fustes dépassent le mont d'Ancône, sûres de trouver de belles proies sans grand risque ». Comme à cette hauteur, ce sont les bateaux vénitiens qui sont pris, au lieu des bateaux espagnols en route pour Naples, on comprend le sens de ce discours et ces conclusions, à savoir que le Pape, les ducs de Ferrare et d'Urbino devraient bien faire des tours de guet, semblables à celles du royaume de

Naples [69]. Le travail des vice-rois espagnols est-il tellement à dédaigner ?

La défense des côtes d'Italie et d'Espagne

La ligne napolitaine et sicilienne, prolongée par le
relais puissant de Malte jusqu'à la côte de Berbérie où
le préside de la Goulette sera solidement fiché jusqu'en
1574, n'est pas dépassée généralement par les armadas
turques. Non qu'elle soit capable de les arrêter. Mais,
leur butin ramassé, les Turcs se soucient rarement de
pousser plus loin. Rien ne les en empêche pourtant,
quand ils le désirent, pas plus que n'est empêché le
mouvement des navires entre Turquie et Berbérie.
D'autre part, la course algéroise est active. Très au
loin, la Chrétienté doit donc défendre ses marines,
les équiper de tours et de forteresses, s'organiser en
profondeur.

Comme les travaux de défense de Sicile, cette muraille
ne pousse pas en un jour ; on l'élève, on la déplace, on
la modernise. Quand, comment ? Il est difficile de le
préciser. En 1563 [70], on s'avise qu'il faudrait substituer,
aux vieilles tours de Valence, des ouvrages nouveaux
où l'artillerie trouverait place. A Barcelone, la question
est aussitôt de savoir qui devra payer : le Roi, la ville,
la *Lonja* [71] ? A Majorque, en août 1536 [72], des guetteurs
signalent des voiles ennemies du haut des *atalayas*. Il y
a donc des tours dans l'île à cette époque. De quand
datent-elles ? En 1543, on commence des fortifications
à Alcudiat, mais quelles fortifications ? De même,
quand construit-on, en Corse, les tours rondes de guet,
qu'il faut distinguer des tours carrées des fortifications
villageoises [73] ? Est-ce à partir de 1519-1520 que s'organise à Valence une garde côtière, sur le modèle de la
Sainte Hermandad [74], avec des « montres » et des services d'alerte ? Peu de chose au demeurant, puisque, en
1559, Philippe II, de Bruxelles, s'étonne qu'il n'y ait
que six hommes à la forteresse d'Alicante [75]. En 1576,
on en est encore à faire des projets sur la fortification
de Carthagène [76]. Par contre, à Grenade, en 1579, il y a
un service de défense des côtes, sous la direction de

Sancho Davila, *Capitan general de la costa*[77]. Peut-être, parce que ce secteur donne des craintes particulières. De même la Sardaigne, obligée de penser à sa défense (nous avons les projets détaillés de la fortification de l'île vers 1574[78]) construit des tours sous le gouvernement du vice-roi, Don Miguel de Moncada, vers 1587[79]. A côté des bancs de corail de l'île, les pêcheurs se réfugiaient derrière ces tours et utilisaient l'artillerie pour se défendre[80].

Bien sûr, ces travaux ne sont jamais terminés. Il y a toujours quelque chose à compléter pour assurer la protection des *poveri naviganti*[81] et des habitants des côtes. Et dans l'ensemble, il s'agit de travaux à une bien plus petite échelle que ceux dont nous parlions plus haut. Les côtes d'Espagne reçoivent souvent la visite des corsaires surtout barbaresques, mais ont peu à redouter des escadres de Constantinople. Et c'est tout de même fort différent.

Sur les côtes d'Afrique du Nord

En Afrique du Nord, le problème défensif se pose avec plus de clarté qu'ailleurs[82]. Il n'est pas plus simple, mais il est mieux connu. Si étroite qu'elle soit, la chaîne des présides se mêle aux histoires des régions qu'elle délimite : elle est une confluence. De là les multiples lumières qui en précisent les détails et l'ensemble. Établies à l'époque de Ferdinand le Catholique, surtout de 1509 à 1511, les *fronteras* ont été alors plantées en bordure d'un pays archaïque, inconsistant, incapable de se défendre. Seules, peut-être, les préoccupations de l'Aragonais, trop tenté par les richesses de l'Italie, ont empêché l'Espagne de se saisir des profondeurs du pays moghrébin. Mais l'occasion perdue ne s'est plus représentée. Dès 1516, les Barberousse s'implantaient à Alger ; en 1518, ils se plaçaient sous la protection du Sultan ; en 1529, leur ville se libérait de la petite forteresse gênante du Peñon, que les Espagnols possédaient depuis 1510. Dès avant cette date, Alger avait rayonné par tout ce pays fruste du Moghreb central, y jetant ses rapides colonnes, y installant ses garnisons, ramenant vers elle les trafics de cette vaste zone intermédiaire. Dès lors, un pays tenu du dedans s'oppose aux Espagnols et les menace. Les grandes expéditions de Charles Quint contre Tunis, en 1535, contre Mostaganem, en 1558, ne changèrent rien à cette situation. D'ailleurs, après l'échec contre Mostaganem qui entraîna avec lui l'abandon de vastes projets d'alliance marocaine, un autre âge, le troisième âge des présides commençait déjà.

Inauguré par Philippe II, il est sous le signe de la prudence et du calcul, non plus de l'aventure. Certes, les grands projets d'expédition africaine ne cessent de fleurir. Mais on délibère beaucoup et l'on agit peu, ou sur des points que l'on sait, que l'on croit du moins, particulièrement faibles. C'est le cas de l'expédition de Tripoli qui se termine par un désastre à Djerba, en 1560. Encore est-elle plus que du souverain, le fait du vice-roi de Sicile, le duc de Medina Celi, et du Grand Maître de Malte. La grande tentative contre le Peñon de Velez, montée avec plus de 100 galères en 1564, c'est la montagne qui accouche d'une souris. 1573, la reprise de Tunis par Don Juan d'Autriche et l'obstination de ce dernier à conserver sa conquête, contre son frère et ses conseillers qui ne désirent que l'évacuation et le démantèlement de la place, c'est une brusque poussée de mégalomanie, résurgence brève des temps de Charles Quint comme il y en eut quelques-unes dans l'histoire du Roi Prudent...

Au vrai, patiemment, par une politique continue, sans éclat, mais efficace à la longue, entre les années 1560 et 1570, on a renforcé et développé la masse même des présides. Mortier, chaux, briques, poutres, madriers de bois, pierres, corbeilles à terre pour les terrassements, pelles, pioches, voilà ce dont parlent les lettres des présides. A côté de l'autorité des capitaines des places, grandissent le rôle et l'autorité du *veedor*, cet « économe », ce trésorier payeur. Et aussi celle de l'ingénieur, ce civil, ce qui ne va pas toujours sans conflits. Giovanni Battista Antonelli sera ainsi chargé de travaux à Mers el Kébir [83] et un autre Italien, Il Fratino (que Philippe

Il emploiera aussi en Navarre), déplacera d'un bloc l'ancien préside de Melilla pour le replanter près de sa lagune. Deux dessins de lui, conservés à Simancas, donnent la perspective de la petite place, dans son site nouveau, minuscule amas de maisons autour de l'église, face à la côte abrupte, immense. Il Fratino a travaillé également à la Goulette[84], ce qui lui valut des rapports assez orageux avec le gouverneur Alonso Pimentel, querelle typique de gens reclus, aiguisée jusqu'au meurtre, avec dénonciations réciproques[85]... ! Le préside n'en grandissait pas moins ; autour du primitif rectangle bastionné de la « vieille Goulette », les estampes de 1573 et 1574 montrent tout un feston de fortifications nouvelles, achevées dès l'été 1573[86]. Ajoutons un moulin à vent, des magasins, des citernes, des « cavaliers », sur lesquels on met en place une puissante artillerie de bronze. Car l'artillerie est la force, la raison d'être des forteresses d'Afrique.

Au temps de Philippe II, les présides grossissent, se hérissent de fortifications neuves, dévorent les matériaux de construction apportés souvent de très loin (à Mers el Kébir, un bateau débarque de la chaux de Naples), réclament sans arrêt de nouveaux « pionniers », des *gastadores*. A Oran et dans son annexe de Mers el Kébir — après 1580 un chef-d'œuvre du genre — c'est une activité inlassable de fourmis. A la fin du siècle, ce n'est plus une forteresse, mais une zone fortifiée organisée au prix de grosses dépenses et d'épuisants travaux. Le soldat, comme le vulgaire *gastador*, y manie pelle et pioche. Diego Suárez, ce soldat chroniqueur d'Oran qui avait travaillé à l'Escorial au temps de sa jeunesse, n'a pas de mot pour vanter l'ouvrage accompli. C'est aussi beau que l'Escorial, résume-t-il. Mais cet exceptionnel chef-d'œuvre ne s'est construit qu'avec les dernières années du règne de Philippe II, non sans avoir, en 1574, couru un risque singulier... Le gouvernement espagnol était alors au bord de la seconde banqueroute du règne, celle de 1575. En Tunisie, Don Juan d'Autriche, qui venait de s'emparer de Tunis, s'y maintenait contrairement à ses instructions[87] et son entêtement aboutissait au désastre d'août-septembre 1574 qui permit aux Turcs de s'emparer à la fois de la Goulette et de Tunis. Ce double échec démontrait que ces deux forteresses, se partageant le ravitaillement de la métropole, s'étaient finalement nui l'une à l'autre. De là à penser que le double préside d'Oran et de Mers el Kébir, qu'unissait un mauvais chemin terrestre d'une lieue, impraticable pour l'artillerie, était peut-être lui aussi une faute, il n'y avait qu'un pas. L'enquête du prince Vespasiano Gonzaga, achevée sur place en décembre 1574 [88], concluait à la nécessité d'abandonner Oran, qu'on démantèlerait et raserait, pour consacrer toute la puissance du préside à Mers el Kébir, mieux situé et disposant d'un bon port. « La Goulette, écrivait l'enquêteur, s'est perdue le jour où Tunis nous a appartenu. » Fortifier Oran ? Tous les ingénieurs du monde n'y réussiraient pas, à moins d'y élever une énorme ville. Or justement, l'alerte passée, c'est cette « énorme » ville [89] que les Espagnols ont patiemment creusée dans le roc, préparant le cadre de sécurité où fleurira plus tard la « Corte chica », la petite Madrid oranaise, comme on dira au XVIIIe siècle, non sans quelque exagération...

La chute des points d'appui de Tunisie, en 1574, n'eut pas les conséquences qu'on aurait pu craindre. Aucune catastrophe ne s'ensuivit pour la Sicile et pour Naples. Il est vrai que celles-ci se servirent de l'arme qui leur restait, leurs escadres de galères [90]. En 1576, le marquis de Santa Cruz, avec les galères de Naples et de Malte, conduisait une expédition punitive sur les rivages du Sahel tunisien et y saccageait les îles Kerkenna, y prenant les indigènes, un bétail abondant, brûlant les maisons, laissant derrière lui des dégâts pour plus de 20 000 ducats. Du coup, toutes les côtes du Sahel se vidèrent de leurs habitants et une galiote renforcée alla porter l'alarme jusqu'à Constantinople [91]. Les escadres mobiles avaient du bon. Il semble que les Espagnols l'aient alors compris et se soient avisés que la meilleure défense des côtes menacées était de lancer les galères, au lieu de les laisser, comme on avait trop souvent fait

avant les années 1570, précautionneusement groupées à
Messine, dans l'attente des attaques turques. Bien des
projets de reconquête furent mis en avant après la chute
de Tunis. L'un d'eux, en 1581, pose en principe :
et tout d'abord, être fort sur mer [92]... C'était enfin
commencer par le commencement.

Ce nouveau mode de défense — par l'agression —
risquait même d'être plus profitable qu'autrefois à cause
du rétablissement économique du Moghreb. Une relation
espagnole de 1581 [93] signale Bône comme une ville
populeuse, fabriquant de l'assez belle faïence, exportant
beurre, laine, miel et cire ; Bougie ou Cherchell comme
des portes de sortie pour les produits agricoles de leur
arrière-pays que ne draine pas exclusivement l'énorme
place commerciale d'Alger, à telle preuve que, plus près
encore de la ville des raïs, dans l'estuaire de l'Oued el
Harrach et à la pointe du cap Matifou, des barques
viennent enlever de la laine, du blé, des volailles
pour la France, Valence et Barcelone. Ces précisions
rejoignent ce que dit Haedo de l'activité du port d'Alger
vers ces mêmes années 1580... Donc, au long des dures
et inhospitalières côtes du Moghreb, il y a, à la
différence de jadis, des proies nombreuses et payantes.
Par surcroît la méthode n'est-elle pas plus économique
que celle des présides ? Un rapport financier [94], à situer
entre les années 1564-1568, fait le bilan des frais des
présides depuis le Peñon de Velez, récupéré à l'Ouest
en 1564, jusqu'à la Goulette (Tripoli perdu en 1551 et
Bougie enlevé par les Algérois en 1555 manquent à
l'appel). La solde des garnisons s'y établit ainsi : le
Peñon 12 000 ducats, Melilla 19 000, Oran et Mers el
Kébir 90 000, La Goulette 88 000. Soit un total de
209 000 ducats [95]. On notera la dépense relativement
grosse de la Goulette : sa garnison, forte d'un millier
d'hommes, effectif ordinaire, plus un millier, effectif
extraordinaire, coûte aussi cher que le double préside
oranais, qui compte alors 2 700 soldats et 90 chevau-
légers. C'est que la solde allouée au fantassin d'Oran
(1 000 maravedis par mois) est plus basse *por ser la
tierra muy barata*, la vie y étant à bon marché [96]. A

l'Ouest, seule la garnison du Peñon a la haute paye d'Italie [97]...

Ce chiffre de 200 000 ducats ne concerne que les dépenses de personnel, à quoi s'ajoutent une infinité d'autres. Il y a l'entretien et la construction des fortifications : Philippe II envoie ainsi pour la construction de la nouvelle Goulette 50 000 ducats en 1566, et de nouveau 50 000 deux ans plus tard, ces deux envois n'étant forcément pas les seuls. Il y a, en outre, le ravitaillement en munitions et il est fort onéreux. Par exemple, en 1565, un envoi [98] pour la Goulette seulement, se monte à 200 quintaux de plomb, 150 de corde à arquebuse, 100 de poudre subtile (à 20 ducats le quintal), 1 000 corbeilles à terre, 1 000 pelles avec leurs manches, le tout se montant à 4 665 ducats, sans compter les frais de transport. Or, en 1560, pour un envoi du même ordre de grandeur, il avait fallu utiliser 8 galères. Pour les constructions, chaque préside avait sa caisse personnelle, sur laquelle on prélevait, le cas échéant, quitte à rembourser ensuite. Il vaudrait la peine d'étudier ces budgets avec précision. On pourrait dresser (indépendamment de la première mise de fonds nécessitée par la conquête elle-même, 500 000 ducats par exemple pour la prise du Peñon, en 1564, non compris les frais de la flotte), le lourd bilan de ces minuscules forteresses, constamment à rapetasser, à consolider ou à étendre, à ravitailler, à nourrir...

Pour comparer, notons qu'à la même époque, la garde des Baléares (fort menacées cependant) ne coûte que 36 000 ducats et autant la garde de la côte entre Carthagène et Cadix. Quant à l'entretien annuel d'une galère, il est alors de 7 000 ducats. La garde des présides immobilise, entre 1564 et 1568, à peu près 2 500 hommes à titre de garnisons normales (2 850) et 2 700 à titre extraordinaire (c'est-à-dire transportés au printemps, retirés au début de l'hiver, en principe au moins, car les retards dans les arrivées et plus encore dans les relèves sont fréquents). 5 000 hommes, plus que le Roi Catholique n'en entretient dans tout le Royaume de Naples [99] ! Sans vouloir entrer dans des calculs et des

considérations dignes de ces *speculativi* dont parle un
agent génois, peut-on dire qu'il eût mieux valu peut-
être entretenir trente galères que les présides d'Afrique ?
Le mérite de ces chiffres, en tout cas, est de montrer,
sans l'ombre d'un doute, l'importance de l'effort que
l'Espagne a consenti, face aux côtes barbaresques.

Les présides, « un pis aller »

Robert Ricard [100] se demande si cette solution, qui
était « un pis aller », n'a pas été prolongée hors de
saison. Au Mexique, Cortès, en débarquant, brûlait ses
vaisseaux : il lui fallait triompher ou mourir. En Afrique
du Nord, on peut toujours compter sur le bateau
porteur d'eau, de poisson, de tissus ou de *garbanzos*.
L'intendance vous a pris en compte... La supériorité
technique du Chrétien, en lui permettant de planter et
de maintenir des présides « où l'on se défendait avec le
canon », l'a-t-elle dispensé d'un effort plus direct et
plus profitable ? Oui, dans une certaine mesure. Mais
le pays s'est aussi défendu par son immensité et son
aridité. Impossible d'y vivre, comme les conquérants de
l'Amérique, en poussant devant soi des troupeaux de
bœufs et de porcs. Planter des hommes, on y a pensé ;
dès l'époque de Ferdinand le Catholique, il fut question
de peupler les villes de Morisques castillans ; vers 1543,
de coloniser le cap Bon [101]. Mais comment faire vivre
les transplantés ? Et dans cette Espagne aventureuse
qu'attirent l'Amérique et les bonnes auberges d'Italie,
où trouver les hommes ? On a pensé aussi à animer
économiquement ces villes fortes, à leur rattacher tant
bien que mal le vaste intérieur dont elles auraient pu
vivre. Il y a eu, à l'époque de Ferdinand le Catholique,
puis de Charles Quint, une curieuse politique économique [102] pour le développement des échelles nord-africaines, avec le propos d'y faire une grande place aux
navires catalans et d'obliger les galées vénitiennes à y
relâcher. En vain d'ailleurs... En 1516 [103], le doublement
des droits de douane, dans les ports méditerranéens de
la Péninsule, n'obligera pas les navires vénitiens à
concentrer leur commerce d'Afrique à Oran. D'eux-

mêmes, les courants commerciaux du Moghreb se détournaient des présides espagnols et préféraient, comme points de sortie, Tadjoura, la Misurata, Alger, Bône, tous ports ou plages échappant au contrôle des Chrétiens. Le trafic de ces ports libres marque à sa façon l'échec des *fronteras* espagnoles, de même qu'au Maroc, avec la fin du XVIᵉ siècle, la fortune des ports marocains de Larache, Salé, le Cap de Gué souligne l'effondrement des points d'appui portugais, comptoirs qui longtemps avaient été prospères. Aussi bien le commerce entre l'Espagne et l'Afrique du Nord [104] — si l'on ne se trompe, beaucoup plus infléchi vers l'Atlantique marocain que vers la Berbérie méditerranéenne — peut bien s'animer à nouveau au-delà des années 1580, amener, jusqu'aux rives africaines, des tissus (draps, soies, velours, taffetas, draps villageois), de la cochenille, du sel, des parfums, de la laque, du corail, du safran, des milliers de douzaines de bonnets, simples ou doubles, de Cordoue ou de Tolède, rapporter des pays barbaresques du sucre, de la cire, du suif, des cuirs de bœufs ou de chèvres, voire de l'or, tous ces échanges (hors quelques passages par Ceuta et Tanger) se font en dehors des présides. Ceux-ci sont à peu près hors des circuits commerciaux. Dans ces conditions, les présides, en proie au seul commerce des mercantis et des cantiniers, n'ont ni prospéré, ni provigné. Les greffes ont à peine repris, elles se sont contentées de ne pas mourir.

La vie des présides ne pouvait être que misérable. Près de l'eau, les vivres pourrissent, les hommes meurent de fièvre [105]. Le soldat crève de faim, à longueur d'année. Longtemps, le ravitaillement s'est fait par mer. Ensuite, mais à Oran seulement, le pays environnant fournira de la viande et du blé, appoint régulier à l'extrême fin du siècle [106]. Les garnisons vivent généralement comme des équipages de navires, non sans aléas.

La gare régulatrice de Málaga, avec ses *proveedores* [107], aidée parfois par les services de Carthagène, assure le ravitaillement du secteur Ouest, Oran, Mers el Kébir et Melilla. Qu'il y ait des fautes de services, des

prévarications, nous en avons la preuve et le contraire
seul étonnerait. Ne grossissons pas ces faits véniels. Le
trafic de Málaga est considérable. Tout, par ses soins,
s'achemine vers l'Afrique : munitions, vivres, matériaux
de construction, soldats, forçats, terrassiers, filles de
joie [108]. Ravitaillements et transports posent de gros
problèmes. Ainsi pour le blé : il faut l'acheter, le faire
venir de l'intérieur, par des convois de bourricots [109],
fort onéreux. Des magasins de l'intendance au port,
puis du port aux présides, nouvelles tâches, nouveaux
délais. La mer grouille de pirates. C'est donc en hiver,
quand la course chôme, que l'on se hasarde à lancer
sur Oran un *corchapin*, deux ou trois barques, une
tartane, voire un galion marseillais ou vénitien [110] sur
qui l'on a jeté l'embargo et que l'on oblige à transporter
les vivres ou les munitions. Plus d'une fois, la barque
est saisie par des galiotes de Tétouan ou d'Alger et c'est
un bonheur si on peut la racheter aux corsaires, au
moment où, selon leur habitude, ils s'arrêtent à l'abri du
cap Falcon. Aussi bien le pirate, autant que l'intendance
négligente, porte-t-il la responsabilité des famines répétées des présides de l'Ouest.

La Goulette n'a pas un sort différent, elle qui a
pourtant la chance d'être auprès des inépuisables greniers du pain, du vin, du fromage, des pois chiches
napolitains et siciliens. Mais ne traverse pas qui veut,
et quand il veut, l'étroit canal de Sicile. Quand Pimentel,
en 1569, prend le commandement de La Goulette, la
place n'a plus, pour son ordinaire, que ses réserves de
fromages. Ni pain, ni vin. Bien sûr, les intendances
d'Italie y sont pour quelque chose. Est-ce d'elles ou
d'Espagne que la garnison aura reçu 2 000 paires
de souliers, en bon cuir d'Espagne, mais pointure
fillette [111] ?

En outre l'organisation intérieure n'est pas favorable
à la bonne marche des présides. C'est ce que laisse
apercevoir le règlement de 1564 à Mers el Kébir [112]. La
fourniture des vivres aux soldats est faite par les
magasiniers, au prix fixé par les bordereaux d'envoi des
marchandises [113], et souvent à crédit : c'est le dangereux

système des avances sur solde, occasion de dettes effroyables pour les soldats qui achètent toujours à crédit aux marchands qui passent. Parfois, en cas de difficultés ou de complicité des autorités locales, les prix montent sans mesure. Pour ne pas régler leurs dettes insoutenables, des soldats désertent et passent à l'Islam. Ce qui aggrave tout, c'est que la solde est moins élevée en Afrique qu'en Italie. Raison de plus, quand on embarque les troupes destinées aux présides, de ne pas leur dire à l'avance leur destination et, quand elles y sont, de ne pas les relever. Ainsi Diego Suárez passera-t-il vingt-sept ans à Oran, malgré plusieurs essais pour s'enfuir comme passager clandestin, sur les galères. Seuls les malades, et encore, peuvent revenir de la mauvaise rive jusqu'aux hôpitaux de Sicile et d'Espagne. Aussi bien les présides sont-ils lieux de déportation. Des nobles et des riches y vont purger leurs peines. Le petit-fils de Colomb, Luis, arrêté à Valladolid pour trigamie, condamné à dix ans d'exil, arrivait à Oran en 1563 ; il devait y mourir, le 3 février 1573 [114].

Pour ou contre les razzias

Imaginons l'atmosphère de ces garnisons. Chaque place est le fief de son capitaine général, Melilla longtemps celui des Medina Sidonia ; Oran, longtemps, celui de la famille des Alcaudete ; Tripoli, en 1513, est concédé à Hugo de Moncada, sa vie durant [115]. Le gouverneur règne, avec sa famille et les seigneurs qui vivent autour de lui. Or le jeu des maîtres, c'est la razzia, la sortie bien calculée, à la fois sport et industrie et aussi, reconnaissons-le, stricte nécessité : il faut faire la police autour de la forteresse, disperser les uns, protéger les autres, prendre des gages, avoir des renseignements, saisir des vivres. Nécessité mise à part, la tentation reste grande de jouer à la petite guerre, de s'embusquer dans les jardins, au voisinage de Tunis, d'y saisir quelques paisibles propriétaires, venus cueillir leurs fruits ou moissonner un champ d'orge ; ou bien, près d'Oran cette fois, au-delà de la *sebka* tour à tour éblouissante de sel ou couverte d'eau, d'aller surprendre un douar dont les espions à gages ont dénoncé la présence. C'est là une chasse plus passionnante, plus dangereuse, plus profitable que celle des bêtes sauvages. Sur le butin, chacun a sa part et le Capitaine Général prélève parfois « le quint », privilège royal [116], qu'il s'agisse de blé, de bêtes ou de gens. Il arrive que des soldats, las de l'ordinaire, partent d'eux-mêmes à l'aventure, goût du lucre, de la nourriture fraîche ou coups de cafard. Forcément ces razzias ont empêché souvent l'indispensable contact pacifique entre l'arrière-pays et la forteresse si elles ont, comme on le désirait peut-être, porté au loin la terreur du nom espagnol. A ce sujet l'unanimité des jugements n'est pas réalisée. Il faut frapper, dit Diego Suárez et, en même temps s'entendre, augmenter le nombre des *Moros de paz*, les indigènes soumis qui s'abritent autour de la forteresse et la protègent à leur tour. « ... *Cuantos mas moros, mas ganancia* », écrit le soldat chroniqueur : reprenant à son compte le proverbe banal, plus il y a de Maures, plus il y a à gagner, c'est-à-dire plus il y a de blé, de « petits vivres », de bétail [117]... Mais peut-on s'abstenir de frapper, de terroriser, donc d'éloigner les précieux ravitailleurs, sans rompre avec ce qui, pour les présides, est un système traditionnel de vie et de défense, le développement, de gré et de force, d'une zone d'influence et de protection, indispensable aux présides espagnols comme aux présides portugais du Maroc ? Sans quoi la place ne respirerait plus.

Un tel système n'allait pas sans à-coups, ni fautes graves. D'Espagne, l'ordre supérieur était venu, en 1564, de suspendre les razzias, en août et septembre : les indigènes, dûment prévenus, s'empressèrent d'apporter du blé et des vivres à Oran. Sur ces entrefaites, l'Oranais Andrés Ponze montait une razzia et revenait avec onze prisonniers. Le coup de main, d'après les prix en vigueur, peut représenter un bénéfice d'un millier de ducats, et la somme certes est importante. Mais Francisco de Valencia, qui commande alors à Mers el Kébir, a refusé de participer au coup. On devine que ce Francisco aime peu les gens d'Oran. Il a refusé et il écrit son rapport. Cette désobéissance aux ordres supérieurs prive Oran de son ravitaillement en blé et en orge — les indigènes cessent, en effet, de venir jusqu'au préside — est-ce un bien ? Plus généralement encore, « je le dis à Votre Majesté, les razzias que l'on a faites jusqu'ici, à mon avis, ont attiré les Turcs dans le Royaume de Tlemcen »[118].

C'est beaucoup dire. S'il faut, parmi les causes de la vie difficile et repliée des présides, faire leur place aux razzias, elles n'expliquent point l'échec final de l'Espagne en terre d'Afrique. Pas plus que la faim des soldats en guenilles, ou les étranges prêtres qui s'occupent de leur nourriture spirituelle, comme ce Français qui, à Melilla, s'est improvisé curé, peut-être sans avoir jamais reçu les ordres, et qui d'ailleurs ne cesse, par quel miracle, de vivre entre deux vins[119] ; pas plus que la mauvaise foi des indigènes, « les plus grands menteurs du monde », dit un capitaine espagnol, « les moins loyaux du monde », s'exclame un Italien... Ces raisons qui sautent aux yeux d'un contemporain, se rapetissent devant l'histoire. Le médiocre usage que l'Espagne a fait des présides africains n'est plus qu'un des aspects de la politique des Habsbourgs, ou mieux, de la Catholicité.

Psychologie de la défensive

Ce large spectacle d'un monde, la Chrétienté, hérissé de défenses face à l'Islam, est un grand signe, un important témoignage. L'Islam, spécialiste des guerres d'attaque poussées avec des masses de cavalerie, ne prend pas de telles précautions. Il est, comme le dit Guillaume du Vair[120] au sujet du Turc, « toujours pendu dans l'air » pour fondre sur ses ennemis. Deux attitudes en somme. Peut-on les expliquer ? Émile Bourgeois[121] notait, il y a longtemps, la façon désinvolte dont la Chrétienté a abandonné à l'Islam tant d'espaces, notamment les Balkans et Constantinople, toute prise qu'elle était par son expansion au-delà de l'Atlantique. Vis-à-vis de l'Islam, quoi de plus logique qu'elle essaie de se défendre aux moindres frais, avec ses canons et ses forteresses savantes. C'est façon de lui tourner le dos.

Si l'Islam cherche le contact, et au besoin le contact désespéré qu'est la bagarre, c'est au contraire qu'il veut poursuivre la conversation, ou l'imposer, qu'il a besoin de participer aux techniques supérieures de son adversaire. Sans elles, pas de grandeur. Sans elles, impossible de jouer, vis-à-vis de l'Asie, le même jeu que la Chrétienté vis-à-vis de lui. A ce point de vue, quel trait de lumière de voir les Turcs, après en avoir fait l'expérience à leurs dépens sur la frontière de Carniole, essayer, en vain d'ailleurs, de mettre au point l'emploi par les Spahis et contre les Perses, des dangereuses pistolades [122]. Plus concluant encore le rapprochement que l'on peut faire du vocabulaire nautique des Turcs et des Chrétiens : *kadrigha* (galère), *kaliotta* (galiote), *kalioum* (galion) [123]. Le mot, mais aussi la chose, ont été empruntés par les élèves de l'Est. On les voit, à la fin du siècle, construire des mahonnes, pour la mer Noire, à l'image des galéasses d'Occident, et, qui plus est, imiter les galions de la Chrétienté [124]. Le Turc en possède une vingtaine, gros porteurs d'un tonnage de 1 500 *botte* qui assurent, dans le dernier quart du siècle, la liaison Égypte-Constantinople, pour le transport des pèlerins, du sucre et du riz [125]. Ajoutons de l'or, qui, il est vrai, se transporte aussi par terre.

Par contre, les Turcs ont construit un *limes* vis-à-vis des Perses. On est toujours le riche d'un plus pauvre que soi.

2. La course, forme supplétive de la grande guerre

Au-delà de 1574, la guerre des armadas, des corps expéditionnaires et des grands sièges est pratiquement terminée. Elle esquissera bien un retour, après 1593, mais elle ne sera effective que sur la frontière de Hongrie, hors de Méditerranée. La grande guerre écartée, était-ce la paix ? Pas absolument, car d'autres formes belliqueuses surgissent et s'épanouissent. La règle est sans doute générale.

En France, les grandes démobilisations qui suivirent la paix du Cateau-Cambrésis ont puissamment contribué à la mise en place de nos Guerres de Religion, troubles bien plus graves à la longue que les guerres majeures. Par contre, si l'Allemagne est tranquille de 1555 à 1618, c'est qu'elle porte au-dehors le surplus de ses forces aventureuses vers la Hongrie, l'Italie, plus encore les Pays-Bas et la France. La fin des guerres extérieures lui sera mortelle, au début du XVIIᵉ siècle. Giovanni Botero a curieusement senti ces vérités en opposant, pour son temps, la guerre française à la paix espagnole, la France payant la rançon de son inactivité extérieure, l'Espagne tirant avantage d'être engagée dans toutes les guerres du monde à la fois [126]. Paix chez soi, à condition de porter le trouble chez autrui.

La suspension de la grande guerre en Méditerranée, au-delà de 1574, a été sûrement l'une des raisons des troubles politiques et sociaux en chaîne, et du brigandage. En tout cas, la fin de la lutte entre les grands États met au premier rang de l'histoire de la mer, la course, cette guerre inférieure [127]. Elle tenait déjà sa large place de 1550 à 1574, se pavanait, s'étalait aux moments creux de la guerre officielle. Au-delà de 1574-1580, elle s'enfle plus que jamais et domine dès lors une histoire méditerranéenne à sa taille. Les nouvelles capitales de la guerre ne sont plus Constantinople, mais Alger, non plus Madrid ou Messine, mais Malte, Livourne ou Pise. Les parvenus remplacent les puissants de la veille. Une histoire confuse prend le relais de la grande histoire [128].

La course, industrie ancienne et généralisée

La piraterie, en Méditerranée, est aussi vieille que l'histoire. Elle est chez Boccace [129], elle sera chez Cervantès [130], elle était déjà chez Homère. Elle doit même à cette ancienneté une allure plus naturelle (dirons-nous plus humaine ?) qu'ailleurs. Sur l'Océan, bouleversé lui aussi, sévissent au XVIᵉ siècle des pirates plus cruels sans doute que ceux de la mer Intérieure. D'ailleurs, en Méditerranée, les mots de *piraterie* et de *pirates* ne sont guère d'usage courant, au moins avant le début du XVIIᵉ siècle ; c'est de *course* et de *corsaires* qu'il est question et la distinction, claire sur le plan juridique, sans changer les problèmes de fond en comble, a sa grande importance. La course, c'est la guerre licite, rendue telle ou par une déclaration formelle de guerre, ou par des lettres de marque [131], des passeports, des commissions, des instructions... Si étrange que puissent nous paraître, rétrospectivement, ces remarques, la course a « ses lois, ses règles, ses vivantes coutumes et traditions » [132]. Que Drake parte ainsi vers le Nouveau Monde sans aucune commission semblera un acte illégal à beaucoup de ses compatriotes [133]. On aurait tort de croire, en effet, qu'il n'y a pas, au XVIᵉ siècle déjà, un droit international avec ses usages et une certaine force de contrainte. Islam et Chrétienté échangent des ambassadeurs, signent des traités et souvent en observent les clauses. Dans la mesure où la Méditerranée en son entier est une zone de conflits continuels entre univers mitoyens et fratricides, la guerre s'affirme une réalité permanente, elle excuse, elle justifie la piraterie ; or la justifier, c'est la classer dans la catégorie voisine et noble à sa façon qu'est la course. Les Espagnols auront, au XVIᵉ siècle, deux langages : ils parlent de la course barbaresque en Méditerranée et de la piraterie française, anglaise ou hollandaise sur l'Atlantique [134]. Si le mot de piraterie s'étend au XVIIᵉ siècle aux entreprises de Méditerranée, c'est que l'Espagne veut marquer d'infamie les déprédations de la mer Intérieure et se rend compte que la course de jadis dégénère, qu'elle n'est plus qu'une guerre camouflée et illicite des puissances chrétiennes contre ses trafics, sa grandeur et ses richesses. Le mot de piraterie ne serait appliqué aux corsaires algérois, aux dires d'un historien [135], qu'après la prise de la Marmora par les Espagnols (1614) quand les corsaires de la ville, chassés de leur base, se réfugient à Alger. Le mot, avec les navires de l'Atlantique, aurait passé le détroit de Gibraltar. Mais le détail n'est pas sûr.

Course et piraterie, pensera cependant le lecteur, c'est souvent la même chose : des cruautés analogues, des contraintes qui s'imposent, monotones, pour la conduite des opérations, la vente des esclaves ou des marchandises dérobées. Bien sûr, mais une différence subsiste : la course est une piraterie ancienne, vieillie sur place, avec ses usages, ses accommodements, ses dialogues répétés. Voleurs et volés ne sont pas d'accord à l'avance, comme dans une parfaite *Commedia dell'Arte*, mais ils sont toujours prêts à discuter, puis à s'entendre. D'où ces multiples réseaux de connivence et de complicité (sans la complicité de Livourne et sa porte ouverte, les marchandises dérobées pourriraient dans les ports de Barbarie). D'où pour l'historien trop naïf tant de faux problèmes et de dangereuses simplifications. La course n'appartient pas à une seule rive, à un seul groupe, à un seul responsable, à un seul coupable. Elle est endémique. Tous, les misérables [136] et les puissants, les riches et les pauvres, les villes, les seigneurs et les États sont pris dans les mailles d'un filet étendu à la mer entière. Les historiens occidentaux nous ont appris hier à ne voir que les Musulmans et de préférence les Barbaresques. La fortune d'Alger dérobe le reste du paysage. Mais cette fortune n'est pas unique ; Malte, Livourne sont des Algers chrétiennes, elles ont leurs bagnes, leurs marchés d'hommes, leur marchandages sordides... De plus, cette fortune algéroise appelle les plus sérieuses réserves. Qui se cache, qui agit derrière ses activités à la hausse, surtout au XVIIᵉ siècle ? Godfrey Fisher dans son beau livre, *Barbary Legend*, a mille fois raison de nous démystifier. C'est par toute la Méditerranée que l'homme se chasse, s'enferme, se vend, se torture, qu'il connaît toutes les misères, horreurs et saintetés des « univers concentrationnaires ».

Souvent l'aventure d'ailleurs n'a ni patrie, ni religion, elle est métier, moyen de vivre. Que les corsaires fassent buisson creux et à Alger c'est la famine [137]. La course alors ne regarde ni aux personnes, ni à la nationalité, ni aux credos. Elle tourne au pur brigandage ; les Uscoques de Segna et de Fiume pillent Turcs et Chrétiens ; les galères et galions des corsaires *ponentini* — ainsi appelle-t-on les Occidentaux dans les mers du Levant — font la même chose [138] ; ils saisissent ce qu'ils peuvent atteindre, y compris les navires vénitiens ou marseillais, sous le prétexte de confisquer à bord les marchandises de Juifs ou de Turcs. En vain protestent la Seigneurie et le Pape, protecteur d'Ancône, qui voudrait qu'une fois pour toutes le pavillon couvrît la marchandise. Mais le droit de visite, abusif ou non, reste aux corsaires chrétiens. De même, les galères turques en usent pour saisir sur les navires les marchandises siciliennes ou napolitaines... D'un côté comme de l'autre, ce n'est qu'un prétexte. On s'y tiendra, malgré les coups durs que portent de temps à autre les galères vénitiennes aux corsaires de tout poil.

Mais sont-ils français ou turcs, ces navires qui viennent piller Ibiza, en août 1536 [139] ? Comment le savoir au juste ? Français sans doute puisqu'ils ont dérobé quelques quartiers de lard. Même entre eux, Chrétiens ou Musulmans se dévorent. A Agde, durant l'été 1588, des soldats de Montmorency (sans solde, du moins ils le disent) se mettent à pirater avec un brigantin et saisissent le tout venant du golfe [140]. En 1590, des corsaires de Cassis pillent deux barques provençales [141]. En 1593, un navire français, le *Jehan Baptiste* (il vient probablement de Bretagne), avec tous les certificats et laissez-passer nécessaires du duc de Mercœur et de l'agent espagnol de Nantes, D. Juan de Aguila, est cependant saisi par le prince Doria, ses marchandises vendues et l'équipage mis à la chaîne [142]. En 1596, des tartanes françaises et spécialement provençales, saccagent les côtes de Naples et de Sicile [143]. Une vingtaine d'années plus tôt, durant l'été 1572 [144], un navire marseillais, *Sainte-Marie et Saint-Jean*, patron Antoine Banduf, revient d'Alexandrie avec une riche cargaison. Le gros temps le sépare de la flottille des autres navires marseillais et il rencontre un navire de commerce ragusain venant de Candie, allant chercher du blé en Sicile pour le porter à Valence. Le gros cargo s'empare de la barque marseillaise, la « met en fondz, submergeant le d. patron, ses officiers et mariniers, ayant auparavant pillé et volé ses marchandises ». Ainsi va souvent le monde de la mer. En 1566, un capitaine de vaisseau français se trouve en difficultés à Alicante et Dieu sait si l'Espagnol, à en croire les innombrables plaintes des marins français, peut, quand il le veut, créer d'admirables difficultés ! Mais le capitaine est hardi, il se saisit des gens qui sont montés à son bord et, par surcroît, escalade les remparts de la ville [145]. Tout est permis, pourvu qu'on réussisse. En 1575, une nave française charge à Tripoli de Barbarie des passagers mores et juifs à destination d'Alexandrie, « gens de tout âge et des deux sexes ». Le patron de la nave n'hésite pas à conduire passagers et bagages à Naples et là, à vendre le tout [146]... Fait divers, sans doute, mais qui se répète : ainsi, en 1592, un certain Couture de Martigues embarque des Turcs, à Rhodes, pour l'Égypte et les transporte à Messine [147]. Pur brigandage : des bandits pendant l'été 1597 ont armé quelques *leuti* et piratent sur la côte de Gênes, au hasard des rencontres [148]. Comment nous a-t-on conté l'histoire pour que ces actes coutumiers aux marins de toute nationalité, nous paraissent malgré tout étonnants ?

La course liée aux villes

Comme monsieur Jourdain faisait de la prose, combien de marins naviguent *more piratico*, qui seraient stupéfaits de s'entendre traiter de corsaires, plus encore de pirates ? Sancho de Leyva, en 1563, ne propose-t-il pas de partir, avec quelques galères de Sicile, sur les côtes de Barbarie, pour en ramener des captifs destinés à la rame, *para ver si puede haver algunos sclavos* [149] ? Comment qualifier le procédé ? Souvent les escadres détachent quelques galères pour aller prendre langue et pirater si le gibier surgit. Car pirater, c'est faire la guerre, l'indispensable guerre aux hommes, aux embarcations, aux villes, aux villages, aux troupeaux ; c'est manger le bien d'autrui, s'en nourrir pour être fort. En 1576, le marquis de Santa Cruz est allé faire une ronde policière sur les côtes de Tunisie. D'autres diraient plus simplement qu'il est allé piller les pauvres îles Kerkennah [150]... Pour marauder, chacun est habilité : les navires marchands anglais, au-delà de 1580, ne s'en privent guère ; ils ont même la réputation (les Méditerranéens la leur fabriquent) d'être sans pitié et sans scrupules. Mais la course, au bord de la piraterie, est dans les mœurs, selon l'usage de la mer, *l'usanza del mare* [151]. Les marines officielles des États lui ouvrent leurs rangs, en vivent, en dérivent parfois : c'est par la course que la puissance turque aura débuté, dès le XIVe siècle, sur les côtes d'Asie Mineure [152]. Et la flotte turque elle-même, au cours de ses randonnées vers l'Ouest, que fait-elle, sinon « pirater » à grande échelle ?

La course — dirons-nous la « vraie » course ? — est le plus souvent le fait d'une ville, agissant de sa propre autorité, pour le moins en marge d'un grand État. Vérité au XVIe siècle, vérité encore à l'époque de Louis XIV. Quand le Grand Roi ne peut plus soutenir, contre l'Angleterre et ses alliés, la guerre d'escadre, il pratique ou laisse se pratiquer la guerre de course. Saint-Malo et Dunkerque se substituent à la France.

Au XVIe siècle déjà, Dieppe et, plus encore, La Rochelle ont été des centres de course, cette dernière dans le cadre d'une vraie république municipale. En Méditerranée, énumérer les centres de course revient à énumérer quelques villes décisives. Du côté chrétien, La Valette, Livourne et Pise, Naples, Messine, Palerme, Trapani, Malte, Palma de Majorque, Almeria, Valence, Segna, Fiume ; du côté musulman, Valona, Durazzo, Tripoli de Barbarie, Tunis-La Goulette, Bizerte, Alger, Tétouan, Larache, Salé [153]... Sur ce lot, trois villes neuves se détachent : La Valette que les Chevaliers ont construite à partir de 1566 ; Livourne, refondée en quelque sorte par Cosme de Médicis ; enfin et surtout Alger, qui les résume toutes dans son étonnante fortune.

Certes ce n'est plus l'Alger berbère du début du siècle ; mais une ville neuve poussée « à l'américaine », avec son môle, son phare, ses archaïques mais solides remparts et, au-delà, les gros ouvrages d'art qui achèvent de la protéger. La course y trouve protection et ravitaillement, plus une main-d'œuvre qualifiée, des calfats, des fondeurs, des charpentiers, des voiles, des rames, un marché actif sur lequel écouler les prises, des hommes à embaucher pour l'aventure de mer, des esclaves pour la rame, enfin les plaisirs de l'escale sans quoi la vie à contrastes violents des corsaires ne trouverait pas son compte. Au retour de ses courses, Alonso de Contreras a vite fait, à La Valette qui n'est pas seulement la ville des duels et des prières, de dépenser ses pièces d'or avec les *quiracas*, les fillettes de plaisir. A Alger, les raïs, à chaque rentrée de croisière, festoyaient à table ouverte, dans leurs maisons de ville et leurs villas du Sahel, où les jardins sont les plus beaux du monde.

La course, forcément, exige un circuit d'échanges. Alger ne sera un grand port de course qu'en devenant un centre commercial actif. C'est chose faite quand Haëdo la regarde de son œil attentif, vers 1580. Pour s'équiper, se nourrir, revendre les prises, il faut laisser venir jusqu'à la ville les caravanes et les naves étrangères, les barques des racheteurs de captifs, les vaisseaux de Chrétienté, marseillais ou catalans, valenciens, corses, italiens des diverses Italies, anglais, hollandais. Il faut qu'affluent aussi, attirés par la bonne odeur de l'auberge, les *raïs* de toutes nationalités, musulmans ou demi musulmans, parfois nordiques, avec leurs galères ou leurs fins voiliers de course.

Donc une ville puissante, aux coudées franches, tel est le meilleur terrain pour la course. Chaque État, au XVIe siècle, est engagé profondément, malgré tout, dans le droit des gens et censé le respecter. Or, du droit des gens, les villes de corsaires se moquent à l'occasion. Elles constituent des mondes en marge. Alger, au sommet de sa prospérité, de 1580 à 1620, écoute ou n'écoute pas les ordres du Sultan, selon ses convenances, et il y a loin d'Istanbul à Alger. Malte aussi est un carrefour de Chrétienté et qui veut s'administrer lui-même. Rien de plus révélateur, en 1577-78 [154] par exemple, que les efforts du grand-duc de Toscane, maître

624   *Destins collectifs et mouvements d'ensemble*

des Chevaliers de Saint-Étienne, dans la négociation avec
le Turc, pour distinguer sa cause de celle des Chevaliers.
Curieux Prince qui nie son autorité, cependant bien
réelle.

Le rôle de la ville n'est pourtant pas tout. Au-dessous
de la course urbaine, cette grande course, existe une
piraterie d'un degré inférieur, voisine souvent du plus
misérable des maraudages. De minuscules fauves hantent
les mers, rôdent entre les îles de l'Archipel, sur les côtes
grecques de l'Ouest, à la recherche d'un gibier à leur
taille. La simple vue des tours de guet, sur le littoral
des Pouilles, les chasse de ces parages malsains et les
rabat sur les côtes et les îles de l'Est. Minuscule
humanité, aux minuscules ambitions : saisir un pêcheur,
piller un grenier, enlever quelques moissonneurs, voler
du sel aux salines turques et ragusaines de la Narenta...
C'est à eux que songe Belon du Mans [155], qui les a vus
à l'œuvre dans l'Archipel, « trois ou quatre hommes
duicts à la marine, hardiz à se mettre à l'aventure,
pauvres n'ayants que quelque petite barque ou frégate
ou quelque brigantin mal équipé : mais au reste ont
une boete de quadran à naviguer nommée *bussolo*, qui
est le quadran de marine : et ont aussi quelque peu
d'appareil de guerre, sçavoir est quelques armes légières
pour combattre de plus loin. Pour eux vivre, ils ont un
sac de farine et quelque peu de biscouit, un bouc
d'huile, du miel, quelques liaces d'aulx et oignons et
un peu de sel qui est pour la provision d'un mois. Cela
faict, ilz se mettent à l'aventure. Et si le vent les
contrainct de se tenir au port, ils tireront leur barque
en terre, qu'ilz couvriront de rameaux d'arbres et
tailleront du bois avec leurs cognées et allumeront du
feu avec leur fusil... feront un tourteau de leur farine
qu'ilz cuiront à la mesme manière que les soldats
romains faisoient, le temps passé, en guerre ». Tels
seront aussi les débuts des boucaniers dans la mer des
Antilles, au XVIIᵉ siècle [156].

Ce ne sont pas, au demeurant, ces petits carnassiers
qui ont les mâchoires les moins solides, ou qui feront
les moindres fortunes plus tard. Car le vent a ses sautes

et ses caprices. La course est un monde « américain ». Qui a gardé les troupeaux y devient, ou peut y devenir Roi d'Alger. Les biographies des heureux de la loterie sont pleines de ces merveilleuses réussites. Quand en 1569, les Espagnols voudront gagner Euldj Ali, le petit pêcheur calabrais devenu « roi » de la ville et qui, bientôt, allait étonner le monde et redresser la marine du Sultan, on lui offrit chez lui un marquisat... Le genre d'offre qu'on pense devoir tenter un vilain.

Course et butins

Il n'y a pas de course sans butin. Parfois de petits profits : si de Corfou on ne portait du sel en Albanie pour en ramener des noix de galle, l'île ne souffrirait pas d'une incessante piraterie albanaise, explique-t-on, en 1536, au Sénat de Venise [157]. Un lien s'établit entre pilleurs et pillés, lien variable, d'autant que les victimes se défendent. L'artillerie, très tôt, a escaladé les bords des galères et s'y est installée, bien qu'assez mal à son aise, puis elle a fait la conquête des naves de commerce. L'opération est plus qu'achevée vers le milieu du siècle [158]. En 1577, même les plus petits des navires qui relâchent à Séville ont leur artillerie, de fer ou de bronze, et le nombre des pièces est en gros fonction de leur tonnage [159]. Les littoraux aussi se défendent, et de plus en plus efficacement. Selon les années, le corsaire sera mangeur de navires ou pilleur de rivages. Simple question de provende et d'opportunité.

Durant les années 1560-1565, la course barbaresque désole toute la mer occidentale. En ces années-là, il serait presque licite de parler d'une fermeture de la mer du Ponent. Les plaintes de la Chrétienté, mises bout à bout, le disent assez bien (ou trop bien), et aussi ce fait que les pirates barbaresques attaquent alors les côtes de Languedoc et de Provence [160]. C'est que le succès même de la course réduit les butins, que celle-ci ne peut vivre sans manger, même chez ses amis. Tant pis alors pour les sujets du roi de France ! Alger se développe encore avec le début du XVIIe siècle, mais pourquoi ? La course algéroise se hasarde en Orient (moins qu'on ne le prétend peut-être [161]) ; elle se précipite vers l'Adriatique, prend en chasse les barques marseillaises, puis, au-delà de Gibraltar, avec l'aide de ses recrues nordiques, pousse ses entreprises à travers l'Océan, touche les côtes anglaises à partir de 1631, court sus aux lourdes caraques portugaises, surgit en Islande, à Terre-Neuve, en Baltique... Peut-être le butin normal de Méditerranée se raréfie-t-il ? Bref, la course, dans ses mouvements et ses transformations, traduit à sa façon, directe et rapide, les plus grands mouvements de la vie méditerranéenne. Le chasseur suit le gibier. Le malheur pour le maniement de cet « indicateur » — la course — c'est que le recours à une statistique sérieuse nous est pratiquement refusé. Descriptions, affirmations, on-dit, fausses nouvelles n'impliquent aucune possibilité sérieuse de chiffrer.

Chronologie de la course

Quelques dates jalonnent, commandent l'histoire de la course : 1508, 1522, 1538, 1571, 1580, 1600. Vers 1500, on substitue, sauf à Venise, les captifs et les forçats aux rameurs volontaires, jusque-là seuls, ou peu s'en faut, sur les bancs des galères [162]. 1522 : la chute de Rhodes ouvre le barrage qui s'opposait encore vers l'Est à la grande course musulmane [163]. 1538 : La Prevesa donne à l'Islam la maîtrise de la mer que lui reprend la victoire chrétienne à Lépante, en 1571. C'est entre ces deux dates (1538-1571) que la course barbaresque a connu son premier large essor, surtout de 1560 (après Djerba) à 1570, en ces années où, le siège de Malte mis à part, la guerre des armadas a connu assez peu de très grandes opérations. Au-delà de 1580, les courses chrétiennes et musulmanes, avec l'inaction des grandes flottes, montent d'un même élan. Enfin au-delà de 1600, la course algéroise, entièrement rénovée dans ses techniques, déborde sur l'Atlantique.

La course chrétienne

Il y a toujours eu, en Méditerranée, une course chrétienne qui n'a jamais chômé, même aux heures les plus sombres. Cette course est mal saisie par l'histoire, pour quelques raisons psychologiques, et parce qu'elle est le fait de très petits navires, brigantins, frégates, *fregatillas*, barques, esquifs parfois minuscules. Ainsi le permettent les faibles distances des côtes de Sicile ou d'Espagne aux rivages africains, ainsi l'exige la modicité du butin. La côte du Moghreb, bien gardée par les Turcs, est en effet montueuse, déserte. Jadis, oui, au xve siècle peut-être encore, la course y était profitable. « *Non si puó corseggiare la riviera di Barberia, come già si soleva* », dit une relation vénitienne de 1559 [164]. Que prendrait-on au long de ces côtes, aux environs de 1560 ? Quelques indigènes, une barque, un brigantin chargé de *baracans*, ces lainages grossiers, ou de beurre rance. A ce maigre butin, correspond une maigre course. Nos documents n'en parlent pas, sauf par hasard. C'en est un que ce rayon de lumière qu'Haedo projette sur les faits et gestes du Valencien Juan Canete [165], maître d'un brigantin de quatorze bancs, basé à Majorque, chasseur assidu des côtes de Barbarie, allant de nuit jusqu'aux portes d'Alger, y ramassant les indigènes endormis sous les remparts de la ville... Au printemps de 1550 [166], il se hasardait jusque dans le port, à la nuit tombée, avec le projet d'y incendier fustes et galiotes mal gardées. La tentative fut un échec. Neuf ans plus tard, au bagne, il devait être exécuté par ses gardiens. En 1567, un autre Valencien reprenait son projet, un certain Juan Gascon, employé avec son brigantin au ravitaillement et à la poste d'Oran, pirate à l'occasion [167]. Plus heureux que son prédécesseur, il pénétra dans le port, fit flamber quelques navires, mais fut ensuite saisi en haute mer par les raïs...

Ces faits divers n'ouvrent que d'étroites lucarnes sur les secteurs du Sud espagnol. Nous avons l'impression cependant qu'ils se réveillent en 1580 parce que, beaucoup plus vivants à cette époque, ils apparaissent mieux dans nos documents. Sans doute ne se sont-ils jamais endormis. Quand nous commençons à mieux les apercevoir, ils utilisent encore les mêmes esquifs légers, aux hautes voilures, toujours aussi audacieux. Témoin ce

récit du troisième voyage d'un certain Juan Phelipe
Romano, « passeur » pour les évadés d'Alger[168]. Le
23 mai 1595, il quittait le Grao de Valence, sans
doute à bord d'une frégate barbaresque, prise l'année
précédente[169]. Le 7 juin, il relâchait près d'Alger, dans
une anse, en bordure d'un jardin, lieu de rendez-vous.
Mais personne ne l'y attendait le premier soir. Ce que
voyant, il resta à terre, renvoyant à bord son compagnon, avec ordre de gagner la haute mer et d'attendre
un signal pour revenir. Le lendemain, en effet, arrivent
le propriétaire du jardin et sa femme, avec lesquels
Romano est depuis longtemps d'accord. Il s'agit d'un
certain Juan Amador de Madrid, fait prisonnier à
Mostaganem en 1558 (donc une quarantaine d'années
plus tôt). Il a renié entre temps, mais désire revenir en
Espagne, avec sa femme et un petit-fils de sept mois...
Dans la frégate où il s'embarque cette nuit-là, montent
encore une « princesse », la *soldina*, fille de Mustapha,
dix captifs chrétiens et deux esclaves noirs à elle, plus
une jeune Morisque de 22 ans ; une femme de Mami
raïs, fille d'un lieutenant de Minorque, accompagnée
elle aussi d'esclaves, quatre chrétiens et une chrétienne ;
un Portugais, maître serrurier à Alger, sa femme, ses
deux enfants ; enfin des esclaves chrétiens qui, se
trouvant là, profitent de l'aubaine et s'embarquent. Au
total, trente-deux passagers que Romano conduira sans
encombre à Valence...

Oui, une belle histoire. Mais de tels coups de hasard
sont l'exception. Cette piraterie artisanale reste modeste,
comme celle des pêcheurs de Trapani, à bord de leurs
liutelli[170], ou celle qu'organisa, en 1614, peut-être
plus tôt, au bénéfice de particuliers, le gouvernement
espagnol de Sardaigne[171]. L'unique gibier important, à
l'Occident de la mer, ce sont les navires de course
algérois, mais seules les grosses galères des escadres
peuvent s'attaquer à ces proies, particulièrement redoutables. Par contre, vers 1580, les barques de pêche, près
d'Alger, n'osaient s'éloigner à plus d'une demi-lieue,
dans la crainte des frégates chrétiennes[172].

Mais c'est en Orient que la course chrétienne trouve

son terrain de chasse fructueux. Elle y jette sans fin ses galères renforcées, ses brigantins, ses galions, ses frégates[173], ses voiliers de course aptes à bourlinguer sur les mers raboteuses de l'hiver finissant ou du printemps. La raison est toujours la même : l'Orient est, pour les corsaires, la mer des riches proies, celles de l'Archipel et, plus encore, celles qui suivent la route de Rhodes à Alexandrie, route des pèlerins, des cargaisons d'épices, de la soie, du bois, du riz, du blé, du sucre... Proies d'ailleurs bien défendues : au début de chaque printemps, les Turcs placent leurs galères de garde, beaucoup moins destinées à défendre leurs côtes que leurs mers.

Vers le milieu du siècle, ne travaillent dans le Levant que les galères de Malte, quelques galères toscanes et des voiliers de course comme le galion du Génois Cigala, mis hors de cause en 1561[174], de-ci, de-là, un navire sicilien, comme le galion armé, en 1559, par le vice-roi lui-même ou cette galiote qu'avait équipée, l'année précédente, le capitaine Joseph Santo[175]. Le dit capitaine ayant pris à Alessio un navire turc de plus de 15 000 ducats, fut obligé par le mauvais temps à se réfugier chez les Vénitiens, qui n'eurent rien de plus pressé que de s'emparer du navire. Ce sont d'ailleurs ces incidents qui nous révèlent l'existence du bateau. En 1559, une galère toscane, la *Lupa*, et une galiote d'André Doria étant également parties à l'aventure, la seconde se fit saisir par la garde de Rhodes, la première, après diverses péripéties, finit par tomber, exténuée, dans les filets vénitiens de Chypre[176]. On imagine l'irritation occidentale contre ces demi-turcs de la Seigneurie. Les Vénitiens ont-ils le droit, argumente le duc de Florence, d'empêcher un Chrétien d'aller contre les Infidèles, si le dit Chrétien n'entre pas dans leurs ports ? « La mer n'est-elle pas à tout le monde ? »[177]. Pauvres Vénitiens ! Le Turc ne leur reproche-t-il pas, au même instant de ne pas faire bonne garde contre les *ponentini*[178] ? et ses représailles, souvent annoncées, souvent effectives, menacent tous les Chrétiens voyageurs et marchands paisibles en Orient[179].

36. — La course toscane

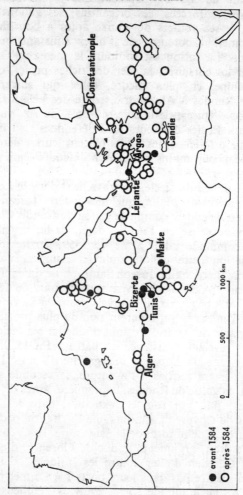

D'après G. G. GUARNIERI, *op. cit.*, entre les pages 336 et 337. Les grands exploits des galères toscanes de l'ordre de Saint-Étienne sont reportés sur la carte de 1563 à 1688. Sans attribuer une valeur trop grande à ce relevé, on remarquera qu'avant 1584 les actions toscanes se situent plutôt à l'Ouest qu'à l'Est de la mer ; ensuite elles se généraliseront dans toute son étendue.

En ce milieu du siècle, les plus hardis corsaires de l'Ouest sont les Chevaliers de Malte, menés par La Valette vers les années 1554-1555 [180], par Romegas vers 1560. En 1561, ce dernier prenait 300 esclaves aux bouches du Nil et quelques bonnes cargaisons [181] ; en 1563, parti avec deux galères [182], on le voyait revenir au cap Passaro [183] avec plus de 500 esclaves, noirs et blancs, avec aussi, sur deux navires (les autres ont été coulés), les cargaisons entassées de huit bateaux qu'il avait enlevés. Ces prises, ajoutent les lettres, « ne peuvent qu'être très riches venant d'Alexandrie... ». En 1564, Romegas faisait son butin de trois corchapins chargés de rames, d'étoupes et de munitions pour Tripoli de Barbarie, et d'une nave turque de 1 300 salmes partie de Tripoli pour Constantinople avec, à son bord, 113 noirs... La nave fut conduite à Syracuse, les corchapins à Naples [184]...

En ces années-là, la seconde place revenait déjà aux Toscans qui, un peu plus tard, disputeront la première aux Chevaliers eux-mêmes. En 1562, Baccio Martelli [185] poussait jusqu'à Rhodes, battait la mer entre Syrie et Berbérie et s'emparait d'un bateau de Turcs et de Mores éthiopiens, ces derniers chargés de présents destinés au Sultan : des pierres précieuses, une croix d'or, des étendards conquis sur les Chrétiens, et une *filza* de nez chrétiens dûment coupés... En 1564 [186], les Chevaliers de Saint-Étienne faisaient, avec quatre galères, leur première sortie *in forma di religione* et allaient au Levant se saisir de deux riches navires turcs.

Sans doute ce relevé de prises n'est-il pas complet. A cette époque cependant, le Levant n'est pas encore pillé sans merci. Un rapport vénitien, au début du printemps 1564, signalait douze galères ponentines dans l'Archipel [187]. Chiffre certes pas négligeable, mais à la même époque, c'est par vingtaines, par trentaines de fustes et de galiotes que la course musulmane mord à pleines dents dans les richesses de l'Occident. Il n'y a pas alors équilibre entre les ravages des uns et des autres.

Ravages chrétiens dans le Levant

Avec les années 1574, par contre, le Levant s'ouvre largement à la piraterie ponentine. Les Chevaliers de Malte pratiquement délaissent les rivages proches de Barbarie pour ces exclusives randonnées vers l'Est. L'augmentation est visible aussi en ce qui concerne les galères toscanes. Elles courent toujours par bandes de quatre ou cinq navires rapides et puissants. En 1574 [188], un aller et retour d'Italie jusqu'à Rhodes et Chypre, leur demandera vingt-neuf jours seulement (du 7 août, départ de Messine, au 5 septembre, arrivée à Catane). Ce qui ne les empêche pas de pousser des pointes brusques vers l'Ouest. De temps à autre, un galion du Grand-Duc tente aussi sa chance [189]. Le livre pittoresque de Guarnieri [190], qui magnifie ces exploits sauvages, ne dit pas tout de cette histoire vive, pressée, à chaque instant révélatrice du trafic de l'Orient turc, plein de *gerbe*, de *caramusali*, de *passa cavalli*, de barques, de brigantins, de grosses naves ponentines. Les rapports des courses, aux Archives de Florence, documents de grande précision, sont pleins de détails vivants. C'est, encore une fois, le Vénitien avec ses galères qui, entre Cérigo et Cérigotto, fonce comme un chien de garde ; et les galères à croix rouge de virer de bord vers l'Italie et de se perdre dans la nuit protectrice [191]. C'est, en une ligne, le récit de longs voyages en droiture, sans histoire. On s'engouffre, par bon vent, et tout d'un coup apparaît la terre que l'on vise, un cap, mille feux allumés de nuit, ou des voiles, signe très souvent de la terre proche. Ou bien ce sont les lents voyages au long des côtes, d'aiguade en aiguade, dans les criques ou près du sable des sèches. Les prises elles-mêmes sont décrites rapidement, sans la moindre sensiblerie : un caramusali, tant de coups de canons de la capitane pour briser ses vergues ou le démâter, tant de tués chez soi, tant de tués chez les autres... Puis, ce qu'on trouve à bord : des Grecs, des Turcs, du poisson séché, des sacs de riz, des épices, des tapis... Et l'on passe au suivant. D'un mot, sont expliquées les ruses classiques : si l'on ose entrer dans l'Archipel « *alla turchesca costeggiando la terra firma* » [192], il arrive qu'on prenne sans combat ceux qui se présentent pour s'embarquer, croyant avoir affaire aux galères du Grand Turc. Et l'on apprend aussi les pratiques habituelles du métier : couler les navires inutiles après en avoir pris l'essentiel ; torturer le patron génois de telle nave vénitienne, un bon poids au pied, jusqu'à ce qu'il avoue avoir à bord des « robbe » de Juifs ou de Turcs ; ensuite convenir d'un forfait [193], 1 000 écus par exemple, payables en balles de soie de 250 livres, comptées à un écu la livre ; ou bien encore si c'est possible, armer le navire plein de riz ou de blé que l'on vient de saisir, et après y avoir placé un équipage grec, le lancer vers la Sicile, en priant Dieu et ses saints qu'il arrive à bon port... Sur tel bateau turc vidé, on placera les Grecs du navire précédent que l'on a dû couler ; et si l'on rencontre un pope par trop protestataire, on le conduira à Malte, sans plus de formalités [194]...

Pour tout connaître de ces voyages violents, il faudrait retrouver les comptes rendus des batailles et des prises, calculer le doit et avoir de ces entreprises commerciales d'un genre spécial, étudier les marchés non moins spéciaux que crée la course, particulièrement celui des hommes à vendre et à acheter, spécialité de Malte, de Messine, de Livourne... Un relevé de captifs décidés à payer rançon (les lieux de naissance sont indiqués et ils promènent le lecteur de Fez à la Perse et à la mer Noire) [195], une liste de forçats avec leurs âges et leurs lieux d'origine, suffisent pour supputer les bénéfices des pirates de Saint-Étienne et de leur maître avisé. On les devine aussi aux innombrables lettres que les maisons rivales, Tripoli ou Alger, adressent au Grand-Duc [196] : veut-il libérer un tel contre qui il voudra ? Consentira-t-il à écouter les recommandations, en forme respectueuse, de la femme de Arnaut Mami à la Grande-Duchesse elle-même ? En tout cas, qu'il daigne accepter en présent le cheval qu'on lui envoie...

Là aussi, la roue a tourné. En 1599, les cinq galères à croix rouge s'emparent de la citadelle de Chio qu'elles garderont un instant [197]. Mieux encore, en 1608, près de

Rhodes, la flotte de Saint-Étienne s'empare de tous les
vaisseaux turcs, chargés de pèlerins pour La Mecque [198].
A Constantinople, les représailles mêmes que l'on
envisage sont représailles de faibles... En 1609, on parle
au Divan d'interdire le pèlerinage de Jérusalem, dans
l'espoir d'indigner le monde chrétien contre les pilleries
toscanes [199]. Oui, les temps sont bien changés. Et les
Toscans, les Maltais, ces envahisseurs de l'Archipel
comme les appelle un document de 1591 [200], ne sont pas
seuls à l'avoir compris. D'autres corsaires forcent les
entrées du Levant, des Siciliens, des Napolitains, voire
des Barbaresques [201], sans compter ces redoutables infini-
ment petits, les Levantins, souvent d'accord avec les
gens de garde pour tondre ce qui peut encore être tondu
dans un Archipel misérable... Les Napolitains (un
intermède mis à part, de 1575 à 1578) ne paraissent
guère en nombre avant la fin du siècle [202], si l'on en
croit des renseignements issus de Venise. C'est alors
seulement que les vice-rois laissent des navires s'armer
en course pour leur compte ou celui de particuliers.
S'étonnera-t-on de trouver, parmi ces corsaires, Alonso
de Contreras dont le récit sur les pilleries des îles est
particulièrement cru, et deux capitaines provençaux à
qui, de Paris, l'on prête de noirs projets [203] ?

Par contre, de Sicile, tout un essaim de corsaires
commence, dès avant 1574, à foncer vers le Levant.
Certains célèbres : Filipo Corona, Giovanni di Orta,
Jacopo Calvo, Giulio Battista Corvaja et Pietro Corvaja, présents à Lépante avec quelques autres, et
notamment avec l'étonnant Cesare Rizzo, spécialiste des
reconnaissances dans le Levant : de la grande bataille à
laquelle il assistera avec sa *fregatina* légère, empanachée
de voiles, il rapportera comme trophée, à la Chapelle
de Sainte-Marie de la Grâce, dans la paroisse de S.
Nicolo Kalsa, à Messine, une cloche que les Turcs,
l'année précédente, *havianu priso a l'isola di Cipro* [204].
Et il y a bien d'autres noms : ainsi ce Pedro Lanza,
Grec de Corfou, chasseur de frégates et de galiotes, de
navires et de sujets vénitiens, et qu'emploie en 1576-
1577, Ribera, le gouverneur de Bari et d'Otrante [205].

Ainsi encore ce Philippe Cañadas, corsaire fameux qui, en 1588, monte l'une des galiotes de course de Pedro de Leyva, général des galères de Sicile[206], pilleur lui aussi de navires vénitiens.

Car le monde entier des corsaires, à la fin du XVIe siècle, demande des comptes à Saint-Marc et se sert à ses dépens. En vain, les galères de la Sérénissime font-elles vigilance. Il y a bien des moyens — ne serait-ce qu'une imposition sur ses marchands à Tarente — de faire lâcher prise à la Seigneurie. Ses remontrances diplomatiques, à Florence ou à Madrid, ne sont guère écoutées. Elle obtient bien de Philippe II des interdictions contre la course à Naples et en Sicile : à Naples, on obéit plus ou moins ; en Sicile les particuliers et le vice-roi lui-même continuent leur fructueux trafic. D'ailleurs, l'interdiction de Philippe II[207] (elle date de 1578) a été prise beaucoup plus par égard pour le Turc, avec qui des conversations sont en cours, que pour les Vénitiens. Ceux-ci peuvent dire et répéter qu'à saisir sur leurs naves les *ropas de judios y de turcos*, on compromet leur commerce et, par ricochet, celui des Espagnols avec qui ils sont en liaison, et qu'ainsi l'on moleste de pauvres Juifs « sans État » qui, chassés d'Espagne, ne s'en considèrent pas moins sujets du Roi Catholique, et de modestes et paisibles marchands turcs[208]... A Madrid, on voit toujours sans déplaisir les difficultés de la Seigneurie que l'on sait malveillante et que l'on juge abusivement enrichie par une paix qu'elle a soigneusement conservée, et par n'importe quel moyen. Dans le Levant, les Turcs eux-mêmes pillent les navires de Venise. Si bien que cette montée complexe de la course doit aussi être considérée attentivement de Venise et de Raguse (les naves ragusaines n'échappent pas non plus au droit de visite). Il est essentiel de se demander si la course ponentine triomphante n'est pas, en partie, la raison du double repli de Raguse et de Venise sur les routes sûres de l'Adriatique, loin des mers et des îles « travaillées » et « affamées » par l'insolence des « *vasselli christiani* »[209]. Les taux d'assurances à Venise

sont en tout cas parlants : pour le voyage de Syrie, en
1611, ils montaient à 20 p. 100 et à 25 p. 100 en 1612[210].

La première et prodigieuse fortune d'Alger

De l'autre côté de la mer, la course musulmane n'est
pas moins prospère et elle l'est depuis plus longtemps.
Ses centres sont nombreux, mais sa fortune se résume
tout entière dans la prodigieuse croissance d'Alger.

De 1560 à 1570, la Méditerranée Occidentale est
infestée de pirates barbaresques, surtout algérois ; certains poussent vers l'Adriatique, ou les côtes de Candie... La caractéristique de ces années, c'est peut-être
l'attaque régulière par larges bandes, voire véritables
escadres. En juillet 1559, voici quatorze navires de
corsaires près de Niebla, en Andalousie[211] ; deux ans
plus tard, ils sont quatorze encore (galères et galiotes)
près de Santi Pietri, au large de Séville[212]. En août,
Jean Nicot signale « 17 galères turcquesques » sur
l'Algarve portugais[213]. Au même instant, Dragut opère
en Sicile et devant Naples, il s'est, d'un seul coup de
filet, emparé de huit galères siciliennes[214]. Avec 35
voiles il bloque Naples[215], au cœur de l'été. Deux ans
plus tard, en septembre 1563 (donc après la moisson),
il rôde autour de la Sicile et se trouve par deux fois à
la fosse Saint-Jean, près de Messine, avec vingt-huit
bateaux[216]. En mai 1563, douze navires, dont quatre
galères sont signalés à la hauteur de Gaëte[217]. En
août, neuf navires d'Alger apparaissent entre Gênes et
Savone[218] ; en septembre ils sont treize sur la côte
corse[219]. Trente-deux apparaissent, début septembre,
sur la côte de Calabre[220], les mêmes sans doute qu'on
évalue à une trentaine lorsqu'ils arrivent, de nuit, devant
Naples, à l'abri de l'île de Ponza[221]. En septembre
toujours, ils sont huit qui passent devant Pouzzoles,
tirant sur Gaëte[222], cependant que vingt-cinq voiles
surgissent *sopra Santo Angelo in Ischia*[223]. En mai 1564,
c'est une escadre de quarante-deux voiles qui surgit
devant l'île d'Elbe[224], quarante-cinq même d'après une
lettre française[225]. C'est encore quarante voiles, cette
fois le long du Languedoc, à l'affût des galères d'Italie,

que signale Fourquevaux, en avril 1569 [226]. Un mois plus tard, vingt-cinq corsaires défilent devant le littoral sicilien, qu'ils n'endommagent guère tant ils sont acharnés à poursuivre barques ou vaisseaux [227].

On s'explique la puissance de coups si vivement assénés qu'une fois, les corsaires enlèvent huit galères d'un coup, une autre fois, devant Malaga, vingt-huit navires biscayens (juin 1566) [228]. En une saison, ils raflent cinquante navires dans le détroit de Gibraltar et sur les côtes océanes de l'Andalousie et de l'Algarve [229], un raid à l'intérieur des terres de Grenade leur fournit 4 000 captifs [230]... En ces années, l'audace des corsaires, disent les Chrétiens, ne connaît plus de bornes [231]. Hier, ils agissaient de nuit, maintenant en plein jour. Jusque dans les *Percheles*, le quartier des mauvais garçons, à Málaga, ils viennent faire des prises [232]. Les Cortès de Castille, en 1560, disent la désolation, l'abandon des côtes de la Péninsule [233]. En 1563, quand Philippe II est à Valence, « ne se parle, écrit Saint-Sulpice [234], que de faire tournois, jeux de bagues, bals et tous honnestes exercices, cependant que les Mores ne perdent pas temps et ne craignent de prendre vaisseaux jusqu'à une lieue de cette ville et détrousser tout ce qu'ils peuvent ».

Que Valence soit menacée, Naples bloquée (ainsi en juillet 1561, 500 hommes ne peuvent passer de Naples à Salerne à cause des corsaires [235]), que la Sicile ou les Baléares soient encerclées, la géographie l'explique, toutes ces régions méridionales sont aux portes de l'Afrique du Nord. Mais les corsaires atteignent aussi les côtes du Languedoc, de Provence, de Ligurie, jusque-là plus tranquilles. Près de Villefranche, en juin 1560 [236], le duc de Savoie lui-même leur échappe de justesse. En ce même mois de juin 1560, à Gênes, pas de blé, pas de vin, et les prix montent : les barques qui apportent les vins de Provence ou de Corse n'osent se risquer en mer, par crainte de vingt-trois navires de corsaires qui y rôdent [237]. Et il ne s'agit pas là d'accidents. A chaque bonne saison, le territoire génois sera saccagé. En août 1563, c'est le tour de Celle et d'Albissola, sur la rivière du Ponent. Tout « cela vient, écrit la République à

Sauli, son ambassadeur en Espagne, de ce que ces mers
sont vides de galères, pas un seul esquif chrétien n'y
flotte » [238]. Résultat : personne n'ose plus naviguer. En
mai de l'année suivante, un avis de Marseille, que
Philippe II annotera lui-même [239], dit que sont sortis en
course cinquante navires d'Alger, trente de Tripoli, seize
de Bône et quatre de Velez (le Peñon qui ferme ce port
ne sera enlevé par les Espagnols qu'en septembre 1564).
S'il fallait prendre l'information à la lettre, cent navires
travailleraient les mers, galères, galiotes ou fustes... Les
mêmes informateurs ajoutaient : « les pauvres chrétiens
pleuvent en cet Alger »...

La seconde et toujours prodigieuse fortune d'Alger

De 1580 à 1620, une seconde fortune d'Alger se
dessine, aussi éclatante que la première, sûrement d'une
ampleur accrue. Il y a, au bénéfice d'Alger, une
concentration de la course, plus une rénovation technique décisive.

Comme vers le milieu du siècle la course déplace de
larges escadres. Les îles méridionales sont encerclées des
semaines, des mois durant. « Les corsaires font de
grands dommages en cette île, écrit Marcantonio
Colonna, vice-roi de Sicile, en juin 1578, dans les
multiples régions côtières où manquent les tours » [240].
En 1579, à la hauteur de Capri, les fustes barbaresques
prennent deux des galères de l'escadre de Sicile et en
vain alertera-t-on les galères de Naples ! Une fois de
plus, elles sont au port, désarmées, sans soldats, leurs
chiourmes occupées à débarquer les marchandises des
navires de commerce ou à telle autre besogne aussi
pacifique [241]. En 1582, le vice-roi de Sicile est fort
pessimiste : « la mer grouille de pirates » [242]. Avec les
années, la situation ne cesse de s'aggraver. Détail
révélateur, à lui seul, la course est insistante sur les
côtes Nord de la mer. Ni la lointaine Catalogne, elle
surtout, ni la Provence, ni Marseille ne sont épargnées.
Le 11 février 1584, on discute, au Conseil [243], du rachat
de captifs marseillais à Alger ; le 17 mars 1585, le
Conseil [244] décide « d'aviser aux moyens les plus prompts

pour faire cesser les ravages que font les corsaires de
Barbarie sur la côte de Provence ». Les années passent
sans apporter de remède. Durant l'hiver 1590, Marseille
décide d'envoyer un député au roi d'Alger pour les
rachats de captifs [245]. A Venise que son éloignement en
principe mettrait à l'abri, les procurateurs *sopra i
capitoli* ont élu, le 3 juin 1588, un consul pour Alger,
avec la charge de s'occuper particulièrement des esclaves
vénitiens [246].

Les corsaires sont partout en ces années terribles. Il
faut lutter contre eux dans le détroit de Gibraltar ; et
presque journellement sur les rivières de Catalogne [247]
et les côtes romaines ; ils pillent à la fois les madragues
d'Andalousie et celles de Sardaigne [248]. Mais déjà en
1579, Haedo s'exclamait : « Soixante-deux ecclésiastiques captifs en même temps à Alger, on n'a jamais vu
cela en Berbérie ! » [249] On devait le revoir par la suite.

A cette seconde prospérité d'Alger, les explications
ne manquent pas : elle découle tout d'abord de la
prospérité générale de la mer. Répétons-le : pas de
bateaux de commerce, alors pas de corsaires. C'est
l'une des constantes remarques de Godfrey Fisher : la
prospérité, un certain tonus de la vie économique se
sont maintenus envers et contre tout en Méditerranée au
moins jusqu'au-delà de 1648 [250]. D'où cette conclusion, à
savoir que la course n'a pas eu les effets désastreux
qu'affirment ou suggèrent tant de témoignages ou de
plaintes excessives, puisque la prospérité continue malgré
le développement de ces activités hostiles. En fait,
course et activité économique sont liées, celle-ci monte,
celle-là profite de l'essor... Disons vite : la course est
une forme des échanges forcés dans tout l'espace
méditerranéen. Autre explication [251] : l'atonie évidente,
et qui s'accentue, des grands États. Le Turc livre les
mers du Levant, comme l'Espagnol celles du Ponent.
La tentative de Jean André Doria contre Alger, en
1601 [252], sera un geste, rien de plus. Enfin et surtout, le
dynamisme d'Alger s'avère celui d'une ville neuve, en
rapide croissance. Elle est avec Livourne, Smyrne,
Marseille, la jeunesse de la mer. Tout y dépend, bien

sûr, des volumes et des succès de la course, même la
pitance du plus pauvre ânier de la ville [253], ou la propreté
des rues dont se charge le travail multiplié des esclaves,
à plus forte raison les chantiers de construction, les
coûteuses mosquées, les villas des riches, les adductions
d'eau dues, semble-t-il, au travail des réfugiés andalous.
Cependant le niveau de vie reste souvent modeste. Tous
les janissaires ne font pas fortune dans le commerce,
bien qu'ils y participent souvent. La course, industrie
majeure, fait la cohérence de la ville, crée son unanimité
dans la défense comme dans l'exploitation de la mer,
ou celle de l'arrière-pays, ou des masses d'esclaves.
L'ordre y règne, celui d'une justice stricte, qu'instaure
et garantit, au vrai, une armée campée dans les casernes
urbaines. J'imagine que Haedo a gardé toute sa vie
dans les oreilles le bruit des souliers ferrés des janissaires
dans les rues d'Alger... Il est certain aussi que l'activité
de la course stimule les autres secteurs, les entraîne, les
organise, fait confluer vers Alger vivres et marchandises.
Très loin de la ville blanche, jusque dans les montagnes
et les plateaux lointains, la tranquillité devient la règle.
Il s'ensuit pour la ville une croissance rapide, anormale,
avec des changements dans ses apparences et ses réalités
sociales.

Alger, en 1516-1538, était une ville berbère et andalouse, une ville de Grecs reniés et une ville turque, le
tout mêlé tant bien que mal. C'est l'Alger du temps
créateur des Barberousse. De 1560 à 1587, l'Alger
d'Euldj Ali est de plus en plus italienne. Au-delà de
1580-1590, puis vers 1600, voici les Nordiques, Anglais
et gens des Pays-Bas, un Simon Danser [254] (le *Dansa*
des documents italiens et français), c'est-à-dire *der
Tantzer*, le danseur, de son vrai nom Simon Simonsen,
natif de Dordrecht. Le consul anglais, à Alger, le voit
arriver, en 1609, à bord d'un navire de gros tonnage
(*of great force*), fabriqué à Lubeck et monté par un
équipage à la fois turc, anglais et hollandais, avec à
son actif, cette année-là, une trentaine de prises [255].
Raconter sa vie, son retour en Chrétienté à Marseille
où il a femme et enfants, puis son entrée au service de

la ville marchande, sa capture, enfin des années plus tard son exécution *probable* à Tunis, sur l'ordre du Dey, en février 1616, ces détails dont nous ne sommes pas sûrs[256] demanderaient explications, discussions, recherches. Est-ce nécessaire ? Mais les blonds envahisseurs ne sont pas venus seuls. Ils arrivent avec des cargaisons de voiles, de madriers, de poix, de poudre, de canons — avec leurs voiliers aussi, ces mêmes voiliers qui courent l'Océan et, depuis longtemps, ont ridiculisé les énormes caraques et les galions des Ibériques. Livourne les accueille au même moment. Mais Alger saura mieux les utiliser. Le voilier y écarte les fines galères, les galiotes traditionnelles, aux coques légères et effilées, surchargées non de canons, de bagages et de poids morts, mais de chiourmes, celles-ci martyrisées à l'occasion pour que l'esquif aille contre la mer démontée et, devant les lourdes galères des Chrétiens, conserve toujours l'avantage de la vitesse. Des chiourmes incomparables, ç'avait été la force des *raïs* d'Alger. Mais Alger adopte le voilier léger, fait lui aussi pour la vitesse et la surprise.

Alger, en 1580, c'était peut-être trente-cinq galères, vingt-cinq frégates, plus un certain nombre de brigantins et de barques. Vers 1618, c'est peut-être une centaine de voiliers dont le plus petit a de 18 à 20 bouches à feu. En 1623 (chiffre plus probable, donné par Sir Thomas Roe, chargé des intérêts anglais à la Corne d'Or), c'est soixante-quinze voiliers et plusieurs centaines d'autres esquifs. Alors, la course barbaresque se concentre presque entièrement à Alger ; Tripoli, la redoutable Tripoli (on disait en Italie, vers 1580, à qui partait en mer : que Dieu vous garde des galères tripolitaines !) ne possède en 1612 qu'une paire de voiliers, et Tunis sept, en 1625[257]. En est-il de même à l'Ouest où, en 1610 puis en 1614, les Espagnols ont pris Larache et la Marmora sans coup férir[258] ? En tout cas, Alger se gonfle, éclate de richesses. Un captif portugais[259] nous dit qu'entre 1621 et 1627, il y a quelque vingt mille captifs à Alger, pour moitié gens de la « meilleure Chrétienté », Portugais, Flamands,

Écossais, Anglais, Danois, Irlandais, Hongrois, Escla-
vons, Espagnols, Français, Italiens ; pour moitié hérétiques ou idolâtres, Syriens, Égyptiens et même des
Japonais et des Chinois, des gens de la Nouvelle-
Espagne, des Éthiopiens. Et chaque nation, bien
entendu, fournit son lot de renégats... Faisons sa part
à l'imprécision du témoignage : il reste indéniable que
l'habit d'Arlequin d'Alger a multiplié ses couleurs.
Cependant, les corsaires algérois emplissent la mer, leur
ville est désormais à la taille de la Méditerranée entière.
En 1624, des Algérois pillent Alexandrette, s'y saisissent
de deux navires, un français et un hollandais [260]. Plus
encore, ils essaiment au-delà de Gibraltar, pillent Madère
en 1617, l'Islande en 1627, touchent l'Angleterre (nous
l'avons dit) en 1631 [261], piratent dès lors dans l'Atlantique (surtout de 1630 à 1640) [262]. La course musulmane
s'est mariée à la course océane... Et c'est, dit-on, Simon
Danser, alias Simon Raïs, lui encore, qui aurait appris
aux Algérois, peut-être dès 1601, à passer avec prestesse
le difficile détroit de Gibraltar [263].

Peut-on conclure ?

Ce dossier de la course algéroise, mal résumé, ne
comporte pas de conclusions péremptoires. J'aurais
tendance, pour ma part, à inscrire cette activité algéroise
au compte d'une conjoncture pas encore catastrophique
pour la Méditerranée. L'ouvrage novateur de Godefrey
Fisher n'y contredit pas, au contraire. Mais il complique
le problème non sans raison. Pour lui, on a surfait le
rôle nocif et comme coupable, au regard de l'Occident,
de la course musulmane en général et de l'activité
algéroise en particulier. La bonne foi a été aussi souvent
du côté des adversaires de la Chrétienté que du côté de
ses défenseurs et serviteurs. Sur ce point, aucun « juge »
ne lui donnera tort. Mais l'histoire rejette les juges. Il
est autrement important de constater, toujours avec
notre collègue anglais, que l'activité entière de la course
en Méditerranée a été surestimée. Nous avons trop
écouté les plaintes et les arguments des riverains de

la mer chrétienne et les historiens ont déposé leurs conclusions avec trop de hâte.

La course n'a pas été cette calamité de Dieu s'abattant sur les prospérités de la mer. Pour mieux établir ses conclusions, G. Fisher voudrait réviser nos chiffres : les cent voiliers d'Alger lui semblent trop nombreux. En fait, nous ignorons le chiffre exact, et surtout ses variations avec les années. Mais il est sûr que ces voiliers sont de petite jauge, qu'ils sacrifient à la vitesse la puissance de leur armement [264]. Souvent, ils ne sont que des maraudeurs, enlevant à bord des navires quelque baril de poisson de Terre-Neuve ou d'ailleurs... Quand ils surgissent ainsi sur la côte anglaise en 1631, c'est la *novelty*, la nouveauté qui frappe, non le danger réel [265]. Là comme ailleurs, il s'est agi de piqûres d'épingle.

Pouvons-nous nous laisser convaincre ? Oui et non. Oui, car nous avions résolu le problème trop vite, et de façon unilatérale ; oui, car Alger est un phénomène mondial, international, non pas seulement islamique ou nord-africain. Non tout de même, car d'autres témoignages que ceux qu'emploie G. Fisher font entendre un son de cloche différent. Des études attentives comme celle d'Alberto Tenenti [266] nous restituent à point nommé l'image d'une course multiple, aux coups sérieux. Le sondage qu'il offre de 1592 à 1609, mettant en cause les navires en route vers Venise, ou ayant quitté son port, ne peut valoir à l'échelle de toute la Méditerranée. Cependant comme Venise a le privilège d'être la cible de toutes les courses, le test n'est pas strictement local. Sur les quelque 250 à 300 navires pillés pendant ce bref espace de temps et que l'on a pu localiser sur la carte, nous connaissons avec une précision relative l'agresseur dans 90 cas. Aux corsaires musulmans reviennent 44 prises, aux Nordiques (Anglais et Hollandais) 24, aux Espagnols 22. Course chrétienne et musulmane en gros s'équilibrent. En face de ces 250 à 300 captures, il y a eu 360 naufrages. Les hommes sont donc presque aussi nocifs que les éléments [267]... Si l'on acceptait un instant, sans trop y croire, que le trafic de Venise est le dixième de celui de la mer, toutes choses égales, il faudrait compter de 1598 à 1609, pendant 18 années, 2 500 ou 3 000 prises à l'actif de la course, soit 138 à 166 prises annuelles en moyenne (sans compter les hommes, les marchandises, les biens enlevés sur les rivages). Chiffres modestes. Ne nous fions pas trop toutefois à la modicité de ces chiffres incertains [268]. Et pas davantage à la modicité de l'outillage de la flotte corsaire. Il est à la hauteur de la résistance offerte dans une mer où surabondent les très petits bateaux et où la police est mal faite. La course, c'est d'ailleurs l'abordage, l'arme blanche, l'arquebuse bien plus que le canon. Si l'on jugeait selon leur armement les barques des Uscoques, on ne pourrait imaginer qu'elles aient jamais été un danger. Et pourtant !

L'essentiel, évidemment, reste la corrélation positive entre course et vie méditerranéenne, je dis bien positive : tout monte, tout descend ensemble. Si la course mord à peine sur la vie pacifique des échanges, la provende offerte risque d'être insuffisante, il a pu y avoir retrait de la Méditerranée. Pour l'établir, il nous faudrait des chiffres, ils nous manquent encore. Nous n'avons aucune idée précise sur le nombre global des navires de course, le volume des prises, la masse des captifs... Cette masse *semble* grossir.

Rachat de captifs

Partout, en Chrétienté, des institutions se créent pour le rachat des pauvres : les riches, on le sait, s'échangent d'eux-mêmes. En 1581, la Papauté donne l'exemple : Grégoire XIII créait l'*Opera Pia della Redenzione de'Schiavi* et la rattachait à l'ancienne et active *Arciconfraternita del Gonfalone* de Rome. Les premiers rachats avaient lieu en 1583, la première mission parvenait à Alger en février 1585 [269]. En 1596, se fonde en Sicile l'*Arciconfraternita della Redenzione dei Cattivi* qui eut son siège à l'église Santa Maria Nuova, à Palerme. C'était d'ailleurs la reprise de vieilles institutions qui avaient fonctionné déjà au XVIᵉ siècle [270]. Le 29 octobre 1597 [271], à Gênes, se constituait l'actif *Magistrato del Riscatto degli Schiavi* qui pareillement reprenait la suite d'un organisme remontant à 1403, le *Magistrato di Misericordia*. Il fallait des administrations, des tribunaux aussi pour ces prisonniers, frappés en quelque sorte de mort civile provisoire, qui rentraient, quand ils rentraient, avec d'invraisemblables situations à résoudre. Disparus depuis trop longtemps, ou reniés, ils laissaient en suspens trop d'affaires si bien que les familles devaient intervenir, faire dresser des actes de disparition, cependant que le « ministère des captifs » intervenait, de son côté, pour sauvegarder les droits et les ressources des absents. Quelle magnifique source documentaire que la longue série des papiers génois, pour qui voudrait préciser l'histoire de ces captivités, non leur littérature facile !

Sauver les prisonniers, c'était bien. Avant tout, il fallait sauver leurs âmes. Les ordres religieux s'occupèrent avec passion de cette grande tâche. Encore fallait-il se glisser en Berbérie, sous le prétexte plausible de rachats, s'entendre avec les organisations charitables, obtenir un passage et, de Rome, d'Espagne, de Gênes ou d'ailleurs, les aumônes justificatives. De ces négociations difficiles, on prendra une idée en lisant la lettre du capucin Fra Ambrosio da Soncino, datée de Marseille, le 7 décembre 1600, et adressée au *Magistrato del Riscatto*, à Gênes... Capucins et Carmes se sont partagés la besogne spirituelle, à ceux-ci Tétouan, à ceux-là Alger. Mais les négociations sont interminables pour obtenir l'occasion d'un voyage et « le temps nécessaire au salut des âmes, car c'est cela seul que l'on recherche et rien d'autre »[272].

Avec ces rachats, ces échanges d'hommes et de marchandises, une géographie nouvelle des marchés et des trafics s'ébauche. Les voyages des rédempteurs se multiplient, ils emportent dans leurs barques ou du numéraire, ou des marchandises, le tout dûment assuré[273]. A Alger, depuis 1579, tout s'enregistre au Consulat de France, de même qu'à Tunis, à partir de 1574. A Tabarca[274], vers les années 1600, fonctionne un autre centre actif de rachat, en direction de Tunis et de Bizerte. Au retour des libérés, de grandes cérémonies se déroulent, avec défilés et actions de grâces. En 1559 déjà[275], à Lisbonne, un convoi de captifs libérés se promenait dans la ville, portant au bout d'un bâton le petit pain bis, la seule nourriture des bagnes... Qui ne voit combien ces prises, ces voyages, ces libérations créaient de contacts et de liens ? Avec la réciprocité de la course, on aboutissait à des situations enchevêtrées. Un document du Consulat français de Tunis[276] signale un prêtre sarde, esclave de la femme de Mamet Arnaout, lui-même esclave du Roi Catholique. Ces enchevêtrements rendent les échanges possibles, sinon rapides.

D'autre part, avec les bagnes surpeuplés, les évasions se multiplient. Nous avons vu les exploits de la frégate de Philippe Romano, le Valencien, passeur attitré des bagnards d'Alger. Les bagnards organisent eux-mêmes leurs fuites et leurs évasions en groupe sont monnaie courante[277]. Un jour, ils prennent une fuste, une autre fois une galère, et vogue l'aventure ! Ce ne sont pas les détails les moins sympathiques de ces vies malheureuses. La facilité des fuites vient en grande partie du nombre croissant de cette gent interlope, mi-musulmane, mi-chrétienne, qui vit à la frontière des deux mondes, dans une alliance fraternelle qui serait plus apparente encore si les États n'étaient là pour maintenir une certaine décence. Fraternisation dans le reniement (ce n'est pas la plus belle, c'est sans doute la plus ample) ; fraternisation dans le commerce, le trafic sur les rachats et les marchandises. A Constantinople, c'est la spécialité de renégats italiens ; à Alger, des marins du cap Corse, familiers des *raïs* et du bagne, coralleurs à l'occasion, transporteurs de cire, de laines, de cuirs peloux ; à Tunis, c'est presque le monopole des consuls français que l'on accuse de pouvoir faire sortir qui ils veulent et de se charger à l'occasion, contre argent, de faire en sorte que tel captif ne revienne pas[278]. Partout se rencontrent les intermédiaires juifs.

Toutes opérations fructueuses. Trafiquer à Alger, c'est 30 pour 100 de bénéfice assuré, dit un marchand génois interrogé... Aussi bien faut-il rappeler plus d'une fois, en Espagne, qu'il est interdit de porter à Alger des marchandises prohibées et aussi d'acheter des marchandises pillées[279], qu'il est interdit d'y acheter des marchandises de corsaires. Mais celles-ci trouvent facilement preneurs, vers l'Italie et vers Livourne. Au XVIIe siècle, la liaison existe toujours. La prise d'une nave portugaise, en 1621, laisse entre les mains des *raïs* algérois, un lot de diamants « avec quoi s'enrichit toute l'Italie », rapporte le narrateur[280]. Les Turcs s'y connaissant peu en pierres précieuses, les ont vendues à bas prix... Mais nous ne faisons qu'apercevoir ces réalités quotidiennes, celles qui font le moins de bruit. Autant, peut-être plus qu'Alger, Tunis est un rendez-vous d'échanges interlopes. Une sorte de Shanghaï avant la lettre, dit un historien sicilien[281]. Il a sûrement raison.

Une guerre chasse l'autre

Donc, lorsqu'on dit : en 1574, la guerre s'arrête en Méditerranée, il faut préciser de quelle guerre il s'est agi. La grande guerre, bien en ordre, soutenue à gros frais par la poussée autoritaire de vastes États, oui celle-là s'en va. Mais ses forces vives, les hommes que ne peuvent plus attacher, à la vie des armadas, des bénéfices et salaires devenus insuffisants (le fait n'échappe pas à un Vénitien perspicace, le Capitaine du Golfe Filippo Pasqualigo, en 1588), la faillite de la grande guerre les rend à l'aventure. Les marins de galères, parfois les galères elles-mêmes, qui s'échappent des flottes, les soldats ou ceux qui normalement auraient été soldats, les aventuriers à plus ou moins large rayon d'action, tous sont repris en compte par la petite guerre, terrestre ou maritime. Une guerre chasse l'autre, remplace l'autre. La grande guerre, savante, moderne et coûteuse gagne le Nord de l'Europe et l'Atlantique, du coup la Méditerranée ne va plus abriter que des formes secondaires et dégradées. Comme elles le pourront, ses sociétés, ses économies, ses civilisations s'accommoderont de la guerre des partisans et de la guerre des bateaux de course. A vrai dire, elles y brûleront forces, repentirs, mauvaise conscience, vengeances, revanches... La guerre des brigands consume aussi, comme par avance, une

37. — Prisonniers chrétiens en route vers Constantinople.

D'après un dessin de S. SCHWEIGGER, 1639.

guerre sociale qui n'éclate pas. La guerre des pirates
brûle une croisade (ou un djihad) : ni l'un ni l'autre
n'intéressent plus personne, sauf les fous et les saints.

Avec les retours massifs à la paix (1598, 1604,
1609), la grande guerre quitte pareillement le Nord et
l'Atlantique, elle projette alors vers la Méditerranée ses
menaces, ses projets, ses rêves... Va-t-elle revenir ?
Non, et c'est ce qui fait la valeur du test de la guerre
avortée du duc d'Ossuna et de l'Espagne contre Venise
(1618-1619). Non, et c'est la preuve que la Méditerranée
n'est peut-être plus capable d'en porter le poids, c'est-
à-dire d'en payer le prix. Mais elle n'est pas libérée
pour autant.

A cette hauteur, notre conclusion sera pessimiste. Si
le XVIᵉ siècle méditerranéen, dans sa vie belliqueuse, n'est
pas mensonge ou illusion — par ses métamorphoses, ses
relèves, ses feintes, ses revalorisations et ses dégrada-
tions, la guerre y assure sa pérennité : ses fils rouges ne
cassent pas tous ensemble. *Bellum omnium pater*,

l'adage antique est familier aux hommes du XVIᵉ siècle. Père de toutes choses, fils de toutes choses, fleuve aux mille sources, mer sans rivages. Père de toutes choses, mais non de la paix elle-même, tant rêvée, si rarement atteinte. Chaque époque fabrique *sa* guerre et même *ses* guerres. Pour la Méditerranée, après Lépante, c'en est fini d'une grande guerre bien à elle. La grande guerre est logée au Nord, à l'Ouest sur l'Atlantique — et pour des siècles — là où elle doit être, là où bat le cœur du monde. Cet éloignement, à lui seul, mieux qu'un long discours, annonce, souligne le retrait de la Méditerranée, et le consacre. Quand, en 1618, avec les premiers feux de la Guerre de Trente Ans, la grande guerre recommence, c'est loin de chez elle : la mer Intérieure n'est plus le cœur violent du monde.

VIII

En guise de conclusion :
la et les conjonctures

Parler de conjoncture à la suite de chapitres consacrés à la vie économique, politique, culturelle et belliqueuse de la Méditerranée, ce n'est pas conclure en dressant, comme de juste, un bilan récapitulatif, mais ouvrir une voie et des explications nouvelles.

En effet, dans les pages qui précèdent, le dialogue du mouvement et de la semi-immobilité n'a jamais été rompu. Mais que la scène entière soit abandonnée dès lors au seul mouvement, tout change, doit changer : autant, par la suppression d'une dimension, passer d'une géométrie dans l'espace à une géométrie plane — celle-ci, et pour cause, plus simple que celle-là. Pratiquement, un récit s'offre à nous, avec ses alignements, ses phases, ses périodes, ses crises, ses années tournantes, tout son pathétisme et ses explications commodes, à l'occasion un peu fallacieuses. Car la conjoncture économique, la plus bruyante, la mieux connue de toutes, s'impose très vite aux autres, les écrase sous son langage, ses précisions. Un néo-matérialisme offre ses services. Est-il, ou non, licite ?

Les paris au départ

Expliquer, dès lors, c'est repérer, imaginer des corrélations entre les respirations de la vie matérielle et les autres fluctuations, si diverses, de la vie des hommes. Car il n'y a pas *une*, mais *des* conjonctures, plusieurs éventails d'histoires en train de s'accomplir. Il serait trop simple, trop beau de pouvoir les ramener toutes à un rythme majeur. Et quel rythme au demeurant ? Il n'y a pas *une* conjoncture économique simple et qu'il suffirait d'accepter, avec ses impératifs et ses conséquences logiques. François Simiand lui-même en distinguait deux au moins, quand il parlait des marées portant sur leur mouvement le propre mouvement des vagues. Or la réalité n'est pas aussi claire que cette claire image. Dans cet univers de mouvements vibratoires que l'économie reconnaît, le calcul isole à volonté des dizaines de mouvements selon la longueur de leur période : le mouvement séculaire (le *trend*), « le plus long des longs mouvements » ; les conjonctures longues (cycles cinquantenaires de Kondratieff, cycles doubles ou hypercycles, intercycles [1]) ; les conjonctures courtes, cycles intra-décennaux, mouvements saisonniers. Plusieurs langages contradictoires se dégagent ainsi du mouvement brut de la vie économique, et par un certain artifice.

Si donc nous voulons utiliser l'économie pour, à travers le temps révolu, retrouver le fil des causalités, c'est dix, vingt langages possibles qui se présentent et autant de fils différents. L'histoire aussitôt redevient multitude, incertitude, et peut-être à suivre toutes ces vibrations, toutes ces ondes du temps vécu qui devraient s'additionner finalement comme les secondes, les minutes, les heures, voire les journées dans le mécanisme d'une montre — peut-être est-ce l'ensemble qui va fuir entre nos doigts.

Mais un langage concret vaudra mieux qu'une discussion théorique. Soit donc, devant nos yeux, la Méditerranée entière du long XVIᵉ siècle, telle que nous avons essayé de la reconstituer. Oubliant nos réserves et nos prudences, essayons un instant d'en prendre plusieurs mesures, selon les normes du *trend* séculaire, puis des conjonctures longues. Nous laisserons de côté les fluctuations courtes et saisonnières.

Le trend *séculaire*

Une montée séculaire de la vie économique s'amorce peut-être vers 1470 et s'interrompt, sans doute, ou pour le moins se ralentit, avec les chertés records des années 1590-1600, le mouvement se poursuivant vaille que vaille jusqu'en 1650. Ces dates : 1470 (ou 1450), 1590, 1595 ou 1600, 1650, ne valent que comme des repères très approximatifs. Cette longue montée se vérifie essentiellement à partir des variations du prix des grains. Nul doute que ce ne soit là une donnée nette, décisive. Si l'on partait des courbes des salaires, si l'on pouvait partir des courbes de production, d'autres chronologies se dégageraient, mais il faudrait aussitôt les ramener, les comparer aux courbes autoritaires du blé...

En tout cas, durant ce long XVIe siècle, une hausse lente, en profondeur, a favorisé l'essor de la vie matérielle et de tout ce qui pouvait s'en nourrir ; elle a été une sorte de santé secrète de l'économie. « Au XVIe siècle, me disait un jour Earl J. Hamilton, toutes les blessures se guérissent. » Chaque fois, des compensations surgissent ; ainsi dans le domaine industriel, les départs en flèche se relaient ; ainsi dans le domaine marchand, un capitalisme se ralentit, un autre prend la relève.

Cette vigueur sous-jacente ne disparaît pas, du jour au lendemain, avec la fin du XVIe siècle ; en vérité le reflux tarde à s'affirmer. Pas avant la crise courte, structurelle (c'est-à-dire poussée très loin en profondeur) de 1619-1623, c'est l'opinion de Ruggiero Romano[2] et presque celle de Carlo M. Cipolla[3]... Peut-être pas avant les années 1650, comme le suggèrent Emmanuel Le Roy Ladurie[4], René Baehrel[5], Aldo de Maddalena[6] et Felipe Ruiz Martín[7] et comme je le pense moi-même de plus en plus, à la limite des observations que j'ai pu faire. Il y a, en effet, sur la voie de la régression, des freinages, des récupérations visibles, même dans le domaine agricole que l'on imagine frappé en premier lieu. Felipe Ruiz Martín m'écrit[8] : « La décadence de l'agriculture espagnole, après la crise de 1582, n'est pas aussi vertigineuse qu'on a l'habitude de le dire ; au long de son reflux, il y a une récupération cyclique (c'est-à-dire courte) de 1610 à 1615 et une autre avec les années 1630 ; la catastrophe n'est pas antérieure à 1650. »

On ne saurait trancher d'un mot un débat qui, assez compliqué par lui-même, pose le problème des possibles décalages conjoncturels entre les différentes parties de l'Europe. Bien que sur ce dernier point aussi, je croie beaucoup trop simple d'opposer une conjoncture de l'Europe du Nord à une conjoncture méditerranéenne, celle-ci plus rapidement prise que celle-là dans le repli séculaire du XVIIᵉ siècle... Mais le débat reste ouvert. Pour nous, historiens de la Méditerranée, il s'agit, au vrai, de nous débarrasser, une fois de plus, de l'idée obsédante et fausse d'une décadence prématurée. J'en avais placé le terme, lors de la première édition de ce livre, au-delà de 1600, ou même de 1610-1620 [9]. Volontiers je reculerais ce terme d'une trentaine d'années.

Ceci dit, il est curieux que les calculs généraux d'économistes, faits il y a longtemps, donnent à l'avance comme terme de ce long essor les années médianes du XVIIᵉ siècle, lui adjoignant ainsi les cinquante premières années du siècle, sous le signe évident d'une certaine décélération.

Au contraire, ils ne manifestent aucun accord pour la fixation du point de départ. Nous avons le choix entre le calcul de Marie Kerhuel [10], auquel je me rallie (1470, ou mieux 1450) et celui de Jenny Griziotti Kretschmann [11] (1510). Les deux calculs peuvent se défendre. Le terme le plus précoce, 1470, se déduit des courbes de prix nominaux, le terme le plus tardif des prix argent. Je préfère, comme René Baehrel, les calculs en prix nominaux, mais ne désire pas entrer dans cette querelle.

En ce débat, sans doute pourra-t-on appeler à l'aide des données d'un autre ordre, que les historiens éclairciront peu à peu. A Venise où j'ai étudié les choses d'assez près, je suis frappé, pour ma part, par l'importance des constructions et des embellissements de la ville, à partir de 1450, par la transformation des ponts de bois sur les canaux en ponts de pierre [12], par le creusement de tel grand puits près de l'église de Santa Maria de Brolio, en août 1445 [13], par la construction, en mai 1459 [14] d'une nouvelle loggia *in loco Rivoalti*, où l'on supprime, à cet effet, des boutiques de tisserands pour la poursuite des travaux du Palais des Doges. « Chaque jour, cette ville s'embellit, note un texte de 1494 [15]. Qu'au moins les gens respectent ces embellissements ! » Il faudra ainsi, en mars 1504 [16], débarrasser la place Saint-Marc (qui possède sa magnifique horloge, depuis 1495 [17]) des cabanes que les tailleurs de pierre y ont dressées, plantant à côté des arbres et des vignes, « *et quod pejus est : è facta una latrina che ogniuno licensiosamente va lì a far spurtitie...* » Ces arguments bien sûr ne règlent pas la question, ni à Venise (les constructions se font-elles *avec* ou *contre* une conjoncture favorable ?), ni à l'échelle de la Méditerranée. Mais ils m'encouragent à lier toutes ces années vives de 1450 à 1650, dans ce que j'ai appelé souvent le « long XVIᵉ siècle », et donc à voir celui-ci, comme le suggèrent Jean Fourastié [18] et ses élèves, indépendant dans son premier essor du lancement métallique dû à l'Amérique. Cette mise en cause d'une ville — Venise — prise comme « indicateur » est sans doute valable, elle révèle une conjoncture plus vraie peut-être que celle que signalent les courbes de prix. C'est ce que pense Gilles Caster quand il écrit que « l'énergie revient à Toulouse en 1460-1470 », ou quand il affirme que cette même ville de Toulouse a connu un siècle entier (pour nous le premier XVIᵉ siècle) d'enrichissement (1460-1560) [19]. Mais il faudrait que l'expérience fût répétée.

L'unité, une certaine unité de ces deux cents années, entre 1450 et 1650, appelle évidemment de larges explications. Cause ou effet, une large montée démographique traverse ces deux siècles, plus ou moins vive selon les régions et les années, mais jamais absente dès que l'observation est possible. Toutefois le *trend* à la hausse, ce n'est pas, nous l'avons montré, une augmentation du niveau de vie. Du moins jusqu'au XVIIIᵉ siècle, les progressions économiques se font toujours, à un moment ou à un autre, au détriment des masses accrues d'hommes, par des « massacres sociaux » [20].

Indéniablement, cette constante poussée de la montée séculaire semble avoir favorisé la mise en place des États territoriaux, puis des Empires [21]. Le retournement va leur créer d'évidentes difficultés. Elle a favorisé aussi, malgré des à-coups, une société relativement ouverte. L'aristocratie se reconstitue, nous l'avons vu, par une invasion « bourgeoise », celle-ci est poussée par une suite de bonnes affaires... Les bonnes affaires supposent l'élan de la vie économique, du moins les nombreuses bonnes affaires. Il y aurait ensuite, avec le retournement séculaire, blocage des sociétés, mais ici les études nous manquent pour fixer une chronologie acceptable.

Les fluctuations longues

Les historiens de l'économie [22] sont à peu près d'accord en ce qui concerne les oscillations *longues* suivantes, entre une série de points bas : 1460, 1509, 1539, 1575, 1621 — et de sommets : 1483, 1529, 1595, 1650. Ces dates valent à une ou deux années près. Nous aurions ainsi quatre « vagues » successives, chacune avec flux et reflux, la première sur 49 ans, la seconde sur 30, la troisième sur 36, la dernière sur 46. Cette régularité n'est aussi claire que dans la mesure où notre schéma ne signale pas que flux et reflux de la troisième vague, 1539-1575, n'ont pas eu la netteté habituelle. Le milieu du vrai XVIᵉ siècle (1500-1600) a été marqué par une torsion, une pause dont les effets se sont répercutés avec une certaine brièveté en Espagne, de 1550 à 1559-1562 à l'heure de Séville [23], mais plus longuement en France, en Angleterre, dans les Pays-Bas et, sans doute, ailleurs. Il y a ainsi, différents d'allure, un premier XVIᵉ siècle (celui de l'or abondant), un second XVIᵉ siècle (celui de l'argent abondant [24]), le raccord se faisant mal entre les deux.

Est-ce pour cette raison (entre autres) qu'il y a eu, au XVIᵉ siècle *lato sensu*, des capitalismes successifs (semblables et différents), des salaires sous le signe tantôt du jeûne, tantôt de l'abondance ? Pierre Chaunu voit à Anvers deux expansions capitalistes. « C'est le grand jeûne des années 1470-1490 — la chute du niveau de vie ouvrier —, écrit-il, qui a permis à la classe négociante de poser les fondations de la puissance d'Anvers. L'apogée d'Anvers correspond au second grand jeûne du prolétariat, de 1520 à 1550... La mise à mort d'Anvers, entre 1566 et 1585, est imputable, autant qu'aux troubles, à ce que j'appellerais, à la rigueur, les secondes débauches du prolétariat anversois. »[25] Ces remarques, dans le sens des thèses classiques d'Earl J. Hamilton, ont peut-être leurs correspondances en Méditerranée : j'y vois se succéder en gros trois étapes capitalistes, sans pouvoir les lier à des variations différentielles du profit : un capitalisme surtout marchand avant 1530, un capitalisme industriel (à direction marchande) vers le milieu du siècle, un capitalisme de type financier quand le siècle s'achève[26]. Il y a « débauche » du salariat à Venise à la fin du siècle[27].

Ce schéma imparfait résume un certain nombre de données, et bien sûr appelle la discussion. C'est surtout la largeur de la stagnation médiane qui fait problème, au plus 1529-1575, peut-être 1539-1575. En tout cas, cette stagnation a coïncidé avec l'arrêt des voyages de bateaux nordiques en Méditerranée. Ce point me semble acquis[28].

Banqueroutes espagnoles et conjonctures

Sur notre schéma, les banqueroutes espagnoles, dont il a été longuement parlé[29], se situent assez bien pour que des explications se suggèrent d'elles-mêmes. Pour la première (1557 et 1560) elle est au voisinage du troisième sommet ; pour la troisième, 1596, au voisinage du quatrième : une fois de plus, l'arrêt d'une montée intercyclique ouvre son chemin à la banqueroute. Ce sont là, en somme, des banqueroutes normales, imposées du dehors, logiques si l'on veut. Pour celles de 1575, 1607 et 1627, elles seraient à ce compte anormales, non pas subies du seul fait des intempéries économiques, qui ne manquent guère, mais voulues aussi du dedans, préparées, pour le moins acceptées de propos délibéré. Nous l'avons montré à propos de la crise décisive de 1575, décidée par Philippe II et ses conseillers qui croient possible, alors que le temps tourne au beau, d'éliminer les Génois, ce que réussira seulement, cinquante ans plus tard, la banqueroute de 1627. Celle

de 1607 résulte d'un gaspillage accéléré des finances
espagnoles, à l'origine de ce qui sera le Siècle d'Or de
Philippe III, puis de Philippe IV [30].

Il y aurait ainsi à distinguer parmi les banqueroutes
celles qui ont été en partie voulues, celles qui ont été
en partie subies. Donc, et le conseil est précieux, à ne
pas les croire identiques malgré les apparences monotones par quoi elles se signalent.

Guerres internes et externes

Les guerres obéissent mieux encore à un essai de
classement. Nous avons distingué [31] entre les guerres
selon qu'elles furent intérieures (à la Chrétienté comme
à l'Islam) ou extérieures et alors situées à la charnière
des deux mondes hostiles. On peut dire que *Djihad* et
Croisade sont obstinément favorisés par le mauvais
temps économique. Les guerres fratricides, entre Chrétiens ou entre Musulmans, sont au contraire portées
par la « vague » montante, chaque descente les bloque
avec régularité. Ainsi, en Chrétienté, les grands accords
diplomatiques — 1529 (la paix des Dames), 1559 (le
traité de Cateau-Cambrésis), 1598 (la paix de Vervins)
— sont soit sur les sommets mêmes de notre graphique,
soit à leur voisinage immédiat ; au contraire, les grandes
batailles turco-chrétiennes : la Prevesa 1538, Lépante
1571, sont à leur place logique, en période de reflux.
Je ne soutiens pas que la corrélation soit parfaite (ni
surtout inévitable). La prise de Belgrade par le Turc est
de 1521, la bataille de Mohacs de l'été 1526, au vrai
l'une et l'autre à contretemps. Autre contretemps,
Charles VIII a passé les Alpes en septembre 1494, alors
que selon notre diagnostic, les guerres d'Italie n'auraient
dû commencer, disons-le avec le sourire, qu'en 1509,
l'année d'Agnadel. Mais si le calendrier ne vaut pas
exactement pour la France de Charles VIII ou de Louis
XII, il vaut dans une large mesure pour l'Espagne des
Rois Catholiques : la période 1483-1509 voit tout à la
fois la reconquête de Grenade, puis les attaques contre
l'Afrique du Nord ; celles-ci se précipitent de 1509 à

1511, pour cesser avec le rebondissement des Guerres dites d'Italie [32].

Sans vouloir plaider outre mesure et écarter les témoignages contrariants, remarquons que les Guerres d'Italie s'allument mal en 1494, c'est un fait. De même, les années 1521 et 1526 ouvrent la Hongrie aux Turcs, il est vrai, mais des historiens soutiennent que la Hongrie ne sera saisie que plus tard, qu'un processus lent de conquête ne s'y achève que vers 1541...

Remarquez, par contre, qu'avec la fin du XVIe siècle, au-delà de 1595, donc à point nommé, fusent les projets anti-turcs ; une croisade s'esquisse qui, il est vrai, n'aura pas lieu. Cependant une guerre de course réciproque recouvre la Méditerranée entière, s'intensifie de façon anormale et pas seulement pour des raisons techniques, économiques ou qui relèveraient de la seule aventure ; la passion y a sa part ; en Espagne, l'extirpation de 300 000 Morisques se situe de 1609 à 1614, elle relève d'une guerre atroce s'il en fut ; enfin au voisinage de 1621, année critique, la guerre allumée en Bohême en 1618 va se poursuivre et ravager le cœur de l'Europe centrale. C'est le drame de la Guerre de Trente Ans, situé lui aussi à point nommé.

Ces coïncidences ont leur prix. Par beau temps, la querelle de famille l'emporte ; par mauvais temps la querelle avec les Infidèles. La règle vaut aussi pour l'Islam. Du lendemain de Lépante à la reprise de la guerre contre l'Allemagne en 1593, la Turquie, préoccupée d'Asie, s'est jetée dans une guerre éperdue contre la Perse... Toute une psychologie, toute une psychanalyse des grandes guerres s'amorceraient à partir de ces remarques.

Dans le cadre de la Chrétienté, ajoutons que tous les mouvements antisémites obéissent à la conjoncture de la guerre contre l'extérieur. C'est aux périodes de reflux que le Juif est persécuté, où qu'il se trouve en Chrétienté.

Conjoncture et histoire générale

Je ne garantis pas la régularité des explications qui précèdent, pas plus que de toute tentative pour glisser,

dans la masse connue de l'histoire générale, les grilles
des conjonctures, lâches ou fines selon les paliers
choisis [33]. L'explication conjoncturelle, même répétée à
ses différents paliers, ne peut être complète, ni sans
appel. Elle est cependant *une* des explications nécessaires, et une mise en demeure utile.

Nous avons à classer les conjonctures économiques
d'une part et, de l'autre, les conjonctures non économiques. Celles-ci sont à mesurer, à situer selon leur durée
même ; dignes de rejoindre le *trend* séculaire : les
mouvements démographiques en profondeur, la taille
des États et des Empires (leur conjoncture géographique
en somme), la société avec ou sans mobilité sociale, la
puissance des poussées industrielles ; dignes d'occuper
le rang des conjonctures longues : les industrialisations,
elles encore, les finances des États, les guerres... L'échafaudage conjoncturel nous aide à mieux construire la
maison de l'histoire. Mais il y faudra encore beaucoup
de recherche et bien des précautions. Les classements
seront difficiles, sujets à caution. Ainsi les mouvements
longs des civilisations, leurs floraisons au sens traditionnel du mot, nous surprennent et nous déconcertent. La
Renaissance, entre 1480 et 1509, se situe en période
d'évidente régression *cyclique* ; l'âge de Laurent le
Magnifique est, économiquement parlant, un âge maussade [34]. Le Siècle d'Or en Espagne et tous les grands
éclats du XVIIe siècle, partout en Europe, et même à
Istanbul se situent au-delà du premier grand renversement séculaire. J'ai avancé une explication — mais que
vaut-elle ? Tout ralentissement économique laisserait
inemployée une masse d'argent, entre les mains des
riches. Une prodigalité relative de ces capitaux impossibles à investir créerait les années, puis les siècles d'or...

Cette réponse pose le problème, elle ne le résout pas.
Pas plus que nos habituelles images sur ces floraisons
d'arrière-saison, Renaissance et Baroque, et sur les
sociétés mal à l'aise qui les entraîneraient avec elles et
dont elles seraient le produit presque morbide. Avec la
Renaissance s'achèvent les États-villes, avec le Baroque
les vastes Empires commencent à ne plus avoir le vent

en poupe. Le luxe des civilisations impliquerait ces
ratages... Tous ces problèmes débordent les cadres
étroits de la conjoncture, ou longue ou courte. Mais
celle-ci nous permet de les aborder, une fois de plus,
de façon utile.

Les crises courtes

J'ai éliminé les crises courtes intra-décennales, dont
l'histoire se précise chaque jour davantage à nos yeux.
Elles sont évidemment contagieuses, impérieuses. R.
Romano l'a montré dans son article, souvent cité par
nous, sur la crise internationale de 1619-1623. Se
répercute-t-elle, comme je le suppose, dans l'espace turc
et dans le Nouveau Monde ? Rien jusqu'ici ne l'établit
encore à coup sûr. Il serait possible aussi, à la suite des
études récentes de Felipe Ruiz Martín, de reprendre
l'étude, dans son extension, de la crise courte des années
1580-1584. Elle n'est pas seulement due, comme je
l'avais pensé au premier examen, à ce mouvement de
bascule qui entraîne l'Espagne et ses crédits vers le
Portugal, mais à la crise céréalière qui gagne alors toute
la péninsule Ibérique et l'oblige à des paiements massifs,
en argent comptant, au bénéfice des pays du Nord,
« ces ennemis complémentaires », une fois de plus liés
à la Péninsule. Cette énorme secousse se marque dans
le mouvement des prix en Espagne, à Venise, à Florence,
en France même, et dans les trafics. A Venise la banque
Tiepolo Pisani dépose son bilan. L'étude de ces crises
courtes, de ces houles violentes, de leur extension et
surtout de leur nature variable jalonnerait l'évolution
de l'économie méditerranéenne. Cette recherche événe-
mentielle, poussée en profondeur, aurait sa grande
valeur. Mais elle reste à faire. La difficulté serait d'y
inclure l'espace turc où, selon les sondages connus, la
conjoncture, au XVIe siècle du moins, semble la même
qu'en Occident [35].

Notes

ABRÉVIATIONS POUR LA DÉSIGNATION DES DÉPÔTS

1. A. C.   Archives Communales.
2. A. Dép.   Archives Départementales.
3. A. d. S.   Archivio di Stato.
4. A. E.   Affaires Étrangères, Paris.
5. A. H. N.   Archivo Histórico Nacional, Madrid.
6. A. N. K.   Archives Nationales, Paris, Série K.
7. B. M.   British Museum, Londres.
8. B. N.   Bibliothèque Nationale, F. (Florence), M. (Madrid), sans autre indication (Paris).
9. C. S.P.   Calendar of State Papers.
10. *CODOIN*   Colección de documentos ineditos para la historia de España.
11. G. G. A.   Ex-Gouvernement Général de l'Algérie.
12. P. R. O.   Public Record Office, Londres.
13. Sim.   Simancas.
14. Sim. E°   Simancas, série Estado.

DESTINS COLLECTIFS
ET MOUVEMENTS D'ENSEMBLE

p. 7 : 1. Gabriel AUDISIO, *Sel de la mer*, 1936, p. 177 et *sq.*

2. Jean WEILLER a signalé son point de vue dans « Les préférences nationales de structure et le déséquilibre structurel », *in : Revue d'Économie politique*, 1949. Il y est revenu à plusieurs reprises, notamment dans *Problèmes d'Économie internationale*, t. II, 1950 et *L'Économie internationale depuis 1950*, 1965. Bon résumé dans l'ouvrage collectif *Sens et usage du terme structure dans les sciences humaines et sociales*, 1962, Mouton, p. 148 et *sq.*

CHAPITRE 1
LES ÉCONOMIES : LA MESURE DU SIÈCLE

1. *Le problème de l'incroyance au XVIᵉ siècle. La religion de Rabelais*, 1ᵉʳ édit., 1942, 2ᵉ édit., 1947, p. 361 et *sq.*

2. 28 mai 1568, *CODOIN.*, XXVII, p. 6.

3. 19 juillet 1558, *Lettres de Jean Calvin*, p.p. BONNET, 1854, p. 207.

4. Antonio de GUEVARA, *Epistres dorées, morales et familières traduites d'espagnol en français par le seigneur de Guterry*, 1558, pp. 40, 63, 79. En espagnol, *in : Biblioteca de autores españoles* (*B.A.E.*), 1850, t. XIII, pp. 86, 96, 103.

5. A.N., K 1337, B 38, nᵒ 15, copie.

6. A Philippe II, Poissy, 21 déc. 1561, A.N., K 1495, B 13 ; nᵒ 105, orig.

7. Rome, 30 janv. 1570, B.N., Paris, Fr 17 989, fᵒ 142.

8. 5 janv. 1567, *Dépêches de Fourquevaux*, III, p. 31.

9. C'est-à-dire les Génois.

10. Longlée à Villeroi, Barbastro, 8 déc. 1585, éd. Albert Mousset, *op. cit.*, p. 211.

11. Le même au même, Madrid, 1ᵉʳ février 1584, *ibid.*, p. 17.

12. Villeroi à J.B. de Tassis, Paris, 31 janv. 1584, orig. A.N., K 1563.

13. A.d.S. Venise, Senato Dispacci Spagna, Pᵒ Priuli au doge, Madrid, 19 novembre 1612.

14. BELON DU MANS, *Les observations...*, p. 78.

15. Eugène HALPHEN, *Lettres inédites du roi Henri IV à M. de Villiers*, 1887, p. 25.

16. Ou cette lettre de Fr. Jorge de Santiago au roi, adressée de Bologne, 28 mai 1548. « *Porque pola via de Frandes que sera mais em breve por ser posta, escrevemos carta comun a Vossa*

Alteza... », *Corpo dipl. port.*, VI, p. 254. Ou bien que dire de ces quelques lignes de J. Nicot au roi de France, Lisbonne, 28 mai 1561 : « Ils sont venues nouvelles par voie d'Alexandrie en Flandre et de la icy qu'il y a grande émotion et mutineries aux Indes... », E. FALGAIROLLE, *Jean Nicot, ambassadeur de France au Portugal au* XVIe *siècle, Sa Correspondance inédite*, 1887, p. 148.

17. B. de Mendoza à Philippe II, Paris, 28 nov. 1587, A.N., K 1566, note aut. de Philippe II.

18. Des délais de route, déduire la vitesse journalière ne va pas sans difficulté, car nous ne connaissons que rarement les parcours exacts. J'ai tourné cet obstacle, en calculant les vitesses d'après les distances directes, en mer, à vol d'oiseau ou, sur terre, selon les étapes actuelles. Ce qui a l'inconvénient évident de diminuer les distances réelles.

19. Sauf ces étonnantes courses de relais sur les 400 et quelques kilomètres de Rome à Venise, 3 au total dc 1496 à 1530, que signale Pierre Sardella, d'un jour et demi, soit à une vitesse horaire de 10 à 15 km. En moyenne, la distance était franchie en quatre jours. Voir les tableaux de Pierre SARDELLA et le tableau que nous lui empruntons, *infra*, p. 19.

20. Voir tome III, chap. IV, p. 269. Nobili au prince, Barcelone, 25 juin 1572, A.d.S. Florence, Mediceo, 4903.

21. G. del Caccia au prince, Madrid, 30 juin 1572, A.d.S. Florence, Mediceo, 4903.

22. Leonardo Donà au Sénat, Madrid, 21 déc. 1570, *in : La corrispondanza da Madrid dell'ambasciatore Leonardo Donà, 1570-1573*, p.p. Mario BRUNETTI et Eligio VITALE, 1963, I, p. 167.

23. L. Fernandez de RETAÑA, *Cisneros y su siglo*, 1929-1930, I, p. 550. Même vitesse, deux jours, d'Oran à Valence, réalisée par les galées de Venise, en octobre 1485, A.d.S. Mantoue, Genova 757, 3 novembre 1485.

24. *Op. cit.*, p. 93 v°. Renseignements divers : A. THOMAZI, *Histoire de la navigation*, 1941, p. 26 ; Victor BÉRARD, *Pénélope...*, *op. cit.*, p. 181 ; G. de Toledo au roi, Sobre Denia, 16 juillet 1567, Sim. E° 149, f° 22 ; « ... por tener por mucho mas breve el camino de la mar que el de la tierra ». Mais cette conviction entraîne une erreur de D. Garcia qui, partant de Sicile pour l'Espagne, pense qu'il est inutile de prévenir le roi par terre : or, parti le 27 juin, il est seulement le 16 juillet devant Denia. Sur la cherté de la route de terre, exemple grossissant de *l'actualité* : le transport par eau d'Amérique à Gênes coûte moins cher que le plus court trajet par terre de la même marchandise de Gênes à l'intérieur de la Péninsule.

25. E. HERING, *Die Fugger*, 1940, p. 66. Sur les services de Thurn et Tassis, voir carte n° 102, *Zur Geschichte der deutschen Post. (1506-1521)* de l'Atlas de PUTZGER.

26. Saint-Gouard à Charles IX, Madrid, 14 sept. 1572, B.N.,

Paris, Fr. 16105. Paris-Barcelone : 1 001 km ; Paris-Madrid, 1 060.

27. Fourquevaux au Roi, Madrid, 19 déc. 1570, *Dépêches...*, II, p. 307.

28. Et non le 8 nov., comme l'écrit R. MERRIMAN, *The Rise of the Spanish Empire*, New York, 1918, IV, p. 145 ; C. DOUAIS, *Dépêches de Fourquevaux*, II, p. 97 ; Nobili au Prince, 16 nov. 1571, A.d.S. Florence, Mediceo, 490.

29. G. de Silva au roi, Venise, 4 avril 1573, Sim. E° 1332.

30. 7 avril 1573, *CODOIN.*, C II, p. 72-81 ; 8 avril 1573, Sim. E° 1332 ; 17 avril 1537, Palmerini B. Com. Palerme, Qq D 84 ; 23 avril, A. Vat. Spagna 7, f° 198-199 ; Candie, 25 avril, Capi del C° dei X Lettere Bᵃ 285, f° 165 ; Philippe II à G. de Silva, Madrid, 25 avril 1573, Sim. E° 1332 ; 22 mai, nouvelle de la paix publiée à Constantinople, G. MECATTI, *Storia cronologica della Città di Firenze*, Naples, 1755, II, p. 753.

31. *Voyage faict par moy Pierre Lescalopier*, f° 41 et 64 v°.

32. Londres, P.R.O., 30/25 f° 65, Francesco Contarini au Doge, Douvres, 26 janvier 1610. Copie.

33. Londres, P.R.O., 30/25 f° 46 : Voyage de Francesco Contarini à Constantinople.

34. Tommaso ALBERTI, *Viaggio a Costantinopoli*, p.p. Alberto BACCHI DELLA LEGA, Bologne, 1889, p. 13.

35. BELON DU MANS, *op. cit.*, p. 93 v°.

36. *Ibid.*, p. 85.

37. A. de Raguse, Diversa di Cancellaria 146, f° 46 v°, 8 janvier 1561.

38. 25 janv.-3 févr.-10 avril-27 avril 1564, Simancas E° 1393.

39. 16-22 avril 1562, Simancas E° 1052, f° 26.

40. A.d.S., Florence, Mediceo 2079, f° 212, 271, 274, 296, 297, 302, 304, 308, 311, 320, 323, 333, 405, 408. Un mémoire espagnol de déc. 1595 (B.N., Madrid, MS. 10454, f° 34), affirme cependant que l'on passe de Sicile en Afrique en quelques heures ; les galères de J.A. Doria iront en une journée (voir tome III, p. 287) de La Favignana à La Goulette. Mais ce sont là exploits de galères.

41. N. de NICOLAY, *Navigations, pérégrinations et voyages...*, Anvers, 1576, p. 12.

42. A.d.S., Florence, Mediceo 2079, fˢ 305, 306, 345.

43. Cadix, 2 juin 1561, Simancas E° 140.

44. 2 juin 1561, Simancas E° 140. Soit 80 km par jour.

45. Dr. SOTTAS, *op. cit.*, p. 183.

46. Voir tome I, p. 322.

47. C'est-à-dire les relevés portuaires des arrivées de bateaux et de marchandises.

48. A.d.S., Florence, Mediceo 2080.

49. *Nouvelles et spéculations à Venise*, 1948.

50. Voir p. 133, à la fin du chapitre, la reproduction d'une *carpeta*.

51. Les calculs qui précèdent d'après les correspondances d'Espagnols établis à Venise, entre 1589 et 1597, conservées (hier) aux Archives Nationales, K 1674, 1675, 1676 et à Simancas E° 1345. J'ai fait un ou deux emprunts aux Lettere Commerciali, 12 *ter* A.d.S., Venise. A noter que la distance Raguse-Constantinople, en hiver, est de l'ordre d'un mois. La moyenne que suggère tel calcul contemporain (A.d.S. Venise, Papadopoli, Codice 12, f° 26 v°, vers 1587) est trop optimiste : en été le voyage de Constantinople à Cattaro se ferait en 16 ou 17 jours... « *Da Cataro poi a Venetia con le fregate ordinarie secondo i tempi ma ut plurimum in otto giorni* ». Soit, au total, de 24 à 25 jours. Sur le trajet Venise-Madrid, voici quelques chiffres pris à la correspondance de deux ambassadeurs vénitiens à Madrid, P° Priuli et P° Gritti : 19 novembre 1612, il y a soixante jours que P° Priuli est sans nouvelles ; délais des lettres reçues à Madrid les 5 et 9 décembre 1612, 18 jours et 27 jours toutes deux envoyées de Venise par courrier exprès ; les délais, en 1616 et 1617, de quelques lettres reçues par Gritti : 33, 45, 21, 27, 26, 20, 20 jours... A.d.S. Venise, Senato Dispacci.

52. Voir *supra*, p. 17 et note 48.

53. A.d.S. Modène, Cancellaria Ducale d'Este, Venezia 77. VI/10. J. Tebaldi au duc de Ferrare, Venise, 19 janvier 1522.

54. K.O. MÜLLER, *Welthandelsbräuche 1480-1540*, 2ᵉ tirage, 1962, p. 29.

55. Exception confirmant la règle, les Génois envoient des courriers spéciaux de Madrid à Anvers ayant intérêt sur cette dernière place à rencontrer la « largesse », V. VÁZQUEZ DE PRADA, *op. cit.*, I, p. 36.

56. Simancas, *Consejo y Juntas de Hacienda*, 28. Dans une liste de frais de Chantonnay, à la date du 14 juillet 1560.

57. Francés de Alava au roi, 6 mars 1567, A.N., K 1507, n° 70, cité par H. FORNERON, *Histoire de Philippe II*, 1881, t. II, p. 219, note 1. Ce courrier serait dépêché par les rebelles des Pays-Bas à Montigny alors en Espagne. Voir V. VÁZQUEZ DE PRADA, *Lettres marchandes d'Anvers*, 1960, I, p. 40.

58. Henri LAPEYRE, « El Archivo de Simón y Cosme Ruiz », *in : Moneda y Credito*, juin 1948.

59. British Museum, Add 14009, f° 38, Consulta de Consejo de Italia, Madrid, 2 octobre 1623.

60. V. VÁZQUEZ DE PRADA, *Lettres marchandes d'Anvers*, I, p. 241-2.

61. Les calculs et la cartographie ont été faits par Frank Spooner sur mes indications. Une cartographie de l'espace est possible, au XVIᵉ siècle et faite, à partir de Lyon, par R. GASCON, *op. cit.*, notamment p. 308.

62. *Mémoires du Duc de Sully* (nouvelle édition), 1822, I, p. 68.

63. R. GASCON, *op. cit.* (dactylogramme), p. 318.

64. A.d.S. Venise, le baile au doge, Constantinople, 8 août 1605.

65. R. GASCON, *ibid.*, p. 308, donne pour le XVIᵉ siècle les vitesses suivantes (moyennes) : pour les marchandises de 17 à 44 km par jour (44, sur la route de Lyon aux Pays-Bas par Amiens ; 17, sur celle de Burgos par le Massif Central) ; sur la Saône à la remontée, de 14 à 25, à la descente du Rhône, jusqu'à 90. De Roanne à Tours, roulage accéléré, 65. Pour les voyageurs à cheval, 40 ; 90, par la poste. Les courriers rapides pour l'Italie de 170 à 200.

66. Yves RENOUARD, « Comment les Papes d'Avignon expédiaient leur courrier », *in : Revue Historique*, 1937. Voir notamment le tableau de la page 59 (tirage à part), ces vitesses, dit l'auteur, « sont à notre connaissance les plus rapides de l'époque ». Voir aussi leur prix élevé, *ibid.*, p. 29. Considérations analogues à celles que développe notre paragraphe : Armando SAPORI, *Studi di storia economica*, 3ᵉ éd., 1955, p. 635-636.

67. Frederic C. LANE, *Andrea Barbarigo, merchant of Venice (1418-1449)*, 1944, p. 199 et *sq.*

68. Ferdinand FRIED, *Le tournant de l'économie mondiale*, 1942, p. 67-68.

69. *Ibid.*, p. 66-67.

70. *Tour du monde d'un sceptique*, 1932, p. 37.

71. G. BOTERO, *op. cit.*, II, p. 8 et *sq.*

72. A.d.S. Venise, *Annali di Venezia*, fᵒ 185, 26 septembre 1578.

73. Mémoire de l'évêque de Limoges au cardinal de Lorraine, 27 juillet 1560, *in : L. PARIS, *Négociations... relatives au règne de François II*, I, p. 49.

74. *Ibid.*, p. 562, l'évêque de Limoges au cardinal de Lorraine, 26 septembre 1560.

75. Martin PHILIPPSON, *Ein Ministerium unter Philipp II. Kardinal Granvella am spanischen Hofe (1579-1586)*, 1895, p. 76.

76. Memorie politiche dal 1576 al 1586, Marciana, 7299, 18 mars 1584 « *Che il Re di Spagna haveva molti ministri che desiderano novità come il Cardinale Granvella et don Joan di* (Idiaquez...) ».

77. A.d.S. Venise, Fonds Papadopoli, Codice 12, fᵒ 26 vᵒ (1587), c'est la moyenne des lettres du baile vénitien, d'après un statisticien de l'époque, d'Istanbul à Cattaro.

78. Londres, P.R.O., 30/25, 21, Venise, 14 déc. 1686.

79. Florence, Laurentiana, Ashb. 1484. « La retentione delle galee grosse della Illustrissima Signoria di Venetia... ».

80. Précision et référence à Pegolotti dans W. HEYD, *Histoire du commerce du Levant*, II, p. 120, note 3.

81. 3 juillet 1561, B.N., Paris, Fr. 16103, f° 3 v° : « *La tardità con la quale caminano qua tutti i negotii* », G. de Nobili au duc, Madrid, 20 mars 1566, A.d.S. Florence, Mediceo 4898, f° 41.

82. B. de Mendoza à J. de Idiaquez, Paris, 16 juillet 1587, A.N., K 1448.

83. *Lettere edite e inedite di Filippo Sassetti*, p.p. Ettore MARCUCCI, Florence, 1855, p. 279.

84. Sur cet incident, nombreux documents à Simancas : 2 juin 1576, K 1541 ; 3 oct. 1576, K 1542 n° 4 A ; 3 oct., *ibid.*, n° 3 ; 4 oct., *ibid.*, n°4 ; 8 oct. 1576, *ibid.*, n° 11 ; 12 oct. 1576, *ibid.*, n° 15 ; 13 oct., *ibid.*, n° 16 ; 14 oct., *ibid.*, n°17 ; 15 oct., *ibid.*, n° 19 ; 17 oct., n° 20 ; 18 oct., n° 21 ; 18 oct., n° 22 ; 21 oct., K 1542 ; 23 oct., n° 30 ; 25 oct., 30 oct., n° 35 ; 18 nov., 19 déc. 1576 (n° 64) ; Henri (de Navarre) à Philippe II, Agen, 3 avril 1577, 29 avril 1577, K 1543, n° 38 A ; Philippe II à M. de Vendôme, 8 avril 1577, K 1542, n° 62 ; 2 juillet, n° 52 ; 12 juillet, n° 45, 2 août, K 1542 ; 4 août 1577, n° 59, 12 août, n° 61 ; 17 août, n° 62 ; 19 août, n° 69.

85. K.O. MÜLLER, *op. cit.*, p. 39. Les délais sont comptés à partir de l'arrivée des lettres.

86. J.G. DA SILVA, *Stratégie des affaires à Lisbonne entre 1595 et 1607*, 1956, p. 92, planche V.

87. Federigo MELIS, *Aspetti della vita economica medievale*, 1962, p. 455 et *sq.*, étudie le problème à la fin du XIVᵉ siècle. Il n'a guère changé au XVIᵉ siècle.

88. Voir tome I, pp. 237-238.

89. K.O. MÜLLER, *op. cit.*, p. 49.

90. A. de Raguse, Diversa di Cancellaria 131, f°ˢ 1 à 6.

91. B. Suárez à Simón Ruiz, Florence, 30 mars 1590, Archivo Ruiz, Archivo histórico provincial, Valladolid.

92. Arringhe varie, Museo Correr 1999 (s.d.).

93. F.C. LANE, *op. cit.*, pp. 101-113.

94. Voir tome I, p. 276, note 274.

95. Hermann Van der WEE, *op. cit.*, II, p. 319 et *sq.*

96. Museo Correr, Cicogna, 1933, f° 162 et 162 v°, 30 juillet 1602.

97. A.d.S. Venise, Dispacci Spagna, F. Morosini au doge, Madrid, 22 septembre 1614.

98. *Diario de Gregorio Martin de Guijo, 1648-1664*, p.p. M. R. de TERREROS, 1953, 2 vol., t. II, p. 76. En ce qui concerne les longs voyages vers les « Indes orientales », François PYRARD écrit au début du XVIIᵉ siècle : « ... il arriva à Goa quatre grandes caraques... ; et estoient partis de Lisbonne jusqu'au nombre de cinq, mais ils ne sçavoient qu'estoit devenu l'autre... En chaque caraque s'estoit embarqué jusqu'à mille personnes, et lorsqu'ils arrivèrent à Goa, il n'y en avoit pas trois cens en chacune, encore la moytié estoient malades » ; *Voyage de François Pyrard, de Laval, contenant sa navigation aux Indes orientales...*, 1619, II,

p. 385 (*sic* pour 285), cité, d'après une autre édition et en des termes quelque peu différents, par Stefan STASIAK, *Les Indes portugaises à la fin du XVIᵉ siècle d'après la Relation du voyage fait à Goa en 1546 par Christophe Pawlowski, gentilhomme polonais*, Lwow 1926, p. 33, note 122. Voir aussi les *Lusiades*, V, 81-82.

99. A.d.S. Mantoue, A° Gonzaga, Série E, Venezia 1431, Giovanni de Strigi au marquis de Mantoue, Venise, 17 mars 1464.

100. Huguette et Pierre CHAUNU, *Séville et l'Atlantique*, III, p. 36.

101. Geronimo de Valladolid à Simón Ruiz, Séville, 15 février 1563, A. P. Valladolid.

102. Simancas, Consejo y Junta de Hacienda, 46, Prieur et Consuls de Séville à S. M., Séville, 2 juillet 1562.

103. Ainsi déjà pour les foires de Champagne, puis pour beaucoup d'autres, cf. Robert Henri BAUTIER, « Les foires de Champagne », *in : Recueils de la Société Jean Bodin*, V, *La foire*, 1953, pp. 97-145.

104. Cette foire de la Sensa dont parle M. SANUDO, *op. cit.*, I, colonne 959 (mai 1498), que signalent les correspondances mantouanes, provoque l'arrivée de marchands étrangers. A.d.S. Mantoue, Venezia 1431, de Strigi au marquis, Venise, 10 mai 1461. Les historiens de Venise la sous-estiment peut-être.

105. Museo Correr Donà delle Rose 181 fᵒ 62, rapport du « *zornalier del giro di banco* » (de Rialto) Giovan Battista Pereti (?), juillet 1604 : « *et il più delle volte non vi è un quatrino de contati...* », j'ai traduit très librement *quatrino* par *liard*.

106. Corrado MARCIANI, *Lettres de change aux foires de Lanciano*, 1962.

107. Armando SAPORI, *Studi di storia economica medievale*, 1946, p. 443 et *sq.* sur « La fiera di Salerno del 1478 ».

108. Giuseppe MIRA, « L'organizzazione fieristica nel quadro dell' economia della Bassa Lombarda alla fine del Medio Evo e nell' età moderna », *in : Archivio storico lombardo*, 1958.

109. Giulio MANDICH, « Istituzione delle fiere veronesi (1631-1635) e riorganizzazione delle fiere bolzanine », *in : Cultura Atesina*, 1947.

110. Robert BRUNSCHVIG, « Coup d'œil sur l'histoire des foires à travers l'Islam », *in : Recueils de la Société Jean Bodin*, V, *La foire*, 1953, p. 58 et 59.

111. J. CVIJIĆ, *op. cit.*, p. 196-197 et MEHLAN, « Die grossen Balkanmessen in der Türkenzeit », *in : Vierteljahrschrift für Sozialgeschichte*, 1938.

112. Voir page suivante, note 122.

113. Virginia RAU, *Subsidios para o estudo das feiras medievais portuguesas*, 1943.

114. Corrado MARCIANI, *op. cit.*, p. 4.

115. Voyage de Francesco Contarini, mai 1581, P. R. O., 30, 25, 157, f° 66 v°.

116. A.d.S., Naples Sommaria Partium 566, f° 216 v° et 217, 2 sept. 1567.

117. A.d.S., Naples Sommaria Partium, 528, f° 204.

118. Sortes de petits rubans.

119. Corrado MARCIANI, *op. cit.*, p. 1 et 9-10.

120. R. GASCON, *op. cit.*, p. 284, A. Communales Lyon, BB 101, f° 58.

121. Jacob van KLAVEREN, *op. cit.*, p. 198, et REGLA : *in* : *Historia Social de España,* de J. Vicens VIVES, III, p. 351.

122. Noël SALOMON, *La campagne en Nouvelle Castille à la fin du XVIᵉ siècle, d'après les « Relaciones Topográficas »*, 1964, pp. 119-120.

123. J. Caro BAROJA, *Los Moriscos del Reino de Granada*, 1957, p. 95, note. 189, description de l'Alcayceria, de ses soies et de ses tissus, d'après Bermúdez de Pedraça.

124. M. LE LANNOU, *op. cit.*, p. 56.

125. M. LE LANNOU, *op. cit.*, p. 13, d'après Alberto della MARMORA, *Voyage en Sardaigne ou description physique et politique de cette île*, 2ᵉ édition, 3 volumes, Paris et Turin, 1839-1860.

126. Miguel BATTLORI, « Ensenyament i finances a la Sardenya cincentista », *in* : *Hispanic Studies in Honour of I. González Llubera*, Oxford, 1959, tirage à part, p. 4 et 5.

127. J. ALBITRECCIA, *in* : P. LECA, *Guide...*, p. 16.

128. A. MARCELLI, *Intorno al cosidetto...*, p. 415-416 ; déc. 1573.

129. A.P. FILIPPINI, *Istoria di Corsica*, 1ʳᵉ éd., Turnon, 1594, 1 vol, 2ᵉ éd., Pise, 1827-1831, 5 vol., Livre XII, vol. 5, p. 382, cité par F. BORLANDI, *op. cit.*, p. 70, note 9.

130. Hans HOCHHOLZER, « Kulturgeographie Siziliens », *in* : *Geogr. Zeitschrift*, 1935, p. 290.

131. E. ALBÈRI, *op. cit.*, II, V, p. 477, 1574.

132. Ignacio de Asso, *op. cit.*, p. 53 à 58.

133. Sur elles, le livre général de J. ORTEGA RUBIO, *Relaciones topográficas de España,* 1918, et surtout les publications relatives à la province de Guadalajara (J.C. GARCIA et M. VILLAMIL, 1903-1915) et au diocèse de Cuenca (P.J. ZARCOS CUEVA, 1927). Y ajouter les importantes publications de Carmelo VIÑAS Y MEY et Ramón PAZ, *Relaciones de los pueblos de España ordenadas por Felipe II*, I, Madrid, 1950 ; II, Toledo, 1951 ; III, Toledo, 1963. Sur l'ensemble, le livre déjà cité de Noël SALOMON, cf. ci-dessus, la note 122.

134. Jesus GARCIA FERNANDEZ, *Aspectos del paisaje agrario de Castilla la Vieja*, 1963, p. 4 et *sq.*

135. E. ALBÈRI, *op. cit.*, I, III, p. 267.

136. Tommaso ALBERTI, *Viaggio a Costantinopoli, 1609-1621*, Bologne, 1889, p. 6.

137. A propos des pays bulgares, I. SAKAZOV, *op. cit.*, p. 212.

138. *Op. cit.*, I, p. 201. Presque un siècle plus tard Tavernier note, à Belgrade, la même abondance : deux écus par jour pour 14 personnes (la vie aurait-elle cependant monté, le pain, le vin, la viande tout est excellent « et ne coûte presque rien dans cette ville »), *Histoire générale des Voyages de John Green*, traduction et continuation de l'Abbé PRÉVOST, X, p. 118.

139. Fabio Canal au Conseil des Dix, Spalato, 21 janv. 1582, A.d.S. Venise, Lettere ai Capi del Consiglio dei Dieci, Spalato, Busta 281, f° 67.

140. Voir tome I, p. 237, note 116.

141. Léopold CHATENAY, *Vie de Jacques Esprinchard Rochelais et Journal de ses voyages au XVIe siècle*, 1957, p. 148 : les voyageurs doivent apporter dans les « hostelleries de Poulongne... leurs lits... voire mesme la viande, le breuvage et la chandelle ».

142. G. Antonio Venier au doge, Rouen, 22 février 1532, B.N., Paris, Ital., 1714, f° 189, copie ; voir également M. SANUDO, *op. cit.*, LVI, col. 244-245, 15 avril 1532.

143. John BUCHAN, *Oliver Cromwell*, Londres, 1934, p. 22.

144. P. BOISSONNADE, « Le mouvement commercial entre la France et les Iles Britanniques au XVIe siècle », *in : Revue Historique*, mai-sept. 1920.

145. Voir tome I, pp. 179-180.

146. *Col. de doc. ined. del Archivo General de la Corona de Aragon*, t. XXXIX, p. 281 ; Ignacio de Asso, *op. cit.*, p. 384 ; Aloys SCHULTE, *op. cit.*, I, p. 308 et *sq.*

147. Ignacio de Asso, *op. cit.*, p. 57-58.

148. *Ibid.*, p. 263.

149. Fabrication de draps à Jaca même au XVIe siècle, I. de Asso, *op. cit.*, p. 208.

150. F. BELDA Y PÉREZ DE NUEROS, *Felipe II, op. cit.*, p. 30 et *sq.*

151. Laszlo MAKKAI, « Die Entstehung des gesellschaftlichen Basis des Absolutismus in den Ländern der österreichischen Habsburger », *in : Études historiques*, p.p. la Commission Nationale des Historiens hongrois, 1960, tome I, pp. 627-668.

152. Giuseppe PARENTI, *Prime ricerche sulla rivoluzione dei prezzi in Firenze*, 1939, notamment p. 76 : la zone normale de ravitaillement florentin pas supérieure à 30 *miglia*. Parfois moins, p. 94...

153. A.d.S. Florence, Misc. Medicea 51.

154. B. BENNASSAR, *op. cit.*, et notamment 2e partie, chapitre II, *Les moyens de l'économie* (dactylogramme).

155. Et ceci dès 1444, A.d.S. Venise, Notatorio di Collegio, 8, f° 1, 10 juillet 1444 : des barques « barchiele », « *veniunt*

Venetias cum caseo, ovis de Casali Maiori, Bessillo et aliis locis Lombardie... ».

155. Museo Correr, Donà delle Rose, 451.

157. Alberto TENENTI, *Cristoforo da Canal*, 1962, p. 176.

158. J. A. VAN HOUTTE, « Bruges et Anvers, marchés *nationaux* ou *internationaux* du XIVᵉ au XVIᵉ siècle ? », *in : Revue du Nord*, 1952.

159. L'un des textes classiques de l'histoire vénitienne, souvent reproduits, ainsi *Bilanci Generali*, 1912, vol. I, tome I, p. 577 et *sq.*

160. Corrado BARBAGALLO, *Storia Universale*, III, 1935, p. 1107.

161. A.d.S. Mantoue. Aº Gonzaga. B 1431, Johannes de Strigys au marquis, Venise, 16 mai 1472 et lettres suivantes.

162. *Ibid.*, du même au même, 6 juin 1472.

163. A.S.V. Venise, Brera 51, Cronaca Veneta, fº 105 vº, 1ᵉʳ mars 1448. Le délabrement de La Tana, 22 mai 1453, A.d.S., Venise, Senato Mar, 4, fº 181. Encore un « Consul Tane », nommé le 28 mars 1460, *ibid.*, 6, fº 163 ; des considérations sur le commerce des femmes esclaves achetées à Caffa, 2 juillet 1474, A.d.S., Mantoue, Aº Gonzaga, Série E. Levante e Corte Ottomana, 795.

164. A. Guidoni au duc de Modène, Venise, 12 septembre 1489, A.d.S., Modène, Venezia VII-54. II-8. Ces chiffres sont des on-dit. Pour les galées d'Alexandrie et de Beyrouth une correspondance parle au retour de 2 000 000 de ducats « selon les Vénitiens » (*secondo loro*), Giovanni di Strigi au marquis de Mantoue, Venise, 28 février 1471. A.d.S., Mantoue, Série E, Venezia, B 1431.

165. M. SANUDO, *op. cit.*, I, col. 734.

166. *Ibid.*, I, 885-886. Sur le luxe des costumes masculins Senato Terra 15, fᵒˢ 86 vº et 87, 7 janvier 1506 ; contre les excès de table, *ibid.*, fº 42, 21 novembre 1504 ; contre le luxe des toilettes féminines, *ibid.*, fᵒˢ 190 et 191, 4 janvier 1508, contre les festins, M. SANUDO, *op. cit.*, I, col. 822. Mais Sanudo énumère complaisamment les plats somptueux qu'il déguste dans les festins vénitiens.

167. A.d.S., Venise, Senato Mar, II, fº 126, 21 février 1446.

168. Voir tome I, pp. 368 et *sq.*

169. Jacobo di Capo au marquis de Ferrare, Gênes, 31 mai 1522, A.d.S., Mantoue, Aº Gonzaga, Série E. Genova 758 et J. Tebaldi au duc de Modène, Venise, 8 juin 1522, A.d.S., Modène, Venezia 15-77, VI, 67.

170. Jean d'AUTON, *Chronique*, I, p. 55, 1499 « et n'y avoit ne Guelfe ne Gibelin qui pour l'heure ne fussent bons François... ». Milan vient d'être enlevé.

171. Federico CHABOD, « Stipendi nominali e busta paga effettiva dei funzionari dell'amministrazione milanese alla fine

del Cinquecento », *in : Miscellanea in onore di Roberto Cessi*, Rome, 1958, pp. 187-363.

172. F. BRAUDEL, « Les Espagnols et l'Afrique du Nord de 1492 à 1577 », *in : Revue Africaine*, 1928.

173. Voir les tableaux des pages 54-55 : les voyages de Berbérie s'interrompent, en 1525 ; Jacques de MAS LATRIE, *Traités de paix et de commerce*, 1868, p. 273 (22 mai 1518) ; également, sur la détérioration du commerce avec la Berbérie, M. SANUDO, *op. cit.*, XXV, col. 338.

174. Voir les graphiques de la page 390.

175. Museo Correr, Donà delle Rose, 26, fº 191 et 194 (1588). A titre de comparaison, 6 juillet 1671, Marciana VII, MCCXVIII, 18, la Zecca frappe plus d'un million de *ducats* en pièces d'argent.

176. Clemens BAUER, *op. cit.*, p. 151, note 47 de la page 48.

177. A.d.S., Naples, Sommaria Partium, 591, fº 225-235, 22 décembre 1569.

178. Archives des Bouches-du-Rhône IX B 171, fº 6 vº, Alger, 7 mai 1579.

179. 6 000 000 de ducats, en 1605 ; 9 000 000, en 1609 dans les coffres du *Deposito Grande* de la *Zecca*. A ce sujet, nombreuses références dans les liasses de Senato Zecca. F. BRAUDEL, *in : La civiltà veneziana del Rinascimento*, Fondazione Giorgio Cini, 1958, p. 101.

180. Voir tome I, p. 355.

181. Peut-être à partir de 1575-1580 si j'interprète bien un texte sans précision, Museo Correr 161, fº 2, 14 décembre 1593 : le jeu des changes et rechanges introduits sur la place de Venise, par des changeurs étrangers « *per il più fiorentini* ».

182. E. MAGATTI, « Il mercato monetario veneziano alle fine del secolo XVI », *in : Archivio Veneto*, 1914, pp. 289-292.

183. Museo Correr, Donà delle Rose, 42, fº 27 vº (s. d., fin XVIᵉ siècle).

184. *Ibid.*, 181, fº 61 et 65 vº, il s'agit d'un extrait du « zornal de ziri » somme totale : 2 979 090 ducats et 17 denari. Un autre journal, dit-on à l'enquêteur, présente le relevé des changes « che non girano », donc « secchi ».

185. C'est ce qu'annonce le travail en cours de Maurice Carmona consacré à la Toscane du XVIIᵉ siècle.

186. Voir le mot d'un marchand florentin, au XVᵉ siècle, rapporté par A. MONTEIL, *Histoire des Français*, VII, p. 424-425 : « Les marchands français, vous n'êtes que des détaillants, des revendeurs ».

187. Voir tome I, pp. 393-394 et note 234.

188. Ruggiero ROMANO, « Tra XVI e XVII secolo. Una crisi economica : 1619-1622 », *in : Rivista Storica Italiana* », 1962, pp. 480-531, et « Encore la crise de 1619-1622 », *in : Annales E.S.C.*, 1964, pp. 31-37.

189. Baltasar Suárez à Simón Ruiz, Florence, 15 janvier 1590

« *Cierto es gente que les parece todo el mundo es poco para barcarle* », Archivo Provincial, Valladolid.

190. Sur cette recherche « polaire », signalons les excellentes pages de Federigo MELIS, « Il commercio transatlantico di una compagnia fiorentina stabilitata a Siviglia a pochi anni dalle imprese di Cortes e Pizarro », *in : V. Congreso de historia de la Corona de Aragon*, 1954, spécialement p. 183 et *sq*. C'est à Florence centre du monde avec le premier XVIe siècle que pense notre collègue... Mais pourquoi pas Lyon ? Annonçons aussi les travaux inédits de Felipe Ruiz Martín et de J. Gentil da Silva.

191. Voir p. 178 et *sq*.

192. A.d.S., Gênes, Materie politiche, privilegi, concessioni, trattati diversi et negoziazioni 15-2734, n° 67. Trattato di commercio stipulato tra il Soltano Hacmet Han, Imperatore degli Ottomani e la Republica di Genova.

193. Tous les problèmes relatifs à la démographie de l'Empire ottoman ont été renouvelés par Ömer Lutfi Barkan et ses élèves. L'énorme effort pour dépouiller les documents relatifs aux recensements turcs du XVIe siècle approche de ses conclusions. Grâce à l'amabilité de notre collègue d'Istanbul, j'ai pu utiliser les résultats encore inédits que résume la carte p. 362. Pour le sens et les étapes de ces recherches, se reporter à Ömer Lütfi BARKAN, « La Méditerranée de F. Braudel », *in : Annales E.S.C.*, 1954, « Quelques observations sur l'organisation économique et sociale des villes ottomanes des XVIe et XVIIe siècles », *in : Recueils de la Société Jean Bodin*, VII, *La Ville*, 1re partie, 1955, p. 289 et *sq*. A ces études il convient d'ajouter le résumé dactylographié des leçons du Professeur Barkan à l'École des Hautes Études (1963).

194. Le meilleur exposé d'ensemble reste toujours, à ce sujet, l'article de Julius BELOCH, « Die Bevölkerung Europas zur Zeit der Renaissance », *in : Zeitschrift für Socialwissenschaft*, III, 1900 ; pour l'Italie on le complétera par l'ouvrage posthume du grand historien allemand, *Bevölkerungsgeschichte Italiens*, t. I, 1937 ; t. II, 1939 ; t. III, 1961. Pour la France, le vieil ouvrage de LEVASSEUR n'a pas été remplacé, *La population française*, 1889-1892. Pour le Portugal, Lucio de AZEVEDO et les autres historiens portugais acceptent une population d'un million, cf. G. FREYRE, *Casa Grande*, 1946, p. 166 ; R. KONETZKE, *op. cit.*, p. 271. Sur l'Espagne, cas très litigieux, l'ouvrage de Konrad HAEBLER, *Die wirtschaftliche Blüte Spaniens*, 1888 (critiquable et que critique encore insuffisamment l'article de J. BELOCH), d'Albert GIRARD « Le chiffre de la population de l'Espagne dans les temps modernes », *in : Rev. d'Histoire moderne*, 1928, précis, bien informé, mais discutable dans ses conclusions ; du même auteur, « La répartition de la population en Espagne, dans les temps modernes », *in : Revue d'hist. écon. et soc.*, 1929, p. 347-362. Je ne crois pas à la valeur décisive du travail de Fuentes

MARTIAÑEZ, *Despoblación y repoblación de España* (*1482-1920*), Madrid, 1929, le chiffre de la population de l'Espagne me semble surestimé à l'époque des Rois Catholiques. Pour la difficile question des *vecinos*, le coefficient 4,5 me semble comme à J. Beloch, juste ou du moins justifiable. Le chiffre de 8 millions pour la fin du XVIᵉ siècle est celui auquel s'arrête Fuentes Martiañez. Pour la seule Castille, on verra les chiffres classiques de Tomás González, que j'ai reproduits en tableau. J'ai trouvé à Simancas, Eᵒ 166, un document, *Consulta del Consejo de Guerra sobre la introduccion de la milicia de 30 U hombres en estos reynos*, 13 janv. 1589, copie. La population des royaumes de Castille y est estimée à 1 500 000 *vecinos*, soit au coefficient 4,5 : 6 750 000 habitants. Les chiffres de R. KONETZKE, *op. cit.*, p. 260-261, sont trop bas.

Pour tous ces calculs démographiques, les bases sont peu solides. Ils ne valent guère mieux que ceux de G. BOTERO, *op. cit.*, II, *a*, p. 64-65, auxquels on ne s'est pas, à ma connaissance, souvent arrêté (Italie moins de 9, France 15, Sicile 1,3, Allemagne 10, Angleterre 3, Italie plus que l'Espagne). A G. BOTERO, *Dell'isole*, p. 62 et 79, je prends deux autres chiffres, la Corse, 75 000 hab., Chypre, 160 000, et surtout son opposition entre Chrétienté et Islam (II, p. 119), l'une qui souffre de la multitude, l'autre de la pénurie des hommes.

Le danger vient des estimations exagérées pour le bon vieux temps, ainsi pour le cas de Milan au XVᵉ siècle comme A. FANFANI l'a montré (*Saggi*, p. 135) contre S. PUGLIESE ; ainsi pour les Rois Catholiques. Et aussi de ce que nos recensements sont des recensements fiscaux, K. J. Beloch l'a bien dit, mais n'en a pas moins continué ses additions. Et reste la fraude : vers 1613, Antonio SERRA, *Breve trattato delle cause che possono far abondare li Regni d'oro e argento... con applicatione al Regno di Napoli*, Naples, 1613, p. 38, pense « *giudicando all' ingrosso* » qu'il y a à Naples un million de feux « *con li franchi e fraudati* ».

195. Konrad OLBRICHT, « Die Vergrosstädterung des Abendlandes zu Beginn des Dreissigjährigen Krieges », *in* : *Pet. Mit.*, 1939, p. 349, avec bibliogr. et une carte.

196. Si l'on compare le nombre des circonscriptions administratives, ou les recrutements, spahis ou rameurs. Sur ce dernier point, il y a en « Natolia » 478 000 feux soumis au recrutement des chiourmes et 358 000 en Grèce, 1594, E. ALBÈRI, *op. cit.*, III, V, p. 402, Relation de Matteo Zane. Une indication, Avis de Constantinople, 6-26 févr. 1591, A.N., K 1675, parle d'un million de feux, mais en Grèce ou en Grèce et en Asie ?

197. A l'aveugle, en ce qui concerne l'Afrique du Nord proprement dite (mais je répète que ce pays est terriblement éprouvé au XVIᵉ siècle), en prenant pour l'Égypte les chiffres du début du XIXᵉ siècle qui semblent un maximum : RICHARD et QUÉTIN, *Guide en Orient*, 1852, p. 303 (2 213 015). Est-il abusif

d'établir l'égalité : Égypte = Afrique du Nord ? En 1830, on parle pour l'Algérie seule, mais sans preuves solides, de 2 millions d'habitants, un calcul proportionnel donnerait comme population totale entre 4 et 5 millions. J. C. RUSSELL, « Late ancient and medieval population », *in : The American Philosophical Society*, juin 1958, p. 131, propose pour la population de l'Afrique du Nord le chiffre de 3 500 000 (dont un million pour la Tunisie) à partir des documents p.p. Elie de la PRIMAUDAIE, *in : Revue Africaine*, 1877.

198. Ces chiffres pris à Adolphe LANDRY, *Traité de démographie*, 1945, p. 57.

199. Chiffre au-dessus de ce que donne le *Guide* de RICHARD et QUÉTIN, je m'en suis servi pour un calcul très approximatif, au voisinage de 40 plutôt que de 50.

200. D'après A. LANDRY, *op. cit.*, et les divers volumes de VIDAL DE LA BLACHE et GALLOIS, *Géogr. Universelle*.

201. *Art. cit.* « La Méditerranée... », p. 193.

202. J. BELOCH, *Bevölkerungsgeschichte*, I, p. 234. Dans l'article ancien, le chiffre donné était 54.

203. *Ibid.*, p. 235.

204. J. BELOCH, *op. cit.*, III, p. 379 et *sq.*

205. J. BELOCH a grossi le chiffre total de la population française, *art. cit.*, p. 783. Toute évaluation en ce qui la concerne reste *très* aléatoire.

206. *Ibid.*

207. Vitorino MAGALHÃES GODINHO, *Historia economica e social da expansão portuguesa*, I, 1947, p. 145 et *sq.*

208. *Art. cit.*, « La Méditerranée... », p. 193, « ... l'Empire ottoman compte non pas de 20 à 22 millions d'habitants (chiffres de F. Braudel) mais 30 et peut-être même 35 ».

209. *Op. cit.*, II *a*, p. 64-65.

210. B.M. Mss Add. 18287, Ps 5633.

211. Quelques notes et références en marge des exemples que cite le paragraphe. En Turquie « *deserti grandissimi* », E. ALBÈRI, *op. cit.*, III, III, p. 387 (1594) ; les bêtes sauvages en Afrique du Nord au XVᵉ siècle, R. BRUNSCHVIG, *op. cit.*, I, p. 267 ; les vides en Syrie, G. BERCHET, *op. cit.*, p. 60 (16 avril 1574, les 8/10 du pays sont vides) ; I. de ASSO, *op. cit.*, p. 176 ; *Actas de las Cortes...*, I, p. 312-313 (1548) ; G. BOTERO, *op. cit.*, p. 35 à propos de la Provence ; G. NIEMEYER, *op. cit.*, p. 51, 57, 62 (cartes des déserts andalous, en 1767) ; C. BERNALDO DE QUIRÓS, *Los reyes y la colonización interior de España desde el siglo XVI al XIX*, Madrid, 1929 ; Marc BLOCH, « Les paysages agraires : essai de mise au point », *in : Ann. d'hist. éc. et soc.*, mai 1935, p. 47 ; ARQUÉ, *op. cit.*, p. 172, ALBITRECCIA, *op. cit.*, p. 18... Ce renégat qui gagne Tolède par les « *montes y los despoblados* », Inquisition de Tolède, Lᵒ 191, nᵒ 1, cité par F. RODRÍGUEZ MARÍN, *El ingenioso Don Quijote*, 1916, IV, p. 99, note 7.

212. A. SIEGFRIED, *op. cit.*, p. 106. Jules SION, *France méditerranéenne*, p. 159 et *sq.*

213. Francesco GUICCIARDINI, *Diario del viaggio in Spagna*, Florence, 1932, p. 79 ; autres notations analogues, p. 54, 55, 56.

214. *Op. cit.*, p. 5 v°.

215. DAVITY, *Les estats, empires et principautez du monde*, Paris, 1617, p. 141.

216. I. de Asso, *op. cit.*, p. 180 et *sq.*

217. *Op. cit.*, p. 232.

218. Fortunato de ALMEIDA, *História de Portugal*, III, p. 242-243.

219. B.M. Sloane, 1572, f° 48 v°, 1633 (juin ou juillet).

220. Louis GACHON, *in : Nouvelles Littéraires*, 10 février 1940.

221. Roger LIVET, *op. cit.*, notamment p. 428.

222. *Op. cit.*, I, p. 138-139.

223. Léon L'AFRICAIN, *Description de l'Afrique, tierce partie du monde*, édit. 1896, II, p. 308 et *sq.*

224. *Le Loyal Serviteur*, p. 2.

225. Sur les bêtes fauves en Corse, Giuseppe MICHELI, « Lettere di Mons. Bernardi (1569) », *in : Arch. st. di Corsica*, 1926, p. 187.

226. Fernand BRAUDEL, « Dans l'Espagne de Charles Quint et de Philippe II », *in : Annales E.S.C.*, 1951. Pour le Bosque de Ségovie et le Prado, sept. 1581, P.R.O. 30. 25. 57, f° 87.

227. Carmelo VIÑAS et Ramón PAZ, *op. cit.*, II, p. 90, à Menasalbas, « *los mas animales que hay son zorras y lobos* » ; Charles Quint, en mars 1534, chasse autour de Tolède pendant quatre ou cinq jours, « *havendo morto et porci et lupi* ». A.d.S., Mantoue Spagna 587, Gio : Agnello au marquis, Tolède, 3 avril 1534.

228. Ainsi en août 1597, il part quatre jours à la chasse aux loups, A.d.S., Gênes, Spagna 12, Cesare Giustiniano à la Seigneurie de Gênes, Madrid, 7 août 1596.

229. M. ALEMÁN, *Guzmán de Alfarache, op. cit.*, I, 1re partie, VIII, p. 140.

230. Manuscrit du G.G. de l'Algérie, f° 13, vers 1574.

231. Pedro de MEDINA, *op. cit.*, p. 172.

232. B.N., Florence, Capponi Codice, V, f° 343 v° à 344 (Relation de la prise de Tunis).

233. Alonso de la Cueva à Philippe II, La Goulette, 16 mai 1561, Simancas E° 486.

234. G. BOTERO, *op. cit.*, I, p. 185. Mieux encore, Diego SUÁREZ, *op. cit.*, p. 45, 49, 50.

235. *Op. cit.*, p. 77.

236. *Décaméron*, Nouvelle III.

237. *Op. cit.*, III, p. 337.

238. QUIQUERAN DE BEAUJEU, *La Provence louée*, Lyon, 1614, p. 221, 225, 226, 261.

239. F. BENOIT, *op. cit.*, p. 180.

240. P. LESCALOPIER, *Voyage...*, p. 27.

241. *Op. cit.*, II, p. 21 et *sq.*

242. BELON DU MANS, *op. cit.*, p. 135.

243. *Ibid.*

244. *Op. cit.*, II, p. 31.

245. Lo que paresce a D. Juan de Austria, Messine, 4 déc. 1571, Simancas, E° 113.

246. F. BRAUDEL, « La démographie et les dimensions des sciences de l'homme », *in : Annales E.S.C.*, mai-juin 1960 et particulièrement p. 497.

247. Voir l'essai de démonstration de René GRANDAMY, « La grande régression, hypothèse sur l'évolution des prix réels de 1375 à 1875 », *in :* Jean FOURASTIÉ, *Prix de vente et prix de revient*, 13ᵉ série, Paris, 1964, pp. 3-58.

248. Voir pp. 455 et *sq.*

249. Édouard BARATIER, *La démographie provençale du XIIIᵉ au XVIᵉ siècle*, 1961, p. 121. En quoi cette hausse est récupération, compensation, c'est ce qu'explique, pour sa part, Roger LIVET, *op. cit.*, p. 147-148.

250. *Op. cit.*, 2ᵉ partie, chap. II.

251. J. NADAL et E. GIRALT, *La population catalane de 1553 à 1717*, 1960, p. 198.

252. Henri LAPEYRE, *Géographie de l'Espagne morisque*, 1959, p. 29 et 30.

253. Tomás GONZÁLEZ, *Censo de la población de las provincias y partidos de la Corona de Castilla en el siglo XVI*, 1829.

254. Surtout en ce qui concerne le Royaume de Grenade. Nous avons donc corrigé le dernier chiffre du tableau : non pas 71 904 *vecinos* mais 48 021. Cette correction sera justifiée par les travaux, à paraître, de Felipe Ruiz Martín et d'Alvaro Castillo Pintado.

255. Voir pp. 80-81 et notes 313 et 314.

256. *CODOIN*, XIII, p. 529-530.

257. Simancas E° 166, f° 3, 13 janvier 1589.

258. Pour Séville, Simancas, Expedientes de Hacienda, 170.

259. *Op. cit.*, p. 43-44.

260. Pierre CHAUNU, *op. cit.*, I, p. 247 et *sq.*

261. D'après les travaux en cours d'Alvaro CASTILLO PINTADO.

262. Karl Julius BELOCH est mort en 1929, sa *Bevölkerungsgeschichte Italiens* comporte 3 volumes : tome I, 1937, tome II, 1940, tome III, 1961.

263. K. J. BELOCH, *Bevölkerungsgeschichte*, I, p. 152.

264. *Ibid.*, p. 215.

265. Je trouve ce même recensement, Simancas, S. P. Naples 268, mais daté de 1652.

266. K. J. BELOCH, *op. cit.*, III, p. 352.

267 et 268. *Ibid.*, p. 351. Pour Florence et la Toscane, 870 000

en 1561, Vicenzo FEDELI, *Relatione di sua ambasciata in Firenze nell'anno 1561*, f° 15, Marciana.

269. Daniele BELTRAMI, *Storia della popolazione di Venezia dal secolo XVI alla caduta della Republica*, 1954, p. 69-70.

270. K. J. BELOCH, *op. cit.*, III, p. 352, donne en 1557 le chiffre de 1 863 000 et, en 1620, 1 821 140. Et (*art. cit.*, p. 178) 1 650 000, en 1548.

271. Francesco CORRIDORE, *Storia documentata della popolazione di Sardegna*, 1902, 2ᵉ édit., p. 12.

272. *Ibid.*, p. 19 et 20.

273. K. J. BELOCH, *op. cit.*, III, p. 352.

274. Ömer Lutfi BARKAN, *art. cit.*, p. 191-193.

275. *Ibid.*, tableau I, p. 292.

276. K. J. BELOCH, *art. cit.*, p. 767.

277. Carmelo VIÑAS et Ramón PAZ, *Relaciones de los pueblos de España ordenados por Felipe II, Reino de Toledo*, IIᵉ partie, t. 2, Madrid, 1963, p. 767.

278. Carmelo VIÑAS et Ramón PAZ, *op. cit., passim* et II, p. 299.

279. Luca Michiel, A.d.S., Venise, Relazioni Bᵃ 63, f° 286 verso.

280. Diverses éditions. Recueil commode de G. García MERCADAL, *Viajes de extranjeros por España y Portugal*, t. I, 1952, pp. 259 à 305 : *Viaje del noble bohemio León de Rosmithal de Blatina por España y Portugal hecho del ano 1465 a 1467*.

281. Alonso de HERRERA, *Libro de Agricultura*, 1513, notamment f° 3, v° et f° 5.

282. Autres éditions 1539, 1598 — celle de 1620 (Madrid), B.N., Paris. Rés. 379.

283. Les fortes oscillations du prix du blé caractérisent, en Italie, la période 1550-1602, Dante ZANETTI, *Problemi alimentari di una economia preindustriale*, 1964, p. 93.

284. Thèse inédite de Bartholomé BENNASSAR déjà citée, chap. VIII, *Les hommes du siècle*.

285. Guilhermo HERRERO MARTÍNEZ DE AZCOITIA, *La poblacion palentina en los siglos XVI y XVII*, 1961.

286. Giuseppe ALEATI, *La popolazione di Pavia durante il dominio spagnuolo*, 1957.

287. Athos BELLETTINI, *La popolazione di Bologna dal secolo XV all'unificazione italiana*, 1961.

288. Ruggiero ROMANO, Frank SPOONER, Ugo TUCCI, *Les prix à Udine*, travail inédit.

289. D. BELTRAMI, *op. cit.*, voir *supra*, p. 70, note 269.

290. Earl J. HAMILTON, « The decline of Spain », *in : The Economic History Review*, 2 mai 1938, pp. 169, 171, 177.

291. *Ibid.*, p. 177, pour l'Andalousie les épidémies de 1560-1570, 1599, 1600, 1648-1649, 1677, G. NIEMEYER, *op. cit.*, p. 51.

292. Étude inédite de R. ROMANO, F. SPOONER, U. TUCCI.

293. Voir graphique p. 76.

294. Tous les détails qui suivent empruntés au travail inédit de B. Bennassar, déjà cité.

295. G. Herrero Martínez de Azcoitia, *La población palentina en los siglos XVI y XVII*, 1961, p. 39. A partir de 1599, les coefficients, au lendemain de la peste, montent en flèche au-delà de 50 et même de 60, maximum 66,87 pour mille.

296. Les pourcentages qui précèdent d'après Athos Bellettini, *op. cit.*, p. 136.

297. D'après l'ouvrage inédit encore de B. Bennassar.

298. Sur l'ensemble des *Relaciones* voir N. Salomon, *op. cit.*, *supra*, note 122.

299. Fiche égarée.

300. Correr, Donà delle Rose 192.

301. Sanudo, *op. cit.*, XL, 25, Constantinople, 24 août 1525. Correr Donà delle Rose 21 (1542). A.d.S., Venise. Capi del Cons° dei X. Lettere Bª 285 f° 88, Candie, 30 sept. 1557, Duc, Capitaine et Conseillers aux Dix, la population de Candie a beaucoup augmenté. Correr 1586 ; P.D. 975, 1636.

302. Athos Bellettini, *op. cit.*, p. 9, note 9. La population de Bologne, en 1596, Galiani, *Cronaca di Bologna* (Marciana 6114. C III-5) serait de 58 941 dont religieux et religieuses 4 651, hommes 15 595, femmes 18 079, garçons 7 626, fillettes 6 166, serviteurs 2 760, servantes, 4 064.

303. *Op. cit.*, p. 80 et *sq.*

304. Le 31 janv. 1492, de Sicile (exécution du décret 18 septembre, 18 décembre) ; de Naples, en 1539, Giovanni di Giovanni, *L'ebraismo della Sicilia*, Palerme, 1748, in-8°, 424 p. et surtout Felipe Ruiz Martín, « La expulsion de los judios del Reino de Nápoles », *in : Hispania*, t. XXXV, 1952 ; Léon Poliakov, *Les banchieri juifs et le Saint-Siège du XIIIᵉ au XVIIᵉ siècle*, 1965.

305. G. Pariset, *L'État et les Églises de Prusse sous Frédéric-Guillaume Iᵉʳ*, 1897, p. 785.

306. Voir *infra*, p. 252 et notes 127 et 128, ce qui ne veut pas dire que le chiffre ne soit pas excessif.

307. G. Rovelli, *Storia di Como*, 1803, III, 2, p. 116-117, 145-147, cité par A. Fanfani, *op. cit.*, p. 146.

308. F. Borlandi, *Per la storia della popolazione della Corsica*, 1940, p. 66, 67, 71, 74, 82 ; cité par A. Fanfani, *op. cit.*, p. 146.

309. U. Forti, *Storia della tecnica italiana*, 1940.

310. Même en Angleterre ; A. Fanfani, *op. cit.*, p. 146.

311. Aux origines de la faïence nivernaise à partir de 1550, Louis Guéneau, *L'organisation du travail à Nevers aux XVIIᵉ et XVIIIᵉ siècles*, 1919, p. 295.

312. Sur la dispersion italienne à travers le monde, énorme documentation imprimée et inédite. On jugera de son étendue par deux études, l'une en direction de Lisbonne, Peragallo, *Misc. di st. ital.*, 1944, l'autre en direction de Genève, Pascal,

« Da Lucca a Ginevra », *in : Rivista storica italiana*, 1932, toutes deux remarquables. Des études restent à faire sur l'émigration des soldats ; sur le rôle des Comaschi et des habitants du Val du Tessin dans l'art du Baroque, remarque déjà citée par J. BURCKHARDT, *Die Renaissance, op. cit.*, p. 16-17 ; sur les ingénieurs architectes italiens, se reporter à l'index au nom du Fratin, ou par exemple de Jean-Baptiste Toriello, *in :* DOUAIS, *op. cit.*, II, 110, etc.

313. WILHELMY, *in : Geographische Zeitschrift*, 1940, p. 209.

314. B.M. Add. 18287.

315. G. NADAL et E. GIRALT, *La population catalane de 1553 à 1717*, 1960.

316. A.N., K 1690, F. de Beaumont à l'impératrice, Perpignan, 20 août 1536. « *Esta villa esta llena de franceses que son muchos mas que los naturales* ». Même information (B.M. Add. 28368 f° 23 v°), F^{co} de Salablanca à S.M., Madrid, 16 juin 1575 : Perpignan perd ses habitants « *y son todos gente pobre y gran parte dellos franceses...* »

317. « Voyage de Barthélémy Joly en Espagne, 1603-1604 », p.p. L. BARRAU DIHIGO, *in : Revue Hispanique*, 1909, tirage à part, p. 29.

318. *Ibid.*, pp. 21 et 29.

319. *Ibid.*, pp. 21 et 29.

320. Littré fait venir *gavache* de l'espagnol *gavacho*, le problème n'est pas tranché du coup !

321. « Voyage de Barthélémy Joly... », p. 82.

322. *Ibid.*

323. *Ibid.*

324. *Ibid.*

325. T. HALPERIN DONGHI, « Les Morisques du Royaume de Valence au XVIe siècle », *in : Annales E.S.C.*, 1956, p. 164.

326. Ernst SCHÄFER, *Geschichte des spanischen Protestantismus*, 3 t. en 2 vol., 1902, vol. 1, t. 2, p. 137-139.

327. J. NADAL et E. GIRALT, *op. cit.*, p. 198.

328. P. de MARCA, *Histoire du Béarn*, 1640, p. 256-257, cité par Henri CAVAILLÈS, *La vie pastorale et agricole dans les Pyrénées des Gaves de l'Adour et des Nestes*, Bordeaux, 1932, p. 137-138.

329. *Response de Jean Bodin à M. de Malestroict*, éd. Henri HAUSER, *op. cit.*, p. 14.

330. Voir tome I, chapitre III.

331. *La Méditerranée...*, 1re édition, p. 342 et *sq.*

332. F. BRAUDEL et R. ROMANO, *Navires et marchandises à l'entrée du port de Livourne*, p. 101. Des centaines d'indications de ce genre mériteraient l'affichage : exportations *extra regnum* des vins napolitains, la moyenne de 1563 à 1566, *vini latini, busti* 23 667, *vini grechi dulci et mangiaguerra*, 2 319 *busti* (Sommaria Consultationum 2, f° 223, 2 octobre 1567) — « chaque année

l'une dans l'autre se vendent en Pouilles environ 80 000 rubii de laine », *ibid.*, f° 75, 8 août 1564 — le commerce français du Levant au début du XVII⁰ siècle évalué par Savary de Brèves à 30 millions de livres, en 1624 a diminué de moitié, E. FAGNIEZ, *op. cit.*, p. 324 — quelques fortunes de gros marchands à Gênes : beaucoup dépassent 500 000 ducats, et de loin en ce qui concerne Tomaso Marino, Adamo Centurione atteint presque le million, Museo Correr Cicogna..., f° 2 et 2 v° — les revenus totaux du roi d'Espagne, 11 millions d'or, en 1572, Marciana 8360 CVIII-3, f° II v° — la circulation monétaire en Europe à la fin du XV⁰ siècle : 1 milliard (de livres), P. RAVEAU, *L'agriculture et les classes paysannes*, 1926, p. II, note 1 (l'unité n'est pas nettement indiquée, hélas !).

333. A.d.S., Naples, Sommaria Consultationum, 1, f° 216, 28 avril 1559.

334. Que le lecteur ne se scandalise pas, outre mesure, de voir que nos calculs approximatifs sont estimés en *ducats*, sans plus. Il y a bien des ducats, de Venise, Gênes, Florence, Naples, d'Espagne... Chacun a sa valeur particulière et provisoire. Ces ducats sont devenus *tous*, un peu plus tôt, un peu plus tard, des monnaies de compte. Il serait logique de ne pas parler de ducats, sans plus, et de calculer des équivalences en or ou en argent. Les contemporains dans leurs estimations, au fil de la plume, parlent, sans préciser davantage, de « millions d'or », entendez de millions de ducats. Dans les documents des instances financières, en Espagne, le ducat est signalé en abrégé par un triangle, la lettre delta, Δ, l'*escudo* d'or, monnaie réelle, par un triangle renversé ∇. Entre ducat et écu le rapport, en Espagne, est longtemps de 350 maravédis (ducat) à 400 (écu). Évidemment les hommes d'affaires sont attentifs à ces valeurs réciproques des ducats (entre eux) et des écus, surtout que les changes, avec l'offre et la demande, enregistrent des cotations variables. Ceci dit, accepter dans nos calculs très approximatifs le ducat comme une unité valable sans tenir compte ni de sa valeur locale, ni de sa cotation ne représente pas une opération illicite. L'erreur se noie dans l'incertitude de nos mesures.

335. Maurice CARMONA, « Aspects du capitalisme toscan aux XVI⁰ et XVII⁰ siècles », *in : Revue d'histoire moderne*, 1964, p. 85, note 5.

336. Voir notamment J. GENTIL DA SILVA, « Villages castillans et types de production au XVI⁰ siècle », *in : Annales E.S.C.*, 1963, pp. 740-741, qui accepte, dans les villages castillans des consommations annuelles de deux quintaux de blé. Sur cette moyenne la discussion peut être longue. D'après SUNDBORG, en 1891-1893 les consommations seraient *pro capite* de 1,2 en Italie ; 1,5 en Espagne ; 2,5 en France. Cf. Dʳ Armand GAUTIER, *L'alimentation et les régimes chez l'homme sain et chez le malade*, 1908, p. 296 ; André WYCZANSKI parle, en 1571, pour la starostie

polonaise de Korczyn, d'une consommation de 2,2 quintaux de seigle, *Kwartalnik historii Kultury materialej*, VIII, 1960, p. 40-41 ; I. Bog, *Die bäuerliche Wirtschaft im Zeitalter des Dreissigjährigen Krieges*, Cobourg, 1952, p. 48, consommation de 2,5 quintaux à Nuremberg ; de 1,9 à Naples au XVIᵉ siècle, W. Naude, *Getreidepolitik der europäischen Staaten vom 13. bis 18. Jahrhundert*, Berlin, 1896, p. 156. Pour la France Vauban donne 3,4 quintaux (3 setiers) ; l'abbé Expilly (1755-1764), 2,7 quintaux, etc.

337. Voir p. 295, sur les prix du blé à Venise.

338. D'après les estimations de F. Ruiz Martín.

339. Museo Correr, Donà delle Rose, 217, fº 131, 1ᵉʳ juillet 1604. *Ibid.*, 218, fº 328 [1595], 468 000 *staia*.

340. A.d.S., Venise, Dispacci Spagna, Alvise Correr au doge, Madrid, 11 février 1621.

341. Carmelo Viñas et Ramón Paz, *op. cit.*, II, p. 99, 132, 140, 169, 272, 309, 342-343, 348, 397-398, 408, 426, 470.

342. Réédition de 1960.

343. G. Coniglio, *op. cit.*, p. 24.

344. A.d.S. Naples, Sommaria Consultationum 7, fº 204, 18 janvier 1580.

345. *Censo*, p. XIII.

346. *Ibid.*

347. G. Luzzatto, « Il Mediterraneo nella seconda metà del Cinquecento », *in : Nuova Rivista Storica*, 1949.

348. 1ʳᵉ édition de *La Méditerranée...*, 1949, p. 450 et *sq.*

349. L. Mendes de Vasconcellos, *Do síto de Lisboa*, 1608, éd. Antonio Sergipe, p. 114.

350. Encore au XVIIIᵉ siècle, R. Romano, *Commerce et prix du blé à Marseille au XVIIIᵉ siècle*, 1956, p. 76-77.

351. Museo Correr, Donà delle Rose, 217.

352. Ainsi eau-de-vie de Candie, A.d.S., Venise, *Cinque Savii* 1, fº 14, 6 octobre 1601 et 14 mars 1602, eau-de-vie et jus de citron, « *soliti condursi per Ponente* ». L'eau-de-vie ne fait son apparition dans les tarifs douaniers de Venise que lors des dernières années du XVIᵉ siècle.

353. Voir tome I, pp. 393-394 et note 234.

354. V. Magalhães Godinho, « O milho maiz — Origem e difusão », *in : Revista de Economia*, vol. XV, fasc. I.

355. D'après le travail inédit déjà cité de R. Romano, F. Spooner, V. Tucci, sur les *Prix à Udine* [non publié].

356. Hans Telbis, *Zur Geographie des Getreidebaues in Nordtirol*, 1948, p. 33.

357. J. F. Bergier, *op. cit.*, p. 82 et *sq.* ; la citation p. 83.

358. Miguel Caxa de Leruela, *Restauración de la abundancia de España*, 1713, p. 50.

359. Luis Valle de la Cerda, *Desempeño del patrimonio de S. M. y de los reynos sin daño del Rey y vassalos, y con descanso*

y alivio de todos, 1618, cité par J. Vicens Vives, *Historia economica de España,* 1re partie, s.d., p. 300.

360. J. C. Toutain, « Le produit de l'agriculture française de 1700 à 1958 », *in : Cahiers de l'Institut de Science Économique appliquée*, n° 115, juillet 1961, notamment p. 212.

361. Voir p. 86, note 342.

362. René Baehrel, *op. cit.*, p. 152. Les calculs rapides qui suivent sur la base d'un quintal de semence à l'ha.

363. J. C. Toutain, article cité, p. 36.

364. Biblioteca Casanatense, Rome, Mss 2084, f° 45 et *sq*.

365. A.d.S., Naples, Sommaria Consultationum, n° 2, f° 140, 13 mars 1563, rendement de 20 pour un.

366. Voir le graphique p. 299 et le tableau p. 307.

367. Voir tome I, pp. 347-348.

368. E. Le Roy Ladurie, *Les paysans de Languedoc, op.cit.*

369. L'admirable livre de Carlo Poni, *Gli aratri e l'economia agraria nel Bolognese dal XVII al XIX secolo*, 1963, ne commence malheureusement qu'avec le XVIIIe siècle. La charrue *piò*, signalée dès 1644 (p. 4), a dû faire son apparition plus tôt. Mais le texte est peu clair.

370. Voir tome I, pp. 74 et *sq*.

371. B. Bennassar, ouvrage inédit déjà cité.

372. C'est l'explication de Felipe Ruiz Martín dans son importante préface aux lettres échangées entre Medina del Campo et Florence, *op. cit.* Dès que les Génois ont eu la possibilité de régler leurs créanciers en *juros*, ils ont répercuté leurs pertes sur les autres. Parmi leurs clients, il y a évidemment de nombreux propriétaires fonciers.

373. E. Le Roy Ladurie, *op. cit.*

374. John U. Nef, « Industrial Europe... », p. 5.

375. R. Romano, « Aspetti economici degli armamenti navali veneziani nel secolo XVI », *in : Rivista Storica Italiana*, 1954.

376. Museo Correr, Donà delle Rose 42, f° 77 v° [1607], dont 3 300 tisserands à raison d'un maître pour deux ouvriers.

377. A égalité avec le nombre des *lanaioli*, estimation sûrement trop optimiste.

378. Voir R. Romano, « La marine marchande vénitienne au XVIe siècle », *in : Actes du IVe Colloque International d'Histoire Maritime*, 1962, p. 37.

379. A.d.S., Venise, Senato Terra 53, 7 mai 1569.

380. A.d.S., Venise, Senato Terra 2, 17 septembre 1545.

381. Lucien Febvre et Henri Jean Martin, *L'apparition du livre*, 1958, pp. 280, 286, 287, 293.

382. Voir note 385, et *Cinque Savii*, 140, f°s 4-5, 11 mars 1598 « *al numero di* 20 [000] *et più persone computando le famiglie et figlioli loro* ».

383. J. van Klaveren, *op. cit.*, p. 182 [1573].

384. Carmelo Viñas et Ramón Paz, *op. cit.*, II, p. 217, par

exemple à Peña Aguilera, village pauvre, il y a des charbonniers, des carriers « *e algunos laborantes de lana* ».

385. Fabriques de draps paysans et de douves de tonneaux dans les villages de la Maragateria, cf. p. 118, n. 491.

386. T. HALPÉRIN DONGHI, *art. cit.*, *in : Annales E.S.C.*, 1956, p. 162 : industries de la soie, poteries, fabrication d'espadrilles, populaires en *esparto* (sparte), fines en chanvre.

387. Jacques HEERS, *op. cit.*, p. 218 et *sq.*

388. Voir p. 239, n. 49.

389. A.d.S., Naples, Sommaria Consultationum, innombrables documents cités : 13, f⁰ˢ 389-390 ; 21, f⁰ˢ 51 ; 31, f⁰ˢ 139-146, 180-184 ; 37, f⁰ 41 v⁰, 42...

390. A.d.S., Venise Senato Terra 30, Vérone, 1ᵉʳ mars 1559.

391. Carmelo VIÑAS et Ramón PAZ, *op. cit.*, II, p. 448.

392. S. SCHWEIGGER, *op. cit.* [1581], p. 329.

393. E. LE ROY LADURIE, *op. cit.*

394. R. GASCON, *op. cit.*, à paraître.

395. Voir à titre d'exemple clair, François DORNIC, *L'industrie textile dans le Maine et les débouchés internationaux 1650-1815*, 1955.

396. Roger DION, *Histoire de la vigne et du vin en France, des origines au XIXᵉ siècle*, 1959, p. 26.

397. *Méditerranée...*, 1ʳᵉ édition, p. 345 et *sq.* ; Giuseppe ALEATI, *op. cit.*, p. 125, y voit un drame de la vie chère : cas de Pavie, Crémone, Côme, Milan...

398. Information que me donne R. Romano.

399. Museo Correr, Cicogna, 2987, août 1576, 30 hommes y travaillent.

400. A.d.S., Venise, *Cinque Savii*, 1, 139, 20 avril 1603.

401. *Censo*, tableau 3, la proportion de 1 à 4, 448 entre produit naturel et produit industriel dans l'Espagne de 1799.

402. *Op. cit.*, p. 328.

403. Cf. études novatrices de F. RUIZ MARTÍN pour la Castille, *op. cit.* ; John U. NEF, « The progress of technology and the growth of large scale industry in Great Britain, 1540-1660 », *in : The Economic History Review*, 1934, et les commentaires de Henri HAUSER, *in : Annales d'histoire économique et sociale*, 1936, p. 71 et *sq.*

404. J. HARTUNG, « Aus dem Geheimbuche eines deutschen Handelshauses im XVI. Jahrhundert », *in : Z. für Social-und Wirtschaftsgeschichte*, 1898.

405. Malgré des différences techniques (charbon en Angleterre) et de moyens, les identités l'emportent en gros.

406. Voir pour la traduction du mot difficile, M. KEUL, *in : Annales E.S.C.*, 1963, p. 836, note 3.

407. *La Méditerranée...*, 1ʳᵉ édition, p. 342, d'après H. SIEVE-KING, « Die genueser Seidenindustrie im 15. und 16. Jahrhundert. Ein Beitrag zur Geschichte des Verlags-Systems » (remarquable),

688   *Notes 407 à 431, pp. 97 à 102*

in : Jahrbuch für Gesetzgebung, Verwaltung und Statistik im Deutschen Reiche, 1897, p. 101-133.

408. Voir note suivante.

409. A.d.S., Venise, Senato Terra 30, 11 novembre 1559, rappel de la *parte* du 12 décembre 1497.

410. Rodrigo Nino à Charles Quint, Venise, 1ᵉʳ décembre 1530, Simancas, E° 1308.

411. A.d.S., Senato Terra 29, 16 août 1559.

412. Archivio Comunale, 572, Gênes, 1582.

413. Diego de COLMENARES, *Historia de la insigne ciudad de Segovia*, 2ᵉ édit., Madrid, 1640, p. 547.

414. L'explication est de Felipe RUIZ MARTÍN dans la préface aux lettres marchandes de Florence, *op. cit.*

415. Ainsi A.d.S., Venise, Senato Terra 74, 18 avril 1578 ; 106, 7 mars 1584 ; 112, 24 novembre 1589. Negrin de Negrini depuis 1564 a fait fabriquer 1 884 draps de laine. Esprit de novation de certains entrepreneurs, *ibid.*, *Cinque Savii*, 15, f° 21, 7 février [1609].

416. Alfred DOREN, *Wirtschaftsgeschichte Italiens im Mittelalter*, trad. ital., 1936, p. 491.

417. D'après Maurice CARMONA, voir tome I, p. 418, note 341. En 1608 une épidémie (celle des *petecchie*) décime les ouvriers, on fait venir des ouvriers de Milan pour fabriquer les très beaux draps nécessaires aux noces du Prince, Haus-Hof-und Staatsarchiv, Vienne, Staatskanzlei Venedig, Faszikel 13, f° 359, Venise, 9 mai 1608.

418. A.d.S., Venise, Senato Terra, 35, 15 décembre 1561.

419. Museo Correr, Donà delle Rose 160, fᵒˢ 53 et 53 v°.

420. A.d.S., Venise, Senato Secreta Signori Stati, Tommaso Contarini au doge, Bolzano, 23 mars 1610.

421. A.d.S., Venise, *Cinque Savii* 1, 200, 27 mai 1614.

422. *Ibid.*, 16, f° 53, 15 novembre 1611.

423. D'après J. GENTIL DA SILVA, travail inédit sur les foires italiennes du XVIIᵉ siècle.

424. Jean DELUMEAU, *op. cit.*, notamment le graphique des pages 132 et 133.

425. R. GASCON, *op. cit.*, p. 89 ; Clemens BAUER, *op. cit.*, p. 9, à propos d'Anvers à la suite de Goris et de Strieder.

426. Andrzej WYROBISZ, *Budownictwo Murowane w Malopolsce w XIV i XV wieku (Les métiers du bâtiment en Petite-Pologne aux XIVᵉ et XVᵉ siècles)*, 1963 (résumé en français, pp. 166-170).

427. Émile COORNAERT, *op. cit.*, 493 et *sq.*, et diagramme V *bis.*

428. Pierre SARDELLA, *art. cit.*, *in : Annales E.S.C.*, 1947.

429. Domenico SELLA, *art. cit.*, *in : Annales E.S.C.*, 1957.

430. Ruggiero ROMANO, « A Florence au XVIIᵉ siècle. Industries textiles et conjoncture », *in : Annales E.S.C.*, 1952.

431. Aldo de MADDALENA, « L'industria tessile a Mantova nel

1500 e all'inizio del 1600 », *in : Studi in onore di Amintore Fanfani*, 1962.

432. A. Zanelli, *Delle condizioni interne di Brescia...*, p. 247, place le sommet de la production drapante, 18 000 pièces, vers 1550, je préférerais la placer vers 1555 ; tout a été déterminé par les mesures douanières de Venise, Senato Terra 1, 20 mai 1545. Ensuite impossible de rétablir la situation : les maîtres partis ne reviennent pas.

433. D'après les études inédites de Felipe Ruiz Martín.

434. Voir tome I, p. 151, et Senato Mar 7, fº 26 vº, 18 août 1461.

435. Conférences à l'École des Hautes Études du Doyen Ömer Lutfi Barkan.

436. A.d.S., Florence, Mediceo 4279, un marchand juif cherche à acheter à Tripoli des esclaves chrétiens sachant faire velours ou damas.

437. I. S. Emmanuel, *Histoire de l'industrie des tissus des Israélites de Salonique*, 1935.

438. S. Schwarzfuchs, « La décadence de la Galilée juive du XVIᵉ siècle et la crise du textile du Proche-Orient », *in : Revue des Études juives*, janvier-juin 1962.

439. Voir p. 226 et *sq.*

440. A.d.S., Venise, Senato Terra 4, fº 71, 18 avril 1458 : « *se ha principiado adesso el mester de la lana in questa città et lavorasse a grandissima furia de ogni sorte pani et principaliter garbi...* »

441. *Ibid.* Senato Terra 15, fº 92, 23 janvier 1506 : « *... el mestier de la lana che soleva dar alimento a molte terre nostre et loci nostri hora è reducto in tanta extremità che piu esser non potria...* »

442. Voir la note de P. Sardella et l'article si souvent cité de D. Sella. Difficultés à Venise même, Senato Terra 15, fº 93 et *sq.* 9 février 1506 et plus nettes. A.d.S., Venise, Consoli dei Mercanti, 128, 29 septembre 1517.

443. *Ibid.*

444. Émile Coornaert, *op. cit.*, p. 48.

445. A.d.S. Naples, Sommaria Consultationum, 7, fᵒˢ 33 à 39, 28 février 1578 : production en 1576 de 26 940 *canne* de draps de soie.

446. Fragilité aussi des industries drapantes de Brescia compromises par le contrôle douanier des laines, elles ne peuvent plus se ravitailler à Verceil, Senato Terra 1, 20 mai 1545.

447. Remarques de François Simiand, *Cours d'Économie Politique*, 1928-1929, II, *passim* et p. 418 et *sq.*

448. L. F. de Tollenare, *Essai sur les entraves que le commerce éprouve en Europe*, 1820, p. 3, un produit « n'est pas complet, il n'a pas toute la valeur d'échange dont il est susceptible,

tant qu'il n'est pas à la portée du consommateur. C'est le commerce qui lui donne sa dernière façon... »

449. Le jeu tient une place importante dans la vie de la noblesse (surtout à la fin du siècle) mais aussi dans celle des marchands. Tout est prétexte à paris, nombre de cardinaux qui seront promus, mort ou survie des grands personnages, sexe des enfants à naître... A Venise alors que l'on donne Pavie prise par les Français à 25 p. 100 de prime, un Espagnol Calzeran s'obstine à jouer contre le courant. Sans doute est-il en liaison avec Lannoy et Pescaire, en tout cas, il gagne une fortune, A.d.S., Modène, Venezia 8. 16. 77. VIII, f° 66, J. Tebaldi au duc, Venise, 15 mai 1525.

450. Cité par R. GASCON, *op. cit.*, p. 177, Claude de RUBYS, *Histoire véritable de la ville de Lyon*, 1604, p. 499.

451. Museo Correr, Donà delle Rose 181, juillet 1603, f° 53.

452. Giulio MANDICH, *Le pacte de ricorsa et le marché italien des changes*, 1953.

453. Jacques HEERS, *op. cit.*, p. 75, 79 et *sq.*

454. F. BRAUDEL, « Le pacte de ricorsa au service du Roi d'Espagne... », *in : Studi in onore di Armando Sapori*, II, 1957.

455. A.d.S., Florence, Mediceo 4745, s.f. janvier 1589.

456. Modesto ULLOA, *op. cit.*, p. 108.

457. Selon l'opinion de Felipe RUIZ MARTÍN.

458. Modesto ULLOA, *op. cit.*, p. 132.

459. Alvaro Castillo PINTADO, « El *servicio de millones* y la población del Reino de Granada in 1591 », *in : Saitabi*, 1961.

460. Albert CHAMBERLAND, « Le commerce d'importation en France au milieu du XVIe siècle », *in : Revue de Géographie*, 1894.

461. B. PORCHNEV, Congrès des Sciences historiques de Stockolm 1960, t. IV, 137.

462. Pour G. von BELOW (*Über historische Periodisierungen mit besonderem Blick auf die Grenze zwischen Mittelalter und Neuzeit*, Berlin, 1925, p. 51-52), cette période, par l'éclat de la vie économique et de l'art, est un sommet. Pour Lucien Febvre une période heureuse avant les « tristes hommes » d'après 1560. Franz LINDER, « Spanische Markt-und Börsenwechsel », *in : Ibero-amerikanisches Archiv*, 1929, p. 18, prétend même que 1550-1600 est la période du *Ricorsa-Wechselgeschäft*.

463. Jacques HEERS, *in : Revue du Nord*, janvier-mars 1964, p. 106-107.

464. J. FINOT, « Le commerce de l'alun dans les Pays-Bas et la bulle encyclique du Pape Jules II en 1506 », *in : Bull. hist. et philol.*, 1902 ; Jean DELUMEAU, *L'alun de Rome*, XVe-XIXe siècle, 1962 ; « The Alun Trade in the fifteenth and sixteenth Centuries and the beginning of the Alun Industry in England », *in : The collected papers of Rhys Jenkins*, Cambridge, 1936 ; L. LIAGRE, « Le commerce de l'alun en Flandre au Moyen Age », *in : Le Moyen Age*, 1955, t. LXI (4e série, t. X) ; Felipe RUIZ MARTÍN,

Les aluns espagnols, indice de la conjoncture économique de l'Europe au XVIᵉ siècle (à paraître) ; G. ZIPPEL, « L'allume di Tolfa e il suo commercio », *in : Arch. soc. Rom. Stor. patr.*, 1907, vol. XXX.

465. Nombreux documents, A.d.S., Naples, Sommaria Partium, 96 : *1521*, fᵒˢ 131 vᵒ, 133 vᵒ, 150, 153, « *navis celeriter suum viagium exequi posset* » (navire génois), 166 vᵒ (pour la Catalogne), 177 (pour Oran), 175 ; *1522*, fᵒˢ 186 vᵒ, 199, 201, 221, 224-5, 228 vᵒ et 229, 232, 244, 252 vᵒ.

466. D'après Felipe RUIZ MARTÍN, voir p. 286, note 311.

467. Voir pp. 303-304.

468. Dans des études de prochaine publication [voir ci-dessous, note 473].

469. *Ibid.*

470. Voir p. 259, n. 164, et Micheline BAULANT, *Lettres de négociants marseillais : les frères Hermite, 1570-1612*, 1953.

471. Cf. F. RUIZ MARTÍN, *Lettres marchandes échangées entre Florence et Medina del Campo*, 1964, Introduction, XXXVI-XXXVII.

472. Cité par Maurice CARMONA, « Aspects du capitalisme toscan aux XVIᵉ et XVIIᵉ siècles », *in : Revue d'histoire moderne*, 1964, p. 96, note 2.

473. Archivo Ruiz, 117, cité par Felipe RUIZ MARTÍN, dans *El siglo de los Genoveses*, à paraître [ouvrage non publié].

474. Sur ces questions voir le beau livre de Clemens BAUER, déjà cité.

475. *Op. cit.*, p. 580 et *sq.*

476. Notamment le front hispano-portugais contre l'Inde et le rôle d'une agence de renseignements au service de marchands allemands et flamands : Hermann KELLENBENZ, *Studia*, 1963, pp. 263-290.

477. Pour des comparaisons utiles, R. ROMANO, « Per una valutazione della flotta mercantile europea alla fine del secolo XVIII », *in : Studi in onore di Amintore Fanfani*, 1962.

478. D'après J. KULISCHER, *op. cit.*, II, p. 384.

479. R. KONETZKE, *op. cit.*, p. 203.

480. Saint-Gouard au roi, Madrid, 21 mai 1572, B.N., Fr. 16104, fᵒˢ 88 *sq.*

481. S. LILLEY, *Men, Machines and History*, Londres, 1948, p. 72 et J. U. NEF, *The Rise of the British Coal Industry*, Londres, 1932, I, p. 173.

482. S. LILLEY, *ibid.*, p. 72.

483. Museo Correr, Donà della Rose, 271, fᵒ 46 v., 7 mars 1605. Voir également Alberto TENENTI, *Naufrages, corsaires et assurances*, p. 563 et *sq.*

484. Iorjo TADIĆ, « Le port de Raguse et sa flotte au XVIᵉ siècle », *in :* Michel MOLLAT, *Le navire et l'économie maritime du Moyen Age au XVIIIᵉ siècle. Travaux du Deuxième Colloque International d'Histoire Maritime*, 1959, p. 15-16.

485. B.M. Add. 28478, f° 238, avril 1594 : « ... *se deve ter consideração ao preço das cousas ser mayor* ».

486. Voir *supra*, tome I, pp. 355 et *sq*.

487. Que je dois à l'amitié d'Ugo Tucci d'avoir feuilleté.

488. A.d.S., Venise, Senato Zecca, 39, 12 juin 1638.

489. A.d.S., Naples, Regia Camera della Sommaria, Reg. 14, 1594, 1623-1637.

490. Voir tome I, pp. 358 et *sq*.

491. José Luis MARTÍN GALINDO, « Arrieros maragatos en el siglo XVIII », *in : Estudios y Documentos*, n° 9, 1956.

492. Pedro de MEDINA, *op. cit.*, p. 209, dans le cas d'Alcala de Henares.

493. Archives de Brigue, Papiers de Stockalper, Sch 31 n° 2939, Genève, 10 juillet 1650 et n° 2942, 14 juillet 1650 : arrêts dus à la moisson. Ces renseignements m'ont été fournis par M. Keul. Arrêt pour les semailles, *ibid.*, n° 2966, 18-28 septembre 1650.

494. Information communiquée par Felipe RUIZ MARTÍN.

495. B. BENNASSAR, *Valladolid et ses campagnes au XVIᵉ siècle*, à paraître [paru en 1967].

496. Voir les graphiques pp. 386, 390, 391 et 393.

497. *Op. cit.* (édit. ital.), I, p. 174.

498. Ruggiero ROMANO, *art. cit. in : Rivista Storica Italiana*, 1954.

499. Ali Sahili OGLU, travail inédit sur les frappes monétaires en Turquie.

500. Je n'oublie pas l'antécédent de la Banque de Stockholm (1672), ni celui d'Amsterdam (1609). Mais il s'agit là d'une banque surtout urbaine. Il est vrai que la Banque d'Angleterre relève de Londres.

501. La première tentative remonte à 1576, Felipe Ruiz Martín me signale à ce propos un document important, Simancas, E° 659, f° 103.

502. Jacques HEERS, *in : Revue du Nord*, 1964.

503. Ömer Lutfi BARKAN, « L'organisation du travail dans le chantier d'une grande mosquée à Istanbul au XVIᵉ siècle », *in : Annales E.S.C.*, 1961, p. 1092-1106.

504. Je songe au travail de la pierre, à l'utilisation du plomb, aux appareils de levage, tous détails que suggère la visite de l'Escorial et du Musée consacré à sa construction.

505. Cf. les remarques de Paul HERRE, *Papsttum und Papstwahl im Zeitalter Philipps II*, Leipzig, 1907, p. 374.

506. Le calcul et le graphique (p. 393) sont d'Alvaro Castillo Pintado.

507. A. POIRSON, *Histoire du règne de Henri IV*, 1866, IV, p. 610-611.

508. *Bilanci Generali, op. cit.*, vol. I, t. I, p. 466, et Museo Correr Donà delle Rose 161, f° 144.

509. Ömer Lutfi BARKAN, « Le budget turc de l'année 1547-

1548 et le budget turc de l'année 1567-1568 », en turc, *in : Iktisat Fakültesi Mecmuasi*, Istanbul, 1960.

510. *Op. cit.*, p. 128.

511. Contribution à paraître dans la *Cambridge Economic History* [publiée en 1967. Texte original français dans *Écrits sur l'Histoire II*, Flammarion, 1990].

512. *Op. cit.*, p. 42.

513. J. A. SCHUMPETER, *op. cit.*, I, notamment p. 476, note 1 ; Jacques HEERS, Raymond de ROOVER...

514. *Op. cit.*, p. 128.

515. Carlo M. CIPOLLA, « La prétendue révolution des prix. Réflexions sur l'expérience italienne », *in : Annales E.S.C.*, 1955, p. 513 et *sq*.

516. Museo Correr, Donà delle Rose, 181.

517. Les informations hollandaises, que me signale Morineau, inciteraient à gonfler les entrées clandestines de cette période décisive.

518. Museo Correr, Donà delle Rose, 181, f⁰ 62, 3 à 4 millions d'écus par foire.

519. Gino LUZZATTO, *Storia economica dell'età moderna e contemporanea*, I, 1932, p. 179 et *sq*.

520. D'après les explications orales d'Ömer Lutfi Barkan.

521. Simancas, Expedientes de Hacienda, 122, 1559. J'aurais pu aussi bien partir de l'exemple de Medina del Campo (1561) et du bel article de B. BENNASSAR, « Medina del Campo, un exemple des structures urbaines de l'Espagne au XVIᵉ siècle », *in : Revue d'histoire économique et sociale*, 1961. A Venise les textes officiels distinguent toujours les *poveri*, les *mendicanti*, les *miserabili*, il y a des degrés dans le dénuement, Ernst RODENWALDT, *Pest in Venedig, art. cit*, p. 16.

522. Je pense aux estimations reprises par Hektor AMMANN, *Schaffhauser Wirtschaft im Mittelalter*, 1948, tableau de la page 306.

523. Voir tome I, pp. 310-311, note 135.

524. Museo Correr, Donà delle Rose 23, f⁰ 23 v⁰.

525. Heinrich BECHTEL, *op. cit.*, p. 52, note 6, à Erfurt, en 1511, 54 p. 100 des censitaires dans la dernière classe des possédants de 0 à 25 florins, 15 p. 100 des personnes « *ohne jedes Vermögen* ».

526. Cf. *L'Unterschicht*, colloque franco-allemand de 1962 de prochaine publication [non publié].

527. A.d.S., Venise, Senato Terra 22, Trévise, 22 juillet 1555 ; Trévise, 30 juillet 1555 ; Brescia, 11 août 1555, incendie de Tizzo.

528. A.d.S., Naples, Sommaria Consultationum 2, f⁰ˢ 68 v⁰ et 69, 27 juillet 1564.

529. *Ibid.*, f⁰ 59 v⁰, 22 mai 1549.

530. Se reporter à l'ouvrage général de Noël SALOMON, cité p. 672, note 122.

531. J. Gentil da Silva, « Villages castillans et types de production au XVIe siècle », *in : Annales E.S.C.*, 1963, n° 4, p. 729-744.

532. A.d.S., Naples, Notai Giustizia 51, f° 5, 17 octobre 1520, 36 ducats à payer en draps neufs ; *ibid.*, f°s 177 v° et 178, 24 août 1521, un esclave noir de 12 ans, 36 ducats, *ibid.*, 66, f°s 151 v° et 152, le prix d'un cheval, 33 ducats.

533. *Ibid.*, Sommaria Partium, 595, f° 18, 28 janvier 1569, un esclave noir, âgé de 30 ans, acheté à Lecce 60 ducats.

534. *Ibid.*, Sommaria Consultationum 9, f° 303-305, Naples, 18 juin 1587.

535. A.d.S., Venise, Senato Mar 145, 24 mars 1600.

536. Voir J. Mathiex, « Trafic et prix de l'homme en Méditerranée aux XVIIe et XVIIIe siècles », *in : Annales E.S.C.* 1954, p. 157-164.

537. Simancas Napoles, E° 1046, f° 25, Comor Giron à S.M. Naples, 17 septembre 1554.

538. Museo Correr, Donà delle Rose, 46, f° 65, 11 mars 1487 : il s'agit de *stradioti* employés en Morée. Voir la réflexion prêtée à Charles Quint, pp. 476-477. En 1522, les janissaires toucheraient de 3 à 8 aspres par jour, donc à 50 aspres par ducat, de moins de 2 ducats à moins de 5 ducats par mois (Otto Zierer, *op. cit.*, III, p. 29). A Zara, en 1553, un bombardier touche 40 ducats par an. Mais le bombardier est un spécialiste.

539. Les constatations que permettent les archives ragusaines sont sans ambiguïté. De très nombreux contrats entre maîtres et serviteurs conservés dans les registres de Diversa di Cancellaria (ainsi vol. 98, 122, 132, 146, 196) m'ont permis un rapide sondage. Pour les apprentis, catégorie à part, il n'y a formellement pas de rémunération prévue à la fin du stage, mais selon les pratiques du métier, le nouvel artisan reçoit un vêtement, des souliers neufs, ses outils. La rémunération en argent, pour les autres, est octroyée à la fin du contrat (de 2 à 5, 6, 7, 10 années) et s'ajoute aux avantages en nature (logement, habillement, nourriture, soins en cas de maladie). Cette rémunération calculée par année de service s'élève peu à peu : de 1 à 2 ducats d'or en 1505-1506 ; à 2,5 en 1535 ; à 3,4 et 4,5 en 1537 et 1547 ; à 3 (légèrement au-dessous ou au-dessus) en 1560-1561 ; à 4 en 1607 ; à 8 et 10 en 1608. Compte tenu de la dévaluation du ducat, la situation ne s'améliore guère avec les années. Il y a là un *plafond* structurel.

540. Voir le tableau d'Hektor Ammann, ouvrage cité page précédente, note 522.

541. A.d.S., Venise, Senato Terra 15, f° 106.

542. Museo Correr, Donà delle Rose 26, f° 46 v°.

543. *Ibid.*, f° 48 v°.

544. *Ibid.*, f° 100.

545. Bien établie pour la période 1572-1601 par les réclamations

des boulangers : les salaires ont doublé dans l'intervalle, Museo Correr, Donà delle Rose, 218, f° 302.

546. A.d.S., Senato Mar 23, f°s 36 et 36 v°, 29 septembre 1534, soit un peu plus de 63 ducats par an.

547. Museo Correr, Donà delle Rose, 161, f° 80, 1606, il y a à la Zecca 72 salariés (54 pour l'argent, 18 pour l'or). Au total annuellement 5 280 ducats, moyenne presque 72 par salarié, il y a en moyenne surpaiement des personnes qui s'occupent de l'argent. Parfois un employé occupe deux postes.

548. Museo Correr, Donà delle Rose, 161, f° 208 v°, 1586, 28 secrétaires, total des salaires 2 764 ducats.

549. A.d.S., Venise, Senato Terra 23, Venise, 20 mars 1556.

550. Juan REGLA, *in* : J. VICENS VIVES, *H. Social de España*, III, p. 300.

551. Frank C. SPOONER, « Régimes alimentaires d'autrefois, proportions et calculs en calories », *in : Annales E.S.C.*, 1961, n° 3, p. 568-574.

552. A.d.S., Naples, Sommaria Consultationum 3, f° 204 et *sq*., 8 mars 1571.

553. Piri RE'IS, *Bahrije*, éd. par Paul Kahle, 1926, *Introduction*, II, p. XLII.

554. Foulquet SOBOLIS, *Histoire en forme de journal de ce qui s'est passé en Provence depuis l'an 1562 jusqu'à l'an 1607*, 1894, p. 245.

CHAPITRE 2

MÉTAUX PRÉCIEUX, MONNAIES ET PRIX

1. Mathias de SAINT-JEAN, *Le Commerce honorable...*, 1646, p. 102 ; l'or et l'argent « richesse naturelle » selon W. PETTY, *Polit. Arithm.*, 1699, p. 242.

2. Museo Correr, Donà delle Rose, 161, f°s 239 v° et 240, vers 1600.

3. A. de MONTCHRESTIEN, *op. cit.*, p. 94.

4. J. van KLAVEREN, *art. cit.*, p. 3, soutient bien à tort le contraire.

5. Museo Correr, Donà delle Rose, 161, f° 2, 14 décembre 1593.

6. Mouvement insolite, à contre-courant, dont s'étonne Zuan Batt[a] Poreti dans son rapport à la Seigneurie, 1603, Museo Correr 181, f° 53 v°.

7. *Ibid.* Cicogna 1999 /s.d./ Douanes à Venise payées en monnaies d'argent.

8. *Ibid.*

9. Antonio della ROVERE, *La crisi monetaria siciliana (1531-1802)*, p.p. Carmelo TRASSELLI, 1964, en général et spécialement,

p. 30 et *sq. Forcing* permanent de l'or, à quoi s'ajoutent les émissions intempestives de cuivre, ainsi de 1602 à 1606, au temps du duc de Feria, L. BIANCHINI, *op. cit.*, I, p. 336.

10. La hausse de l'or chasserait les monnaies d'argent comme le reconnaît et le note Zuan Batt^a Poreti (référence note 6 page précédente) et par suite arrêterait toute hausse des prix courants, ceux-ci flottant sur l'argent, c'est l'hypothèse de Frank C. SPOONER avancée dans notre contribution commune à la *Cambridge Economic History* déjà citée. Zuan Batt^a Poreti soutient que les changes liés à l'or doivent s'élever et s'élèvent avec lui (f° 53), on établit, en effet, le cours des changes à Venise à partir du ducat, monnaie de compte, celui-ci avec la hausse de l'or (en l'occurrence du *sequin*) se dévalue tel un billet de banque, il faudra donc plus de ducats (hausse du change) pour obtenir un écu de marc sur les foires « de Besançon ». En outre, toutes les marchandises achetées par le jeu du change (les laines d'Espagne, les colorants) doivent et vont monter.

11. Pour ces dernières indications, John U. NEF, « Industrial Europe », *art. cit.*, p. 7.

12. André PIGANIOL, *Rome*, p. 389.

13. G. I. BRATIANU, *Études...*, p. 80.

14. W. HEYD, *op. cit.*, I, p. 1 et *sq.*

15. Voyez à ce sujet la bonne remarque de Giuseppe MIRA, *Aspetti dell'economia comasca all'inizio dell'età moderna*, Côme, 1939, p. 244 (1587).

16. *Op. cit.*, p. 165. Bien entendu ce chiffre est très exagéré.

17. BELON DU MANS, *op. cit.*, p. 100 v°.

18. *Ibid.*

19. Museo Correr, Donà delle Rose, 181, f° 53 v°.

20. *Op. cit.*, I, p. 270.

21. Marciana 5729, *Relazione d'Egitto*, 1668.

22. A ce sujet, la lettre d'Idiaquez au marquis de Mondejar, Venise, 26 mars 1579, A.N., K 1672, G 1, note 33, impossible de trouver à Venise un crédit sur Constantinople même pour un simple rachat. Il n'y a de lettre de change entre ces deux villes que pour de très petites sommes : N. IORGA, *Ospiti...*, p. 38, 46, 62, 79, 80, 84-85, 88, 90, 92, 97-98, 100, 109, 121 (changes de Valachie à Venise entre 1587 et 1590). Les Ragusains paient leur tribut à Constantinople par un jeu de lettres de change acceptées en paiement des droits de douane acquittés par les marchandises ragusaines en provenance des Balkans, à l'entrée de la ville, marchandises de leurs compatriotes disséminés dans la partie européenne de l'Empire turc. C'est l'absence de numéraire, son insuffisance, qui expliquent les clearings de Medina del Campo ou des foires génoises, J. KULISCHER, *op. cit.*, II, p. 345.

23. A. de Raguse, Diversa de Foris, XI, f° 75 et *sq.* Relevé de paiements faits à des prêteurs juifs (vingt-cinq noms) par G. Bonda et Stephan di Cerva. Dix paiements au total échelonnés du 3 mars

au 10 oct. 1573. Les prêts consentis sont pour une durée d'un à quatre mois.

24. 16 févr. 1596, G. BERCHET, *op. cit.*, p. 87.

25. A.d.S., Venise, Busta 105 C. 838, 24 novembre 1585.

26. Museo Correr, Donà della Rose 26, f° 54, 26 mai 1562 ; interdictions de ces changes « *ni in bottega ni in casa* », 2 déc. 1605, *Cinque Savii*, 12, f°ˢ 105-6.

27. J. B. TAVERNIER, *op. cit.*, I, p. 73.

28. John Newberie à Léonard Poore de Londres, Alep, 29 mai 1583 ; R. HAKLUYT, *op. cit.*, II, p. 246-247.

29. Le problème a été remarquablement étudié par V. MAGA-LHÃES GODINHO, *L'économie de l'Empire portugais aux XVIᵉ et XVIIᵉ siècles*, 1958 (Thèse dactylographiée, Sorbonne), t. I, p. 1-241.

30. J. CARCOPINO, *Le Maroc antique*, 1943, p. 139.

31. Roberto S. LOPEZ, *Studi sull'economia genovese nel medio evo*, 1936, compte rendu de Marc BLOCH, *in : Mélanges d'hist. soc.*, I, 1942, p. 114-115.

32. En 931. Plus tôt, en 875, des marins andalous avaient fondé Ténès sur la côte « algérienne ».

33. P. BÉRAUD-VILLARS, *L'Empire de Gao...*, 1941, p. 220.

34. La grande référence est Jacques de MAS-LATRIE, *Traités de paix et de commerce divers concernant les relations des Chrétiens avec les Arabes, en Afrique septentrionale au Moyen Âge*, 1866.

35. E. COUDRAY, « Les étrangers à Tlemcen », *in : Journal de l'Algérie nouvelle*, 1897. Du même auteur, sur le même sujet, un travail manuscrit qu'il m'a été donné de lire et d'utiliser.

36. Ainsi ce Georges Grégoire Stella, acheteur de laine et de toiles à Constantine, en 1470, Robert BRUNSCHVIG, *La Berbérie...*, I, p. 269.

37. Laurent-Charles FÉRAUD, *Annales tripolitaines*, 1927, p. 16.

38. Projets de Sanche IV de Castille et de Jaime d'Aragon. Zones de part et d'autre de la Moulouya. Les projets de Henri III. Destruction de Tétouan vers 1400..., R. KONETZKE, *op. cit.*, p. 84.

39. Robert BRUNSCHVIG, *La Berbérie Orientale sous les Hafsides des origines à la fin du XVᵉ siècle*, 1940, I, p. 269, note cette importante correspondance. A retenir le fait, aussi, que Venise établit les « galées » de Barbarie en 1440, *ibid.*, I, p. 253. Pénétration pacifique, compte non tenu de l'action portugaise au Maroc.

40. R. GANDILHON, *op. cit.*, p. 29.

41. A ce sujet, il y avait aux archives de Raguse, en 1935, toute une documentation inédite.

42. G. LA MANTIA, « La secrezia o dogana di Tripoli », *in : Arch. st. sic.*, XLI, p. 476-477, note 1, à propos des *duplae* ou *duble* de Tripoli, 1438 : « *Et quoniam merces et mercimonia pro*

maiore parte hodie apud Barbaros expediuntur ex quibus duplœ veniunt quœ ut videtis (il s'agit d'une lettre du roi Alphonse au « stratigoto » de Messine) *non possunt iuxta valorem suum facilem cursum habere, quo fit ut magnum populis nostris detrimentum sequatur* ». En conséquence, qu'on les fonde « *per coniare moneta di ducati* ». Les *doubles* sont, en pays musulman, des pièces d'or, encore au XVIᵉ siècle, en Afrique du Nord. R. HAKLUYT, *op. cit.*, II, p. 176, 1584.

43. Ainsi A.d.S., Mantoue, Aᵒ Gonzaga, Genova 757, 5 janvier 1485 ; 7 juillet 1485 ; Spagna 585, 6 décembre 1486 ; 7 novembre 1486 ; Genova 757, 21 juillet 1487 (lettre de change de Federico Crivelli) ; 25 août 1487 (lettre de change sur Tunis) ; 25 août 1487 ; 11 septembre 1487, 200 dobie de Tunis valent 220 ducats ; 15 octobre 1487, etc.

44. C. TRASSELLI, « Transports d'argent à destination et à partir de la Sicile », *in : Annales E.S.C.*, 1963, p. 883.

45. Richard HENNIG, *Terrœ Incognitœ*, III, 1939 ; LEFÈVRE, « Il Sahara nel Medioevo e il viaggio a Tuat del genovese Malfante », *in : Riv. delle Colonie*, 1936 ; C. DE LA RONCIÈRE, « Découverte d'une relation de voyage du Touat décrivant, en 1447, le bassin du Niger », *in : B. de la Section de Géogr. du Comité des Travaux Historiques*, 1919. Sur ce thème, voir aussi les études de G. PIERSANTELLI, de P. SCHIARINI, de R. DI TUCCI...

46. *Op. cit.*, I, p. 194.

47. C'est pléonasme de dire « l'or de tibar », voir p. 149, n. 81.

48. R. HENNIG, *op. cit.*, III, p. 286.

49. LÉON L'AFRICAIN, *Description...*, III, p. 300, et p. BÉRAUD-VILLARS, *op. cit.*, p. 90.

50. G. BALANDIER, *L'Afrique ambiguë*, 1957, p. 67 et *sq.*

51. V. MAGALHÃES GODINHO, *op. cit.*, IIᵉ partie, chap. 1, p. 671 et *sq.* du dactylogramme.

52. Peut-être plus tôt, A.d:S., Venise, Senato Dispacci Spagna, Zane au doge, Madrid, 14 février 1583, le Roi Catholique fait « *molto artigliare un navilio* » avec 150 soldats à bord pour l'envoyer à la Mina y prendre une certaine quantité d'or qui s'y trouve « *di ragion della Corona di Portugallo* ».

53. Carmelo TRASSELLI, « Un aureo barbaresco battuto in Sicilia » *in : Numismatica*, 1963.

54. Simancas, Venecia, Eᵒ 1308, fᵒ 2, le doge de Venise aux Rois Catholiques, Venise, 23 décembre 1484.

55. Ces précieuses lettres, 1497-1511, nouvellement classées, A.d.S., Venise, *Lettere Commerciali*, XV, 9.

56. *Ibid.*, Senato Mar 19, fᵒ 101.

57. *Ibid.*, fᵒ 166 vᵒ.

58. *Ibid.*, fᵒ 152 vᵒ, 17 septembre 1520.

59. Voir les notes pertinentes de R. GANDILHON, *op. cit.*, p. 254 ; Jacques Raymond COLLIER, *Histoire du Commerce de*

Marseille, 1951, t. III, p. 123 sur la concentration entre les mains de quelques marchands du commerce de la ville avec l'Afrique du Nord.

60. Museo Correr, Donà delle Rose, 26, fᵒ 23 vᵒ et *sq.*, 16 juillet 1532 (*in : Consiglio di X con le Zonta*) 16 juillet 1532, évoque la création, en 1524, du « maestro di cecca » destiné à accélérer les frappes monétaires. Rareté de l'argent à emprunter, A.d.S., Mantoue, Aᵒ Gonzaga, Venezia, 1456, Venise, 14 septembre 1533. Ziambattista Malatesta au marquis, haussement de l'or à Venise, en 1526, A.d.S., Venise, Senato Zecca, 36.

61. Museo Correr, Donà delle Rose, 26, voir note précédente.

62. A.d.S. Venise, Senato Zecca, 36.

63. Vitorino MAGALHAÊS GODINHO, *op. cit.*, à paraître. H. van der WEE, *op. cit.*, II, pp. 124-127.

64. Jean-Pierre BERTHE, « Las minas de oro del Marqués del Valle en Tehuantepec (1540-1547) », *in : Historia Mexicana*, 1958, note 29.

65. Alvaro JARA. Travail inédit.

66. Henri LAPEYRE, *op. cit.*, p. 257.

67. John U. NEF, « Silver production in Central Europa », *in : The Journal of political Economy*, 49, 1951.

68. *L'économie mondiale et les frappes monétaires en France, 1493-1680*, 1956, p. 8-9.

69. L'expression est de Jacob van KLAVEREN, *op. cit.*, p. 3.

70. *Ibid.*

71. Roberto SIMONSEN, *Historia economica do Brasil, 1500-1820*, São-Paulo, 1937, 2 vol.

72. F. BRAUDEL, « Les Espagnols et l'Afrique du Nord, 1492-1577 », *in : Revue Africaine*, 1928.

73. Voir note précédente ; R. B. MERRIMAN, *Carlos V*, p. 210 ; Francisco LOPEZ DE GÓMARA, « Crónica de los Barbarrojas », *in : M.H.E.*, VI, p. 371-9.

74. J. DENUCÉ, *L'Afrique au XVIᵉ siècle et Anvers*, p. 9.

75. Qu'il y ait encore des échanges commerciaux, ainsi entre Venise et l'Afrique du Nord, en 1533 (et sans doute plus tard) c'est ce que suggère un incident rapporté par G. CAPPELLETTI, *Storia della Repubblica di Venezia*, 1852, VIII, p. 119-120. Mais il y a un ralentissement visible à de petits signes : A.d.S., Mantoue, Genova 759, Gênes, 3 mars 1534, Stefano Spinola au marquis, on ne trouve plus sur le marché de Gênes de fruits de Barbarie.

76. D. de HAEDO, *op. cit.*, p. 24 et 24 vᵒ.

77. 1584, R. HAKLUYT, *op. cit.*, II, p. 184.

78. D. de HAEDO, *op. cit.*, p. 27 vᵒ.

79. B.N. de Madrid, ch. 34.

80. D. de HAEDO, *op. cit.*, p. 27 vᵒ.

81. Relacion que ha dado el secretario Juan de Soto... Copie, 20 juin 1574, Simancas Eᵒ 1142. On sait que *tibar* ou *tivar* = or.

82. 4 et 8 nov. 1568, Simancas E° 1132.

83. Mais au temps de l'occupation chrétienne, Tripoli avait cessé d'être une ville de l'or. M. SANUDO, *op. cit.*, XI, col. 112 ; Rossi, *op. cit.*, p. 17.

84. L'expression est de Carmelo TRASSELLI, « Note preliminari sui Ragusei in Sicilia », article à paraître [publié en 1965, *in Economia* e Storia, fasc. 1].

85. Emilio GARCIA GÓMEZ, « Españoles en el Sudan », *in : Revista de Occidente*, 1935.

86. D. de HAEDO, *op. cit.*, p. 27 v°.

87. D. de HAEDO, *op. cit.*, p. 27 v° ; J. GENTIL DA SILVA, *op. cit.*, p. 89, beaucoup de bateaux hollandais font le *resgate* de l'or au long de la côte de Guinée.

88. Je songe aux liaisons marchandes de l'Espagne, de Livourne, de Venise en direction du Moghreb, sur lesquelles existe une documentation abondante. A signaler les négociations d'Alger avec Venise par l'intermédiaire du baile vénitien à Constantinople, *Cinque Savii* 3, f° 721, 29 mai et 22 juin 1600, le « Vice-Roi » d'Alger propose des sauf-conduits pour 8 ou 10 marcilianes vénitiennes qui seraient chargées de laines, de cire et de cuirs. Traité de commerce de la Toscane avec le roi du Maroc, A.d.S., Florence Mediceo 4274, 1604.

89. Jean CASSOU, *Les conquistadors*, p. 213-214. Avant le procédé de l'amalgame on utilisait des *huairas*, petits fourneaux percés de trous, *ibid.*, p. 211. Gerolamo BOCCARDO, *Dizionario universale di economia politica e di commercio*, 1882, I, p. 160. P. RIVET et H. ARSANDAUX, *La métallurgie en Amérique précolombienne*, 1946, p. 21. Pour la date de 1571, le texte essentiel, LIZÁRRAGA, *Hist. de Indias*, II, p. 556.

90. La remarque est de L. von RANKE, cit. par PLATZHOFF, *op. cit.*, p. 17.

91. *Correspondance de Granvelle*, éd. Piot, VII, p. 2, cité par R. B. MERRIMAN, *op. cit.*, IV, p. 430, note 2.

92. *Op. cit.*, p. 159.

93. *Actas*, I, p. 285.

94. B.N. Madrid, 9372, f° 41.

95. Vers 1569, PARIS, *op. cit.*, I, p. 339-340.

96. *Op. cit.*, p. 66.

97. P. de SÉGUSSON DE LONGLÉE, *op. cit.*, p. 128, 129 ; Requête..., 1585, A.N., K 1563.

98. 18 mars 1588, Simancas E° 336, f° 153 et (s. d.) E° 336, f° 154.

99. F de Alava à Philippe II, Paris, 6 mai 1567, A.N., K 1508, B 21, note 6.

100. E. ALBÈRI, *op. cit.*, II, p. 405.

101. Ainsi, anciennement les *safraneros* allemands, A. SCHULTE, *op. cit.*, I, p. 354. La fraude en direction de Lisbonne.

102. Rome, 20 juin 1554, *Corp. dip. port.*, VII, p. 360. Autres

fraudes génoises (1563). Simancas E° 1392 ; fraudes anglaises, 10 juin 1578, *CODOIN*, XCI, p. 245-246.

103. Il était toujours licite de demander une autorisation d'exporter, voir ainsi la demande de Giorgio Badoer, avril 1597, A.N., K 1676. D'ordinaire l'autorisation était accordée pour les frais de route.

104. Cambios para Flandes, Simancas E° 500.

105. *Ibid.*

106. Simancas E° 502.

107. Simancas E° 504.

108. Morosini et Badoer au doge, 5 mars 1551, G. Turba, *Venet. Depeschen...*, t. I, 2, p. 517, note.

109. Le fait signalé par R. Ehrenberg, *op. cit.*, I, p. 63, 160.

110. K. Häbler, *Die wirtschaft. Blüte...*, p. 53, R. Ehrenberg, *op. cit.*, II, p. 63, 150, 155, 155, note 92, à propos des *Silberzüge* des Fugger aux archives des Fugger.

111. R. Ehrenberg, *op. cit.*, I, p. 158.

112. Salzman, *op. cit.*, p. 5.

113. Moderacion de cambios, 1557, Simancas E° 514-515. Correspondancia del factor Juan Lopez del Gallo sobre cambios y provision de dineros, *ibid.*

114. H. van Houtte, « Les avvisi du Fonds Urbinat », 1926, p. 369-370.

115. Bruxelles, 13 juin 1558, A. E. Esp. 290, copie.

116. B.N., fr. 15 875, f°s 476 et *sq.*

117. R. Gomez à Fco de Erasso, 6 oct. 1554, A. E. Esp. 229, f° 85.

118. Mai 1554, R. Ehrenberg, *op. cit.*, II, p. 64.

119. *CODOIN*, LXXXIX, p. 32, 4 sept. 1564. Elisabeth emprunte encore à Anvers à la fin de 1568, *CODOIN*, XC, p. 152, Londres, 6 nov. 1568.

120. Antonio Rumeu de Armas vient de le démontrer, une fois de plus, dans son beau livre, *Piraterías y ataques navales contra las islas Canarias*, 1947, I, p. 335 et *sq.*

121. *Documents concerning English Voyages to the Spanish Main*, p.p. I. A. Wright, 1932, p. XVII.

122. 18 déc. 1568, *CODOIN*, XC, p. 160.

123. W. Cecil place ses économies à Hambourg, *CODOIN*, XC, p. 227, Londres, 9 mai 1569.

124. Gresham à W. Cecil, Londres, 14 août 1569, R. Ehrenberg, *op. cit.*, II, p. 34. Mesure analogue, la fermeture du Steelyard, en 1576-1577. Mais ce nationalisme n'exclut pas le recours aux places étrangères, ainsi à Cologne au moins, en 1575, *CODOIN*, XCI, 10 déc. 1575.

125. *CODOIN*, XC, p. 184, 14 févr. 1569.

126. *Ibid.*, p. 185, 14 févr. 1569.

127. *Ibid.*, p. 254, 1er juillet 1569.

128. *CODOIN*, XC, p. 173 et *sq.*, p. 178 et *sq.* ; *CODOIN*, XXXVIII, p. 11.

129. O. De Törne, *Don Juan d'Autriche*, I, p. 109 et *sq.* Pour les détails qui intéressent la vie marchande, les prises, le premier blocus d'Anvers 1568, et le second 1572-1577, voir V. Vázquez de Prada, *op. cit.*, I, p. 55 et *sq.*, 58 et *sq.*

130. Il est symptomatique que, dès 1567, le duc d'Albe, avec ses forces, ses deniers et ses lettres de change, ait gagné les Pays-Bas par Gênes, la Savoie et la Franche-Comté (Lucien Febvre, *Philippe II et la Franche-Comté*, p. 520 et *sq.*), la Lorraine et le Luxembourg. Détail révélateur : en 1568, 150 000 écus destinés au duc d'Albe sont arrêtés sur le Rhin par le Comte Palatin. Les Génois responsables du transport, Luciano Centurione et Constantino Gentile, obtiennent la restitution de l'argent saisi contre indemnité, Charles IX à Fourquevaux, 24 mars 1568, p. 169 ; Fourquevaux à Charles IX, Madrid, 6 avril 1568, C. Douais, *op. cit.*, I, p. 345 ; avis de Bruxelles, 7 mars 1568, H. van Houtte, *art. cit.*, p. 437.

131. Anvers, 31 juillet 1572, A.d.S. Gênes, Olanda, Lettere Consoli, 1 265.

132. Armada reunida en Santander para ir a Flandes, Simancas Eº 561 ; C. Duro, *Armada española*, II, 288 et *sq.*

133. Antonio de Guaras à Zayas, Londres, 29 nov. 1575, *CODOIN*, XCI, p. 108.

134. R. Ehrenberg, *op. cit.*, I, 180-181, p. 213, 215.

135. Philippe II au duc de Parme, S. Lorenzo, 7 sept. 1588, A.N., K 1448, M.

136. R. Ehrenberg les prétend hors jeu depuis 1577, mais à tort, *op. cit.*, I, p. 362-363.

137. Philippe II à B. de Mendoza, Madrid, 17 mars 1589, A.N., K 1449.

138. Le même au même, S. Lorenzo, 6 mai 1589 et 14 juin 1589, *ibid.*

139. Bart. Benedetti, *Intorno alle relazioni commerciali... di Venezia e di Norimberga*, Venise, 1864, p. 30.

140. L. Batiffol, *La vie intime d'une reine de France au XVIIᵉ siècle*, Paris, 1931, p. 18.

141. Idiáquez au marquis de Mondejar, Venise, 26 mars 1579, A.N., K 1672. G. 38, copie. Idiáquez rapporte un souvenir du temps où il était ambassadeur à Gênes, de là l'incertitude de la date.

142. En 1590, six courriers venant d'Italie sont délestés près de Bâle de 50 000 écus destinés à Ambrogio Spinola, à Anvers. Chaque courrier peut transporter 10 000 écus en pièces d'or, V. Vázquez de Prada, *op. cit.*, I, p. 37.

143. Memorial de Ysoardo Capelo en que dize de la manera que se podra llevar a Flandes dinero de contado pasandolo por Francia, 1572, A.N., K 1520, B. 33, note 49, copie.

144. Fourquevaux à Charles IX, Madrid, 13 janv. 1569, C. Douais, *op. cit.*, I, p. 46.

145. Le duc d'Albe à Philippe II, Bruxelles, 7 juin 1571, A.N., K 1523, B 31, note 78.

146. C. de Mondoucet, *op. cit.*, I, p. 71-72, Bruxelles, 21 oct. 1572.

147. Del Caccia au prince, Madrid, 21 sept. 1572, A.d.S., Florence, Mediceo 4903. G. Mecatti, *op. cit.*, II, p. 750. Donc erreur de Lavisse, *op. cit.*, VI, I, p. 123.

148. Philippe II à Diego de Çuñiga, Madrid, 25 sept. 1572, A.N., K 1530, B 34, note 65.

149. Saint-Gouard à Charles IX, Madrid, 26 sept. 1572, B.N., Paris, fr. 16 104.

150. *Op. cit.*, II, p. 136, note I, B.N. Paris, fr. 127, f°s 181-182.

151. Diego de Çuñiga à Philippe II, Paris, 1er déc. 1576, A.N., K 1542, B 41, orig. D.

152. *Op. cit.*, II, p. 215.

153. *C.S.P. Venet*, VII, p. 565, 19 oct. 1577.

154. R. Ehrenberg, *op. cit.*, I, 362-363.

155. Vargas à Philippe II, Paris, 12 déc. 1577, reçue le 21, A.N., K 1543, B 52, note 113, D.

156. Vargas à Philippe II, Paris, 11 juillet 1578, A.N., K 1545, B 43, note 9, D.

157. Le même au même, 27 juillet 1578, *ibid.*, note 22, D.

158. *Ibid.*

159. O. de Törne, « Philippe II et les Guises », *in : Revue Historique*, 1935.

160. Philippe II à J. B. de Tassis, Lisbonne, 20 août 1582, A.N., K 1447, p. 186.

161. Longlée à Henri III, Saragosse, 3 mai 1585, *Dépêches de M. de Longlée*, p.p. A. Mousset, p. 186.

162. A.d.S., Mantoue, Série E, Genova 759, 15 octobre 1532.

163. R. Ehrenberg, *op. cit.*, I, p. 343.

164. C^or M^or au roi, Rome, 1er nov. 1551, *Corpo dipl. port.*, VI, p. 38.

165. *Op. cit.*, I, p. 155.

166. Gênes, 28 janv. 1564, Simancas E° 1393.

167. Philippe II à Pedro de Mendoza (1565). Simancas E° 1394.

168. 4 févr. 1566, C. Douais, *op. cit.*, I, p. 50.

169. Au prince, Madrid, 11 mai 1566, A.d.S., Florence, Mediceo, 4897 *bis*.

170. Le duc d'Albe à Philippe II, Carthagène, 27 avril 1567, A.E. Esp. 4, f° 357.

171. Garces au duc, Madrid, 13 juin 1565, Mediceo 4897, f° 122 v°. Vice-roi de Naples à Philippe II, 30 avril 1566. Sim. E° 1055, f° 116 et également f° 137 et 184.

172. *Op. cit.*, I, p. 153.

173. Nobili au prince, Madrid, 18 juin 1567, A.d.S., Florence, Mediceo 4898, f° 68 v° et 69.

174. Le même au même, 30 mai 1567, *ibid.*, f° 60 v°.

175. *Ibid.*, f° 64.

176. *Ibid.*, 20 sept. 1567, f° 99 v°.

177. A. de Raguse, Diversa di Cancellaria, 127, f°ˢ 106 et 106 v°, 3 octobre 1539.

178. A. de Raguse, Div. di Cancellaria, 139, f°ˢ 23 et *sq.*

179. *Ibid.*, 146, f° 34.

180. *Ibid.*, 145, f° 23 v°.

181. *Ibid.*, 146, f° 145, 20 août 1560.

182. Vuk VINAVER, « Der venezianische Goldzechin in der Republik Ragusa », *in : Bollettino dell'Istituto della Società e dello stato veneziano*, 1962, p. 140-141.

183. *Ibid.*, p. 141.

184. Barcelone, 4 mai 1561, Simancas E° 328.

185. Simancas E° 1055, f° 137.

186. Ce nolis pour l'argent est, en 1572, de 1,5 p. 100. Gio. Andrea Doria à la République de Gênes, Madrid, 27 avril 1572. A.d.S., Gênes, L. M. Spagna 5.2414.

187. Vice-roi de Naples à Philippe II, Naples, 7 févr. 1566 ; Simancas E° 1055, f° 29.

188. Philippe II à Granvelle, Madrid, 25 mars 1572, Simancas E° 1061, f° 208. Granvelle à Philipe II, 21 avril 1572, Simancas E° 1061, f° 27. G. de Caccia au prince, Madrid, 19 déc. 1572, Mediceo 4903, 500 000 écus en lettres de change sur Gênes.

189. Références à la note précédente, Mediceo 4903.

190. R. EHRENBERG, *op. cit.*, II, p. 215.

191. *Ibid.*, p. 214.

192. *Ibid.*, p. 179. En 1576, envoi d'un million à Don Juan par les galères de Barcelone à Gênes, O. de TÖRNE, *op. cit.*, II, p. 30.

193. Philippe II au Prieur D. Hernando de Toledo, S. Lorenzo, 16 juillet 1577, Simancas E° 335. L'Almirante prendra place à bord de la capitane, laquelle fera d'ailleurs le voyage de conserve avec quatre galères. Le Prieur D. H. de Toledo à Philippe II, Barcelone, 27 août 1577 (reçue le 31). Simancas E° 335, f° 402.

194. Philippe II au grand-duc, Lisbonne, 23 déc. 1582, Simancas E° 1451.

195. Voir pour plus de détails Felipe RUIZ MARTÍN, *Lettres marchandes...*, *op. cit.*, p. LXXXIV et *sq.*

196. *Dépêches de M. de Longlée*, p.p. A. MOUSSET, Paris, 1912, p. 9.

197. *Ibid.*, p. 19.

198. *Ibid.*, p. 42.

199. *Ibid.*, p. 77.

200. *Ibid.*, p. 76-77.

201. *Ibid.*, p. 87.

202. Alors *veedor general* de l'armée des Flandres. 100 000 écus envoyés à J. B. Tassis sur 692 722 expédiés en Italie, 23 juillet 1585. A.N., K 1583.

203. *Dépêches de M. de Longlée, op. cit.*, p. 120.

204. *Ibid.*, p. 129.

205. *Ibid.*, p. 139.

206. *Ibid.*, p. 147.

207. *Ibid.*, p. 149.

208. *Ibid.*, p. 175.

209. *Ibid.*, p. 242.

210. *Ibid.*, p. 269.

211. *Ibid.*, p. 312.

212. *Ibid.*, p. 315.

213. L'ambassadeur de Gênes à la République, Madrid, 29 mars 1586, A.d.S., Gênes, L. M. 9-2418.

214. Philippe II au grand-duc, S. Lorenzo, 17 juin 1589, Simancas E° 1452.

215. R. EHRENBERG, *op. cit.*, I, p. 351. A rapprocher de l'indication sur A. Spinola des notes de Longlée, 3 mars 1590, *op. cit.*, p. 391.

216. Antonio Dominguez ORTIZ, « Los estrangeros en la vida española durante el siglo XVII », *in : Estudios de historia social de España*, 1960, p. 304, note 10.

217. L'indication formelle dans Ralph. de TURRI, *Tractatus de cambiis*, Disp. 3. Qu. 13. No. 78 ; S. Contarini au doge, Valladolid, 16 décembre et 30 décembre 1602, (A.d.S. Venise, Senato Dispacci Spagna) ; *Lettres missives de Henri IV*, VI, p. 16. Le roi à M. de Beaumont, 18 janvier 1603, « le Roy d'Espagne a bien arresté son party des onze millions d'or auxquels on m'a escript avoir adjousté encore un million... ». Le party jouera sur trois ans : 3 millions chaque année pour les Flandres, plus deux autres millions pour la Maison Royale. Ces chiffres sont assez proches de la réalité. L'*asiento* signé à Valladolid, le 31 décembre 1602, se monte exactement à 7 200 000 escudos (payables en Flandres en 36 *pagas*) et 2 400 000 ducados (payables en 36 *pagas* à Madrid, Séville, Lisbonne, Simancas, Contadurias Generales, 1° 96. C'est dans cette série que se trouve la collection entière de ces *asientos* que j'ai dépouillée personnellement, en 1951, laissant la suite de ce travail à Alvaro Castillo Pintado qui l'a conduit à son terme. Voir le graphique p. 404, qui, donnant les chiffres complets, m'a fait penser qu'il était inutile de fournir toutes ces références et de corriger le texte ancien de mon travail qui introduit seulement ce gros problème.

218. Philippe II à Juan de Lastur, S. Lorenzo, 4 avril 1587, A.N., K 1448, minute.

219. Amedeo PELLEGRINI, *Relaz. inedite di ambasciatori lucchesi...*, Rome, 1901, p. 13-14, à propos du voyage de Compagno

Compagni en 1592, voyage d'hiver avec naufrage d'une galère (120 galériens se noient). La flotte transportait de 600 à 800 000 écus et des caisses de pièces de monnaie. A noter l'exactitude des remarques de CERVANTES, *La Gitanilla*, I, p. 64, sur ce Génois qui envoie de l'argent d'Espagne à Gênes par les galères et sur les occasions de galères à Carthagène. L'argent espagnol transporté aussi, licitement ou non, par des naves marchandes, ainsi à bord de la nave San Francisco, chargée à Alicante et à Ibiza, arrivée à Livourne le 3 mars 1585, 21 700 reali, A.d.S., Florence, Mediceo 2 080.

220. Simón Ruiz à B. Suárez, Medina del Campo, 17 avril 1583.

221. A.d.S., Venise, Senato Dispacci Spagna, Fᶜᵒ Morosini au doge, Madrid, 18 janvier 1614.

222. Voir en sens contraire le compte rendu d'Émile COOR-NAERT, *in : Revue du Nord*, déjà cité par nous.

223. Émile COORNAERT, *op. cit.*, p. 28-29, l'ascension jusqu'en 1569, p. 30, « en 1580 quand déjà beaucoup de gens sont partis... ».

224. R. B. MERRIMAN, *op. cit.*, IV, p. 285-286. L'altération des monnaies aux Pays-Bas en 1585 (Émile COORNAERT, *op. cit.*, p. 46) n'est-elle pas une conséquence, un dernier stade ?

225. En 1579, il n'y a plus à Anvers qu'une maison espagnole d'importance, 4 lucquoises, 5 génoises, 14 italiennes, 10 portugaises, R. EHRENBERG, *op. cit.*, II, p. 192.

226. A. Vaticanes Spagna 27, *Le cause per le quale il sermo Re di Portugallo...*, 1573, fᵒˢ 161 à 162. Les troubles bancaires de Séville en 1565-1567.

227. V. VÁZQUEZ de PRADA, *op. cit.*, I, p. 28, note 30.

228. D'après A. von REUMONT, *op. cit.*, I, p. 355, c'est en 1575 que les quelques firmes florentines qui y demeurent encore abandonnent Lyon pour aller à Besançon, Chambéry, Avignon... Pour R. EHRENBERG, *op. cit.*, I, p. 306 il ne reste, en 1575, que quelques Italiens à Lyon, les autres sont partis vers Paris. En 1592, seule survivante, la banque de Capponi, reprise en 1594 par le célèbre Lucquois Zametti. Sur ce gros chapitre, voir L'HERMITTE DE SOLLIER, *La Toscane française*, Paris, 1661, qui traite des banquiers italiens installés à Paris. Dans le cadre toscan, la chute de Lyon n'est-elle pas une des causes du rapprochement hispano-toscan au delà de 1576 ? La façon dont s'infléchit la vie toscane en direction de l'Espagne, R. GALLUZZI, *op. cit.*, III, p. 505 et *sq*.

229. R. EHRENBERG, *op. cit.*, II, p. 191.

230. *Ordenanzas del Consulado de Burgos de 1538*, p.p. Eloy GARCIA de QUEVEDO Y CONCELLON, Burgos, 1905. Longue introduction. Décadence dès 1556 ? p. 71. La date me semble trop précise. D'après Marie Helmer, qui me confirme son point de vue dans une note du 21 mars 1965, les signes de déclin

apparaissent vers 1566 ; la crise marque des pointes en 1568, 1570 et 1572. La chute est un fait accompli en 1573 et ses effets sont irréversibles.

231. A. de CAPMANY, *op. cit.*, IV, p. 337 (1594). A Barcelone création, en 1609, du Nuevo Banco « *per mes ampliar la Taula del Cambi* », A. P. USHER, *op. cit.*, p. 437.

232. Du Ferrier à Henri III, Venise, 8-13 mai 1575, E. CHARRIÈRE, *op. cit.*, III, p. 595.

233. Simancas E⁰ 343 (1595).

234. D. de HAEDO, *op. cit.*, p. 24 et 24 v⁰ ; R. HAKLUYT, *op. cit.*, II, p. 176 (1584).

235. R. BUSQUET, « Les origines du consulat de la nation française à Alger », *in : Inst. hist., Provence*, 1927.

236. P. GRANDCHAMP, *op. cit.*, par exemple, I, p. 17, 18, 23, 87, etc. Le fait déjà remarqué par A. E. SAYOUS, *Le commerce des Européens à Tunis depuis le XIIᵉ siècle*, 1929.

237. D. de HAEDO, *op. cit.*, p. 177 v⁰.

238. A.d.S., Florence, Mediceo 2080, 26 juillet 1578, 3 mars 1585.

239. A. de Raguse, D. de Foris, VIII, f⁰ 172, 24 août 1599.

240. *Ibid.*, fᵒˢ 113 v⁰ à 115 v⁰.

241. A.N., K 1676, Iñigo de Mendoza à Philippe III, 2 janvier 1599.

242. A. de Raguse, D. di Cancellaria, 192, f⁰ 139, 30 mai 1604.

243. Voir tome I, p. 242.

244. A.d.S., Florence, Mediceo 5032, Zanobi Carnesechi à l'archevêque de Pise, Gênes, 27 juin 1598.

245. Felipe RUIZ MARTÍN, *Lettres marchandes...*, p. XLVIII.

246. Tanteo general B.N., Madrid, 1004, cité par Felipe RUIZ MARTÍN, *ibid*.

247. Cf. les lettres échangées entre Simón Ruiz et ses correspondants de Florence dans le livre cité de F. RUIZ MARTÍN. Signalons dans les lettres de Baltasar Suárez, celle du 24 février 1590 (les Bonvisi à Lyon) « *No querian creditos sino débitos... ; sta oy dia el cambio de manera que quien tiene el dinero lo a de dar a como quiere el tomador* — celle du 9 septembre 1591, etc.

248. *Ibid.*, lettre du 30 mars 1590.

249. Baltasar Suárez à Simón Ruiz, Florence, 9 septembre 1591.

250. A.d.S. Sommaria Consultationum 22, fᵒˢ 9-10, 8 février 1608.

251. D'après TURBOLO, *Discorso...*, p. 3 et 4, Naples, B. di Storia Patria XXVIII, D. 8. Et seulement 10 500 000 ducats de 1548 à 1587, soit 260 000 par an, chiffre arrondi (A.d.S., Naples, Sommaria Consultationum, 9, f⁰ 168, 29 janvier 1587) contre 400 000, moyenne annuelle de 1599 à 1628, ce qui, compte tenu de la dévaluation du ducat, signifie encore une accélération.

252. Antonio della ROVERE, *op. cit.*, p. 43, note 40 *bis*.

253. Ubaldo MERONI (publié par), *I « libri delle usate delle monete » della Zecca di Genova, dal 1589 al 1640*, Mantoue, 1957.

254. Je donne à la suite les références qui correspondent aux notations chiffrées du paragraphe qui suit : Marciana 7299 [2 juin 1584] ; Correr, Donà delle Rose, 26, f° 93, 2 juin 1584 ; *ibid.*, f° 93 v°, 13 juillet 1584 ; *ibid.*, f° 95, 5 décembre 1585 ; *ibid.*, f° 104, 14 juin 1591 ; A.d.S., Venise, Senato Zecca 2 (1591) ; *ibid.*, 4 décembre 1595 ; 3 janvier 1596 ; *ibid.*, 5, 26 mars 1597 ; *ibid.*, 8, 19 mars 1605.

255. A.d.S., Naples, Sommaria Consultationum, 9, f° 168, 29 janvier 1587.

256. Ces affirmations sont à peu près sûres ; du côté de la France voir l'article classique de A. CHAMBERLAND, cité *supra*, p. 690, n. 460, ; pour l'Allemagne et les Pays-Bas le simple fait que Venise et Florence disposent de remises sur le Nord ; sur le déséquilibre entre Florence et l'Espagne, voir F. RUIZ MARTÍN, *Lettres marchandes...* La notion de balance des comptes reste étrangère au XVI° siècle, cependant dans la réponse des hommes d'affaires au gouvernement espagnol [1575, B. M. Harl. 3315, f° 155] je lis cette phrase importante : « ... *a estos reynos por ymportar mas las mercaderias que vienen a ellos que las que salen, y este inconveniente no es de poca consideracion.* »

257. C'est la date que suggère J. van KLAVEREN, *op. cit.*, p. 3. Jean MEUVRET, « La conjoncture internationale de 1660 à 1715 », *in : Bulletin de la Société d'Histoire Moderne*, 1964, n'y voit, semble-t-il, que les débuts d'un mouvement court de hausse. « S'agissait-il d'une vraie reprise ? » A noter qu'à partir de 1604 à 1609, une partie du métal blanc d'Amérique prend le chemin du Nord européen.

258. Le mot est de Samuel RICARD, voir note suivante.

259. Samuel RICARD, *Traité général du Commerce*, 2° édit., 1706, p. 371.

260. Marciana 5729, Relazione d'Egitto, 1668.

261. C'est l'opinion de F. RUIZ MARTÍN, *Lettres marchandes...*

262. A.d.S. Gênes, Spagna 38, documents de 1647 à 1650.

263. Dans les pages qui suivent j'ai mis à contribution deux travaux de Felipe RUIZ MARTÍN, *Lettres marchandes échangées entre Florence et Medina del Campo*, il s'agit des lettres expédiées ou reçues par Simón Ruiz puis son neveu Cosme Ruiz à destination ou en provenance de Florence, de 1577 à 1606, ces lettres sont précédées d'une longue et magnifique introduction. Le second ouvrage qui m'a été communiqué avant sa publication, *El siglo de los Genoveses en Castilla (1528-1627) : capitalismo cosmopolita y capitalismos nacionales*, est à mon avis le plus beau livre sur l'Espagne du XVI° siècle, depuis les travaux classiques de Ramón Carande [ouvrage non publié].

264. Je suis impressionné, en effet, par les arrivées massives

de métal blanc à Gênes, encore à la fin du siècle. Voir à partir de 1670 la correspondance du Consul français à Gênes, Compans, A.N., Affaires Étrangères B 1 511, Gênes. Voir aussi la courbe des frappes de la Zecca de Gênes d'après la publication d'U. Meroni, cité page précédente, note 253.

265. Ramón Carande, « Sevilla fortaleza y mercado », *in : Anuario de Historia del Derecho español*, II, 1925 (tirage à part), pp. 33, 55 et *sq.* Jacques Heers, *op. cit.*, références nombreuses au mot *Séville* à l'index.

266. Frank Spooner a bien noté que les Génois ont su profiter en ces années tournantes de la valorisation de l'or, *op. cit.*, p. 21.

267. Renée Doehaerd, *Études anversoises*, I, 1963, p. 33.

268. Cf. F. Ruiz Martín, *Lettres marchandes...*, p. XXIX et *sq.*, et l'excellent article d'Alvaro Castillo Pintado, « Los juros de Castilla apogeo y fin de un instrumento de credito », *in : Hispania*, 1963. Les *juros de caución* (de caution) ne se vendent pas. En obtenant des effets négociables (les *juros de resguardo*) ou, comme l'on dit, les *resguardos*, les hommes d'affaires atteignent l'épargne publique, en Espagne comme hors d'Espagne, particulièrement en Italie. Les *resguardos* vendus aux épargnants sont remboursés au moment du règlement de l'*asiento* (le *finiquito*), en titres portant même intérêt. Les Génois sont donc maîtres d'un marché encore peu cohérent de rentes diverses par leur taux, leur nature et leurs assignations. Mais il y a des risques : ainsi en 1575, à cause de ses spéculations sur les *resguardos*, le prince de Salerne, Nicoló Grimaldo, faisait une banqueroute retentissante, Alvaro Castillo Pintado, *art. cit.*, p. 9.

269. Felipe Ruiz Martín, *Lettres marchandes...*, p. XXXII.

270. Simancas Consejo y Juntas de Hacienda, 37, Decreto sobre la paga de las mercedes y otras deudas, Tolède, 14 novembre 1560.

271. *Ibidem.*

272. Felipe Ruiz Martín, *Lettres marchandes...*, p. XXXII.

273. V. Magalhães Godinho, *op. cit.*, p. 420, en 1435 le quintal à 3 072 *réais*, en 1564, 33 421. Brusque chute en 1568.

274. B.N., fr. 9093, f° 78 [1640].

275. A.d.S., Venise, *Cinque Savii*, Riposte 1602-1606, f°s 189 v° à 195, 16 janvier [1607].

276. 2 avril 1597, A.d.S., Gênes Spagna 12.

277. En particulier dans les *Lettres marchandes...*, le chapitre II, « L'argent vassal de l'or », p. LIII et *sq.*

278. D'après le livre de compte, imprimé par ses soins, de Francisco de Lixalde *pagador del exercito de Flandes*, à partir du 12 mars 1567. Ce livre sous le titre manuscrit, *Tanteos tomados en Flandes al pagador Francisco de Lixalde hoja de catorze meses antes que falleciese*, Simancas., p. 26. C'est le livre publié, d'après une copie latine, par M. F. Rachfahl, *Le registre de Franciscus*

*Lixaldius, trésorier général de l'armée espagnole aux Pays-Bas,
de 1567 à 1576*, 1902, 187 p., 8°.

279. L. GOLDSCHMIDT, *Universalgeschichte des Handelsrechtes*,
1891, p. 127.

280. G. LUZZATTO, *op. cit.*, p. 180.

281. Lucien FEBVRE m'indique que, d'après les registres municipaux de Besançon (requête de Thomas Doria au magistrat de
cette ville, 27 juillet 1566), ce fut en 1534-1535 que la cité
impériale attira chez elle les banquiers génois « qui avaient délaissé
faire leur résidence ès lieux de Lyon et de Monluel et se
tenoient en la ville de Lons-le-Saunier ». Sur ces foires : CASTAN,
« Granvelle et le Saint-Empire », *in : R. Historique*, 1876, t. I,
p. 113, note ; P. HUVELIN, *Droit des marchés et des foires*, 1907 ;
le discours de CONTARINI, 1584, *in :* A. LATTES, *La libertà delle
banche a Venezia*, Milan, 1869, p. 121 ; R. EHRENBERG, *op. cit.*,
I, p. 342, II, p. 227 ; Jacques SAVARY DES BRUSLONS, *Dic.
universel de Commerce*, Copenhague, 1760, V, « Foire », II, p.
679-680 ; L. GOLDSCHMIDT, *op. cit.*, p. 237.

282. Sur ce qui précède, Domenico GIOFFRÈ, *Gênes et les foires
de change : de Lyon à Besançon*, 1960, p. 115-119.

283. Lucien FEBVRE, *op. cit.*, p. 22, note 4, p. 110, note 3,
j'ai trouvé (Archives du Doubs, B. 563) la requête des banquiers
génois demandant l'autorisation de tenir leurs foires à Poligny,
13 août 1568 ; R. EHRENBERG, *op. cit.*, II, p. 227.

284. J. SAVARY DES BRUSLONS, *Dictionnaire universel de Commerce*, II, p. 227.

285. Je fais allusion aux travaux de Felipe RUIZ MARTÍN et de
José GENTIL DA SILVA.

286. Tout le paragraphe qui suit s'appuie sur les explications
des deux ouvrages de Felipe RUIZ MARTÍN, cités *supra*, p. 708,
note 263.

287. *Actas*, IV, p. 225-226, 316, 411.

288. J. GENTIL DA SILVA, ouvrage à paraître, d'après son
premier dactylogramme, p. 24.

289. *Ibid.*, p. 21.

290. Henri PIRENNE, *Histoire de Belgique*, IV, 1927, p. 78.

291. A.d.S., Gênes, Spagna 6.2415, Sauli et Lercaro à la
République de Gênes, Madrid, 17 juillet 1576.

292. Les détails qui suivent selon les explications du travail
inédit de J. GENTIL DA SILVA.

293. *Op. cit.*, à l'article « Foire », tome II, Copenhague, 1760,
colonne 68.

294. Au moins le premier volume. Cf. Catalogue de la *Kress
Library*, p. 23. J'ai utilisé l'édition vénitienne (Gio. Giacomo
Hertz) de 1682, en un seul volume.

295. Gino LUZZATTO, *op. cit.*, p. 180.

296. *Ibid.*

297. R. EHRENBERG, *op. cit.*, I, p. 350.

298. J. GENTIL DA SILVA, « Réalités économiques et prises de conscience », *in : Annales E. S. C.*, 1959, p. 737 (à la date du 11 février 1580).

299. Museo Correr, Donà delle Rose, 26.

300. Cité par F. RUIZ MARTÍN, *Lettres marchandes...*, p. XXXIX.

301. Museo Correr, Donà delle Rose, 181, f° 53.

302. Voir l'admirable article d'H. van der WEE, à paraître dans *Annales, E.S.C.*

303. J. GENTIL DA SILVA, *Stratégie des affaires à Lisbonne entre 1595 et 1607*, 1956, p. 50, 22 novembre 1596 à Lisbonne, 27, à Lyon.

304. Felipe RUIZ MARTÍN, *El siglo de los Genoveses*, à paraître, nous suivons de près son excellente argumentation, solidement établie et neuve.

305. J. GENTIL DA SILVA, *op. cit.*, p. 51, 27 novembre 1596.

306. *Ibid.*, p. 50 et Victor von KLARWILL, *The Fugger News-Letters*, Londres, 1926, II, p. 283, n° 573, Venise, 25 octobre 1596.

307. A.N., K 1676 (G. S.), Venise, 4 janvier 1597, Iñigo de Mendoza à S.M.

308. Felipe RUIZ MARTÍN, *El siglo de los Genoveses...*, à paraître.

309. A.d.S., Gênes, Spagna 11.2420, Cesare Giustiniano au doge, Madrid, 20 janvier 1597.

310. A.d.S., Gênes, *Relazione delle cose di Genova*, 1597, f° 26.

311. J. GENTIL DA SILVA, *op. cit.*, p. 52, 30 décembre 1596.

312. Référence exacte égarée.

313. A.d.S., Gênes, Spagna 11.2420, H. Piccamiglio au doge, Madrid, 25 novembre 1596. Cependant espoir d'un règlement rapide dans la lettre de C. Giustiniano, 25 décembre 1596, *ibid.*

314. *Ibid.*, le mot est de Piccamiglio, 7 décembre 1596.

315. Cesare Giustiniano au doge, Madrid, 31 janvier 1597.

316. Du même au même, Madrid, 20 janvier 1597.

317. Du même au même, Madrid, 24 décembre 1596.

318. J. GENTIL DA SILVA, *op. cit.*, et références, p. 53, Rome, 25 janvier 1597.

319. A.d.S., Gênes, Spagna 11.2420, C. Giustiniano au doge, Madrid, 5 février et 22 février 1597. Sur le rôle de Tomas Cherch (Carg), le même au même, Madrid, 2 mars 1597.

320. Le même au même, Madrid, 5 janvier 1597, également 22 février 1597.

321. Le même au même, 22 février 1597.

322. *Ibid.*

323. Par exemple, Ernst HERING, *Die Fugger*, Leipzig, 1940, p. 301 et *sq.*

324. J. GENTIL DA SILVA, *op. cit.* et références, p. 55, 12 juin 1597.

325. Je suis le texte déjà cité de Felipe RUIZ MARTÍN.

326. Sur ces règlements serait à citer toute la correspondance précise de Cesare Giustiniano.

327. Selon les indications de Felipe RUIZ MARTÍN. Sur la banqueroute de 1607 les correspondances génoises (A.d.S., Gênes, Spagna 15 2424) sont d'un intérêt évident, mais n'ajoutent rien ou presque rien au livre de Felipe RUIZ MARTÍN qui a l'avantage de bien situer la crise dans le cadre de l'histoire économique et financière de la Castille.

328. *Ibid.*

329. *Ibid.*

330. *Ibid.*

331. Voir p. 539 et *sq.*

332. La plus sympathique : Carlo M. CIPOLLA : « La prétendue "révolution des prix", réflexions sur l'"expérience italienne" », *in : Annales E.S.C.*, oct.-déc. 1955, p. 513-516.

333. Gaston ZELLER, *La Vie économique de l'Europe au XVIᵉ siècle*. Cours de Sorbonne, p. 3 et *sq.*

334. St. HOSZOWSKI, *Les prix à Lwow (XVIᵉ-XVIIᵉ siècles)*, 1954, p. 60 : la vie moins chère entre 1521 et 1525 qu'entre 1451 et 1500.

335. G. d'AVENEL, *Hist. économique de la propriété...*, 1898, III, p. 246.

336. C. Alonso HERRERA, *op. cit.*, fᵒ 353.

337. Résumé dans Earl J. HAMILTON, *op. cit.*, p. 283 et *sq.*

338. *Actas...*, V, p. 472-474, cité par Earl J. HAMILTON, *op. cit.*, p. 286.

339. Détail cité par K. MARX, *Contribution à la critique de l'économie politique*, trad. Molitor, 1954, p. 179.

340. A propos des plaintes des Cortès, F. RUIZ MARTÍN remarque que les prix à la hausse sont particulièrement ceux des marchandises qu'achètent les marchands génois.

341. E. ALBÈRI, *op. cit.*, II, V, p. 470.

342. *Gobierno de Vizcaya*, II, p. 406.

343. *Literaturnachweis über Geld-und Münzwesen*, p. 9-14.

344. Josef HÖFFNER, *Wirtschaftsethik und Monopole*, 1941, Berlin, 1892, p. 110.

345. E. J. HAMILTON, *op. cit.*, p. 292.

346. Henri HAUSER, *La response de Jean Bodin à M. de Malestroit...*, et *Paradoxes inédits du Sieur de Malestroit touchant les monnoyes*, édition de Luigi Einaudi, Turin, 1937.

347. 1585, p. 125.

348. P. 43 vᵒ.

349. Cité par E. HECKSCHER, dans son ouvrage classique, édit. espagnole, *La época mercantilista*, 1943, p. 668, éd. allemande, 1932, II, p. 207.

350. « Encore la révolution des prix au XVIᵉ siècle », *in :
Annales E.S.C.*, 1957, p. 269 et *sq.*, et *Structure Économique et
théorie monétaire*, 1956.

351. *Recherches anciennes et nouvelles sur l'histoire des prix*,
1932, p. 403-420, 457-478, 492, 546...

352. *Paradoxes inédits...*, p. 23.

353. B.N., Paris, fr. 10766, f° 100 (s. d.).

354. Si x et y sont les quantités d'or et d'argent en 1500 et
qu'il y ait équilibre entre elles, x (tonnes d'argent) = 12 y tonnes
d'or. Si les accroissements de 1500 à 1650 sont en gros de 18 000
tonnes d'argent et de 200 tonnes d'or la seconde équation est
$$x + 18\ 000 = 15\ (y + 200).$$

355. Il s'agit de partir d'estimations, de les ramener à une
population donnée et de calculer proportionnellement un ordre
de grandeur avec les autres masses. Au début de 1587, Naples,
qui a plus de 3 000 000 d'habitants, aurait un stock de 700 000
ducats, à ce taux l'Europe en aurait plus de 20 millions et la
Méditerranée 14... Cette estimation semble faible, au départ. Le
stock est considéré assez fréquemment par les économistes comme
égal à la somme des frappes des trente dernières années. P. Boissonnade (*art. cit.*, p. 198) parle pour l'Angleterre de 4 millions
de livres sterlings au XVIᵉ siècle, René Baehrel (« Économie et
histoire à propos des prix », *in : Hommage à Lucien Febvre.
Éventail de l'histoire vivante*, Paris, 1953, t. 1, p. 309, n°72) parle
de 2 millions de livres pour la France à la fin du XVIIIᵉ siècle. Les
chiffres sont trop peu nombreux et pas assez solides, tous nos
calculs pêchent à la base, mais ils nous aident à mieux imaginer
une économie révolue, à en ajuster les modèles et à en cerner la
réalité. Voir la discussion peu convaincante mais stimulante de
R. Baehrel, *op. cit., passim* et p. 40, note 26. Aucun modèle ne
sera valable sans l'étude si possible quantitative de la petite
monnaie, celle des pauvres. Or les frappes sont infimes par
rapport à celles de l'or ou de l'argent. A Venise où ces frappes
s'élèvent à 2 millions annuels de ducats, il est frappé 60 000
ducats de *bezzi* en 1604, 15 000 de *gazette* et *grossetti* en 1606,
A.d.S., Venise, Senato Zecca, 9.

356. Pierre Chaunu, *L'Amérique et les Amériques*, 1964, p. 93
et *sq.*

357. Voir graphique 19, p. 209.

358. J. Kulischer, *op. cit.*, I, p. 280-281.

359. *Ibid.*, p. 281.

360. G. Parenti, *op. cit.*, p. 224.

361. *Op. cit.*, pp. 351 v° à 352.

362. L. Bianchini, *Della storia economico-civile di Sicilia*,
Naples, 1841, I, p. 331 et *sq.*

363. *In : Bollettino Stor. pavese*, VIII, 1945.

364. Alfred Morel Fatio, *Études sur l'Espagne*, 4ᵉ série, 1925,
p. 373.

365. La princesse Jeanne à Philippe II, 13 juillet 1559, Simancas E° 137, f° 22, 1 500 vassaux auprès de Séville, pour 150 000 ducats.

366. *Vie de Benvenuto Cellini*, édit. Crès, II, p. 598 et *sq.* Dans une tout autre région — le terroir d'Arles — voyez aussi le métayage à moitié et au quart, durant le XVIᵉ siècle. QUIQUERAN DE BEAUJEU, *op. cit.*, p. 400-401.

367. Nul ne l'a mieux marqué que Mario SIRI, *La svalutazione della moneta e il bilancio del Regno di Sicilia nella seconda metà del XVI secolo*, Melfi, 1921, in-16, 22 p.

368. D'après Albert DESPAUX, *Les dévaluations monétaires dans l'histoire*, Paris, 1936, p. 362.

369. A.d.S., Florence, Mediceo 3083, f° 417 v°, 27 mars 1583.

370. Marciana, Chronique de Girolamo Savina, f° 361 v°.

371. A. SILVESTRI, « Sui banchieri pubblici napoletani nella prima metà del Cinquecento », *in : Bolletino dell'Archivio storico del Banco di Napoli*, 1951, « Sui banchieri pubblici napoletani dall' avvento di Filippo II al trono alla costituzione del monopolio », *ibid.*

372. L. BIANCHINI, *op. cit.*, I, p. 340 ; G. LUZZATTO, *op. cit.*, p. 183, en fixe la création en 1553.

373. G. LUZZATTO, *ibid.*

374. *Ibid.*

375. L. BIANCHINI, *op. cit.*, p. 341.

376. J'adopte la date de 1587 donnée par G. LUZZATTO. Je trouve dans mes fiches que la banque a été autorisée par le Sénat le 28 juin 1584.

377. G. LUZZATTO, *op. cit.*, p. 188.

378. H. KRETSCHMAYR, *op. cit.*, III, p. 187, dit 1582.

379. Simancas, Naples, S. P. 4, Madrid, 7 oct. 1580.

380. Le Grand Commandeur au Roi, Rome, 24 sept. 1532, *Corpo dipl. port.*, VII, p. 172-173.

381. G. LUZZATTO, *op. cit.*, p. 186. Dans le même ordre d'idées ce tout petit détail d'une correspondance marseillaise, Gilles Hermitte à son frère, Gênes (avril 1593), Fonds Dauvergne, note 47, relate un envoi de trois cents pièces de huit par un patron de barque « qui vous doibt payer en mesme espèce de pièces de huit ou de quatre sans qu'il puisse payer la value d'icelles en autre monoye comme sommes d'accord... ».

382. G. PARENTI, *op. cit.*, p. 235.

383. M. SIRI, *art. cit.*, voir ci-dessus, note 367.

384. L. BIANCHINI, *Della storia delle finanze del Regno di Napoli*, 1839, p. 315 et *sq.*

385. R. KONETZKE, *op. cit.*, p. 197.

386. R. B. MERRIMAN, *op. cit.*, p. 443 ; HÄBLER, *op. cit.*, p. 122.

387. R. KONETZKE, *op. cit.*, p. 199.

388. *Ibid.*

389. J. de SALAZAR, *Politica Española*, 1617, p. 18.

390. Memoria de las rentas y patrimonio del Rey de España de 1562, A. E. Esp. 234.

391. Il y aura des diminutions d'intérêts en 1563, 1608, 1621, *Nueva Recop, libr.* X, XIV.

392. R. MERRIMAN, *op. cit.*, IV, p. 443.

393. E. ALBÈRI, *op. cit.*, I, V, p. 294.

394. Madrid, 5 sept. 1561, copie, B.N., Paris, fr. 16103, f° 45.

395. Voir p. 180.

396. R. KONETZKE, *op. cit.*, p. 199.

397. La Contaduria à Philippe II, Madrid, 13 sept. 1563, Simancas E° 143, f°ˢ 59 et 60.

398. *Actas*, III, p. 357.

399. C. PEREYRA, *Imperio español*, p. 27-31.

400. En 1581, les revenus ibériques de Philippe II seraient de 6 500 000, les dépenses de 7 000 000, E. ALBÈRI, *op. cit.*, I, V, p. 294.

401. A. SEGRE, *Storia del commercio*, I, p. 492, note 3.

402. Jerónimo CONESTAGGIO, *Dell'unione del regno di Portogallo alla corona di Castiglia*, Gênes, 1585, p. 14.

403. B° de Mendoza à Philippe II, Paris, 8 janv. 1587, A.N., K 1566.

404. Voir pp. 179-180 et note 268, A. CASTILLO, art. cité, p. 14 et *sq.* du tir. à part.

405. H. LONCHAY, *art. cit.*, p. 945.

406. Earl J. HAMILTON, *op. cit.*, p. 62.

407. *Ibid.*, p. 65.

408. *Placcart et décret...*, 1597, B.N., Paris, Oc 241, in-12.

409. 1612, p. 43 v°.

410. Simancas, *Guerra Antigua*, IV, f° 108 [vers 1538].

411. Earl J. HAMILTON, *op. cit.*, p. 36 et *sq.* pour tous les motifs invoqués.

412. *Ibid.*, p. 37.

413. François CHEVALIER, *La formation des grands domaines au Mexique. Terre et Société aux* XVIᵉ *et* XVIIᵉ *siècles*, 1952, p. 235.

414. Alice PIFFER CANNABRAVA, *O commercio português no Rio de Plata 1580-1640*, São Paulo, 1944.

415. Pierre CHAUNU, *Les Philippines et le Pacifique des Ibériques* XVIᵉ-XVIIIᵉ *siècles*, 1960, p. 41.

416. Albert GIRARD, *Le commerce français à Séville et à Cadix au temps des Habsbourgs*, 1932, p. 7.

417. B. M. Add. 18287, PS 5633.

418. Émile COORNAERT, *op. cit.*, p. 46 ; je n'ai pas lu *Baja de la moneda*, 1591, Sim. E° 601.

419. Philippe au Grand Com. de Castille, 10 févr. 1574, Sim. E° 561, f°ˢ 16 et 65.

420. Sim. E° 561, Moneda falsa que venja de Flandes en España.

421. Le Conseil d'État au roi, 13 janv. 1609, A.N., K 1426, A 37, n° 110.

422. Le même au même, 27 nov. 1607, A.N., K 1426.

423. 26 avril 1613, A.N., K 1428, A 39, note 28 ; *ibid.*, K 1478, A 78, note 173 ; *ibid.*, K 1479, A 80, 1624 ; *ibid.*, K 1456, 1622 ; Sim. E° 628 Valor de la moneda en Flandes, 1614.

424. B.N., Paris, Esp. 127, f°ˢ 8 v° et 9.

425. G. BERCHET, *op. cit.*, p. 133.

426. P. 492 et *sq.*

427. *Op. cit.*, VI, p. 213.

428. Ami BOUÉ, *op. cit.*, III, p. 121 ; M. SIRI, *art. cit.*, J. W. ZINKEISEN, *op. cit.*, III, p. 798 et *sq.*

429. Philippe de CANAYE, *op. cit.*, p. 42, note 4.

430. *Op. cit.*, p. 158 v°.

431. G. d'ARAMON, *op. cit.*, p. 42.

432. *Ibid.*

433. CANTACUSCINO, *Commentaria*, II, p. 102, Luigi Bassano di Zara, *in* : Francesco SANSOVINO, *Dell'historia universale dell' origine et imperio de Turchi*, Livre 3, Venise, 1564, f° 43, r° et v° ; S. SCHWEIGGER, *Reissbeschreibung…, op. cit.*, p. 267.

434. *Op. cit.*, 158 v°.

435. *Ibid.*

436. Geminiano MONTANARI, *Zecca in consulta di stato…* (1683), p. 253.

437. J. W. ZINKEISEN, *op. cit.*, III, p. 800.

438. J. von HAMMER, *op. cit.*, VI, p. 5.

439. Daniel Badoer au doge, Péra, 21 avril 1564, A.d.S., Venise, Senato Secreta, Cost. Filza 4/D.

440. H. Ferro au doge, Péra, 6 mai 1561, A.d.S., Venise, Senato Secreta… 3/C.

441. Doc. sans date (1577), Simancas E° 1147, copie.

442. Constantinople, 16 mars 1580, Simancas E°1337.

443. J. W. ZINKEISEN, III, p. 800.

444. R. HAKLUYT, *op. cit.*, II, p. 247.

445. Voir tome III, chap. VI, "La crise financière turque".

446. *Op. cit.*, p. 211 et *sq.*

447. D'après B. VINAVER, « La crise monétaire turque 1575-1650 », *in* : *Publications historiques de l'Académie des Sciences de Belgrade*, 1958.

448. D'après la thèse inédite de Ali Sahili Oglu sur les frappes monétaires turques, traduction française en cours [non publiée en français].

449. D. de HAEDO, *op. cit.*, p. 24 v°.

450. *Memoria escrita sobre el rescate de Cervantes…*, Cadix, 1876, 8°, 23 p.

451. R. HAKLUYT, *op. cit.*, II, p. 176.

452. *Le Loyal Serviteur, op. cit.*, p. 34.

453. R. B. MERRIMAN, *El Emperador Carlos V*, p. 131, traduction du tome III de son vaste ouvrage, *The rise of the Spanish Empire in the Old World and in the New*, 4 vol., 1918-1934.

454. Simancas, E° 504, 17 décembre 1551.

455. A.d.S., Venise, Senato Dispacci Spagna, 27 septembre 1586.

456. Museo Correr, Donà delle Rose 161, 26 novembre 1593.

457. V. MAGALHÃES GODINHO, *op. cit.*, dactylogramme p. 422.

CHAPITRE 3

LES ÉCONOMIES : COMMERCE ET TRANSPORT

1. J. KULISCHER, *op. cit.*, II, p. 235 ; Johann-Ferdinand ROTH, *Geschichte des Nürnberger Handels*, Leipzig, 1800-1802, I, p. 252 ; Carl BRINKMANN, « Der Beginn der neueren Handelsgeschichte », *in : Historische Zeitschrift*, 1914 ; A. SCHULTE, *op. cit.*, II, p. 117 et *sq* ; W. HEYD, *op. cit.*, II, p. 525-526 ; J. FALKE, *Oberdeutschlands Handelsbeziehungen zu Südeuropa im Anfang des 16. Jahr.*. p. 610.

2. Cité par H. KRETSCHMAYR, *Geschichte von Venedig*, II, p. 473.

3. A. SCHULTE, *op. cit.*, II, p. 118.

4. D'après Sanudo pas de chargement vénitien à Beyrouth et Alexandrie à cause de la guerre turco-vénitienne en 1499 et 1500, rien en 1504, rien en 1506. Sur cette carence de 1506, J. MAZZEI, *op. cit.*, p. 41. Dès 1502, les galées ne trouvent à Beyrouth que 4 balles de poivre d'après W. HEYD, A. FANFANI, *Storia del lavoro...*, p. 38. Sur les réductions du trafic vénitien en 1512, A. FANFANI, *op. cit.*, p. 39. Toutes ces difficiles questions sont d'ordinaire mal posées et résolues de façon catégorique. Je me suis servi pour ce paragraphe du tableau dressé par V. Magalhães Godinho, « Le repli vénitien et égyptien de la route du Cap », *in : Hommage à Lucien Febvre*, II, 1953, p. 287 et *sq.*

5. E. PRESTAGE, *Portuguese Pionners*, Londres, 1933, p. 295.

6. TAWNEY and POWER, *Tudor Economic Documents*, II, p. 19, cité par L. F. SALZMAN, *English Trade in the Middle Ages*, Oxford, 1931, p. 445-446 ; Dᴿ SOTTAS, *op. cit.*, p. 135.

7. A. SCHULTE, *op. cit.*, II, p. 118.

8. *Ibid*, I, p. 279.

9. J. KULISCHER, *op. cit.*, II, p. 234.

10. A. NAVAGERO, *op. cit.*, p. 36.

11. A.d.S., Venise, *Cinque Savii alla Mercanzia*, Busta 2, 20 juin 1503.

12. A.d.S., Venise, Senato Mar 18, 3 mai 1514.

13. Dr SOTTAS, *op. cit.*, p. 136. En 1524, le monopole des galées fut rétabli pour dix ans, puis définitivement supprimé.

14. W. HEYD, *op. cit.*, I, p. 531, 538 ; GORIS, *op. cit.*, p. 195 et *sq.* ; J. KULISCHER, *op. cit.*, II, p. 234.

15. Visconde de SOVERAL, *Apontamentos sobre as antigas relações politicas e commerciaes do Portugal com a Republica de Veneza*, Lisbonne, 1893, p. 6 et 7.

16. D'après V. MAGALHÃES GODINHO, des reprises au moins dès 1514 ; demi-arrêts en 1517, 1519, 1523, 1529 ; bons chargements en 1531.

17. Simancas E° 564, f° 10.

18. R. HAKLUYT, *op. cit.*, II, p. 223-224. Rel. de Lorenzo Tiepolo, 1554, p. 21.

19. Cité par G. ATKINSON, *op. cit.*, p. 131 ; Père Jean THÉNAUD, *Le voyage...*, s.d., B.N., Rés. O², f° 998. Voir également Samuele ROMANIN, *Storia doc. di Venezia*, VI, p. 23 (1536) ; A.d.S., Venise, *Cinque Savii alla mercanzia*, Busta 27, 26 janv. 1536.

20. Voir tome I, pp. 218 et *sq.*

21. V. MAGALHÃES GODINHO, a renouvelé ces problèmes : *Os descobrimentos e a economia mundial*, II, 1963 p. 487 et *sq.*

22. Voir R. B. MERRIMAN, *Carlos V*, 2ᵉ éd. 1949, p. 182.

23. A. B. de BRAGANÇA PEREIRA, *Os Portugueses em Diu*, p. 2, 83 et *sq.* N. IORGA, *op. cit.*, II, p. 365 ; A. S. de SOUZA, *Historia de Portugal*, Barcelone, 1929, p. 129 ; F. de ANDRADA, *O primeiro cerco que os Turcos puzerão na fortaleza de Dio, nas partes de India*, Coïmbre, 1589.

24. *Corpo diplomatico port.*, VI, p. 70-71.

25. A. B. de BRANGANÇA PEREIRA, *op. cit.*, p. 2 ; J. CORTE REAL, *Successos do segundo cerco de Dio*, Lisbonne, 1574 ; J. TEVINS, *Commentarius de rebus in India apud Dium gestis anno MDXLVI*, Coïmbre, 1548.

26. 1547, J. von HAMMER, *op. cit.*, VI. p. 7.

27. *Ibid.*, p. 184-186.

28. *Ibid.*, p. 186.

29. J. DENUCÉ, *L'Afrique et Anvers*, p. 71 ; M. SANUDO, *op. cit.*, LVIII, col. 678, sept. 1533.

30. J. DENUCÉ, *op. cit.*, p. 71.

31. Prohibicion de introducir especeria en Francia, Simancas E° 497 et 498.

32. Donato au Doge, Amboise, 2 mai 1541, B.N., Paris, Ital., 1715 (copie).

33. A. des Bouches-du-Rhône, Amirauté de Marseille, IX *ter*.

34. Paul MASSON, *Les Compagnies du Corail*, 1908, p. 123-125.

35. P. BOISSONNADE, « France et Angleterre au XVIᵉ siècle », *art. cit.*, p. 36.

36. R. B. MERRIMAN, *op. cit.*, IV, p. 441.

37. Mediceo 2080 et aussi les papiers des archives Guicciardini Corsi.

38. Baltasar Suárez à Simón Ruiz, Archivo Ruiz, Valladolid, 29 nov. 1591.

39. WILKEN, p. 44, cité par F. C. LANE, *op. cit.*, p. 582.

40. Sans compter la guerre turco-vénitienne de 1538-1540. Sur les difficultés de Syrie et de Damas, A.d.S., Venise, *Cinque Savii*, Busta 27, 23 janv. 1543, juillet 1543, 14 juin 1544, 7 déc. 1548, 19 déc. 1548.

41. Lorenzo TIEPOLO, *Relatione...* (1554), p.p. CICOGNA, p. 15-16.

42. F. C. LANE, *op. cit.*, p. 580.

43. Ainsi, en 1556, en 1563-1564.

44. En 1562, relation de L. TIEPOLO, *op. cit.*, p. 40.

45. Lettre à Gozze et Andrea di Catharo à Messine, Tripoli de Syrie, 15 sept. 1557, A. de Raguse D. di Canc, fᵒˢ 37 et *sq*.

46. A.d.S., Venise, Relazioni, B 31, Alep, 10 juillet 1557, G. Bᵃ Basadona, consul de Syrie, à la Seigneurie de Venise.

47. L. TIEPOLO, *op. cit.*, p. 30.

48. A.d.S., Venise, Senato Secreta, Costant. Filza 4/D.

49. L. TIEPOLO, *op. cit.*, p. 39.

50. BELON DU MANS, *op. cit.*, p. 124.

51. Sonia E. HOWE, *Les grands navigateurs à la recherche des épices*, 1939, p. 106.

52. BELON DU MANS, *op. cit.*, p. 131.

53. *Ibid.*, p. 132 vᵒ.

54. *Ibid.*, p. 120.

55. R. HAKLUYT, *op. cit.*, II, p. 207-208, vers 1586.

56. L. TIEPOLO, *op. cit.*, p. 21 ; D. BARBARIGO, *in :* E. ALBÈRI, *op. cit.*, III, II, p. 3-4.

57. *Ibid.*, p. 21.

58. BELON DU MANS, *op. cit.*, p. 134.

59. 50 kg environ chacun.

60. L. TIEPOLO, *op. cit.*, p. 20.

61. F. C. LANE, *op. cit.*, p. 581.

62. *Corp. dipl. port.*, IX, p. 110-111 ; F. de ALMEIDA, *op. cit.*, III, p. 562 ; F. C. LANE, *op. cit.*, p. 5.

63. F. C. LANE, *op. cit.*, p. 586.

64. *Ibid.*

65. *Ibid.*

66. R. EHRENBERG, *op. cit.*, I, p. 14, parle de 10 127 balles de poivre arrivées à Lisbonne pour les Affaitati, fermiers du poivre.

67. E. CHARRIÈRE, *op. cit.*, II, p. 776 et note ; BELON DU MANS, *op. cit.*, p. 158 vᵒ.

68. Ernest BABELON, *Les origines de la monnaie considérées au point de vue économique et historique*, 1897, p. 248, cité par Alfred POSE, *La Monnaie et ses institutions*, 1942, I, p. 4-5.

69. J. KULISCHER, *op. cit.*, II, p. 258.

70. 23 janv. 1552, *Corp. dipl. port.*, VII, p. 108.
71. L. Tiepolo au doge, Le Caire, Collegio Secreta, Busta 31.
72. 14 nov. 1559, Senato Secreta, Cost. Filza 2/A, f° 190 v°.
73. G. Hernandez à Philippe II, Venise, 3 janv. 1560, Simancas E° 1324, f° 27.
74. F. C. LANE, *art. cit.*, p. 581-583.
75. Jean NICOT, *Sa correspondance diplomatique*, p.p. Ed. FALGAIROLLE, 1897, 12 avril 1561, p. 127.
76. F. C. LANE, *op. cit.*, p. 585.
77. *Corpo dipl. port.*, VII, p. 215, 238, 258, 277 ; VIII, p. 79, 97, 115, 250, 297, 372 ; IX, p. 110-111, cité par F. C. LANE, *op. cit.*, p. 585.
78. J. NICOT, *op. cit.*, p. 127, 12 avril 1561.
79. Voir tome I, pp. 233 et *sq.*
80. J. NICOT, *op. cit.*, p. 31, p. 107-108, XXXIII et *sq.*
81. J. NICOT, *op. cit.*, 12 déc. 1559, p. 39.
82. F. C. LANE, *op. cit.*, p. 588.
83. E. J. HAMILTON, *op. cit.*, p. 232-233.
84. *Ibid.*, p. 233, note 2.
85. R. di TUCCI, *Relazioni...*, p. 639.
86. J. NICOT, *op. cit.*, 28 juillet 1561, p. 63-64.
87. H. Ferro au Doge, Péra, 16 sept. 1561, Senato Secreta, Cost., Filza 3/D.
88. Gio : Agostino Gilli à la Rép. de Gênes, Constantinople, 5 juillet 1563, A.d.S., Gênes, Costantinopoli, 1558-1565, 1-2169. G. Hernandez à Philippe II, Venise, 10 juillet 1563, Simancas E° 1324, f° 221 ; Pétrémol à Charles IX, Constantinople, 11 février, 22 avril 1564, E. CHARRIÈRE, *op. cit.*, II, p. 748-750 ; Daniel Badoaro au doge, Péra, 6 mai 1564, A.d.S., Senato Secreta, Filza 4/D.
89. E. CHARRIÈRE, *op. cit.*, II, p. 748-750.
90. Voir ci-dessus, note 88.
91. Simancas E° 1053, f° 10.
92. H. FITZLER, *art. cit.*, p. 265-266.
93. Philippe II au duc d'Albe, 21 nov. 1569 et 23 nov. 1569, Simancas E° 542, f°s 9 et 22.
94. 13 nov. 1567, C. DOUAIS, *op. cit.*, I, p. 288 ; Avis de Corfou, 27 sept. 1567, Simancas E° 1056, f° 86.
95. J. de Cornoça à Philippe II, Venise, 22 mai 1568, Simancas E° 1326.
96. Voir tome III, p. 198.
97. *Ibid.*, tome III, p. 308, notes 19 et 20.
98. R. HAKLUYT, *op. cit.*, II, p. 219.
99. *Leis e provisões de el Rei D. Sebastião*, Coïmbre 1816, p. 68 et *sq.*, cité par F. de ALMEIDA, *op. cit.*, III, p. 562.
100. 14 févr. 1560, *Corp. dipl. port.*, VIII, p. 355.
101. B.N., Paris, Fonds portugais, n° 8, f° 197.
102. A.d.S., Venise, *Cinque Savii...*, Busta 3, 25 nov. 1570.

103. Fonds Dauvergne n° 113, 115 (relatif à Mannlich le Vieux), 117, 118, 122 à 125. Zimbre « belladin » ou « méquin ».

104. G. BERCHET, *op. cit.*, p. 61.

105. G. da Silva à Philippe II, Venise, 5 nov. 1574, Simancas E° 1333.

106. Lettere commerc., 12 *ter*, A.d.S., Venise.

107. Simancas, E° 1331.

108. A.d.S., Venise, Busta 538, f° 846 et v°.

109. Venise, 8 juillet 1679, A.N., K 1672 Gl, n° 84.

110. Séville, 10 nov. 1575. Simancas. E° 564, f° 10.

111. G. VIVOLI, *op. cit.*, III, p. 155. Le rôle, dans cette affaire, de Jacome Barde et de son agent Ciro Allidosio, B.N., Paris, Fonds Portugais, n° 23, f° 570 et 571 v°.

112. Ch. de Salazar au roi, Venise, 11 sept. 1577, Simancas E° 1336.

113. L'abbé Brizeño au roi, Florence, 26 nov. 1576, Simancas E° 1450.

114. R. GALLUZZI, *op. cit.*, IX, p. 108 ; G. PARENTI, *op. cit.*, p. 80 et 90.

115. Philippe II à Requesens, 23 janv. 1576, Simancas E° 569, f° 60.

116. Cf. Rapport de Dall'Olmo en 1584, note 118, ci-dessous.

117. Simancas E° 1339.

118. *Informazione sul commercio dei Veneziani in Portogallo e sui mezzi di ristorarlo*, 1584, p.p. B. CECCHETTI, *Nozze Thiene da Schio*, 1869.

119. A. BRAGADINO et J. FOSCARINI, *Parere intorno al trattato fra Venezia e Spagna sul traffico del pepe e delle spezierie delle Indie Orientali*, 1585, p.p. Fr. STEFANI, *Nozze Correr-Fornasari*, 1870.

120. *Ibid.*, 1, 12-13.

121. *Ibid.*, p. 14.

122. *Ibid.*, p. 15.

123. *Ibid.*, p. 10.

124. *Ibid.*

125. H. KRETSCHMAYR, *op. cit.*, III, p. 179.

126. *Ibid.*

127. *Ibid.*

128. U. TUCCI, « Mercanti veneziani in India alla fine del secolo XVI », *in : Studi in onore di Armando Sapori*, 1957, II, p. 1091-1111.

129. P. Ricardi au cardinal Medicis à Rome, Naples, 12 mars 1587, *Archivio storico italiano*, t. IX, p. 246-247.

130. R. KONETZKE, *op. cit.*, p. 126 ; F. DOBEL, « Über einen Pfefferhandel der Fugger und Welser, 1586-1591 », *in : Zeitschrift des hist. Vereins f. Schwaben u. Neuburg*, XIII, p. 125-138 ; Hedwig FITZLER, *art. cit.*, p. 248-250.

131. 8 nov. 1587, H. FITZLER, *art. cit.*, p. 266.

132. *Ibid.*, p. 267.

133. Les Fugger aux Otti, Augsbourg, 24 août 1591, *ibid.*, p. 268.

134. *Ibid.*, p. 274.

135. Lettre à Krel, indiquée par H. FITZLER, *ibid.*, p. 265.

136. Bibliothèque municipale Valladolid, Archives Ruiz.

137. B.N., Paris, Fonds Dupuy, n° 22, f° 89 et *sq.*, 1610. Décrue des revenus portugais depuis 12 ou 13 ans « à cause du traffic que les Hollandais ont faict aux Indes ».

138. Cl. HEERRINGA, *op. cit.*, I, p. 154-155, cité par J. DENUCÉ, *op. cit.*, p. 71.

139. G. BERCHET (1625), *op. cit.*, p. 163.

140. *Ibid.*, p. 162.

141. G. ATKINSON, *op. cit.*, p. 128.

142. Fonds Dauvergne, n° 111, 23 juillet 1578.

143. Envoyée à Marco Rubbi, janv. 1579, A.d.S., Venise, lett. com. 12 *ter*.

144. J. de Cornoça à Philippe II, Venise, 18 juin 1579, A.N., K 1672, GI, n° 73.

145. Le même au même, Venise, 10 juillet 1579, *ibid.*

146. Le même au même, Venise, 9 sept. 1579, *ibid.*

147. Mediceo 2077, f° 590.

148. Adressée à Zuane Balbiani, A.d.S., Venise, Lettre Com. 12 *ter*.

149. Ch. de Salazar à Philippe II, Venise, 30 juillet 1583, Simancas E° 1341.

150. R. HAKLUYT, *op. cit.*, II, p. 347.

151. Fonds Dauvergne, n° 28, Gilles Hermitte à son frère, indique aussi de la cannelle de belle qualité, « belle robe ». Sur ses projets de voyage aux Indes, en 1584, *ibid.*, n°s 32, 34, 35.

152. R. HAKLUYT, *op. cit.*, II, p. 268.

153. *Ibid.*, I, p. 176-177.

154. *Ibid.*, II, p. 250-265, 1583-1591.

155. A. B. de BRAGANÇA PEREIRA, *Os portugueses em Diu* (s. d.), p. 227 et *sq.*

156. B.N., Madrid, Ms 3015, f° 149 et *sq.*, Apontamentos para V. Mag. ver sobre as cousas do Estado da India e Reyno de Monomotapa, por frey Augustinho Dazevedo, da Ordem de Santo Agostinho que veyo por terra da India, s. d.

157. Le texte découvert par J. Gentil da Silva, m'a été signalé par V. M. Godinho. Sa date (1584-1587), d'après les détails que fournit le texte sur l'Inde portugaise.

158. Vu que mention est faite de l'utilisation par les Vénitiens de l'escale d'Alexandrette.

159. Lettres marseillaises, série HH, 29 mars, 5 avril 1591, 7 mai, 11 mai 1594, A. Com. de Marseille.

160. Alvise Cucina à A. Paruta, Venise, 24 déc. 1588, Lettere Com. 12 *ter*.

161. A.d.S., Venise, *Cinque Savii*..., Busta 27, juin 1586.

162. G. BERCHET, *op. cit.*, p. 77.

163. *Ibid.*, 79-80.

164. *Ibid.*, p. 132 (1611).

165. H. FITZLER, *art. cit.*, p. 254-255.

166. 10 avril et 10 août 1589, A.N., K 1674.

167. J. de Cornoça au roi, Venise, 8 févr. 1589, A.N., K 1674.

168. F. de Vera au roi, Venise, 12 mai 1590, *ibid.*

169. Sur ces lettres, via Venise, 16 mai, 4 juillet 1598, Memoria para las cartas..., 1598, 25 juillet, 24 août 1598, Ormuz, 15 mai 1599, Venise, 14 août 1601, A.N., K 1678 ; mars, 6 juin, 28 nov. 1609, 19 février, 27 mars, 4 juin 1610, A.N., K 1679.

170. *Op. cit.*, II, p. 530 et *sq.*, p. 556.

171. E. J. HAMILTON, *op. cit.*, p. 347.

172. H. KELLENBENZ, *art. cit.*, p. 447.

173. G. BERCHET, *op. cit.*, p. 81.

174. *Ibid.*, 12 déc. 1599, p. 103.

175. A. PARUTA, *Relazione di Andrea Paruta*..., p.p. L. BASCHIERE, Venise, 1893, p. 9 et *sq.*

176. A.d.S., Venise, *Cinque Savii*..., Busta 26, 21 avril 1600.

177. G. BERCHET, *op. cit.*, 17 février 1603, p. 122. En 1609 encore circulait et se perdait en mer une nave vénitienne avec une cargaison de 500 000 ducats, appartenant à la noblesse. Alonso de la Cueva à Philippe III, Venise, 1er mai 1609, A.N., K 1679.

178. A. P. MEILINK ROELOFSZ, *Asian trade and European influence in the Indonisian Archipelago between 1500 and about 1640*, La Haye, 1963. C. R. BOXER, *The great ship from Anacom. Annals of Macao and the old Japan trade, 1555-1640*, Lisbonne, 1959 ; F. GLAMANN, *Dutch Asiatic Trade, 1620-1740*, La Haye, 1958 ; V. MAGALHÃES GODINHO, *L'économie de l'Empire portugais aux XVe et XVIe siècles. L'or et le poivre, route de Guinée et route du Cap*, à paraître ; du même, *Les finances de l'État portugais des Indes orientales au XVIe et au début du XVIIe siècle*, thèse dactylographiée, Paris, 1958, Bibliothèque de la Sorbonne.

179. M. SANUDO, XL, colonnes 530-1, 7 août 1530.

180. *Op. cit.*, dactylogramme, p. 1 035 et *sq.*

181. F. RUIZ MARTÍN, *op. cit.*, à paraître.

182. Museo Correr, Donà delle Rose, 26, f° 38.

183. *Ibid.*, 26, f° 45 v°-46.

184. *Ibid.*, 26, f° 48.

185. *Bilanci Generali*, serie seconda, t. I, Venise, 1912, p. 595-596.

186. Museo Correr, Donà delle Rose, 26, f° 56.

187. J. van KLAVEREN, *op. cit.*, p. 74.

188. Vice-roi de Sicile à Philippe II, Palerme, 8 janv. 1563, A.N., AB IX, 596, copie.

189. G. PARENTI, *op. cit.*, p. 78 et 79.

190. *Arch. st. ital.*, t. IX, p. 251.

191. 7 mai 1550, *ibid.*, p. 217.

192. H. Zane au Conseil des Dix, Vérone, 19 sept. 1559, A.d.S., Venise, B 594, fᵒ 139.

193. G. Hernández à Philippe II, Venise, 25 août 1562, Simancas Eᵒ 1324, fᵒ 156.

194. Philippe de CANAYE, *op. cit.*, p. 184, disette à Zante en 1573.

195. *Ibid.*, p. 166-167.

196. Lo que D. Alonso Pimentel scrive..., 30 nov. 1570, Simancas Eᵒ 1133.

197. A. Fortunato de ALMEIDA, *op. cit.*, III, p. 313.

198. *Arch. Guicciardini-Corsi*, V, VII, 7.

199. *Ibid.*, lettres de 4, 23, 25 juin, 21 octobre 1588 et 2 juillet 1599.

200. Lettre du 2 juillet 1599.

201. *Archivio storico italiano*, IX, p. 218, note 1.

202. Silva au roi, Venise, 23 mai 1573, Simancas Eᵒ 1322.

203. En 1522, la récompense de Hugo de Moncada, J. E. MARTINEZ FERRANDO, *Privilegios ortogados por el Emperador Carlos V...*, 1943, p. 172, nᵒ 1543.

204. Notamento di tratte..., 1578, Simancas Eᵒ 1148, les tratas sont à 32 *tari*.

205. Nobili au prince, Madrid, 20 févr. 1566, Mediceo 4897 *bis*.

206. 28 févr. 1566, Simancas S. R. Napoles I.

207. P. EGIDI, *op. cit.*, p. 135-136.

208. Consulta, Palerme, 10 janvier 1586, B. Com. Palerme, 3 Qq E 70.

209. Andrea Dandolo au doge, Péra, 1ᵉʳ mai 1562, A.d.S., Venise, Senato Secreta Cost. Filza 3/C.

210. Voir tome I, pp. 401 et *sq.*

211. I. de Asso, *op. cit.*, p. 108 et *sq.* Les progrès de la vigne en Andalousie et en Nouvelle-Castille, E. J. HAMILTON, *op. cit.*, p. 242 ; K. HÄBLER, *op. cit.*, p. 40.

212. Philippe II au vice-roi de Sicile, Tolède, 12 oct. 1560, B. Com. Palerme, 3 Qq Z 34, fᵒ 7.

213. L. BIANCHINI, *op. cit.*, I, p. 359.

214. I. de Asso, *op. cit.*, p. 77.

215. 1540, à Naples, *Arch. St. Ital.*, t. IX, p. 105.

216. *Confronto della ricchezza dei paesi...*, 1793.

217. *Ibid.*, p. 17.

218. J. NICOT, *op. cit.*, p. 127, 12 avril 1561.

219. Philippe au vice-roi de Sicile, Madrid, 19 août 1561, B. Com. Palerme, 3 Qq E 34.

220. Le vice-roi de Sicile au roi, Palerme, 16 oct. 1561, Simancas Eᵒ 1126.

221. Hᵒ Ferro au doge, Péra, 27 août 1561, A.d.S., Venise, Dispacci Senᵒ Secreta Cost. Filza III/C.

222. Le même au même, 3 mars 1561.

223. Corfou, 10 avril 1561. Simancas E° 1051, f° 51.

224. H° Ferro au doge, 29 mai 1561, G. Hernandez au roi, Venise, 8 sept. 1561, Simancas E° 1324, f° 15 et 16.

225. Voir note suivante.

226. Simancas E° 1087, f° 209, 5 déc. 1584.

227. Le consul Garbarino à la République de Gênes, Naples, 11 sept. 1578, A.d.S., Gênes, Lettere Consoli, Napoli, 2.2635.

228. Une « belle marchandise » qui se vend à Venise, Julianus de Picenardis au marquis de Mantoue, Venise, 20 mai 1473, Arch. Gonzaga, B 1431.

229. M. SANUDO, *op. cit.*, II, col. 87 : 301, Chypre, 9 novembre 1498, blé chargé pour Pise. A.d.S., Venise, Senato Mar, f°s 54 (1515), 116 v° (1516). Museo Correr, Donà delle Rose, 46, f° 43 v° (1519), 47 (1535).

230. Andrea Michiel, comte et capitaine aux X, Spalato, 10 mars 1570. A.d.S., Venise, Lettere di Capi del Consiglio dei Dieci, Spalato, 281, f° 60.

231. 7 mars 1555, B.N., Paris, Esp. 232, f° 89.

232. Simancas E° 1293, Sobre los capitulos que dieron las personas... (1564).

233. *Actas*, III, p. 373-374.

234. 21 août 1587. V. RIBA Y GARCIA, *op. cit.*, p. 317-318.

235. *Ibid.*, p. 288-289.

236. Manuscrit de l'ex-gouvernement général de l'Algérie, p. 471.

237. Achats de blé indigène à Mers el-Kébir, 12 mars 1565, Simancas E° 486.

238. R. HAKLUYT, *op. cit.*, II, p. 176, vers 1584. En 1579, disette telle que les chiourmes doivent être désarmées, J. de Cornoça à Philippe II, Venise, 7 juillet 1579, A.N., K 1672.

239. G. MECATTI, *op. cit.*, II, p. 693.

240. *Ibid.* Que l'on songe à la guerre de Sienne et à l'habitude des belligérants de *tagliare il grano, ibid.*, p. 683.

241. Naples, 5 oct. 1584, Simancas E° 1087.

242. Simancas, Secretarias Provinciales, Napoles I.

243. G. PARENTI, *op. cit.*, p. 82.

244. F. Verdugo à Philippe II, Málaga, 21 janvier 1559, Simancas E° 138, f° 264.

245. A.d.S., Venise, Secreta Archivi Propri Polonia, Marc Ottobon aux Provveditori alle Biave, Vienne, 24 novembre 1590.

246. E. LEVASSEUR, « Une méthode pour mesurer la valeur de l'argent », *in : Journal des Économistes*, 15 mai 1856 ; « De nos jours (1856) en Algérie l'hectolitre de froment s'est vendu 29 francs à Alger et 21 francs 50 centimes à Oran pendant qu'il ne valait que 10 francs à Tiaret et à Setif... ».

247. G. PARENTI, *op. cit.*, p. 83 ; A. DOREN, *Storia econ. dell'Italia...*, 1936, p. 366.

248. Matteo GAUDIOSO, « Per la storia... di Lentini », *in : A. st. per la Sicilia Orientale*, 1926-1927, p. 83.

249. E. J. HAMILTON, *op. cit.*, p. 257, note 4.

250. E. CHARRIÈRE, *op. cit.*, III, p. 244-249.

251. I. de Asso, *op. cit.*, p. 108-109.

252. Mediceo 2079 et 2080.

253. A. de Raguse, Diversa de Foris, XI, f°s 56 et *sq* ; nombreuses indications sur des trafics à courte distance, blé de Fiume et de Spalato pour Venise ; relevé des assurances auxquelles a participé Pasqual Cerva (1601-1602).

254. G. da Silva au roi, Venise, 10 déc. 1575, Simancas E° 1334.

255. Pas un seul navire vénitien dans l'échelle des grains de Salonique, note H° Ferro, au Doge, 16 févr. 1561, A.d.S., Venise, Senato Secreta Cost. Filza 2/B, f° 334.

256. A. de Raguse, Lettere di Levante, 33, f°s 11 v° à 13 v°, Recteur et Conseil de Raguse, Biaggio Vodopia, *sopracarico* de la nave de Gio. Pasquale envoyée dans le Levant. Bonne énumération des *caricatori* de l'Égée : Metelin, golfe de Marga, Cavalla, Salonique, Volo, Zotone... Mais partout « se ne trovano sempre caramusali con li grani da vendere ».

257. E. ALBÈRI, *op. cit.*, 1574, II, V, p. 477.

258. L. BIANCHINI, *op. cit.*, I, p. 346.

259. G. M. AMARI, *op. cit.*, III, 3, p. 831.

260. LA MANTIA, *art. cit.*, p. 487.

261. L. BIANCHINI, *op. cit.*, I, p. 241.

262. Relatione di quel che occorre al Duca di Terranova... 1577, Simancas E° 1146.

263. *Ibid.*

264. E. ALBÈRI, *op. cit.*, II, V, p. 243 (1574).

265. M. SIRI, *art. cit.*

266. L. BIANCHINI, *op. cit.*, I, p. 337.

267. Relatione delle navi venute a carricar di formenti in Sicilia per Veneciani le quali sono state impedite. Simancas E° 1139.

268. *Op. cit.*, I, p. 337.

269. *Memoria del governo del Reyno di Sicilia* (s.d.), Biblioteca Comunale, Palerme, Qq. F. 29.

270. B. BENNASSAR, *Valladolid au XVIᵉ siècle*, dactylogramme.

271. Pragmatique du 26 août 1559, titre 61, n° 4. Sur la « voce » pratiquée aussi à Naples, une appréciation plus juste chez G. CONIGLIO, *op. cit.*, p. 21 et *sq*. Le marchand faisait une avance au paysan qui s'engageait à lui vendre son blé au prix — à la « voce » — du marché à venir.

272. L. BIANCHINI, *op. cit.*, I, p. 356.

273. Karl Otto MÜLLER, *Welthandelsbräuche, 1480-1540*, 2ᵉ tirage, Wiesbaden, 1962, p. 54.

274. *Relation*, p.p. CICOGNA, p. 24.

275. D'après les correspondances de mesures que donne A. de

CAPMANY, *op. cit.*, IV, appendice p. 63 et qu'il emprunte d'ailleurs à Pegolotti.
276. Voir le tableau p. 298.
277. 32 et 45 maidini, la *ribeba* de fèves ; 41, 48, 60 pour le blé, soit en ducats et par salme, 1, 2 ; 1, 7 ; 2, 4.
278. K. O. MÜLLER, *op. cit.*, p. 275.
279. E. CHARRIÈRE, *op. cit.*, II, p. 717, note.
280. Le sultan au roi, 15 juillet 1580, *Recueil...*, p. 21.
281. R. HAKLUYT, *op. cit.*, II, p. 308, 1594.
282. Péra, 6 oct. 1560, A.d.S., Venise, Senato Secreta 2/B, fⁿ 274.
283. Au conseil des Dix, Candie, 4 janv. 1563 [fⁿ 102, 7 janv. (fⁿ 103)] ; Capi del Consⁿ dei X, Lettere Bᵃ 285.
284. Zante, 31 mars-6 avril 1563, A.d.S., Venise, Senato Secreta, 3/C.
285. A.d.S., Venise, le baile au doge, Péra, 22 mars 1562.
286. Baron de TOTT, *op. cit.*, IV, p. 88.
287. Giuseppe PARDI, *art. cit.*, p. 85.
288. B.N., Paris, Esp., 127, fⁿ 52.
289. Voir p. 88-91.
290. A.d.S., Venise, Senato Terra 120, 16 juin 1591.
291. Gilberto FREYRE, *Casa Grande e Senzala*, 1946, I, p. 411-412.
292. L'expression est de Vitorino MAGALHÃES GODINHO.
293. Rome, 18 avril 1546, *in : Corpo diplomatico Portuguez*, VI, p. 35 et 36.
294. Braacamp FREIRE, « Maria Brandoa », *in : Archivo historico portuguez*, VI, 1908, p. 427.
295. *Correspondance de Jean Nicot, op. cit.*, p. 5.
296. British Museum, Sloane, 1572.
297. Simancas Eⁿ 171, Portugal, D. J. de Mendoza à S. M., Lisbonne, 30 mars 1558.
298. Archivo Simón Ruiz, Valladolid, Legajo I, fⁿ 75-76, ainsi Benedito Ugonchery à Simón Ruiz, Lisbonne, 27 août 1558 et bien d'autres lettres.
299. Voir ci-dessus, note 297.
300. A.N., K 1490, Cadix, 4 août 1557.
301. Mondejar à Charles Quint, Alhambra, 19 juillet 1541, Simancas, *Guerra Antigua*, XX, fⁿ 96.
302. R. CARANDE, *Carlos V y sus banqueros*, p. 24-5.
303. Mondejar à Charles Quint, Alhambra, 2 décembre 1539, Simancas, *Guerra Antigua*, XVI, fⁿ 145.
304. *Ibid.*
305. Valladolid, mai 1551, Simancas, *Guerra Antigua*, XLI, fⁿ 247.
306. Le comte de Tendilla à Juan Vazquez de Molina, Málaga, août 1553, Simancas, *Guerra Antigua*, L III, fⁿ 43.

307. F^co de Diego à F^co de Ledesma, Málaga, 23 novembre 1553, Simancas, *Guerra Antigua*, LIII, f° 40.

308. La ville de Séville à S. M., 7 août 1561, Simancas Consejo y Juntas de Hacienda, 28.

309. Sobre los capitulos que dieron las personas..., Simancas E° 1389 (1564).

310. J. van KLAVEREN, *op. cit.*, p. 155, note 1.

311. F. RUIZ MARTÍN, *op. cit.*, p. CXXXV et note 4.

312. *Les caractères originaux de l'histoire rurale française*, 1931.

313. Emilio SERENI, *Storia del paesaggio agrario italiano*, Bari, 1961.

314. *Loyal Serviteur, op. cit.*, p. 102.

315. Public Record Office, 30, 25, 157, Giornale autografo di Francesco Contarini da Venezia a Madrid, Lisboa...

316. Noël SALOMON, *La campagne de la Nouvelle Castille à la fin du XVIe siècle d'après les Relaciones Topograficas*, 1964, p. 95 et note 2.

317. *Ibid.*

318. D'après la thèse inédite de Bartolomé BENNASSAR, *op. cit.* Tout ce qui se rapporte à Valladolid, dans ce paragraphe, s'appuie sur ses recherches [publié en 1967].

319. N. SALOMON, *op. cit.*, p. 302 et *sq.*

320. Philippe II au vice-roi de Naples, Biblioteca Comunale Palerme, 3 Qq Z, 34, f° 7.

321. Joachim COSTA, *Colectivismo agrario en España* (Édit. de Buenos Aires, 1944), p. 214 et *sq.*

322. N. SALOMON, *op. cit.*, p. 48 et *sq.*

323. C'est la thèse d'un prochain travail de Felipe Ruiz Martín.

324. F. de Zafra aux Rois Catholiques, 20 juin 1492 (ou 94), *CODOIN*, LI, p. 52-3.

325. Sur ce « jeu », voir les admirables travaux des géographes espagnols et à titre d'exemple Alfredo Floristan SAMANES, *La Ribera tudelana de Navarra*, 1951.

326. D. Luys Sarmiento à Juan Vazquez de Molina, Lisbonne, 1er octobre 1556, Simancas, Diversos de Castilla, n° 1240.

327. Tout ce paragraphe s'appuie sur le travail inédit de Maurice AYMARD. Nous lui avons emprunté le titre d'un de ses chapitres. Les documents sans référence de ce chapitre se trouvent mis en cause dans ce travail [ouvrage publié en 1966 sous le titre : *Venise, Raguse et le commerce du blé en Méditerranée, 2e moitié du XVIe siècle*].

328. Marciana, Manuscrit italien, 8386, 1550.

329. A.d.S., Venise, Senato Mar 31, f° 153, 23 décembre 1551.

330. Museo Correr, Donà delle Rose, 46, f° 45 v° et 46.

331. M. AYMARD, *op. cit.*, p. 177, 4 avril 1561.

332. Avis de Zante, 31 mars-6 avril 1563, Simancas E° 1052, f° 148.

333. A.d.S., Florence, Mediceo 2972, f° 551, cité par A. TENENTI, *Cristoforo da Canal*, p. 113, note 52.

334. M. AYMARD, *op. cit.*, p. 178.

335. *Ibid.*, p. 185.

336. *Ibid.*

337. R. BUSCH-ZANTNER, *op. cit.*, voir chapitre V, *Les Sociétés*, pp. 442-444.

338. C'est l'une des thèses du travail de M. AYMARD.

339. Un mot comme celui d'Andrea Malipiero, consul de Syrie, Alep, 20 décembre 1564, A.d.S., Venise, Relazioni..., B 31, « *Quivi si sente penuria grande di fromento, cosa molto insolita...* », me semble important.

340. M. AYMARD, *op. cit.*

341. L'Abondance de Gênes à Agostino Sauli et Gio. Bat[a] Lercaro, Com[ri] Generali in Corsica, Gênes, 30 avril 1589, A. Civico, Gênes.

342. Museo Correr, Donà delle Rose, 217, f° 131.

343. A.d.S., Venise, Senato Terra 120, 6 juin 1591, aux recteurs de Bergame : du millet sur le point de se gâter pour avoir été acheté « *fino l'anno 1579...* ». Sur les zones vénitiennes productrices de millet, Museo Correr, D. delle Rose, 42, f° 39 v°, 1602.

344. Marciana, 9611, f° 222.

345. A.d.S., Venise, Senato Terra 43, 14 janvier 1565.

346. Marciana, Chronique de Girolamo Savina, f° 325 et *sq.*

347. Marciana, *ibid.*, f° 365 et *sq.*

348. Marciana, *ibid.*

349. M. SANUDO, *op. cit.*, t. XV, col. 164, 30 septembre 1512.

350. Museo Correr, Donà delle Rose. 217, f° 131 ; 218, f° 328.

351. « Futainiers et futaines dans l'Italie du Moyen Age », *in* : *Hommage à Lucien Febvre, Éventail de l'histoire vivante*, 1953, t. II, p. 133 et *sq.*

352. E. SERENI, *op. cit.*, et long compte rendu de Georges DUBY, « Sur l'histoire agraire de l'Italie », *in* : *Annales E.S.C.*, 1963, p. 352 et *sq.*

353. Voir *La historia d'Italia... op. cit.*, (Venise, 1587), p. 1 v°.

354. *Journal de voyage d'Italie*, « Collection Hier », p. 227.

355. R. ROMANO, « Rolnictwo i chlopi we Wloszech w XV i XVI wieku », *in* : *Przeglad historyczny*, LIII, n° 2, p. 248-250, voir également C. M. CIPOLLA, « Per la storia della terra in Bassa Lombardia », *in* : *Studi in onore di Armando Sapori*, 1957, I, p. 665 et *sq.*

356. E. J. HAMILTON, « American treasure and the rise of capitalism », *in* : *Economica*, novembre 1929.

357. Voir pp. 455 et *sq.*

358. Cf. Jacques HEERS, « L'expansion maritime portugaise », *art. cit.*, p. 7 : deux navires basques, de 5 000 cantars chacun

environ (470 tonnes au total) portent à Gênes du blé de Middelbourg.

359. W. NAUDÉ, *Die Getreidehandelspolitik der europäischen Staaten vom 13. bis zum 18. Jahrhundert*, Berlin, 1896, p. 167.

360. R. EHRENBERG, *op. cit.*, I, p. 299 : « de Flandre ou de Bretagne ».

361. Baptista Cortese au marquis de Mantoue, Anvers, 12 octobre 1539, A.d.S., Mantoue, Archives Gonzaga, Série E, Fiandra 568.

362. *Méditerranée*, 1re édit., p. 469, référence égarée.

363. W. NAUDÉ, *op. cit.*, p. 142.

364. Ricardo Ricardi et Hierº Giraldi, arrivés le 3 septembre 1590 à Dantzig, Relatione di negotii tanto di mercantie che cambi di Danzica (déc. 1590) à la signature d'Ambrosio Lerice, A.d.S., Venise, Secreta Archivi Propri Polonia 2.

365. *Ibid.*, et voir tome I, pp. 236 et *sq.*

366. B. Suárez à Simón Ruiz, Florence, 26 février et 28 décembre 1591, Archives Simón Ruiz, Valladolid (situation la plus difficile : celle de Rome).

367. Du moins à la fin de l'année 1591. Baltasar Suárez à Simón Ruiz, Florence, 29 mai 1591, *Ibid.*, « *En Génova del grano que va llegando de Osterdam y Amburgo se a vendido a 24 (escudos) la salma que es preçio jamas oydo ; pero como llegue la gran cantidad que se espera, no pongo duda sino que abajarà* ». Arc. Simón Ruiz.

368. Camillo Suárez à Simón Ruiz, Florence, 17 juin 1591, *ibid.*

369. 9 septembre 1591, *ibid.*

370. F. BRAUDEL et R. ROMANO, *Navires et marchandises à l'entrée du port de Livourne*, p. 106 et 117.

371. A. d. Stato, Florence, Mediceo 2080.

372. W. NAUDÉ, *op. cit.*, p. 142.

373. *Ibid.* Voir également G. VIVOLI, *op. cit.*, III, p. 182, 317, 350.

374. Archives Ruiz, Valladolid.

375. Correspondance déjà citée de Marc Ottobon. Voir tome I, p. 486, note 116 et A.d.S. Venise, Papadopoli, Codice 12, fº 18, 16 octobre 1591.

376. Baltasar Suárez à Simón Ruiz, Florence, 26 février 1591, « *en que ganan larguisimo pues tengo por cierto açen con uno mas de tres* », Archives Ruiz, Valladolid.

Sur l'énormité des sommes engagées : Venise aurait engagé en 1590 plus de 800 000 ducats du Trésor Public, Marciana, Memorie di Malatie..., 8235 CVIII, 5, fº 198 vº et *sq.*

377. Archivio Civico de Gênes, Abbondanza Lettere 1589-1592.

378. Travail inédit de R. ROMANO, F. SPOONER et U. TUCCI sur les prix à Udine.

379. 1re édit., 1949, p. 466-467.

380. Voir tome I, pp. 408-409.

381. « Carestia di frumenti del 1591 », B. Comunale Palerme Qq N 14 *bis*, f⁰ˢ 144 à 147.

382. « Kulturgeschichte Siziliens », *in : Geogr. Zeitschrift*, 1935.

383. L'étude attentive des documents des xviᵉ et xviiᵉ siècles a été faite à ma demande par mon collègue et ami Felipe Ruiz Martín.

384. A. de Vienne, Collectanea Siciliana, fasc. 6.

385. D'après les relevés (voir ci-dessus note 383) de Felipe Ruiz Martín.

386. D'après les relevés de Felipe Ruiz Martín.

387. A. de Vienne, Collectanea Siciliana, fasc. 6. Je dis bien 1619, et non 1640 comme Hocholzer, car il faut tenir compte des variations du droit de sortie.

388. Je songe au goût des riches pour le pain blanc.

389. A.d.S., Venise, Relaz. Ambasciatori, B 31, 20 décembre 1564.

390. Voir tome I, pp. 365-366 et 380-381.

391. J. HEERS, « Le commerce des Basques en Méditerranée au xvᵉ siècle », *in : Bulletin Hispanique*, n⁰ 57, 1955, pp. 292-320.

392. J. HEERS, *Gênes au xvᵉ siècle, op. cit.*, p. 496.

393. E. ALBÈRI, *op. cit.*, I, p. 1, Relation de Nicolò Tiepolo, 1532.

394. Voir tome I, pp. 275-276.

395. Pierre CHAUNU, *op. cit.*, t. VIII¹, p. 254-256.

396. R. COLLIER, *H. du Commerce de Marseille, op. cit.*, III, p. 118.

397. A. de CAPMANY, *op. cit.*, IV, appendice, p. 43, 1526.

398. R. COLLIER, *op. cit.*, III, p. 155.

399. K. O. MÜLLER, *op. cit.*, p. 55, chargement de cumin, bénéfice réalisé : 69 p. 100.

400. S. RAZZI, *op. cit.*, p. 116.

401. A.d.S., Naples, Sommaria Consultationum, 96, f⁰ 136, 3 septembre 1521 et f⁰ 151 v⁰, 24 octobre 1521.

402. *Ibid.*, 121, f⁰ 160, 1ᵉʳ novembre 1526.

403. *Ibid.*, 123, f⁰ 36 v⁰ et 37, 18 janvier 1527.

404. A.d.S. Mantoue, A. Gonzaga, Série E, Genova 759, Giovanbattista Fornari au marquis de Mantoue, Gênes, 25 juillet 1530.

405. M. SANUDO, *op. cit.*, LVI, col. 238. Palerme, 5 avril 1532.

406. Domenico GIOFFRÈ, « Il commercio d'importazione genovese alla luce dei registri del dazio, 1495-1537 », *in : Studi in onore di Amintore Fanfani*, 1962, V, p. 164.

407. Je songe aux navires sardiniers de Galice allant porter leur pêche à Barcelone, à Valence, à Séville. Le corregidor de

Galice à S. M., 20 février 1538, Simancas, *Guerra Antigua*, XI, f° 200.

408. A.d.S., Mantoue, A Gonzaga, Série E, Spagna, 588, Gio. Agnello au marquis de Mantoue, Barcelone, 3 mai 1535 ; le 28 avril entre à Barcelone la flotte portugaise ; « *fece l'entrata con molta cerimonia alla portoghese...* ».

409. M. SANUDO, *op. cit.*, II, col. 138, 18 novembre 1498.

410. A.d.S., Mantoue, A. Gonzaga, Série E, Venezia 1439, F^{co} Trevisano au marquis de Mantoue, Venise, 1er octobre 1501.

411. Jacques HEERS, « L'expansion maritime portugaise à la fin du Moyen Age : la Méditerranée », *in : Revista da Faculdade de Letras de Lisboa*, n° 2, 1956, p. 18.

412. Vincente ALMEIDA d'EÇA, *Normas economicas na colonizacão portuguesa*, Lisbonne, 1921, p. 24.

413. Domenico GIOFFRÈ, *art. cit.*, p. 130, note 38, et du même auteur, « Le relazioni fra Genova e Madera nel 1° decennio del secolo XVI », *in : Pubblicazioni del civico Istituto Colombiano, Studi Colombiani*, 1951, p. 455, note 25. Une arrobe = 11,5 kg.

414. Cette poussée du sucre bien vue dans D. GIOFFRÈ, *art. cit.*, p. 130 et *sq.* ; 9 caravelles portent du sucre vers Venise, M. SANUDO, *op. cit.*, I, colonne 640, 4 juin 1497 ; *ibid.* sur les Portugais, I, 1032, et II, 138.

415. Luis Sarmiento à Charles Quint, Evora 5 décembre 1535, Simancas, *Guerra Antigua*, VII, f° 42.

416. J. BILLIOUD, *in : H. du Commerce de Marseille*, p.p. GASTON RAMBERT, III, p. 228.

417. A.d.S., Venise, *Cinque Savii*, 3, 1549.

418. Michel MOLLAT, « Aspect du commerce maritime breton à la fin du Moyen Age », *in : Mémoire de la Société d'Histoire et d'Archéologie de Bretagne*, t. XXVIII, 1948, p. 16-17.

419. R. COLLIER, *in : H. du commerce de Marseille*, III, p. 146-147.

420. M. SANUDO, *op. cit.*, I, col. 471.

421. M. MOLLAT, *art. cit.*, p. 10.

422. *Saco de Gibraltar, op. cit.*, p. 93.

423. *Correspondance de Fourquevaux*, I, p. 178-9, 13 février 1567.

424. Réclamation de l'Ambassadeur de France au Roi Catholique (1570 ou 1571). A.N., K 1527, B 33, n° 41.

425. Jean DELUMEAU, *L'alun de Rome* XVe-XIXe siècle, 1962, p. 241.

426. E. GOSSELIN, *Documents authentiques et inédits pour servir à l'histoire de la marine marchande et du commerce rouennais pendant les* XVIe *et* XVIIe *siècles*, Rouen, 1876, p. 8-11.

427. M. MOLLAT, *op. cit.*, p. 241.

428. 4 février 1535, Simancas, *Guerra Antigua*, VII, f° 59.

429. E. GOSSELIN, *op. cit.*, p. 43.

430. *Ibid.*, p. 42-3, 2 octobre 1535.

431. J. BILLIOUD, *in : H. du Commerce de Marseille*, III, p. 221.

432. E. CHARRIÈRE, *Négociations dans le Levant*, II, p. 631-632, Constantinople, 30 octobre 1560.

433. Chantonnay à Philippe II, Moret, 16 mars 1561, A.N., K 1494, B 12, n° 60 ; le même au même, 23 mars 1561, *Ibid.*, n° 62.

434. A.d.S., Florence, Mediceo 2080.

435. Cf. p. 317-320.

436. A. de Raguse, D. di Cancellaria, 146, f°s 27 à 29, 17 juin 1960. Hourque, donc nordique.

437. Nobili au Prince, Madrid, 6 juin 1566, Mediceo 4897 *bis*. Cf. C. DOUAIS, *op. cit.*, I, p. 90 et 92.

438. Le duc d'Albe à F. de Alava, Anvers, 13 février 1571, A.N., K 1519, B 29, n° 18.

439. R. DOEHAERD et Ch. KERREMANS, *op. cit.*, 1952, p. 139 et 143.

440. Eleonora CARUS-WILSON, *Medieval Merchant Venturers*, 1954, p. 64 et *sq*.

441. Jacques HEERS, « Les Génois en Angleterre : la crise de 1458-1466 », *in : Studi in onore di Armando Sapori*, II, p. 810.

442. Hektor AMMANN, *art. cit., in : Vierteljahrschrift für S.u.W.G.*, t. 42, 1955, p. 266.

443. *Ibid.*

444. Domenico GIOFFRÈ, « Il commercio d'importazione geno-vese alla luce dei registri del dazio, 1495-1537 », *in : Studi in onore di Amintore Fanfani*, 1962, V, p. 113 et *sq*. W. CUNNINGHAM, *The growth of English Industry and Commerce*, 1914, I, p. 373.

445. D. GIOFFRÈ, *art. cit.*, p. 121-122.

446. A. de CAPMANY, *op. cit.*, III, p. 225-6 ; IV, appendice, p. 49.

447. D. GIOFFRÈ, *art. cit.*, p. 122-123, tenir compte du relais de Cadix.

448. R. HAKLUYT, *op. cit.*, II, p. 96 et *sq*.

449. Philippe ARGENTI, *Chius vincta*, 1941, p. 13.

450. R. HAKLUYT, *op. cit.*, II, p. 96.

451. *Ibid.*, p. 98. Des marchands anglais à Constantinople, 1544, *Itinéraire...*, de Jérôme MAURAND, éd. Dorez, p. 126.

452. R. HAKLUYT, II, p. 98.

453. *Ibid.*, II, dédicace à Robert Cecil, non paginée.

454. *Ibid.*, II, p. 99-101.

455. James A. WILLIAMSON, *Maritime Enterprise*, Oxford, 1913, p. 233.

456. R. HAKLUYT, *op. cit.*, II, p. 101-102.

457. Alfred C. WOOD, *A history of the Levant Company*, Londres, 1935, p. 3, lequel place à tort la prise de Chio par les Turcs en 1570, la même année que celle de Chypre (autre erreur).

458. Inna LUBIMENKO, *op. cit.*, p. 20 et 27.

459. R. Hakluyt, *op. cit.*, I, p. 243.

460. R. Romano, « La marine marchande vénitienne au XVIᵉ siècle », *in : Les sources de l'histoire maritime en Europe du Moyen Age au XVIIIᵉ siècle*, 1962.

461. I. Tadić, *art. cit.*, p. 15.

462. Quelques indications, A. de Raguse, Diversa di Cancellaria, 106, fᵒ 247, 17 novembre 1516, au sujet d'un navire ragusain qui voyage entre Londres et Raguse ; *ibid.*, fᵒ 180, Gênes, 10 mars 1515, un navire ragusain allant directement de Chio en Angleterre ; *ibid.*, 122, fᵒ 24, Cadix, 21 février 1538, navire ragusain chargé à Southampton, destiné à Cadix, Palerme et Messine.

463. Selve au roi, 12 décembre 1547, *Correspondance...*, p.p. G. Lefevre-Portalis, p. 252.

464. *Ibid.*, p. 321.

465. A. de Moscou, Fonds Lamoignon, 3, fᵒ 128.

466. R. Häpke, *op. cit.*, I, p. 512.

467. A.d.S., Venise, Senato Terra 67, fᵒ 8.

468. J. Delumeau, *op. cit.*, p. 241.

469. A.d.S., Venise, *Cinque Savii*, 17, fᵒ 10.

470. A.d. Stato, Gênes, Spagna, Negoziazioni, 2747, 3 déc. 1557.

471. M. François, *Le Cardinal François de Tournon*, 1951, p. 366.

472. A.d.S., Florence, Mediceo 2080.

473. Marciana, Ital., 8812, CVI, 3, fᵒ 10 vᵒ, Margate à l'embouchure extrême de la Tamise.

474. *CODOIN*, XC. p. 288.

475. *Calendar of State Papers, Venetian*, VII, p. 430, 441, 445-447, 454, 456 ; *CODOIN*, XC, p. 236-237, 254, 288, 327.

476. *CODOIN*, XC, p. 236-237, 23 mai 1569.

477. Le duc d'Albe au Roi, Bruxelles, 8 août 1569. *CODOIN*, XV, p. 170.

478. *CODOIN*, XC, p. 236-237.

479. Déception : je n'ai trouvé nommément (Archives de Raguse, série *Noli e Sicurtà*) que deux voyages de navires ragusains, l'un, avril 1563, de Zélande à Livourne ; l'autre, 4 juillet 1565, d'Anvers à Raguse. Mais beaucoup d'assurances conclues pour six ou douze mois ne donnent pas les itinéraires ; de plus il y a des navires ragusains qui s'assurent ailleurs qu'à Raguse. Par contre, ample récolte dans la série *Securitatum 1564-1571*, A.d.S. Gênes : en partant de Méditerranée, ou y arrivant, trois voyages de Lisbonne, 10 voyages à Cadix, 5 voyages dans le Nord (Rouen, Anvers, Angleterre, Flandres) ; à partir de 1569-1570, ces voyages dans le Nord se multiplient au bénéfice de navires vénitiens assurés à Gênes. Gênes profiterait-elle des difficultés de Venise aux prises avec les Turcs ?

480. Jean Delumeau, *L'alun de Rome, op. cit.*, p. 241.

481. *L'hirondelle*, Mediceo 2080. Même référence pour les bateaux suivants, jusqu'à la fin du paragraphe.

482. Marcantonio Colonna au roi, Palerme, 26 févr. 1580, Simancas E° 1149, retransmet des renseignements qu'il tient de B° de Mendoza.

483. Ravitaillement indispensable, dira encore le comte de Miranda à Philippe II, Naples, 13 juillet 1591, Simancas E° 1093.

484. R. HAKLUYT, *op. cit.*, II, p. 145-146.

485. G. VIVOLI, *op. cit.*, III, p. 155.

486. Cf. L. STONE, *An elizabethan : Sir Horatio Palavicino*, 1956.

487. 23 sept. 1578, *CODOIN*, XCI, p. 287-288.

488. *CODOIN*, XCI, p. 297.

489. *Ibid.*, p. 398. Sur l'ensemble de l'affaire, voir p. 275, 287-288, 360, 375, 387-388, 393.

490. *Bilanci generali*, Seconde série, vol. I, t. I, p. 439, note 1.

491. 29 novembre 1582, *CODOIN*, XCII, p. 436.

492. A. S., Venise, Lettere Com., 12 *ter*, 20 octobre 1589.

493. Je laisse de côté deux ordres de considérations mineures : 1° Les Dieppois et les Marseillais auraient servi de guides aux Anglais pour leurs premiers voyages de retour. Il est vrai que des navires anglais gagnent Livourne de 1573 à 1584 et sont indiqués comme ayant chargé à Dieppe (une indication, 4 février 1574), à Calais [cinq indications, 3 février 1574, 25 janvier 1576, 2 février 1576 (deux fois), 14 janvier 1579], en France (une indication, 12 janvier 1579), en Flandre (une indication, 10 janvier 1584), en Zélande (une indication, 24 octobre 1581). Un texte de A. de MONTCHRESTIEN, 1615 (*op. cit.*, p. 226-227) semble (mais n'est pas) péremptoire. « Il y a quarante ans (donc vers 1575) que les premiers (Anglais) n'avoient encore aucun trafic ni en Turquie ni en Barbarie, ains hantoient seulement à Hambourg et à Stade où estoit leur estape. Le patron Anthoine Girard, encor vivant et Jean Durant jeunes hommes de Marseille leur donnèrent à Londres les premières ouvertures ; et de plus y guidèrent et pilotèrent leurs premiers navires. Les Marseillois lors seuls leur apportoient toutes les espiceries et autres marchandises du destroict ; mais maintenant... ».

2° La querelle des *uve passe* entre Venise et l'Angleterre va durer plus d'un quart de siècle (*C. S. P. Venetian*, VII, p. 542, 544, 545, 548, 549, 550, 552). Elle débute en 1576 avec l'octroi à un marchand lucquois, à Londres, du monopole de l'introduction des *uve passe* en Angleterre. Discussions, représailles douanières se succèdent : 1580, 1591, 1592, 1602, la réconciliation peut être de 1609 (cf. *La Méditerranée...*, 1ʳᵉ édit., p. 482, 487-8). Des navires vénitiens ne cessent, malgré tout, de gagner l'Angleterre.

494. Références bibliographiques dans R. B. MERRIMAN, *op. cit.*, IV, p. 154, note 3.

495. R. HAKLUYT, *op. cit.*, II, p. 136-137.

496. *CODOIN*, XCI, p. 439, 28 novembre 1579.

497. Instructions de Berthier, 5 sept. 1580, *Recueil...*, p. 36.

498. Contre les Anglais, ils agissent d'accord avec les Vénitiens, Hurault de Maisse au roi, 27 juillet 1583, A. E., Venise 31, f° 103 v° et *sq.*

499. *CODOIN*, XCI, 13 nov. 1580, p. 523.

500. *CODOIN*, XCI, p. 334, 396, 399, 409 ; R. HAKLUYT, *op. cit.*, I, p. 453-454 ; I. LUBIMENKO, *op. cit.*, p. 51.

501. R. HAKLUYT, *op. cit.*, II, p. 429.

502. *Ibid.*, II, p. 157.

503. *Recueil...*, p. 36.

504. 15 mars 1583, Simancas E° 1154.

505. Venise, 2 juin 1583, A. E., Venise, 31, f° 15 et 15 v°.

506. Hareborne à Richard Forster, Péra, 5 sept. 1583, R. HAKLUYT, *op. cit.*, II, p. 172-173.

507. A. C. WOOD, *op. cit.*, p. 17.

508. *Ibid.*, p. 20.

509. *Ibid.*, p. 23.

510. *Ibid.*, p. 23.

511. *Ibid.*, p. 23.

512. *Ibid.*, p. 36.

513. *Ibid.*, p. 39.

514. On reconnaît à Marseille encore mille navires en 1610, Paul MASSON, *Histoire du commerce français dans le Levant au* XVII° *siècle, op. cit.*, p. XXXI.

515. Paul MASSON, *ibid.*, p. XVI.

516. A. C. WOOD, *op. cit.*, p. 33-35.

517. *Ibid.*, p. 31.

518. A.d.S., Florence, Mediceo, 2079, f° 210 et 210 v°.

519. R. HAKLUYT, *op. cit.*, II, p. 290.

520. *CODOIN*, XCII, p. 455-456.

521. R. HAKLUYT, *op. cit.*, II, p. 271.

522. A. Com. de Marseille, BB 52, f° 24 v°.

523. A.d.S., Gênes, L. M. Spagna 10 2419 (s. d.).

524. R. HAKLUYT, *op. cit.*, II, p. 289-290.

525. Innombrables références : pirateries contre les Français, P. MASSON, *op. cit.*, p. XXIV ; contre les Ragusains, A. de Raguse, D. de Foris, VII, f° 36 (Messine, 26 mai 1598), prise et incendie de la nave *N.D. de Lorette* ; autre attaque d'Anglais au large de Cagliari, 8 mars 1594, D. de Foris, II, f° 127 v° et *sq.* ; prise de la nave *Sainte-Trinité et Saint-Jean-Baptiste*, près de Zante, D. de Foris, V, f° 88, 12 mai 1595.

526. *Recueil*, p. 53 ; R. HAKLUYT, *op. cit.*, II, p. 145-146 ; *CODOIN*, XCII, p. 60-61 (24 juin 1581).

527. 22 février 1601, A.N., K 1630. L'étrange aventure d'un Anglais, Richard Cocaine qui, en 1601, loue à Gênes sa nave, le *Marchand Royal*, à un Ragusain ; le patron de navire s'en va en course contre les Turcs. Mediceo 1829, f° 258.

528. R. Galluzzi, *op. cit.*, III, p. 270.

529. A.d.S., Gênes, *Giunta di Marina*, note sur le consulat anglais, s. d.

530. W. Naudé, *op. cit.*, p. 142-143, 331.

531. Elie Luzac, *Richesse de la Hollande*, I, *op. cit.*, 63.

532. Johannes Cornelis de Jonge, *Nederland en Venetie*, Gravenhague, 1852, p. 299-302.

533. H. Watjen, *op. cit.*, II, p. 5.

534. G. Vivoli, *op. cit.*, III, p. 181.

535. *Ibid.*, p. 317, références à Galluzzi et à Rondinelli, p. 318.

536. *Ibid.*

537. Sur les entrées des navires allemands en Méditerranée, trois documents ragusains (Diversa de Foris, XV, f° 123 v° à 124) : Venise, 24 oct. 1596, détail relatif à l'assurance de la nave le *Croissant*, patron Hans Emens de Hambourg, qui a apporté des blés de Hambourg à Venise ; Venise, 28 nov. 1596, assurance de la nave *Sainte-Trinité* à Hambourg, patron Antinio ? Luder, qui a apporté du blé à Venise ; Venise, 24 déc. 1596, détail analogue relatif à la nave *Fortuna Volante*, patron Girardo Vestrevuola, venue avec du blé de Hambourg. Sur la longue navigation entre Nord et Venise, des incidents se produisent : ainsi en 1597 deux navires (patrons Luca et Giacomo Neringhia) chargés de blé à Dantzig, sont délestés de leur cargaison à Lisbonne ; chargent des marchandises dans cette ville et les portent à Venise où demandent à être exemptés de l'ancrage comme navires chargés de blé dans des pays si lointains, ce qui leur est accordé, A.d.S., Venise, *Cinque Savii*, Busta 3, 29 juillet 1597.

538. *Der deutsche Seehandel im Mittelmeergebiete bis zu den napoleonischen Kriegen*, Neumünster, 1933.

539. Des navires de Hambourg en Italie, encore en 1600, Simancas E° 617.

540. G. Berchet, *op. cit.*, 157-159.

541. J. Denucé, *op. cit.*, p. 17.

542. *Ibid.*, p. 71. Mais le « consulage » sera exercé par les Anglais.

543. G. Berchet, *op. cit.*, p. 103.

544. J. Denucé, *op. cit.*, p. 68.

545. Bernardo Gomez de Brito, *Historia tragico-maritima*, Lisbonne, 1904-1905, II, p. 506-507, vers 1604.

546. H. Wätjen, *op. cit.*, p. 55.

547. R. Galluzzi, *op. cit.*, III, p. 270 ; G. Vivoli, *op. cit.*, IV, p. 7-10 ; je signale, petit détail énigmatique, l'arrivée à Livourne, le 29 nov. 1581, d'une nave probablement portugaise (nave *Santo Antonio*, cap. Baltasar Dias), chargée au Brésil et qui porte notamment 460 cantars de *pau brasil*. Sur les tentatives

de « colonisation » toscane au Brésil, les curieuses et insuffisantes notes de G. G. GUARNIERI, *art. cit.*, p. 24, note 1.

548. A.d.S., Florence, Mediceo 2079, f⁰ˢ 337 et 365, la première de ces naves, *Nra Señora do Monte del Carmine*, en provenance de Goa, porte 4 000 cantars de poivre, son arrivée datée de 1610 sans plus ; du 14 août 1610, celle de la nave *Nra Signora di Pietà* en provenance des Indes orientales : elle apporte 4 170 cantars de poivre, des pierres précieuses et 145 cantars de toiles des Indes...

549. A.d.S., Venise, *Cinque Savii...*, Busta 6, 15 nov. 1596, Copie.

550. A. C. WOOD, *op. cit.*, p. 43.

551. Voir tome I, pp. 368 et *sq.*

552. L. von PASTOR, *op. cit.*, éd. allemande, t. X, p. 306.

553. « Influences de l'Angleterre sur le déclin de Venise au XVIIᵉ siècle », *in : Decadenza economica veneziana nel secolo XVII*, Fondation Giorgio Cini, Venise, 1961, p. 183-235.

554. Voir à ce sujet tome I, pp. 372-373 ; *C.S.P. East Indies*, I, p. 107, octobre 1600, 5 bateaux envoyés dans les Indes : 1 500 tonnes, 500 hommes d'équipage. R. DAVIS, *art. cit.*, p. 215 : en 1628, aux dires du baile vénitien, « les Anglais transportent plus de marins et de canonniers laissant beaucoup de place libre pour le combat ».

555. R. DAVIS, *art. cit.*, p. 215 (*C.S.P., Venetian*, 2 oct. 1627).

556. F. BRAUDEL, « L'économie de la Méditerranée au XVIIᵉ siècle », *in : Economia e Storia*, avril-juin 1955, reproduit *in : Les Cahiers de Tunisie*, 1956, p. 175 et *sq.*

557. B. M. Sloane, 1572 (vers 1633).

558. Cité par C. R. BOXER, *op. cit.*, p. 76, note 150. Le texte est de Pedro de Baeza.

559. Références, *La Méditerranée...*, 1ʳᵉ édit., p. 493.

560. J. H. KERNKAMP, *Handel op den vijand 1572-1609*, 2 vol., Utrecht, 1931-1934, reste l'ouvrage essentiel. Sur la vanité fréquente de ces mesures, V. VAZQUEZ DE PRADA, *op. cit.*, (1596-1598), I, p. 63.

561. J'emprunte le mot à Germaine TILLION, *Les ennemis complémentaires*, 1960 ; il s'agit ici des Français et des Algériens de 1955 à 1962.

562. Depuis 1550, V. VAZQUEZ DE PRADA, *op. cit.*, I, p. 48.

563. *Ibid.*

564. A.N., K 1607 B (B. 89).

565. Voir pp. 157-159.

566. Simancas E⁰ 569, f⁰ 84 (s.d.).

567. Toute cette progressive « Passivierung » de Séville remarquablement expliquée par J. van KLAVEREN, *op. cit.*, notamment p. 111 et *sq.* Je lui ai beaucoup emprunté.

568. 1594, Simancas E⁰ 174.

569. Simancas E⁰ 174.

570. 18 août 1595, *ibid.*

571. Je suis l'explication de Jacob van KLAVEREN, *op. cit.*, p. 116-117.

572. Correspondance de Simón Ruiz, Archivo Provincial de Valladolid, Antonio Gutierrez à Simón Ruiz, Florence, 20 mai 1591.

573. Florence, 20 mai 1591, *ibid.*

574. Florence, 17 juin 1591.

575. Florence, 31 décembre 1590.

576. Florence, 9 septembre 1591, *ibid.*

577. Florence, 26 juin 1591.

578. Florence, 12 août 1591.

579. Don Alonso de la Cueva à S. M., Venise, 30 mai 1608, A.N., K 1678, 43 *b.*

580. A.d.S., Venise, *Cinque Savii*, 141, f° 44, 22 mai 1602.

581. *Ibid.*, 22, f° 52, 20 novembre 1598 et 16 août 1602.

582. Voir pp. 561-562 et 635.

583. *Op. cit.*, t. I, p. 63 et 501. L'ouvrage est en réalité d'Elie LUZAC. Ou, plus exactement, celui-ci a repris le travail antérieur de Jacques ACCARIAS de SERIONNE, paru à Amsterdam en 1765.

584. Johannes Hermann KERNKAMP, « Straatfahrt », niederländische Pionierarbeit im Mittelmeergebiert », *in : Niederländischen Woche der Universität München*, 15 juillet 1964.

585. Simon HART, « Die Amsterdamer Italienfahrt 1590-1620 », *in : Wirtschaftskräfte und Wirtschaftswege, II, Wirtschaftskräfte in der europäischen Expansion, Festschrift für H. Kellenbenz*, Nuremberg, 1978.

586. Richard Tilden RAPP, « The Unmaking of the Mediterranean Trade Hegemony : International Trade Rivalry and the Commercial Revolution », *in : The Journal of Economic History*, 1975, pp. 499-525 ; *Industry and Economic Decline in Seventeenth Century Venice*, 1976.

587. *Civilisation matérielle, économie et capitalisme*, XVᵉ-XVIIIᵉ *siècles*, 1979, 3 volumes.

CHAPITRE 4
LES EMPIRES

1. Voir tome I, pp. 415-417.

2. Je ne dis pas à dessein l'État national.

3. A. SIEGFRID, *op. cit.*, p. 184.

4. H. KRETSCHMAYR, *op. cit.*, II, p. 382.

5. Voir les études d'Enrico PERITO, d'E. CARUSI, de Pietro EGIDI (nᵒˢ 2625, 2630 et 2626 de la bibliographie de Sánchez ALONSO).

6. A.d.S., Modène, Venezia VIII, Aldobrandino Guidoni au Duc, Venise, 31 juillet 1495.

7. M. Seidlmayer, *op. cit.*, p. 342.

8. La paternité en est attribuée, on le sait, au cardinal Giovanni Della Casa, *Orazione di Messer Giovanni della Casa, scritta a Carlo Quinto intorno alla restitutione della città di Piacenza*, publiée dans le *Galateo*, du même auteur, Florence, 1561, p. 61. Sur cette vaste question, F. Meinecke, *Die Idee der Staatsräson in der neueren Geschichte*, 1ʳᵉ édit., Munich, 1925.

9. Pierre Mesnard, *L'essor de la philosophie politique au* XVIᵉ *siècle*, 1ʳᵉ édit., 1936, p. 39 à 53, particulièrement p. 51-52.

10. A. Renaudet, *Machiavel*, p. 236.

11. G. M. Trevelyan, *op. cit.*, p. 293.

12. Baudrillart (Mgr.), *Philippe V et la Cour de France*, 1889-1901, 4 vol., Introduction, p. 1.

13. Voir pp. 368 et *sq.*

14. Gaston Roupnel, *Histoire et destin*, p. 330.

15. Sur la grandeur turque, R. de Lusinge, *De la naissance, durée et chute des États*, 1588, 206 p. Ars. 8° H 17337, cité par J. Atkinson, *op. cit.*, p. 184-185, et une relation inédite sur la Turquie (1576). Simancas. E° 1147.

16. Fernand Grenard, *Décadence de l'Asie*, p. 48.

17. Voir tome I, p. 215.

18. *Annuaire du monde musulman*, 1923, p. 323.

19. Le mot est de B. Truhelka, l'archiviste de Doubrovnik, dans nos discussions répétées sur ce magnifique sujet.

20. Cf. notamment Christo Peyeff, *Agrarverfassung und Agrarpolitik*, Berlin, 1927, p. 69 ; I. Sakazov, *op. cit.*, p. 19 ; R. Busch-Zantner, *op. cit.*, p. 64 et *sq.* Cependant, si l'on suit l'article de D. Anguelov, *Revue Historique* (bulgare), IX, 4, p. 374-398, la résistance bulgare aux Turcs aurait été plus vive que je ne le dis.

21. Jos. Zontar, « Hauptprobleme der jugoslavischen Sozial- und Wirtschaftsgeschichte », *in : Vierteljahrschrift für Sozial-und Wirtschaftsgeschichte*, 1934, p. 368.

22. J. W. Zinkeisen, *op. cit.*, II, p. 143 ; R. Busch Zantner, *op. cit.*, p. 50.

23. R. Busch Zantner, *op. cit.*, p. 65.

24. *Ibid.*, p. 55.

25. *Ibid.*, p. 65 et références aux travaux de K. Jirecek et de Sufflay.

26. *Ibid.*, p. 23.

27. W. Heyd, *op. cit.*, II, p. 258.

28. *Ibid.*, II, p. 270.

29. *Ann. du monde musulman*, 1923, p. 228.

30. H. Hochholzer, *art. cit.*, p. 57.

31. J. Zontar, *in : Vierteljahrschrift für Sozial-und Wirtschaftsgeschichte*, 1934, p. 369.

32. Cité par G. Atkinson, *op. cit.*, p. 179.

33. *Ibid.*, p. 211.

34. *Ibid.*, p. 397. Même idée, en 1544, chez Jérôme MAURAND, *Itinéraire de... d'Antibes à Constantinople* (1544), p.p. Léon DUREZ, 1901, p. 69, les victoires des Turcs en raison des péchés des Chrétiens.

35. F. BABINGER, *op. cit.*, p. 446-447. Pour la référence du livre, voir p. 743, note 93.

36. J. W. ZINKEISEN, *op. cit.*, III, p. 19.

37. Cité par J. W. ZINKEISEN, *op. cit.*, III, p. 20, note 1, d'après Anton von GEVAY, *Urkunden und Actenstücke zur Geschichte der Verhältnisse zwischen Österreich, Ungarn und der Pforte im XVI. und XVII. Jahrhundert*, 1840-1842, p. 31.

38. *Op. cit.*, p. 42.

39. *Op. cit.*, VIII, p. 305.

40. F. GRENARD, *op. cit.*, p. 86.

41. Émile BOURGEOIS, *Manuel historique de Politique étrangère*, t. I, 1892, Introduction, p. 2 et *sq.*

42. « ... eine Episode, kein Ereignis », p. 22.

43. V. HASSEL, *op. cit.*, p. 22-23.

44. F. GRENARD, *op. cit.*, p. 79.

45. Voir tome I, p. 218.

46. J. DIEULAFOY, *Isabelle la Catholique, Reine de Castille*, 1920 ; Fernand BRAUDEL, « Les Espagnols... », *in : Revue Africaine*, 1928, p. 216, note 2.

47. *Mémoires*, IV, p. 47.

48. BROCKELMANN, *Gesch. der islamischen Völker*, 1939, p. 262.

49. J. MAZZEI, *op. cit.*, p. 41.

50. *Annuaire du monde musulman*, p. 21.

51. Il ne prend ce titre officiellement qu'au XVIIIᵉ siècle, Stanford J. SHAW, « The Ottoman view of the Balkans », *in : The Balkans in transition*, éd. par C. et B. JELAVICH, 1963, p. 63.

52. J. W. ZINKEISEN, *op. cit.*, III, p. 15.

53. BROCKELMANN, *op. cit.*, p. 242.

54. Stanford J. SHAW, *art. cit.*, p. 67, signale le rôle des *ulémas* fanatiques des provinces arabes nouvellement conquises et la réaction turque contre les missionnaires franciscains qu'expédient dans les Balkans Venise et les Habsbourgs.

55. Voir tome I, pp. 134-135 et note 43, p. 466.

56. Stanford J. SHAW, « The Ottoman view of the Balkans », *in : The Balkan in transition, op. cit.*, p. 56-80.

57. Angel GANIVET, *Idearium español*, éd. Espasa, 1948, p. 62 et *sq.*

58. Pierre VILAR, *La Catalogne...*, I, p. 509 et *sq.*

59. *Imperio español*, p. 43.

60. R. KONETZKE, *op. cit.*, p. 245 ; Erich HASSINGER, « Die weltgeschichtliche Stellung des XVI. Jahrhunderts », *in : Geschichte in Wissenschaft und Unterricht*, 1951, signale ce livre de

Jacques Signot, *La division du monde...*, 1ʳᵉ éd., 1539 (d'autres suivront : la 5ᵉ en 1599), et qui ne parle pas de l'Amérique.

61. Bien signalé par Angel Ganivet dans son *Idearium español*, éd. Espasa, 1948, p. 44-45.

62. Naples déficitaire à partir au moins de 1532, E. Albèri, *op. cit.*, I, 1, p. 37. Dès le temps de Charles Quint la dépense ordinaire de ses États sans celle des guerres excédait la recette de deux millions d'or. Guillaume Du Vair, *Actions oratoires et traités*, 1606, p. 80-88.

63. Ch. Monchicourt, « La Tunisie et l'Europe. Quelques documents relatifs aux xvıᵉ, xvııᵉ et xvıııᵉ siècles », *in : Revue Tunisienne*, 1905, tirage à part, p. 18.

64. Gustav Turba, *Geschichte des Thronfolgerechtes in allen habsburgischen Ländern...* 1903, p. 153 et *sq.*

65. Granvelle à Philippe II, Bruxelles, 6 oct. 1560, *Papiers...*, VI, p. 179.

66. *Ibid.*

67. Voir F. Braudel, « Les emprunts de Charles Quint sur la place d'Anvers », *in : Charles Quint et son temps*, Paris, 1959 ; graphique p. 196.

68. E. Albèri, II, *op. cit.*, III, p. 357 (1559).

69. *Ibid.*

70. Pour de précieuses discussions, R. Menendez Pidal, *Idea Imperial de Carlos V*, Madrid, 1940 ; pour une large revue des questions, Ricardo Delargo Ygaray, *La idea de imperio en la politica y la literatura españolas*, Madrid, 1944.

71. Cité par E. Hering, *op. cit.*, p. 156.

72. *Op. cit.*, tout le chapitre VIII, p. 395 et *sq.*

73. D'après R. Konetzke, *op. cit.*, p. 152.

74. Voir tome III, pp. 22 et *sq.*

75. G. Micheli au Doge, 30 janv. 1563, G. Turba, *op. cit.*, I, 3, p. 217.

76. *Ibid.*, p. 217, note 3.

77. 13 janv. 1564, Saint-Sulpice, E. Cabié, *op. cit.*, p. 217, si toutefois Cabié ne s'est pas trompé de date.

78. H. de Maisse au Roi, Venise, 6 juin 1583, A. E. Venise 81, fᵒ 28 vᵒ. Philippe II songerait à demander le vicariat impérial en Italie, 12 février 1584, Longlée, *Dépêches diplomatiques...*, p. 19.

79. J'évoque ici les idées de Jules Gounon Loubens, voir tome I, p. 431 et note 404.

80. *History of economic Analysis*, Londres, 1954, édit. italienne : *Storia dell'analisi economica*, 3 vol., 1959, I, p. 175-181.

81. *Op. cit.*, I, p. 176, note 3 (je cite d'après l'édition italienne).

82. *La Chine et l'Occident. Le commerce à Canton au xvıııᵉ siècle (1719-1833)*, 4 vol., 1964, t. I, p. 429 et *sq.*

83. Le mot est évidemment un anachronisme : je ne l'emploie qu'en raison de sa commodité. Faudrait-il dire « officiers » ?

mais le mot ne vaut que pour la France. Ou *letrados* ? mais le mot ne vaut que pour l'Espagne. Ou « bureaucratie » ? comme le risque Julio CARO BAROJA, *op. cit.*, p. 148 et *sq.*, mais le mot est lui aussi un anachronisme.

84. *Geistliches und Weltliches aus dem griechisch-türkischen Orient*, p. 179, cité par BROCKELMANN, *op. cit.*, p. 284.

85. F. LOT, *op. cit.*, II, p. 126.

86. *De la guerra de Granada comentarios por don Diego Hurtado de Mendoza*, p.p. Manuel GÓMEZ MORENO, Madrid, 1948, p. 12.

87. *Ibid.*

88. B.M. Add. 18 287.

89. Eloy BULLON, *Un colaborador de los Reyes Católicos : el doctor Palacios Rubios y sus obras*, Madrid, 1927.

90. R. KONETZKE, *op. cit.*, p. 173. Grégorio MARAÑON, *Antonio Perez*, 2 vol., 2e éd., Madrid, 1948, I, p. 14 et *sq.* Angel GONZALEZ PALENCIA, *Gonzalo Perez secretario de Felipe II*, 2 vol., Madrid, 1946, n'aborde pas le problème.

91. Cuenca, 13 mai 1594, Copie, B. Com. Palerme, Qq G 24, f° 250.

92. P. ACHARD, *op. cit.*, p. 183 et *sq.*

93. Franz BABINGER, *Suleiman der Prächtige* (*Meister der Politik*), 1923, p. 461.

94. F. BABINGER, *op. cit.*, *ibid.*

95. R. MANTRAN, *op. cit.*, p. 107, note 2.

96. Voir les admirables explications de Stanford J. SHAW, *art. cit.*, p. 67 et *sq.*, « Decline of the Timar System and Triumph of the Devshirme Class ».

97. Beaucoup d'exemples peuvent être empruntés à la biographie de patriciens, d'ingénieurs ou de soldats au service de Venise — ou aux agents turcs dont on connaît les déplacements analogues.

98. Sa fiche signalétique dans E° 137 à Simancas. Ce personnage curieux est l'auteur de ce long rapport à Philippe II (Valladolid, oct. 1559, E° 137), dont il est fait mention tome III, pp. 77-78.

99. Mendo de Ledesma à Philippe II, Nantes, 21 déc. 1595, A.N., K 1597, B 83.

100. Pedro de MEDINA, *op. cit.*, p. 204 à 205 v°.

101. *Recopilación de las leyes destos reynos hecha por mandado del Rey*, Alcala de Hénarès, 1581, 3 vol. fol. : B.N., Paris, Fr. 4153 à 4155.

102. Camara de Castilla, série VIII, Renuncias de oficios.

103. 9 juin 1558, A.H.N. Inquisition de Barcelone, Libro 1, f° 337.

104. Manuel DANVILA, *El poder civil en España*, Madrid, 1885, V, p. 348-351.

105. *Recopilación*, I, f° 77.

106. *Ibid.*, f° 73 et 73 v°.

107. *Ibid.*, f° 79 v° (Loi de Tolède, 1480).

108. *Ibid.*, trente jours et à partir du jour de la renonciation (lois de Burgos, 1515 ; La Coruña, 1518 ; Valladolid, 1542). 60 jours (Pragmatique de Grenade, 14 sept. 1501) pour présenter les titres « en regimientos », *ibid.* Mais les cas sont-ils les mêmes ?

109. *Actas*, I, p. 339.

110. *Ibid.*, p. 345-346.

111. *Recopilación*, I, f° 79 (Guadalajara, 1436).

112. *Ibid.*, 73 v°, Valladolid, 1523.

113. A quel moment l'office devient-il une marchandise négociable ? La question préoccupait fort Georges Pagès. Il est difficile d'y répondre. Cependant dès la Pragmatique de Madrid, 1494 (I, f°ˢ 72 et 72 v°), il est question de ceux qui renoncent à leurs offices (municipaux) contre argent « ... los que renuncian por dineros ».

114. Il y a un curieux croisement des ventes pour l'État et pour les particuliers. Ainsi, dans le cas d'un office d'alcade à Málaga, D. Sancho de Cordova à Philippe II, 18 janv. 1559, Sim. E° 137, f° 70. A Ségovie, en 1591 (Cock, *Jornada de Tarrazona*, p. 11), offices municipaux vendus ou donnés par le Roi « cuando no se resignan en tiempo para ello limitado ».

115. R. B. Merriman, *op. cit.*, IV, p. 325.

116. *Actas*, I, p. 345-346 (1563).

117. *Op. cit.*, I, p. 453-454. Gens des classes moyennes...

118. Jacob van Klaveren, *op. cit.*, p. 47, 49 et *sq.*

119. Voir p. 369 et note 50.

120. J. W. Zinkeisen, *op. cit.*, III, p. 100, note 1.

121. Jean Sauvaget, *Alep. Essai sur le développement d'une grande ville syrienne des origines au milieu du XIXᵉ siècle*, 1941, p. 212-214.

122. A Venise, au lendemain d'Agnadel, décision du Grand Conseil de vendre des offices (10 mars 1510). Admirable texte. *Bilanci Generali*, 2ᵉ Série, vol. I, tome I, p. CCIV. Les guerres, par la suite, favoriseront les ventes d'offices.

123. L. von Ranke, *Die Osmanen und die spanische Monarchie...*, Leipzig, 1877, p. 74, d'après Businello, *Relations historiques touchant la monarchie ottomane*, ch. XI.

124. « Es schien ein Tag des Triumphes zu sein », 1ᵉʳ mai 1612, cité par H. Wätjen, *op. cit.*, p. 61.

125. E. Albèri, I, III, p. 254.

126. Palerme, 10 juin 1577, Simancas E° 1147. *Matadores*, des tueurs. Sur la ville même lire, bien que postérieur, le livre de Massimo Petrocchi, *La rivoluzione cittadina messinese del 1674*, Florence, 1954.

127. B.N., Paris, Dupuy, 22, f° 122 et *sq.*

128. Cité par Jakob van Klaveren, *op. cit.*, p. 49, note 5.

129. Cf. du même auteur une série d'articles *in : Vierteljahr-*

schrift für Sozial-und Wirtschaftsgeschichte, 1957, 1958, 1960, 1961.

130. B. M. Add. 18 287, f° 23.

131. E.J. HAMILTON, « The Foundation of the Bank of Spain », *in : Journal of Political Economy*, 1945, p. 97.

132. P. 61, d'après J. W. ZINKEISEN, *op. cit.*, III, p. 368.

133. D'après GERLACH, cité par J. W. ZINKEISEN, *op. cit.*, III, p. 366-368.

134. Le passage à Besançon d'après une note de Lucien FEBVRE.

135. Le livre de réhabilitation d'ailleurs peu lisible de J. REZNIK, *Le duc Joseph de Naxos*, 1936 ; celui plus récent de Cecil ROTH, *The Duke of Naxos*, 1948, et surtout le remarquable article d'I. S. REVAH, « Un historien des "Sefardim" », *in : Bul. Hisp.*, 1939, sur les travaux d'Abraham Galante.

136. Bernard SCHNAPPER, *Les rentes au XVIe siècle. Histoire d'un instrument de crédit*, 1957.

137. Voir pp. 218-219.

138. *Novelas Ejemplares, op. cit.*, I, p. 29.

139. Gustav FREMEREY, *Guicciardinis finanzpolitische Anschauungen*, Stuttgart, 1931.

140. R. GALLUZZI, *op. cit.*, III, p. 506 et *sq.*

141. Clemens BAUER, *art. cit.*, p. 482.

142. *Ibid.*, p. 476.

143. Tous ces problèmes des *Monti* romains admirablement exposés par J. DELUMEAU, *op. cit.*, II, p. 783 et *sq.* J'ai résumé ses explications.

144. *Ibid.*, p. 821.

145. « Note sulla storia del saggio d'interesse, corso e sconto dei dividendi del banco di S. Giorgio nel secolo XVI », *in : Economia Internazionale*, 1952, p. 13-14.

146. D'après une information fournie par M. Halil Sahilli Oglu.

147. Aser HANANEL et Eli EŠKENAZI, *Fontes hebraici ad res œconomicas socialesque terrarum balkanicarum sœculo XVI pertinentes*, I, Sofia, 1958 (remarquable).

148. « ... sous les noms de leurs facteurs pour plus de cinq cent mille écus », *Traité de la République*, 1577, p. 623, cité par J. ATKINSON, *op. cit.*, p. 342.

149. Je pense naturellement à Anthony Sherley, cf. Xavier A. FLORES, « *El peso politico de todo el mundo* » *d'Anthony Sherley ou un aventurier anglais au service de l'Espagne*, Paris, 1963.

150. *Op. cit.*, référence tome I, p. 462, note 6.

151. Voir référence tome I, p. 450, note 182.

152. Ammintore FANFANI, *Storia del Lavoro...*, p. 32.

CHAPITRE 5
LES SOCIÉTÉS

1. Cette mobilité à l'horizontale est, elle aussi, un signe révélateur de sociétés ouvertes. Gaston ROUPNEL, *La ville et la campagne au XVIIe siècle. Étude sur les populations du pays dijonnais*, 1955, 2e éd., p. 99 : « Au XVIe siècle, on soigne ou on nourrit le mendiant avant de l'expulser [des villes]. Au début du XVIIe siècle, on le rase. Plus tard on le fouette, et à la fin du siècle, le dernier mot de la répression en fait un forçat. »

2. Henri DROUOT, *Mayenne et la Bourgogne*, 1937, I, notamment p. 48 : « Ces robins qui avaient bouleversé depuis un siècle l'ordre social ancien formaient déjà, vers 1587, un corps conservateur. Ils voulaient maintenir le régime qui avait favorisé leur ascension et le pain qui pouvait garantir leur avenir. Ils tendaient aussi à s'isoler comme classe sur le sommet conquis. »

3. Voir p. 656 et *sq.*

4. Tome I, seul paru, Madrid, 1963.

5. Lucien ROMIER, *Le Royaume de Catherine de Médicis*, 1925, I, 3e édit., p. 177.

6. *Ibid.*, p. 207-208.

7. *Ibid.*, p. 207.

8. *Ibid.*, p. 193-203 ; Henri DROUOT, *op. cit.*, I, p. 40.

9. François de RAMEL, *Les Vallées des Papes d'Avignon*, 1954, p. 142.

10. Josef A. SCHUMPETER, *op. cit.* (tr. ital.), I, p. 177.

11. Carl J. von HEFELE, *Le Cardinal Ximénès*, p. 364.

12. R. RUSSO, *art. cit.*, p. 421.

13. E. LE ROY LADURIE, *op. cit.*. Je crains qu'il n'y ait pas dialogue, mais bien conversation, le paysan riche est le troisième interlocuteur, adversaire et du seigneur et du petit paysan. Si l'on en croit E. Le Roy Ladurie, ce gros paysan gagnerait en Languedoc, de 1550 à 1600.

14. P. VILAR, *op. cit.*, I, p. 575 et *sq.*

15. Antonio DOMINGUEZ ORTIZ, *op. cit.*, I, p. 364.

16. Dr L. MERLE, *La métairie et l'évolution agraire de la Gâtine Poitevine de la fin du Moyen Age à la Révolution*, 1959.

17. Lucien FEBVRE, *Philippe II et la Franche-Comté*, 1912, p. 201 et *sq.*

18. Gabriel DEBIEN, *En Haut-Poitou : défricheurs au travail (XVe-XVIIe siècles)*, « Cahiers des Annales », 1952.

19. Manuel TORRES-LOPEZ, « El origen del Señorío Solariego de Benameji y su *cartapuebla* de 1549 », *in : Boletin de la Universidad de Granada*, 1932, n° 21 ; compte rendu de Marc BLOCH, *in : Annales hist. écon. et sociale*, 1934, p. 615.

20. Robert LIVET, *op. cit.*, p. 147 et 148.

21. *Ibid.*

22. R. Aubenas, *Chartes de franchises et actes d'habitation*, Cannes, 1943.

23. L. Bianchini, *op. cit.*, I, p. 260 et *sq.*

24. 8 octobre 1585, A.N., K 1563.

25. Voir tome I, pp. 90-91.

26. *Op. cit.*, p. 354.

27. G. Niemeyer, *op. cit.*, p. 51.

28. Aldo de Maddalena, « Ibilanci dal 1600 al 1647 di una azienda fondiaria lombarda », *in : Rivista internazionale di Scienze economiche et commerciali*, 1955.

29. Ainsi à titre d'exemples entre des centaines d'autres : A.d.S., Naples, Sommaria Partium 249, f° 181, 219 v°, 220, 247 (1544 et 1545).

30. A. de Maddalena, *art. cit.*, p. 29, leur chute « drastique » à partir de 1634.

31. Fr. Saverio Provana di Collegno, « Notizie e documenti d'alcune certose del Piemonte », *in : Miscellanea di storia italiana*, 1901, t. 37, série 3, vol. 2, p. 393-395.

32. Ses sujets se révoltent encore en 1566 (Simancas E° 1395, 7 février 1566), la révolte dure encore en 1568 (*Ibid.*, 11 janvier 1568).

33. Carmelo Viñas y Mey, *El problema de la tierra en los siglos XVI-XVII*, Madrid, 1941, p. 30, pense que les revenus de la noblesse augmentent moins vite que le niveau général des prix.

34. Henri Drouot, *op. cit.*, II, p. 477.

35. *Correspondance de Saint-Sulpice*, p.p. E. Cabié, p. 37.

36. *Dépêches de Fourquevaux*, I, p. 365.

37. R. B. Merriman, *op. cit.*, IV, p. 365.

38. L. Pfandl, *Philippe II*, p. 315 ; S. Minguijón, *Historia del derecho español*, Barcelone, 1933, p. 370.

39. A. Dominguez Ortiz, *op. cit.*, p. 222.

40. Nobili et del Caccia au Prince, Madrid, 12 mars 1572, A.d.S., Florence, Mediceo 4903.

41. *C.S.P., Venetian*, VII, p. 178.

42. *Lettres de Fourquevaux*, I, p. 295.

43. E. Albèri, *op. cit.*, I, III, p. 263.

44. *Ibid.*, I, V, p. 19-20.

45. Voir tome I, pp. 358-359.

46. Richard Konetzke, *op. cit.*, p. 146.

47. E. Albèri, *op. cit.*, I, III, p. 338-339.

48. D'après le rapport du licencié Polomares, cf. p. 392 et note 98.

49. Simancas E° 137, f° 213, 9 juin 1559.

50. *Ibid.*, 13 juillet 1559.

51. A.d.S., Florence, Mediceo 4903, 29 septembre 1571.

52. *Ibid.*, 19 juin 1572.

53. A.d.S., Florence, Mediceo 4911, 15 février 1580.

54. A.d.S., Venise, Senato Dispacci Spagna, Matteo Zane au Doge, Madrid, 21 avril 1582.

55. A.d.S., Gênes, Spagna 15, Madrid, 27 décembre 1608.

56. Naples, Bibliothèque de la Storia Patria, XXVIII, B 11, f° 114 v°, 30 avril 1621.

57. A. MOREL FATIO, *L'Espagne au XVIᵉ et au XVIIᵉ siècle*, Heilbronn, 1878, p. 177.

58. A.d.S., Florence, Mediceo 4903, 22 janvier 1571.

59. A. NAVAGERO, *op. cit.*, p. 6.

60. Baltasar PORREÑO, *Dichos y hechos del señor rey don Philipe segundo, el prudente...*, Cuenca, 1621, p. 6.

61. R. RECOULY, *Ombre et Soleil d'Espagne*, 1934, p. 97.

62. Théophile GAUTIER, *Voyage en Espagne*, 1899, p. 39.

63. *Op. cit.*, notamment la maison du comte de Benavente, près du Pisuerga, p. 229 v°.

64. L. PFANDL, *op. cit.*, p. 132.

65. Victor HUGO, *William Shakespeare*, 1882, p. 25, parle du cabaret *El Puño en rostro*.

66. A.d.S., Naples, Farnesiane 48, Canobio au duc, Madrid, 7 septembre 1607 : « de quatro mesi in qua passa cosa qua contra il solito et mai più è intervenuto che siano state amazate in Madrid più di trecenti huomini et non si sa come ne perche delli più ».

67. E. ALBÈRI, *op. cit.*, I, I, 35-36, 16 novembre 1525.

68. *Ibid.*, I, III, p. 263.

69. *Ibid.*, I, V, p. 288.

70. Felipe RUIZ MARTÍN, *Introduction aux lettres de Florence*, à paraître.

71. B. BENNASSAR, *op. cit.*, dactylogramme.

72. Voir tout l'excellent chapitre III, *La posición economica de la nobleza*, d'A. DOMINGUEZ ORTIZ, *op. cit.*, p. 223 et *sq.*

73. Voir L. PFANDL, *op. cit.*, p. 313 et A. DOMINGUEZ ORTIZ, *op. cit.*, p. 215 et *sq.*

74. A. DOMINGUEZ ORTIZ, *op. cit.*, p. 168.

75. Théophile GAUTIER, *op. cit.*, p. 27.

76. J'emprunte ces exemples à A. DOMINGUEZ ORTIZ, *op. cit.*, p. 224.

77. *Ibid.*, p. 255 et *sq.*

78. *Ibid.*

79. *Ibid.*

80. *Ibid.*, p. 270.

81. *Ibid.*, p. 277.

82. *Ibid.*, p. 263.

83. *Ibid.*, p. 262-3.

84. Lucien ROMIER, *Le Royaume de Catherine de Médicis*, 3ᵉ édit., 1925, I, p. 160-239.

85. Pierre VILAR, *La Catalogne dans l'Espagne moderne*, 1962,

I, p. 573, notes brèves ; A. DOMINGUEZ ORTIZ, *op. cit.*, p. 303 et *sq.* Petit nombre de la noblesse catalane.

86. A.d.S., Gênes, Spagna 6, 2415, Madrid, 4 août 1575.

87. A.d.S., Venise, Senato Dispacci Spagna, P° Vico au Doge, Madrid, 27 avril 1616.

88. E. ALBÈRI, *op. cit.*, I, V, p. 276.

89. *Ibid.*, II, V, p. 464.

90. *Ibid.*, p. 316.

91. *Arch. storico italiano*, IX, p. 247.

92. L. BIANCHINI, *op. cit.*, II, p. 249, 252-3, 260, 299.

93. *Op. cit.*, p. 249.

94. Cf. les excellents articles de Rosario VILLARI, « Baronaggio e finanze a Napoli alla vigilia della rivoluzione del 1647-1648 », *in : Studi Storici*, 1962 ; « Note sulla rifeudalizzazione del Regno di Napoli alla vigilia della rivoluzione di Masaniello », *in : Studi Storici*, 1963.

95. *Storia di Milano*, X, *L'età dei Borromei*, 1957, problèmes sociaux abordés de biais, p. 353 et *sq.*

96. Voir p. 447.

97. Vito VITALE, *Breviario della storia di Genova*, 1955, I, p. 235 et *sq.*

98. James C. DAVIS, *The decline of the Venetian Nobility as a Ruling class*, Baltimore, 1962.

99. J. DELUMEAU, *op. cit.*, II, p. 433 et *sq.*

100. P. MILIOUKOV, Charles SEIGNOBOS et Louis EISENMANN, *Histoire de Russie*, 1932, I, p. XIII ; Henri PIRENNE, *Les villes du Moyen Age...*, p. 52 ; Henri SÉE, *Esquisse d'une histoire du régime agraire aux XVIIIᵉ et XIXᵉ siècles*, 1921, p. 180.

101. Ömer LUTFI BARKAN, *Aperçu sur l'histoire agraire des pays balkaniques*, tirage à part, p. 141 et *sq.*

102. Nicoara BELDICEANU, « La région de Timok-Morava dans les documents de Mehmed II et de Selim Iᵉʳ », *in : Revue des Études Roumaines*, 1957, p. 116 et 119 et référence à un article de V. PAPACOSTEA.

103. R. BUSCH-ZANTNER, *op. cit.*, p. 60-61 et ses références.

104. Stanford J. SHAW, *in : The Balkans in transition*, 1963, p. 64.

105. *Ibid.*, p. 64-65.

106. Ce détail et beaucoup des précisions qui suivent sont empruntés à l'article de Bistra A. CVETKOVA, « L'évolution du régime féodal turc de la fin du XVIᵉ siècle jusqu'au milieu du XVIIIᵉ siècle », *in : Études historiques* (de l'Académie des Sciences de Bulgarie), *à l'occasion du XIᵉ Congrès International des Sciences Historiques*, Stokholm, août 1960, le détail relatif à Kostour, p. 176. Pour la bibliographie de cette historienne se reporter au *Journal of Economic and Social History of the Orient*, 1963, p. 320-321 ; faire un sort à son important article, « Nouveaux documents sur la propriété foncière des Sipahis à la

fin du XVIe siècle », *in : Académie des Sciences de l'U.R.S.S., Institutum Populorum Asiœ, Fontes Orientales*, 1964, résumé en français, p. 220-221.

107. J. W. ZINKEISEN, *op. cit.*, III, p. 146-147.

108. Bistra A. CVETKOVA, *art. cit.*, p. 173.

109. *La Méditerranée...*, 1re édit., p. 639 : « l'armée féodale des sipahis non soldés monte à 230 000 chevaux ».

110. Bistra A. CVETKOVA, *art. cit.*, p. 172.

111. *Ibid.*, p. 173-175.

112. Bistra A. CVETKOVA, « Sur certaines réformes du régime foncier au temps de Méhemed II », *in : Journal of Economic and Social History of Orient* », 1963.

113. J. W. ZINKEISEN, *op. cit.*, III, p. 154-158.

114. Voir p. 290.

115. Voir p. 226 et *sq.*

116. Bistra A. CVETKOVA, « L'évolution du régime féodal... », p. 177.

117. *Ibid.*, p. 184.

118. *Ibid.*

119. *Ibid.*, p. 184 et *sq.*

120. *Ibid.*

121. *Ibid.*

122. Bistra A. CVETKOVA, « The System of Tax-forming (iltizam) in the Ottoman Empire during the 16th-18th Centuries with Reference to the Bulgarian Lands », en bulgare, résumé anglais *in : Izvestia na institouta za pravni naouki*, Sofia, XI-2.

123. Bistra A. CVETKOVA, « L'évolution du régime féodal... », p. 184. Toutes ces remarques et conclusions confirmées par les *leçons* d'Ömer LUTFI BARKAN (dactylogramme, École des Hautes Études, VIe section, Paris).

124. J. W. ZINKEISEN, *op. cit.*, III, p. 153-154. Cf. J. von HAMMER, *op. cit.*, I, p. 372.

125. Franz BABINGER, *in Encyclopédie de l'Islam*, II, p. 1116.

126. Ludwig von THALLOCZY, « Eine unbekannte Staatsschrift eines bosnischen Mohammedaners », cité par R. BUSCH ZANTNER, *op. cit.*, p. 15.

127. Ainsi le Vénitien L. Bernardo, en 1592, B. A. CVETKOVA, *art. cit.*, p. 193, Cf. J. W. ZINKEISEN, *op. cit.*, III, p. 167, note 1.

128. R. BUSCH-ZANTNER, *op. cit.*, p. 60.

129. *Aus dem Grundherr wurde der Gutsherr, op. cit.*, p. 84.

130. Carl BRINCKMANN, *in : Vierteljahrschrift für Sozial-und Wirtschaftsgeschichte*, 1939, p. 173-174 ; Marc BLOCH, *in : Mélanges d'histoire sociale*, I, p. 120.

131. Traian STOYANOVITCH, « Land Tenure and Related Sectors of the Balkan Economy », *in : Journal of Economic History*, 1953, p. 338 et 401.

132. *Ibid.*, p. 401.

133. R. BUSCH-ZANTNER, *op. cit.*, p. 86.

134. A. Boué, *op. cit.*, II, p. 273.

135. R. Busch-Zantner, *op. cit.*, p. 80-90.

136. G. I. Bratianu, *op. cit.*, p. 244.

137. T. Stoyanovitch, « Land tenure... », p. 403.

138. Antonio Dominguez Ortiz, *op. cit.*, p. 173 et 174.

139. *Op. cit.*, III, p. 280-281.

140. *Ibid.*, p. 497.

141. *Op. cit.*, p. 168.

142. Julio Caro Baroja, *La sociedad criptojudia en la Corte de Felipe IV* (Discours de réception à l'Academia de la Historia), 1963, p. 33 et *sq.*

143. Peu d'estime pour la *nobleza de letras*, A. Dominguez Ortiz, *op. cit.*, p. 194.

144. A. Dominguez Ortiz, *ibid.*, p. 266, note 38.

145. *Ibid.*, p. 195.

146. Sur son cas, références, Traian Stoyanovitch, « Conquering Balkan Orthodoxe Merchant », *in : Journal of Economic, History* 1960, p. 240-241.

147. Voir tome III, pp. 307-308.

148. Voir p. 562.

149. Voir tome I, pp. 55-56.

150. Hermann Hefele, *Geschichte und Gestalt. Sechs Essays*, 1940 : le chapitre, « Zum Begriff der Renaissance » p. 294 et *sq.*, publié sous forme d'article *in : Hist. Jahrbuch*, t. 49, 1929.

151. Alfred von Martin, *Sociologia del Renacimiento*, 1946, p. 23.

152. Marcel Brion, *Laurent le Magnifique*, 1937, p. 29 et *sq.*

153. Antonio de Montalvo à Simón Ruiz, Florence, 23 septembre 1572. Archives Ruiz, Valladolid, 17, f° 239, cité par F. Ruiz Martín, *Introduction..., op. cit.*

154. Benedetto Croce, *Storia del Regno di Napoli*, 3e édit., Bari, 1944, p. 129-130.

155. Matteo Gaudioso, « Per la storia... di Lentini », *art. cit.*, p. 54.

156. Cf. tome I, p. 416, et les références de la note 337, p. 519.

157. D. Beltrami, *op. cit.*, p. 72 : 5,1 p. 100 en 1586 : 7,4 en 1624.

158. F. Ruiz Martín, *Introduction..., op. cit.*

159. Tome II, nouvelle n° XX, p. 47 et *sq.*

160. *Ibid.*, VIII, nouvelle n° LX, p. 278-279.

161. *Ibid.*, p. 280.

162. Marciana, Ital. 6085, f° 42 et *sq.*, 1556.

163. Attribué à Francisco Mendoza y Bobadilla, édition de 1880 : *El Tizon de la Nobleza española*.

164. C'est le nom donné aux manuscrits clandestins qui énumèrent les mésalliances des grandes familles, A. Dominguez Ortiz, *op. cit.*, p. 163, note 11.

165. Albert A. Sicroff, *Les controverses des statuts de « pureté de sang » en Espagne du XVᵉ au XVIIᵉ siècle*, 1960.

166. *Op. cit.*, p. 379.

167. Lucien Romier, *op. cit.*, I, p. 184.

168. *Ibid.*, p. 185-186.

169. *Ibid.*, p. 186, d'après Noël du Fail.

170. L. Bianchini, *op. cit.*, I, p. 151.

171. B.N., Paris, Esp. 127.

172. Lucien Febvre, *Philippe II et la Franche-Comté*, 1911, p. 275.

173. Dès le XVᵉ siècle, A. Tymienecki, « Les nobles bourgeois en Grande Pologne au XVᵉ siècle, 1400-1475 », *in : Miesiecznik Heraldyczny*, 1937.

174. *Revue d'histoire comparée*, 1946, p. 245.

175. F. de Almeida, *op. cit.*, III, p. 168 et *sq.*

176. G. Schnürer, *op. cit.*, p. 148.

177. El conde de Orgaz à Matheo Vazquez, Séville, 16 avril 1586, B.M. Add. 28 368, f° 305.

178. *Actas*, III, p. 368-369, pétition XVI, 1571.

179. Simancas E° 156.

180. *Correspondance de Jean Nicot*, p. 117.

181. L'évêque de Limoges à la Reine, Madrid, 28 novembre 1561, B.N., Paris, fr. 16103, f° 104, copie.

182. *Traité d'économie politique*, 1615, p.p. Th. Funck-Brentano, 1889, p. 60, cité par François Simiand, *Les fluctuations économiques à longue période et la crise mondiale*, 1932, p. 7.

183. Lucien Romier, *op. cit.*, I, p. 187.

184. Rosario Vilari, *art. cit.*, *in : Studi Storici*, 1963, p. 644 et *sq.*

185. Jean Delumeau, *op. cit.*, I, p. 458 et *sq.*

186. Lytton Strachey, *Élisabeth and Essex*, 2ᵉ édit., 1941, p. 9.

187. Pierre Goubert, *Beauvais et le Beauvaisis de 1600 à 1730*, 1960, *passim*, et p. 214 et *sq.*

188. Discours de M. Aldigala, en réalité de Guarnix, Public Record Office, 30/25, n° 168, f° 133 et *sq.*

189. Marciana, G. Baldinucci, *Giornale di Ricordi*, 10 avril 1650.

190. « Intento de rebellión social durante el siglo XVI », *in : La Nacion*, août 1935.

191. Gregorio Marañon, *Antonio Perez*, Madrid, 1957, 2ᵉ édit.

192. José Antonio Maravall, « Las communidades de Castilla, una primera revolución moderna », *in : Revista de Occidente*, 19 octobre 1963.

193. Voir les hésitations de Pierre Vilar au sujet du banditisme catalan, *op. cit.*, I, p. 579 et *sq.*

194. Pino Branca, *op. cit.*, p. 243.

195. *Archivio storico italiano*, t. IX, p. 193-195.

196. Palmerini, B. Communale Palermo, Oq. D. 84.

197. Luciano SERRANO, *Correspondancia diplomatica entre España y la Santa Sede*, Madrid, III, 1914, p. 94, 29 juin 1569.

198. J. de Zuñiga au duc d'Alcala, 15 mars 1571, Simancas E° 1059, f° 73. La révolte se poursuivait encore en février 1573 : Silva à Philippe II, Venise, 7 février 1573, Simancas E° 1332, six mille révoltés avec de l'artillerie, le duc se déclare maître de la situation, son état est *quieto*, 10 avril 1573.

199. Jean HÉRITIER, *Catherine de Médicis*, 1940, p. 565.

200. A.N., K 1566, 8 janvier 1587.

201. Simancas E° 109, le gouverneur de Piombino à Philippe II, 6 octobre 1598, R. GALLUZZI, *op. cit.*, III, p. 28 et *sq.*

202. Léon BLANCHET, *Campanella*, 1920, p. 33 et *sq.*

203. J. CVIJIĆ, *op. cit.*, p. 131.

204. B.N., Paris, ital., 1737, Giovanni Mocenigo au Doge de Venise, Paris, 11 mai 1588, copie.

205. A.d.S., Venise, Senato Terra 16, f° 92, 29 janvier 1506.

206. *Ibid.*, 15, f° 188, 16 décembre 1507.

207. *Ibid.*, 37, Portogruaro, 9 mars 1562.

208. J. DELUMEAU, *op. cit.*, II, p. 551.

209. *Diario fiorentino di Agostino Lapini dal 252 al 1596*, p.p. G. O. CORAZZINI, 1900, p. 310 : arrive à Florence, le 11 janvier.

210. *Ibid.*, p. 314.

211. *Ibid.*, p. 315, note.

212. *Les soulèvements populaires en France de 1623 à 1648*, 1963.

213. *Le Loyal Serviteur, op. cit.* (éd. de 1872), p. 179. Bayard n'est pas d'avis d'accepter, comme le demande l'Empereur Maximilien, de mettre la gendarmerie française à pied et de la faire charger aux côtés des lansquenets pour forcer la brèche : « l'Empereur pense-t-il que ce soit chose raisonnable de mettre tant de noblesse en péril et hasard avec des piétons dont l'un est cordonnier, l'autre maréchal, l'autre boulanger, et gens mécaniques qui n'ont leur honneur en si grosse recommandation que des gentilshommes ?... » Tout ce passage mis en vedette par Giuliano PROCACCI, « Lotta di classe in Francia sotto l'Ancien Régime (1484-1559) », *in : Società*, septembre 1951, p. 14-15.

214. M. SANUDO, *op. cit.*, XL, colonne 59, 9 octobre 1525.

215. Bernardino CIRILLO, *Annali della città dell'Aquila*, Rome, 1570, p. 124 v°.

216. *Orazioni politiche*, choisies et p.p. Pietro DAZZI, 1866, discours de Giovani Guidiccioni à la République de Lucques, p. 73 et *sq.* Ce discours n'a, semble-t-il, pas été prononcé.

217. Massimo PETROCCHI, *La rivoluzione cittadina messinense del 1674*, 1954.

218. *Weltgeschichte*, III, p. 251.

219. A. Communales, Marseille BB 41, f° 45.

220. Federico RAHOLA, *Economistas españoles de los siglos XVI y XVII*, Barcelone, 1885, p. 28-29, B.N., Paris, Oo 1017, in-16.

221. M. ALEMAN, *Guzmán de Alfarache, op. cit.*, I, II, p. 254 : pauvres qui arrivent à Madrid « *tras un asnillo cargado de buena dicha* » ; Madrid, la ville où l'on fait fortune, Pedro de MEDINA, *op. cit.*, p. 204 et *sq.*

222. Fernand BRAUDEL, « Vers l'Amérique », *in : Annales E.S.C.*, 1959, p. 733.

223. Stefan ZWEIG, *Les heures étoilées de l'humanité*, Paris, 1939, p. 53.

224. *Novelas Ejemplares*, p.p. Francisco RODRIGUEZ MARÍN, 1943, II, p. 87 et *sq.*

225. Voir pp. 604 et *sq.*

226. *Gobierno de Viscaya*, II, p. 64-65, 4 août 1579.

227. B.N., Paris, esp. 60, f° 55 (imprimé).

228. *Ibid.*, art. 60.

229. *Ibid.*, art. 61.

230. A.d.S., Venise, Senato Dispacci Spagna, V° Gradenigo au Doge, Saragosse, 24 juillet 1586.

231. *Ibid.*, Zane au Doge, Madrid, 30 octobre 1581.

232. *Novelas Ejemplares*, p.p. Francisco RODRIGUEZ MARÍN, 1948, I, p. 133 et *sq.*

233. En Italie le succès du livre de Giacinto NOBILI (de son vrai nom Rafaele Frianoro), *Il vagabundo*, Venise, 1627.

234. Simancas E° 1157, Palerme, 24 février 1590.

235. Marciana, Memorie politiche dall'anno 1578 al 1586, 23 avril 1585.

236. *Archivio Storico italiano*, t. IX, p. 264.

237. A.d.S., Mantoue. A. Gonzaga, série E 1522, Aurelio Pomponazzi au Duc, Rome, 17 mars 1590.

238. A.d.S., Venise, Senato Terra 1, 26 mars 1545.

239. *Ibid.*, Brera, 51, f° 312 v°, 1540.

240. *Traité d'économie politique*, p.p. FUNCK BRENTANO, 1889, p. 26.

241. A point nommé en Angleterre, la *poor law* fait disparaître les pauvres de la rue, G. M. TREVELYAN, *op. cit.*, p. 285.

242. *Mercure de France*, 15 juillet 1939, « La Sicile aux temps préfascistes connut des jacqueries dignes du Moyen Age ».

243. G. BUZZI, « Documenti angioni relativi al comune di Aquila dal 1343 al 1344 », *in : Bollettino della Regia Deputazione abruzzese di storia patria*, 1912, p. 40.

244. E. ALBÈRI, *op. cit.*, II, V, p. 409.

245. L. von PASTOR, *op. cit.*, X, p. 59.

246. Voir tome III, p. 175.

247. A.d.S., Florence, Mediceo 4898, Scipione Alfonso d'Appiano au Prince, Barcelone, 24 janvier 1567.

248. *Ibid*. Mediceo 4897, 1ᵉʳ juin 1565, fᵒ 110 vᵒ et 119. Autres ruptures, *La Méditerranée...*, 1ʳᵉ édit., p. 650, note 3.

249. *Ibid*.

250. P. George, *op. cit.*, p. 576.

251. D. Peres, *Historia de Portugal*, V, p. 263.

252. Et non de Florence comme dit le texte. Lutte contre l'État, auto-défense d'une « civilisation » paysanne, sur ces thèmes voir l'admirable livre de Carlo Levi, *Le Christ s'est arrêté à Eboli*, Paris, 1948.

253. Stendhal, *Abbesse de Castro*, éd Garnier, 1931 p. 6.

254. *Ibid.*, p. 7.

255. *Ibid*.

256. Lanza del Vasto, *La baronne de Carins*, « Le Génie d'Oc », 1946, p. 196.

257. *Op. cit.*, p. 320.

258. Armando Zanetti, *L'ennemi*, 1939, Genève, p. 84.

259. Baron de Busbec, *op. cit.*, I, p. 37.

260. Mémoire de l'évêque de Limoges, 21 juillet 1561, B.N., Paris, fr. 16 110, fᵒ 12 vᵒ et 13.

261. Simancas Eᵒ 1058, fᵒ 107, Notas de los capitulos... (1570-1571).

262. Simancas Eᵒ 1338.

263. Salazar à Philippe II, Venise, 29 mai 1580, Simancas Eᵒ 1337.

264. Simancas Eᵒ 1077.

265. L. von Pastor, *op. cit.*, X, p. 59 et *sq*.

266. Voir notamment Dollinger, *op. cit.*, p. 75, Rome, 5 juin 1547.

267. Vice-roi de Naples à Philippe II, A.N., K, 3 janv. 1578, Simancas Eᵒ 107.

268. *Sumario de las provisiones que el Visorey de Napoles ha mandado hacer* ; s.d., *ibid*.

269. Vice-roi de Naples à Philippe II, 9 avril 1578 (reçue le 29 mai), Simancas Eᵒ 1077.

270. Le même au même, 17 févr. 1578, *ibid*.

271. E. Albèri, *op. cit.*, II, V, p. 469.

272. B.N., Paris, esp., 127 fᵒ 65 vᵒ à 67.

273. 28 mars 1555, V. Lamansky, *op. cit.*, p. 558.

274. 22 juin 1585, L. von Pastor, *op. cit.*, X, p. 59.

275. A. Marcelli, « Intorno al cosidetto mal governo genovese », *art. cit.*, p. 147, sept. 1578 et oct. 1586.

276. Voir tome I, pp. 111-114.

277. H. de Maisse au Roi, Venise, 20 juin 1583, A. E., Venise, 31, fᵒ 51 et 51 vᵒ.

278. *Ibid.*, fᵒ 56 vᵒ, 11 juillet 1583.

279. G. Schnürer, *op. cit.*, p. 102.

280. R. Galluzzi, *op. cit.*, II, *passim*, et t. III, p. 44 et *sq*. Voir p. 459.

281. *Ibid.*, III, p. 44.

282. *Ibid.*, III, p. 53.

283. *Ibid.*, II, p. 443.

284. L. BIANCHINI, *op. cit.*, I, p. 60.

285. Marciana, 5837, Notizie del mondo, Naples, 5 mars 1587.

286. Cité par E. FAGNIEZ, *L'Économie sociale de la France sous Henri IV*, 1897, p. 7.

287. R. BUSCH-ZANTNER, *op. cit.*, p. 32.

288. Gilberto FREYRE, *Sobrados e mucambos*, p. 80 et *sq.*

289. Simancas E° 1283, Le connétable de Castille à Philippe II, Milan, 25 août 1597.

290. R. GALLUZZI, *op. cit.*, II, p. 441.

291. *Diario fiorentino di Agostino Lapini...*, 1591, p. 317 : histoire de ce Pape que créent les bandits, autour de Forli, dans la personne d'un Giacomo Galli : ils lui obéissent comme s'il était souverain pontife. Il sera pendu avec un chapeau doré... L'anecdocte est autant politique que religieuse. Pas d'autre détail à signaler à cet égard. Les partisans de l'ordre disent bien que les bandits violent les lois divines et humaines, mais c'est là façon de parler.

292. Ambroise PARÉ, *Œuvres complètes*, 1598, p. 1208.

293. G. MECATTI, *op. cit.*, II, p. 780. Lutte des partis dans l'État Pontifical au temps de Pie V, L. von PASTOR, *op. cit.*, p. XV.

294. *Ibid.*, p. 782.

295. *Op. cit.*, p. 145.

296. 28 mars 1592, Simancas E° 1093, f° 12 ; G. MECATTI, *op. cit.*, II, p. 781 (1590).

297. G. MECATTI, *op. cit.*, II, p. 784 (1591) ; Amedeo PELLEGRINI, *Relazioni inedite di ambasciatori lucchesi alla corte di Roma, sec. XVI-XVII*, Rome, 1901 : en 1591 poussée de banditisme au voisinage de la frontière entre Rome et Naples, mesures inefficaces de répression.

298. H. WÄTJEN, *op. cit.*, p. 35.

299. G. MECATTI, *op. cit.*, II, p. 786-787.

300. *Op. cit.*, p. 32.

301. J. B. TAVERNIER, *op. cit.*, I, p. 2.

302. ANGELESCU, *op. cit.*, I, p. 331.

303. 11 oct. 1580, *CODOIN* XXXIII, p. 136.

304. B.N., Paris, Esp. 60, f° 112 v° à 123 v° (s.d.), 1577.

305. *Ibid.*, f° 350 à 359.

306. Malhechores de Valencia, 1607-1609, Simancas E° 2025.

307. A.d.S., Venise, Senato Dispacci Spagna, P° Priuli au Doge, Madrid, 21 octobre 1610.

308. Jacob van KLAVEREN, *op. cit.*, p. 54, note 16.

309. Georg FRIEDERICI, *op. cit.*, I, p. 307. Que ferait Sancho Pança de vassaux noirs ? mais il les vendrait. Sur la servitude domestique, R. LIVI, *La schiavitù domestica nei tempi di mezzo*

e nei moderni, Padoue, 1928. S'arrêtant au XVᵉ siècle, le livre maître de Charles VERLINDEN, *L'esclavage dans l'Europe médiévale*, I, *Péninsule ibérique, France*, 1955. Esclavage domestique des noirs à Grenade, Luis de CABRERA, *op. cit.*, I, p. 279 ; à Gilbratar, *Saco...*, p. 51, 77, 79. L'esclavage disparaît en France dès le XIIIᵉ siècle, PARDESSUS, *op. cit.*, V, p. 260 ; Gaston ZELLER, *Les institutions de la France*, 1948, p. 22 ; l'esclave vendu comme une marchandise en Sicile, PARDESSUS, *op. cit.*, V, p. 437.

310. E. GARCIA DE QUEVEDO, *Ordenanzas del Consulado de Burgos*, 1905, p. 206, note.

311. *Op. cit.*, II, III, VII, p. 450.

312. VILLALÓN, *Viaje de Turquia*, 1555, p. 78.

313. Archives Départementales Pyrénées Orientales, B. 376 « *por esser latru e sens amo* ».

314. A.d.S., Naples, Notai, Sezione Giustizia, 51, fᵒ 5 (36 ducats, un esclave noir, 1520) ; fᵒ 244 (35 ducats, une esclave noire, 1521).

315. Alberto TENENTI, « Gli schiavi di Venezia alla fine del Cinquecento », *in : Rivista storica italiana*, 1955.

316. A.d.S., Mantoue, E. Venezia, 16 juin 1499.

317. A.d.S., Florence, Mediceo 2080.

318. SANUTO, *op. cit.*, XI, col. 468, Palerme 3 sept. 1510.

319. A.d.S., Florence, Mediceo 2077, fᵒ 34, 9 avril 1549.

320. François SIMIAND, 1873-1935, philosophe, sociologue, économiste, historien, a été le maître à penser des historiens français, l'un des grands orienteurs, à côté de Marcel Mauss, des sciences sociales en son pays. Ses principaux travaux : *Cours d'économie politique*, 3 vol., 1928-1930 ; *Le salaire, l'évolution sociale et la monnaie*, 3 vol., 1932 ; *Recherches anciennes et nouvelles sur le mouvement général des prix du XVIᵉ au XIXᵉ siècle*, 1932 ; *Les fluctuations économiques à longue période et la crise mondiale*, 1932.

CHAPITRE 6
LES CIVILISATIONS

1. « Civilisation, éléments et formes », *in : Première Semaine Internationale de Synthèse*, Paris, 1929, pp. 81-108.

2. Le mot de « trahison » est emprunté à un cours de Lucien FEBVRE à l'Université de Buenos Aires, en octobre 1937.

3. Charles-André JULIEN, *Histoire de l'Afrique du Nord*, 1931, p. 20.

4. On les trouve dans toutes les séries documentaires et spécialement à Raguse, *Diversa di Cancellaria* et *Diversa de Foris* ; à Gênes, *Magistrato del Riscatto dei Schiavi* ; à Venise, *Quarantia Criminale...*

5. A. de Raguse, *Diversa de Foris*, VII, f° 62 à 66, oct. 1598.

6. A.d.S. Venise, Dispacci Senato Spagna, P. Priuli au doge, Madrid, 3 décembre 1611.

7. Archives de Raguse, *Diversa de Foris*, V, f°ˢ 152 v° et 153, Lisbonne, 15 oct. 1596.

8. 8 juin 1601, A.d.S. Gênes, Atti 659.

9. *Ibid.*, Atti 659.

10. H. PORSIUS, *Brève histoire*, Arsenal 8° H 17458, cité par J. ATKINSON, *op. cit.*, p. 244.

11. 25 sept. 1595, p. GRANDCHAMP, *op. cit.*, I, p. 73. Voir l'histoire fictive du père de Guzman de Alfarache, M. ALEMAN, *op. cit.*, I, I, 1, p. 8-9.

12. A.d.S. Florence, Mediceo 5037, f° 124, Fray Luis de Sandoval au grand-duc de Toscane, Séville 1ᵉʳ août 1568.

13. A.d.S. Venise *Cinque Savii*, Riposte, 142 f°ˢ 9 v° et 10, 25 mai 1607.

14. *Saco, op. cit.*, p. 101.

15. V. L. MAZURANIC, *art. cit.*, résumé par ZONTAR, *art. cit.*, p. 369. Voir aussi cette histoire compliquée de renié, 10 nov. 1571, L. SERRANO, *op. cit.*, IV, p. 514-515.

16. R. HAKLUYT, *op. cit.*, II, p. 282.

17. *Ibid.*, II, p. 282-285.

18. *Boletim de Filmoteca Ultramarina Portuguesa*, n° 16, p. 692, Madrid, 8 mai 1608.

19. B. M. Royal, 14 A XXIII, f° 14 v° et *sq*.

20. Abbé PRÉVOST, *Histoire générale des voyages*, IX, p. 135-136, d'après le voyage de Tachard (1685).

21. N. IORGA, *Ospiti Romeni...*, p. 24.

22. BELON DU MANS, *op. cit.*, p. 182.

23. *Annuaire statistique du monde musulman*, 1923, p. 21, Prêtres musulmans qui gagnent leur vie à copier des manuscrits, BELON DU MANS, *op. cit.*, p. 194.

24. Voir p. 103.

25. J. W. ZINKEISEN, *op. cit.*, III, p. 266.

26. *Ibid.*, note 2.

27. Communication de Marcel AUBERT à l'Académie des Inscriptions et Belles Lettres, 1943.

28. CONYAT BARTHOUX, *Une peinture catalane du XVᵉ siècle trouvée au monastère du Sinaï*.

29. Ou par d'autres cheminements. Voyez les comparaisons entre Ibn Abbad et saint Jean de la Croix. Asin PALACIOS, « Un précurseur hispano-musulman de San Juan de la Cruz », *in : Al Andalous*, 1933 ; J. BARUZI, *Problèmes d'histoire des religions*, p. 111 et *sq*. Mais l'hésitation demeure : filiation, parallélisme, simple coïncidence ?... J. BERQUE, « Un mystique... », *art. cit.*, p. 759, note 1.

30. Abbé MASSIEU, *Histoire de la Poësie françoise avec une défense de la Poësie*, 1739, c.r. dans le *Journal de Trévoux*, fév.

et mars 1740, pp. 277-314, 442-476. VIARDOT, *op. cit.*, II, p. 191-193. A. GONZALEZ PALENCIA, « Precedentes islamicos de la leyenda de Garin », *in : Al Andalous*, I, 1933. Maxime RODINSON, « Dante et l'Islam d'après des travaux récents », *in : Revue de l'histoire des religions*, oct.-décembre, 1951.

31. J. SAUVAGET, *Introduction*, p. 186 ; en sens contraire, R. KONETZKE, *op. cit.*, p. 64.

32. « Patate et pomme de terre », *in : Ann. d'hist. soc.*, janv. 1940, II, p. 29 et *sq* ; article reproduit dans : *Pour une Histoire à part entière*, Paris, 1962, pp. 643-645.

33. A. PHILIPPSON, *op. cit.*, p. 110.

34. *Ibid.*, p. 110.

35. J. KULISCHER, *op. cit.*, II, p. 26-27. Sur le café, l'abondance de la littérature défie tout recensement. La chronologie reste incertaine à souhait. A. FRANKLIN. *Le café, le thé, le chocolat*, 1893 ; William H. UKERS, *All about Coffee*, New York, 1922 ; Jean LECLANT, « Le café et les cafés de Paris (1644-1693) », *in : Annales E.S.C.*, 1951 ; Günther SCHIEDLAUSKY, *Tee, Kaffee, Schokolade, ihr Eintritt in die europäische Gesellschaft*, 1961.

36. Olivier DE SERRES, *Le Théâtre d'Agriculture*, Lyon, 1675, p. 557, 783, 839 ; Otto MAULL, *Geographie der Kulturlandschaft*, Berlin, Leipzig, 1932 p. 23.

37. D'après les études d'un érudit charentais, Robert GAUDIN.

38. Otto MAULL, voir ci-dessus, note 36.

39. *Op. cit.*, I, p. 451.

40. Rabelais à Jean du Bellay, Lyon, 31 août 1534, *unicam platanum vidimus ad speculum Dianae Aricinae*.

41. QUIQUERAN DE BEAUJEU, *op. cit.*, p. 329.

42. *El celoso extremeño, Novelas ejemplares*, II, p. 25.

43. R. LACOSTE, *La colonisation maritime en Algérie*, Paris, 1931, p. 113.

44. *Jeunesse de la Méditerrannée*, 1935, p. 10, 15, 20... ; *Le sel de la mer, op. cit.*, p. 118.

45. *Voyage en Italie, op. cit.*, p. 127-128.

46. *Sources inédites... du Maroc, France*, I, p. 322, Saint-Gouard à Charles IX, Madrid, 14 avril 1572.

47. Note de Lucien FEBVRE.

48. G. TURBA, *op. cit.*, 1, 3, 12 janv. 1562.

49. *La Réforme en Italie*, p. 3.

50. En 1561, Emmanuel Philibert avait signé une trêve avec ses Vaudois. « ... e como dire uno interim », écrivait Borromée, J. SUSTA, *op. cit.*, I, p. 97. Depuis 1552, les Vaudois sont liés à l'église réformée de Bâle, avec les réformés français du Dauphiné et de la Provence. F. HAYWARD, *Histoire de la Maison de Savoie*, 1941, II, p. 34-35. Nouvelles concessions du duc aux Vaudois en 1565, Nobili au duc, Avignon, 7 nov. 1565, Mediceo 4897, fᵒ 152. Vers 1600, nouveaux troubles, des hérétiques étrangers, surtout français, mettent à mal catholiques, couvents... Les

Chartreux demandent à descendre vers 1600, de Montebenedetto à Banda... Fra SAVERIO PROVANA DI COLLEGNO, « Notizie e documenti d'alcune certose del Piemonte », *in : Miscellanea di Storia Italiana*, 1901, t. 37, série 3, vol. 2, *art. cit.*, p. 233.

51. Arturo PASCAL, « Da Lucca a Ginevra », très remarquable étude, *in : Riv. st. ital.*, 1932-1935, 1932, p. 150-152.

52. Federico CHABOD, *Per la storia religiosa dello stato di Milano*, Bologna, 1938, nombreuses références à l'index, p. 292.

53. A. RENAUDET, *Machiavel*, p. 194.

54. 23 nov. 1547, p. 258.

55. *Archivio storico italiano* IX, p. 27-29, vers 1535 ; Alonso de la Cueva à Philippe III, Venise, 17 oct. 1609, A.N., K. 1679.

56. M. ROSI, *La riforma religiosa in Liguria e l'eretico umbro Bartolomeo Bartoccio, Atti della Soc. Ligure di storia patria*, 1892, compte rendu *in : Bol. della Soc. umbra di storia patria*, I, fasc. II, 1895, p. 436-437.

57. Sur G. Bruno voir : Virgilio SALVESTRINI, *Bibliografia di Giordano Bruno*, 1581-1950, 2ᵉ éd. posthume, p.p. Luigi FIRPO, Florence, 1958 ; d'après les sondages auxquels nous avons procédé, cette bibliographie semble exhaustive quant à la période indiquée. Voici pour mise à jour, quelques titres postérieurs à 1950 : Paul-Henri MICHEL, *Giordano Bruno, philosophe et poète*, 1952 (extrait du *Collège philosophique : Ordre, désordre, lumière*) ; A. CORSANO, *Il Pensiero di Giordano Bruno nel suo svolgimento storico*, Florence, 1955 ; Nicola BADALONI, *La Filosofia di Giordano Bruno*, Florence, 1955 ; Ádám RAFFY, *Wenn Giordano Bruno ein Tagebuch geführt hätte*, Budapest, 1956 ; John NELSON, *Renaissance Theory of Love, the Context of Giordano Bruno's « Eroici furori »*, New York, 1958 ; Augusto GUZZO, *Scritti di storia della filosofia, II, Giordano Bruno*, Turin, 1960 ; Paul Henri MICHEL, *La Cosmologie de Giordano Bruno*, Paris, 1962.

58. Souvent de simples actions judiciaires, ainsi pour cet hérétique, Alonso Biandrato, réfugié à Saluces sous la protection française et que le Pape veut qu'on lui livre. Cardinal de Rambouillet à Catherine de Médicis, Rome, 9 déc. 1568, B.N., Fr. 17. 989, fᵒˢ 29 vᵒ à 30 vᵒ, copie.

59. Philippe II au prince de Florence, Aranjuez, 2 juin 1568, Sim. Eᵒ 1447 ; Grand Commandeur de Castille à Philippe II, Carthagène, 10 juin 1568, Sim. Eᵒ 150, fᵒˢ 18 et 19 ; D. Juan d'Autriche à Philippe II, Carthagène, 10 juin 1568, *ibid.*, fᵒ 17.

60. E. SCHÄFER, *op. cit.*, I, p. 134-136.

61. *Ibid.*, I, p. 34-36.

62. Relacion de cartas de J. de Vargas Mexia para S. M., 29 déc. 1578, 21 janv. 1579, A.N., K 1552, B 48, nᵒ 15.

63. Marcel BATAILLON, « Honneur et Inquisition, Michel Servet poursuivi par l'Inquisition espagnole », *in : Bulletin Hispanique*, 1925, p. 5-17.

64. R. KONETZKE, *op. cit.*, p. 146 ; Marcel BATAILLON, *Érasme et l'Espagne*, p. 551.

65. *Op. cit.*, p. 258.

66. « Recenti studi intorno alla Riforma in Italia ed i Riformatori italiani all'estero, 1924-1934 », *in : Rivista storica italiana*, 1936, p. 83-110.

67. Edgar QUINET, *Les Révolutions d'Italie*, Bruxelles, 1853, p. 235 et *sq.*

68. Herbert SCHOFFLER, *Abendland und Altes Testament*, 2ᵉ édit., Francfort-sur-le-Main, 1943.

69. Énorme littérature à ce sujet, et notamment, G. SCHNÜRER, *op. cit.*, p. 266.

70. E. RODOCANACHI, *op. cit.*, I, p. 24.

71. Gilberto FREYRE, *Casa Grande, op. cit.*, p. 298.

72. Voir tome I, p. 195.

73. Julius SCHMIDHAUSER, *Der Kampf um das geistige Reich*, 1933, cité par Jean-Édouard SPENLÉ, *La pensée allemande de Luther à Nietzsche*, 1934, p. 13, note 1.

74. Spécialement le long rapport de Gregorio Malaxa, V. LAMANSKY, *op. cit.*, p. 083 et *sq.* (numérotation des pièces justificatives).

75. *Ibid.*, p. 087.

76. *La Péninsule balkanique*, p. 27.

77. *Ibid.*, les zones méditerranéenne ou italienne, grecque ou byzantine, patriarcale. Cf. les critiques pas pertinentes d'ailleurs de R. BUSCH ZANTNER, *op. cit.*, p. 38-39.

78. Le mot est de Mᵐᵉ de STAËL.

79. A. PHILIPPSON, « Das byzantinische Reich », *art. cit.*, p. 445.

80. Konstantin JIRECEK, *Die Romanen in den Städten Dalmatiens*, 1902, p. 9.

81. A. PHILIPPSON, voir note 79.

82. J. CVIJIĆ, *op. cit.*, p. 89.

83. H. HOCHHOLZER, « Bosnien u. Herzegowina », *art. cit.*, p. 57.

84. A. E. MITARD, « Considérations sur la subdivision morphologique de l'Algérie orientale », *in : 3ᵉ Congrès de la Fédération des Sociétés Savantes de l'Afrique du Nord*, p. 561-570.

85. Sur le Constantinois, R. BRUNSCHVIG, *op. cit.*, I, p. 290 et *sq.*

86. Toits rustiques et terrasses des maisons, le contraste existe aussi dans le Sud de l'Espagne en arrière d'Almeria et de l'Alpujarra. Mais comment l'expliquer ? Julio Caro BAROJA, *Los Moriscos del Reino de Granada*, Madrid, 1957.

87. *Revue africaine*, 1938, p. 56-57.

88. LÉON L'AFRICAIN, édit. 1830, II, p. 11.

89. M. BANDELLO, *op. cit.*, IX, p. 48.

90. Lucien FEBVRE, *La religion de Rabelais*, 1942, 2ᵉ éd., 1947, p. 423.

91. J. KULISCHER, *op. cit.*, II, p. 297.

92. Gal BRÉMOND, *op. cit.*, p. 339.

93. Friedrich C. A. J. HIRTH, *Chinesische Studien*, Munich, t. I, 1890, p. 266.

94. Dates différentes, G. MARÇAIS, *Histoire Générale de Glotz, Moyen Age*, t. III, 1944, p. 365.

95. *Chimie et industrie*, août 1940.

96. Berthold BRETHOLZ, *Latein. Palaeographie*, Munich, 1912, 3ᵉ éd., 1926, p. 16.

97. Voir ci-dessus note 95.

98. *Ibid.*

99. *Études byzantines*, 1938, p. 269 et *sq.*

100. Ch. André JULIEN, *Histoire de l'Afrique du Nord*, 1ʳᵉ édit., p. 320-7.

101. Robert BRUNSCHWIG, *op. cit.*, I, p. 105.

102. Gal BRÉMOND, *op. cit.*, p. 372, note 1.

103. Jean SERVIER, *op. cit.*, p. 17.

104. *Op. cit.*, p. 21.

105. *Op. cit.*, p. 20.

106. Premier numéro, juillet 1963, Éditorial Herder, Barcelone.

107. *Op. cit.*, p. 221.

108. R. BUSCH ZANTNER, *op. cit., passim* et notamment p. 22 ; Otto MAULL, *Südeuropa*, p. 391.

109. DAVITY, *op. cit.*, 1617, p. 637.

110. J. CVIJIĆ, *op. cit.*, p. 105 ; H. HOCHHOLZER, *art. cit.*

111. Voir tome I, pp. 38 et *sq.*

112. J. CVIJIĆ, *op. cit.*, p. 121.

113. I. SAKAZOV, *op. cit.*, p. 192.

114. *Baba Ganje*, p. 42, cité par J. CVIJIĆ, *op. cit.*, p. 481.

115. Cité par J. CVIJIĆ, *op. cit.*, p. 487.

116. I. SAKAZOV, *op. cit.*, p. 197.

117. Antoine JUCHEREAU de SAINT-DENIS, *Histoire de l'Empire ottoman, depuis 1792 jusqu'en 1844*, 4 vol., 1844, I, p. 36.

118. F. de BEAUJOUR, *Tableau du commerce de la Grèce*, 1800, I, p. 54 et *sq.*

119. D'après BESOLT, voyageur du XVIᵉ siècle, que cite I. SAKAZOV, *op. cit.*, p. 202.

120. J. CVIJIĆ, *op. cit.*, p. 172.

121. R. BUSCH ZANTNER, *op. cit.*, p. 59 ; J. BURCKHARDT, « Die thrakische Niederung und ihre anthropogeographische Stellung zwischen Orient und Okzident », *in : Geogr. Anz.*, 1930, p. 241.

122. Herbert WILHELMY, *Hochbulgarien*, Kiel, 1935 ; R. BUSCH ZANTNER, *op. cit.*, p. 28 ; Wolfgang STUBENRAUCH, *Zur Kultur-geogr. des Deli Orman*, Berlin, 1933.

123. Depuis la première édition de *La Méditerranée* ont paru des études décisives sur le problème morisque : Tulio HALPÉRIN

DONGHI, *Un conflicto nacional : Moriscos y Christianos viejos en Valencia*, Buenos-Aires, 1955 ; « Recouvrements de civilisations : les Morisques du Royaume de Valence au XVIᵉ siècle », *in : Annales E.S.C.*, 1956 ; Henri LAPEYRE, *Géographie de l'Espagne Morisque*, 1959, résout le difficile problème statistique de l'expulsion des Morisques ; l'ouvrage déjà cité de Julio CARO BAROJA, *Los Moriscos del Reino de Granada*, est un chef-d'œuvre, l'un des plus beaux livres d'histoire et d'anthropologie culturelles que je connaisse.

124. Contrairement à ce que disent H. HEFELE ou F. de RETANA... Témoignage rétrospectif, mais catégorique dans notre sens, celui de Diego HURTADO DE MENDOZA, *De la guerra de Granada*, éd. de Manuel GÓMEZ-MORENO, Madrid, 1948, p. 8 et *sq.* J. CARO BAROJA dont on admirera le ton, *op. cit.*, p. 5 et *sq.*

125. En 1609 encore, Clément VIII est opposé à l'expulsion des Morisques et au zèle du saint archevêque de Valence, Juan de Ribera, G. SCHNÜRER, *op. cit.*, p. 196.

126. R. KONETZKE, *op. cit.*, p. 57.

127. *Gobierno de Vizcaya*, II, p. 357. En 1582, on évoque contre lui des lois raciales (*ibid.*, II, p. 223) et, en 1585, au nom des exclusives prévues par le *fuero, ibid.*, p. 309 ; exclusives mises en pratique aussi, en 1572, dans la proche Navarre, Antonio CHAVIER, *Fueros de Navarra*, 1686, p. 142.

128. Simancas Patronato Real, 15 août 1543, pour Arevalo et Medina del Campo.

129. Cité par L. PFANDL, *Philippe II*, Madrid, p. 310-311, « *habet duas morerias cum Saracenis plenas* ».

130. I. de Asso, *op. cit.*, p. 219-220.

131. CABRERA, cité par R. MENENDEZ PIDAL, *op. cit.*, I, p. 122.

132. Au total 20 p. 100 de la population aragonaise, H. LAPEYRE, *op. cit.*, p. 96.

133. Apuntamientos del Virrey de Aragon sobre prevenciones de aquel reyno contra los Moriscos, Simancas Eº 335, s.d. (vers mars 1575).

134. *Geografia General de Catalunya, op. cit.*, p. 343.

135. Voir cependant, A. H. N. Inquisition de Barcelone, Libro I, fº 21, 20 décembre 1543.

136. H. LAPEYRE, *op. cit.*, p. 27.

137. Voir les cartes des pp. 508-509.

138. H. LAPEYRE, *op. cit.*, p. 26.

139. *Ibid.*, p. 30.

140. A ce sujet, innombrables preuves, ainsi Castagna à Alessandrino, Madrid, 15 mars 1569. L. SERRANO, *op. cit.*, III, p. 5, les Morisques « sono favoriti da tutti li signori di quel paese perché da loro cavano quasi tutta l'entrata che hanno... », à propos de Valence et du Maestre de Montesa.

141. J. C. BAROJA, *op. cit.*, p. 2 et *sq., passim.*

142. *Ibid.*, p. 154.

143. Simancas E° 328, le licencié Hurtado à S. M., las Alpujarras, 29 juin 1561.

144. F. de ALAVA à ÇAYAS, Tours, 29 oct. 1569, A.N., K 1512, B 24, n° 138 *b* orig. dup. n° 138 *a*.

145. A.H.N. Inquisition de Grenade, 2602, 20 mars, 28 mai, 17 juillet 1572 ; 7 sep. 1573.

146. Sur l'aspect « colonial » de Grenade, Pedro de MEDINA, *op. cit.*, p. 159 v°.

147. J. C. BAROJA, *op. cit.*, p. 13.

148. *Ibid.*, p. 142.

149. *Ibid.*, p. 23.

150. *Ibid.*, p. 166.

151. *Ibid.*, p. 193 et *sq.*

152. Voir tome III, pp. 195 et *sq.*

153. Manuel DANVILA Y COLLADO, « Desarme de los Moriscos en 1563 », *in : Boletin de la Real Academia de la Historia*, X, 1887, p. 275-306.

154. Simancas E° 335.

155. 6 juillet 1580, A. E. Espagne, f° 333, défense aux Morisques de Castille d'entrer en Portugal.

156. H. LAPEYRE, *op. cit.*, p. 127.

157. *Ibid.*, p. 162 et *sq.*

158. *Ibid.*, p. 29.

159. J. C. BAROJA, *op. cit.*, p. 154.

160. *Ibid.*, p. 151, le mot est de L. Cabrera de Cordoba.

161. *Ibid.*, p. 169.

162. *Ibid.*, p. 196.

163. *Ibid.*, p. 188.

164. *Ibid.*, p. 199.

165. Voir tome III, pp. 205-206.

166. *Ibid.*, p. 199.

167. H. LAPEYRE, *op. cit.*, p. 122.

168. A.d.S. Florence, Mediceo 4903, Nobili au Prince, Madrid, 22 janvier 1571.

169. A.d.S. Gênes, Spagna..., Sauli à la République de Gênes, Madrid, 11 janvier 1571 ; il y a plus de 2 500 « bandolieri ».

170. H. LAPEYRE, *op. cit.*, p. 122 et note 4.

171. *Ibid.*, p. 127.

172. *Ibid.*, p. 162 et *sq.*

173. Dans les terres tolédanes, ils sont 1 500 en 1570 mais 13 000 en 1608, aux dires du cardinal de Tolède, J. C. VAROJA, *op. cit.*, p. 214.

174. A.d.S. Florence, Mediceo 4911, Bernardo Canigiani, ambassadeur du Grand-Duc, Madrid, 27 juin 1580, a cru tout d'abord à une fable, puis la confirmation vient par des lettres de marchands de Séville.

175. Longlée au Roi Madrid, 5 mars 1588, *Correspondance*, p. 352.

176. Simancas E° 165, f° 347. Consulta del C° de Est°, 5 juill. 1588.

177. Longlée au Roi, 5 juin 1588, p. 380.

178. Simancas E° 1089, f° 268. Miranda au Roi, Naples, 6 mai 1588.

179. Sobre los moriscos, conseil d'État, 14 nov. 1488, Simancas E° 165, f° 34.

180. Los muchos nuevos christianos que ay por toda Castilla, Madrid, 30 nov. 1588, Simancas E° 165, f° 348.

181. A.d.S. Florence, Mediceo 4185, f°ˢ 171 à 175, rapport anonyme.

182. Marqués de Denia à Philippe II, Valence, 3 août 1596, Simancas E° 34, f° 42.

183. Madrid, 22 mai 1590, Simancas E° 165.

184. 22 mai 1590, voir note précédente.

185. 5 mai 1590, Simancas E° 165.

186. Arch. de l'ex-Gouvernement Général de l'Algérie, Registre 1686, f° 101.

187. Consulta del C° de E°, 2 févr. 1599, Simancas E° 165, f° 356. Voir également C° de E° au Roi, 10 août 1600, A.N., K 1603.

188. H. LAPEYRE, *op. cit.*, p. 210, nuance ce jugement : « Cela est vrai pour le Morisque endurci qui se refusait à la civilisation chrétienne, mais on y trouve d'assez nombreuses défenses du Morisque que nous pourrions appeler "bien pensant" ».

189. J. de SALAZAR, *op. cit.*, p. 16-17 ; Gal BRÉMOND, *op. cit.*, p. 304.

190. J. C. BAROJA, *op. cit.*, p. 231.

191. I. de ASSO, *op. cit.*, p. 338.

192. E. J. HAMILTON, *American treasure...*, p. 304-305.

193. H. LAPEYRE, *op. cit.*, p. 204.

194. *Ibid.*, p. 71 et 212.

195. J. C. BAROJA, *op. cit.*, p. 127.

196. *Ibid.*, p. 107.

197. Simancas E° 165, 11 août 1590.

198. 2 févr. 1599, référence ci-dessus, note 188.

199. Gal BRÉMOND, *op. cit.*, p. 170.

200. « Il serait temps d'en finir à ce sujet avec les doléances sentimentales d'une certaine école historique, sur ce qu'elle appelle l'*odieuse et barbare expulsion des Mores d'Espagne*. Ce qui doit étonner, c'est qu'on se soit résigné à supporter pendant plus de cent ans, malgré l'avis du grand Ximénès, la présence d'un million de Morisques en état de conspiration permanente à l'intérieur et à l'extérieur... », Henri DELMAS DE GRAMMONT, *Relations entre la France et la Régence d'Alger au* XVIIᵉ *siècle*, Alger, 1879, 1ᵉʳᵉ partie, en note p. 2 et 3.

201. Voyez comme s'y trompent peu des voyageurs, bons observateurs. Le Play, 1833, « il y a du sang arabe chez tous ces gens-là », p. 123 ; Théophile Gautier, *Voyage en Espagne*, p. 219-220 ; Edgar Quinet, *Vacances en Espagne*, p. 196 et tant d'autres.

202. Ainsi C. Pereyra pour l'Amérique espagnole. Pour le Brésil, N. J. Dabane, *L'influence arabe dans la formation historique et la civilisation du peuple brésilien*, Le Caire, 1911.

203. Pour le Portugal, cet *Arte de Cozinha* de Domingos Rodriguez, 1652, que cite Gilberto Freyre, *Casa Grande e Senzala*, I, p. 394, livre auquel nous empruntons aussi nos rapides remarques à propos du XVIIIᵉ siècle. Persistance d'une architecture et d'une décoration « morisques » à Tolède, jusqu'au XVIᵉ siècle et peut-être au-delà, Royall Tyler, *Spain, a Study of her Life and Arts*, Londres, 1909, p. 505.

204. Sur la question morisque énorme documentation encore inédite, à Simancas, ainsi Eº 2025 (Moriscos que pasaban a Francia, 1607-1609). Un transport de réfugiés morisques « avec leurs hardes » par une barque marseillaise, A. des B. du Rhône, Amirauté B IX, 14, 24 mai 1610. Un texte admirable, enfoui dans Eugenio Larruga, *Memorias políticas y economicas*, t. XVII, Madrid, 1792, p. 115-117. Des Morisques *desterrados* sont revenus en Espagne (1613), sans femmes, sans enfants... Rien que des hommes seuls. Va-t-on les employer dans les mines de mercure d'Almaden ? Non, qu'on cherche, parmi les galériens, des spécialistes du travail des mines et qu'à bord des galères on les remplace par ces gens sans aveu, plus coupables que les galériens, « pues han sido de apostasia y crimen loesae Majestatis ».

Sur les survivances de la civilisation musulmane, il faut voir le plaidoyer chaleureux, souvent neuf de Julio Caro Baroja, *op. cit.*, p. 758 et sq. Sur les expulsions mêmes des Morisques et l'énorme transport qu'elles signifient, voir Henri Lapeyre, *op. cit.*, *passim*. Ce beau livre ne fixe qu'un aspect (statistique) du problème, lequel problème est à replacer dans toute l'histoire politique, sociale, économique et internationale de l'Espagne. Ici la tâche est loin d'être accomplie : « ... l'expulsion des Morisques ne semble pas le fait d'un État en décadence », *ibid.*, p. 213, c'est possible, non pas démontré. De même ont joué la pression démographique, *ibid.*, p. 29 et sq., la haine contre une classe artisanale, marchande et prolifique. Je reste, jusqu'à plus ample informé, fidèle à l'explication ancienne (*supra*, pp. 531-532) : la religion a désigné les partants...

Paru en 1977, le livre de Louis Cardaillac, *Morisques et Chrétiens, un affrontement polémique (1492-1640)*, a la valeur, pour les études hispaniques, de l'ouvrage monumental de Marcel Bataillon, *Erasme et l'Espagne*. Il apporte sur le conflit, en terre espagnole, entre Islam et Chrétienté, des lumières neuves d'une rare richesse. Retenir seulement, dans le sens des explications qui précèdent, cet acharnement, cette surexcitation progressive entre les deux religions, c'est marquer la coexistence tendue des deux civilisations ; la façon dont elles s'adaptent l'une à l'autre, en grognant et souffrant. Adaptation qui n'est certes pas sous le signe de la tolérance. Tout finit par l'explosion.

205. Alfred HETTNER, *art. cit.*, p. 202, ou les éblouissantes remarques d'André MALRAUX, *La Lutte avec l'Ange*, 1945.

206. Sur ce grand problème le livre lumineux d'E. F. GAUTIER, *Mœurs et coutumes des Musulmans* (réédition 1955).

207. Louis GILLET, *Le Dante*, 1941, p. 80.

208. Cité par Louis GILLET, *ibid.*, p. 94.

209. Fernand GRENARD, *Grandeur et décadence de l'Asie*, p. 34.

210. Louis GILLET, *in : La Revue des Deux Mondes*, 1942, p. 241.

211. *Ibid.*, p. 202.

212. J. SAUVAGET, *Introduction*, p. 44-45.

213. *Op. cit.*, p. 51.

214. A.d.S. Florence, Mediceo, 4 279.

215. Paolo Tiepolo, 19 janv. 1563, E. ALBÈRI, *op. cit.*, I, V, p. 18.

216. *Ibid.*

217. Ainsi en 1596, rapport sur Africa, Palerme, 15 sept. 1596, Simancas E° 1158.

218. J. ATKINSON, *op. cit.*, p. 244.

219. 4 sept. 1569, Simancas E° 1057, f° 75.

220. E. de VAUMAS, *op. cit.*, p. 121.

221. Francisco de Vera à Philippe II, Venise, 23 nov. 1590, A.N., K 1674.

222. *Op. cit.*, p. 120.

223. Dès le XVᵉ siècle, Pisanello.

224. B.N., Paris, Fr 5599.

225. Richard B. HIEF, « Die Ebenholz-Monopole des 16. Jahrhunderts », *in : Vierteljahrschrift für Sozial-und Wirtschafts-geschichte*, XVIII, 1925, p. 183 et *sq.*

226. L. VOINOVITCH, *Histoire de Dalmatie*, 1934, p. 30.

227. Les Recteurs à Marino di Bona, consul ragusain à Naples, 8 mars 1593, A. de Raguse, L. P VII, f° 17. Un « lombard » médecin à Galata, N. IORGA, *Ospiti romeni*, p. 39.

228. N. IORGA, *Ospiti romeni*, p. 37, 39, 43.

229. Le fait souvent signalé et même par M. BANDELLO, *op. cit.*, IX, p. 50.

230. *Epist.* III, p. 199.

231. J. W. ZINKEISEN, *op. cit.*, III, p. 173-174.

232. Et les pénétrations européennes catholiques ou protestantes ; G. TONGAS, *op. cit.*, p. 69 ; H. WÄTJEN, *op. cit.*, p. 69 ; le rôle de Venise entre Capucins et Jésuites, E. DE VAUMAS, *op. cit.*, p. 135 ; l'affaire des Lieux Saints en 1625, *ibid.*, p. 199 ;

l'histoire mouvementée du patriarche Cyrille Lascaris, K. BIHL-
MEYER, *op. cit.*, III, p. 181, G. TONGAS, *op. cit.*, p. 130... Même
l'Afrique du N. touchée par cette croisade sans guerre, R. CAPOT-
REY « La Politique française et le Maghreb méditerranéen 1648-
1685 », *in : Revue Africaine*, 1934, pp. 47-61.

233. Jacques GASSOT, *Le discours du voyage de Venise à
Constantinople*, 1550, 2e éd., 1606, p. 11. Dans la fonderie de
Péra, 40 ou 50 Allemands « ... font des pièces d'artillerie »,
1544, *Itinéraire de J. Maurand d'Antibes à Constantinople*, p.p.
Léon DURIEZ, 1901, p. 204.

234. Voir note 236, L. POLIAKOV, p. 4.

235. Pour une bibliographie plus ample que celle que fournis-
sent nos références, se reporter aux livres essentiels d'Attilio
MILANO, *Storia degli ebrei in Italia*, Turin, 1963, et de Julio
CARO BAROJA, *Los Judios en la España moderna y contemporanea*, Madrid, 3 vol., 1961. Le problème essentiel reste en ce
domaine le point de vue qu'adopte l'historien : peut-il rester
extérieur, comme Julio Caro Baroja au drame qu'il relate, être
purement spectateur ? Michelet n'eût pas adopté ce parti-là.

236. Léon POLIAKOV, *Histoire de l'antisémitisme*, II, *De Mahomet aux Marranes*, Paris, 1961, p. 235 et *sq.*

237. Simancas, Guerra Antigua 7, fº 42, Luis Sarmiento à
Charles Quint, Evora, 5 décembre 1535.

238. A.d.S. Venise, Senato Dispacci Spagna, Contarini au
Doge, Valladolid, 4 octobre 1604. Simancas, Eº Portugal 436
(1608-1614) « *Licenças a varios judeus e cristãos novos de
Portugal para sairem do reino* ». Preuve qu'il y a des façons de
s'accommoder, encore à cette époque, avec les autorités portugaises. La concession de sortie pour les nouveaux chrétiens est de
1601, le retrait de la concession de 1610, J. LUCIO DE AZEVEDO,
Historia dos christãos novos portugueses, 1922, p. 498.

239. Sur le mot, voir I. S. REVAH, « Les Marranes », *in :
Revue des Études Juives*, 3e série, t. I, 1959-1960, pp. 29-77 ; sur
l'obstination à judaïser, tout l'ouvrage de J. CARO BAROJA porte
témoignage, ou telles pages à propos du cas mineur de Majorque
du vieux livre de Francisque MICHEL, *Histoire des races maudites
de la France et de l'Espagne*, Paris, 1847, t. II, pp. 33 et *sq.*

240. *Mœurs et coutumes des Musulmans*, *op. cit.*, p. 212.

241. Léon POLIAKOV, *Histoire de l'antisémitisme*. II, *De Mahomet aux Marranes*, p. 127 et *sq.* : La nation juive en Espagne.
Nous avons beaucoup emprunté à ce livre honnête et intelligent.

242. *Ibid.*, I, *Du Christ aux Juifs de Cour*, 1955, p. 266 et
sq., particulièrement p. 277 et *sq.*

243. Plinio BARRETO, « Note sur les Juifs au Brésil », *in : O
Estado de São Paulo*, 31 octobre 1936 ; riche et solide littérature
à leur sujet à partir des livres classiques de Gilberto FREYRE, de
LUCIO DE AZEVEDO ; le recueil documentaire essentiel reste les
trois volumes de la *Primeira Visitação do Santo Officio as Partes*

do Brasil pelo Licenciado Heitor FURTADO de MENDOÇA...,
deputado do Sto Officio : *I. Confissões da Bahia* 1591-92.
Introducção de Capistrano de Abreu, São Paulo, 1922 ; *Denuncia-
cões de Bahia*, 1591-93 São Paulo, 1925 ; *Denunciacões de
Pernambuco*, 1593-95. Introducção de Rodolpho Garcia, São
Paulo, 1929. Sur le Portugal, Léon POLIAKOV, *op. cit., De
Mahomet aux Marranes*, p. 235 et *sq.*

244. Léon POLIAKOV, *Du Christ aux Juifs de Cour*, p. VI-
XII ; *De Mahomet aux Marranes*, p. 139 ; Joseph HA COHEN,
*Emek Habakha ou la Vallée des Pleurs ; Chronique des souffran-
ces d'Israël depuis sa dispersion*, 1575, et à la suite *Continuation
de la Vallée des Pleurs*, 1602, p.p. Julien SÉE, Paris, 1881, p. 167.
Nous noterons cet ouvrage, à la suite, sous le seul nom de Joseph
Ha Cohen.

245. Hermann KELLENBENZ, *Sephardim an der unteren Elbe.
Ihre wirtschaftliche und politische Bedeutung vom Ende des 16.
bis zum Beginn des 18. Jahrh.*, 1958, p. 45.

246. Cité par J. LUCIO DE AZEVEDO, *op. cit.*, p. 52.

247. Léon POLIAKOV, *op. cit.*, I, p. 307 et *sq.*

248. A. MILANO, *op. cit.*, I, p. 221.

249. A.d.S. Venise, Senato Terra 12, f°s 135 et 135 v°, 26 mars
1496. Cf. M. SANUDO, *op. cit.*, I, col. 81, 26 mars 1496.

250. Giuseppe TASSINI, *Curiosità veneziane*, Venise, 1887,
p. 319.

251. Simancas, E^o Napoles 1031, f° 155, Naples, 25 août 1540.
Nombreuses références relatives aux Juifs dans ce *legajo*.

252. A.d.S. Venise, Senato Terra 31, 29 mars 1556.

253. *Op. cit.*, p. 181.

254. Septembre 1566, Joseph HA COHEN, *op. cit.*, p. 158.

255. *Ibid.*, p. 207.

256. Lodovico MOSCARDO, *op. cit.*, p. 441, ce projet de ghetto
remonterait à 1593.

257. Joseph HA COHEN, *op. cit.*, pp. 215-216.

258. Museo Correr, Cicogna 1993, f° 261, 16 août 1602.

259. J. LUCIO DE AZEVEDO, *op. cit.*, p. 10.

260. BELON DU MANS, *op. cit.*, p. 180, 193 v°.

261. Cité par Léon POLIAKOV, *op. cit.*, II, p. 180.

262. *Ibid.*, d'après S. de MADARIAGA, *Spain and the Jews*,
1946.

263. *Ibid.*, p. 191. IBN VERGA, *Le fouet de Juda*, cité par L.
POLIAKOV, *op. cit.*, t. II, p. 64, d'après la traduction allemande
due à Wiener, Hanovre, 1856.

264. BELON DU MANS, *op. cit.*, p. 181.

265. *Ibid.*, p. 209-210.

266. J. LUCIO DE AZEVEDO, *op. cit.*, p. 36.

267. BELON DU MANS, *op. cit.*, p. 180 v°.

268. J. HA COHEN, *op. cit.*, p. 251, d'après E. CARMOLY,
Archives israélites de France, 1857.

269. A. MILANO, *op. cit.*, p. 180 et *sq.*

270. Le continuateur de J. HA COHEN, *op. cit.*, p. 181.

271. B.N., Paris, Fr. 6121 (s.d.). Voir également L. POLIAKOV, *op. cit.*, II, p. 247, références au voyage de G. d'Aramon et de Nicolas de Nicolay.

272. *Op. cit.*, p. 180 v°, p. 118.

273. *Ibid.*, p. 100 v°.

274. L. POLIAKOV, *op. cit.*, I, p. 270-271.

275. *Ibid.*, p. 249 et 250 ; *La Méditerranée*, 1er édition, p. 707-708.

276. Paul BENICHOU, *Romances judeo-españoles de Marruecos*, Buenos Aires, 1946.

277. H. KELLENBENZ, *op. cit.*, p. 35 et *sq.*

278. A. MILANO, *op. cit.*, p. 235.

279. Cecil ROTH, *in : Mélanges Luzzatto*, pp. 237 et *sq.* ; et à titre d'échantillon, A.d.S. Venise, Cinque Savii 7, fos 33-34, 15 décembre 1609. Sur les trois ghettos et l'origine évidemment discutable du mot, arguments et détails dans G. TASSINI, *op. cit.*, pp. 319-320 ; tout n'est pas clair au sujet de la répartition des trois communautés juives dans les trois ghettos, même après la lecture d'A. MILANO, *op. cit.*, p. 281.

280. Arnold Y. TOYNBEE, *L'Histoire, un essai d'interprétation*, Paris, 1951, pp. 30-153, 398, 428.

281. J. LUCIO DE AZEVEDO, *op. cit.*, p. 68-73.

282. L. POLIAKOV, *op. cit.*, II, p. 262 et *sq.*

283. *Op. cit.*, p. 39.

284. F. AMADEI, *Cronaca universale della città di Mantoa*, II, p. 548.

285. Joseph HA COHEN, *op. cit.*, p. 127.

286. A.N., K 1600, 4 avril 1597, Relacion de algunas nuebas generales que se entienden de Nantes de Paris y otras partes desde 4 de abril 97 : « ... *quiere hazer benir los judios que hecho el cristianissimo Rey St Luis...* »

287. Cité par L. POLIAKOV, *op. cit.*, II, p. 368, Lettres et ambassades de Messire Philippe Champagne, 1635, p. 62.

288. Cité par L. POLIAKOV, *op. cit.*, II, p. 367-8, d'après Francisque MICHEL, *Histoire des races maudites de la France et de l'Espagne*, 1847, p. 71 et 94.

289. J. HA COHEN, *op. cit.*, p. 160.

290. H. KELLENBENZ, *op. cit.*, p. 135.

291. Jean BODIN, *Response...*, *op. cit.*, éd. H. Hauser, p. 14.

292. Thomas et Felix PLATTER, *op. cit.*, p. 252, p. 391.

293. J. HA COHEN, *op. cit.*, p. 200.

294. *Ibid.*, p. 112-113.

295. S. RAZZI, *op. cit.*, p. 118-119 (1516) ; p. 159 (1545). Voir aussi l'intervention de Soliman le Magnifique contre les persécutions des Juifs et des marranes d'Ancône, A. MILANO,

op. cit., p. 253 ; C. ROTH, *The House of Nasi, Doña Gracia*, Philadelphie, 1947, p. 135-174.

296. W. SOMBART, *Die Juden und das Wirtschaftsleben*, 1922, p. 20. D'après le document p.p. David KAUFFMANN, « Die Vertreibung der Marranen aus Venedig im Jahre 1550 », *in : The Jewish Quarterly Review*, 1901. Sur cet ordre d'expulsion des Marranes, Marciana, 2991 C. VII. 4 f° 110 v° et 111 ; Museo Correr, Donà delle Rose, 46, f° 155, 8 juil. 1550.

297. Marciana, 6085, f° 32 v° et *sq.* : récit des persécutions de 1555 et 1556. Cf. également A. MILANO, *op. cit.*, p. 247-253.

298. L. BIANCHINI, *op. cit.*, I, p. 41. Mais non pas 160 000, A. MILANO, *op. cit.*, p. 222.

299. A. MILANO, *op. cit.*, p. 233.

300. J. HA COHEN, *op. cit.*, p. 180.

301. *Ibid.*, p. 121.

302. *Ibid.*, p. 143.

303. A. HANANEL et E. ESKENAZI, *Fontes hebraici ad res œconomicas socialesque terrarum balcanicarum saeculo XVI pertinentes*, Sofia, 1958, I. p. 71.

304. L'expression prise à Joseph HA COHEN est banale.

305. Museo Correr, Donà delle Rose, 46, f° 55, 5 juin 1514.

306. Museo Correr, Donà delle Rose 21, f° 1, Constantinople, 5 mars 1561. Voir également sur le ghetto, la « zudeca » de Candie, A.d.S. Venise, Capi del Cons° dei X, Lettere, Bᵃ 285, f° 74, Candie, 7 mai 1554.

307. Museo Correr, Donà delle Rose, 21, 1588.

308. A. MILANO, *op. cit.*, pp. 236, 281, 283...

309. *État de la Perse en 1660, par le P. Raphaël du Mans*, p.p. Ch. SCHEFER, Paris, 1890. p. 46.

310. A.N., A.E., B III 235, 1693.

311. A Madère, encore en 1682, Abbé PRÉVOST, *op. cit.*, III, p. 172 ; Lisbonne, 14 février 1632 : « ... l'île (de São Tome) est tellement infestée de nouveaux chrétiens qu'ils font les pratiques juives presque ouvertement », J. CUVELIER et L. JADIN, *L'Ancien Congo d'après les archives romaines, 1518-1640*, 1954, p. 498.

312. Prologue de Fernando ORTIZ, à Lewis HANKE, *Las Casas...*, p. XXXVI.

313. Jacob van KLAVEREN, *op. cit.*, p. 143.

314. BELON DU MANS, *op. cit.*, p. 182 et 182 v°.

315. A. HANANEL et E. ESKENAZI, *op. cit.*, I, 1958 (XVIᵉ siècle) ; II, 1960 (XVIIᵉ siècle).

316. A.d.S. Venise, Senato Terra, 62, 20 septembre 1573.

317. *Ibid.*, 63, 6 avril 1574.

318. *Ibid.*, 66, 1575.

319. *Ibid.*, 60, 1573.

320. A.d.S. Florence, Mediceo 3087, f° 348, 14 juillet 1607.

321. Voir tome I, pp. 349 et *sq.*

322. La *casa* des *Abravaneles* est d'origine espagnole, ses prêts

au Roi, Simancas, E° Napoles 1015, f° 101, 6 octobre 1533 ;
ibid., f° 33 ; 1018, f° 21, 15 janvier 1534, si l'usure n'est pas
faite par les Juifs, elle sera faite par les Chrétiens à un taux
triple, « porque el fin de Ytalia como V. M. tiene mejor
experimentado y conocido, es ynterese » ; *ibid.*, f° 58, 3 octobre
1534, « à Naples, de 300 à 400 familles juives ; 1017, f° 39,
28 mars 1534, arrestation de Nouveaux Chrétiens à Manfredonia,
« que debaxo de ser xpianos han bidido y biben como puros
judios » ; 1018, f° 58, 3 octobre 1534 : la ville de Naples demande
à conserver les Juifs, sans eux l'année passée les pauvres seraient
tous morts de faim ; 1031, f° 155, 25 août 1540, mesures anti-
juives ; 1033, f° 70, 19 juin 1541, leur expulsion décidée... A.d.S.
Naples, Sommaria Partium, 242, f° 13 v°, 16 avril 1543, Samuel
Abravanel fait extraire par son facteur Gabriele Isaac, 120 *carri*
de grain de Termoli ; *ibid.*, 120, f° 44, 8 juin 1526, un Simone
Abravanel, « Juif habitant Naples », importe du sucre de Madère.

323. L. POLIAKOV, *op. cit.*, II, p. 254 et *sq.*, excellent résumé
de cette vie hors série. Le livre de base est celui de Cécil ROTH,
The house of Nasi, 2 vol., 1947, et *The Duke of Naxos*, 1948.

324. Voir pp. 446 et *sq.*

325. *Op. cit.*, p. 180 v° et 181.

326. Werner SOMBART, *op. cit.*, p. 53 et *sq.* ; L. POLIAKOV,
op. cit., I, p. 249 et *sq.*

327. W. SOMBART, *op. cit.*, p. 15.

328. Je pense évidemment aux *Geniza* du Caire et à leur
prochaine publication par A. GOTHEIN.

329. Daniele BELTRAMI, *Storia della popolazione di Venezia...*,
op. cit., p. 79.

330. H. KELLENBENZ, *Sephardim an der unteren Elbe*, 1958,
p. 29.

331. *Ibid.*, p. 139.

332. Giovanni BOTERO, *op. cit.*, III, p. 111.

333. Simancas, E° Napoles 1017, f° 42, vice-roi de Naples à S.
M., Naples, 26 avril 1534, Salonique « donde ay la mayor juderia
de Turquia ».

334. Paul BENICHOU, « Les Juifs en Champagne médiévale »,
in : Évidences, novembre 1951.

335. L. POLIAKOV, *Les banchieri juifs et le Saint-Siège du XIIIᵉ
au XVIIᵉ siècle*, 1965.

336. H. HEFELE, *op. cit.*, p. 321. La puissance de la présence
juive en Afrique du Nord explique la longue survie de la juiverie
d'Oran sous la domination espagnole ; Diego Suarez décrit leur
quartier au beau milieu de la ville avec synagogue et école ; en
1667, le ghetto compte plus de 100 maisons et 500 personnes : les
Juifs furent expulsés d'Oran sur ordre de Charles II, le 31 mars
1669, d'après J. CAZENAVE, *in : Bulletin de la Société de
Géographie d'Alger*, 1929, p. 188.

337. J. HA COHEN, *op. cit.*, p. 110-111.

338. *Ibid.*, p. 124.

339. *Ibid.*, p. 120.

340. J. Caro Baroja, *op. cit.*, I, p. 217.

341. « Cargos y descargos del Marques de Velada », answers to the charge of maladministration brought against Don Antonio Sancho Davila y Toledo, marques de Velada during his government of Oran, 1626-1628, f° 57 (P. De Gayangos, *Cat. Mss, in the Spanish language*, B. M., IV, 1893, p. 133).

342. M. Sanudo, *op. cit.*, I, colonne 819, 13 novembre 1497.

343. Marciana 7991 C VII. 4, f°s 110 v° et 111, et Museo Correr, Donà delle Rose 46, f° 155, 8 juillet 1550.

344. F. Braudel et R. Romano, *op. cit.*, p. 26-27.

345. J. Ha Cohen, *op. cit.*, p. 130-131.

346. *Ibid.*, p. 152.

347. *Ibid.*, p. 158.

348. Voir pp. 347-349.

349. Espejo y Paz, *Las antiguas ferias de Medina del Campo*, 1912, p. 137.

350. W. Sombart, *Krieg und Kapitalismus*, 1913, p. 147.

351. *Die Juden und das Wirtschaftsleben*, p. 15.

352. L. Poliakov, *Les banchieri juifs...*

353. *Die Juden und das Wirtschaftsleben*, p. 14.

354. Arrestation à Venise des marchands turcs et des Juifs levantins, 5 mars 1570, Chronique de Savina, Marciana, f° 326 v° ; plaintes des marchands juifs à Constantinople, 16 décembre 1570, A.d.S. Venise, Annali di Venezia, serie antica ; les 24 points du règlement que les Juifs doivent respecter, A.d.S. Venise, Senato Terra 58, 18 décembre 1571 ; sur le même thème, Museo Correr, Cicogna 1231, f° 16 ; les Juifs chassés de Brescia, 4 septembre 1572, A.d.S. Venise, Senato Terra 60 ; délai accordé jusqu'en septembre 1573, *ibid.*, 61, 8 mars 1573 ; règlement des activités permises et défendues aux Juifs, *ibid.*, 11 juillet 1573 ; concordat accordé à la banque de « Cervo hebreo », dont la faillite doit remonter à 1565, *ibid.*, 20 juin 1573. Alors le climat cesse d'être aussi tendu. Sur les Juifs chassés d'Urbino et mis à la rame : J. Ha Cohen, *op. cit.*, p. 161.

355. *Ibid.*, p. 174.

356. Cecil Roth, *art. cit.*, p. 239.

357. A. Milano, *op. cit.*, p. 257, J. Delumeau, *op. cit.*, II, p. 854, 887-890.

358. Ce qui va de soi, mais à noter les nouvelles exemptions accordées aux Juifs levantins à Ancône, menaces graves sur Venise. Admirable document, A.d.S. Venise, Cinque Savii, Busta 3, 10 août 1597.

359. J. Ha Cohen, *op. cit.*, p. 205, 1598.

360. A.d.S. Venise, Cinque Savii 22, f° 52, 20 novembre 1598 ; f° 73, 16 août 1602, privilège et renouvellement du privilège de Rodrigo di Marchiana ; *ibid.*, 138, f° 191, 22 février 1593, des

Juifs portugais proposent d'établir un trafic commercial avec le Cap de Gué, ces Juifs sont déjà Rodrigo di Marchiana et ses frères.

361. Voir tome I, pp. 349 et *sq.*

362. A.d.S. Venise, Cinque Savii 138, 18 mars 1587.

363. Cecil Roth, *art. cit.*, p. 239.

364. A.d.S. Venise, Cinque Savii 7, f° 30, 5 octobre 1598.

365. Hermann Kellenbenz, *op. cit.*, p. 43 ; voir également C. Roth, *Gli ebrei in Venezia*, 1932, et « Les marranes à Venise », *in : Revue des Études Juives*, 1931.

366. J. Ha Cohen, *op. cit.*, p. 131.

367. *Ibid.*, p. 172.

368. *Ibid.*

369. Ainsi pp. 635-636.

370. A.d.S. Naples, Sommaria Consultationum, 10, f°s 91-93, 30 mars 1590.

371. *Ibid.*, 25, f°s 152 v° à 159, 8 septembre 1613.

372. Le mot est de Michel Foucault. *L'histoire de la folie à l'âge classique*, 1961, p. IV.

373. *La Méditerranée...*, 1re éd., p. 136, n. 1.

374. Léon Poliakov, *op. cit.*, II, p. 204 à 217.

375. Passage cité par Léon Poliakov, *op. cit.*, II, p. 290.

376. Voir dans une ligne analogue, mais d'explication *sociale*, le livre novateur d'Antonio José Saraiva, *L'Inquisition et la légende des Marranes*.

377. Sur le mot, voir Pierre Charpentrat, « De quelques acceptions du mot *Baroque* », *in : Critique*, juillet 1964.

378. L'origine du mot, obscure : de la logique formelle (de *baroco* une des désignations de la séquence *barbaro, celarent, baroco*), selon L. Pfandl, *Geschichte der spanischen Literatur*, p. 214, note 1 — ou du mot espagnol *baruco* qui désigne en parler de joaillerie, une perle irrégulière, selon G. Schnürer, *op. cit.*, p. 68 — ou du nom de Federigo Barroccio (Le Baroche de nos manuels français) (1526 ou 1528-1610), selon P. Lavedan, *Histoire de l'Art*, Clio, p. 302. Resterait à savoir quand ce mot réapparaît dans la littérature historique où J. Burckhardt a assuré sa vogue.

379. *L'Art religieux après le Concile de Trente...*, p. 188.

380. Le mot de Marcel Brion, dans son *Michel-Ange*, 1939, p. 149.

381. G. Schnürer, *op. cit.*, p. 80.

382. Pierre Lavedan, *op. cit.*, p. 293.

383. Stendhal, *Promenades dans Rome*, éd. Michel Lévy, 1858, II, p. 121.

384. *Ibid.*, p. 121.

385. Gonzague Truc, *Léon X*, p. 303.

386. *Ibid.*

387. *Ibid.*

388. G. Bihlmeyer, *op. cit.*, III, p. 131.

389. Erich von der Bercken, *Die Gemälde des Jacopo Tintoretto*, Munich, 1942, 360 illustrations.

390. G. Schnürer, *op. cit.*, p. 86-87.

391. Voir l'admirable ouvrage de Jean Delumeau, *Vie économique et sociale de Rome dans la seconde moitié du XVIᵉ siècle*, 1957, p. 246 et *sq.*

392. Stendhal, *op. cit.*, II, p. 191.

393. « Die Epochen der Papstfinanz », *in : Hist. Zeitschrift*, 1928.

394. Cité par G. Truc, *Léon X*, p. 123.

395. M. La Torro y Badillo *Representación de los autos sacramentales en el periodo de su mayor florecimiento*, 1620 à 1681, Madrid 1912 ; Ludwig Pfandl, *Geschichte der spanischen Literatur*, p. 124 ; Henri Merimée, *L'art dramatique à Valence depuis les origines jusqu'au commencement du XVIIᵉ siècle*, 1913.

396. Georg Friederici, *op. cit.*, I, p. 469.

397. Sur ce dernier point, Francés de Alava à Philippe II, Montpellier, 18 déc. 1564, A.N., K 1502, B 18, no. 67, D.

398. A. Morel Fatio, *Ambrosio de Salazar*, 1900, p. 52 et *sq.*

399. A. Morel Fatio, *L'Espagne en France, in : Études sur l'Espagne*, I, Paris, 1895, 2ᵉ éd., p. 30.

400. *Ibid.*, p. 32.

401. *Ibid.*, p. 40.

402. *Ibid.*, p. 27 ; *Essais*, II, 1.

403. *Ibid.*, p. 41.

404. *Ibid.*

405. Alfred Franklin, *La Vie privée d'autrefois. Les Magasins de nouveautés*, 1894-1898 II, p. 39. Voir également I, p. 183 ; II, p. 23-25, 75.

406. IX, p. 253, cité par Alfred Franklin, II, p. 39.

407. F. Ruiz Martín, *Lettres de Florence...* CXXI.

408. A. Morel Fatio, *op. cit.*, I, p. 27. Signalons l'opinion de Brémond, *op. cit.*, p. 310, que l'on ne saurait garantir, selon laquelle les habits ajustés des hommes, qui firent scandale, viendraient en France de l'Espagne de Philippe IV. Sur l'influence espagnole en Angleterre et particulièrement sur Shakespeare, Ludwig Pfandl, *Geschichte der spanischen Literatur*, p. 98, et J. de Perrot, *in : Romanic Review*, V, 1914, p. 364.

CHAPITRE 7
LES FORMES DE LA GUERRE

1. A.d.S. Modène, Venezia 15, 77. VI. 104, J. Tebaldi au Duc, Venise, 16 août 1522.

2. Jose ARANTEGUI Y SANZ, *Apuntos históricos sobre la artilleria española en los siglos XIV y XV*, 1887 ; Jorge VIGON, *Historia de la artilleria española*, tome I, 1947. Décadence des fonderies de Málaga ? Cependant voir Simancas E° 499, Cobre entregado al mayordomo de la artilleria de Málaga, 1541-1543. Sur Málaga et son arsenal vers le milieu du siècle, Pedro de MEDINA, *op. cit.*, p. 156.

3. Les historiens italiens ne marquent-ils pas trop volontiers la décadence des fonderies de Milan ? L'expédition des pièces se faisait tantôt par Gênes (surtout arquebuses et armes blanches, 30 août 1561, Simancas E° 1126) ou par le Pô et Venise (artillerie chargée à bord d'une nave portugaise pour Messine. Venise, 25 avril 1573, Simancas E° 1332)

4. Cf. un curieux texte de 1587 que je compte publier sur la tentative anglaise contre Bahia, A.N., K. Pour la place, des pièces nordiques en Espagne, 1558, E. ALBÈRI, *op. cit.*, VIII, p. 259.

5. Nobili au Prince, mardi 6 juin 1566, A.d.S. Florence, Mediceo 4897 *bis*. Bien entendu des Flandres arrivent aussi les autres armes et notamment les arquebuses, témoin ce navire venu des Flandres, chargé d'armes pour les présides et qui est enlevé en deçà du détroit de Gibraltar par les corsaires d'Alger, l'évêque de Limoges à la Reine, 24 août 1561, B.N., Paris, Fr. 16 103 « ... depuis Dieu permis qu'un bon et fort navire venu de Flandres pour munir tous les fortz de Barbarie d'armes a esté combattu et gaigné après avoir passé le destroict ou il s'est perdu cinq ou six mille harquebuzes, corselets, pistoletz et autres sortes d'armes offensives... »

6. Voir note précédente. Mediceo 4897 *bis*.

7. *Op. cit.*, I, p. 167, 4 janv. 1567.

8. D. Francisco Sarmiento au Grand Commandeur de Castille, Rome, 28 sept. 1565, *CODOIN*, CI, p. 112-114. L'opinion rapportée est celle du Grand Maître de Malte.

9. F. C. LANE, *op. cit.*, p. 31-32.

10. E. ALBÈRI, *op. cit.*, III, V (Matteo Zane), p. 104 (1594).

11. Le succès des Turcs y est dû à une concentration d'artillerie sur la ligne de combat.

12. Les Perses craignent l'artillerie et les arquebuses turques, J. GASSOT, *op. cit.*, p. 23 ; « ... car n'usent guère de bastons à feu... »

13. Georges PAGÈS, *in : Rev. d'hist. mod.*, 1932, p. 114.

14. *Relatione fatta alla Maestá Cattolica in Madrid alli XV di luglio* 1571... B.N., Paris, Oc 1533, f°ˢ 109 à 124.

15. Voir pour le début du règne de Philippe II *l'asiento* à demi-solde pour les galères toscanes (Simancas E° 1446, f° 107), une galère reçoit par mois 250 ducats, à onze réaux d'argent le ducat. Pour le prix de construction, Relacion de lo que han de costar las XV galeras que V. M. manda que se hagan en el reyno de Sicilia este año, 1564, Sim. E° 1128 ; pour 15 galères on arrive

à un total arrondi de 95 000 escudos, sans compter les armes à distribuer aux mariniers. Ce prix est présenté comme très avantageux par le rapport que nous mettons en cause. Relevons que le corps brut de la galère, représente moins de la moitié du prix de revient, l'autre moitié étant représentée par les voiles, les rames, les antennes, les arbres, les cordages, les chaînes, les fers, les récipients, les bêches et autres outils de bord, les barils, le fil pour coudre les voiles, le suif pour espalmer... Sur un total, répétons-le, de 95 000 écus, les corps des 15 galères représentent 37 500, les cordages 9 000, les voiles presque 20 000, les arbres et antennes, 3 000, les rames 2 900, l'artillerie 22 500. On laisse ainsi dans ces calculs de côté le prix d'achat des forçats ou des esclaves. C'est là, avec les indispensables ravitaillements en biscuits, la grosse dépense d'entretien. Sur les 22 galères de Sicile, il y a en mai 1576, 1102 forçats, 1517 esclaves, 1205 rameurs volontaires ; en mai 1577, les chiffres en décrue sont respectivement de 1 027, 1 440 et 661 (Simancas E° 1147), ce qui fait à la rame, par galère, dans le premier cas 173 hommes, dans le second 143. Or il est des galères renforcées. La galère d'un petit-fils de Barberousse (7 oct. 1572, SERRANO, *op. cit.*, II, p. 137) compte 220 esclaves. Aux chiourmes s'ajoutent les officiers, équipages et infanterie. En août 1570, pour 20 galères napolitaines, on compte un effectif total de 2 940 hommes, soit en gros un effectif de 150 hommes par galère. Donc chaque galère représente au moins 300 hommes entre forçats, mariniers et soldats. En 1571-1573 avec quelque 500 ou 600 galères, d'Islam ou de Chrétienté, c'est de 150 à 200 000 hommes que la guerre des escadres fait voguer, sans compter ceux qu'elle immobilise à terre, dans les ports et les arsenaux. Pour une étude des prix de revient, signalons les admirables ressources de l'Archivio di Stato de Florence et notamment : Nota di quel bisogna per armar una galera atta a navicare, Mediceo 2077, f° 128. Voir aussi Mediceo 2077, f° 60.

16. Voir note précédente.

17. Simancas E°, 1141.

18. Voir ainsi le traitement des gitans espagnols emmenés sur les galères non pour leurs délits, mais *por la necessidad que havia de gente por el remo...*, Don Juan d'Autriche à Philippe II, Carthagène, 17 avril 1575, Simancas E° 157, f° 11.

19. MOREL FATIO, *L'Espagne aux XVIᵉ et XVIIᵉ siècles, op. cit.*, p. 218 et *sq.* ; Nicolas SANCHEZ-ALBORNOZ, « Gastos y alimentación de un ejército en el siglo XVI segun un presupuesto de la época », *in : Cuadernos de Historia de España*, Buenos Aires, 1950.

20. Voyez encore les curieuses interprétations possibles de la politique d'Élisabeth vis-à-vis du Sultan, elle ne veut pas avoir trop l'air de pactiser avec les ennemis de la Chrétienté, W. A. R. WOOD, *op. cit.*, p. 27.

21. L. DRAPEYRON, *art. cit.*, p. 134. Sur toutes ces questions, G. de VAUMAS, *op. cit.*, p. 92 et *sq.*

22. W. E. D. ALLEN, *Problems of Turkish Power in the XVIth Century*, Londres, 1963.

23. Voir pp. 658-661.

24. *Op. cit.*, IX, p. 138.

25. Giuseppe CAPPELLETTI, *Storia della Repubblica di Venezia*, VIII, p. 302 et *sq.*

26. H. KRETSCHMAYR, *op. cit.*, III, p. 74.

27. Relation d'Andrea GIUSTINIANO, 1576, B.N., Paris, Ital. 1220, f° 81.

28. *Ibid.*, f° 69.

29. *Ibid.*, f° 34 v° et 35.

30. *Ibid.*, f° 25 v°.

31. *Ibid.*, f° 39 et *sq.*

32. B.N., Paris, Ital. 427, f° 274, 1569.

33. A. MOREL FATIO, *in : Mémoires de l'Académie des Inscriptions et Belles Lettres*, t. XXXIX, 1911, p. 12 et *sq.* du tirage à part. Tentative aussi vaine, cinq ans plus tôt, à Coron, en Morée.

34. Fernand GRENARD, *Grandeur et décadence de l'Asie*, p. 77.

35. Carlo SCHALK, *Rapporti commerciali tra Venezia e Vienna*, Venise, 1912, p. 5.

36. X. de Salazar à S. M., V. 24 mars 1582, Simancas E° 1339.

37. P. de CANAYE, *op. cit.*, p. 181.

38. Pour tout ce paragraphe se présente à nous l'énorme et pas toujours saisissable littérature relative à la Hongrie. A. LEFAIVRE, *Les Maggyars pendant la domination ottomane en Hongrie* 1526-1722, Paris, 1902, 2 vol. Des livres allemands récents en partie orientés par des préoccupations actuelles, Rupert von SCHUMACHER, *Des Reiches Hofzaun, Gesch. der deutschen Militärgrenze im Südosten*, Darmstadt, 1941 ; Roderich GOOSS, *Die Siebenbürger Sachsen in der Planung deutscher Südostpolitik*, 1941 (politique et détaillé) ; Friedrich von COCHENHAUSEN, *Die Verteidigung Mitteleuropas*, Iéna, 1940, partial et sommaire ; G. MÜLLER, *Die Türkenherrschaft in Siebenbürgen*, 1923 ; Joh. LOSERTH, « Steiermark und das Reich im letzten Viertel des 16. Jahrhunderts », *in :* Zs. d. hist. Ver. f. *Steiermark*, 1927, au sujet de la mission de Friedrich von Herberstein allant, en 1594, demander secours au Reich, contre les Turcs. Sur la vie religieuse et la pénétration du protestantisme, une abondante bibliographie que l'on trouvera résumée au t. III du *Manuel* de K. BIHLMEYER. p. 69 ; *Mémoires de Guillaume du Bellay, op. cit.*, II, p. 178. Les soldats hongrois formant de la cavalerie légère « auxquels on donne parfois le nom d'Hussirer sont considérés par les Allemands comme des demi-barbares... », G. ZELLER, *Le siège de Metz*, Nancy, 1943, p. 15. Sur le ravitaillement de la guerre de Hongrie, Johannes MÜLLER, *Zacharias Geizkofler 1560-1617*, Vienne, 1938.

39. F. von COCHENHAUSEN, *op. cit.*, p. 86-87.

40. *Op. cit.*, II, p. 82 et *sq.*

41. *CODOIN*, CI., 7 juin 1567, p. 229.

42. FOURQUEVAUX, *op. cit.*, I, p. 239, 17 juillet 1567.

43. L. ANQUEZ, *Henri IV et l'Allemagne*, p. XXI-XXIII.

44. *Ibid.*, p. XXII.

45. A. RENAUDET, *L'Italie...*, p. 12.

46. Rosario PENNISI, « Le Mura di Catania e le loro fortificazioni nel 1621 », *in : Arch. st. per la Sicilia Orientale*, 1929, p. 110.

47. *Arch. st. it.*, t. IX, p. 34.

48. Simancas E° 1056, f° 30.

49. G. CAPASSO, « Il governo di D. Ferrante Gonzaga in Sicilia dal 1535 al 1543 », *in : Arch. st. sic.*, XXX et XXXI.

50. G. LA MANTIA, « La Sicilia e il suo dominio nell'Africa settentrionale dal *secolo XI al XVI* », *in : Arch. st. sic.*, XLIV, p. 205, note.

51. Hans HOCHHOLZER, *art. cit.*, p. 287.

52. L. BIANCHINI, *op. cit.*, I, p. 259-260.

53. Milan, 31 juil. 1546, B.N., Paris, Ital. 772, f° 164 et *sq.*

54. *Ibid.*, f° 164 v°.

55. *Ibid.*

56. Simancas E° 1050, f° 136, 3 déc. 1560, et E° 1052, f° 10.

57. *Arch. st. it.*, t. IX, p. 248 ; Simancas E° 1051, f° 68.

58. 2 mai 1568, Simancas E° 1132 ; 1576, Simancas E° 1146, la question est toujours à l'ordre du jour.

59. G. LA MANTIA, *art. cit.*, p. 224, note 2.

60. L. BIANCHINI, *op. cit.*, I, p. 55.

61. Après qu'elle eut été saccagée par les Turcs, 31 janv. 1560, Simancas E° 1050, f° 14.

62. 26 févr. 1559, Simancas E° 1049, f° 91.

63. Fourquevaux au courant, 29 déc. 1565, FOURQUEVAUX, *op. cit.*, I, p. 36.

64. G. C. SPEZIALE, *Storia militare di Taranto*, Bari, 1930.

65. 10 janv. 1560, Simancas E° 1050, f° 9 ; *Ordenanzas de la milicia de Napoles* (1563), imp., Simancas E° 1050, f° 54.

66. Simancas E° 1050, f° 43 (18 mai 1560) ; dispositions analogues en 1561, Simancas E° 1051, f° 52 (5 avril 1561).

67. E. ALBÈRI, *op. cit.*, II, V, p. 483.

68. Voir ainsi un relevé des garnisons côtières à Naples en mai 1567, Simancas E° 1056, f° 67 ; en Sicile, en 1583 ou 1585, Simancas E° 1154.

69. V. LAMANSKY, *op. cit.*, p. 600-601.

70. 31 mars 1563, référence d'archive égarée.

71. A. de CAPMANY, *op. cit.*, IV, appendice p. 84, 20 juil. 1556.

72. 29 août 1536, A.N., K 1690.

73. P. B., « Tours de guet et tours de défense. Constructeurs de tours », *in : Petit Bastiais*, 19 juin-14 juil. 1937.

74. K. HÄBLER, *Gesch. Spaniens*, t. I, p. 26-27.

75. 31 mars 1559, Simancas E° 137.

76. *CODOIN*, II, p. 183.

77. *CODOIN*, XXXI, pp. 162, 165, 169. J. O. ASIN, articles *in : Boletin de la R. Academia Española*, 1928, XV, p. 347-95 et 496-542 et *Bulletin Hispanique*, XXXV, 1933, p. 450-453 et XXXIX, 1937, p. 244-245. Cf. également Mariano ALCOCER MARTINEZ, *Castillos y fortalezas del antiguo reino de Granada*, Tanger, 1941 ; A. GAMIR SANDOVAL, *Organización de la defensa de la costa del Reino de Granada desde su reconquista hasta finales del siglo XVI*, Grenade 1947.

78. Relacion de todas las costas del Reyno de Cerdaña (s.d.), Simancas E° 327, document d'une extrême importance, postérieur à 1574.

79. Francesco CORRIDORE, *op. cit.*, p. 18.

80. F. PODESTA, *op. cit.*, p. 18.

81. 20 mars 1579, A.d.S. Gênes L. M. Spagna 8 2417.

82. Fernand BRAUDEL, « Les Espagnols et l'Afrique du Nord », *in : Revue Africaine*, 1928 ; « Les Espagnols en Algérie », *in : Histoire et Historiens de l'Algérie*, 1930. Depuis cet article, une seule contribution d'ensemble, Robert RICARD, « Le Problème de l'occupation restreinte dans l'Afrique du Nord (XVe-XVIIIe siècle) », *in : Annales d'histoire économique et sociale*, 1937, p. 426-437.

83. Juan Baptista Antoneli à Eraso, Mers el Kebir, 29 mars 1565, Simancas E° 486. En conflit avec F. de Valencia, F. de Valencia au Roi, Mers el Kebir, 8 févr. 1566, Simancas E° 486.

84. Sur les fortifications de la Goulette, Alonso Pimentel au Roi, 29 mai 1566, Simancas E° 486 ; 9 juin 1565, *ibid.* ; Luis Scriva au Roi, 7 août 1565, *ibid.*, la fortification « va de tel arte que a bien menester remedio » ; Philippe à Figueroa, 5 nov. 1565, Simancas E° 1394, il a décidé de fortifier la Goulette, emprunte 56 000 écus à Adam Centurione ; Fourquevaux au courant, 24 déc. 1565, annonce le départ du Fratino et de charpentiers, *op. cit.*, I. p. 10 et 19 ; *Lo que se ha hecho en la fortificacion de la Goleta ; Instruccion sopra il disegno della nova fabrica della Goleta*, 1566, Simancas E° 1130 ; Philippe II à D. Garcia de Toledo, Madrid, 16 février 1567, ordre de remettre 50 000 écus à Figueroa pour les envoyer aussitôt à la Goulette, Simancas E° 1056, f° 88 ; Fourquevaux, 30 sept 1567, *op. cit.*, I, p. 273.

85. El Fratin au Roi, La Goulette, 5 août 1566, Simancas E° 486.

86. 20 mai 1573, Simancas E° 1139.

87. Voir tome III, chapitre IV.

88. Vespasiano Gonzaga à Philippe II, Oran, 23 déc. 1574, Simancas E° 78, voir sur son retour, B. N., Paris, Esp. 34, f° 145 v° ; Mediceo 4906, f° 98 ; consulte du Conseil d'État, 23 févr.

1575, E° 78 (ou le repli sur Mers el Kebir ou la fortification d'Arzeu).

89. Sur les travaux d'Oran et de Mers el Kébir, Diego SUÁREZ, *op. cit.*, p. 27-28 (en 30 ans les fortifications d'Oran ont coûté 3 millions), pp. 148-149, 209, 262.

90. Le fait bien vu par E. PELLISSIER DE RAYNAUD, « Expéditions et établissements des Espagnols en Barbarie », *in : Exploration scient. de l'Algérie*, t. VI, 1844, in-8°, p. 3-120. Cf. aussi B. N., Paris Ital. 127, f° 72.

91. Relacion de lo que se hizo en la isla de los Querquenes, Simancas E° 1146.

92. Relacion de todos los puertos de Berberia que deben de ganarse y fortificarse, Simancas E° 1339.

93. *Ibid.*

94. Relacion de lo que monta el sueldo de la gente de guerra que se entretiene en las fronteras de Africa, Simancas E° 486.

95. B. N., Paris, Dupuy 22.

96. Philippe II à Peralte Arnalte, Escorial, 7 nov. 1564, Simancas E° 144, f° 247.

97. En 1525, la dépense totale des présides estimée à 77 000 ducats, E. ALBÈRI, *op. cit.*, I, II, p. 43. En 1559, l'entretien estimé très lourd sans plus, E. ALBÈRI, *op. cit.*, I, III, p. 345.

98. Simancas E° 1054, f° 170.

99. Où le chiffre est variable : 2 826, avril 1571, Simancas E° 1060, f° 128 ; 3 297, 11 mai 1578, Simancas E° 1077.

100. *Art. cit.* page précédente, note 82 et *Bulletin Hispanique*, 1932, p. 347-349.

101. Memorial de Rodrigo Cerbantes, Contador de la Goleta (vers 1540), *Rev. Africaine* 1928, p. 424.

102. Les privilèges nord-africains accordés aux voiliers catalans ; pragmatique du 18 déc. 1511, donnée à Burgos, pragmatique nouvelle accordée par la Reine Germaine en 1512 ; *Real executoria* donnée à Logroño cette même année 1512 contre les officiers d'Afrique ; nomination d'un consul catalan à Tripoli ; protestations encore en 1537 aux Cortès de Monzon contre les gouverneurs d'Afrique…, A. de CAPMANY, *op. cit.*, I, 2, p. 85-86, II, p. 320-322. Mais les courants nord-africains se détournent des postes chrétiens, ou tripolitains, M. SANUDO, *Diarii*, XXVII, col. 25 (déviation vers Misurata ou Tadjoura) ; vérité oranaise, *CODOIN*, XXV, p. 425, Karl J. von HEFELE, *op. cit.*, p. 321 (massacre des marchands chrétiens à Tlemcen en 1509), caravanes allant vers Bône, en 1518, La PRIMAUDAIE, *art. cit.*, p. 25. Je crois que pour la politique espagnole à l'égard du négoce vénitien entre l'Afrique du Nord et l'Espagne la note juste est donnée, jusqu'à plus ample informé, par H. KRETSCHMAYR, *op. cit.*, II, p. 178, l'Espagne essayant de faire passer en 1516 par Oran ce commerce entre Afrique et Ibérie. D'où le doublement des droits de douane dans les ports espagnols qui ruinerait le commerce vénitien. En 1518,

Venise (C. MANFRONI, *op. cit.*, I, p. 38) essaierait en vain de
forcer la porte oranaise, le fait se rattache mal à ce que nous
apercevons de la question. Plus tard, Charles Quint s'emparant
de Tunis (1535) pratiquera la politique de la porte ouverte,
J. DUMONT, *op. cit.*, IV, 2e partie, p. 128, Jacques MAZZEI,
Politica doganale differenziale, 1930, p. 249, note 1. Sur ces
questions économiques, en arrière de la « croisade » hispanique,
toute une immense recherche reste à faire. Cf. la précieuse étude
de Robert RICARD, « Contribution à l'étude du commerce génois
au Maroc durant la période portugaise (1415-1550) », *in : Ann.
de l'Inst. d'Ét. Orientales*, t. III, 1937.

103. G. CAPPELLETTI, *Storia della Repubblica di Venezia*, VIII,
p. 26-27.

104. Outre HAEDO, *op. cit.*, p. 19, B. N., Paris, Esp. 60,
fᵒˢ 112-113 ; 18 juin 1570, Simancas Eᵒ 334 ; *CODOIN*, XC, p.
504 ; RIBA Y GARCIA, *op. cit.*, p. 293 ; Enquête sur le commerce
en Berbérie, 1565, Simancas Eᵒ 146 ; 1598, Simancas Eᵒ 178 ;
4 nov. 1597, Eᵒ 179 ; 26 et 31 janv. 1597, *ibid.* ; 18 juil. 1592,
A.N., K 1708. En 1565, de Cadix, 30 navires partent vers le
Maroc. En 1598, s'exportent environ 7 000 douzaines de *bonetes*.

105. Pescaire au Roi, Palerme, 24 déc. 1570, Simancas Eᵒ
1133, les hôpitaux de Palerme remplis de malades de La Goulette.

106. Le duc de Cardona au Roi, Oran, 18 juin 1593, G. A. A.
Série C 12, fᵒ 81.

107. D'assez nombreuses lettres de ces proveedores conservées
à Simancas dans les legajos Eᵒ 138, 144, 145 : 7, 21, 28 janv., 14
fév., 6 mars 1559 ; Eᵒ 138, fᵒˢ 264, 265, 266, 276, 7 janv.,
14 sept., 25 sept., 29 nov., 17 nov., 31 déc. 1564 ; Eᵒ 144, fᵒˢ 22,
91, 96, 278 ; Eᵒ 145, fᵒˢ 323 et 324. Cette série Castilla n'est pas
en ordre et les folios ne correspondent pas à un classement
numérique.

108. Défense est faite de les emmener bien sûr, ainsi que les
soldats contagieux, ou les prêtres déguisés en soldats. La orden
ql Señor Francisco de Cordoba... Valladolid, 23 juin 1559,
Simancas Eᵒ 1210, fᵒ 37. Une courtisane espagnole à la Goulette
et à Tunis, Isabella de Luna, M. BANDELLO, *op. cit.*, VI, p. 336.

109. Simancas Eᵒ 145, fᵒˢ 323 et 324, 25 sept. 1564.

110. R. de Portillo au Roi, Mers el Kebir, 27 oct. 1565,
Simancas Eᵒ 486.

111. Vers 1543, rapport de Rodrigo Cerbantes, G. G. A. Série
C. liasse 3, nᵒ 41.

112. Relacion de lo que han de guardar los officiales de la
fortaleza de Melilla, 9 avril 1564, Simancas Eᵒ 486.

113. Diego Suárez, 28 juil. 1571, B.N., Madrid, ch. 34.

114. Alfredo GIANNINI, « Il fondo italiano della Biblioteca
Colombina di Seviglia », *in : R. Instituto Orientale, Annali*, févr.
1930, VIII, II. Autres *desterrados* : Felipe de Borja, frère naturel
du Maestre de Montesa, Suárez, *op. cit.*, p. 147 ; le duc de

Veraguas, Almirante de las Indias, *ibid.*, p. 161 ; Don Gabriel de la Cueva, *ibid.*, p. 107 (1555).

115. G. La Mantia, *art. cit.*, p. 218.

116. Diego Suárez, *Historia del Maestre ultimo de Montesa*, Madrid, 1889, p. 127.

117. Diego Suárez, paragr. 471, G. G. A. ; en faveur d'une entente, paragr. 469 et 470, *ibid.*, 481 et 482, mais ailleurs B.N., Madrid, ch. 34, les razzias sont utiles, c'est par la terreur qu'ils inspirent que les Espagnols dominent le plat pays, imposent *seguros* et suzeraineté. Une razzia, 13-16 nov. 1571, rapporte 350 prisonniers et un immense butin de chameaux, chèvres, vaches... Par contre, d'innombrables *correrias* tournent mal et coûtent beaucoup d'hommes. Les razzias se font l'hiver pour profiter de la longueur des nuits, Diego Suárez, *op. cit.*, p. 87 ; double avantage de cette politique frapper les uns, protéger les autres, p. 69 ; ce que les Maures apportent à Oran, p. 50 ; ce que lui livre parfois le royaume de Tlemcen, p. 50 (blé parfois exporté vers l'Espagne, Oran a besoin de 40 000 fanègues de blé et 12 000 d'orge par an) ; soldats retraités à Oran, p. 263 ; la technique des razzias, p. 64 et *sq.* ; le partage du butin, p. 125 et *sq.* ; exemples, p. 228-229, p. 260, p. 293. Le régime du partage a changé, au-delà de 1565, p. 90 et de façon curieusement favorable au soldat.

118. Francisco de Valencia à Philippe II, Mers el Kébir, 8 févr. 1565. Simancas E° 486.

119. 12 févr. 1559, Simancas E° 485 ; 2 mars 1559, *ibid.*

120. *Actions et traités*, 1606, p. 74, cité par G. Atkinson, *op. cit.*, p. 369.

121. *Manuel historique de politique étrangère*, t. I, Paris, 1892, p. 12.

122. J. W. Zinkeisen, *op. cit.*, III, p. 173-174.

123. J. von Hammer, *op. cit.*, VI, p. 184, note 1.

124. E. Albèri, *op. cit.*, III, V, p. 404 (1594).

125. *Ibid.*, p. 402.

126. *Op. cit.*, p. 127.

127. Sur la piraterie, immense sujet sans frontières, voir les pages brillantes de Louis Dermigny, *La Chine et l'Occident. Le Commerce à Canton au XVIIIᵉ siècle, 1719-1833*, 1964, I, p. 92 et *sq.* Ces pages mettent en cause au XVIIᵉ siècle la « grande ceinture » de la piraterie, des Antilles à l'Extrême-Orient. Cette montée et cette ubiquité sont mises en rapport avec la désorganisation des grands Empires : le turc, l'espagnol, l'Empire du Grand Mongol, la Chine finissante des Mings.

128. Les pages qui suivent s'appuient sur les résultats de trois livres essentiels : Otto Eck, *Seeräuberei im Mittelmeer*, Munich et Berlin (1ʳᵉ éd. 1940, 2ᵉ 1943) que je n'ai pu me procurer que très tardivement (manque toujours à notre Bibliothèque Nationale). Godfrey Fisher, *Barbary Legend. War, Trade and*

Piracy in North Africa, Oxford, 1957, plaidoyer en faveur des Barbaresques, oblige à reprendre les dossiers que l'on croyait classés une fois pour toutes. Enfin le livre riche de documents inédits de Salvatore Bono, *I corsari barbareschi*, Turin, 1964. Les bibliographies copieuses de ces trois volumes, surtout du dernier, me dispensent de multiplier les références.

129. 5ᵉ journée, 2ᵉ nouvelle.

130. Et elle s'y trouve au complet dans le *Quichotte*, dans l'*Ilustre Fregona*, II, p. 55 ; *El amante liberal*, I, p. 100-101 ; *La española inglesa*, I, p. 249, 255.

131. Peu de lettres de marque en Méditerranée. Un exemple, lettres de représailles de Philippe IV sur les Français, Madrid, 2 août 1625, B.N., Paris, Esp. 338, fᵒ 313. Sur l'Océan, la piraterie s'exerçant entre Chrétiens a de ce fait besoin de lettres de marque.

132. S. Bono, *op. cit., passim* et pp. 12-13, 92 et *sq.*

133. G. Fisher, *op. cit.*, p. 140.

134. *Ibid., passim* et pp. 84 et 139.

135. C. Duro, d'après G. Fisher, *op. cit.*, p. 138.

136. S. Bono, *op. cit.*, p. 7, d'après A. Riggio : « la course barbaresque avait pris en Calabre la forme authentique d'une lutte de classe ».

137. D. de Haedo, *op. cit.*, p. 116.

138. Marin de Cavalli au Doge, Péra, 8 sept. 1559, A.d.S. Venise, Senato Secreta, Costantinopoli, 2/B, fᵒ 186.

139. Bernard Pançalba, gouverneur de l'île à l'Impératrice, Ibiza, 26 août 1536, A.N., K 1690 (orig. catalan, tr. en castillan).

140. Barcelone, 24 juill. 1588, Simancas Eᵒ 336, fᵒ 164.

141. A. Com. Cassis, E E 7, 21 déc. 1580.

142. Henri IV à Philippe III, Paris, févr. 1600, Lettres de Henri IV à Rochepot, p. 3-4.

143. 25 déc. 1596, Simancas Eᵒ 343.

144. Les consuls de Marseille à Messeigneurs les ducs et gouverneurs de la ville et République de Gênes, Marseille, 20 avr. 1574, A.d.S. Gênes, Francia, Lettere Consoli, 1 2618.

145. Madrid, 28 mars 1566, A.N., K 1505, B 20, nᵒ 91.

146. Henri III à Philippe II, Paris, 30 sept. 1575, A.N., K 1537, B 38, nᵒ 113, copie esp.

147. P. Grandchamp, *op. cit.*, I, p. 42.

148. A.d.S. Florence, Mediceo 2845, Giulio Gotti à son frère, Gênes, 22 août 1597.

149. 20 nov. 1563, Simancas Eᵒ 1052, fᵒ 44.

150. Simancas Eᵒ 1146 ou même relation, Simancas Eᵒ 1071, fᵒ 78.

151. S. Bono, *op. cit.*, p. 3.

152. F. Grenard, *op. cit.*, p. 54 ; W. Heyd, *op. cit.*, II, p. 258.

153. R. Coindreau, *Les corsaires de Salé*, Paris, 1948.

154. A.d.S. Florence, Mediceo 4274, 4279 ; Simancas E° 489, 1450, 1451 ; A.N., K 1672, n° 22 ; G. VIVOLI, *op. cit.*, III, p. 155.

155. *Op. cit.*, p. 86 v° et *sq.*

156. Alexandre O. OEXMELIN, *Histoire des aventuriers flibustiers...*, Trévoux, 1775, t. I, p. 124-131.

157. V. LAMANSKY, *op. cit.*, p. 592, note 1.

158. BELON DU MANS, *op. cit.*, p. 88 v°.

159. Voir tome I, pp. 369 et *sq.*

160. A. Com. Marseille BB 40 f° 197 et *sq* ; 19 août 1561, Sim. E° 13 ; E. CHARRIÈRE, *op. cit.*, II, p. 659-661 (27 juin 1561), p. 799-803 (27 sept. 1561) ; Bayonne, 28 juin 1565, A.N., K 1504 B 19, n° 34 ; Venise, 18 août 1565, Simancas E° 1325 ; Charles IX à Fourquevaux, Orcamp, 20 août 1566, FOURQUEVAUX, *op. cit.*, p. 48-49.

161. G. FISHER, *op. cit.*, p. 144.

162. D'après M. Sanudo, cité par C. MANFRONI, *op. cit.*, I, p. 37. De même en France, lettres royales de 1496, Alfred SPONT, « Les galères dans la Méditerranée de 1496 à 1518 », *in : Revue des Quest. hist.*, 1895 ; Alberto TENENTI, *Cristoforo da Canal. La marine vénitienne avant Lépante*, 1962, p. 78 et *sq.* Venise n'aura de galères de *condennati* qu'à partir de 1542, *ibid.*, p. 82.

163. Relacion de lo de Tremeti (1574). Les îles Tremiti sont des positions clés sur le rivage adriatique du royaume de Naples... Simancas E° 1333. « Despues de la perdida de Rodas multiplicandose los cossarios en el mar Adriatico... »

164. *Relazione di Soriano*, p. 54.

165. *Op. cit.*, p. 158.

166. Non pas en 1558 comme le dit C. DURO, *op. cit.*, II, p. 16. Courses analogues, en 1562, d'un certain Francisco de Soto, basé à Majorque, D. de HAEDO, *op. cit.*, p. 163 v°.

167. Madrid, 13 juin 1567, Simancas E° 333.

168. Relacion del tercero viaje q. ha hecho Juan Phelipe Romano a Argel (1595), Simancas E° 342.

169. Vice-roi de Valence à Philippe II, Valence, 30 juill. 1594, Simancas E° 341.

170. Salomone MARINO, *in : A. st. sic.*, XXXVII, p. 18-19 ; un brigantin de Trapani en course, 17 nov. 1595, Simancas E° 1158.

171. AMAT DI S. FILIPPO, *Misc. di storia italiana*, 1895, p. 49.

172. D. de HAEDO, *op. cit.*, p. 44.

173. Avis de C., octobre 1568.

174. D. de HAEDO, *op. cit.*, p. 160 v° ; Péra, 9 avr. 1561, A.d.S. Venise, Senato Secreta Costant., 3/C ; Venise, 22 mars 1561, Simancas E° 1324, f° 83.

175. Venise, 27 sept. 1559, Simancas E° 1323.

176. A. de HERRERA, *Historia general del mundo...*, Madrid, 1601, I, p. 15.

177. *Ibid.*

178. Péra, 13 juill. 1560, A.d.S. Venise, Sena Secreta Cost., 2/B f° 253.

179. Baron de BUSBEC, *op. cit.*, II, p. 279, vers 1556.

180. J. B. E. JURIEN DE LA GRAVIÈRE, *Les Chevaliers de Malte...*, 1887, I, p. 16-18.

181. *Ibid.*, p. 63-64 et Simancas E° 1050, f° 27, 28 mai 1562.

182. *Ibid.*, p. 64.

183. Avis de Messine, 1er juin 1563, Simancas E° 1052, f° 189.

184. Per lre (= lettere) di Messina, 7 mai 1564, Simancas E° 1383.

185. G. MECATTI, *op. cit.*, II, p. 723.

186. G. VIVOLI, *op. cit.*, III, p. 53.

187. Daniel Barbaro au Doge, Péra, 28 mars 1564, A.d.S. Venise, Senato Secreta 4/D.

188. Voir ci-dessous, note 194.

189. Silva à Philippe II, V, 10 sept. 1574, Simancas E° 1333.

190. *Cavalieri di San Stefano...*, Pise, 1928.

191. Pour la police vénitienne, rôle considérable de la guette de Cerigo, à partir de 1592 (E. ALBÈRI, *op. cit.*, III, V, p. 430), la garde vénitienne de Cerigo aurait réussi à protéger la navigation turque. Cerigo, dit Cigala « ... fanale e lanterna dell'Arcipelago e la lingua e la spia di tutti gli andamenti turcheschi... »

192. Nota di vascelli presi (1575), A.d.S., Florence, Mediceo 2077, f° 536.

193. Autre exemple, 10 déc. 1558, *Corpo dipl. port.*, VIII, p. 78.

194. Tous les détails de ce paragraphe pris à une relation de 1574, A.d.S., Florence, Mediceo 2077, f°s 517 à 520 v°, et à une relation de 1597, *ibid.*, f° 659 et *sq.*

195. *Nota delli schiavi...* (1579-1580), *ibid.*, f° 606 et *sq.* Liste de forçats, blessés ou morts, *ibid.*, f° 349.

196. *Ibid.*, 4279, nombreuses missives d'Alger, de Mustafa Aga, 15 avril 1585 ; de la femme d'Arnaut Mami, 20 oct. 1586 ; de Mahamat Pacha, « roi » de Tripoli, juin et juill. 1587 ; d'Arnaut Mami, 9 oct. 1589 ; de Morat Bey, *capitan general de mar y tierra deste reyno de Argel*, 16 févr. 1596, etc.

197. Les galères de Saint-Étienne portent la croix rouge dans le Levant, G. VIVOLI, *op. cit.*, IV, p. 11. Prise de la forteresse de Chio, G. MECATTI, *op. cit.*, II, p. 816.

198. G. VIVOLI, *op. cit.*, IV, p. 29-30.

199. Alonso de la Cueva à Philippe III, Venise, 7 févr. 1609, A.N., K 1679.

200. C. 19 avril 1591, A.N., K 1675 « ... para guardar el Arcipielago de la inbasion de Malta... ».

201. Des fustes barbaresques pillent Candie, H° Ferro au Doge, Péra, 12 nov. 1560, A.d.S. Venise, Sen° Secreta Cost., 2/B f°

291 v° ; Simancas E° 1326, 12 août 1567 ; A.N., K 1677, 7 juill. 1600. Pour le XVIIᵉ siècle, Paul MASSON, *op. cit.*, p. 24, 33, 380.

202. Fᵉᵒ de Vera à Philippe III, Venise, 10 juill. 1601, A.N., K 1677.

203. J. B. de Tassis à l'ambassadeur espagnol à Gênes, Paris, 20 juill. 1602, A.N., K 1630.

204. Salomone MARINO, *in : Arch. Stor. Sic.*, XXXVII, p. 27.

205. Relacion sobre lo del bergantin de Pedro Lanza..., Simancas E° 1336, 1577. Silva à Philippe II, Venise, 20 nov. 1577, *ibid.*

206. Relacion que ha dado el embaxador de Venecia..., Simancas E° 1342. Le document signale deux autres galiotes expédiées en course par P. de Leyva pour son propre compte, contrairement aux ordres du Roi.

207. Marcantonio Colonna à Philippe II, Messine, 10 juill. 1578, Simancas E° 1148.

208. Fᶜᵒ de Vera à Philippe III, Venise, 5 févr. 1601, A.N., K 1677. Important et long plaidoyer.

209. V. LAMANSKY, *op. cit.*, p. 578 (1588), également p. 592, 599, 601-602. Complicité des populations grecques.

210. G. BERCHET, *op. cit.*, p. 130 et 139.

211. Simancas E° 138, 7 juill. 1559.

212. El Prior y los Consules de Sevilla à Philippe II, 7 mai 1561, Simancas E° 140.

213. *Op. cit.*, p. 69.

214. A.d.S. Naples, Farnesiane, fasc. II, 2, f° 271, 28 juin 1561 ; Simancas E° 1126, 29 juin 1561 ; J. NICOT, *op. cit.*, p. 70, 17 août 1561.

215. L'évêque de Limoges au Roi, Madrid, 12 août 1561, B.N., Paris, Fr. 16103, f° 33 et *sq.*

216. Relacion de lo que ha hecho Dragut, 15-30 sept. 1563, Simancas E° 1127.

217. Simancas E° 1052, f° 182.

218. Simancas E° 1392, 18 sept. 1563.

219. *Ibid.*

220. Simancas E° 1052, f° 212.

221. *Ibid.*, vice roi de Naples à J. André Doria, 20 sept., 1563.

222. *Ibid.*, f° 214, 9 sept. 1563.

223. *Ibid.*, f° 217, 10 sept. 1563.

224. Simancas E° 1393, 24 mai 1564.

225. Oysel à Charles IX, Rome, 4 mai 1564. E. CHARRIÈRE, *op. cit.*, II, p. 755, note.

226. *Op. cit.*, II, p. 69, 7 avril.

227. Simancas E° 1132, Pescaire à Philippe II, 18 juin 1569.

228. FOURQUEVAUX, *op. cit.*, I, p. 90.

229. *Ibid.*, p. 122.

230. *Ibid.*, p. 135.

231. Simancas E° 1052, f° 184.

232. Pedro DE SALAZAR, *Hispania victrix*, 1570, p. 1 v°.

233. Cité par C. DURO, *op. cit.*, II, p. 45-46.

234. Cité par H. FORNERON, *op. cit.*, I, p. 351-352.

235. 3 juillet 1561, Simancas, E° 1051, f° 108.

236. H. FORNERON, *op. cit.*, I, p. 365 ; CAMPANA, *op. cit.*, II, XII, p. 87 et v° ; Pietro EGIDI, *Emmanuele Filiberto*, II, p. 27 donne la date du 1er juin, Campana celle du 31 mai. Le raid conduit par Euldj Ali. La nouvelle arrive en Espagne, Maçuelo à Philippe II, Tolède, 12 juil. 1560, Simancas E° 139.

237. Figueroa à Philippe II, Gênes, 19 juin 1560, Simancas E° 139.

238. A.d.S. Gênes, L. M. Spagna 3.2412.

239. Avisos de Marsella, 2 mai 1564, Simancas E° 1393.

240. Marcantonio Colonna à Philippe II, Messine, 26 juin 1578, Simancas E° 1148.

241. E. ALBÈRI, *op. cit.*, II, V, p. 469.

242. A Philippe II, Palerme, 6 juin 1582, Simancas E° 1150, « ... el mar lleno de corsarios... ».

243. A. Communales Marseille BB 46, f° 91 et *sq.*

244. *Ibid.*, f° 228 et *sq.*

245. *Ibid.*, BB 52, f°s 10 et 10 v° et f° 29.

246. A.d.S. Venise, Cinque Savii, 26.

247. A. de CAPMANY, III, *op. cit.*, p. 226-227 ; IV, Appendice, p. 85 ; A.d.S. Florence, Mediceo 4903, Madrid, 3 juin 1572.

248. F. CORRIDORE, *op. cit.*, p. 21. En Corse, à la fin du siècle, 61 villages détruits ou brûlés, CASANOVA, *Histoire de l'Église corse*, 1931, I, p. 102.

249. *Op. cit.*, p. 153.

250. *Op. cit.*, p. 158.

251. Voir p. 415.

252. Voir tome III, pp. 415-417.

253. O. ECK, *op. cit.*, p. 139 et *sq.* Pour tout ce paragraphe, G. FISHER, *op. cit., passim* et p. 96 et *sq.*

254. E. MERCIER, *Histoire de l'Afrique septentrionale*, Paris, 1891, III, p. 189.

255. G. FISHER, *op. cit.*, p. 174.

256. S. BONO, *op. cit.*, p. 361 et note 21.

257. *Ibid.*, p. 89.

258. 20 nov., A. BALLESTEROS Y BERETTA, *op. cit.*, IV, 1, p. 485.

259. *Historia tragico-maritima, Nossa Senhora da Conceyção*, p. 38.

260. H. WÄTJEN, *op. cit.*, p. 138, note 2 ; Paul MASSON, *op. cit.*, p. 380.

261. S. BONO, *op. cit.*, p. 178.

262. J. DENUCÉ, *op. cit.*, p. 20 et même plus tôt, ainsi Barbaresques (Turcs) en face de l'Islande, en 1617, *ibidem*, p. 12.

263. Voir tome I, pp. 140-141.

264. G. Fisher, *op. cit.*, p. 186.

265. *Ibid.*, p. 138.

266. *Naufrages, corsaires et assurances maritimes à Venise, 1592-1609*, 1959.

267. *Ibid.*, p. 27 et *sq.*

268. La difficulté est surtout de mesurer les importances *relatives*. J'aborde ce problème dans un autre ouvrage : *Civilisation matérielle, économie et capitalisme, XV*-XVIII* siècles*, vol. 1, chapitre 1. Suivre de près une série de chiffres du XVI* siècle, c'est retrouver une autre *échelle*. Tout dépendra de celle-ci.

269. Salvatore Bono, « Genovesi schiavi in Algeri barbaresca », *in : Bollettino Ligustico*, 1953 ; « La pirateria nel Mediterraneo, Romagnuoli schiavi dei Barbareschi », *in : La Piê, Rassegna d'illustrazione romagnuola*, 1953.

270. G. La Mantia, *in : Archivio storico siciliano*, XLIV, p. 203.

271. R. Russo, *in : Archivio storico di Corsica*, 1931, p. 575-578. Sur les rachats, énorme documentation inédite.

272. A.d.S. Gênes, Mº del Rº degli Schiavi, Atti, 659.

273. *Ibid.*, 14 et 15 mai 1601, assurance sur 2 532 lire, à 4 p. 100 (deux assureurs).

274. *Ibid.*, très nombreux documents et ainsi, à titre d'exemple, Giacomo Sorli à Philippe Lomellini, Tunis, 7 novembre 1600.

275. J. Nicot, *op. cit.*, p. 25, 21 sept. 1559.

276. P. Grandchamp, *op. cit.*, I, p. 43, 26 août 1592.

277. Relacion del tercer viaje que ha hecho J. Phelipe Romano a Argel (1594), Simancas Eº 342.

278. G. Atkinson, *op. cit.*, p. 133.

279. Ainsi défense faite aux Valenciens, 4 janvier 1589, B.N., Esp. 60, fᵒˢ 441 et vᵒ. Énumération non moins fréquente des *mercaderias no prohibidas*, 17 juillet 1582, Simancas Eº 329, I.

280. *H. tragico-maritima, N. Senhora da Conceycão*, p. 19.

281. Carmelo Trasselli, *Noti preliminari sui Ragusei in Sicilia*, p. 32 du dactylogramme [publié en 1965, *in : Economia e Storia*].

CHAPITRE 8
LA ET LES CONJONCTURES

1. Gaston Imbert, *Des mouvements de longue durée Kondratieff*, 1959, et notamment p. 24 et *sq.*

2. Ruggiero Romano, *art. cit.*, *in : Rivista storica italiana*, 1962.

3. Avant tout, l'article écrit en collaboration avec Giuseppe Aleati, « Il trend economico nello stato di Milano durante i secoli XVI e XVII : il caso di Pavia », *in : B.S.P.S.P.*, 1950.

4. *Les paysans de Languedoc...*, en cours d'impression [publié en 1966].

5. *Une croissance : la Basse Provence rurale (fin du XVIᵉ siècle-1789)*, 1961. René Baehrel pense à la coupure de 1690 ; n'est-elle pas déjà nette aux alentours de 1660 ? Cf. Emmanuel LE ROY LADURIE, « Voies nouvelles pour l'histoire rurale (XVIᵉ-XVIIIᵉ siècles) », *in : Études rurales*, 1964, p. 92-93.

6. *Art. cit., in : Rivista int. di scienze econ.*, 1955.

7. Lettre qu'il m'adresse, 11 août 1964.

8. Voir note précédente.

9. *La Méditerranée...*, 1ʳᵉ édit., p. 613, 1095, 1096-97. « Je ne sais pas si, de 1550 à 1580, se dessinerait une phase B, puis de 1580 à 1610, une phase A, celle des dernières splendeurs de la Méditerranée. »

10. *Les mouvements de longue durée des prix*, 1935, Thèse soutenue devant la Faculté de droit de Rennes. Cf. le résumé de Gaston IMBERT, *op. cit.*, p. 20.

11. *Il problema del trend secolare nelle fluttuazioni dei prezzi*, 1935 : la hausse longue commencerait en 1510 et se retournerait en 1635 (France) ou 1650 (Angleterre).

12. Ainsi, A.d.S. Venise, Notatoio di Collegio 12, fᵒ 32 vᵒ, 18 novembre 1475 ; 13, fᵒ 17, 14 novembre 1482 ; 14, fᵒ 9, 10 février 1490.

13. *Ibid.*, 9, fᵒ 26 vᵒ, 12 août 1445.

14. A.d.S. Venise, Senato Terra, 4, fᵒ 107 vᵒ, 25 mai 1459.

15. *Ibid.*, 12, fᵒ 42 vᵒ, 18 février 1494.

16. *Ibid.*, 15, fᵒ 2, 4 mars 1504.

17. *Ibid.*, 12, fᵒ 115, 3 nov. 1495, l'horloge est *quasi fornito*, ne reste plus qu'à *favricar il loco*.

18. Voir p. 64 et note 247.

19. Gilles CASTER, *Le commerce du pastel et de l'épicerie à Toulouse (1450-1561)*, 1962, p. 381 et 383.

20. Le mot est d'Ernest Labrousse.

21. Voir le chapitre sur « Les Empires », pp. 355 et *sq.*

22. Gaston IMBERT, *op. cit.*, p. 181 et *sq.*

23. Pierre CHAUNU, *op. cit.*, *Conjoncture*, I, p. 255 et *sq.* Récession qui serait purement américaine, *ibid.*, p. 429 et *sq.*

24. Frank SPOONER, *op. cit.*, p. 8 et *sq.*

25. Pierre CHAUNU, « Sur le front de l'histoire des prix au XVIᵉ siècle : de la mercuriale de Paris au port d'Anvers », *in Annales E.S.C.*, 1961.

26. Voir tome I, pp. 389 et *sq.*, pp. 418 et *sq.*

27. Domenico SELLA, *art. cit., in : Annales E.S.C.*, 1957, p. 29-45.

28. Voir pp. 320-325.

29. Voir pp. 183-199 et tome III, pp. 79 et *sq.*

30. Voir pp. 197-199.

31. Voir pp. 588-592.

32. Fernand BRAUDEL, *art. cit., in : Revue Africaine*, 1928.

33. Je pense aux beaux articles trop riches et discutables de Pierre CHAUNU, « Séville et la ''Belgique'', 1555-1648 », *in : Revue du Nord*, 1960 ; « Le renversement de la tendance majeure des prix et des activités au XVIIᵉ siècle. Problèmes de fait et de méthode », *in : Studi in onore di Amintore Fanfani*, 1962 ; « Minorités et conjoncture. L'expulsion des Morisques en 1609 », *in : Revue Historique*, 1961 ; et l'*art. cité* plus haut, note 25. La chasse aux événements politiques, c'est un peu la chasse aux papillons.

34. Roberto LOPEZ et Harry A. MISKIMIN, « The economic depression of the Renaissance », *in : The Economic History Review*, XIV, n° 3, avril 1962, p. 115-126.

35. Voir p. 200. Les indications d'Ömer LUTFI BARKAN, et Traian STOIANOVICH, « Factors in the decline of ottoman society in the Balkans », *in : Slavic Review*, 1962

TABLE DES CARTES,
TABLEAUX ET GRAPHIQUES

TABLE DES MATIÈRES

Deuxième partie

DESTINS COLLECTIFS
ET MOUVEMENTS D'ENSEMBLE

I. LES ÉCONOMIES : LA MESURE DU SIÈCLE

Composition réalisée par NORD COMPO

IMPRIMÉ EN FRANCE PAR BRODARD ET TAUPIN
Usine de La Flèche (Sarthe).
LIBRAIRIE GÉNÉRALE FRANÇAISE - 6, rue Pierre-Sarrazin - 75006 Paris.

ISBN : 2 - 253 - 06169 - 7   ◈ 42/0401/2